民商法の課題と展望

謹んで古稀をお祝いし
大塚龍児先生に捧げます

執筆者一同

執筆者一覧 （掲載順）

田村善之 （たむら・よしゆき）	北海道大学大学院法学研究科教授
得津　晶 （とくつ・あきら）	東北大学大学院法学研究科准教授
王　万旭 （オウ・マンキョク）	長春理工大学法学院専任講師
伊東尚美 （いとう・ますみ）	北星学園大学経済学部准教授
髙橋美加 （たかはし・みか）	立教大学法学部教授
南　健悟 （みなみ・けんご）	日本大学法学部准教授
中元啓司 （なかもと・ひろし）	北海学園大学法学部教授
青竹正一 （あおたけ・しょういち）	小樽商科大学名誉教授
田邊宏康 （たなべ・ひろやす）	専修大学法学部教授
淺木愼一 （あさぎ・しんいち）	名城大学法学部教授
新山一範 （にいやま・かずのり）	北海学園大学法学部教授
山下友信 （やました・とものぶ）	同志社大学大学院司法研究科教授
山本哲生 （やまもと・てつお）	北海道大学大学院法学研究科教授
小川浩三 （おがわ・こうぞう）	専修大学法学部教授
遠山純弘 （とおやま・じゅんこう）	法政大学大学院法務研究科教授
福田誠治 （ふくだ・せいじ）	駒澤大学法学部教授
千葉恵美子 （ちば・えみこ）	大阪大学大学院高等司法研究科教授
三宅　新 （みやけ・はじめ）	北海道大学大学院法学研究科准教授
永下泰之 （ながした・やすゆき）	東京経済大学現代法学部准教授
藤原正則 （ふじわら・まさのり）	北海道大学大学院法学研究科教授
黄　詩淳 （コウ・シジュン）	国立台湾大学法律学院副教授
松久三四彦 （まつひさ・みよひこ）	北海学園大学大学院法務研究科教授， 北海道大学名誉教授
林　誠司 （はやし・せいじ）	北海道大学大学院法学研究科教授
新堂明子 （しんどう・あきこ）	法政大学大学院法務研究科教授

大塚龍児先生　近影

民商法の課題と展望

大塚龍児先生古稀記念

編 集
大塚龍児先生古稀記念論文集刊行委員会

信 山 社

はしがき

　大塚龍児先生は，平成27年4月に，めでたく古稀を迎えられました。

　大塚先生は，昭和44年に東京大学法学部を卒業後，東京大学法学部助手を経て，昭和47年から北海道大学法学部および同大学大学院法学研究科において，平成21年からは北海学園大学大学院法務研究科において，研究および教育に努めてこられました。

　研究においては，商取引法，商法総則，有価証券法，会社法の商法全般について，さらには，民法，破産法についてもご業績をあげられています。そこでは，民商法を初めとする私法全般に対する深い理解に基づいた，的確な法解釈が示され，学界に大きな影響を与えてこられました。

　また，教育にも非常に熱心に取り組まれておられます。特に，北海道大学に赴任されて以来，法律相談室の顧問をつとめられ，法律相談室を通して大塚先生のご指導を受けた学生から，多くの司法試験合格者が生まれ，法学部生への大きな刺激となっていました。勉強だけではなく，コンパなどいろいろな場を通して大変熱心に学生と接してこられ，今も多くの方から敬愛されています。さらに，北海道大学民事法研究会においても，私法全般にわたり，鋭い指摘をなされることがたびたびあり，商法に限らない多くの若手研究者が鍛えられました。

　大塚先生が古稀を迎えられるのを祝賀するため，先生から直接・間接にご指導を受けた研究者，先生にゆかりの研究者として，商法だけでなく民法の先生方からも幅広くご寄稿いただくことができ，深く感謝申し上げます。また，私どもの不手際により，刊行が遅れましたことを，先生はもとより，早い時期に原稿を提出していただいた執筆者の方々に，深くお詫び申し上げます。

　最後になりましたが，学術書の出版事情が厳しい中，本論文集を刊行できましたのは，刊行を快くお引き受け下さった信山社出版のおかげです。袖山貴氏，渡辺左近氏，稲葉文子氏，今井守氏に心より感謝申し上げます。

　平成30年3月

　　　　　　　　　　大塚龍児先生古稀記念論文集刊行委員会

目　　次

はしがき（ix）

◆ I　商　法 ◆

1　商号等の不正使用行為に対する規律（商法 12 条・会社法 8 条）
をめぐる一考察 ……………………………………………〔田村善之〕… *5*

  I　序（*5*）
  II　2005 年改正の概要（*5*）
  III　保護の対象（*9*）
  IV　他の商人・会社であると誤認されるおそれのある名称・商号（*11*）
  V　不正の目的（*16*）
  VI　結　語（*27*）

2　事業譲渡契約論《序説》——典型契約としての事業譲渡契約
  ……………………………………………〔得津　晶〕… *29*

  I　は じ め に（*29*）
  II　日本法における契約の個数論と典型契約論（*32*）
  III　事業譲渡の要件論の中にみる「典型契約性」（*35*）
  IV　事業譲受人の弁済責任にみる「典型契約性」（*38*）
  V　結　語（*48*）

3　中国における法人格否認の法理の現在……………〔王　万旭〕… *51*

  I　は じ め に（*51*）
  II　最近 5 年間の実証研究（*52*）
  III　裁判例の展開 —— 最近 5 年間の判決を中心に（*61*）
  IV　最 後 に（*75*）

目　次

**4　権利行使者の指定・通知を欠く場合の共有株式についての
議決権行使** ……………………………………………〔伊東尚美〕… *77*

  I　は じ め に（*77*）
  II　平成 17 年改正前商法 203 条 2 項と会社法 106 条（*78*）
  III　権利行使者の指定（*80*）
  IV　権利行使者の指定・通知を欠く場合の権利行使（*88*）
  V　会社法 106 条但書の意義（*101*）
  VI　お わ り に（*105*）

5　退任取締役の競業を巡る紛争と金銭的調整 …〔髙橋美加〕… *107*

  I　は じ め に（*107*）
  II　競業あるいはそれに準じる行為の紛争類型（*109*）
  III　独立時の行為に関する事後的な金銭調整（*115*）
  IV　終 わ り に（*122*）

6　内部統制の欠陥と監査役の職務 …………………〔南　健悟〕… *125*

  I　問題の所在（*125*）
  II　監査役の職務と助言・勧告（*128*）
  III　内部統制の欠陥に対する監査役の助言・勧告（*140*）
  IV　結びに代えて（*145*）

7　法人税法 132 条に関する最近の判例について
………………………………………………〔中元啓司〕… *147*

  I　は じ め に（*147*）
  II　平成 22 年度税制改正前の自己株式取得・譲渡の課税上の取り扱い（*148*）
  III　IBM 事件の事実の概要と判決（*149*）
  IV　法人税法 132 条について（*152*）
  V　お わ り に（*159*）

8　合併対価の不当性と合併の差止め ……………〔青竹正一〕… *165*

  I　は じ め に（*165*）
  II　対価の不当性と仮処分（*166*）
  III　株主総会決議取消しの訴えを本案とする差止仮処分（*168*）

　　　　　　　　　　　　　　　　　　　　　目　次

　Ⅳ　会社法831条1項3号と法令違反（*171*）

　Ⅴ　取締役の善管注意義務・忠実義務違反と法令違反（*175*）

　Ⅵ　事前の開示と法令違反（*184*）

　Ⅶ　む　す　び（*186*）

9　支払決済制度における善意取得の適用範囲──不当利得論と

　　交付合意論を踏まえて ……………………………〔田邊宏康〕… *189*

　Ⅰ　は　じ　め　に（*189*）

　Ⅱ　手形の善意取得の適用範囲に関する判例（*192*）

　Ⅲ　不当利得論からの問題提起と交付合意論（*197*）

　Ⅳ　不当利得論と交付合意論を踏まえた個別的考察（*200*）

　Ⅴ　譲渡人が他人になりすました場合について（*207*）

　Ⅵ　む　す　び（*210*）

10　改正民法に見る有価証券規定 ………………………〔淺木愼一〕… *213*

　Ⅰ　緒　　言（*213*）

　Ⅱ　証券的債権から有価証券へ（*214*）

　Ⅲ　有価証券に係る一般規定を民法中に整序した点について（*218*）

　Ⅳ　有価証券に表章しうる債権（*220*）

　Ⅴ　有害的記載事項のある手形（*222*）

　Ⅵ　各　　論（*223*）

11　保険法25条の「てん補損害額」と差額説 ………〔新山一範〕… *233*

　Ⅰ　は　じ　め　に（*233*）

　Ⅱ　保険法25条の文理からの考察（*236*）

　Ⅲ　保険契約基準差額説と比例説の代位額の比較（*240*）

　Ⅳ　片面的強行規定性からの考察（*244*）

　Ⅴ　保険契約基準損害額が損害賠償基準損害額を上回る場合（*248*）

　Ⅵ　加害者からの損害賠償が先行する場合（*250*）

12　人保険契約と重過失による告知義務違反 ……〔山下友信〕… *253*

　Ⅰ　は　じ　め　に（*253*）

　Ⅱ　重過失の存否に関する平成10年以前の裁判例の概観（*255*）

　Ⅲ　重過失の成否が問題となる事例類型（*256*）

xiii

目　次

　　Ⅳ　重過失の成否についての判断基準のあり方 （273）
　　Ⅴ　お わ り に （276）

13　傷害保険における因果関係 ……………………〔山本哲生〕… 279
　　Ⅰ　は じ め に （279）
　　Ⅱ　原因の競合の保険契約上の位置づけ （282）
　　Ⅲ　疾病免責条項における因果関係 （286）
　　Ⅳ　原因の競合 （287）
　　Ⅴ　非担保事由の扱い （303）

◆　Ⅱ　民　　法　◆

14　いまひとたびのサヴィニー──合意の不存在(dissensus)と錯誤
　　(error)の間 ……………………………………〔小川浩三〕… 309
　　Ⅰ　は じ め に （309）
　　Ⅱ　錯誤の諸態様と合意の不存在 （311）
　　Ⅲ　ドイツ法の錯誤を理由とする取消 （329）
　　Ⅳ　お わ り に （330）

15　民法 188 条による無過失推定──占有と信頼の保護に関する一考察
　　………………………………………………………〔遠山純弘〕… 333
　　Ⅰ　問題の所在 （333）
　　Ⅱ　民法 188 条による無過失推定 （335）
　　Ⅲ　起草過程における議論状況 （338）
　　Ⅳ　民法 188 条と前主の処分権限に対する信頼 （342）
　　Ⅴ　民法 188 条の適用場面 （345）
　　Ⅵ　今後の検討課題 （347）

xiv

16 委任等の法理からみた二重支出の不利益割当基準
　　──受託保証人等の求償に関する覚書………………〔福田誠治〕… *351*

　Ⅰ　序（*351*）
　Ⅱ　委任や事務管理・不当利得の一般法理（*355*）
　Ⅲ　主債務者と保証人の関係（*371*）
　Ⅳ　連帯債務と共同保証（*387*）
　Ⅴ　整理・検討（*394*）
　Ⅵ　結　語（*405*）

17 債権譲渡制限特約と民法改正──債権の流動化・担保化は
　　どこまで可能になったのか ………………………〔千葉恵美子〕… *409*

　Ⅰ　問題の所在（*409*）
　Ⅱ　債権譲渡制限特約の効力（*410*）
　Ⅲ　将来債権の譲渡と債権譲渡制限特約（*423*）
　Ⅳ　結びにかえて（*435*）

18 民法 572 条(商法 526 条 3 項)の存在意義…………〔三宅　新〕… *437*

　Ⅰ　は じ め に（*437*）
　Ⅱ　現行民法下において民法 572 条の法律解釈が争われ得る例（*438*）
　Ⅲ　不法行為責任と債務不履行責任で必要十分であること（*442*）
　Ⅳ　考えられ得る民法 572 条の積極的意義（*449*）
　Ⅴ　現行民法 572 条の存在意義に関する結論（*455*）
　Ⅵ　商法 526 条 3 項に関する考察（*456*）
　Ⅶ　改正民法で存在意義が付与される可能性（結びに代えて）（*458*）

19 労働者のメンタルヘルスに対する安全配慮義務
　　──「期待される」労働者とはいかなる者か？　…〔永下泰之〕… *461*

　Ⅰ　問題の所在（*461*）
　Ⅱ　安全配慮義務の労働者のメンタルヘルスへの拡張（*466*）
　Ⅲ　「期待される」労働者像（*474*）
　Ⅳ　安全配慮義務と過失相殺の可否（*481*）
　Ⅴ　結びにかえて（*484*）

目　次

20　誤振込による預金債権と被仕向銀行の受取人に対する貸金債権
　　による相殺——特に，ドイツのネット契約論との関係で
　　………………………………………………………………〔藤原正則〕… 487

　Ⅰ　は じ め に（487）
　Ⅱ　わが国の判例・学説（489）
　Ⅲ　ドイツ法との対比（496）
　Ⅳ　お わ り に（510）

21　台湾における死因贈与の実態および類型化の試み
　　………………………………………………………………〔黄　詩淳〕… 513

　Ⅰ　は じ め に（513）
　Ⅱ　学説の整理と問題提起（515）
　Ⅲ　判例の考察（518）
　Ⅳ　むすびに代えて——解釈論の方向（526）

22　公的緊急救助行為と緊急事務管理規定(軽過失免責)類推適用
　　の可否——積丹岳遭難救助訴訟を手がかりとして
　　………………………………………………………〔松久三四彦〕… 531

　Ⅰ　は じ め に（531）
　Ⅱ　積丹岳遭難救助訴訟（本件訴訟）（532）
　Ⅲ　公的緊急救助行為における軽過失免責の視点（538）
　Ⅳ　緊急事務管理規定（軽過失免責）類推適用の可否（540）
　Ⅴ　む す び（545）

23　成人の責任無能力者に関する監督者責任の研究序説——近親者・
　　個人後見人に関する日独裁判例比較を中心に …………〔林　誠司〕… 547

　Ⅰ　序（547）
　Ⅱ　日本法（550）
　Ⅲ　ドイツ法（560）
　Ⅳ　検　討（565）
　Ⅴ　結　語（571）

xvi

目　次

**24　社会保険給付と損害賠償との間の損益相殺的な調整——最高裁
　　大法廷の到達点・前編** ……………………………〔新堂明子〕… 575

　Ⅰ　は じ め に（575）

　Ⅱ　社会保険給付の目的および種類，事案類型の定義（576）

　Ⅲ　最大判平 5・3・24 以前の法状況（578）

　Ⅳ　最大判平 5・3・24（597）

　Ⅴ　お わ り に（608）

xvii

民商法の課題と展望

I
商　法

1 商号等の不正使用行為に対する規律(商法12条・会社法8条)をめぐる一考察

田 村 善 之

Ⅰ　序
Ⅱ　2005 年改正の概要
Ⅲ　保護の対象
Ⅳ　他の商人・会社であると誤
　　認されるおそれのある名称・
　　商号
Ⅴ　不正の目的
Ⅵ　結　語

Ⅰ　序

　2005 年商法改正，会社法の制定により，従前の商法内の商号に関する規律は，登記所における実質審査の廃止，登記商号を有する者の類似商号の使用に対する請求権の廃止など，大幅な変容をとげた。本稿がとりあげるのは，改正後の規律のなかでも，他の商人や会社と誤認されるおそれのある商号，名称を不正目的で使用することを禁じる商法 12 条，会社法 8 条の規律である。これらの条文は，他人と誤認せしむべき商号の不正目的使用を禁じていた商法 21 条の規律の内容を改め，商法と会社法に分かたれて新たに設けられたものであるが，その運用に関しては解釈に委ねられているところも少なくない。

Ⅱ　2005 年改正の概要[1]

1　商号登記に関する実質審査の廃止

　2005 年改正前商法 19 条 1 項と同改正前商業登記法 27 条は，同一市町村内において同一営業について他人の登記商号（商業登記法 27 条によれば「判然区別しがたい商号」[2]）の重複登記を禁止していた。

民商法の課題と展望

　2005 年改正は，このうち商法 19 条につき，要件の一つとされている営業の同一性の審査に時間を要するにも関わらず[3]，同一市町村に限った規律では現代の企業活動の拡がりに対応していないために実益が乏しいこと等に鑑み，これを廃止した[4]。また，商業登記法 27 条も，同一営業所ないし同一本店所在地に同一商号が重複登記されることのみを禁止する規制に変容することとなった。同一の住所に同一の商号を有する商人や会社が複数存在する場合には，その同一性の判別が困難になり，複数の法人格が悪用されかねないからである[5]。かくして，2005 年改正により，重複商号登記禁止の目的は，誤認混同規制ではなく，商人や会社の同一性の判別の確保に完全に切り替わることとなった。

　たしかに，商圏が一般的に拡大している現在，隣接する市町村での商号登記を野放しにしたままでの実質審査は，費用対効果の点で疑問があったところであり，かといって，特許庁における商標登録制度における審査のような広範な審査体制を敷いたとすれば，次述するように，不正競争防止法 2 条 1 項 1 号等

---

(1)　改正の経緯を俯瞰するものに，諏訪野大「会社法制定による商号保護の変容」山本爲三郎編『新会社法の基本問題』（慶應義塾大学出版会，2006 年）371-373 頁。

(2)　これらの概念と不正競争防止法 2 条 1 項 1 号にいう類似性の概念との異同につき，本来，判断基準は同じなのだが，登記官と裁判官の判断手法の差異に応じて差異があるように見えるに止まるという通説的な理解に対して，そもそも商法 19 条や商業登記法 27 条は，企業の同一性が判別困難となることを避けるための法制であるのに対し，不正競争防止法 2 条 1 項 1 号は企業の同一性が判別できる場合にもなお，（広義の）混同が生じるおそれがある場合をも規律することを目的としている点で，後者のほうがより広範に類似表示を捕捉する必要があることに基づいた相違である旨を説くものに，田村善之［判批］鴻常夫他編『商業登記先例判例百選』（有斐閣，1993 年）42-43 頁［同『競争法の思考形式』（有斐閣，1999 年）所収］。後述するように，2005 年改正は，図らずも，結果的にそこで示した役割分担のあり方を純化する改正となった。

(3)　登記実務では，「同一の営業」に関しては，会社設立時の登記事項である「目的」の記載の重複の有無により判断しているところ，すでに設立された会社が「目的」に沿った営業活動を行っていないために実際には誤認混同のおそれがない場合にも，こうした実務を前提とした商号の事前規制が一律に働いてしまうために，これを利用して，既存の商号権の譲渡により利益を上げようとする「商号屋」の跋扈する要因となっている旨の指摘もなされていた（相澤哲＝岩崎友彦「会社法総則・株式開始の設立」相澤哲編『立案担当者による新・会社法の解説』（商事法務，2006 年）12 頁）。

(4)　参照，法務省民事局参事官室「会社法制の現代化に関する要綱試案　補足説明」2 頁（http://www.moj.go.jp/content/000071773.pdf，相澤＝岩崎・前掲注(3) 12 頁。

(5)　参照，法務省・前掲注(4) 2 頁，相澤＝岩崎・前掲注(3) 12 頁。

に基づく民事的な請求によって類似商号の抹消が図られる[6]のが常となっている現在，あえて莫大なコストをかけて行政規制の屋上屋を架する必要性を問われたであろう。

　かくして，2005 年改正により，誤認混同規制は，登記所の手を離れ，もっぱら民事規制に委ねられることになったのであるが，この点に関しても 2005 年改正は重要な変更をもたらしている。

2　商号の登記を理由とする民事的請求の撤廃

　2005 年改正前商法 20 条 1 項は，商号を登記した者は，不正の競争の目的で同一または類似の商号を使用する者に対してその使用の差止めを請求することができる，と規定していたが，他方で，商号は商品等表示の一種として，不正競争防止法の保護を享受しうる。具体的には，商号が周知となった場合には，不正競争防止法 2 条 1 項 1 号により，周知性が満足される需要者の範囲内で，他者が類似の商品等表示を使用して混同のおそれを引き起こす行為に対する請求を認めている。また，商号が著名性をも獲得した場合には，1993 年改正により新設された不正競争防止法 2 条 1 項 2 号により，混同のおそれを要することなく，保護を享受しうる。こうした不正競争防止法による保護との関係で，かねてより，改正前商法 20 条に関してはその実益が取り沙汰されていた。

　この点に関して，指導的な学説の一つは，不正競争防止法が 1950 年改正により混同行為者の不正競争の目的の有無を問わず，類似表示の使用の差止請求を周知表示の主体に許容してから以降は，改正前商法 20 条はほとんど独自の意義を有しなくなっていると指摘する。登記が必要な商法 20 条 1 項において，かえって類似商号の使用者に不正競争目的があることという不正競争防止法にない要件が課されている反面，たしかに，不正競争防止法の保護を受けるためには，別途，周知性や混同のおそれがあることが必要であるが，周知でないにも関わらず，不正競争目的が肯定されることは考えにくい。ゆえに，改正前商法 20 条 1 項の保護は，不正競争防止法 2 条 1 項 1 号に事実上吸収されている，というのである[7]。わずかに，改正前商法 20 条 2 項は，同市町村内において

---

(6)　かつては，会社について必要的登記事項である抹消を求めうるのかということが議論されていたが，現在ではこれが認められることに異論はない（学説，裁判例につき，田村善之『不正競争法概説（第 2 版）』（有斐閣，2003 年）153-154 頁）。

同一営業のために他者が登記商号を使用した場合に，不正競争の目的があることを推定しているが，これにより周知性が推定される[8]ところに商号を登記する実益があるに止まる，とされている。改正前商法 20 条 1 項にいう「不正の競争の目的」を，この見解のようにあえて狭く解釈する必要はないように思われるが[9]，いずれにせよ周知性の要件がクリアされる場合には，改正前商法 20 条 1 項に独自の意義を認めることが困難であることはたしかである。

2005 年改正に際しては，まず「会社法制の現代化に関する要綱試案」の段階で，改正前商法 20 条につき，不正競争防止法との関係が取り沙汰され，現状維持，同条 2 項のみ削除，同条の全面的削除という 3 案が示された後[10]，「会社法制の現代化に関する要綱案」[11]段階で，三番目の全面的削除案に一本化された案が公表され，最終的にそのまま 2005 年改正により改正前商法 20 条による登記商号の保護は撤廃されることになった。不正競争防止法や改正前商法 21 条（改正後商法 12 条に相当），新設される会社法 8 条に委ねれば足りると判断されたのである[12]。

3 営業主体の不正誤認行為の規律の変容

2005 年改正前商法 21 条は，不正の目的で他人の営業と誤認せしむべき商号を使用することに対し，利益を害されるおそれのある者が差止めを請求しうることを定めていた。同号は，登記商号に限らず，とりわけ営業に用いられているわけではない名称（e.g. 個人名）も保護を享受しうる点で，不正競争防止法に対しても独自の意義が認められる規律であり，2005 年改正の際にも，改正前商法 20 条と異なり，当初からこれを維持するものという方針が採られていた[13]。

---

(7) 中山信弘「商号をめぐる商法と不正競争防止法の交錯」竹内昭夫編『現代商法学の課題 鈴木竹雄先生古稀記念（中）』（有斐閣，1975 年）623-629 頁。

(8) 厳密には，不正競争防止法に依拠した場合に必要となる周知性の立証を省略する効果があるという意味だと思われるが，中山・前掲注(7) 624-625 頁。

(9) 田村・前掲注(6) 217-218 頁。

(10) 参照，法務省・前掲注(4) 2 頁。

(11) 参照，法務省「改正法制の現代化に関する要綱案」http://www.moj.go.jp/shingi1/shingi_050209-1-1.html。

(12) 相澤＝岩崎・前掲注(3) 12 頁。

1 商号等の不正使用行為に対する規律(商法12条・会社法 8 条)をめぐる一考察〔田村善之〕

　もっとも，2005 年改正は，最終的には，新設される商法 1 条 1 項が商法を
して商人の営業や商行為という商事に関して規定する法律であることを謳って
いることや，人格権，パブリシティ権が確立され，商人以外の者の氏名，名称
についてはこれらによる保護が可能となっていることを勘案し，保護の客体を
限定することとし，「他人の営業」ではなく，「他人の商人」ないし「他人の会
社」と誤認するおそれがある名称，商号を使用することと文言が改められた[14]。

Ⅲ　保護の対象

　このようにして新設された商法 12 条，会社法 8 条に関しては，その保護の
対象が商人の会社の商号（会社の場合は会社の「名称」が商号となることにつき，
会社法 6 条 1 項）に限られるのかということが問題とされている。

　立案関係者は，個人標識をも保護する改正前商法 21 条を改め，「商人の用い
る商号の保護を目的とするものと整理し」たと説いており，この見解を前提と
する場合には，保護の対象は，商人の商号，会社の名称に限られることにな
る[15]。

　しかし，法文上は，誤認させる行為をなすほうの者，つまり違反行為者が，
他の商人や会社と誤認されるおそれのある「名称又は商号」を使用してはなら
ない（商法 12 条 1 項，会社法 8 条 1 項）と規定されているに止まり，誤認され
るほうが用いているものに関しては言及がない。商法 12 条 2 項や，会社法 8
条 2 項は，違反行為に対して差止めを請求しうる者は，営業上の利益を侵害さ
れる者であることを明定しているから，請求主体は，通例，商人や会社となる

---

[13]　参照，法務省・前掲注(4) 2 頁。

[14]　郡谷大輔＝細川充「会社法の施行に伴う商法及び民法等の一部改正」相澤・前掲注(3)
259 頁。立案関係者の挙げる理由のうち，体系的な整序を云々する件は，どの程度実益
のある議論か疑わしいが（川濵昇／森本滋編『商法総則講義（第 3 版）』（成文堂，2007
年）65 頁），ともあれ，担当者は，現在では，人格権，パブリシティ権の保護により差
止めが可能となっており，そちらの規律に委ねれば足りると考えていた〔郡谷＝細川・
前掲 259 頁〕。パブリシティ権侵害の要件論については，参照，田村善之〔判批〕法律
時報 84 巻 4 号（2012 年）1-4 頁，同「パブリシティ権の侵害行為」同『ライブ講義知
的財産法』（弘文堂，2012 年）532-572 頁，橋谷俊〔判批〕知的財産法政策学研究 41 号
232-276 頁・42 号 297-340 頁（2013 年）。

民商法の課題と展望

と思われるが[16]，条文上，保護されるべき側に課されている制限はそれに止まる。ゆえに，営業上の利益を有する者が使用しているものでありさえすれば，それが商号ではなく，たとえば，商品名やサービスの名称のようなものであっても，違反行為者がそれと似ている商号を使用することで，主体の誤認が生じるのであれば，商法 12 条 1 項や会社法 8 条に該当するように読める。誤認される側が用いているものが商号以外のものであったとしても，それと似ている商号や名称が他者に用いられる場合には，主体に関する誤認が生じることに変わりはないのであるから，あえて条文にない制約を課す必要はないように思われる[17]。

　裁判例でも，原告が，その商号ではないが，代表者の氏名のアルファベット表記であり，服飾ブランド名として用いており，商標登録もなしている「arai-sara」につき，被告の商号「araisara japan 株式会社」によって誤認されるおそれがあるか否かということが争われた事件で，会社の商号に限らず，会社の商品名や商標等も会社法 8 条 1 項によって保護される旨を説いて，原告の請求

---

(15)　立案担当者の見解として，郡谷＝細川・前掲注(14) 259 頁。学説では，近藤光男『商法総則・商行為法（第 6 版）』（有斐閣，2013 年）57 頁。大塚龍児／落合誠一＝大塚龍児＝山下友信『商法 I —— 総則・商行為（第 5 版）』（有斐閣，2012 年）55 頁も，その趣旨であろう。大塚龍児／酒巻俊雄＝龍田節編集代表『逐条解説会社法 第 1 巻 総則・設立』（中央経済社，2008 年）122 頁も，保護の対象が商号に限らず，商標等をも含むとする見解を，自説とは区別して紹介している。

(16)　立案関係者は，「他人の商人」（商法 12 条 1 項），「他人の会社」（会社法 8 条 1 項）と限定を付すことにより，そもそも商人，会社以外の者は請求権者にはなりえないと解しており（郡谷＝細川・前掲注(14) 259 頁），学説でもそのように理解されることがある（岩渕正紀＝野下えみ「商号の選定と商業登記の効力」『会社法大系 I　会社法制　会社概論・設立』（青林書院，2008 年）121 頁）。日本語の問題としては，そこまで読み込めるものではないように思われるが，公益法人であっても，商行為を業としてなす場合には商人たりうるのだとすれば（鴻常夫『商法総則（第 5 版）』（弘文堂，1999 年）115-116 頁），議論の実益はほとんどないのかもしれない。ちなみに，最判平成 18.1.20 民集 60 巻 1 号 137 頁［天理教豊文教会］は，不正競争防止法 2 条 1 項 1 号の商品等主体混同行為に対する民事上の請求をなしうる者としての，営業上の利益を害される者（不正競争防止法 3 条 1 項，4 条）に関しては，傍論ながら，宗教法人であっても，「取引社会における事業活動」を行っている場合には，（それが宗教活動と密接不可分のものである場合を除き）不正競争防止法の規律の対象となりうる旨を説いている（その位置づけにつき，鈴木將文［判批］ジュリスト 1332 号（2007 年）266 頁）。

(17)　行澤一人／江頭憲治郎編『会社法コンメンタール』（商事法務，2008 年）139 頁。

を認容した判決（東京地判平成23·7·21平成22(ワ)46918［araisara japan 株式会社］）や，「有限会社ルセーヌ館」との商号，「ジャルダン・ド・ルセーヌ」との名称を使用して，結婚式場，レストラン事業を運営してきた原告が，被告に業務委託をなしていたところ，被告がその契約解除後も「有限会社ルセーヌ館」，「ジャルダン・ド・ルセーヌ（社）」との表示を用いて営業を継続したという事案で，「有限会社ルセーヌ館」との商号，「ジャルダン・ド・ルセーヌ」との名称の双方について商法12条1項に基づく使用の差止請求を認容した判決（東京地判平成27·11·20平成26(ワ)15673［ジャルダン・ド・ルセーヌ］）がある。いずれも，商号ではないが，原告が自己を示すものとして用いているものと誤認されるおそれのある表示について請求が認められていると理解することができる。

　ところで，不正競争防止法2条1項1号，2号で保護される「商品等表示」に関しては，法文上，「人の業務に係る氏名，商号，商標，標章，商品の容器若しくは包装その他の商品又は営業を表示するもの」との定義が与えられており（不正競争防止法2条1項1号括弧書き），裁判例では，さらに，商品の形態，はては営業方法のようなものまでもが含まれうるとされている[18]。これに対して，商法12条1項，会社法8条1項においては，最終的には「名称又は商号」と誤認されるおそれのあるものとならなければならないから，保護される対象は，実際には，ほとんどの場合，言語的な表示に限られることになろう。ただ，理論的には，たとえば模様や形状（e.g. 矢印形の紋章や立体的な看板）が有名となったために，需要者や取引者の間で特定の観念や称呼が生じ（e.g.「矢印」，「arrow」），もってそのような称呼を含む商号等によって誤認されるおそれが生じることはありえないわけではない。

IV　他の商人・会社であると誤認されるおそれのある名称・商号

1　名称・商号

商法12条1項，会社法8条1項に該当するためには，違反行為者が，他の

---

[18]　田村・前掲注(6) 68-69·119-136 頁。商品の陳列の仕方や店舗の外観に関し，張鵬［判批］知的財産法政策学研究40号（2012年）109-134頁。

商人や会社であると「誤認されるおそれのある名称又は商号」を使用していることが必要とされている。

　この点に関して，2005年改正前商法21条は，その文言上，「商号」として使用される場合に規制対象を限定していたところ，2005年改正商法12条1項，会社法8条1項はこれに「名称」を加えている。そのため，学説では，改正後の規制対象は，商号として用いられる場合に限られず[19]，看板，広告等において使用される場合，さらには，商標やサービスマークに取り入れることをも違反行為に含まれると解すべきであるという理解が提唱されている[20]。このような理解を押し進める場合には，商法12条1項と会社法8条1項に不正競争防止法2条1項1号と2号に並ぶ標識保護法としての地位が与えられることにもなろう[21]。

　もっとも，理屈をこねるのであれば，他の商人や会社「であると誤認されるおそれのある名称又は商号」という書きぶりは，不正競争防止法2条1項1号括弧書きの商品等表示の定義が，文言上，行為者の商品，営業を示す表示として規定されているとともに，言語的な表示以外のものも含まれることが明定されていることに比すれば，相当に狭いものとなっている。また，不正競争防止法2条1項1号は，「他人の商品又は営業と混同を生じさせる行為」を規律しているが，商法12条1項，会社法8条1項は，あくまでも他人の商号，会社であると誤認されるおそれを対象としており，商品や営業の混同を通じた，いわば間接的な主体の混同を想定していないように読める。このような条文の体裁は，立法者が，これらの条文をして，不正競争防止法に比肩しうる包括的な商品等表示に対する規律を構築することを企図していたわけではないことを窺わせる。商法12条1項，会社法8条1項が，後述するように，周知性，著名性を要件とすることなく，不正の目的ある行為に対する保護を認めているのだとすると，そのような一面においては不正競争防止法よりも広範な保護を正当化する理由として，商品やサービスの名称などで間接的に主体を表示するもの

---

(19)　岩渕＝野下・前掲注(16) 21頁。反対，蓮井良憲／蓮井良憲＝森淳二郎編『商法総則（新商法講義1上）（第4版）』（法律文化社，2006年）57頁。

(20)　大塚・前掲注(15)逐条解説122頁。

(21)　この文脈ではなく，保護の対象が商号に限られないという論点に関連して提言されたものであるが，参照，行澤・前掲注(17) 139-140頁。

ではなく，商号のように，直接，違反行為者そのものを示すために，違反行為者に対する結びつきが強く，他人の営業上の利益を侵害する度合いが類型的に高いと思料される場合に規律の対象を限定したと理解することが可能である。このように条文の形式的な文言に対して合理的な理由を与えることができる以上，立法論はともかく，解釈論としては，そうした合理的な根拠に即して，違反行為者そのものを示す表示のみが規律の対象となると解される。したがって，被疑違反行為者を直接，記す表示が別途，示されている等の理由により，商品名やサービスの名称として用いられているものが，直接，行為者を示す商号や名称として用いられているわけではない場合には，商法 12 条 1 項，会社法 8 条 1 項の規律から外れると解するのが，解釈論としては合理的といえよう。

　とはいえ，このように解したからといって，違反行為者が用いている表示が商号（会社の名称を含む）でなければならないというわけではない。かつての「ヤマハ」「マツダ」の例を引くまでもなく，商号ではない表示であっても，行為主体を特定するものとして用いられる表示が存在する。そもそも商号が登記されていない場合には，複数の表示が使われているために，商号が何かを特定することが困難な場合もありえよう。また，フランチャイズなどでは，本部の正式の商号よりもフランチャイズの名称のほうがよりよく行為主体を特定する機能を果たしていることもある。さらにいえば，商品名やサービスの名称が，行為者そのものを示す表示として（も）用いられていたり，そのように理解されていたりする場合はいくらでもある（特に後者）。こうした実態に鑑みる場合には，商号でなくとも，需要者や取引者に対して違反行為者そのものを特定する表示として機能しているものであれば，商法 12 条 1 項，会社法 8 条 1 項にいう「名称又は商号」に含まれると解すべきである。

　裁判例では，原告（商号は「有限会社ルセーヌ館」，営業の際の名称として「ジャルダン・ド・ルセーヌ」との名称を使用する）からの業務委託契約解除後も被告（「株式会社オーエン」）の実質的経営者が「有限会社ルセーヌ館，ジャルダン・ド・ルセーヌ社　○○○（最高執行責任者）」，「ルセーヌ館，ジャルダン・ド・ルセーヌ　○○○（最高執行責任者）」及び「ジャルダン・ド・ルセーヌ　営業部支配人」なる名刺を示して営業を継続していたという事案で，「有限会社ルセーヌ館」と「ジャルダン・ド・ルセーヌ」双方について使用の差止めを認容した判決がある（前掲東京地判［ジャルダン・ド・ルセーヌ］）。被告が自己の商

民商法の課題と展望

号として用いていると受け止められる可能性のある表示に止まらず，その名称として用いているものについても，それが商号として使用されているか否かに拘ることなく，請求を認めたものとして注目される。

ところで，「名称又は商号」という規定の体裁は，言語的な表示を想起させ，不正競争防止法により保護されうる図形や立体的形状などは含まれないように読める[22]。このような改正法の文言に対しては，言語的な表示でなくとも，出所を識別する機能を果たすことは十分にありえるのだから，「名称又は商号」は，図形や立体的形状であっても，出所識別機能を発揮するものである限り，それらを包含する概念であるとして条文を拡張ないし類推解釈し，不正競争防止法上の「商品等表示」と同旨する立場もありえないわけではないだろう。しかし，不正競争防止法下においてすら，商品形態等，本来的に出所識別表示を果たすものではないことが多いものを「商品等表示」として保護することには，周知性の認定の運用や，競争上似ざるをえない表示除外説（または技術的形態除外説）の採用など一定の慎重な態度が採られるのが通例である[23]。商品の形態等に対する不正の目的の冒用行為を過度に禁圧する場合には，徒に競争を阻害するおそれなしとしない。本来的に出所識別表示を果たしうるものであることが多い言語的な表示との間でなお一線を引くという考え方に全く合理性がないというわけではないのである。このように，不正の目的がある商品等表示の使用行為を規律する第一歩としては，言語的な表示の使用行為に禁止範囲を限定するという判断に相応の意義がある以上，「名称又は商号」という条文の文言の解釈論としては，言語的な表示に限定したものと理解するのが穏当であろう[24]。

2　他の商人・会社であると誤認されるおそれ

不正競争防止法2条1項1号の「混同」概念は，商品等主体の同一性を誤認

---

[22]　商法12条1項，会社法8条1項に関するものではなく，会社法6条1項の「名称」「商号」に関する叙述であるが，参照，大塚・前掲注[15]逐条解説116頁。

[23]　田村・前掲注(6) 119-135頁。

[24]　もちろん，需要者が文字や音声を認識しうるのであれば，絵文字となっていたり，装飾をともなっていたりするからといって，それだけで「名称又は商号」から外れることはないと考える。

14

1 商号等の不正使用行為に対する規律(商法12条・会社法8条)をめぐる一考察〔田村善之〕

する狭義の混同ばかりでなく親会社，子会社の関係や系列関係などの緊密な営業上の関係が存するものと誤認するという（広義の）混同（最判昭和58・10・7民集37巻8号1082頁［日本ウーマン・パワー］），あるいは，同一の商品化事業を営むグループに属する関係が存するものという（厳密には狭義の）混同（最判昭和59・5・29民集38巻7号920頁［フットボール・シンボルマーク］[25]）が含まれると解されている[26]。商法12条1項，会社法8条1項においても，規制の実を挙げるためには，同様に理解すべきであろう。ゆえに，表示自体は区別がつくものの，親子関係や資本関係があるのではないか等，広義の混同を引き起こすに足りるほど似ている表示も，「誤認されるおそれがある」表示に該当すると理解すべきである[27]。

　裁判例では，違反行為者の表示（以下の判文内では「本件商号」）に関して，「原告のブランド名や原告代表者名等は認識しているものの，原告の商号を十分に認識していない者に対しては，本件商号は原告であると誤認されるおそれがあるものといえる」という理由づけの下で同条違反を肯定する判決がある（前掲東京地判［araisara japan 株式会社］）。事案に応じて，狭義の混同に引き寄せて認定しているようであるが，広義の混同で足りるか否かということが争点となった事件ではない。

　ところで，不正競争防止法2条1項1号における「類似」性の要件は，双方に共通する部分が独占を認めるべきではない部分である場合に，かりに混同のおそれがあるとしても（場合によっては混同の実例すら存在する場合であっても）類似性を否定することで，規範的に保護範囲を限定するために機能するものであることが知られている[28]。対応する要件である商法12条1項，会社法8条1

---

(25)　ライセンス関係があるものとの誤信を広義の混同に含めるべきでないことや，その関係で，フットボール・シンボルマーク事件最判が広義の混同を認めたもの（清永利亮［判解］『最高裁判所判例解説 民事篇 昭和59年度』（法曹会，1989年）313頁の理解）ではなく，狭義の混同を認めたものと理解すべきことにつき，田村・前掲注(14) ライブ講義563-568頁，才原慶道［判批］知的財産法政策学研究12号（2006年）301-309頁。

(26)　田村・前掲注(6) 86-92頁。

(27)　なお，後述するように，商法12条1項や会社法8条1項にいう「不正の目的」には，誤認混同の意図ばかりでなく，標章汚染行為のようなものも含まれると考えられる。規律の趣旨に鑑みれば，そのような行為類型においては，元来は，主体の誤認よりは，容易に連想しうる表示を問題とすべきであり，趣旨に応じて，「誤認されるおそれのある」表示の意味も調整されることが望まれる。

項における「誤認されるおそれ」の解釈としても，そのような運用をなすことが望まれるが[29]，かりにその文言上，混同のおそれがある場合にその充足性を否定することが困難であるとすれば，次に述べる「不正の目的」のところで調整を図るべきであろう。

V 不正の目的

1 序

商法 12 条 1 項，会社法 8 条 1 項にいう「不正の目的」に関しては見解に対立が見られる。

2 主体の誤認を要求する見解

学説では，「不正の目的」をして，自己を他人と誤認させる意図，つまり主体を混同させる意図に限定する見解が唱えられることが少なくない[30]。この見解を，以下では便宜上，第一の立場と呼ぶことにしよう。

その根拠として，商法 12 条 1 項や会社法 8 条 1 項が「誤認されるおそれのある名称又は商号」が用いられることを違反行為の要件としている以上，「不正の目的」に関しても，それと平仄のとれた解釈をなすことが必要である旨の理由づけが唱えられることがある[31]。

---

(28) 田村・前掲注(6) 80-82 頁。

(29) 林娲 [判批] 私法判例リマークス 40 号（2010 年）84-85 頁。

(30) 大野正道 [判批] 江頭憲治郎＝山下友信編『商法総則・商行為判例百選（第 5 版）』（有斐閣，2008 年）27-28 頁，近藤・前掲注(15) 57-58 頁，蓮井・前掲注(19) 57 頁，関俊彦『商法総論総則（第 2 版）』（有斐閣，2006 年）146 頁，川濱・前掲注(14) 65 頁，松本好史 [判批] 知財ぷりずむ 62 号（2007 年）71-73 頁，神崎満治郎／神崎満治郎編『株式会社の設立 商号・目的その他の変更（商業登記全書 2 巻）』（中央経済社，2008 年）15 頁，山下友信『新基本法コンメンタール会社法 I （第 2 版）』（日本評論社，2016 年）57 頁。

(31) 2005 年改正前商法 21 条に関するが，矢沢惇 [判批] 鴻常夫＝竹内昭夫編『商法（総則・商行為）判例百選』（有斐閣，1975 年）46 頁。2005 年改正会社法 8 条 1 項に関しては，大野・前掲注(30) 27-28 頁。

1 商号等の不正使用行為に対する規律（商法12条・会社法 8 条）をめぐる一考察〔田村善之〕

3 主体の誤認以外の要素を考慮する見解

しかし，2005 年改正前商法 21 条における「不正の目的」に関しては，最判昭和 36・9・29 民集 15 巻 8 号 2256 頁［東京瓦斯］[32]があり，明言しているわけではないものの，原判決の認定と論法を前提とする限り，誤認する目的があることを要しないと理解していると推察されていた[33]。

2005 年改正の立案関係者も，同条の意義を混同がない場合にも保護を及ぼしうる点に見出していたことが窺われる[34]。改正後の商法 12 条 1 項，会社法 8 条 1 項に関しても，誤認させる意図がない場合であっても「不正の目的」を肯定しうる旨を説く見解が唱えられている[35]。これを第二の立場としよう。

4 主体の誤認に加えて＋αの不正要素があることを要求する見解

さらに，学説では，第三の立場として，主体の誤認の意図が要件となることは前提としつつ，さらにそれに＋αの加重要素が認められない限り，「不正の

---

[32] 原告「東京瓦斯株式会社」が中央区へ本店を移転しようとしたところ，それより先に被告が自己の登記を「東京瓦斯株式会社」に変更するとともにその目的を「石炭瓦斯の製造販売等」に改めたために，原告は移転登記をすることができなくなったという事件で，商法 21 条の不正の目的を認めて，使用差止めおよび商号登記抹消請求を認容した原判決を維持した判決である。ただし，原告の名が全国的に知られていたという事件であり（参照，東京高判昭和 34・9・3 判時 200 号 24 頁［東京瓦斯］），現に第一審は旧不正競争防止法 1 条 1 項 2 号により請求を認容している（東京地判昭和 32・9・30 民集 15 巻 8 号 2256 頁参照［同］）。

[33] 調査官解説である枡田文郎［判解］『最高裁判例解説 民事篇 昭和 36 年度』（法曹会，1973 年）336 頁はそのように理解している。

[34] 法務省・前掲注(4) 3 頁には，「同条は，著名性を要求していない等，不正競争防止法よりも保護範囲が広い面があり，その意義を積極的に評価する考えが強い」という記述がある。周知表示に対する混同行為を規律する不正競争防止法 2 条 1 項 1 号ではなく，著名表示につき混同がない場合にも保護を拡大する不正競争防止法 2 条 1 項 2 号との関係を意識した叙述となっている点で，混同がない場合であっても商法 21 条の規律が及ぶことを前提としているものと推測される。

[35] 田邊光政『商法総則・商行為法（第 4 版）』（新世社，2016 年）86 頁，渋谷達紀［判批］判例時報 2054 号（2009 年）183 頁，島田邦雄ほか［判批］旬刊商事法務 1869 号（2009 年）56 頁。田中亘『会社法』（東京大学出版会，2016 年）39 頁（不正の目的を，「不正な活動をする積極的な意思」としつつ，「典型的には」主体を誤認する目的がこれに当たるとするに止めている），酒井太郎［判批］金融・商事判例 1338 号（2010 年）16 頁も参照。

[36] 大塚・前掲注(15) 逐条解説 123 頁，林・前掲注(29) 85 頁。

17

目的」となることはないという形で，誤認の意図に対して他の要素を加重要件と考える見解も提唱されている[36]。条文の文言上，「誤認されるおそれのある」名称または商号という要件に加えて，単なる悪意ではなく，あえて「不正の目的」と書かれているのであるから，単純な誤認の意図では足りないと読むべきであるというのである[37]。

　従前，この見解は，主体の誤認以外の要素を勘案する点で，第二の立場と渾然一体視される嫌いがなかったわけではない。しかし，両者は，主体の誤認を要件と解するか否かという点で決定的な違いがあり，明確に別の見解として認識されなければならない。第二の立場は，誤認の意図がない場合でも「不正の目的」が肯定される場合があることを認める点で，第一の立場よりも「不正の目的」の成立範囲を拡げる見解であったのに対して，第三の立場は，誤認の意図があることを前提としつつ，さらに＋αとして不正の要素があることを要求する点で，第一の立場よりも「不正の目的」の成立範囲を狭める見解なのである。

5　検　討

　いずれの立場を是とするかを判断するに際して肝要なことは，商品等主体の混同行為を規律する不正競争防止法2条1項1号との関係である。具体的には，商法12条1項や会社法8条1項による保護を肯定する条件として，不正競争防止法と同様に表示の周知性を要求するか否かということが問題となる。

　改正前商法21条に関しては，周知性が必要であるとする見解も存在したが[38]，そのように解しても，個人標識を（も）保護する同条の下では，不正競争防止法との関係でその意義が失われることはなかった。しかし，請求権者に営業上の利益が備わることを要求する2005年改正後の商法12条，会社法8条の下で，同様に周知性を要件としたうえで，第一の立場や第三の立場のように誤認の意図があることをも要求すると，これらの条文が不正競争防止法2条1項1号との関係で独自の意義を発揮する余地がないという事態に陥ってしまう。

---

(37)　大塚・前掲注(15) 逐条解説 123 頁。

(38)　大隅健一郎『商法総則（新版）』（有斐閣，1978 年）198 頁。石井照久＝鴻常夫『商法総則（第3版）』（勁草書房，1975 年）113-114 頁も参照。

(39)　山下・前掲注(30) 57 頁。

1 商号等の不正使用行為に対する規律（商法12条・会社法8条）をめぐる一考察〔田村善之〕

とはいうものの，こうした問題を解決するために，商法12条1項，会社法8条1項の保護を求めるには周知性は不要である[39]と解してしまうと，特に，第一の立場のように，これらの条文における「不正の目的」に関して主体を誤認する意図さえあればそれで充足されるとする場合には，逆に，不正競争防止法2条1項1号の規律が潜脱されてしまいかねない。たしかに，不正競争防止法の保護を求めるためには誤認混同の意図があることは要求されていないが（不正競争防止法2条1項1号・3条1項・4条），需要者の間で周知の表示について類似表示を使用する違反行為者が認識を欠くことは滅多にないと推察されるからである。

したがって，商法12条1項，会社法8条1項における「不正の目的」要件の充足に主体の誤認の意図が必要であると解する立場を堅持する場合には，一方では不正競争防止法との関係でこれらの条文の意義を保ちつつ，他方で不正競争防止法の意義をも減殺しないようにするために，これらの条文の適用に際して周知性は不要であるとしつつ，「不正の目的」に関しては，少なくとも周知性を欠く表示については，主体を誤認する意図以外の要素があることを要求するほかない，つまり第三の立場を採るしかないと考えられる[40]。ゆえに，第一の立場，つまり主体の誤認の意図以外の要素の考慮を否定する立場は採りえない。

それでは，残る二つの立場，すなわち，主体の誤認の意図以外の要素を許容する第二の立場と，主体の誤認の意図を必須要件と解する第三の立場のうち，いずれに軍配を上げるべきであろうか。この点に関しては，「誤認させるおそれのある名称又は商号」と規定されている以上，論理必然的に，「不正の目的」についても誤認させる意図があることが必要となると理解するのであれば，第三の立場は採りえないことになる。しかし，たとえば，譲渡料取得目的で商号の登記を取得する者には，自身は使用する意図がない場合，ゆえに誤認させる意図はない場合がほとんどであろうが，保護を求める主体としては，誤認されるおそれのある範囲内の表示であるからこそ，商号を自己の下に留め置きたいと考えるからこそ，譲渡料を支払ってでも登記商号の譲受けを目論むのであ

---

[40] 周知性は不要としつつ，「不正の目的」に関しては，誤認させる意図があることを前提に＋αとして，公序良俗違反，権利濫用などの目的があることを要求する見解として，大塚・前掲注[15] 逐条解説 122, 123, 125 頁。

民商法の課題と展望

る[41]。また，保護を求める者とは全く無関係の営業（e.g. 性風俗産業等）に商号
が用いられる場合にも，誤認混同されるおそれはない[42]，ゆえに誤認させる意
図はないとしても，なお商号に悪いイメージが付着し営業上の利益が害される
おそれがあることは否めない。もちろん，後者のような標章汚染行為（tarnish-
ment）にあっては，厳密にいえば，誤認されうる表示というよりは，容易に
連想されうる表示が用いられることが問題なのであるが[43]，他の行為類型を含
めて包括的に不正行為を規律しようとする法文上，「誤認されるおそれのある」
という文言で一括りに表現されていると解することは十分に可能であろう。そ
うだとすると，商法12条1項，会社法8条1項の「不正の目的」の解釈にお
いて，主体を誤認する意図を常に要求する必要はないように思われる。した
がって，条文の文言から，必然的に第二の立場は採りえないという論拠は導き
えないと考える。

(41) もとより，2005年改正後の商号法制の下では，同一住所で同一商号を登記しようと
するのでない限り，商号登記を取得することは妨げられていないから，改正前のよう
に，同一市町村内において判然区別しがたい商号の登記が阻止されてしまうという効果
のあった時代に比して，商号スクワッター（あるいは「商号屋」）に商号登記を先に取
得されてしまうことによって被る不利益は著しく減少してはいる。とはいうものの，
万一，登記商号が使用意思のある第三者の手に渡ってしまっては，商標法26条1項1
号，あるいは解釈次第では不正競争防止法19条1項2号（法人の名称が同号の適用除
外を受けうるについては，否定説を採る静岡地浜松支判昭和29・9・16下民5巻9号
1531頁［山葉楽器］と，肯定説を採る東京地判平成14・10・15判時1821号132頁
［BUDWEISER BUDVAR］，東京地判平成16・5・28判時1868号121頁［KITAMURA
MACHINE WORKS］の対立が見られる）により自己氏名使用の抗弁を対抗されるおそ
れがあるなど（条文上要求されている「普通に用いられる方法」や「不正の目的」の運
用で対処可能ではあるが，抗弁が成り立たないことが明らかな場合に比して面倒ではあ
る），商号登記の抹消に全く意味がないというわけでもない。
(42) 関連して，「シャネル」対「スナックシャネル」の事件で不正競争防止法2条1項1
号における「混同」を肯定した最判平成10・9・10判時1655号160頁［スナックシャネ
ル］に関しては，経過措置との関係で，1993年改正不正競争防止法2条1項2号の著
名表示の不正使用行為の規律が及びえない事件における便法であり，また事案としても
性風俗産業に用いられた場合にまで射程が及ぶものではないと考えられることにつき，
田村善之「裁判例にみる不正競争防止法2条1項1号における規範的判断の浸食」相澤
英孝ほか編『知的財産法の理論と現代的課題 中山信弘先生還暦記念』（弘文堂，2005
年）403-409頁。
(43) 不正競争防止法2条1項2号における類似性要件の解釈として，参照，田村・前掲注(6)
246頁。

1 商号等の不正使用行為に対する規律(商法12条・会社法8条)をめぐる一考察〔田村善之〕

そうなると，第二の立場か第三の立場のどちらを採るのかということは，結局，2005 年改正商法 12 条，会社法 8 条に，誤認混同行為以外の商号スクワッティング（いわゆる「商号屋」の行為）や標章汚染行為その他の不正行為に対する規律を期待するか否かという政策判断に帰着する。著名表示不正使用行為に対する保護を認める不正競争防止法 2 条 1 項 2 号[44]，不正出願商標対策を講じる商標法 4 条 1 項 19 号[45]，あるいは同様の目的に資するものとして運用されている 4 条 1 項 7 号の解釈[46]と平仄を合わせるのであれば，商法 12 条，会社法 8 条にも，誤認行為以外の不正行為に対する保護を期待することが，整合的な解釈論であるというべきではなかろうか[47]。

結論として，商法 12 条 1 項，会社法 8 条 1 項の「不正の目的」には，主体を誤認させる意図以外にも，譲渡料取得，標章汚染，その他の妨害目的などが含まれ，主体の誤認の意図は「不正の目的」を肯定するための必須の要件ではないと考える。

そのうえで，周知性との関係等については以下のように考えるべきであろう。

第一に，行為者が主体の誤認のみを意図しており，その他の不正の目的を欠く場合には，保護を求める者の表示が周知であることが必要となると解される。要件論としては，「不正の目的」のなかに読み込むことになる。同様に，不正競争防止法 2 条 1 項 1 号に関しては，普通名称や自己氏名使用，先使用など，商法 12 条 1 項や会社法 8 条 1 項に関しては明文の規律がない適用除外が設けられているところ（不正競争防止法 19 条 1 項 1 号～4 号），こうした不正競争防止法上の調整を無意義なものとしないためには，主体の誤認の意図のみがあるに止まる事案において商法 12 条 1 項，会社法 8 条 1 項を適用する場合には，不正競争防止法の適用除外と同様の規律を「不正の目的」のところで実現するほかない。要するに，行為者に，主体の誤認の意図のほかに不正の目的がない

---

(44) 参照，田村・前掲注(6) 236-258 頁。

(45) 参照，田村善之『商標法概説（第 2 版）』（弘文堂，2000 年）103-105 頁。

(46) 参照，田村・前掲注(45) 106 頁，松原洋平［判批］知的財産法政策学研究 15 号（2007 年）371-385 頁，井関涼子［判批］同志社法学 65 巻 1 号（2013 年）163-203 頁，同／金井重彦＝鈴木將文＝松嶋隆弘『商標法コンメンタール』（レクシスネクシス・ジャパン，2015 年）83-100 頁。

(47) 前掲知財高判［ジャパン・スポーツ・マーケティング株式会社］に対する，小塚荘一郎［判批］ジュリスト 1388 号（2009 年）105-106 頁の評価も参照。

民商法の課題と展望

場合には，商法 12 条 1 項，会社法 8 条 1 項は，不正競争防止法 2 条 1 項 1 号に関する同法上の違反要件と同様の要件の下で違反の有無が判断されると解するのである。この解釈の下では，この場面ではこれらの条文に独自の意義はなく，損害賠償額の推定規定の存在（不正競争防止法 5 条）や刑事罰の重さ（不正競争防止法 21 条 2 項 1 号・22 条 1 項 3 号と商法 13 条，会社法 978 条 3 号の対比）の点で保護が手厚い不正競争防止法が事実上選択されることになろう。

　第二に，行為者に，主体の誤認の意図とともに，あるいは主体の誤認の意図に代えて，譲渡料取得や，標章汚染，その他の妨害目的が備わっている場合にこそ，商法 12 条 1 項，会社法 8 条 1 項の独自の意義があり[48]，この場面では，保護を求める者の表示が周知であることを要求する必要はない。譲渡料取得，標章汚染に関しては既述したが，その他の妨害目的の候補としては，たとえば，他人の商品等表示が未だ周知ではない地域において，他人のチェーン店等による営業の拡大計画を認識しつつ，自己氏名使用等の正当な理由なく，類似表示を自己の商号として使用する目的などを想定することができよう[49]。

　裁判例でも，不正の目的に関しては，主体を誤認させる意図に止まらないことが明言されている（会社法 8 条 1 項に関し，知財高判平成 19・6・30 判時 2036 号 117 頁［ジャパン・スポーツ・マーケティング株式会社］，前掲東京地判［araisara japan 株式会社][50]）。また，周知性を満たす必要がないことも明らかにされており（前掲知財高判［ジャパン・スポーツ・マーケティング株式会社］，前掲東京地判［araisara japan 株式会社]），具体的な認定としても，会社法 8 条 1 項（前掲東京地判［araisara japan 株式会社]），商法 12 条 1 項（前掲東京地判［ジャルダン・ド・ルセーヌ]）について，周知性の認定を経ることなく，請求を認容する判決が現れている。

　その代表例として，ジャパン・スポーツ・マーケティング事件では，原審の東京地裁（東京地判平成 18.11.29 判時 2036 号 120 頁［ジャパン・スポーツ・マーケ

---

[48]　参照，小塚・前掲注[47] 105 頁。

[49]　参照，高瀬亜富「商法，会社法上の商号規制，商標法上の規制との対比」棚橋祐治監修『不正競争防止法の実務（改訂版）』（三協法規出版，2013 年）257 頁。

[50]　「会社法 8 条 1 項にいう『不正の目的』とは，不正な行為や状態を欲する意思を要し，具体的には，他の会社を害する目的や違法性のある目的，公序良俗に反する目的等をいうものと解される」と判示している。

1 商号等の不正使用行為に対する規律（商法12条・会社法8条）をめぐる一考察〔田村善之〕

ティング株式会社〕）は，「不正の目的」とは誤認混同する意思をいうと説いていたが，知財高裁は，以下のように述べて，周知性は要件ではなく，「不正の目的」には誤認する意図以外の要素によっても肯定されうることを明言している（「不正の目的」を否定したので厳密には傍論であるが，前掲知財高判〔ジャパン・スポーツ・マーケティング株式会社〕）。

「会社法8条（旧商法21条）は，故意に信用のある他人の名称又は商号を自己の商号であるかのように使用して一般公衆を欺くというような反社会的な事象に対処すること等を目的として設けられたものであること，同条は，不正競争防止法2条1項1号のように他人の名称又は商号が『周知』であることを要件とせずに，営業上の損害を受けるおそれのある者に差止請求権を付与していること，後に名称又は商号の使用を行った者が，その名称又は商号の使用を禁止される不利益も少なくないこと等の事情に照らすならば，同条にいう『不正の目的』は，他の会社の営業と誤認させる目的，他の会社と不正に競争する目的，他の会社を害する目的など，特定の目的のみに限定されるものではないが，不正な活動を行う積極的な意思を有することを要するものと解するのが相当である。」

もっとも，この知財高裁判決の後でも，一般論こそ定立しなかったものの，主体の誤認混同目的の有無のみに焦点を当て，しかも，原告商号に周知性がないとの認定を最大の決め手として，会社法8条1項の「不正の目的」を否定する判決が現れており（大阪地判平成28・8・23平成27（ワ）5281〔株式会社ヤマタカ〕）[51]，裁判例の趨勢は未だ定まっていないのかもしれない。

6 「不正の目的」の具体的な認定手法

以上のように不正の目的において考慮される要素が，主体の誤認の意図に止まらないということになれば，今後，問題となるのはむしろその内実といえよう。

従前の裁判例[52]では，会社法8条1項に関し，「スポーツ・マーケティング・ジャパン株式会社」を商号とする原告が，旧商号を「プロフェッショナル・マネージメント株式会社」とし，訴外の二つの会社と合併したことを契機に「ジャパン・スポーツ・マーケティング株式会社」へと商号変更した被告に対

民商法の課題と展望

して，会社法 8 条 1 項に基づき，商号の使用の差止めを請求したという事件で，合併の対象となった訴外会社の一つは日本におけるスポーツ・マーケティングの草分け的な存在が代表取締役（合併時の被告代表取締役でもある）を務めており，被告はそれを引き継ぎ，日本におけるスポーツ・マーケティング業界において，原告をはるかに上回る知名度等を有すること，また原告商号の構成が一般的な語の組み合わせであることを斟酌し，「不正の目的」を否定した判決がある（前掲知財高判［ジャパン・スポーツ・マーケティング株式会社］）。

この事件において，裁判所は，被告の知名度も考慮しているが，そのような事情はたしかに被告に原告の知名度に対するフリー・ライドの目的がないことを推認させる事情ではあるものの，だからといって旧商号とは全く類似してい

---

(51)　事案は，原告「山高工務店」においてアスベスト除去工事，ダイオキシン類対策工事等の取引先を担当していた取締役が退任後，他の株式会社を買い取り，「株式会社ヤマタカ」（被告商号）に変更したうえで，その後，短期間のうちに原告を退職した同担当の従業員 9 名のうち 6 名を就職させたうえで，アスベスト除去工事，ダイオキシン類対策工事を行っているというものであった。裁判所は，解体工事の市場規模は木造建築物を除き年間 6000 億円程度であるところ，原告の売上は高くても年間 20 億円程度であり，被告との競合地域である大阪に絞ったところで同種工事をなしうる会社は 100 社程度あるという事実認定の下，「原告商号が需要者に広く知られているとおよそ認めることはできない」と評価する。そのうえで，専門分野であって商号の類似だけで顧客を獲得するとは考えにくく，取引先には被告代表者が退職の際に挨拶したり，原告自身が今後，業務引き受けが困難になることを通知したりしているために，被告商号により既存顧客が原告と混同することは考えられず，また，新規の顧客との関係では，原告商号に周知性がない以上，原告商号に類似する商号を選択する意味を見出しえないなどと論じて，「不正の目的」を否定した。

　　かりに本件で，不正競争防止法 2 条 1 項 1 号の周知性の判断をなすのだとすると，全国市場における原告のシェアを論じることにあまり意味はなく，むしろ 100 社あるとされた競合地域である大阪市内における原告のシェアのほうが肝要なのであるが，判決の事実認定からはその肝心なところが判然としない。その点を置くとしても，被告があえて主要部の称呼を共通にする商号を選択する必要性に乏しい反面，被告が順調に営業を継続していった場合，原告としては業務再開の際に，むしろ自身が模倣者ではないことを取引先に説明する必要性に迫られるかもしれないこと（逆混同）に鑑みると，「不正の目的」について誤認混同以外のものを含むとする立場の下では，判決の結論には疑問を覚えるところである。

(52)　2005 年改正商法 21 条に関する裁判例については，小塚・前掲注(47) 106 頁，林・前掲注(29) 83-85 頁を参照。なお，「不正の目的」について誤認混同を全面に押し出している前掲大阪地判［株式会社ヤマタカ］については，前述注(51)を参照。

1 商号等の不正使用行為に対する規律（商法12条・会社法8条）をめぐる一考察〔田村善之〕

ない新商号を採用することまでもが許容されてしまうのでは，小規模企業は常に大企業に誤認表示が用いられることを覚悟しておく必要があることになりかねない[53]。本件で決定的であったのは，判決も考慮要素として掲げているように，原告の表示と被告の表示で共通している部分がいずれも識別力が極めて乏しいものであったという事情であろう[54]。こうした事情は，前述したように，不正競争防止法2条1項1号にあっては類似性の要件の下に考慮されるべき事情であるが，「誤認されるおそれのある」という文言上，そのような運用が苦しいとか，あるいは同一の場合にも保護を否定すべきであると考えられる場合には，「不正の目的」のところで解決を図ることを否定する必要はないといえよう[55]。

---

(53) 渋谷・前掲注(35) 184 頁。

　　不正競争防止法2条1項1号の保護を求めることは可能であり，またそこにいう周知性の要件は，それほど高度の要件ではないが，特に全国展開を宿命とするような営業の場合には，一定規模以下の企業に関しては，定型的に周知性を否定しなければならないこともある。裁判例では，人材派遣事業につき，全国の売上高ランキング101位の企業の売上高の約8分の1に止まる場合に，東京都内に限定したとしても未だ周知でないとする判決がある（東京地判平成17·6·15平成16(ワ)24574［プロフェッショナルバンク]）。川村明日香［判批］知的財産法政策学研究11号（2006年）231-246頁，時井真［判批］知的財産法政策学研究26号（2010年）293-350頁を参照。

(54) 不正競争防止法に関しては，「マンパワー・ジャパン株式会社」と「日本ウーマン・パワー株式会社」の類似性を肯定する最高裁判決があるが（前掲最判［日本ウーマン・パワー]），スポーツ・マーケティングにおける「スポーツ・マーケティング」という言葉の識別力は，人材派遣業における「マンパワー」という言葉のそれに劣ると考えられる。本判決に対しては，三つの言葉の組み合わせであるから，多少の選択の余地は生じており，その観点から本判決の結論に疑問が呈されることもある（渋谷・前掲注(35) 184頁）。しかし，本件のように，日本を意味する言葉と普通名称の組み合わせであって，その分野で日本を代表する主体であるかの如き印象を抱かせうる言葉について，安易に会社法8条1項の保護を与える場合には，単に自己を示す名称として使用をしているという一事をもって，競争上，不相当に有利となる法的な地位を与えることになりかねない。この種の言葉については，周知性を要求する不正競争防止法においてすら，その保護範囲が狭いものと取り扱われていることも参考となる（「日本印相学会」と「日本印相協会」の類似性を否定した東京高判昭和56·3·30無体集13巻1号360頁［日本印相協会］の他，福井地武生支判昭和58·3·30判時1118号212頁［日本利器製作所］も参照）。そもそも普通名称に該当し保護が許されないという考え方もありえよう（ただし，田村・前掲注(6) 103-104頁，酒井・前掲注(35) 17頁の考察を参照）。

(55) 参照，小塚・前掲注(47) 107頁，酒井・前掲注(35) 16-17頁。

民商法の課題と展望

　ところで，商法 12 条 1 項，会社法 8 条 1 項に関する裁判例には，従前から当事者間で商号や名称に関わる契約関係やそれに準ずる関係が存在していたところ，内紛が生じて訴訟に至ったという事案を扱うものがいくつかある[56]。

　たとえば，この類型における不正の目的の肯定例として，会社法 8 条 1 項に関し，原告代表者の氏名のアルファベット表記や原告登録商標と同一の名称につき，原告が展開する服飾ブランド「araisara」を取り扱うことを前提に商号を変更したものであるところ，ライセンス交渉が決裂したという事件（前掲東京地判［araisara japan 株式会社］）や，商法 12 条 1 項に関し，業務委託契約が施設使用料やロイヤリティの不払い等を考慮して解除されたにも関わらず，その実質的経営者が，誤認表示を用いて，同一の建物内のレストランの予約を受ける等の営業を継続したという事件（前掲東京地判［ジャルダン・ド・ルセーヌ］）で，それぞれ「不正の目的」を認める判決がある。

　この類型に属する否定例としては，親族が経営する複数の会社の商号に「青雲」の文字が使用されており，問題とされている本件商号についても被告「青雲産業株式会社」設立時に原告から許諾されたものであり，以降，20 年以上もの長期間，使用を続けている間，X から異議が述べられた形跡がなく，親族が経営するいわば青雲グループの一員として被告が設立されたと捉えることにも合理的な理由がないとはいえないこと等を斟酌して，不正の目的を否定して，原告「株式会社青雲荘」から提起された会社法 8 条 1 項に基づく請求を棄却する判決がある（大阪地判平成 21・9・17 平成 20（ワ）6054［青雲産業株式会社］）[57]。

　こうした内紛型の事案は，契約の趣旨解釈や契約締結交渉過程の信義則によっても同様の帰結を得ることができるものと思われるが[58]，当初，両当事者

---

(56)　小塚・前掲注(47) 106 頁にいう「内紛型」である。

(57)　そもそも，被告商号の使用については原告から許諾があるのであるから，それのみを理由に請求を棄却すれば足りた事件である。現に，原告から主位的に請求されていた不正競争防止法 2 条 1 項 1 号に基づく請求に関しては，判決は，それを理由に請求を棄却している。一般に不正競争防止法 2 条 1 項 1 号に基づく請求に関しては，請求権者からの許諾が抗弁事由となり，棄却となると取り扱われているが（参照，田村・前掲注(6) 199-200 頁），商法 12 条 1 項，会社法 8 条 1 項に関し主体の誤認の意図を要件とする場合は別異に取り扱う理由を欠き，また，本稿のように，それ以外の不正の目的を認める場合であっても，公序良俗に反するとか，意思表示に瑕疵がある等の事情がない限り，許諾に拘束力を認めてよいと考える。さもないと，商号をめぐる契約の円滑な運用に支障を来すことになろう。

が予定していたり，当然の前提となっていたりした処理に従って解釈するという方針さえ守られているのであれば，「不正の目的」という柔軟な運用が可能な道具立てを有する商法 12 条 1 項や会社法 8 条 1 項の下で処理するという方策を無碍に否定することもないだろう。

VI　結　語

以上の考察の結論をまとめておく。

既述したように，商法 12 条，会社法 8 条の体系的な位置づけに関しては，立案担当者の整理に従い，保護の対象は，商人の商号，会社の名称に限られるとする第一の立場と，条文の文言上，保護の対象が商号，会社の名称に限定されていないことに着目して，不正競争防止法 2 条 1 項 1 号，2 号と同様，広く標識一般を保護するものと位置づける第二の立場が存在していた。

これに対して，本書は第三の立場を採る。すなわち，商法 12 条 1 項，会社法 8 条 1 項は，たしかに保護される側の表示を限定していないが，他方で，違反行為者の行為態様を，他の商人や会社であると誤認されるおそれのある名称または商号の使用と特定しており，言語的な表示に保護の対象を限定していたり，商品や営業の混同を通じた間接的な出所の混同ではなく，直接的な営業主体の混同を想定していたりするように読める点で，なお不正競争防止法の保護とは一線を画しているように思われる。商法 12 条，会社法 8 条は，営業主体の直接の混同を招来する表示の使用を規律する点で，なお不正競争防止法も規律される行為が狭く特定されているが，その分，不正の目的があることを条件

---

(58)　混同を要件としており，需要者の混同を防ぐという要素が混入する不正競争防止法 2 条 1 項 2 号にあっては，需要者が当該表示の下で識別していた商品等主体は実体に鑑みるといずれと解されるのかということが決め手となると解すべきであるが（裁判例とともに，田村善之「分業体制下における不正競争防止法 2 条 1 項 1 号・2 号の請求権者—— 対内関係的アプローチと対外関係的アプローチの相剋」知的財産法政策学研究 40 号（2012 年）76-101 頁，宮脇正晴［判批］Law&Technology 69 号（2015 年）87-88 頁），その場合でも，当事者間で契約（黙示のものを含む）があるのであればそれが優先されると解される（同 101-102 頁）。不正の目的の要素において主体の誤認の意図以外の要素がある場合を取り扱うと解すべき商法 12 条 1 項，会社法 8 条 1 項においては，需要者の混同が要件となっていないと解される分，なおさら当事者間の契約を優先してよいと思われる。

に，周知性，著名性の要件を満足しない表示についても保護を与えるところに，不正競争防止法にない独自の意義がある，と考えられる。

　個別の論点に関しては，商法12条1項，会社法8条1項で保護される表示に関しては，条文上の限定はなく，商号以外のものも含まれうるが，違反行為者が使用する「名称又は商号」がそれと誤認されるおそれのある表示とならなければならないから，模様や立体的形状等が含まれうる不正競争防止法2条1項1号の商品等表示と異なり，事実上，言語的な表示にほぼ限られることになると解される。

　違反行為のほうは，「他の商人」「会社」「であると誤認されるおそれのある名称又は商号」に使用することが要件とされているから，商号である必要はないが，違反行為者そのものを指す言語的な表示であることが必要となると解される。もっとも，商品の名称やサービスの名称等であっても，間接的に出所として違反行為者を示すのではなく，直接，違反行為者を(も)示すものとして機能していると理解しうる限り，規律の対象に含まれうると解される。

　やはり条文上，違反行為者に要求されている「不正の目的」に関しては，主体の誤認の意図があることを要し，かつそれで足りるとする第一の見解，主体の誤認の意図がない場合でも他の不正の要素があれば該当しうると解する第二の見解，そして，主体の誤認の意図があることを要するが，さらに＋αとしてその他の不正の要素があることを要求する第三の見解とが対立しているが，不正競争防止法2条1項1号の規律に対する独自性を確保するとともに，不正競争防止法2条1項2号や商標法4条1項19号に顕現している政策判断と平仄を合わせるためには，商号スクワッティングや標章汚染行為を規律しうる第二の見解を是とすべきである。

　また，不正競争防止法2条1項1号の規律を潜脱しないようにするためには，違反行為者の不正な意図が主体の誤認の意図に止まる場合には，「不正の目的」の解釈のところで，目的周知性，先使用その他，不正競争防止法と同様の規律を実現すべきであるが（ゆえに，この場面では，商法12条1項，会社法8条1項に独自の意義はない），その他の不正な意図がある場合には，周知性を要しないなどにより柔軟な処理が可能となるというべきである。

2 事業譲渡契約論《序説》
── 典型契約としての事業譲渡契約

得 津 　 晶

Ⅰ　は じ め に
Ⅱ　日本法における契約の個数
　論と典型契約論
Ⅲ　事業譲渡の要件論の中にみ
　る「典型契約性」
Ⅳ　事業譲受人の弁済責任にみ
　る「典型契約性」
Ⅴ　結　語

Ⅰ　は じ め に

　商法上の営業譲渡，会社法上の事業譲渡[1]は，会社分割などの組織法上の行
為と異なり，債権契約であるというのが通説的理解である[2]。しかし，この債
権的契約であるとはどのような意味なのであろうか。一般的には，事業譲渡は，
取引行為であり特定承継であり，「売買等に関する民法や商法の規定によって
その要件及び効果が律せられる」[3]ということを意味するものとされている。
組織行為であり包括承継である会社分割と比較しての説明である。

---

*　本稿は，2008年10月3日に開催された北海道大学民事法研究会において大塚龍児教授
　の前でおこなった研究報告をもとにしている。研究会では，当時の北海道大学民事法研
　究会メンバー，特に池田清治教授，瀬川信久教授から貴重なコメントを賜った。記して
　感謝申し上げる。
[1]　本稿では会社法の事業概念，商法の営業概念，さらに平成17年改正前商法の営業譲
　渡概念の相違については取り扱わない。筆者の整理は得津晶「判批」法協124巻5号
　（2007年）1250頁参照。
[2]　原田晃治編著『わかりやすい会社分割Q&A』（きんざい，2000年）21頁，森本滋編
　『商法総則講義（第3版）』（成文堂，2007年）83頁など。
[3]　原田編著・前掲注[2]文献21頁。

『民商法の課題と展望』大塚龍児先生古稀記念〔信山社，2018年3月〕　　　*29*

民商法の課題と展望

　この「民法や商法の規定によって……律せられる」という点を敷衍すれば，事業譲渡とは，不動産・動産など営業用財産の売買契約，債務引受，（競業避止義務として）一種の不作為の準委任などのように様々な契約に分解されるものであり，それぞれの契約において必要とされている合意，権利義務の移転に必要な手続等が事業譲渡においても要求されるという理解が導かれうる。この点において，事前開示や債権者異議手続といった集団的・制度的な権利義務の移転が行われる会社分割とは異なる。すなわち，事業譲渡という法現象の下には，複数の様々な契約が含まれているという理解である。

　だが，事業譲渡はこのように複数の契約に分解して認識するしかないのであろうか。個別の契約の集積という理解を超えて，「事業譲渡」という一本の契約があると考えることはできないのか。すなわち，会社法21条以下（ないし商法16条以下）に事業譲渡契約（営業譲渡契約）という1つの典型契約類型が定めてあると考える理解である[4]。実務において「事業譲渡契約」なる契約書式が利用されていることや，事業譲渡は一個の契約であると明確に述べられていることは[5]，このような理解に親和的である[6]。この場合，会社法21条以下で定めてある事柄（競業避止義務や譲受人の対債権者責任）は，事業譲渡に対して法律の付与した特別の効果と表現することも可能ではあるが，それよりもむしろ，法律が「事業譲渡契約」の内容としてある種の典型を定めたと捉えることも可能となる。

---

(4)　事業譲渡を典型契約と考えた場合，いわゆる冒頭規定（売買における民法555条）が存在しないこととなる。さらに，商法典は，会社法と異なり，営業譲渡を第4章商号の中に規定し，営業譲渡について独立の章立てを設けていない。だが，典型契約類型を考える際に，法律の形が契約類型を定めていることは必要ではないと解される。たとえば，日本法において，保証（民法446条以下）は契約各則ではなく債権総則に定めてあるが，ある種の近親者保証・経営者保証が他の契約各則の契約類型にひきつけることなしに典型契約のように考えられているのではなかろうか。無名契約のように，法律の規定が存在しなくともある種の「典型」を創出して考えることも可能である。

(5)　商事法務研究会編『営業譲渡・譲受ハンドブック（新訂版）』（商事法務研究会，1996年）193頁，森綜合法律事務所編（菊地伸著）『合併・営業譲渡（第2版）』（中央経済社，2000年）175頁など。

(6)　ただし，後述の契約の法性決定の議論が示すように，契約書に「事業譲渡契約」ないし「営業譲渡契約」という文言が用いられていたからといって，契約の性質決定が必ずしもそれに拘束されるわけではない。対価0円で不動産を売却するという自称「売買契約」が贈与契約と認定されるのと同じである。

商法総則の伝統的な体系書も、「営業譲渡の法的性質は……売買・交換または贈与に類する性質を有するものといえる」「ただし、営業譲渡にあっては、目的物は物または権利のみならずいわゆる事実関係をも包含しているから、それは純粋の売買・交換または贈与ではなくして、複雑な内容を有する混合契約にほかならない」[7]、「営業譲渡契約は債権契約である」[8]と述べるなど、事業譲渡（営業譲渡）契約という一個の契約類型（典型）の存在を示唆していた。

近時の商法総論の体系書は、さらにすすめて、会社法（商法）の事業譲渡（営業譲渡）規定の意義を、事業の構成財産を個別契約により別々に譲渡しその後譲受人が再構成するという手間を省くために包括的な譲渡を認めたところにあるとしており[9]、契約の一個性がより強調されている[10]。

それでは、事業譲渡を1個の契約と理解することでどのような意義をもたらすのか。それとも、ただの整理の問題に過ぎないのか。これは、一方では、現在、民法学において契約の個数論として議論されている問題である[11]。他方では、事業譲渡契約という契約類型を観念するのであればその典型性はどこにあるのか、そしてその典型性にどのような意味があるのか、という典型契約論の議論につながる問題である。

大塚龍児教授は、かねてより、商法は民法の特別法であるとして、民法の議

---

(7) 大隅健一郎『商法総則（新版）』（有斐閣、1978年）303頁。

(8) 大隅・前掲注(7)文献311頁。「営業譲渡契約は債権契約であるから、これに基づき、譲渡人は譲受人に対して営業に属する各種の財産を移転する義務をおい、その履行をしなければならない」と述べており、事業譲渡契約が契約であり個別の権利移転行為は契約の履行行為にすぎないということが伺われ、一個の契約性を強調しているように読める。

(9) 関俊彦『商法総論総則（第2版）』（有斐閣、2006年）229頁は、「事業を事業として譲渡することができるということは、事業を構成している個別の財産の譲渡以外に有機的に結合した財産を包括的に譲渡することができるということである。もし事業譲渡の手続がないならば、事業を他人の手に渡すためには、事業を構成している財産を解体して別々に譲渡し、譲受人がそれを再構築して事業を復活させるという手間を経るしかない」としている。

(10) 従来の学説を詳細に整理・検討した近時の文献は、すべて、事業譲渡契約という典型契約があるという前提で分析を加えていると見受けられる（新里慶一「営業譲渡における譲受人の弁済責任」中京法学39巻3・4号〔2005年〕203 (75) 頁以下）。

(11) 近藤雄大「契約の個数の判断基準に関する一考察」同志社法学54巻2号541-603頁（2002年）など参照。

民商法の課題と展望

論との連続性を非常に重視しておられた[12]。本稿は，近時の民法学の成果を，商法の事業譲渡契約に取り込もうという試みである。

Ⅱ　日本法における契約の個数論と典型契約論

　日本法において，そもそも契約の個数を論じる意義があるのか。契約の成立に，約因やコーズが要求される法制においては，契約の個数論には契約とただの約束（特約）とを区別する意義がある。だが，日本法においては，英米法の約因論やフランス法のコーズ論が担っていた役割を，対価の均衡といった機能ごとに分解され，公序良俗その他の法理が引き受けている[13]。このような日本法において，契約の個数論を論じる実益は明確ではない。

　しかし，そのような日本法の下においても，意思表示の瑕疵などによる無効・取消を考える際に，また契約の解除の要件・効果を考える際には，1個の契約が議論の出発点となる。さらに，近時は，典型契約に関して任意規定が指導形象機能や秩序付け機能を有するという指摘が有力となっている[14]。この議論は，任意規定の半強行法規化として広く受容され[15]，消費者契約においては消費者契約法10条という形で立法によって実現もしている。この典型性に基づく処理の前提として，1個の典型的な契約という認識の単位が必要である。すなわち，契約の個数論は，典型契約の任意規定の持つ意義を認める際の前提として要求されている概念といえるのである。

　これに対して，日本法の下において契約の個数を論じる意義はないという議論も有力である[16]。契約の無効・取消について，契約の個数がどうであれ，拘

---

(12)　大塚龍児ほか「これからの商法学」ジュリスト655号（1978年）147頁〔大塚龍児発言〕，山本哲生「大塚龍児教授の経歴と業績」北大法学論集59巻6号（2009年）3230頁。

(13)　大村敦志『公序良俗と契約正義』（有斐閣，1995年）162頁以下，小粥太郎「フランス契約法におけるコーズの理論」早稲田法学70巻3号（1995年）160頁，特に141頁，160-174頁，森田宏樹「『合意の瑕疵』の構造とその拡張理論（1～3）」NBL482号23頁以下，483号56頁以下，484号56頁以下（1991年），特に482号25-26頁。

(14)　河上正二『約款規制の法理』（有斐閣，1988年）385-388頁など。典型契約論を判示した最高裁判例として最判昭和31・5・15民集10巻5号496頁。典型契約論の実施例として最判平成20・7・4判時2028号32頁〔コンビニエンスストアの仕入れ価格の情報提供義務〕。

(15)　大村敦志『典型契約と性質決定』（有斐閣，1997年）9頁。

束力を否定したいのであれば，その実質論の妥当する範囲で一部無効・一部取り消しといった「一部」による処理が可能であるというのである。

　だが，この議論は，契約の個数論とそれに結び付く典型契約論が目指してきた実益を見失っている。かかる議論は，その前提として，「実質論」によって結論を導くことが可能である，という仮定がある。だが，実質論によって結論を導くこと，すなわち価値判断が可能となる場面において，法律家の形式的な議論が持つ意味はそもそも乏しい。法律家の形式的な議論は，価値判断ができないような場面において，それでも紛争を解決しなくてはならない際に，判断枠組みないし議論の順番を提供するところに意義がある[17]。そして，現実の紛争の場面においては，比較不能な価値が対立しており，価値のヒエラルキア構想は現実には実現しておらず，多くの場合において実質論のみでは決着がつかない。このような場面にこそ法律学の議論（典型契約論もその1つであろう）の意義があるとすれば，実質論によって解決すべきとの議論は，実質論による解決が不可能である場合を想定している契約の個数論の批判として妥当しない。

　他方で，従来の民法学の典型契約論および任意規定の半強行法規化の議論は，主に消費者保護の場面を想定してきたことから，プロ同士の世界である商法・会社法の事業譲渡の場面では機能しないのではないかとの疑問もありうる。だが，近時の議論によれば任意規定の意義・機能は，従前の民法学の想定と異なり，プロ同士の契約のように契約の個別の条件が交渉される場面のほうがより多くの機能が指摘できる。

　任意規定の意義についての伝統的な立場は，なるべく多くの当事者が契約するであろう条項を任意規定として定めることで，ドラフティングコストを削減するという考え方（多数派ルール；majoritarian rule）である[18]。だが，これに対して，情報の偏在がある当事者間において，情報を保有している側に交渉で相手方に情報を出させるために敢えて情報保有者側に不利となる条件を任意規定

---

(16)　道垣内弘人「一部の追認・一部の取消」『日本民法学の形成と課題（上）星野英一先生古稀記念』（有斐閣，1996年）293-327，326頁。

(17)　近藤・前掲注(10)文献558-559頁，河上正二「判批」判例時報1628号〔1998年〕178頁（判例評論470号16頁），大村敦志「判批」ジュリスト1113号〔平成8年度重要判例解説〕（1997年）69頁。

(18)　RICHARD A. POSNER, ECONOMIC ANALYSIS OF LAW 119 (8th ed. 2011).

民商法の課題と展望

にしておくという考え方（ペナルティ・デフォルト：penalty default）がある[19]。さらに，近時，人間の合理性の限界を前提とする行動経済学の知見から，任意規定によって現状維持バイアスが生じ，情報不足・判断力不足の個人に，適切な契約を仕向ける（ナッジ機能）という考え方（リバタリアン・パターナリズム：libertarian paternalism）[20]も注目されている[21]。

そして，これらの議論は，消費者の約款による取引のような個別の交渉によって契約内容を変更することが想定されていない領域よりも，事業譲渡のようにプロ同士で契約内容を仔細にわたって交渉する場面でこそ機能する可能性がある[22]。よって，ペナルティ・デフォルトやナッジ機能という観点から，商法・会社法の事業譲渡に関する規定を事業譲渡の契約の内容に関する任意規定として検証しなおすことが可能となるのである。

そして，これらの契約の典型性の議論は，厳密に1個の契約ではなく，複数の契約の累積である「複合契約」であると考えたとしても，1個の「複合契約」としての典型性を考えることで活用される[23]。典型契約の効力・機能を強く認める学説の成果は複合契約・複合取引契約にも及び，たとえば，割賦購入あっせんやクレジットカード契約，リース契約という従来，複合取引契約とされてきたものについても「あるべき類型」を想定し，たとえば抗弁の接続などの従来の民法の典型契約規定や合意のみからは基礎付けられない効果を一定の契約類型一般に認める方向にある。こうして複合取引契約においても取引の目的から典型契約論との接続が図られているのが近時の状況である[24]。

事業譲渡契約には，冒頭に述べたように，個別の契約の集積という側面と，1つの契約という側面という2つの側面がある。このことから，事業譲渡契約

---

[19]　Ian Ayres & Robert Gertner, *Filling Gaps in Incomplete Contracts: An Economic Theory of Default Rules*, 99 Yale L.J. 87 (1989).

[20]　Cass R. Sunstein & Richard H. Thaler, *Libertarian Paternalism Is Not an Oxymoron*, 70 U. Chi. L. R. 1159 (2003); RICHARD H. THALER & CASS R. SUNSTEIN, NUOGE 85 (2008).

[21]　その他，任意規定の経済的意義について松田貴文「契約法における任意法規の構造」神戸法学雑誌63巻1号（2013年）171頁以下参照。

[22]　得津晶「生命保険契約における任意法規の意義：消費者契約法10条と無催告失効条項・免責条項」生命保険論集198号（2017年）73-74頁。

[23]　都筑満雄『複合取引の法的構造』（成文堂，2008年）301頁注[16]。

を一個の複合契約と理解することができ，その 1 個の複合契約として，どのような典型性を備えているのかという問題をたてることができる。

そこで，以下，事業譲渡に関連して，近時も議論が継続している事業譲渡の定義を巡る議論と，商号続用事業譲受人の責任規定（事業譲渡の効果規定）について，事業譲渡契約の内容という観点から検討してみたい。

Ⅲ　事業譲渡の要件論の中にみる「典型契約性」

事業譲渡の定義について，最判昭和 40・9・22 民集 19 巻 6 号 1600 頁は，「一定の営業目的のため組織化され，有機的一体として機能する財産（得意先関係等の経済的価値のある事実関係を含む。）の全部または重要な一部を譲渡し，これによって，譲渡会社がその財産によって営んでいた営業的活動の全部または重要な一部を譲受人に受け継がせ，譲渡会社がその譲渡の限度に応じ法律上当然に……競業避止業務を負う結果を伴うもの」（平成 17 年改正前商法の営業譲渡の事案）であると判示した。この定式を満たして事業譲渡に該当すれば，事業譲渡に関連する会社法・商法の条文の適用があり，後述する商号続用譲受人の責任のほか，株式会社であれば一定規模以上であれば株主総会特別決議が必要となる（会 467）などの効果が発生するのである。

だが，この判例の定式（①一定の営業目的のための組織化された有機的一体として機能する財産，②得意先関係等の経済的価値のある事実関係を含む，③譲渡会社・譲渡人が当然に競業避止義務を負うもの）のうち，どこまでが事業譲渡の要件であるのか争いがある。そして，競業避止義務を要件に含めた点には学説からの批判が強く[25]，近時は，そもそも競業避止義務は事業譲渡の効果を示したものに過ぎず，要件ではないという理解が支持を集めている[26]。

この競業避止義務は，商法・会社法が事業譲渡に関連した任意規定として定

---

[24]　大村・前掲注[15] 文献 207 頁，石川博康「典型契約と契約内容の確定」内田貴＝大村敦志編『民法の争点』（有斐閣，2007 年）237 頁，山田誠一「『複合契約取引』についての覚書(1)，(2)」NBL485 号 30-42 頁，486 号（1981 年）52-63 頁，千葉恵美子「割賦販売法上の抗弁接続規定と民法」民商法雑誌 50 周年記念論集Ⅱ（1986 年）280-308 頁。

[25]　竹内昭夫「判批」『判例商法Ⅰ』（弘文堂，1976 年）159 頁，江頭憲治郎『株式会社法（第 7 版）』（有斐閣，2017 年）959-960 頁注(1)。

めたものとされている[27]。しかし，事業譲渡契約という典型契約を考えた場合
においては，各規定が，強行法規でないとしても，ただの任意規定であるのか，
それとも合理的な理由なしには排除できない半強行法規となるのか，議論の余
地が残されているのである。典型契約論を前提とした契約においては，その要
素として，その種類の契約が成立するために必要不可欠な要素である本質的要
素，その種類の契約に通常備わるべき要素であり当事者の具体的な規律がなく
とも契約の内容となる一方で当事者の規律（意思）によって排除もできる要素
である本性的要素，そして，当事者の規律が存在して初めて契約の内容となる
偶有的要素の三分法が歴史的に取られてきた[28]。そして，この本性的要素が任
意規定と整理されてきたものであるところ，一定の場合には，当事者の意思で
排除できるはずの本性的要素が内容的規制となることが指摘されている[29]。こ
の「一定の場合」とは，具体的には，当該契約の現実社会における類型化され
た目的のために必要とされるような場合と言い換えることができる。そして，
このような議論は，任意規定の指導形象機能・半強行法規化が前提としていた
ような消費者契約には限られないとされている[30]。

　それでは，商法・会社法上の競業避止義務は事業譲渡契約においてどのよう
に位置づけられるのか。従来の学説が競業避止義務を要件とすることを批判し，

---

(26)　藤田友敬「判批」江頭憲治郎＝山下友信編『商法総則・商行為判例百選（第5版）』
　　（2008）39頁，田中亘「競業避止義務は事業の譲渡の要件か」東京大学法科大学院ロー
　　レビュー5号（2010年）286-318頁。
(27)　森本・前掲注(2) 84頁，近藤光男『商法総則・商行為法（第6版）』（有斐閣，2013
　　年）111頁。
(28)　石川博康『契約の本性の法理論』（有斐閣，2010年）42頁。
(29)　石川・前掲注(28) 文献522頁は，「契約関係の背後にある社会規範や共通了解などから
　　構造化される契約の現実類型を前提とした指導形象によって，契約の規範構造上の内的
　　整合性という契約内在的な規制基準の補強および具体化が行われる」とし，「内在的整
　　合性という基準を具体化する際には，その契約における内在的規範や社会的規範などを
　　含めた様々なレヴェルに跨る規範的要請を一体的・類型的に把握し，その類型的存在か
　　ら導かれる指導形象やそこにおける契約目的の危殆化の程度などを考慮することが必要
　　となる」とする。これは，「法定類型に関する規範的要請としての本性的要素を現実類
　　型におけるそれと同じレヴェルまで具体化した形で類型的に把握すること，すなわち法
　　定類型を一定の現実類型に還元した上で以上の内容規制法理を適用するのと同様の思考
　　過程を経る」としている。
(30)　石川・前掲注(28) 文献523頁。

かつ，判例も要件とはしていないという理解が近時支持されていることは，事業譲渡契約の現実において，競業避止義務が重要でなくなっていることを示している。実際に，契約法においてもすべての任意規定が半強行法規化の議論の対象となっているわけではない。例えば，平成29年改正前民法においては，特定物の危険負担に関する債権者主義を定める同改正前民法534条は，空文化されて理解されていた[31]。

　だが，他方において，事業譲渡契約は，「営業的活動……を譲受人に受け継がせ」るという性質を有する。この点は，次節で検討する債務移転効果の背景として非常に重要な要素である。そして，このような事業活動の「移転」を認定するためには，得意先関係の移転といった形で，譲渡人が従来行っていた事業活動を一定の範囲で廃止（一部廃止）する必要がある。この廃止を客観的に担保するのが競業避止義務ということになろう。となれば，事業譲渡契約の要素として，事業活動の移転がなされることが必要であり，移転する限りで譲渡人が事業活動を廃止することまでは必要である。ただし，条文上の一定範囲・一定期間の法的な競業避止義務を負うことは必要ない。このような意味であれば，競業避止義務は事業譲渡契約の効果に過ぎないという整理は正しい。他方で，事業活動の一部廃止は事業譲渡契約という契約の性質決定にとって必要な要素であり，これを「限界的な競業避止義務」と表現すれば，競業避止義務は事業譲渡契約の要素として全く要求されない，ということはできない。競業避止義務が任意規定であるからといって事業活動の廃止・一部廃止すら不要ということにはならないからである。この事業活動の一部廃止は，事業譲渡契約の他の要件であるところの，「得意先関係等の事実関係の移転」に含まれているものとしても説明できる。

　以上のように，競業避止義務が要件か否かは，「競業避止義務」の意味内容次第なのである。

---

(31)　内田貴『民法Ⅱ（第3版）』（東京大学出版会，2011年）66-67頁，山本敬三『民法講義Ⅳ-1契約』（有斐閣，2005年）128-132頁，中田裕康『債権総論（第3版）』（岩波書店，2013年）41-42頁，潮見佳男『債権総論Ⅰ（第2版）』（信山社，2003年）471-474頁。なお，特定物に関する債権の危険負担の債権者主義を定める改正前民法534条は平成29年民法（債権法）改正によって削除された。

Ⅳ　事業譲受人の弁済責任にみる「典型契約性」

1　事業譲渡契約における原則債務承継規範

　事業譲渡に関連して，近時，もっとも議論がなされていたのは，商号続用事業譲受人の責任規定（会22Ⅰ）の積極活用（類推適用）である。最高裁は，かねてより，事業の現物出資においても類推適用を肯定してきたが（最判昭和47・3・2民集26巻2号183頁），近時は，預託金会員制ゴルフクラブにおいて商号ではないゴルフクラブ名を承継した事業譲渡の事案（最判平成16・2・20民集58巻2号367頁）やさらには事業譲渡ではない会社分割の事案（最判平成20・6・10判時2014号150頁）においてまで類推適用を肯定し，事業承継者の責任を肯定している[32]。

　このような判例による会社法22条1項の活用は，詐害譲渡に対する救済としての機能を果たすものとして整理されてきた[33]。他方で，同条同項の趣旨については，外観主義が判例の立場であり，かつ，通説であると整理されている[34]。

　会社法22条1項の趣旨を外観主義と捉えると，判例による会社法22条1項の詐害譲渡救済法理としての積極活用に対しては，私的自治の原則に反するものであるとして，否定的に評価することになる[35]。これに対して，現実の裁判例が認めているところの会社法22条1項に詐害譲渡救済機能を会社法22条1項の趣旨として正面から認めることができないか。

　判例・通説とされる外観主義の内容を確認してみる。そこでは，債権者が「同一の営業主体による営業が継続しているものと信じたり，営業主体の変更があったけれども譲受人により債務の引受けがされたと信じたりすることは，無理からぬ」[36]と述べられている。営業主体同一性の誤認と債務引受の誤認の2

---

(32)　その他下級審判決については得津・前掲注(1)文献1229頁表を参照。

(33)　江頭憲治郎「判批」法協90巻12号（1973年）1613頁，浜田道代「判批」判評207号［判時807号］（1976年）1613頁，大塚龍児「営業譲渡と取引の安全」金判565号（1979年）60頁，得津晶「会社法22条1項類推適用は詐害譲渡法理か？―― 会社分割の場合」NBL888号（2008年）4-6頁。

(34)　近藤・前掲注(27)文献112頁ほか。

(35)　落合誠一・大塚龍児・山下友信『商法Ⅰ（第5版）』（有斐閣，2013年）132頁〔大塚〕，大塚・前掲注(33)文献63頁。

2　事業譲渡契約論《序説》〔得津　晶〕

つが挙げられているが，なぜ債務引受の誤認があるのかという疑問が従前の有力説から指摘されている[37]。ここには，「事業譲渡の場合には，債務は当然に引き継がれるものである」という規範が前提となっており，この規範は何らかの法的保護に値するという判断が必要となる。この政策判断を法律構成に結び付けた一つの形が事業用の財産は事業に関する債権者の担保となっているという営業財産担保説と評価できる。他方，債務引受の誤認も外観の信頼であるのだから通説の言うように外観主義という表現を用いることも許される。ただし，ここでの外観保護とは，債務引受を誤認して詐害行為取消権・破産申立＋否認権行使といった詐害譲渡への対抗手段を取り損ねたことへの救済をするという意味であり，いわゆる虚偽表示と善意の第三者の関係（民法 94 条 2 項）や詐欺取消と善意の第三者の関係（民法 96 条 3 項）のような主に意思表示・契約締結など取引関係に入る場面を想定した権利外観法理[38]とは場面が異なる[39]。このことは，会社法 22 条 3 項によって事業譲渡契約当事者間では債務を負うことになっていた譲渡会社が 2 年の短期消滅時効（除斥期間）によって債務から解放されるという点にも表れており，いわゆる意思表示論の外観保護とは異なるものであり，譲渡会社ではなく譲受会社が債務を負うべきであるという規範をよみとることができる。

　以上，判例も通説も，事業譲渡の場面で債務は譲受人に引き継がれるべきであるという規範を前提としていることがわかる。通説の外観主義と営業財産担保説との対立は，この規範を説明する法律構成の「ことば的技術」としてどちらに説得力があるのかの問題に過ぎない[40]。

　大塚龍児教授は，会社法 22 条 1 項の責任を，権利外観法理を基礎としながらも，権利外観理論による責任とは異なる法定責任（企業合同あるいは企業結合に伴う法定責任）と説明している[41]。大塚龍児教授自身は，近時の判例の傾向に批判的であるものの（前注(35)参照），法定責任を認める根拠となる政策判断とし

---

(36)　最判平成 16・2・20 民集 58 巻 2 号 367 頁，落合ほか・前掲注(35) 文献 129 頁〔大塚〕。なお，最判昭和 29・10・7 民集 8 巻 10 号 1795 頁は事業主体同一性の誤認のみを，最判昭和 47・3・2 民集 26 巻 2 号 183 頁は債務引受の誤認のみを趣旨として挙げているが，どちらもお互いを排除する趣旨ではないと思われる。

(37)　小橋一郎「商号を続用する営業譲受人の責任」河本一郎ほか編集『商事法の解釈と展望　上　上柳克郎先生還暦記念』（有斐閣，1984 年）16 頁，近藤光男「営業譲渡に関する一考察」神戸法学年報 3 号（1987 年）78 頁など

民商法の課題と展望

て，本稿が導出した規範を読み込むことも可能である。

　ほかにも，会社法22条1項の趣旨について，合名会社社員の退社制度に近づけて理解する単独有力説などもあるが[42]，これらも上記規範を説明するための表現の1つと位置付けることが可能である。そして，事業譲渡において債務も引き継がねばならないという規範は事業用の積極財産と事業に関する債務を分離できないということであり，詐害譲渡救済機能を正面から認めるものである。ここに，事業譲渡は債務を引き継ぐものでなくてはならない，という事業

---

(38)　民法94条2項について最判昭和44・5・27民集23巻6号998頁（第三者の土地売買契約），最判昭和55・9・11民集34巻5号683頁（第三者の転抵当権設定）など。民法96条3項について最判昭和49・9・26民集28巻6号1213頁（第三者の譲渡担保設定），最判昭和49・9・26金融法務事情735号28頁（第三者の売渡担保による土地取得）など。94条2項類推適用として最判昭和29・8・20民集8巻8号1505頁（第三者の家屋売買契約〔原審の認定〕），最判昭和43・10・17民集22巻10号2188頁（第三者の土地売買契約〔第一審における主張〕），最判昭和45・7・24民集24巻7号1116頁（第三者の土地売買契約），最判昭和45・9・22民集24巻10号1424頁（第三者の土地建物売買契約），最判昭和45・11・19民集24巻12号1916頁（第三者の土地の売買契約），最判平成18・2・23民集60巻2号546頁（第三者の土地建物売買契約）など。

　　ただし，権利外観法理と整理されているものの中にも，民法478条（債権の準占有者に対する弁済）が「弁済」という事実行為について保護を図っており（民法478条を表見法理・権利外観法理と整理するものとして潮見佳男『民法総則講義』〔有斐閣，2005年〕365頁，潮見佳男『新債権総論Ⅱ』〔信山社，2017年〕202頁），また，差押処分のような執行行為について94条2項適用を認めた事例があるように（最判昭和62・1・20訟務月報33巻9号2234頁，最判平成4・12・15LEX/DB 22006363号，最判平成9・12・18訟務月報45巻3号693頁〔いずれも国税滞納処分の事例〕），必ずしも，外観を信頼して法律行為・契約締結するなど取引関係に入る場合のみを想定していたわけではない。それでも，表見法理・権利外観法理を自ら外観を作った権利者は権利を失ってもやむをえない（内田貴『民法Ⅰ（第4版）』〔東京大学出版会，2008年〕53頁）との定義に立ち返れば，会社法22条1項の場面は権利を失う場面ではないので，権利外観法理がそのままは当てはまらないと評価することができる。

(39)　このような理解からは，会社分割は意思によらない組織法の行為・包括承継であることを理由に，外観主義規定である会社法22条1項（類推適用）が排除されるという考え方（岡本智英子「判批」法学研究81巻1号〔2008年〕117頁）は説得力に欠ける。会社法22条1項の趣旨が権利外観主義と表現されるのは，本文のとおり，意思表示論とは何の関係もなく，債権者の権利行使機会の保障の点に求められるからである。なお前注(38)において，意思表示によって取引関係に入る場面以外も権利外観法理・表見法理が適用されているということは，会社分割が意思表示・法律行為によらない権利移転であることが権利外観法理・表権法理の適用を排除するものではないことを補強することになろう。

譲渡契約のあるべき典型が考えられているのである。

　このことは，事業譲渡契約を1個の契約とみる従来の商法の体系書の中にも表れていた。伝統的な体系書は，「もし契約に別段の定めがないときは，営業に属する一切の財産を移転することを要するものと推定すべきである」[43]としており，ここには消極財産としての債務も含まれることから，事業譲渡契約においてはすべてを引き継ぐことが事業譲渡の典型として考えていたことがうかがえる。ほかにも，「事業譲渡は一体化した事業の取引であるから，事業譲渡がなされれば通常は譲渡人Aが第三者Xに対して負っている債務も譲受人Bが引き受けると考えられる」[44]とするなど，1個の契約としてみた事業譲渡契約の典型性に「債務の承継」が含まれていたのである[45]。

---

(40)　政策的価値判断とドグマーティク（ことば的技術・法律構成）の関係については川島武宜『ある法学者の軌跡』（有斐閣，1978年）315頁，川島武宜『「科学としての法律学」とその発展』（岩波書店，1987年〔以下，川島・前掲「発展」で引用〕）12頁以下参照。ただし，川島本人がその後この区分論にどれほどコミットしていたかは不明である（川島・前掲「発展」iii頁参照）。川島以降，近時は，むしろ，ことば的技術やドグマーティクなどのある種のフィクション（虚構）を議論による説得などのロジックを用いるなどして，積極的に評価する考え方が法学内部（川島・前掲「発展」237頁以下，平井宜雄『法律学基礎論覚書』〔有斐閣，1989年〕，平井宜雄『続・法律学基礎論覚書』〔有斐閣，1991年〕，来栖三郎『法とフィクション』〔東京大学出版会，1999年〕。法律論が法的理由以外の諸理由を求めることの限界について尾崎一郎「トートロジーとしての法（学）？」新世代法政策学研究3号〔2009年〕191頁以下，200-201頁，安藤馨「制度とその規範的正当化 —— 帰結主義とその社会規範の関係を巡って」新世代法政策学研究8号〔2010年〕283頁以下，305頁参照），外部（小坂井敏晶『責任という虚構』〔東京大学出版会，2008年〕66頁）を問わずに有力である。

(41)　大塚・前掲注(33)文献60，62頁，落合ほか・前掲注(35)文献132頁〔大塚〕。事業譲渡を，対外的には譲渡人の事業活動に参加するものと取り扱われるとして，合名会社の社員の加入の制度（改正前商法82条〔会社法605条〕）の類推で説明する学説（小橋・前掲注(37)文献17頁）の萌芽と評することもできる。

(42)　小橋・前掲注(37)文献17頁。利害状況の直感的な違いが大きいため説得力が評価されなかったのかもしれないが，上記規範及び実定法の制度を説明する程度としては最も成功していると思われる。

(43)　大隅・前掲注(7)文献311頁。さらに，同書313頁は，事業譲渡の際に労働者の承諾なしに譲受人に雇用契約関係が引き継がれるとしており（通説は反対），事業譲渡契約である以上，個別の契約によらず，事業に関する法律関係は引き継ぐべきという規範が伺える。

(44)　関・前掲注(9)文献241頁。

民商法の課題と展望

　これに対して，会社法22条1項は，単に事業譲渡契約というだけではなく，商号続用が要件として課されているので，22条1項をもって債務の承継が全ての事業譲渡契約の典型とはいえないのではないかという疑問もありうる[46]。だが，一連のゴルフクラブをめぐる判決をみる限り[47]，商号続用要件が裁判例において厳格に審査されているのかは疑わしい。さらに，会社法22条1項の商号続用ないし23条1項の債務引受広告は，得意先関係（のれん）を引き継ぐことを意味し，事業を承継したという事業譲渡契約概念に内包されているものと理解できる[48]。もちろん，商号続用・債務引受広告のない事業譲渡契約も存在するはずであるが，のれんを引き継ぐための何らかの事情があれば22条1項ないし23条1項類推適用の基礎となりうる。22条1項及び23条1項の要件認定の容易さからも，事業譲渡契約の原則はどちらかの要件は満たすものとみることができよう。よって，この疑問は，事業譲渡契約のあるべき典型として，債務を引き継ぐものであるという規範の存在を揺るがすものではない。

　他方で，事業譲渡契約の債務の承継はあくまで原則であり，かつ，詐害譲渡（防止）法理として機能することからすれば，債権者に対して事業譲渡の事実および財産状況を説明することで，債権保全の実質的な機会を提供したような場合には，債務を承継しない事業譲渡契約も認められる。この意味で，債務の承継という原則は，ペナルティ・デフォルトないし半強行規定として機能する。そして，会社法22条1項の商号続用や23条1項の債務引受広告の不存在も，

---

(45)　ほかにも会社法21条の競業避止義務についても，法定の特別責任ではなく，事業譲渡契約の債務内容として当然に含まれるものと説明がなされており（鴻常夫『商法総則（新訂第5版）』（弘文堂，1999年）148頁，大隅・前掲注(7)文献313頁），競業避止義務についても，事業譲渡契約の典型的な内容の1つと捉えられてきたことが示唆される。

(46)　商号続用要件を重視し，原則と例外が逆転した理論と述べるものとして，江頭・前掲注(33)文献1611頁。これに対して，本文の記述のように債務承継の原則性を述べるものとして浜田・前掲注(33)文献31頁参照。

(47)　前掲注(32)及び該当本文参照。

(48)　浜田・前掲注(33)文献31頁は「営業譲渡は単なる営業財産の譲渡と区別されなければならない。すなわちのれんの譲渡を伴わねばならない。のれんを譲渡するためには，実際上，商号を続用するか，得意先に挨拶状を出すかしなければならない。つまり商号も続用せず挨拶状も出さない営業譲渡は，営業財産の譲渡に近い実態のものでしかありえない。このような現実を前提として，商法は商号続用あるいは営業譲受の広告があった場合にのみ営業譲受人に弁済の責を負わせていると考えるのである」とする。

債権者に対して債権保全の実質的な機会を提供したか否かによって判断されるべきである。

　同じく，会社法22条2項が通知・登記を行った場合には22条1項の責任が免責されるとしているのも，通知・登記によって債権保全の実質的な機会を提供したか否かによって判断されるべきである。この点に関して，会社法22条1項の責任を22条2項の通知・登記[49]のインセンティブ付与のためのサンクションという説明がなされている[50]。この説明に対しては，現実的な機能が示されておらず[51]，何のために通知・公告のインセンティブを付与するのかという政策判断の内容が示されていないとの批判があるが，このような説明には債権保全の実質的な機会を提供し，詐害譲渡を抑止するという点に政策判断が存在する。

　現実の事業譲渡契約の多くは詐害的なものでも，債務を承継するものでもなく，典型性として稀にしか発生しない詐害譲渡の救済法理を取り込む必要はないのではないかという疑問もあり得る。だが，事業譲渡契約が詐害的なものであるか否かについては，事業譲渡契約の当事者間の方が情報優位にあり，これに対して，譲渡人の債権者は認識できないという点で，情報の偏在がある。そこで，契約の内容通りの免責を認めるためには，通知・登記など事業譲渡契約の存在・内容について情報を伝えることを要求するという点で，事業譲渡契約の際に債務の承継がなされるという規範は，ペナルティ・デフォルトとして整理できるのである。

　これに対して，事業譲渡のような事業者（プロ）同士が慎重に契約条件を検討する契約において，このような典型性が両当事者に「気づかせる」（ナッジ）ことで影響を与えるということは少ないであろう。だが，事後の紛争の場面において裁判官ないしその他の法律家が契約内容をレビューする段階では，典型とされた内容が，契約の不当性を評価する際の「標準」となることで，前述の

---

[49]　商号以外の事業名の続用による類推適用の場面でも，会社法22条2項の登記が可能であることにつき井上弘樹「会社がする営業の譲受人が譲渡人の債務につき責に任じない旨の登記について」登記インターネット7巻11号（2005年）144頁以下参照。

[50]　落合誠一「商号の保護 —— 商号続用営業譲受人の責任」法学教室285号（2004年）31頁。

[51]　伊藤靖史ほか『事例で考える会社法（第2版）』（有斐閣，2015年）386頁注(16)〔伊藤靖史〕。

民商法の課題と展望

「半強行法規」としての機能を果たすことになる。

2　原則債務承継規範の正当化根拠

　それでは，なぜこのような規範が認められるのか。事業譲渡契約はなぜこのようなものを「典型」と考え，ペナルティ・デフォルトとしているのか。民法の通常の規律によれば，債務は債務引受のない限り譲渡会社に残るのが原則である。事業譲渡は債務を引き継ぐものでなくてはならないという規範は，会社法22条3項の規律まで踏まえると，免責的債務引受を想定しているようであるが，免責的債務引受には債権者の承諾・同意が必要であるところ[52]，そのような承諾・同意がない状況において，債務を引き継ぐのが原則という典型性が存在するといえるのか。

　かかる正当化の問題に対して実質論と形式論の両方があり得る。まず，実質論としては，詐害譲渡からの救済を認める必要があるのか，という問題と整理できる。そして，本稿は，モラル・ハザードと逆選択の抑止の観点から，詐害譲渡への救済を正当化できると考える。

　譲渡会社は事業譲渡契約によって対価を得るものではあるが，対価が不均衡な場合，また対価が金銭など不正流用・散逸の危険の高い財産になる場合[53]，資産代替リスク[54]などにより，譲渡会社の債権者に回収不能の損害が発生するおそれがある。このような契約締結後に債務者の機会主義的行動によって債権

---

[52]　大判大正14・12・15民集4巻710頁，最判昭和30・9・29民集9巻10号1472頁，最判昭和46・4・23民集25巻3号388頁（これらの判例の理解については奥田昌道『債権総論（増補版）』〔悠々社，1992年〕472頁参照），内田貴『民法Ⅲ（第3版）』（東京大学出版会，2005年）244-245頁，中田・前掲注(31)文献583-585頁，潮見・前掲注(38)〔新債権総論Ⅱ〕510-514頁。平成29年改正民法472条3項で明文化された。ただし，債権者の承諾がなくとも免責的債務引受としての免責的効力が否定されるものの，併存的債務引受としての効果は認められるとされている（我妻栄『新訂債権総論（民法講義Ⅳ）』〔岩波書店，1964年〕568頁，於保不二雄『債権総論〔新版〕』〔有斐閣，1972年〕337頁，平井宜雄『債権総論（第2版）』〔弘文堂，1994年〕158頁など）。なお，平井・前掲文献158頁は，債権者の同意なく免責的債務引受を認めうる例外的な場面として，全財産による営業譲渡の場面を挙げている。

[53]　関・前掲注(9)文献241頁。

[54]　資産代替リスクについては後藤元『株主有限責任制度の弊害と過少資本による株主の責任』（商事法務，2007年）96頁以下など参照。

者が損害を被る恐れが生じるのがモラル・ハザードである。そのため，譲渡会社債権者は，自衛のため，契約にコベナンツ等をつけることがあるが，詐害譲渡が実際になされてしまう場面では，譲渡会社が無資力状態に陥り，契約違反の責任を追及しても，他の債権者との優先劣後関係が問題となる。そして，契約・特約のみによって優先権を認める方法は，限定的であるため万全の対応にはならない。

そこで，通常は，債権者取消権や破産法・執行法・保全法等によって対応することになるが，これらはどれも事業譲渡による債務者の責任財産の減少や資産代替が実現するタイミングを押さえなくてはならず，常にモニタリングを実施する必要がある。このようなモニタリングのコストは，利息・取引価格に反映し，結局，債務者に転嫁される。他方で，債務者の中には，詐害譲渡をしないことでそのようなモニタリングコストの転嫁のない有利な条件で契約をしたい債務者も多いと思われるが，コベナンツが前述の通り機能しにくい場面であるため，債権者に信じてもらうこと（credible commitment）ができない。その結果，詐害譲渡リスクについて credible commitment ができないことによる lemon market（逆選択）に陥り，情報完備であれば取引すべき価値を生む取引が成立しないという非効率が発生する。

これらのモラル・ハザードと逆選択への対応という社会的な合理性から，事業譲渡の典型として事業譲渡契約は債務も譲受人が承継するという救済規範が正当化されうる[55]。

---

[55] ただし，当事者の自由を制約する公権力（法制度・裁判所）の介入には，外部性のような市場の失敗があるだけでは足りず，公権力の介入によって社会的厚生が改善する場合に限られるという立場（潮見佳男ほか「シンポジウム競争秩序と民法」私法70号〔2008年〕14頁〔藤田友敬発言〕）からすれば，本稿の考え方は，前者の外部性の存在を指摘しただけとなり，介入の正当化までは基礎づけていないこととなる。このような規範によって，一定量の社会的に望ましい事業譲渡契約による組織再編が阻害されるという意味でのマイナスがありうるからである。

　他方で，モラル・ハザードと逆選択による社会的厚生のマイナスと介入によるプラスのどちらが多いかは判断できず，最後は「決断」の問題と整理すれば，事業譲渡契約に詐害譲渡法理としての機能を認めたことも裁判所による1つの決断として整理できる。仮に，かかる規範が望ましくないと考えるならば，効率的な事業譲渡契約が阻害されることによる社会的厚生のマイナスの方が大きいことをまず論証すべきということになる。

民商法の課題と展望

　こういった実質論による正当化とは別に形式論による正当化も可能である。事業譲渡契約によって一定の債務が承継されるという規範は，事業活動に伴い契約上の地位も移転するという現象であり，「契約譲渡」として議論されてきた事柄である[56]。契約譲渡の概念は，伝統的には，取消権や解除権といった契約当事者の地位に伴う形成権を移転させる点に意義があるとされてきたが[57]，近時は，継続的契約において契約上の地位の移転としての意義が注目されている[58]。

　そして，このような契約上の地位の譲渡については，①不動産賃貸借の賃貸人が不動産譲渡に伴う賃貸人の地位の譲渡，保険目的物の譲渡に伴う保険契約者の譲渡，雇用契約の使用者の地位の譲渡などのような特定の財産の譲渡に伴う契約当事者の地位の移転と，②不動産賃貸借の賃借人の地位の譲渡などの合意に基づく契約当事者の地位の移転の2つに類型化がなされている[59]。

　前者の①特定の財産の譲渡に伴う契約当事者の地位の譲渡の場合は，契約の相手方の人的属性よりも目的物そのものに着目した場合であるため，相手方の承認が不要であり，かつ，効果としても，譲渡人は契約関係からの離脱が認められるとされている[60]。これに対して，後者の②合意に基づく契約上の当事者の地位の譲渡では，そもそも契約は相手方が重要であるため，相手方の変更である契約上の地位の譲渡を可能とするために相手方の承諾を要求されるとされている[61]。

　事業譲渡契約において，事業譲渡に伴い債務を引き継ぐというのは，事業活

---

(55)　ただし，債権者のみならず従前の債務者であった譲渡会社にとっても取引促進の利益があったことは前述の通りである。

(56)　契約譲渡の近接性については池田清治教授，瀬川信久教授にご教示賜った。記して感謝申し上げる。その後，平成29年民法改正法によって契約上の地位の移転が創設された（改正民法539条の2）。

(57)　我妻・前掲注(52)文献579-580頁。

(58)　野澤正充『契約譲渡の研究』（弘文堂，2002年）298頁。

(59)　野澤・前掲注(58)文献299頁。改正民法539条の2は②の類型を規律するものである。

(60)　野澤・前掲注(58)文献311頁。潮見・前掲注(38)〔新債権総論Ⅱ〕531頁は不動産賃貸借契約以外にも「他方当事者がその承諾を拒絶することについて利益を有しない場合」として本編の①類型を整理する。中田・前掲注(31)文献584頁も，不動産賃貸借契約以外の「契約類型においても，契約の特性と各当事者の保護されるべき利益を分析しつつ，一部の当事者の意思にかかわらず契約上の地位の移転を認めるべき場合を判断すべきである」とする。

(61)　野澤・前掲注(58)文献355頁。

動を継続的契約と整理し，そして事業活動およびそれを表章する資産と事業債務との牽連性を認めて，前記の①特定の財産の譲渡に伴う契約当事者の地位の譲渡と位置付けることになる。

3　平成26年会社法改正による詐害的事業譲渡救済の条文導入

　会社法22条1項が，詐害譲渡防止機能を果たしていたことは従前より指摘されていたところであるが，かかる指摘を受けて，平成26年会社法改正によって，詐害的な事業譲渡において譲渡人残存債権者に対する譲受人の責任を定める規定が立法化された（会社法23条の2・商法18条の2）。これによって，会社法22条1項は権利外観法理に純化すべきであり，詐害譲渡法理としての機能を果たす必要がなくなったとの指摘がある[62]。

　だが，詐害行為取消権や詐害的事業譲渡規定においては詐害性の立証が必要となるのに対して，事業譲渡契約の典型性においては詐害性の立証なしに詐害譲渡法理としての機能を果たすことができるのであって，完全な代替にはならない。特に，事業譲渡契約の会社法・商法規定は，情報劣位にある債権者のためのペナルティ・デフォルトとしての機能を果たすことからすれば，実質論として詐害譲渡法理であるとしても，その実質の立証責任・論証責任を債権者側に課す詐害的事業譲渡規定ではその機能を果たせない。さらにいえば，典型契約論のような法的議論は，そもそも実質論ができないところにその存在意義があったことからすれば，実質論がなされることによって初めて適用されるこれらの規定とはそもそも守備範囲が異なる。

　よって，会社法22条1項ないし事業譲渡契約の典型性がもつ「事業譲渡では債務は譲受人に引き継がれるものである」という規範は，平成26年会社法改正によっても，維持されるものと解される。

---

[62]　山下眞弘「商号続用責任規制（会社法22条）はどう解釈されるべきか（下）」ビジネス法務16巻9号（2016年）94頁。立法論として商号続用基準ではなく詐害性基準とすべきと提唱するものとして，山下眞弘「事業承継会社責任規制の立法論的検討 —— 商号続用基準か詐害性基準か」阪大法学60巻5号（2011年）869頁，後藤元「商法総則 —— 商号・営業譲渡・商業使用人を中心に」NBL935号（2010年）23頁。さらに事業譲渡にも会社分割や合併のような債権者異議手続制度の創設を主張するものとして仲宗根京子「事業（営業）譲渡における商号続用責任の未来」『企業法学の論理と体系　永井和之先生古稀記念論文集』（中央経済社，2016年）642頁。

V 結 語

本稿では，事業譲渡契約を1個の典型契約とみることで，近時の事業譲渡契約の議論がどのように見えてくるのかを概観した。そして，事業譲渡の要件論や詐害譲渡法理として機能している商号続用譲受人責任など近時の議論は，必ずしも民法の議論から突飛なものではなく，近時の典型契約論からすれば，説得的であることを示した。

大塚龍児教授は，これまでの論文や研究会でご指導いただく中で，民法理論との接続を非常に重視なさっていた。それは，法ドグマーティクの重視のほか，私的自治の原則を尊重という形にあらわれていたように思われる，だが，民法学も日々変容しており，現在において，私的自治の原則や意思自治のみによる説明が，貫徹されるわけではない[63]。

契約の内容は全て意思で基礎づけられるという理解は，約款論などにおいて既に希薄化している。裁判官は合意の拘束力の根拠を法規に求めると述べており，法規である典型契約規定という他律に契約の拘束力を認めるほどの強い効力を認めている[64]。さらに契約の正当化根拠を意思ではなく契約正義に求めることを示唆する議論まで現れている[65]。

他方で，近時の商法学のトレンドは，民法理論との接合よりも，法と経済学の隆盛にあるように，実質論で決すべきという風潮が強い。このような立場からは，本稿が紹介した典型契約論のような中間概念を用いた議論をすべきではないということになりそうである[66]。

また，近時提唱されている制度的契約という枠組みは，典型契約論によらず，

---

[63] 例えば，契約に対する基本的なスタンスとして，英米系の Common Law は無条件に意思通りに契約を認め，French Civil Law は条件付きで契約を尊重すると整理されている。Katharina Pistor, *Legal Ground Rules in Coordinated and Liberal Market Economies,* KLAUS J. HOPT, EDDY WYMEERSCH, HIDEKI KANDA AND HARALD BAUM EDS., CORPORATE GOVERNANCE IN CONTEXT: CORPORATIONS STATES, AND MARKET IN EUROPE, JAPAN, AND THE US, 2006, 249-280.

[64] 大村敦志＝加藤雅信＝加藤新太郎「『典型契約と性質決定』をめぐって（鼎談・民法学の新潮流と民事実務）」判タ 1175 号（2005 年）7 頁以下［加藤新太郎発言］。

[65] 大村・前掲注⒀ 文献 370 頁。

経済学等の外部性の議論を直接，契約法に取り込む構想と評価できる[67]。このような制度的契約論は，（必ずしも提唱者の意図するところではないかもしれないが）吉川吉樹の示唆する通り，典型契約論の目指した当事者の意思・合意以外の客観的な価値について他の社会科学の精緻な知見をそのまま取り込むものと構成できる可能性を秘めている[68]。

だが，行動経済学が前提とする限定合理性の問題は，裁判所にも判断能力の限界が存在することを正当化し，客観的な価値に基づく判断が常にできるわけではないことを示唆する。研究者であっても，比較不能な価値対立において一定の結論を望ましいものとして提示することはできない。そのような場面でも，眼前の紛争解決のために，当事者に（かりそめであっても）一応の説得力を提供し，（それなりの）納得を得る方法が，典型契約論さらには法ドグマーティクと表現されることがあるような議論などの法律家固有の議論とされてきたものであろう[69]。

このように，法律家内部のトートロジカルな議論と，他の社会科学の知見を応用した議論とは守備範囲が異なるものとして整理できるのであり，前者を重視する民法学の議論と，後者を重視する商法学の議論とは，このような想定している守備範囲の違いを前提にして対話が進められるべきものであろう。民商法の課題に対して，大塚龍児教授が標榜していた民法と商法の連続性というのは，実質論による判断能力の限界の有無という守備範囲の違いを意識した上でなされていくべきであるというのが展望である。

---

[66] 実質を重視し不必要な中間概念に批判的なものとして星野英一「民法解釈論序説」『民法論集第 1 巻』（有斐閣，1970 年）12-13 頁，落合誠一「手形法・小切手法の論点再考の趣旨」法教 204 号（1997 年）4 頁以下，森田果「射倖契約はなぜ違法なのか？」NBL849 号（2007 年）35 頁以下参照。

[67] 内田貴『制度的契約論 —— 民営化と契約』（羽鳥書店，2011 年）57 頁，内田貴「制度的契約論の構想 —— 講演」北大法学論集 59 巻 1 号（2008 年）441 頁以下。

[68] 「討論」北大法学論集 59 巻 1 号（2008 年）377 頁〔吉川吉樹発言〕，なお 376 頁以下〔藤谷武史発言〕も参照。なお，内田本人の外部性把握は公平性なども含んだ多様かつ柔軟なものであり（同 381 頁以下〔内田貴発言〕参照），当事者の意思への介入という意味でも本稿以上の内容を包摂しうるものである。

[69] 得津晶「民商の壁」新世代法政策学研究 2 号（2009 年）233 頁以下，264-265 頁。典型契約論においてこのようなことを指摘するものとして，大村・前掲注[15] 文献 320-323 頁，349-352 頁，石川・前掲注[24] 文献 236 頁。

3 中国における法人格否認の法理の現在

王　　万　旭

Ⅰ　は じ め に　　　　　Ⅲ　裁判例の展開——最近 5 年
Ⅱ　最近 5 年間の実証研究　　　間の判決を中心に
　　　　　　　　　　　　　Ⅳ　最 後 に

Ⅰ　は じ め に

　中国 2005 年会社法（2005 年 10 月 27 日改正，2006 年 1 月 1 日より施行。以下，「会社法」という）第 20 条第 3 項は，次のとおり規定している。「会社の株主が会社法人の独立的地位及び株主の有限責任を濫用して，債務を逃れ，会社の債権者の利益を著しく損なった場合は，会社の債務に対して連帯して責任を負わなければならない」[1]。この規定は，制定法の中で，もっとも明確に会社法人格否認の法理を規定した立法例だと言われている[2]。

　また，2013 年に中国会社法において資本金制度の改正がなされ，かつての最低資本金制度が撤廃された。そのため，僅少の資本金で起業する会社の債権者を保護する手段として，法人格否認の法理の運用は一層注目を浴びている。

　本稿では，中国における法人格否認法理の現在の発展状況を示したい。Ⅱで

---

(1)　森・濱田松本法律事務所訳。https://www.jetro.go.jp/ext_images/world/asia/cn/law/pdf/invest_040.pdf#search='%E6%A3%AE%E3%83%BB%E6%BF%B1%E7%94%B0%E6%9D%BE%E6%9C%AC%E6%B3%95%E5%BE%8B%E4%BA%8B%E5%8B%99%E6%89%80+%E4%B8%AD%E5%9B%BD%E4%BC%9A%E7%A4%BE%E6%B3%95'
(2)　王保樹＝崔勤之『中国公司法原理』（社会科学文献出版社，2006 年）48 頁。

『民商法の課題と展望』大塚龍児先生古稀記念〔信山社，2018 年 3 月〕　　*51*

は，2011 年から 2015 年の 5 年間にかけて，当該法理の裁判上の展開を統計
データで示す。Ⅲでは，中国で公表された当該法理に関する裁判例について，
事案の実質的関係を基準にした類型化作業を試みる。筆者は既に別稿において
2006 年— 2010 年の 5 年間につき類型化作業を行ったので[3]，本稿では 2011 年
— 2015 年の 5 年間を対象とする。

Ⅱ　最近 5 年間の実証研究

1　2011 年— 2015 年の実証研究

　2011 年— 2015 年の 5 年間の統計データは，中国において公表された判決に
基づいて整理したものである。検索に用いるデータベースは「北大法宝」であ
る。最終アクセス日は 2016 年 2 月 4 日である。まず，データの収集方法につ
いて，簡単に説明しておく。

　検索方法は次の通りである。まず，「北大法宝」の「法院案例」（人民法院の
裁判例）項目の下に，キーワード「会社法第 20 条」を入力する。次に，期間
を限定して入力する。例えば，「2011 年 1 月 1 日— 2011 年 12 月 31 日」を入
力する。この検索結果から出てきた裁判例から，会社法第 20 条第 3 項に該当
するものを選ぶ。会社法第 20 条には三つの項があるので，第 20 条第 3 項に該
当するものが検索結果より少ないことはいうまでもない。

　なお，2011 年のデータは次のようにして収集した。「北大法宝」の「法院案
例」で「会社法第 20 条」により検索したところ，裁判例の数が極めて少な
かった。そこで，できるだけ 2011 年の裁判例を反映するために，他の専門
データベースである「北大法意」の検索結果を利用した。「北大法意」のデー
タ収集時期は，2012 年 4 月 29 日である。このように，2011 年のデータは，二
つのデータベースの検索結果を合わせて整理したものである。

　なお，2006 年— 2010 年の 5 年間の法人格否認の法理の裁判上の運用状況に
ついて，2012 年により詳しい実証研究が公表された[4]。以下，この既存研究の
データを適宜引用しつつ，2011 年— 2015 年の実証研究を進めたい。

---

(3)　拙稿「要件の視角から見た中国法人格否認の法理(1)」北大法学論集 62 巻 6 号（2012
　　年）22 頁以下を参照されたい。
(4)　黄輝「中国公司法人格否認制度実証研究」法学研究 1 号（2012 年）。

3 中国における法人格否認の法理の現在〔王 万旭〕

(1) 全体のデータ

表1 人民法院判決の5年間全体の統計データ

	モデル数合計	肯定例	否定例	肯定の割合(%)
事案の数	189	141	48	74.60

表1は，2011年—2015年の5年間に人民法院が下した判決の統計データである。全体の事案数は189件である。2006年—2010年の5年間の事案数（99件）に比べて，2011年—2015年の5年間の事案数は倍に近い。肯定率は，2006年—2010年の63.64%に比べて，この5年間では74.60%に達した[5]。全体の結論としては，2011年—2015年の5年間に判決の数だけでなく，肯定の割合も著しく増加した。このことは，法人格否認の法理の適用が中国において既に拡大されていることを示すものと言えるであろう。

表2 年度別の統計データ

年度	事案数	肯定例	否定例	肯定の割合(%)
2011	27	22	5	81.48
2012	7	7	0	100
2013	52	30	22	57.69
2014	23	14	9	60.87
2015	80	68	12	85.00

表2は，年度別の法人格否認の法理の適用状況を表すものである。全体から見れば，この5年間の事案数は，増減を繰り返しながら全体としては増えている傾向を示している。2015年の事案数は80件であるが，当該年度中に審理中である，または公表されていない事案もあることを考えると，実際の数はもっと多いと見込まれる。肯定の割合については，2012年については事案数が少ないために統計学上の価値が低いことを除くと，全体として高いレベルを示している。とくに，2015年の85.00%という肯定率は，データの分母が80という相当高いレベルの前提の下に得られた数値であるので，比較法的に見ても驚

---

(5) 2006年—2010年の統計データによれば，全体事案数が99件，うち肯定例が63件，否定例が36件，肯定の割合は63.64%であった。黄輝・前掲注(4)5頁。

民商法の課題と展望

くべきものであろう。

表3 一審と二審との肯定割合比較

	事案数	肯定例	否定例	肯定の割合(%)
一審	187※	143	44	76.47
二審	62	40	22	64.52

＊2011年―2015年の全体事案数は189件であるが，その中の2件が執行手続の事案であるため，統計の結果は187件となった。

　表3は審級別の法人格否認の法理の適用状況を表すものである。二審に上訴された事案数は，約三分の一である。つまり，法人格否認の事案では，約三分の二は一審の段階で解決される。また，データから分かるように，一審の肯定率は二審より高い。言い換えれば，二審は一審より慎重な態度をとっていると言えよう。

(2) 訴訟における請求権の基礎

表4 訴訟の請求権根拠

	事案数	肯定例	否定例	肯定の割合(%)
契約債務	171	129	42	75.44
不法行為債務	5	4	1	80.00
不当利得債務	1	0	1	0
その他※	12	10	2	83.33

＊これらの事案は，労働債務5件，法定義務違反1件，会社設立費用の返還債務1件，増資協議違反債務1件，交通事故債務1件，執行異議1件，被強制執行人追加1件，犯罪行為1件で，合計12件である。なお，労働債権を契約債権に，交通事故債権と犯罪行為を不法行為債権に整理することもできるが，これらの事案の事実関係は「取引法」的性格をもつものではないため，一応「その他」に分類することにする[6]。

　表4は，当事者が主張する請求権の内容を基準に，扱った事案を契約債務，不法行為債務，不当利得債務及びその他の事案に分類したものである。事案の

――――――――――

(6) 2006年―2010年の5年間の裁判例を考察すると，その事実関係はすべて取引法の範疇に属する。拙稿「要件の視角から見た中国法人格否認の法理(1)」北大法学論集62巻6号（2012年）及び「要件の視角から見た中国法人格否認の法理(2)」北大法学論集63巻1号（2012年）を参照されたい。

中で「契約債務」の占める割合は極めて高い。とはいえ，法人格否認の肯定割合から見れば，「契約債務」の場合と「不法行為債務」の場合とは大差がない。このことから，裁判例の傾向は契約債務より不法行為債務の方を保護すべきという立法論とは異なることが分かる。

また，2011年—2015年の5年間には，事実関係としては労働債権，交通事故債権，執行手続ないし犯罪行為など，さまざまなケースがあった。法人格否認の法理が中国において多領域にわたって展開されたと言えよう。

(3) 法人格否認の会社法上（第20条第3項）の理由

表5　法人格否認の会社法上（第20条第3項）の理由

理由	事案数	肯定例	否定例	肯定の割合(%)
法人格の混同	84	67	17	79.76
詐欺または不当行為	95	62	33	65.26
過少資本	3	2	1	66.67

表5は，人民法院が法人格否認を適用する際の会社法上の理由を示したものである。事案数から見れば，「法人格の混同」と「詐欺または不当行為」が事案全体のほとんどを占めている。2006年—2010年の統計データと比べると，この5年間には大きな変化が見える。すなわち，「詐欺または不当行為」における肯定率はあまり大きな変化がない（2006年—2010年は62.50%）のに対し，「法人格の混同」における肯定率は前の5年間（2006年—2010年は54.05%）を著しく上回った[7]。この肯定率は，事案数が84件という相当分母の大きいデータによって得られた結果であるから，「法人格の混同」は，会社法第20条第3項の適用に際して重要な地位を占めていることが分かる。なお，株主による会社支配は事案の共通の前提であるので，ここではとくに説明を加えていない。

「過少資本」[8]事案について少し説明を加えたい。中国では法人格否認の法理

---

(7) 2006—2010年の統計データによれば，「法人格の混同」は，事案数が74件で，肯定率が54.05%である。「詐欺または不当行為」は，事案数が32件で，肯定率が62.50%である。黄輝・前掲注(4) 11頁。

(8) 「過少資本」とは，中国では「資本顕著不足」と表現している。本研究は，人民法院が会社法第20条第3項を適用する際に，判決文の中の法律論の部分で論じたものに限定して整理したものである。

を導入する際に，過少資本は典型的な法人格の濫用行為として学説により紹介された[9]。また，一部の学説によれば，会社法第20条第3項の濫用要件を認定する際に，会社の自己資本が著しく不足していることと，株主・会社間における法人格の高度な混同といういずれかの要件が必要であるとされる[10]。すなわち，学説では，「過少資本」はそれだけで法人格否認を導くことのできる単独の要件とされている。

ただし，過少資本とは何か，言い換えれば如何なる基準で過少資本を判断するのかについて，学説では必ずしも認識が一致していない。例えば，代表的な見解によると，会社の自己資本が著しく不足していることとは，①株主の払い込んだ出資金が最低資本金額を下回っていることと，②株主の払い込んだ出資金が最低資本金額を上回っているにもかかわらず，会社の業種・経営規模・従業員雇用規模及び負債規模に相応しい金額を著しく下回っていることを指す[11]。つまり，最低資本金を基準にするか，それとも相応しい自己資本の額を基準にするかについて，学説は明確ではない。

学説の停滞状態に比して，裁判ではいくつかの判決が出ている。例えば，上海市第一人民法院2011年4月22日判決（2011）滬一中民四（商）終字第241号における事案の概要は以下のとおりである。すなわち，XはY₁会社との間に金銭消費貸借契約を結んだ。Xは契約通りに金銭を貸し付けたが，Y₁は期限通りに返済しなかった。その後強制執行中にY₁には執行に供する財産がないことが判明した。Y₂は，Y₁の設立時の株主であり，Y₁設立時の出資金のうち5,100万元を仮装払込みした。Xはこれを理由にY₁の本件金銭返還債務について，Y₂にその仮装払込金額の範囲内で弁済を求めた。

一審人民法院は，会社法第20条第3項を援用して，Y₂の仮装払込行為によってY₁の資本金が最低資本金額を下回ることにはならなかったことを理由に，Xの請求を棄却した。Xは上訴した。

---

(9) 「"掲開公司面沙"——法人人格否認制度理論与実務研討」，中国審判新聞月刊2008年4号，68頁，朱慈蘊発言。

(10) 劉俊海『新公司法的制度創新：立法争点和解釈難点』（法律出版社，2006年）90頁以下。

(11) 劉俊海・前掲注(10) 91頁を参照。論者は以下の例を挙げていた。すなわち，資本金1,000万元の会社は，銀行から10億元の融資を受けた。この場合，当該会社の自己資本と貸付資本の比率は1:100であるので，著しく自己資本不足といえる。

二審人民法院は，次のような判断を下してXの請求を棄却した。すなわち，「Xは，Y_2の仮装払込行為によってY_1の資本金が法定最低資本金を下回っており，結果としてY_1の資本金が著しく不足するに至ったことについて，その証明責任を果たさなかったので，Y_1の法人格否認の請求を棄却する」。

本件では，過少資本の判断基準は，会社の資本金が法定最低資本金に達しているか否かである。ただし，2013年に中国会社法が改正された際に，最低資本金制度が撤廃されたので，この判断枠組みも意義を失ってしまっている。

安徽省高級人民法院2011年8月30日判決（2011）皖民終字第00111号は，次のような事案である。すなわち，Y_1会社は，Aとの間に金銭消費貸借契約を結んだ。Xは，この契約によるY_1のAに対する債務25,755,480元を弁済してY_1への求償権を取得した。2006年11月4日に，Y_1の営業許可書が取り消された。Xは，Y_1及びY_1の株主であるY_2に対して本件求償債務についての連帯責任を主張して訴えを提起した。一審は，Xの請求を棄却した。そこで，Xは，Y_1の登録資本金が100万元であるにもかかわらず，Y_1がY_2のために960万元の資金を立て替え，また9,600万元を借り入れて高リスクの株式取引を行ったことを理由に，Y_1は過少資本の会社であると主張して，Y_1の株主たるY_2の連帯責任を主張した。

二審人民法院は，①Y_1の出資金が全額払い込まれたこと，②会社は独立した経営実体として自ら融資規模及び投資先を決められることを述べたうえで，「…Y_1の資金借入規模と登録資本金額の大きさは，その法人格を否認する根拠にはならない」と判断してXの請求を棄却した。

本件では，二審人民法院の次の立場が確認できよう。まず，過少資本の判断基準を，会社の自己資本とその融資規模及び経営規模との関係に置く。次に，過少資本による法人格否認の成否について，本件人民法院は否定的な立場に立っている。その理由は明快である。つまり，株主が出資金を全額払い込んだ以上，経営にかかわる融資等の行為の当否は，独立法人である会社の経営判断の範疇に含まれるため，法が勝手に企業の経営行為の当否を判断することはできないという。もっとも，本件では，Xは，過少資本以外に$Y_1 Y_2$間の財産混同，Y_2によるY_1への不当支配及びY_2の債務逃れ行為等を主張したが，二審はいずれも認定しなかった。

四川省南充市人民法院2013年5月29日判決（2013）南中法民終字第819号

は，次のような事案である。XとY₁会社の間に店舗の賃貸借契約が結ばれた。その後Y₁は当該契約を解除する旨をXに伝え，Xは了承した。本件契約解除後，Y₁はXの契約履行保証金を返還しなかった。Y₂はY₁の株主である。Xは，会社法第20条第3項を根拠にY₁の保証金返還債務についてのY₂の連帯責任を主張した。一審はXの請求を認容した。Y₂は上訴した。

　二審は，以下の理由でY₂の請求を棄却して一審判決を維持した。すなわち，「Y₁は，その資本金が50万元であるが，この金額は従事する業種の性質及び経営規模に比べると著しく不足している。…したがって，Y₂はY₁の上述の債務に対して連帯責任を負うべき」である。

　本件では，二審人民法院の次のような立場が確認できよう。まず，過少資本の判断基準は，会社の資本金とその従事する業種の性質及び経営規模との関係に置く。つまり，自己資本の水準の問題である。次に，過少資本による法人格否認の成否について，二審は肯定の立場をとっている。ただ，本件では，Y₂の責任を認めるために，過少資本以外にY₁Y₂間の業務混同及び財産混同も併せて認定した。そのため，本件では，「過少資本」は法人格否認の単独の要件であるのか，それとも法人格否認を判断する際の一つの要素にすぎないのかは不明である。判決文全体を読む限り，「過少資本」は，Y₁Y₂間の法人格の混同を判断する際の一つの要素ではないかと言わざるを得ない。本件では，過少資本が法人格否認の単独の要件であるとは読みとれない。

2　小　括

　会社法第20条第3項は，2006年より施行され，その施行後10年という時期は，当該制度が裁判上どのように運用されているかを評価するのに適しているといえよう。法人格否認の法理については，中国会社法に導入される前には，学説だけでなく裁判例も慎重な態度を示していた。しかし，導入後は，裁判例は会社法第20条第3項の適用を中心に，さまざまな方向で当該理論を展開してきた。本稿は，この期間特に最近5年間の実証研究を通じて，中国における法人格否認の法理の裁判上の運用状況を示したい。

　会社法第20条第3項を根拠に下された判決は増えつつある。2006年―2010年の5年間の事案数が99件であるのに対し，2011年―2015年の5年間の事案数は189件まで増加した。つまり，2011年―2015年の5年間の事案数は，

3 中国における法人格否認の法理の現在〔王 万旭〕

この前の5年間の倍に近い。法人格否認の肯定率については，2006年—2010年の63.64%に比べて，後の5年間の肯定率は74.60%に達した。全体の結論としては，2011年—2015年の5年間に判決の数だけでなく，肯定の割合も著しく増加した。もっとも，そもそも2006年—2010年の63.64%の肯定率も，比較法的にみれば高いと評価できる。この現象は，法人格否認の法理の適用が中国において既に広まっていることを示すものといえる。

　裁判例の事案における請求原因としての法律関係については，「契約債務」がもっとも高い割合を占めている。その他に不法行為債務，不当利得債務等もある。とくに2011年—2015年の5年間では，以上の三つの他に，労働債務，法定義務違反，会社設立費用の返還債務，増資協議違反債務，交通事故債務，執行異議，被強制執行人追加，犯罪行為といった，さまざまな場面で法人格否認の法理が適用されている。この意味では，法人格否認の法理は，現在，中国において広く使われていると言える。

　財産混同を代表とする「法人格の混同」は，会社法第20条第3項において重要な地位を占めている。すなわち，2006年—2010年の間の「法人格の混同」事案数が74件で，肯定率が54.05%であるのに対し，2011年—2015年の5年間では，事案数が84件で，肯定率は79.76％という高い割合を示した。これは，「法人格の混同」が株主の責任を追及する際に使いやすいことを意味している。その反面，「法人格の混同」の判定基準が不明確なため，安定性を欠いている。

　法人格の混同とは，一般的に，財産，業務，従業員，財務等の面で会社と株主を区別しにくい状況を指す。しかし，どの程度の混同に達すると「法人格の混同」を認めるのか，裁判例は明確な基準を提示していない。結局，訴訟における決め手は，証明責任の分配にあると言わざるを得ない。例えば，債権者の法人格混同の主張に対し，人民法院がその証明責任を原告側（債権者）に負わせると判断した場合，原告側が立証できずに敗訴することが多い。逆に立証責任を被告側に負わせた場合には，被告側が会社の財産と混同していないことを証明できずに敗訴することがほとんどである。しかし，法人格否認の法理については，法律上証明責任に関する特別規定が置かれていないため，各人民法院の理解が分かれている。

　例えば，裁判例には，「主張する者は，自らその主張を証明する責任を負う」（中国語では「誰主張，誰挙証」と表現する）という民事訴訟の基本原則を厳格に

59

民商法の課題と展望

適用して，原告側に証明責任を負わせると判断したものがある[12]。他方，原告側の法人格混同の主張に対し，被告側に混同していないことを証明する責任を負わせた裁判例もある[13]。

　以上の対立状況に対して，一部の裁判例は，証明責任の分配についてより折衷的な立場をとっている。例えば，江蘇省宿遷市中級人民法院 2013 年 5 月 17 日判決（2013）宿中商終字第 0056 号は，Y_1 会社の株主である Y_2 の債務逃れ行為を論じる際に，次のように述べた。「（X は Y_1 会社との契約に基づく代金 58 万元を Y_2 の指図に従って Y_2 の個人口座に送金した。）Y_2 は既にこの 58 万元の代金を Y_1 に渡したと主張した。Y_2 は当該代金の受取人として，その挙証能力，証拠との距離及び会社の株主としての地位から分析すれば，Y_2 本人がこのことに対して立証責任を負うべきである。Y_2 は，実際上会社に当該代金を渡したことを証明してはじめて，その個人と会社間の財産混同の可能性を排除できる。このような立証責任の分配は，いわゆる "誰主張，誰挙証" という民事訴訟の証拠規則と一致する」。この判決は，証明責任の分配につき，機械的に「誰主張，誰挙証」に固執するのではなく，個別事案における訴訟当事者の挙証能力に配慮したものである。

　安徽省郎渓県人民法院 2015 年 5 月 29 日判決（2015）郎民一初字第 00372 号は，最高人民法院の証拠に関する司法解釈[14]を援用して，被告側（会社の株主）に証明責任を負わせた。すなわち，「法人格否認制度の特別事情を考慮すると，普段会社経営に参加しない債権者が，十分な証拠をもって会社・株主間の財産混同を証明することは，確かに債権者の挙証能力を超える。被告側はより重い挙証責任を負うべき」である。このように，挙証能力は，裁判例が考慮する重

---

(12)　これらの裁判例としては，河南省登封市人民法院 2013 年 11 月 25 日判決（2013）登民二初字第 152 号，浙江省上虞市人民法院 2013 年 11 月 11 日判決（2013）紹虞豊商初字第 48 号，杭州市蕭山市人民法院 2013 年 9 月 2 日判決（2013）杭蕭商初字第 690 号，広東省深圳市宝安区人民法院 2015 年 5 月 12 日判決（2015）深宝法西民初字第 657 号等がある。

(13)　これらの裁判例としては，山東省淄博市人民法院 2013 年 10 月 29 日判決（2013）淄民一終字第 308 号，江蘇省塩城市大豊区人民法院 2015 年 11 月 18 日判決（2015）大西商初字第 00012 号，湖南省長沙市中級人民法院 2015 年 9 月 18 日判決（2015）長中民二終字第 03823 号，広西壮族自治区来賓市興賓区人民法院 2015 年 7 月 24 日判決（2015）興民初字第 1793 号，上海市松江区人民法院 2015 年 5 月 29 日判決（2015）松民一（民）初字第 1492 号等がある。

要な要素になりうる。

　過少資本については，従来，学説は法人格否認の単独の要件であると主張していた。しかし，裁判例は学説のこの主張を支持していない。このような学説と裁判例との間の乖離については，いくつかの理由が考えられる。一つは，過少資本の判断基準が容易に見いだせないことである。つまり，最低資本金額という基準は，基準自体の合理性は別として，当該制度が撤廃された今日においては，既に基準としての意義を失ってしまった。他方，判断基準を会社の資本金とその従事する業種の性質及び経営規模との比例関係に置くと，適切な比例関係を見出すのが難しい。要するに，自己資本の水準に固執する限り，過少資本を法人格否認の要件として確立することは難しいのではなかろうか。

　もう一つは，中国会社法の基本的性格と関連している。過少資本により法人格を否認するということは，理論的には，過少資本という状況は資本維持という会社法上の基本秩序に反するため，そのような状況に至らせた株主に責任を負わせるというものである。しかし，中国法において，そのような秩序が確立されているか否かは，裁判例全体を読む限り，肯定し難い。むしろ，過少資本の場合，会社が破産した段階で株主債権の劣後という方向で処理する方が現実的だと考える[15]。

Ⅲ　裁判例の展開── 最近 5 年間の判決を中心に

　中国における法人格否認の法理に関する裁判例における実質的法律関係は多種多様である。そこで，これらの裁判例を全体的に把握するためには，一定の

---

[14]　最高人民法院「民事訴訟証拠に関する若干規定」第 7 条は，以下のとおり規定している。すなわち，「法律に具体的な規定がなく，本規定及びその他の司法解釈によっても挙証責任の分配を確定できない場合，人民法院は，公平原則及び信義誠実の原則に基づいて，当事者の挙証能力等の要素を考慮して挙証責任の分担を確定する」。

[15]　最高人民法院は，このような傾向を示している。つまり，株主が僅少の資本金で会社を経営する場合，出資の代わりに会社への金銭貸出を行う可能性がかなり高い。その結果，有限責任のリスクが完全に外部化される。この状況については，現在定まった法的措置が講じられていないため，会社破産の段階における株主債権の劣後という制度に価値があるという。楊臨萍「関於当前商事審判工作中的若干具体問題」，2015 年 12 月 24 日。http://www.v2gg.com/news/guojixinwen/20160102/94707.html。最終アクセス日：2016 年 4 月 15 日。

民商法の課題と展望

基準によって類型化する作業が必要である。以下では，人民法院が株主に責任を課す際に基礎とした主要事実を基準に，事案を分類することにする。ただ，事案を類型化する目的は，法人格否認の法理の運用を全体的に把握するためであり，分類の基準は唯一且つ絶対的なものではない。対象とする事案は，基本的には 2011 年— 2015 年の事案全体である。もっとも，判決文において株主による「濫用」について特に論じていないものも若干あるので，これらの事案は分析の対象外とする。

1 裁判例における展開

(1) 債権者詐害事例

この類型に属する事例の特徴は債権者を詐害する意図の存在である。もっとも，人民法院は直接には詐害意図を認定しなかったものの，判決文全体を読む限りその意図があると推測できる事案も相当ある。なお，債権者詐害事例は相当の数があるため，ここでは代表的な事例の紹介にとどまる[16]。

上海市第一中級人民法院 2011 年 11 月 2 日判決（2011）滬一中民四（商）終字第 1062 号の事案は次のようなものである。Y₁ 会社は X 銀行と金銭消費貸借契約を結んだ。X は契約通りに Y₁ に 500 万元の金員を貸し付けたが，Y₁ は期限通りに本件貸付金の返済をしなかった。Y₂ は Y₁ の支配株主であり，且つ Y₁ の代表取締役を務めている。Y₂ は Y₁ が長期にわたって債務を負いながら弁済しておらず，また本件債務の弁済に供する財産がないことを知りながら，その支配株主の地位を利用して Y₁ の所有する他社の株式の 89 ％を無償で自己及びその家族に譲渡した（その後 Y₂ 及びその家族が当該譲り受けた株式の 75 ％を他人に譲渡して 1,125 万元の対価を得た）。

一審人民法院は，Y₂ の行為により債権者 X の債権回収を不能に至らせたと認定し，Y₂ の行為は法人の独立的地位と株主の有限責任の濫用に該当すると

---

(16) この類型に属する事例には，本稿で紹介するものの他に，広東省江門市中級人民法院 2013 年 12 月 3 日判決（2013）江中法民二終字第 215 号，山東省棗荘市市中区人民法院 2013 年 9 月 11 日判決（2013）市中民初字第 69 号，湖北省十堰市中級人民法院 2014 年 12 月 3 日判決（2014）鄂十堰中民一初字第 00015 号，湖南省常徳市中級人民法院 2014 年 9 月 26 日判決（2014）常民三終字第 48 号，吉林省通化市中級人民法院 2015 年 1 月 22 日判決（2014）通中民終字第 978 号等がある。

判断した。二審人民法院は一審判決を維持した。本件では，Y_2 の株式譲渡行為には，Y_1 の債権者の債権回収を妨げてその利益を害する意図がはっきり伺えるといえよう。

この判決と類似する事例がいくつかある。例えば，湖南省常徳市中級人民法院 2011 年 5 月 16 日判決（2011）常民三終字第 24 号では，Y_1 会社の支配株主兼代表取締役である Y_2 が弁済期が到来した債務を認識しながら，株主総会決議により Y_1 の不動産を自己に無償で譲渡した。その結果として Y_1 の債権者の債権回収が妨げられた。湖南省湘潭市中級人民法院 2012 年 3 月 30 日判決（2012）潭中民二初字第 36 号では，Y_1 会社が X と建築用機械の売買契約を結んでいたところ，Y_1 は X に対する 343.38 万元の代金支払債務を履行しなかった。Y_2 は Y_1 の支配株主であり，且つ代表取締役を務めている。Y_2 は本件債務を逃れるために，Y_1 のすべての財産をその妻に譲渡した。

(2) 株主による会社資金流用事例

この類型の事例では，人民法院はとくに債務逃れの意図を論じていない一方，株主による会社資金の流用または占用に重点を置いている。この類型では，株主に責任を課す根拠は，かかる行為が客観的には債務逃れの目的といえる点にあると思われる[17]。

湖南省道県人民法院 2015 年 10 月 8 日判決（2015）道法民初字第 22 号は，以下のような事案である。Y_2 らは，Y_1 会社の株主として Y_1 の名義で X から金員を借り入れた。しかし，Y_2 らは，この資金を Y_1 の経営に提供せずに自己の経営する他の会社の経営に用いた。人民法院は，Y_2 らのこの行為を法人格の濫用と認定した。本件では，Y_2 らが責任を負う実質的根拠は，会社の資金を自己の経営する他の会社に流用したことにあるといえよう。

湖南省郴州市北湖区人民法院 2015 年 8 月 4 日判決（2014）郴北民二初字第 962 号は，以下のような事実である。X と Y_1 会社の間に家具の売買契約が結ばれた。X は契約通りに代金を Y_1 に渡したが，Y_1 は本件家具を契約通りに渡

---

[17] この類型に属する事例には，本稿で紹介するものの他に，広西壮族自治区来賓市興賓区人民法院 2015 年 7 月 24 日判決（2015）興民初字第 1793 号，広西壮族自治区来賓市興賓区人民法院 2015 年 6 月 28 日判決（2015）興民初字第 586 号，湖南省道県人民法院 2015 年 10 月 8 日判決（2015）道法民初字第 21 号，安徽省績渓県人民法院 2015 年 4 月 30 日判決（2014）績民一初字第 00620 号がある。

民商法の課題と展望

さなかった。そこで，Xは契約違反を理由にY₁に違約金の支払及び契約違反にかかる営業損失の賠償を請求した。Y₁は本件契約代金を受け取った当日または翌日に，その代金相当額をY₁の株主であるY₂の個人銀行口座に振り込んでいた。人民法院は，Y₁Y₂間における財産混同を認定してY₂の連帯責任を認めた。しかし，本件では，Y₂に連帯責任を認めた実質的根拠はY₂の会社資金の流用であろう。

(3) 関連会社間における財産移転事例

この類型に属する事例の共通の特徴は，株主の責任の根拠を「法人格の混同」に求めることである。ただし，事案の中には，関連会社の形を利用した債務逃れの目的が明らかである事例，明らかであるとまではいえないが債務逃れの目的が推測できるような事例もある[18]。

江蘇省高級人民法院2011年10月19日判決（2011）蘇商終字第0107号は，関連会社を利用して債務を逃れようとした事案である。一審と二審人民法院は，関連会社間に業務，従業員，財務等の面での混同を認定して，各関連会社に連帯責任を負わせた。しかし，関連会社に連帯責任を課す実質的根拠は別のところにあると思われる。二審判決で認定されたように，「関連会社の債務について，A会社は関連会社全体の債務を引き受けたものの，その債務を履行する能力はない。…Aは前述の行為によって他の関連会社に巨額の債務を免れさせた」。人民法院が関連会社に連帯責任を負わせる実質的理由は，関連会社の形を利用して債務を逃れようとしたことであろう。

山東省淄博市人民法院2013年10月29日判決（2013）淄民一終字第308号では，XはY₁会社と口頭で不動産の売買契約を結んだ（後に当該契約は不動産売買の形式要件を欠いたため無効とされた）。XはY₁の指図で本件売買代金をY₁の関連会社であるY₂に振り込んだ。Y₂はその代金を受け取った後にY₁に交付しなかった。人民法院は関連会社Y₁とY₂の間の事務所，財務担当者の混同を認定して，両者の連帯責任を認めた。しかし，両者に連帯責任を負わせる

⒅ これらの事例には，広東省広州市中級人民法院2014年8月14日判決（2014）穂中法民二終字第1080号，湖北省無漢市中級人民法院2015年6月17日判決（2015）鄂武漢中民商終字第00891号，江蘇省海安県人民法院2015年8月11日判決（2015）安高商初字第00089号，江蘇省塩城市大豊区人民法院2015年11月18日（2015）大西商初字第00012号がある。

実質的理由は，Y_2 が本件代金を受け取った後に Y_1 に交付しなかったことによって，Y_1 が債務不履行に陥ったことである。

(4) 出資義務違反事例

この類型に属する事例は，株主が出資（または増資）の仮装払込を為したときに会社の債権者に連帯責任を負う事案である。株主に連帯責任を課す根拠について，裁判例の立場は分かれている。すなわち，会社法第 20 条第 3 項を根拠とする判決もあるが，会社法司法解釈(三)の条文を援用して責任を認める判決もある。なお，会社法第 20 条第 3 項と会社法司法解釈(三)の条文を両方適用する判決もあるが[19]，かえって責任の根拠が不明確になる。

会社法第 20 条第 3 項を根拠とする裁判例には，相当の数がある。例えば，江蘇省徐州市中級人民法院 2011 年 5 月 11 日判決（2011）徐商終字第 0085 号は，増資の仮装払込をなした株主の責任を認める際に，次のように述べた。すなわち，「Y_1 会社の増資後，その株主である Y_2 らが増資部分の資金をその個人の銀行口座に振り込んだ。Y_2 らの当該行為は，会社の資本金を不当に減少させ，会社の債務弁済能力を低下させることになり，（結果として）債権者の合法的利益を害した」。本件では，人民法院は株主の仮装払込行為を法人格の「濫用」と認定したうえで，当該株主にその仮装払込の範囲内で債権者に対する賠償責任を負わせた。言い換えれば，人民法院は，会社法第 20 条第 3 項の要件に合わせて，株主による濫用行為（行為要件）と債権者に与える損害（結果要件）に重点を置いて判断した[20]。

会社法司法解釈(三)の条文を根拠とする裁判例には，いくつかある[21]。例えば，上海市閔行区人民法院 2013 年 10 月 21 日判決（2013）閔民二（商）初字第

---

[19] この立場に立つ裁判例には，上海市虹口区人民法院 2011 年 5 月 24 日判決（2011）虹民二（商）初字第 420 号，上海市虹口区人民法院 2011 年 5 月 16 日判決（2011）虹民二（商）初字第 4 号，江蘇省塩城市中級人民法院 2014 年 11 月 10 日判決（2014）塩民初字第 0038 号がある。

[20] 同じ立場に立つ裁判例には，河南省登封市人民法院 2011 年 6 月 9 日判決（2010）登民一初字第 1926 号，上海市第一中級人民法院 2011 年 4 月 22 日判決（2011）滬一中民四（商）終字第 241 号，邵陽市隆回県人民法院 2011 年 1 月 20 日判決（2010）隆民一初字第 386 号，上海市松江区人民法院 2011 年 3 月 22 日判決（2010）松民二（商）初字第 1244 号，上海市第一中級人民法院 2011 年 3 月 22 日判決（2010）滬一中民四（商）終字第 2417 号，湖南省長沙市芙蓉区人民法院 2015 年 1 月 7 日判決（2014）芙民初字第 2592 号がある。

906号は，次のような事案である。Xは，Y₁会社に対して広告契約に基づく
債権を有している。Y₂らはY₁の設立時に出資金80万元を払わなかった。Xは，
Y₂らの当該行為は株主の権利を濫用して会社の財産を個人の消費に供したも
のであると主張して，会社法第20条第3項の責任を追及した。また，予備的
請求として会社法司法解釈(三)第13条第2項[22]を援用して，Y₂らに対し出資
未履行の範囲内で連帯責任を追及した。本件では，人民法院は，会社法第20
条第3項の責任については，XがY₂らの権利濫用について証拠を提出できな
かったことを理由に，Xの請求を棄却した。他方，Y₂らの出資未履行を認定
したうえで，会社法司法解釈(三)第13条第2項を援用して，その出資未履行
の範囲内でY₂らの連帯責任を認めた。

　以上のように，人民法院の立場は対立するものの，法的効果はまったく同じ
である。つまり，株主の責任はその出資未履行の範囲内に限定されている。し
かし，人民法院の判断プロセスは異なっている。すなわち，会社法第20条第
3項を根拠とする裁判例は，株主の出資義務不履行を法人格の濫用として扱う
一方，会社法司法解釈(三)第13条第2項を根拠とする裁判例は，判決文では
明言していないが，出資義務に対する債権者代位とみているのではないかと推
測できる。

(5) 法定清算義務違反事例

　この類型の事例について，人民法院が会社法第20条第3項のみを適用して
株主の責任を認めた裁判例には，相当の数がある[23]。例えば，桂林市雁山区人
民法院2011年2月24日判決（2011）雁民初字第3号は，会社の賃貸借契約に
基づく賃料支払債務の不履行責任につき，株主に責任を課す際に，その根拠を
会社解散後に法定の清算手続を行わなかったことに求めた[24]。もっとも，本件
では，人民法院は，株主の清算義務違反について，「解散後に会社債務を清算
しないことを通じて，会社の財産を自己に移転した」と認定して，会社法第

---

(21)　この立場に立つ裁判例には，上海市中級人民法院2013年6月14日判決（2012）滬一
　　中民一（民）終字第2449号がある。

(22)　会社法司法解釈(三)第13条第2項は，次のとおり規定している。「会社債権者が，出
　　資義務の全部または一部を履行していない株主に，その出資未履行の範囲内で，会社債
　　務の弁済されていない部分に対して補充的賠償責任を請求する場合，人民法院はこれを
　　支持しなければならない」。

20条第3項を適用した。株主に責任を課す実質的根拠は，株主の清算義務違反自体ではなく，当該行為によって債権者の担保となる会社財産を流失させたことであろう。

最高人民法院の会社解散・清算に関する司法解釈(二)を援用しつつ，会社法第20条第3項を適用する裁判例も相当数存在する[25]。例えば，洛陽高新技術産業開発区人民法院2013年11月7日判決（2013）洛開民初字第249号は，清算義務に違反した株主に責任を課す際に，会社法司法解釈(二)第18条[26]を援用して株主の連帯責任を認めた。本件では，契約債務不履行の会社は，その営業許可書が取り消された後に清算を行わなかった。人民法院の認定によると，株主が清算義務に違反したため，会社の主要財産が滅失するに至ったという。

本件では，人民法院は2013年改正前会社法第184条（現在の会社法第183条

---

[23] この類型に属する事案としては，河南省洛寧県人民法院2011年1月11日判決（2011）寧民初字第131号，湖南省望城県人民法院2011年3月19日（2011）望民初字第1300号，浙江省諸曁市人民法院2013年10月12日（2013）紹諸民初字第1070号，陝西省宝鶏市中級人民法院2013年4月28日判決（2013）宝民二初字第00020号，浙江省楽清市人民法院2013年4月22日判決（2012）温楽柳商初字第829号，江蘇省塩城市中級人民法院2013年4月18日判決（2013）塩商終字第0080号，広東省東莞市中級人民法院2014年7月25日判決（2014）東中法民二終字第565号，山東省陽谷県人民法院2015年執行決定（2015）大西商初字第00012号がある。

[24] 中国会社法第183条は次のとおり規定している。「会社は，本法第181条第(1)号，第(2)号，第(4)号，第(5)号の規定により解散する場合，解散事由が生じた日から15日以内に清算委員会を成立させ，清算を開始しなければならない。

有限責任会社の清算委員会は社員により構成され，株式会社の清算委員会は取締役又は株主総会で確定した者により構成される。期限内に清算委員会を成立させて清算を行わない場合，債権者は，人民法院に対し，関連人員を指定して清算委員会を設置し，清算を行わせるよう申請することができる。人民法院は，かかる申請を受理し，かつ遅滞なく清算委員会を組織し，清算を行わせなければならない」。

[25] これらの事案としては，洛陽高新技術産業開発区人民法院2013年11月7日（2013）洛開民初字第249号，寧波市北侖区人民法院2013年9月12日判決（2013）甬商商外初字第27号，会同県人民法院2013年5月15日判決（2013）会民二初字第25号，無漢市東湖新技術開発区人民法院2013年11月26日判決（2013）鄂武東開民二初字第00161号，湖南省岳陽市岳陽楼区人民法院2014年1月2日判決（2013）楼民二初字第357号，温州市鹿城区人民法院2015年8月17日判決（2015）温鹿商初字第1247号，江蘇省無錫市恵山区人民法院2015年4月30日判決（2015）恵商初字第00160号，湖南省益陽市赫山区人民法院2015年4月24日判決（2015）益赫民再字第3号，江蘇省張家港市人民法院2015年3月13日判決（2015）張楽商初字第00024号がある。

に相当する）[27]及び会社法司法解釈（二）第18条を援用しているが，株主に責任を認める根拠は，やはり会社法第20条第3項である。会社法司法解釈（二）第18条は会社法第183条の清算人の責任をさらに詳しく規定するものであるが，株主に責任を課す根拠は清算義務の履行を怠ったことにある。すなわち，ここでは，会社法司法解釈（二）第18条は株主に責任を課す独立の根拠ではない。

　他方，上述の立場と異なり，会社法第20条第3項の適用を否定して，会社法及び司法解釈（二）の清算にかかわる規定を根拠とする裁判例も若干ある。例えば，上海市第一中級人民法院2013年5月20日判決（2013）滬一中民四（商）終字第689号は，会社の営業許可が取り消された後に，法定期間内に清算委員会を組織しない株主に会社法第20条第3項を適用した一審判決に対し，会社法第20条第3項の適用を否定して，2013年改正前会社法第184条及び司法解釈（二）第18条を適用した。すなわち，「最高人民法院《会社法司法解釈（二）》は，有限会社の社員の清算義務及びその義務不履行にかかる法律効果について新たな解釈を示したものである。…本院は，次のように考える。両上訴人が長期にわたって法定清算義務に違反した行為は，債権者の権利に対する重大な侵害になるため，両上訴人は法律上賠償責任を負わなければならない」。

　上海市第二中級人民法院2014年7月22日判決（2014）滬二中民一（民）終字第1230号は，会社法第20条第3項を適用した一審判決に対し，会社法第189条[28]を適用して清算義務を履行しない株主の責任を認めた。上海市第一中

---

(26)　会社法司法解釈（二）第18条は，以下のとおり規定している。「有限会社の社員，株式会社の取締役及び支配株主が法定期間内に清算委員会を組織して清算を開始せず，会社財産の価値が下がり，流失，毀損，または滅失するに至り，債権者がそれによって損害を受けた範囲内で，これらの者に対して会社債務についての賠償責任を主張する場合，人民法院は法律上支持しなければならない。有限会社の社員，株式会社の取締役及び支配株主が義務履行を怠り，会社の主要財産，帳簿，重要書類等を滅失したため清算できなくなり，債権者がそれらの者に対して会社債務についての連帯弁済責任を主張する場合，人民法院は法律上支持しなければならない」。

(27)　会社法第183条は，清算委員会に関する義務について規定しているが，その義務を履行しない場合の責任については規定していない。

(28)　会社法第189条は，次のとおり規定している。「清算委員会のメンバーはその職務に忠実に，法に従って清算義務を履行しなければならない。…清算委員会のメンバーが故意または重大な過失により会社または債権者に損害をもたらした場合，賠償責任を負わなければならない」。

級人民法院 2013 年 7 月 16 日判決 (2013) 滬一中民四 (商) 終字第 738 号は，会社清算中に債権者に債権を申告すべきことを知らせなかった株主に対し，2013 年改正前会社法第 184 条及び司法解釈(二)第 11 条，第 19 条及び第 20 条第 2 項を適用して判決を下した。すなわち，本判決は，法定清算義務に違反する株主に対し，法人格否認の法理ではなく清算に関する会社法及びその司法解釈の規定を適用して当該株主の責任を認めた。

(6) **個人口座による会社資金コントロール事例**

　この類型の事例の特徴は，株主の個人銀行口座をもって会社の資金をコントロールすることにある。株主に責任を課す根拠は，株主による法人格の濫用または会社・株主間の財産混同に求められる。また，一部の裁判例は，会社法第 171 条第 2 項（会社資金についての個人口座開設禁止）を援用して，株主による「法人格の濫用」を認定し，当該株主の責任を認めている。

　株主の責任の根拠を「法人格の濫用」に求める事案はいくつかある。例えば，湖南省長沙市中級人民法院 2015 年 9 月 18 日判決 (2015) 長中民二終字第 03823 号は，次のような事案である。X と Y$_1$ 会社は共同で，ある化粧品メーカーの専売店の経営を行うことに合意した。契約によると，X と Y$_1$ は 6:4 の割合で専売店に運営資金を投入し，経営することとなっていた。X は契約通りに運営資金を投入したが，Y$_1$ は運営資金の一部しか払わなかった。後に専売店の経営状況が悪化し，解散した。清算協定書によると，Y$_1$ は在庫商品などの処理をし，その回収した資金を X に支払うとともに，2013 年 7 月 31 日まで X に 199,500 元を支払うことを約定した。Y$_1$ は清算協定書とおりに X に 199,500 元を払わなかったため，X は Y$_1$ にその金額を請求すると同時に，会社法第 20 条第 3 項を援用して，Y$_1$ の株主である Y$_2$ に対して本件債務についての連帯責任を主張した。

　二審人民法院は，以下のように認定して Y$_2$ の責任を認めた。「本件契約締結後，Y$_2$ が X に，自己個人宛てに運営資金を支払うよう求めた。その後，Y$_2$ はその資金を Y$_1$ の経営に用いたことを証明できなかった。(Y$_2$ の行為によって) Y$_1$ の財産の減少ないし契約履行能力の低下が生じた」。

　本件は，会社の資金を株主が個人口座で受け取ったことによって，会社の債務弁済能力の低下をもたらしたという事案である。根本的には，本件では，会社の資金が株主に流出したことが株主の責任の根拠なのであろう。この意味で

民商法の課題と展望

は，当該資金の行方に関する証明責任の分配が本件訴訟の決め手になる[29]。

他方，株主の責任を「財産混同」に求める事案には，相当の数がある[30]。例えば，安徽省合肥市中級人民法院 2015 年 3 月 12 日判決（2015）合民二終字第00095 号は，会社の契約債務不履行についての株主の責任を認める際に，次のように述べた。「X 会社が Y₁ 会社に支払った 100 万元は，株主である Y₂ の個人口座に振り込まれ，しかも，Y₁ も当該資金がその後会社の口座に振り込まれていないことを自認した。Y₂ の個人口座に常に多額の資金が流入した。X は上述の基礎的な証拠をもって Y₁Y₂ 間における財産混同を証明した。これに対し，Y₁ と Y₂ は双方の間で財産が混同していないことについて証明責任を負うべき」である。

本件では，二つの点に留意する必要がある。一つは，株主の個人口座による

---

(29) この類型に属する事案には，常徳市中級人民法院 2011 年 7 月 15 日判決（2011）常民三終字第 61 号，湖南省郴州市北湖区人民法院 2012 年 10 月 15 日判決（2011）郴北民二重字第 7 号，安徽省合肥市中級人民法院 2015 年 9 月 15 日判決（2015）合民一終字第03563 号，寧夏回族自治区銀川市興慶区人民法院 2015 年 7 月 23 日判決（2014）興民初字第 3343 号，湖南省長沙県人民法院 2015 年 5 月 29 日判決（2014）長県民初字第 4791号，広東省深圳市宝安区人民法院 2015 年 5 月 12 日判決（2015）深宝法西民初字第 657号，安徽省樅陽県人民法院 2015 年 2 月 12 日決定（2015）樅執字第 00068 号がある。

(30) この類型に属する事案には，河南省鄭州市中級人民法院 2013 年 12 月 18 日判決（2013）鄭知民初字第 488 号，河南省商丘市中級人民法院 2013 年 10 月 28 日判決（2013）商民再終字第 79 号，河南省濮陽県人民法院 2013 年 10 月 18 日判決（2013）濮民初字第1002 号，江蘇省宿遷市中級人民法院 2013 年 5 月 17 日判決（2013）宿中商終字第 0056号，浙江省温州市中級人民法院 2013 年 1 月 28 日判決（2012）浙温民終字第 1630 号，広東省韶関市中級人民法院 2014 年 7 月 7 日判決（2014）韶中法民二終字第 64 号，湖南省江華瑶族自治県人民法院 2015 年 10 月 15 日判決（2015）華法民初字第 1407 号，湖南省寧遠県人民法院 2015 年 10 月 10 日判決（2015）寧法民一初字第 772 号，湖南省永興県人民法院 2015 年 7 月 22 日判決（2015）永民初字第 655 号，湖南省永興県人民法院2015 年 7 月 22 日判決（2015）永民初字第 721 号，湖南省寧遠県人民法院 2015 年 7 月20 日判決（2015）寧法民一初字第 144 号，湖南省寧遠県人民法院 2015 年 7 月 20 日判決（2015）寧法民一初字第 145 号，湖南省新化県人民法院 2015 年 6 月 5 日判決（2015）新法民二初字第 32 号，湖南省新化県人民法院 2015 年 6 月 5 日判決（2015）新法民二初字第 30 号，広東省深圳市中級人民法院 2015 年 6 月 4 日判決（2015）深中法商終字第19 号，石家荘市新華区人民法院 2015 年 4 月 30 日判決（2015）新民二初字第 262 号，湖南省湘潭市雨湖区人民法院 2015 年 4 月 28 日判決（2015）雨法民二初字第 398 号，寧都県人民法院 2015 年 4 月 22 日判決（2015）寧民一初字第 544 号，安徽省合肥市中級人民法院 2015 年 3 月 12 日判決（2015）合民二終字第 00095 号がある。

会社資金の受け取りの位置付けである。本件では，株主の会社資金をコントロールする行為は，会社・株主間の財産混同を認定する際の一つの判断基準にすぎない。もう一つは，証明責任の分配である。本件では，人民法院が明確に「財産混同」についての立場を表明した。すなわち，原告が会社・株主間の財産混同に関する基礎的証拠を提出すれば，その後の証明責任は被告側に移る。ここでは，「財産混同」についての基礎的な証拠が一種の証明責任転換の役割を果たしている。

　これに対し，一部の裁判例は，会社法第 171 条第 2 項[31]（会社資金についての個人口座開設禁止）を援用して，当該行為を株主による「法人格の濫用」と認定し，当該株主の責任を認めている。例えば，安徽省淮北市中級人民法院は，株主が会社の口座以外に個人名義の口座を開設して会社の資金を管理する行為に対し，会社法第 171 条第 2 項を援用して，当該行為を株主による法人格の濫用行為と認定した。河北省張家口市宣化区人民法院 2015 年 7 月 10 日判決（2014）宣区商初字第 346 号では，株主が数回にわたって，個人の銀行口座を会社が締結した契約代金の受領・支払口座として契約相手に示していた。人民法院は，株主の当該行為はその個人と会社との財産混同になると認定したうえで，会社法第 171 条第 2 項を援用して株主の責任を認めた。

　これらの事例では，人民法院は，株主による会社法第 171 条第 2 項違反を，会社法第 20 条第 3 項の「濫用」と認定して，当該株主の責任を認めた。しかし，会社法第 171 条第 2 項は，会社の資産につき個人名義で帳簿を開設することの禁止を規定したものにすぎない。したがって，なぜ，その規定に違反すること自体により，直接に株主の連帯責任が導かれるのかは甚だ疑わしい。確かに，会社法第 171 条第 2 項は，その違反の効果について明言していないものの，制度の趣旨に鑑みれば，株主の個人口座に入った資金を会社に返還すれば良いものと考えられる。ただ，その金額を証明することは原告にとって難しいので，財産混同を通じて証明責任転換の役割が期待されたのであろう。

(7)　株主による不法行為事例

　上海市第二中級人民法院 2014 年 7 月 18 日判決（2014）滬二中民四（商）終

---

(31)　会社法第 171 条は，次のとおり規定している。「会社は，法定の会計帳簿を除いて，別途に会計帳簿を開設してはならない。会社の資産について，一切の個人名義をもって帳簿を開設し貯金してはならない」。

字第 688 号は，以下のような事案である。XY$_1$ 間で建築材料売り場にある店舗の賃貸借契約が結ばれ，Y$_1$ が賃料を払わなかったため，X は本件契約の解除を主張した。Y$_1$ は，本件店舗の転貸を主な収入とする会社である。Y$_1$ は，本件契約の解除を認める判決が下された後，市場価格の 5.5 割の値段で本件店舗の一部を転貸した。その後，Y$_1$ の株主である Y$_2$ らは，Y$_1$ の株式を A に無償で譲り渡した。A は，X に通知を出さないうちに Y$_1$ を解散し清算を終えた。

一審人民法院は，Y$_2$ らの行為が著しく会社の営利目的に反し，Y$_1$ の債務弁済能力を弱めたことを理由に，Y$_2$ らの X に対する不法行為責任を認めた。二審人民法院は，一審判決の認定した事実に基づいて，Y$_2$ らの不法行為責任（及び権利侵害の故意）を認めた。ただ，二審判決は，会社法第 20 条第 3 項を形式上の根拠として Y$_2$ らの責任を認めた。

安徽省高級人民法院 2013 年 4 月 11 日判決（2013）皖民二終字第 00080 号は，以下のような事案である。X と Y$_1$ 会社の間で売買契約が結ばれ，Y$_1$ は X に293 万元の債務を負っている。Y$_1$ の株主である Y$_2$ は自己の名義で Y$_1$ の不動産を処分した。X は，このことに基づいて Y$_2$ の連帯責任を主張した。

一審人民法院は，Y$_2$ の当該行為を株主による権利の濫用と認定したうえで，会社法第 20 条第 3 項を適用して Y$_2$ の責任を認めた。一方，二審判決は，会社法第 20 条第 3 項の適用を否定し，不法行為の法律構成で Y$_2$ の責任を認めるという形で一審判決を是正した。すなわち，「本件係争の不動産は Y$_2$ の所有でないにもかかわらず，Y$_2$ は自己の名義で係争不動産を処分した。Y$_2$ の行為は Y$_1$ の財産権への侵害に該当し，当該行為は Y$_1$ の債務弁済能力を著しく低下させ，ひいては債権者の利益を侵害した」という。

(8) その他の事例

河北省宣化県人民法院 2015 年 3 月 26 日判決（2014）宣県商初字第 173 号は，次のような事案である。X は，Y$_1$ 会社のホームページ上に記載された張家口市にある支社及び法定代表者等の情報に基づいて，Y$_1$ の支社と本件鉱石取引契約を結んだ。その後 Y$_1$ は，契約代金の一部を支払わなかったため，X は訴訟を提起した。X は，実際には Y$_1$ に支社がなく，張家口市に何ら資産がないことを理由に，Y$_1$ の株主である Y$_2$ の連帯責任を主張した。

本件人民法院は，次のように判断して Y$_2$ の責任を認めた。「Y$_2$ は Y$_1$ の法定代表者であり，Y$_1$ の株の 98 ％を所有している。本件契約が締結された際には，

Y_2 が X と電話でやりとりをして契約を成立させたのである。同時に Y_2 は，張家口市に支社を設置していないにもかかわらず，設置していることを仮装し，X の信頼を騙取した。Y_2 には主観的過失があるため，Y_2 に連帯債務を負担させるのが法に合致する」。本件では，Y_2 に責任を命じる根拠は，債権者の信頼を毀損したことである。しかし，商取引において，契約当事者のいわゆる「信頼」を保護すべきかどうかは甚だ疑わしい。

　湖南省長沙市芙蓉区人民法院 2015 年 1 月 7 日判決（2014）芙民初字第 2592 号は，以下のような事実である。Y_1 会社は，X と「代理商加盟契約」を結んだが，その行為は後に公衆預金不法集金と認定された。X は，本件契約の解除を主張し，加盟金の返還を Y_1 及びその株主である Y_2 に請求した。人民法院は，次のように述べて Y_2 の責任を認めた。「Y_2 が Y_1 の実質上の支配者として，会社を利用して公衆の預貯金を集金する行為は犯罪行為である。したがって，Y_2 の行為は，法人の独立した地位と株主の有限責任を濫用して，債権者の利益を侵害することに該当するから，Y_1 の上述の債務につき Y_2 は連帯責任を負うべき」である。本件では，法人格の「濫用」とは Y_2 の犯罪行為である。

2　小　括

　法人格否認の法理とは，特定の事案について，会社の法人格の独立性を否定し，会社とその背後にある社員とを同一視して，事案の衡平な処理を図る法理をいう。この法理は，中国において 2005 年会社法改正の際に導入された。条文の文言から見れば，会社法第 20 条第 3 項は「濫用型」だと言える。ところで，「濫用」とは如何なる状況を指すのかについて，学説は抽象的な要件を提示したが[32]，法理自体の理解には役に立たないと言わざるを得ない。また，一部の学説は「濫用」についていくつかの場合を列挙したものの，諸外国の学説の紹介にとどまり，中国の現実との乖離が窺える[33]。そこで，中国におけるこ

---

[32]　例えば，代表的な見解によれば，会社法第 20 条第 3 項では，通常三つの要件すなわち主体要件，客観要件及び結果要件が必要である。「主体要件」とは，責任を負う主体として会社の法人格を濫用した株主を指す。「客観要件」とは，主体が会社の法人格と株主有限責任を濫用した事実である。「結果要件」とは，株主が債務を逃れ，会社の債権者の利益を著しく損なったことをいう。「" 揭開公司面沙 " —— 法人人格否認制度理論与実務研討」，中国審判新聞月刊 2008 年 4 号 68 頁，朱慈蘊発言。

の法理の現実を把握するために，人民法院の下した裁判例を網羅的に整理し類型化する作業が必要になる。

　(1)　債権者詐害事例では，その特徴は債権者を詐害する意図の存在である。もっとも，これらの事案を見る限り，株主に責任を課す実質的根拠は，会社の財産が株主（その家族等）に流入したため，債権者の利益が害されることに求められる。そこで，これらの事案について，法律構成としては詐害行為取消権（契約法第74条）で処理することが考えられる。また，これらの事例では，会社が倒産または事実上倒産しているケースが多いので，破産法上の否認権も考えられる。ただ，この二つの法律構成はいずれも要件及び効果に限界があるので，法人格否認の法理を適用する方が有効であろう[34]。

　債権者詐害事例と同じく株主に責任を課す実質的根拠を債権者の利益を害することに求める事例は，(b) 株主による会社資金流用事例，(c) 関連会社間における財産移転事例及び (f) 個人口座による会社資金コントロール事例である。

　(2)　出資義務違反事例では，会社法第20条第3項を適用すると，株主による「濫用」の立証が必要であるため，かえって債権者の権利行使に支障をもたらすであろう。本来，出資の仮装払込を代表とする株主の出資義務違反事例では，その実質は一種の債権者代位権的な法律構成に合致する。したがって，会社法第20条第3項の不明確な要件で処理するより，出資義務に関する会社法司法解釈(三)における法の特別規定を適用する方が素直であろう。

　(3)　法定清算義務違反事例については，前述の整理から分かるように，人民法院の立場が分かれている。もっとも，会社法第20条第3項を根拠とする裁判例の中でも，株主の「濫用」行為を認定する際に，清算にかかわる司法解釈(二)の条文を援用するものがかなり多い。では，清算にかかわる司法解釈(二)の規定をどう位置付けるべきか。私見としては，司法解釈(二)の規定が法定清算義務違反の形式及び法的効果をより詳しく規定した以上，法の安定性の見地

---

(33)　例えば，代表的な学説では，「濫用」につき，株主が過度に会社を支配すること，会社資本金が著しく不足すること，不法の目的のために会社を設立すること，会社の法人格を利用して債権者を詐欺することなどが挙げられている。朱慈蘊『公司法人格否認法理研究』（法律出版社，1998年）120頁。

(34)　詐害行為取消権（契約法第74条）は，その行使の効果が責任財産の保全にあるため，債権者が会社の株主に直接請求することはできない。破産法上の否認権も破産財団の回復に資する制度であるので，詐害行為取消権と同様に限界がある。

から見てもこれを適用すべきであると考える。

(4)　株主による不法行為事例は，裁判例の数が極めて少ない。これは，学説と現実との乖離を有力に証明するものといえる[35]。もっとも，判決の見地からすれば，人民法院は，既に不法行為の法律構成を認めた以上，わざわざ法人格否認の構成で株主の責任を認める必要はない。ここでは，1点留意すべきことがある。すなわち，扱った二つの裁判例は，いずれも省クラスの人民法院（上海市第二中級人民法院と安徽省高級人民法院）が下した判決である。このことから，高級人民法院こそ法人格否認の適用に慎重な態度をとることが分かるであろう。

(5)　その他の事例には，取引当事者の信頼保護事案がある。しかし，商取引において契約当事者のいわゆる「信頼」を保護すべきかどうかは甚だ疑わしい。また，犯罪行為事案は，一応株主による不法行為事例に整理できるため，ここでは特に触れることはしない。

Ⅳ　最　後　に

以上，会社法第20条第3項の裁判例を中心に考察を行った。結論から言えば，中国における法人格否認の法理は，条文にとどまらず，現実において広く使われていると言える。ただ，出資及び会社清算に関するケースについては，会社法司法解釈(二)及び(三)にそれぞれより詳しい規定が置かれているため，これらの事例は，今後，法人格否認の適用範囲から外れるのではないかと予測される。

2013年に中国会社法が改正された際に，最低資本金制度が撤廃された。そこで，僅少の資本金で会社を設立し経営する場合，その債権者をいかに保護するかについて，法人格否認の法理の活用が期待されている。他方，過少資本が株主に会社債権者に対する責任を負わせる根拠になるかについて，裁判例から

---

(35)　会社法第20条第3項の文言に照らして，同項を不法行為の特別規定であると位置付ける説がある。例えば，株主に責任を課すためには，不法行為の構成要件である損害事実，因果関係，過失及び加害行為の違法性という四つの要件を満たさなければならないという。葉林・宋尚華「解読≤公司法≥第二十条第三款」国家検察官学院学報17巻5号（2009年）144頁以下。

民商法の課題と展望

は肯定の結論が出にくいと言わざるをえない。むしろ，破産法上における株主
債権の劣後という規則を確立することが，今後の方向性となろう。

4 権利行使者の指定・通知を欠く場合の
共有株式についての議決権行使

伊 東 尚 美

I　はじめに	IV　権利行使者の指定・通知を
II　平成17年改正前商法203	欠く場合の権利行使
条2項と会社法106条	V　会社法106条但書の意義
III　権利行使者の指定	VI　おわりに

I　はじめに

　平成17年改正前商法203条2項は，会社に対する通知に言及していなかった点を除けば，ほぼ会社法106条本文と同様の規定であったが，同条但書に該当する規定は存在していなかった。

　この但書は，「会社法制の現代化に関する要綱試案」における改正検討事項ではなく，改正の趣旨・目的に関して公に議論されたわけではないことから[1]，その解釈も分かれていたところ，最高裁は，最判平成27年2月19日民集69巻1号25頁（以下，「平成27年判決」という）において，初めて会社法106条但書の解釈について，最高裁としての判断を示した。

　本稿は，会社法106条但書の趣旨について検討し，権利行使者の指定・通知を欠く場合における共有[2]株式についての議決権行使に関し，いかなる方法で権利行使を行えば適法なものとなるかを検討するものである。実際には，権利

---

(1)　伊藤靖史ほか『事例で考える会社法（第2版）』（有斐閣，2015年）131頁〔田中亘〕，福島洋尚「判批」金判1470号（2015年）3頁など。

(2)　株式は所有権以外の財産権であり，正確には「準共有」（民法264条）であるが，会社法の規定は「共有」としており，本稿でも「共有」という。

『民商法の課題と展望』大塚龍児先生古稀記念〔信山社，2018年3月〕　　*77*

民商法の課題と展望

行使者の指定をめぐる紛争は中小企業の支配株式の共同相続のケースが大半を占めており[3], 本稿でも共同相続の場合における議決権行使の検討が中心となる。なお, 株式が共有に属する場合は, 権利行使者を指定し, 会社に通知することが原則であり, 権利行使者の指定・通知を欠く場合は, 例外的な場合であるから, 本稿では, まず, 権利行使者を指定する場合における問題を検討した後, 権利行使者の指定・通知を欠く場合について検討を行う。

Ⅱ 平成17年改正前商法203条2項と会社法106条

株式が複数の相続人によって相続されると, 遺産分割がなされるまで株式は共同相続人間の共有となると解されている[4] (民法898条)。最高裁は, 従前からこれを前提とする判示を行ってきた[5]が, 最判平成26年2月25日民集68巻2号173頁において, これを確認した。株式は, 株主たる資格において会社に対して有する法律上の地位を意味し, 株主は, 株主たる地位に基づいて, 剰余金の配当を受ける権利 (会社法105条1項1号), 残余財産の分配を受ける権利 (同項2号) などのいわゆる自益権と, 株主総会における議決権 (同項3号) などのいわゆる共益権とを有するのであって, このような株式に含まれる権利の内容及び性質に照らせば, 共同相続された株式は, 相続開始と同時に当然に相続分に応じて分割されることはないとしている。

平成17年改正前商法203条2項は, 共有株式についての権利を行使する場

---

(3) 江頭憲治郎・中村直人編『論点体系会社法1総則 株式会社Ⅰ』(第一法規, 2012年) 265頁〔江頭憲治郎〕。

(4) 学説として, 青竹正一「株式・有限会社持分の共同相続と社員権の行使(1)」判評491号 (判時1691号) (2000年) 5頁, 江頭憲治郎=門口正人編集代表『会社法大系 第3巻 機関・計算等』(青林書院, 2008年) 66頁〔岡正晶〕, 江頭憲治郎『株式会社法 (第6版)』(有斐閣, 2015年) 122頁注(3), 田中・前掲注(1) 120頁など。他方, 相続株式は共同相続人の共有に帰すのではなく, 法律上当然に分割され, 各相続人は相続持分に応じて株式を単独承継するとする見解として, 出口正義「株式の共同相続と商法203条2項の適用に関する一考察」筑波法政12号 (1989年) 88頁, 込山芳行「同族的小規模閉鎖会社における株式の共同相続」江川孝雄ほか編『企業社会と商事法 保住昭一先生古稀記念』(北樹出版, 1999年) 153頁。

(5) 株式が共有されることを前提とする判例として, 最判昭和45年1月22日民集24巻1号1頁, 最判昭和52年11月8日民集31巻6号847頁などが存在していた。

4 権利行使者の指定・通知を欠く場合の共有株式についての議決権行使〔伊東尚美〕

合には，権利を行使する者1人を定めることを要するとしていた。なお，平成17年改正前有限会社法22条は，商法203条の規定を有限会社の持分が数人の共有に属する場合に準用していたから，有限会社の持分が数人の共有に属する場合も同様であった。また，同項は権利行使者を会社に対して通知すべきことを定めていなかったが，これを要するとするのが通説であり，判例もこれを前提としていた[6]。

会社法106条本文は，権利行使者の指定・通知をしなければ共有株式についての権利を行使することができないとし，通知も必要であると定めた。

なお，権利行使者は，共有者の中から選任しなければならない[7]。

平成17年改正前商法203条2項は，会社の事務処理の便宜のための制度であると解されていた[8]。また，会社法106条も同様に解されている[9]。

----

[6]　これを前提とする判例として，前掲最判昭和45年1月22日民集24巻1号1頁，後掲最判平成2年12月4日民集44巻9号1165頁，後掲最判平成3年2月19日金判876号3頁，後掲最判平成9年1月28日判時1599号139頁など。学説として，青竹正一「株式・有限会社持分の共同相続と社員権の行使再論（上）」判評496号（判時1706号）（2000年）4頁など。

[7]　平成17年改正前商法203条2項につき，松田二郎・鈴木忠一『条解株式会社法　上　再版』（弘文堂，1954年）113頁，上柳克郎ほか編『新版注釈会社法　第3巻』（有斐閣，1986年）51頁〔米津照子〕，大隅健一郎・今井宏『会社法論　上（第3版）』（有斐閣，1991年）334頁，など。会社法106条につき，江頭・前掲注(3) 265頁など。

[8]　後掲最判平成2年12月4日民集44巻9号1165頁，後掲最判平成3年2月19日金判876号3頁，後掲最判平成9年1月28日判時1599号139頁，米津・前掲注(7) 51頁など。『法典調査会・商法修正案参考書』（商事法務研究会，1985年）67頁は「株式ノ数人共有ヲ許スモノトセハ株主総会ニ於ケル議決権ノ数ヲ計算シ利益ヲ配当シ又解散ノ際残余財産ヲ分配スルニ当リテ錯雑ヲ来スノミナラス其他各般ノ場合ニ於テ種々ノ不都合ヲ生スルヲ免レス…故ニ株式ハ之ヲ共有ト為スコトヲ許スモ一方ニ於テハ共有者ヲシテ株主ノ権利ヲ行フヘキ者一人ヲ定メシメ…両極端（筆者注：共有を許すことと禁ずることの両極端）ヨリ生スル不都合ヲ避ケ甚タ便宜ナルヘシ是レ本案ニ本条ノ規定ヲ設ケタル所以ナリ」と述べる。青竹・前掲注(6) 5頁は，主として，会社側にわかりにくい共有者の持分，相続分の割合・数が問題となる権利の行使についての一本化を念頭に置いていたと考えられるとしている。

[9]　酒巻俊雄＝龍田節編集代表『逐条解説会社法　第2巻』（中央経済社，2008年）35頁〔森淳二朗〕は，共有者全員が個々に権利を行使することにより生じうる混乱を回避するという会社の事務処理の便宜のための規定と解するのが一般的であるとする。奥島孝康ほか編『新基本法コンメンタール会社法1（第2版）』（日本評論社，2016年）204頁〔鳥山恭一〕も同旨。

民商法の課題と展望

　さらに，前述の通り，会社法は 106 条但書を新設し，会社が当該権利を行使することに同意した場合はこの限りではないとした。

Ⅲ　権利行使者の指定

　平成 17 年改正前商法 203 条 2 項の要求する権利行使者の指定は，共有者全員一致によるのか，多数決でできるのかについては，従来から争いがあった。

　学説上は，権利行使者の指定は共有者の全員一致によらなければならないとする全員一致説[10]，共有持分による多数決で決めることができると解する過半数説[11]，権利行使者に付与される権限の内容によって指定方法が異なるとする折衷説[12]とに分かれていた[13]。

　全員一致説は，権利行使者の選定は，つねに共有持分の本質に変更を生じ，共同相続人の持分権に変更を生じ，その財産的価値の減少を生ずる危険を包含するものであるから，処分行為（民 264 条，251 条）に準ずるものとみて，共同

---

(10)　西島梅治「判批」判評 152 号（判時 640 号）（1971 年）41 頁，内海健一「判批」商事 677 号（1974 年）37 頁，久留島隆「判批」『下級審商事判例評釈昭和 45 年－49 年』（1984 年）148 頁，木内宜彦「判批」判評 326 号（判時 1180 号）（1986 年）56 頁，尾崎安央「判批」ひろば 45 巻 11 号（1992 年）63 頁，青木英夫「判批」金判 883 号（1992 年）44 頁，畑肇「判批」私判リ 4 号 1992〈上〉（1992 年）105 頁，田中誠二『三全訂会社法詳論 上巻』（勁草書房，1993 年）305 頁，前田雅弘「判批」私判リ 17 号 1998 年〈下〉（1998 年）107 頁，江頭・前掲注(4) 123 頁。

(11)　大森政輔「株式の相続に伴う法律問題(1)」商事法務 947 号（1957 年）6 頁，平手勇治「判批」判タ 367 号（1978 年）60 頁，榎本恭博「判解」曹時 33 巻 3 号（1981 年）220 頁，小林俊明「判批」ジュリ 921 号（1988 年）102 頁，片木晴彦「判批」判評 466 号（判時 1615 号）（1997 年）62 頁，永井和之「商法 203 条 2 項の意義」戸田修三先生古稀記念図書刊行委員会編『現代企業法学の課題と展開 戸田修三先生古稀記念』（文眞堂，1998 年）212 頁，青竹正一「株式・有限会社持分の共同相続と社員権の行使(3)」判評 493 号（判時 1697 号）（2000 年）4 頁，河内隆史「株式の共同相続に伴う株主権の行使」酒巻俊雄ほか編『現代企業法の理論と課題 中村一彦先生古稀記念』（信山社，2002 年）267 頁，岡・前掲注(4) 67 頁，田中・前掲注(1) 122 頁。

(12)　田中啓一「判批」ジュリ 554 号（1974 年）109 頁。

(13)　なお，解任については，その委託をいつでも共有者の 1 人において解除しうるとする説（西島・前掲注(10) 41 頁，内海・前掲注(10) 37 頁，畑・前掲注(10) 105 頁など）と，他の共同相続人の一致がなければ権利行使者を解任できないとする説（久留島・前掲注(10) 149 頁）がある。

4 権利行使者の指定・通知を欠く場合の共有株式についての議決権行使〔伊東尚美〕

相続人の全員一致でなされることが必要であるとする[14]。

また，権利行使者を過半数で決することができるとすると，経営権の争奪をめぐって遺族が真二つに割れている場合，過半数の相続分を有する者が一致して決議し，相続株式全部について自己に有利に権利行使しうるとすれば，少数持分権者の利益が完全に無視される結果となって不合理であるとする[15]。

さらに，紛争事例の大半を占める中小企業の支配株式の共同相続のケースでは，権利行使者の決定が当該企業の実質的な承継者決定を意味し単なる共有物の管理行為とみることはできないことを理由に，共同相続株式の権利行為者の決定には共有者全員の同意を要するとし，遺産分割終了まで相続株式の権利行使が「棚ざらし」となっても，後述するように過半数説をとる判例のような形で企業の承継者が決定されることに比べれば，むしろ害が少ないとの指摘もある[16]。

過半数説によれば，権利行使者を選定し，その者に権利を行使させるのは，会社側の事務取扱が煩雑になるのを避けるため，会社側からみて便宜的な手段に頼るだけのものにすぎないのであり，社員はそのことによって自分の社員としての利益を実現し，増大させるものにほかならず，代表者選定行為は管理行為であり，各共有者の持分の価格に従い，その過半数をもって決することとなると説明される[17]。

また，権利行使者の指定が全員一致によるべきだとすると，共有者の一人でも反対すれば，その他の共有者は社員権の行使をすることができず，持分の分割をするまでは利益配当にもあずかれないこともありうるわけであり，平成17年改正前商法203条2項は，単に会社側の便宜のために設けられた規定であるのに，全員一致でなければ代表者を選任できないとするのは，あまりにも

---

(14)　西島・前掲注(10) 41頁。久留島・前掲注(10) 148頁，木内・前掲注(10) 218頁，畑・前掲注(10) 105頁も同旨。内海・前掲注(10) 37頁は，代表者選定行為は重要かつ広汎な権限を反復的，継続的に行使させる包括的授権を内容とする行為であるから民法252条本文の例外をなし全員一致の承認を要するとする。

(15)　西島・前掲注(10) 41頁。

(16)　江頭・前掲注(4) 123頁，大久保拓也「判批」日本法学69巻2号（2003年）195頁。

(17)　榎本・前掲注(11) 220頁。大森・前掲注(11) 6頁，平手・前掲注(11) 60頁，小林・前掲注(11) 102頁，永井・前掲注(11) 212頁，河内・前掲注(11) 267頁なども権利行使者の指定行為の性質を管理行為であるとする。

民商法の課題と展望

硬直的な解釈であり，会社の運営からみても実際的ではないとする[18]。

折衷説は，議決権の不統一行使を認めるが[19]，権利行使者を選任し解任する手続は，代表者にどのような内部的権限を与えるかによって定まるとし，代表者に裁量権を与えない場合（全額の利益配当を一括して受領する権限・議決権を他の共有者の意思を忠実に反映するよう賛否に応じて不統一に行使をする権限だけ与える場合）には，共同相続人の過半数で選任または解任しうるが，代表者に裁量権を与える場合（自己の判断に基づく全議決権の行使の権限・共有株式の譲渡の権限を与える場合）には，共同相続人の全員一致で選任しなければならず，また一人の相続人の請求によっても解任しうるとする[20]。

下級審裁判例は，過半数説の立場をとるものと全員一致説の立場をとるものに分かれていた。

全員一致説をとる徳島地判昭和46年1月19日判時629号90頁は，「代表者選定行為自体は被選定者…に対し広汎かつ重要な権限…を包括的に委託する一種の財産管理委託行為…と目すべきものであって…個々の権利行使をその都度行ういわゆる管理行為または保存行為とは次元を異に」し，「その選定行為は性質上全員の合意をもってする必要がある」と判示していた。

他方，過半数説をとる高松高判昭和52年5月12日民集32巻3号609頁は，「民法252条および商法203条2項の趣旨からすれば，相続財産たる社員権の管理行為としてその準共有者である相続人が相続分に応じその多数決によって議決権を行使すべき代表者1名を選任し，これを会社に届け出たうえ行使することができるものと解するのが相当である」とした。また，東京地判昭和60年6月4日判時1160号145頁も，権利行使者の指定行為は管理行為であると

---

(18) 榎本・前掲注(11) 220頁。

(19) 田中・前掲注(12) 109頁。このほか，議決権の不統一行使を認める見解として，鈴木竹雄「商法の一部を改正する法律案の解説」商事379号（1966年）8頁，大森忠夫「議決権」『株式会社法講座 第3巻』（有斐閣，1956年）916頁，大沢功「議決権の不統一行使」『演習商法（会社）（上）（改訂版）』（青林書院新社，1976年）297頁，上柳克郎ほか編『新版注釈会社法 第5巻』（有斐閣，1986年）217頁〔菱田政宏〕，出口正義「判批」『会社判例百選（第5版）』（有斐閣，1992年）201頁など。稲葉威雄『会社法の解明』（中央経済社，2010年）332頁は重要事項についての議決権行使の場合あるいは当該議決権行使が会社に重大な影響を及ぼすと認められる場合に不統一行使を認める。

(20) 田中・前掲注(12) 109頁。

4 権利行使者の指定・通知を欠く場合の共有株式についての議決権行使〔伊東尚美〕

し，共有者の5名中4名の賛成があれば良いとしている。

このように，学説，下級審裁判例は分かれていたが，最高裁は，最判平成9年1月28日判時1599号139頁（以下，「平成9年判決」という）において[21]，「持分の準共有者間において権利行使者を定めるに当たっては，持分の価格に従いその過半数をもってこれを決することができるものと解するのが相当である」と判示して，過半数説をとるに至った。同判決は，「けだし，準共有者の全員が一致しなければ権利行使者を指定することができないとすると，準共有者のうちの一人でも反対すれば全員の社員権の行使が不可能となるのみならず，会社の運営にも支障を来すおそれがあり，会社の事務処理の便宜を考慮して設けられた右規定（筆者注：平成17年改正前有限会社法22条，平成17年改正前商法203条2項）の趣旨にも反する結果となるからである」と述べる。

判旨のこの部分は傍論にすぎないと指摘されているが[22]，その後の最判平成11年12月14日判時1699号156頁（以下，「平成11年判決」という）は平成9年判決を引用しており，最高裁の考え方は固まったと指摘されている[23]。

平成17年改正前商法203条2項は，会社の事務処理の便宜のための規定である。権利行使者に指定された者が自由に株主権を行使できるわけではなく，

---

[21] 判例時報の無署名コメント（判時1599号139頁）によれば，事実の概要は以下の通りである。Y社（Y_1有限会社及びY_2有限会社）は，すべての持分を所有していた代表取締役Aを議長として，臨時社員総会を開催し，B_1（Aの内縁の妻）を代表取締役に選任する旨の決議等をしたとして，その旨の登記を経ている。その後，Aが死亡した。法定相続分は，Xら（Aの妻X_1と子X_2及びX_3）が合計10分の9，AとB_1との間の未成年の子であるB_2が10分の1である。B_1は同人がAからY社の持分全部の生前贈与ないし遺贈を受けたから，XらはY社の持分を有していないと主張しているのに対し，Xらは，Aの持分を法定相続分に応じて相続したと主張し，Y社の持分の共有者としての地位に基づいて，本件各決議が存在しないことの確認を求める本件各訴えを提起した。権利行使者の指定及び通知をすることなく，訴えを提起しているが，相続人間で権利行使者指定のための協議をすることが不可能である，仮に権利行使者を指定して届け出ても，代表取締役であるB_1が指定届の受理を拒絶することが明らかである，として，権利行使者の指定をしなくても社員権を行使することができる特段の事情があると主張した。

[22] 大野正道「判批」判タ937号（1997年）76頁など。

[23] 片木晴彦「判批」ジュリ1179号（平成11年度重判解）（2000年）100頁，道野真弘「判批」私判リ23号2001年〈下〉（2001年）89頁，森・前掲注(9)39頁，柴田和史「判批」『会社法判例百選（第2版）』（2011年）25頁。

民商法の課題と展望

同項は，権利行使者の会社に対する権限を定めただけであって，その内部的権限まで定めたものではない[24]との指摘がある。

　この見解は，全共有株主間で内部的権限を定めれば，原則としてそれによることとなり，契約が認定されない場合の内部的権限については，第一に，意思決定は民法251条，252条の原則によって決まるとする考え方，第二に，共有株主の議決権行使にあたっては，議決権の不統一行使をすべきであるという考え方，第三に，共有株式の権利行使にあたっては，権利行使者には包括的な裁量権が認められるとする考え方があることを指摘する[25]。

　全員一致説の立場からは，前述のように，過半数の相続分を有する側が相続株式全部について自己に有利に権利行使しうるとすると，少数持分権者の利益が完全に無視される結果となって不合理であると指摘されており[26]，この見解は，権利行使については権利行使者が自己の判断で権利行使をすることができると考えているようであり，第三の考え方をとるようである。

　過半数説からは，内部的な取り決めがなければ，権利行使者の株主権行使が共有株式の変更や処分に当たる場合（株式買取請求権行使など）は，その株主権行使には共有株主全員の同意が必要であり（民251条），株主権行使が管理行為に当たる場合（議決権行使など）には，共有株主の多数決で株主権をどう行使するかを決定し（民252条），単独でできるのは，株主権行使が保存行為といえる場合だけである（民252条但書）と指摘されている[27]。この見解は，第一の考え方をとるようである。

　折衷説は，第二の考え方をとる。

　なお，判例は過半数説をとってはいるが，最判昭和53年4月14日民集32

----

(24)　岩原紳作「判批」法協96巻2号（1979年）228頁，前田雅弘「判批」私判リ17号1998年〈下〉（1998年）106頁。

(25)　岩原・前掲注(24) 228頁。第一の説では，権利行使者の指定は共有持分の多数決で決めうるが，第二の説では特別代理人選任の必要性は個別の議決権行使の指示ごとに考えればよく，第三の説では権利行使者の指定は共有株主全員の合意で行わなければならないとされる，と指摘する。

(26)　西島・前掲注(10) 41頁。

(27)　前田・前掲注(24) 107頁。青竹正一「株式・有限会社持分の共同相続と社員権の行使(4)・完」判評494号（判時1700号）（2000年）8頁も同旨であるが，議決権行使については，後述するように変更行為となる場合があるとする。

4 権利行使者の指定・通知を欠く場合の共有株式についての議決権行使〔伊東尚美〕

巻3号601頁（以下，「昭和53年判決」という）は「共有者間で総会における個々の決議事項について逐一合意を要するとの取り決めがされ，ある事項について共有者の間に意見の相違があっても，被選定者は，自己の判断に基づき議決権を行使しうると解すべきである」と判示していた。このような取決め，共有者間の意見の相違は内部関係にしかすぎず，対外的には主張しえないからであるとされている[28]。

平成17年改正前商法203条2項も会社法106条も，会社の事務処理の便宜のための規定であるから，権利行使者に指定された者が自由に株主権を行使できるわけではなく，平成17年改正前商法203条2項と会社法106条は，権利行使者の会社に対する権限を定めただけであると考えるべきであり，第三の考え方のように，権利行使者には包括的な裁量権が認められるとする考え方は行き過ぎではないか。権利行使者の選任自体は，管理行為とみて多数決で決することができると解し，第一の考え方をとる見解[29]を支持したい。

全員一致説は，相続人間に経営権を巡る争いがある場合，少数持分権者の利益が完全に無視される結果となって不合理であるとするが，全員一致で権利行使者を指定したとしても，権利行使者に包括的な裁量権が認められると考えれば，少数持分権者の利益が害されるおそれはある。

さらに，紛争事例の大半を占める中小企業の支配株式の共同相続のケースを念頭に，遺産分割終了まで相続株式の権利行使が「棚ざらし」となることを許容して，共同相続株式の権利行為者の指定には共有者全員の同意を要するとする説については，共有者の他にも株主がいるときは，当該他の株主が総会決議を成立させてしまうため，全員一致説の思惑通りには必ずしもいかず，また，全員一致説は遺産分割により適切な企業承継のあり方が決まると期待するものだが，共同相続人間に争いがあれば，遺産分割の協議も円滑に行かないであろうし，協議が調わなければ審判となるが（民法907条2項），誰が企業の承継者にふさわしいかを裁判所が適切に決めることができるか疑問を呈する見解がある[30]。

第二の考え方，議決権の不統一行使については，各共有持分は全体に及ぶか

---

[28] 榎本・前掲注(11) 220頁，田中・前掲注(1) 121頁も同旨。

[29] 前田・前掲注(24) 107頁。

[30] 田中・前掲注(1) 122頁。

ら，平成 17 年改正前商法 239 条ノ 4 にいう「他人ノ為メニ株式ヲ有スル」といい難いとの指摘がある[31]。会社法の下（会社法 313 条 3 項）でも妥当するであろう。

　また，共有に属する株式を各共有者の相続分に応じて分割したときに端数が出る可能性はあるし，共有に属する株式の数が，共同相続人の人数より少ない可能性もないわけではない。1 株が数人の共有に属する場合には，どのように議決権を行使することになるのか。議決権は行使することができないのであろうか[32]。

　近時，下級審裁判例においては，平成 9 年判決を踏まえ，権利行使者の指定手続が問題となっている。すなわち，権利行使者の指定は過半数の多数決で決して良いとしても，共有者全員で事前に協議する必要があるか否かの問題である[33]。

　平成 9 年判決は，権利行使者の指定は持分の価格の過半数によって決することができるとしたうえで，この事件では，相続人の 1 人，ないしその法定代理人が協議に応じないとしても，相続人間において権利行使者を指定することは不可能ではないとしており（協議を行った共有者の持分の合計は 10 分の 9 となる），最高裁は，事前の協議を必要と考えている可能性はあるが，全員が協議に参加する必要があるとまでは考えていないように思われる。

　この点につき，平成 9 年判決の判示においては，権利行使者の指定は持株の過半数という要件のみでは足りず，相続株式の権利行使につき，全共有者に権利行使者の指定手続に参加し協議をする機会を与えるべき努力も求められているという考えが示されており，したがって，一部の共有者が協議に応じないと

---

(31) 龍田節「判批」民商 80 巻 1 号（1979 年）117 頁。片木・前掲注(11) 63 頁，加藤勝郎「判批」ひろば 53 巻 8 号（2000 年）76 頁なども同旨。

(32) 山田泰彦「株式の共同相続と相続株主の株主権」早稲田法学 69 巻 4 号（1994 年）197 頁は，端数に相当する株式については，相続人内部で持分に基づく多数決により議決権行使の内容を決定すると考えるべきであり，かかる決定が相続人間でなされなかった場合，当該部分に相当する株式について権利行使は結果的にできなくなるとする。

(33) いずれも，後述する平成 27 年判決の評釈ではあるが，民法の共有のルールにおいては，管理行為を行う上で協議等は必要とされていないと指摘するものとして，岩淵重広「判批」同志社法学 67 巻 7 号（2016 年）116 頁，民法上その点は必ずしも明確ではないと指摘するものとして，金子敬明「判批」千葉大学法学論集 30 巻 4 号（2016 年）6 頁，原弘明「判批」近畿大学法学 63 巻 2 号（2016 年）46 頁。

4 権利行使者の指定・通知を欠く場合の共有株式についての議決権行使〔伊東尚美〕

の理由をもって，激しく対立する少数持分権利者に権利行使者の決定手続に参加・協議する機会を奪って，自らを権利行使者に指定することは会社法 106 条の下でも必要な手続を履践したとはいえないとの指摘がある[34]。

権利行使者の指定をする際に，協議が必要か否かにつき，下級審裁判例は分かれている。

大阪地判平成 9 年 4 月 30 日判時 1608 号 144 頁は，昭和 53 年判決を引用した上で，「右権利行使者の選定及び通知が持分の準共有者の利害と密接な関係を有することを勘案すると，権利行使者の選定及び会社に対する通知は，持分の準共有者の一部の者のみによってすることはできず，全準共有者が参加して右選定及び通知をすべきであり，仮に全準共有者が参加してすることができない事情がある場合においても，少なくとも参加しない他の準共有者に対し，右選定及び通知に参加し得る機会を与えることを要するものと解すべきである」として，共同相続人の 1 人による共同訴訟参加について，権利行使者の選定及び会社に対する通知は，共同相続人の一部のみでなされ，他の共同相続人が手続に参加しうる機会を与えておらず，選任，通知には効力がないとして，申立を却下した。

東京高決平成 13 年 9 月 3 日金判 1245 号 38 頁は，共有者による協議も権利行使者の指定もなかったが，抗告人が 4 分の 3 の法定相続分を有していたことから，抗告人が本件仮処分を申し立てたということは，共有物の管理に関する事項として，自らを権利行使者と定めて本件仮処分を求めたものと理解することができ，遺産共有状態にあることは仮処分請求の妨げにならないとされた。

東京地決平成 17 年 11 月 11 日金判 1245 号 38 頁においては，共有株主代表者届を提出した 4 名以外は，権利行使者の指定に参加していなかったが，東京地裁は，原則として，全共有者に対し権利行使者の指定に参加しうる機会を与えることが必要であるとしつつも，共有者の 1 人が逮捕・勾留されて以降連絡をとれない状況であったこと，その共有者を被告として，共有株主代表者届を提出した共有者が，別訴株式持分権確認訴訟を提起して係争中であり，その共有者が権利行使者の指定に賛成することは期待できない事情があったこと，共有株主代表者届を提出した共有者及び逮捕・勾留されていた共有者を除く共有

---

[34] 王芳「判批」ジュリ 1396 号（2010 年）169 頁。

民商法の課題と展望

者については，権利行使者とされた者による権利行使に反対する事情は見受けられないことから，これらの者が権利行使者の指定に参加していないことについてはやむを得ない事情があり，参加する機会を与えても選定の結果が異なるとは考えがたいとして，権利行使者の指定を有効とした。

大阪高判平成20年11月28日金判1345号38頁[35]は，「共同相続人間の権利行使者の指定は，最終的には準共有持分に従ってその過半数で決するとしても，上記のとおり準共有が暫定的状態であることにかんがみ，またその間における議決権行使の性質上，共同相続人間で事前に議案内容の重要度に応じしかるべき協議をすることが必要であって，この協議を全く行わずに権利行使者を指定するなど，共同相続人が権利行使の手続の過程でその権利を濫用した場合には，当該権利行使者の指定ないし議決権の行使は権利の濫用として許されないものと解するのが相当である」と判示し，議決権を行使することはできないとした。

以上のように，下級審裁判例においては，協議は必要であるとするものと，必要でないとしていると思われるもの（前掲東京高決平成13年9月3日金判1136号22頁）がある。必要であるとするものにも，原則として全共有者の参加する協議が必要であるとするもの（前掲大阪地判平成9年4月30日判時1608号144頁，前掲東京地決平成17年11月11日金判1245号38頁），全員の参加を要するのか否かについての言及はないが，協議が全く行われない場合には権利濫用となるとするもの（前掲大阪高判平成20年11月28日金判1345号38頁）がある。

なお，前掲東京高決平成13年9月3日金判1136号22頁は，権利行使者の指定も通知もなく，共有者の1人が自ら権利を行使しようとした事件であり，次に検討する権利行使者の指定・通知を欠く場合の権利行使の類型に当てはまると考えることもできよう。

Ⅳ　権利行使者の指定・通知を欠く場合の権利行使

権利行使者の指定・通知を欠く場合には共有者は会社に対し権利を行使できない[36]。判例も，権利行使者の指定・通知を欠く場合には，特段の事情のない

---

(35)　上告不受理とされている。

4 権利行使者の指定・通知を欠く場合の共有株式についての議決権行使〔伊東尚美〕

限り共有者による権利行使は認められないとする[37]。

しかしながら，平成 17 年改正前商法 203 条 2 項は，前述の通り会社の便宜のための制度であると理解されており，学説上，権利行使者の指定・通知を欠く場合であっても，会社の側から株主の権利行使を認めることは差し支えないと解するのが通説であり[38]。その場合に権利行使はどのような方法によるべきかについては争いがあった。

多数説は，会社の側から共有者全員に権利行使を認めることは差し支えないとする[39]。その根拠として，①株式が共有である以上，共有物全体について単一の意思の表れとして議決権が行使される，②平成 17 年改正前商法 203 条 2 項の趣旨は，会社に対して株主の権利を行使しうる人格を一個に集約して混乱を避けるというところにある，③少数説は，相続による株式の当然分割を認めるに等しい，④個別行使を認めると行き詰まった状態を打開できるように見える反面，いっそう収拾のつかない混乱を招く恐れがあるといった点をあげるも

---

(36)　森・前掲注(9) 37 頁，江頭・前掲注(3) 267 頁など。

(37)　後掲最判平成 2 年 12 月 4 日民集 44 巻 9 号 1165 頁，後掲平成 3 年 2 月 19 日金判 876 号 3 頁，平成 9 年判決。

(38)　平成 11 年判決の無署名コメント（判時 1699 号 156 頁）はこのような見解をとるのが通説であったとしている。このように解する見解として，米津・前掲注(7) 52 頁，戸田修三ほか編『注解会社法（上巻）』（青林書院，1986 年）234 頁〔倉沢康一郎〕，大隅・今井・前掲注(7) 334 頁，服部榮三編『基本法コンメンタール会社法 1（第 6 版）』（日本評論社，1994 年）176 頁〔蓮井良憲〕など。否定する見解として，松田・鈴木・前掲注(7) 113 頁，田中・前掲注(10) 418 頁，小室直人・上野泰男「判批」民商 63 巻 4 号（1971 年）97 頁。

(39)　米津・前掲注(7) 51 頁，吉本健一「判批」判評 397 号（判時 1406 号）（1992 年）58 頁注(3)，畑・前掲注(10) 105 頁，永井・前掲注(11) 211 頁，青木・前掲注(10) 46 頁など。なお，大隅健一郎『全訂会社法論 上巻』（有斐閣，1954 年）237 頁は，「代表者を選ばないかぎり，共有者全員が共同しても株主の権利を行使することはできない。ただし会社の方からかかる権利行使を認めることは差し支えない」とする。榎本・前掲注(11) 223 頁注(4)，倉沢・前掲注(38) 234 頁，蓮井・前掲注(38) 176 頁も同旨。片木・前掲注(11) 63 頁は「共有持分が会社持分のすべてを占めている場合に，共有者が合意した行使方法に従い，全員で統一して社員権を行使するときに，あえて権利行使者を通じることを要求する必要があるとは思えない」とする。柳川俊一「判解」『昭和 45 年度最判解民事編』22 頁は，指定通知がなかったとした場合に，会社の側から共有者全員による権利行使を認めうるかは問題として残るが，各共有者がばらばらに議決権行使をすることを会社が認めることは許されないであろうとしている。

のがある[40]。

　これに対して，少数説は，法定相続分に応じた議決権の個別行使を認める。議決権の行使が株式の内容を変更するような場合（合併，営業譲渡，会社の解散，株式の譲渡制限に関する定款変更など）は処分行為ととらえるべきであるが，それ以外の議案に関する議決権行使は相続分に応じた個別の議決権行使が認められるとする見解[41]，会社が認めるのであれば，議案の内容にかかわらず出席した共同相続人が相続分に応じた議決権の行使ができるとの見解[42]，共同相続株式のみが会社の全発行済株式の場合であって，権利行使者の指定そのものが遺産分割をめぐり困難となっているときには，総会の開催が不可能となっており，そこに平成17年改正前商法203条を持ち出すことは，会社の運営そのものが支障を来すことから，このような場合に直截に相続持分に応じた議決権行使を認めて良いとする見解[43]がある。

　下級審裁判例の中にも，権利行使者が選定されていない場合には，共有者全員による同時同一行使による以外，議決権行使をなしえないとするもの[44]が存在していたところ，最高裁は，平成11年判決[45]において，「権利行使者の指定及び会社に対する通知を欠くときには，共有者全員が議決権を共同して行使する場合を除き，会社の側から議決権の行使を認めることは許されないと解するのが相当である」と判示した。

　最高裁は，共有者が株主総会において議決権を行使するにあたり，平成17年改正前商法203条2項の定めるところにより権利行使者を指定して会社に通

---

(40)　平成11年判決コメント・前掲注(38) 156頁。注(39)にあげた文献は，根拠を明らかにしていない。なお，共有者全員による一致共同した議決権行使が必要であるとすることを，平成17年改正前商法203条2項の手続を踏まえなかったことに対するある種のペナルティととらえる見解もある。この見解は権利行使者の指定の有無につきその効果に差異をもうける平成11年判決における最高裁の意図には，一定の合理性があるとする。楠元純一郎「判批」佐賀大学経済論集34巻1号（2001年）87頁。

(41)　山田・前掲注(32) 196頁。

(42)　田中・前掲注(12) 109頁。

(43)　山田攝子「株式の共同相続」判タ789号（1992年）9頁。

(44)　前掲徳島地判昭和46年1月19日。なお，この事件ではいったん権利行使者が選定，通知されたが，その後他の共有者（5名中2名）が，権利行使者の選定行為の解除と会社への通知を行っており，会社はもはや被選定者を代表者として扱うことができず，共有出資分は代表届出のないものとされた。

4 権利行使者の指定・通知を欠く場合の共有株式についての議決権行使〔伊東尚美〕

知し，権利行使者が議決権を行使することを要するからということ以外，特に理由は述べない[46]。

平成 11 年判決については，会社の側から共有株式に基づく議決権の行使を認めることができるかについては，肯定説，できるとすればどのような方法によるべきかについては，多数説に立つものであるとの指摘がある[47]が，「共有者全員が議決権を共同して行使する場合」の具体的内容については，①共有者の全員がそのように総会に出席することが必要なのか，それとも共有者のうち 1 人に他の共有者が委任をすることでも足りるのか，②意見の相違がある複数人の共有者が協議をして持分価格の過半数により一定の権利行使を決定した場合もそこに含まれるのかといった点については解釈の余地があるとする見解[48]もある。

最高裁は，「本件株主総会には，右共同相続人全員が出席したが，被上告人が本件株式につき議決権の行使に反対しており，議決権の行使について共同相続人間で意思の一致がなかったというのである。そうすると，本件株式については，権利行使者の指定及び会社に対する通知を欠くものであるから，共同相続人全員が共同して議決権を行使したものとはいえない以上，上告人が本件株

---

(45)　詳細は不明であるが，平成 11 年判決コメント・前掲注(38) 156 頁によれば，以下の通りである。Y 会社の発行済株式 4 万株のうち 3 万 2 千株を所有していた A が死亡後，全相続人と全株主（ないしその代理人）が株主総会に出席し，総会の議長となった共同相続人の 1 人 B が法定相続分に従って各相続人の議決権の行使を認める旨述べ，これに反対した X（7 分の 1）を除く共同相続人全員が議案に賛成して，取締役選任決議がされ，さらに選任された取締役により B を代表取締役とする取締役会決議がされた。X は，平成 17 年改正前商法 203 条 2 項所定の手続を経ることなく議決権の行使を認めた本件決議には決議の方法に違法があるとして総会決議の取消と取締役会決議の無効確認を求めた。なお，原判決は，本件株式に基づく議決権の行使が許されない理由として，「権利行使者の指定は全員一致でなければならないから，会社の側から法定相続分に応じた議決権の行使を認めることはできない」旨判示したものであり，上告論旨は，権利行使者の指定は全員一致でなければならないとする原審の判断の違法を主張するものである。

(46)　稲葉・前掲注(19) 332 頁は，共有者の権利行使の方法を定める平成 17 年改正前商法 203 条 2 項が単に会社の事務上の便宜のためのものではなく，共有者の保護のためのものでもあるとする趣旨と考えられるとする。

(47)　平成 11 年判決コメント・前掲注(38) 157 頁。

(48)　鳥山恭一「判批」私判リ 52 号 2016 年〈上〉（2016 年）101 頁。

式につき議決権の行使を認める意向を示していたとしても，本件株式について
は適法な議決権の行使がなかったものと解すべきである」とも判示している。
判例時報の無署名コメントによれば，共有者全員が株主総会に出席したが，議
長が共有株式については法定相続分に従って各相続人の議決権の行使を認める
旨述べたのに対して，共有者の1人が反対したにもかかわらず，議長が採決を
行い，反対した共有者を除く相続人全員が議案に賛成して，取締役選任議案決
議がされたようである[49]。

この事件においては，反対する共同相続人1人を除き，各相続人は「法定相
続分に従って議決権を行使」した。かりに，全員一致で「法定相続分に従って
議決権を行使」することを決定し，議決権を行使したとしても，「共同して行
使」したとはいえないのではないか。「共同して行使」するとは，議決権を統
一して行使するという意味であると解することができるのではないか。最高裁
が「共有者全員が共同して行使する場合を除き会社の側から議決権の行使を認
めることは許されない」と述べたのは，議決権の不統一行使を認めない趣旨で
あったと解することができるように思われる[50]。

なお，共有株式の不統一行使が認められるか否かについて明確に言及した最
高裁判例はないようである。

その後，前述のように，会社法において106条但書が新設されたが，但書の
趣旨については様々な見解が主張されている。

まず，会社法106条但書と平成11年判決との関係について，平成11年判決
は同条但書によって変更されたとする見解[51]，平成11年判決を変更するもの
ではないとする見解とに分かれており，後者はさらに，同条但書を平成11年
判決の趣旨を実定法化したものとする見解[52]，改正前商法下の多数説及び判例
法の趣旨を確認したものであるとする見解[53]とに分かれている。

---

(49)　前掲注(45)参照。

(50)　石山卓磨ほか『ハイブリッド会社法』（法律文化社，2012年）31頁〔河内隆史〕は，
平成11年判決について，権利行使者の指定・通知がない場合に，会社が法定相続分に
従って各相続人の議決権の行使を認めることができるか否かについて，旧商法下でこれ
を否定した判例であるとしている。

(51)　森・前掲注(9) 35頁，江頭・前掲注(3) 268頁も同旨。なお，吉本健一『会社法（第2
版）』（中央経済社，2015年）57頁注(4)は，会社法106条但書は平成11年判決を修正す
るものであるが，共有者全員による権利行使は妨げられないとする。

4 権利行使者の指定・通知を欠く場合の共有株式についての議決権行使〔伊東尚美〕

会社法立案担当者は，平成 11 年判決は会社法 106 条但書によって変更されたとする見解をとる。平成 11 年判決を引用した上で，「しかし，会社法においては，共有株式に係る権利行使者の通知についての 106 条本文の規定は，共有株主が権利行使者を通知した場合には，その者を株主として扱えば免責されることとする，株式会社の便宜を図るための規定にすぎないことから，同条ただし書を新設し，その通知がない場合であっても，株式会社が自らのリスクにおいて共有者の 1 人に権利行使を認めることができることとしている」と述べている[54]。なお，この記述に関しては，権利行使者は指定されているが，通知されていない場合を主として想定していたとの指摘がある[55]。

学説においては，会社法 106 条但書の株式会社の同意によりいかなる権利行使が適法なものとなるかについても見解が分かれている。

第一に，会社の同意によりある特定の者を株主として扱って良いとしたものであるとする見解がある[56]。この見解は，平成 11 年判決は会社法 106 条但書によって変更されたと解し，平成 11 年判決を否定するかのような規定を 106条但書として追加したことを不当としている[57]。

第二に，但書は平成 11 年判決を変更するものではないとする立場から，共有者全員による権利行使の場合に，会社の同意により適法な権利行使となるとする見解がある[58]。

第三に，共同相続人がどのような方法で議決権を行使できるかは，共同相続人間の内部関係，共同相続株式の管理の問題として判断しなければならないとして，民法の共有に関する規定によると解する見解がある。

一般に，議決権の行使は管理行為に当たるとする見解が多いようであるが[59]，

---

[52] 大野正道「非公開会社と準組合法理」黒沼悦郎ほか編『企業法の理論（上巻）江頭憲治郎先生還暦記念』（商事法務，2007 年）63 頁。

[53] 鳥山・前掲注(9) 205 頁。

[54] 相澤哲ほか『論点解説新・会社法』（商事法務，2006 年）492 頁。

[55] 弥永真生「判批」ジュリ 1460 号（2013 年）3 頁，弥永真生「判批」ジュリ 1480 号（2015 年）3 頁，原・前掲注(33) 41 頁。柴田和史「判批」私判リ 49 号（2014 年〈下〉）（2014 年）83 頁も同旨。

[56] 山下友信編『会社法コンメンタール 3 —— 株式(1)』（商事法務，2013 年）38 頁〔上村達男〕。

[57] 上村・前掲注(56) 38 頁。

[58] 大野・前掲注(52) 63 頁。

第三の見解の中には，議決権の行使が，決議事項によって管理行為のみならず，処分行為に当たる場合もあるとする立場に立ち，株式の権利の行使が管理行為に当たれば各共有者の持分の価格に従いその過半数で決定し，変更・処分行為に当たれば，共有者全員の同意が必要であるとする見解がある[59]。この見解は，大部分の株式が共同相続され，解散，組織再編が議題となっている場合は，議決権がどのように行使されるかによって，共有株式の内容，共有持分権に変更を生じさせる可能性があるため，変更・処分行為にあたるとし，また，取締役の選任であっても同族会社・非公開会社の大部分の株式が共同相続された場合は，変更・処分行為として共有者・共同相続人全員の同意が必要になると解する[61]。

　また，議決権の行使が原則として処分行為に当たると解する見解に立ち，共有者全員が議決権を共同して行使する場合に限って，会社側から認容できるとする見解もある[62]。共有者の全員一致が積極的に確認できない場合に，会社主導で処分行為に当たる議決権行使を認めるべき積極的合理的理由はなく，むしろ不公平な事態作出を認めることになる弊害の方が大きいとする。なお，この見解は，議決内容が共有物の管理行為に当たると解される場合（通常の剰余金の配当等）で，相続割合（寄与分などを含む具体的割合）自体は争われていないときで，一部の共有者が自己の持分割合のみの議決権行使を求めている場合には，その行使者の割合分だけ権利行使を認めることが可能であると解している[63]。

　第四に，会社の同意により各共有者がその持分に応じた数の議決権を各自行使することができるとする見解がある。この説は，各共有者は共有持分に応じ

---

(59)　龍田・前掲注(31) 117 頁，前田・前掲注(24) 107 頁，鳥山・前掲注(9) 205 頁など。会社法立案担当者もこの見解をとる。相澤・前掲注(54) 492 頁。

(60)　青竹正一「判批」商事 2073 号（2015 年）24 頁。

(61)　青竹・前掲注(60) 24 頁。このほか，岡・前掲注(4) 70 頁，川島いづみ「判批」Monthly Report 77 号（2015 年）38 頁，林孝宗「判批」TKC ローライブラリー新・判例解説 Watch 商法 No. 77（2015 年）3 頁，松元暢子「判批」ジュリ 1492 号（平成 27 年度重判解，2016 年）92 頁も，取締役の選任決議における議決権行使が変更・処分行為にあたる場合がありうるとする。

(62)　岡・前掲注(4) 73 頁。

(63)　岡・前掲注(4) 74 頁。

4　権利行使者の指定・通知を欠く場合の共有株式についての議決権行使〔伊東尚美〕

て議決権を行使する権利を本来有しているのであり，ただ会社の事務処理上の便宜のため，権利行使者を通じて（権利行使者に指示するという形で）の議決権行使が求められるにすぎず，会社が同意すれば，そのような煩瑣な手続を踏むことも不要であるとする[64]。

最高裁は，権利行使者の指定・通知を欠く場合の共有株式についての議決権行使に関し，平成27年判決[65]において，初めて判断を下した。

この事件の第1審（横浜地川崎支判平成24年6月22日民集69巻1号38頁）は，会社が会社法106条但書に基づき共有者の1人による議決権行使に同意していることから，その者の議決権行使に瑕疵はないとして決議取消を求める原告の請求を棄却した。

原審（東京高判平成24年11月28日民集69巻1号47頁）は，「会社法106条ただし書きを，会社側の同意さえあれば，準共有状態にある株式について，準共有者中の1名によるの（ママ）議決権の行使が有効になると解することは，準共有者間において議決権の行使について意見が一致しない場合において，会社が決議事項に関して自らにとって好都合の意見を有する準共有者に議決権の行使を認めることを可能とする結果となり，会社側に事実上権利行使者の指定の権限を認めるに等しく，相当とはいえない」とし，「会社法106条本文が，当該要件から見れば準共有状態にある株式の準共有者間において議決権の行使に関する協議が行われ，意思統一が図られた上で権利行使が行われることを想

---

[64]　田中・前掲注(1) 132頁。河内・前掲注(50) 31頁も同旨。

[65]　事実の概要は以下の通りである。Y会社の発行済株式総数3000株のうち2000株を保有するAが死亡後，Aの妹であるX及びBが法定相続分である各2分の1の割合で共同相続した。Bは，Yの臨時株主総会において，本件共有株式の全部について議決権の行使をした。Yの発行済株式のうち1000株を有するCも本件総会において，議決権の行使をした。Xは，招集通知を受けたが，Yに対し，本件総会には都合により出席できない旨及び本件総会を開催しても無効である旨を通知し，本件総会には出席しなかった。本件総会において，上記の各議決権の行使により，①Dを取締役に選任する旨の決議，②Dを代表取締役に選任する旨の決議，並びに③本店の所在地を変更する旨の定款変更の決議及び本店を移転する旨の決議がされた。本件共有株式について，会社法106条本文の規定に基づく権利を行使する者の指定及び通知はされていなかったが，Yは，本件総会において，本件議決権行使に同意している。Xは，本件各決議には決議の方法等につき法令違反があるとして，Yに対し，本件各決議の取消を請求する訴えを提起した。

民商法の課題と展望

定していると解しうることからすれば，同法ただし書きについても，その前提として，準共有状態にある株式の準共有者間において議決権の行使に関する協議が行われ，意思統一が図られている場合にのみ，権利行為者の指定及び通知の手続を欠いていても，会社の同意を要件として，権利行使を認めたものと解することが相当である」とし，決議の方法に法令違反があり取消事由があるとした。

したがって，原審によれば，権利行使者の指定および通知を欠く場合，会社の同意を要件として，権利行使が認められるためには，議決権の行使に関する協議が行われ，意思統一が図られていなければならないこととなる。しかしながら，「意思統一が図られている場合」とは，どのような場合かは明確であるとはいえない。

「意思統一」という文言が，共有者が権利行使者の指定と通知を行うことに関しても用いられており，判例は，権利行使者の指定は持分価格を基準にした多数決によって行えると解していることから，共有者間の多数決によって「意思統一が図られている場合」にも，会社は本条但書の同意をすることができるとの解釈も成り立ち得ると指摘されている[66]。また，事前に共有者間で協議を行った結果，権利行使者を指定するのではなく各共有者が共有持分に従って議決権を行使することについて「意思統一が図られている場合」もあり得るとも指摘されている[67]。

なお，この判決については，議決権の行使について共有者間の協議を重視する近時の裁判例（前掲大阪高判平成20年11月28日判時2037年137頁）と整合的であると指摘されている[68]。

---

[66]　加藤貴仁「判批」ジュリ1466号（平成25年度重判解）（2014年）107頁。柴田・前掲注55 84頁，山下眞弘「判批」金判1447号（2014年）17頁，梅村悠「判批」ジュリ1469号（2014年）111頁も同旨。この事件においては，共有者2人が2分の1ずつ共有していたが，議決権行使に関する協議は行われていなかった。

[67]　加藤・前掲注66 107頁。

[68]　弥永・前掲注55 ジュリ1460号3頁。林孝宗「判批」早稲田法学89巻4号（2014年）192頁，加藤・前掲注66 107頁，藤原俊雄「判批」『新・判例解説Watch【2014年4月】』（日本評論社，2014年）122頁，玉井利幸「判批」法学教室402号（判例セレクト2013［Ⅱ]）（2014年）15頁，吉川信將「権利行使者の通知がない準共有株式にかかる議決権行使方法について」法学研究89巻1号（2016年）111頁も同旨。

4 権利行使者の指定・通知を欠く場合の共有株式についての議決権行使〔伊東尚美〕

その後，最高裁は，上告審である平成27年判決において，「会社法106条本文は，…共有に属する株式の権利の行使の方法について，民法の共有に関する規定に対する「特別の定め」（同法264条ただし書）を設けたものと解される。その上で，会社法106条ただし書は，…その文言に照らすと，株式会社が当該同意をした場合には，共有に属する株式についての権利の行使の方法に関する特別の定めである同条本文の規定の適用が排除されることを定めたものと解される。そうすると，共有に属する株式について会社法106条本文の規定に基づく指定及び通知を欠いたまま当該株式についての権利が行使された場合において，当該権利の行使が民法の共有に関する規定に従ったものでないときは，株式会社が同条ただし書の同意をしても，当該権利の行使は，適法となるものではないと解するのが相当である」とした。

この判示に関しては，「ただし，…この限りでない」という文言は，立法技術上，ある規定の一部又は全部を打ち消し，その適用除外を定める場合に用いられる語であり，本来，本文の規定を打ち消すだけの消極的なものにとどまるので，本文の規定を打ち消した上で更に積極的な意味を持たせたい場合には，明示的な規定を置くべきものとされており，この文言の意味を基礎として会社法106条但書を解釈し，同条本文が同条但書により打ち消された後の規律については，同条本文と準共有に関する民法264条との関係から，準共有株式についての権利の行使は民法の共有に関する規定に従っている必要があると解したものだと指摘されている[69]。

会社法106条但書の趣旨についての私見は後述する。

権利行使者の指定・通知を欠く場合に，権利の行使が民法の共有に関する規定に従ったものでないときは，会社が106条但書の同意をしても，当該権利の行使は適法となるものではないとの判示に関しては，やはり，権利行使者の指

---

[69] 平成27年判決の無署名コメント（判時2257号（2015年）107頁）。この判示については，但書も含めて会社の「特別の定め」であると捉えることはなぜできないのか，その積極的な理由は本判決では示されていないとの指摘がある。川島・前掲注[61] 36頁，吉川・前掲注[68] 111頁。なお，昭和53年判決において，「共有者間で総会における個々の決議事項について逐一合意を要するとの取決めがされ，ある事項について共有者の間に意見の相違があっても」権利行使者は「自己の判断に基づき議決権を行使しうる」とされていることとの整合性は問題となりうるとの指摘がある。弥永・前掲注[55] ジュリ1480号3頁。

民商法の課題と展望

定・通知を欠きつつも議決権行使がなされた平成11年判決との関係が問題になる。

権利行使者の指定・通知を欠くときには、「共有者全員が議決権を共同して行使する場合を除き、会社の側から議決権の行使を認めることは許されない」と判示した平成11年判決においては、議決権の行使に反対した1人（法定相続分7分の1）を除き、各共有者が「相続分に従って」議決権の行使を行った。前述の通り、判旨のいう「議決権を共同して行使する場合」とは、議決権を統一して行使する場合と考えられ、最高裁は「相続分に従って」議決権を行使する、すなわち、議決権の不統一行使を認めない趣旨であったと解することができるような事件であった。

これに対して、平成27年判決の場合には、2人の共有者の内の1人（法定相続分2分の1）が、共有株式のすべてについて、統一して議決権を行使した場合である。「共有者全員が議決権を共同して行使」しなければならないと判示する必要はなかったと考えられる[70]。平成27年判決は事案を異にすると考えることができるように思われる。

なお、上記の判示部分については、平成27年判決は、平成11年判決が判示した要件を（株式の管理行為であるかぎりにおいて）緩和したとみることができ、また、平成11年判決が判示する「共有者全員が議決権を共同して行使する場合」の具体的内容については解釈の余地があり、そのかぎりにおいて、本判決は、平成11年判決が判示した要件を（株式の処分または内容の変更であるのか管

---

[70] 本判決が、議決権の不統一行使という手法で、議決権行使の局面で当然分割説と同一の帰結を認めるという可能性も否定しているとみるべきであるとする見解として、金子・前掲注(33) 5頁。本判決はそこまでは判断していないとする見解として、田中・前掲注(1) 134頁。金子・前掲注(33) 5頁は、上告受理申立て理由第五以下（資料版商事法務380号133頁）では、本件各決議が有効である理由として、本件総会でのBの議決権行使は、本件共有株式のうちBの持分2分の1に相当する1000株についての議決権行使とみることができ、そうすると、本件各決議は、本件各決議に賛成する旨のCの議決権行使とあわせて、3000株中2000株の賛同を受けているとみることができるとの予備的主張がなされていたが、この主張は上告受理決定の際に排除されており、仮にこの主張が認められるとすれば、定款変更決議を除く本件各決議の決議要件は満たされたはずであり、本件訴えは裁量棄却（会社831条2項）されるべきであったとも思われるところ、本判決は本件各決議を取り消すべきであるという結論を出していることを理由とする。

4 権利行使者の指定・通知を欠く場合の共有株式についての議決権行使〔伊東尚美〕

理行為であるのかにより区別することも含めて）明確にしたものとみることもできると指摘する見解もある[71]。

また，本判決は，「共有に属する株式についての議決権の行使は，当該議決権の行使をもって直ちに株式を処分し，又は株式の内容を変更することになるなど特段の事情のない限り，株式の管理に関する行為として，民法252条本文により，各共有者の持分の価格に従い，その過半数で決せられるものと解するのが相当である」と判示した。

特段の事情として，当該議決権の行使をもって直ちに株式を処分し，または株式の内容を変更することになることなどをあげているが，これは，民法の変更・処分行為を念頭に置いているものと思われる。したがって，株式の権利の行使が管理行為に当たれば各共有者の持分の価格に従いその過半数で決定し，変更行為に当たれば共有者全員の同意が必要であるとする見解に近い立場であると思われる。とはいえ，この見解に立つ論者からは，取締役選任決議と定款を変更して本店を移転する決議は，共有持分権の内容に変更を生じさせる可能性があり，代表取締役の選任決議は，実質的に会社の事業承継者の決定を意味することになり，単なる共有株式の利用又は改良行為とはいえないと指摘されている[72]。

さらに，本判決は，本件議決権行使をした共有者の1人は本件準共有株式について2分の1の持分を有するにすぎず，また，残余の2分の1の持分を有する原告が本件議決権行使に同意していないことは明らかであり，そうすると，本件議決権行使は，各共有者の持分の価格に従いその過半数で決せられているものとはいえず，民法の共有に関する規定に従ったものではないから，会社がこれに同意しても，適法となるものではないとし，「本件議決権行使が不適法なものとなる結果，本件各決議は，決議の方法が法令に違反するものとして，取り消されるべきものである」とした。

---

(71) 鳥山・前掲注(48) 101頁。なお，平成11年判決においては，取締役選任決議，平成27年判決においては，取締役選任決議，代表取締役選任決議，本店の所在地を変更する旨の定款変更決議及び本店を移転する旨の決議が行われている。平成11年判決について，議決権の不統一行使を認めない趣旨ではなく，単に共有者全員により権利行使がされなければならないことを判示するものであると解しても，平成27年判決において平成11年判決が判示した要件を緩和する必要はあったのであろうか。

(72) 青竹・前掲注(60) 24頁。

民商法の課題と展望

　権利行使者の指定・通知を欠く場合の権利の行使は民法の共有に関する規定に従ったものでなければ適法となるものではないとする最高裁の立場からすれば，当然である[73]。

　なお，本件では争点となっていないが，原告は権利行使者ではないのに，株主総会決議取消の訴えを提起している。判例は，株主総会決議不存在確認の訴え，合併無効の訴えについて，権利行使者の指定・通知を欠くときは，特段の事情のない限り原告適格を認めない[74]が，特段の事情の存在を認めた判例もある。最判平成2年12月4日民集44巻9号1165頁は株主総会決議不存在確認の訴の原告適格，平成3年2月19日判時1389号143頁は合併無効の訴の原告適格が問題となったが，いずれも特段の事情が認められた。

　前者においては，共有株式が会社の発行済株式の全部に相当し，共同相続人のうちの1人を取締役に選任する旨の株主総会決議がされたとしてその旨登記されているとき，後者においては，共有株式が双方または一方の会社の発行済株式総数の過半数を占めているにもかかわらず，合併契約書の承認決議がなされたことを前提として合併の登記がされているときは，特段の事情が存在するとされた。

　前者は，特段の事情について，「会社は…発行済株式の全部を準共有する共同相続人により権利行使者の指定及び会社に対する通知が履践されたことを前提として株主総会の開催及びその総会における決議の成立を主張・立証すべき立場にあり，それにもかかわらず，他方，右手続の欠缺を主張して，訴えを提起した当該共同相続人の原告適格を争うということは，右株主総会の瑕疵を自認し，また，本案における自己の立場を否定するものにほかならず，右規定の趣旨を同一手続内で恣意的に使い分けるものとして，訴訟上の防御権を濫用し

---

(73)　会社法立案担当者は，議決権の行使は，共有物の管理に該当する事項であるので，通常は共有者全員で協議をしたうえ，持分の過半数で，どのように議決権を行使するかを決定するから，会社としては，権利行使者の通知のない共有株主に議決権を行使させる場合には，あらかじめその協議内容を確認すべきであるといえるが，会社がその確認を怠って，協議内容と異なる議決権の行使を許したとしても，共有者の議決権の行使自体には瑕疵がないので，決議取消事由には該当しないとしていた。相澤・前掲注(54) 493頁。

(74)　後掲最判平成2年12月4日民集44巻9号1165頁，後掲最判平成3年2月19日金判876号3頁，平成9年判決（社員総会決議不存在確認の訴）。

4 権利行使者の指定・通知を欠く場合の共有株式についての議決権行使〔伊東尚美〕

著しく信義則に反して許されないからである」としており，後者もほぼ同様の判示をした。

本件では，発行済株式の3分の2が共同相続され，取締役の選任などの決議がされたとして，その旨の登記がされていることから，従来の判例に照らせば，特段の事情が認められる場合といえるであろう[75]。

V　会社法106条但書の意義

会社法106条但書は，平成11年判決を変更したものであるか否か，また，権利行使者の指定・通知を欠く場合，どのような権利行使をすれば適法なものとなるのか。

平成17年改正前においては，商法に規定はなかったが，権利行使者の指定と通知を欠く場合であっても，会社の側から権利行使を認めることができるとするのが通説・判例（平成11年判決）であった。その上で，どのようにして権利行使すべきかが問題となっており，多数説は全員で行使した場合，判例（平成11年判決）は全員が共同して行使した場合に会社の側から権利行使を認めることができるとしていた。

会社法106条但書は，会社の側から共有株式についての権利行使を認めることができると規定しているだけで，権利行使が認められた場合に，どのように権利行使すべきかについては何ら言及していない。同条但書は，平成17年改正前の通説・判例（平成11年判決）と同様の立場に立ち，権利行使者の指定と通知を欠く場合でも，会社の同意があれば，共有者による権利行使は認められることを規定し，そしてそれ以上のことを定めるものではないと解することができるのではないだろうか。会社法106条但書は，あくまで，共有者と会社との関係について定めている[76]ものと解し，権利行使の内容をどのような方法で決定すべきかについては何も定めていないと解するのである。

すなわち，平成17年改正前商法に規定が置かれていなかった権利行使者の指定と通知を欠く場合について，商法203条2項の条文の解釈によって，会社の同意があれば共有者による権利行使を認めていた通説・判例の立場を，会社

---

[75]　青竹・前掲注(60) 27頁。

法106条但書は実定法化したと解することができるのではないか。

　以上のように解するのであれば，権利行使者の指定と通知を欠く場合にどのような権利行使をすれば適法となるか。

　会社法106条は，あくまで，会社の事務処理の便宜のため，共有者と会社との関係について定めているものである。たとえば，平成17年改正前商法203条2項においては，権利行使者はあくまで会社に対する権利行使者であるにすぎず，この者がその共有株式について第三者に対する関係でも権利行使者であるとすることはできず，他の共有者も，会社以外の第三者に対して権利行使を妨げられるものではないと解されていた[77]。会社法106条も同様であろう。

　共有者の内部関係については，民法の共有の規定が適用になると考えるべきであろう。議決権の行使は管理行為に当たると考えられ，共有者の持分価格の過半数で決定する必要がある。

　共有の規定に従った決定が共有者間で行われ，その決定に基づいて議決権が行使されるのであれば，会社が同意すれば，実際に株主総会に出席して議決権を行使する者は誰でも良いと考えられる。全員でも良いし，過半数でも良いし，1人でも良い。

　権利行使者の指定・通知を欠く場合にいかなる議決権の行使が適法となるかに関する学説の第一の説は，会社の同意によりある特定の者を株主として扱って良いと解するものであるが，共有者間で民法の共有の規定に従った決定が行われた場合に限定すれば，会社の同意によりある特定の者を株主として扱って良いと考えられる[78]。

　なお，民法の共有の規定に従った決定が行われていないのに一部の共有者が議決権行使をした場合，あるいは，共有の規定に従った決定が行われたにもか

---

(76)　森・前掲注(9) 37頁は，民法の共有の規定は，主として共有者間の内部関係を規律するものであり，会社法106条は，会社に対する関係において共有株式の権利を行使する場合のルールを定めたものであるとする。また青竹・前掲注(11) 4頁は，平成17年改正前商法203条2項は，共有者の会社に対する関係における株主・社員の権利行使の一本化を定めただけであり，権利行使者がどのように権利行使すべきかについては共同相続人，少数持分権者に不利益を及ぼさないかぎり内部的に取り決められることであり，内部的取り決めがない場合には，権利行使者の内部的権限について民法249条以下が適用されるとしている。

(77)　米津・前掲注(7) 51頁。

4 権利行使者の指定・通知を欠く場合の共有株式についての議決権行使〔伊東尚美〕

かわらず，これとは異なる議決権行使が行われた場合は，適法な議決権の行使とはいえず，株主総会決議は，決議の方法が法令に違反するものとして，取り消されるべきものとなると解するのが妥当であろう[79]。

前述の通り，判例は，権利行使者でない共有者が，株主総会決議不存在確認の訴え，合併無効の訴えを提起できるかについては，特段の事情のない限り認められないとしている。株主総会決議取消の訴えについても同様と考えられる。

しかしながら，権利行使者の指定・通知を要求するのは，あくまで会社の事務処理の便宜のためである。決議の方法が法令に違反するものであるなら，特段の事情を認めて，権利行使者でない者でも，決議取消の訴えを提起できると解するべきではないか。

学説上は，過半数説によっても自派の者を権利行使者に指定することが不可能な少数持分権者について訴訟提起が常に認められないこととするのでは，少数持分権者は，遺産分割がなされるまでは，多数持分権者の不正行為等に対してただ手を拱いていて見ているしか術がなく著しくその保護にかける，会社の持分全てにつき均等の相続分を有する2人の相続人が対立している場合は，会社経営自体の停滞も避けられないとして，これらの場合にも特段の事情を認めるべきであるとの見解がある[80]。また，株主総会決議取消の訴えは，株主であれば提起でき，共同相続人は，会社に共同相続関係を明らかにすれば，共有持分権者のままで提起できるとする見解[81]もある。

第二の説に関しては，会社法106条が平成11年判決を変更するものではないとする点については支持するが，なぜ共有者全員による権利行使が必要であるのかは明確でないように思われる。

第三の説に関しては，決議の内容により，同じ議決権の行使でも，管理行為にあたるもの，処分・変更行為にあたるものがあると解することが妥当か疑問

---

[78] このように解することは，会社法立案担当者の意思に沿うものであるかもしれない。立案担当者は，議決権の行使は共有物の管理に該当する事項であるので，通常は，共有者全員で協議をしたうえ，持分の過半数で，どのように議決権を行使するかを決定し，会社としては，権利行使者の通知のない共有株主に議決権を行使させる場合には，あらかじめその協議内容を確認すべきであるとしていた。前掲注[73]参照。

[79] なお，会社法立案担当者がこのように解していないことについては，前掲注[73]参照。

[80] 荒谷裕子「判批」ジュリ1135号（平成9年度重判解）（1998年）102頁。

[81] 青竹・前掲注[60] 27頁。田中・前掲注[10] 305頁も同旨。

民商法の課題と展望

に思われる。

　前述のように議決権の行使は管理行為に当たるとする見解が多いようであり，私見もそのように考える。決議事項によっては変更行為となり得るものがあるとする見解は，合併，営業譲渡，解散などの重要事項が議題となっている場合は，議決権がどのように行使されるかによって，共同相続財産中の株式又は各相続持分権の内容に重大な変更・影響を及ぼす可能性があり，したがって，変更行為として共同相続人全員の同意が必要になると解する[82]のであるが，反対する議決権行使を行う場合も同様に変更行為と解することができるであろうか[83]。それとも，賛成の場合と反対の場合を分けて，たとえば，前者の場合は変更行為，後者は保存行為あるいは管理行為と解することになるのであろうか。かりにそうであるとしたら，同じ内容の決議における議決権の行使であるのに，賛成か反対かによって，保存行為あるいは管理行為であるものと変更行為であるものがあるのは妥当ではないように思われるし，反対に，この見解をとりつつ，賛成の場合も反対の場合も変更行為にあたると解することができるかは疑問である。私見は，どのような議案について議決権の行使がされる場合であっても，管理行為と解するのが妥当であると考える。

　第四の説に関しては，株式の共有者が「他人のために株式を有する」者に該当するかについて疑問があり，やはり，現行法の解釈としては，議決権の不統一行使を認めるのは難しいのではないかと思われる。また，平成17年改正前商法下で議決権の不統一行使を認めていた少数説の立場からは，その根拠として，共同相続株式のみが会社の全発行済株式の場合であって，権利行使者の指定そのものが遺産分割をめぐり困難となっているときには，総会の開催が不可能となっており，そこに商法203条を持ち出すことは，会社の運営そのものが支障を来すとしていたもの[84]があった。「会社の運営そのものが支障を来す」ということは，任期満了による代表取締役が招集した株式総会で後任取締役を選任することが不可能という趣旨であろう。そうであるとすれば，たとえばそれぞれ2分の1ずつの議決権を有している株主が2人いる会社で，両者が対立

---

(82)　青竹・前掲注(60) 24頁。

(83)　この点については，北海道大学民事法研究会において平成27年判決の判例評釈を行った後，大塚龍児先生よりご指摘いただいた。

(84)　山田・前掲注(43) 9頁。

している場合には，起こり得ることであって，相続の場合に限らない。また，「会社の運営そのものが支障を来す」ということが，支配株主で同時に代表取締役であった者が，その死亡した場合を指すとすれば，残りの取締役が代表取締役を選定すればよく，その際の取締役の員数を欠くときは，やはり，仮取締役の選任を求め（会社法346条2項），代表取締役を決定すれば，株主総会の招集の決定とその実行を行うことができ，後は株主間に対立があって，後任の取締役を選任できないときと同じである。

VI　おわりに

　以上述べてきたように，会社法106条但書は，権利行使者の指定・通知を欠く場合に，会社の側から権利行使を認めることができるとしていた平成17年改正前の通説・判例（平成11年判決）の立場を実定法化したものであり，権利行使者の指定・通知を欠く場合における会社と共有者の関係を定めたものである。権利行使をどのように行うかは，内部関係の問題であって，民法の共有の規定が適用になる。共有者間で民法の共有の規定に従って，変更・処分行為にあたる権利行使であれば全員一致で，管理行為にあたる権利行使であれば持分価格の過半数で，決定することとなり，保存行為にあたる権利行使であれば，単独で決定し，行使することができることとなる。議決権の行使は管理行為であると考えられるから，共有者の持分価格の過半数によって行うこととなる。本稿では管理行為である議決権の行使を中心に考察してきたが，たとえば，株式買取請求権の行使は処分行為といえるであろうから，処分行為であれば，共有者間では全員による決定が必要となると考えられる。

　以上のように解すると，権利行使者の指定方法につき過半数説をとり，会社法106条本文の場合の内部関係は民法の共有の規定に従うとの立場をとれば，会社法106条但書の場合の内部関係の規律と平仄が合うことにもなる。会社との関係では，本文の場合は，権利行使者の指定があるから，権利行使者が権利を行使し，但書の場合は，権利行使者の指定がないため，会社が同意すれば，実際の権利行使は誰によって行われても良いと考えられる。

民商法の課題と展望

〔付記〕脱稿後，以下の文献に接した。前嶋京子「判批」甲南法学 56 巻 3・4 号（2016年）217 頁，冨上智子「判解」ジュリ 1495 号（2016 年）92 頁，吉本健一「準共有株式の権利行使と会社法 106 条但書 —— 最高裁平成 27 年 2 月 19 日判決の検討」神戸学院法学 45 巻 4 号（2016 年）23 頁，岡田陽介「判批」法律論叢 89 巻 1 号（2016 年）229頁，松井智予「判批」判評 690 号（判時 2296 号）（2016 年）18 頁，木下崇「共有株式に係る議決権の行使と権利行使者の指定に関する一考察」丸山秀平ほか編『企業法学の論理と体系 永井和之先生古稀記念』（中央経済社，2016 年）249 頁，藤村知己「会社による議決権行使者の選択 —— 会社法 106 条ただし書きと共有株主間の対立」同書 831頁，久保田安彦「株式の準共有」法セ 742 号（2016 年）93 頁，脇田将典「判批」法協133 巻 8 号（2016 年）253 頁，福島洋尚「判批」『会社法判例百選（第 3 版）』（2016 年）28 頁，冨上智子「判解」曹時 69 巻 5 号（2017 年）185 頁，吉本健一「株式の共同相続と権利行使者による議決権行使の効力 —— 共同相続株式の権利行使に関する判例法理の検討（1）」神戸学院法学 47 巻 1 号（2017 年）1 頁。

5 退任取締役の競業を巡る紛争と金銭的調整

髙 橋 美 加

I　は じ め に
II　競業あるいはそれに準じる
　　行為の紛争類型
III　独立時の行為に関する事後
　　的な金銭調整
IV　終 わ り に

I　は じ め に

　取締役の競業に関する問題は，会社法の規定する在任中の競業取引規制（356条1項1号）にとどまるケースはむしろ稀で，対象行為（営業秘密の私的利用や従業員の引き抜き等），対象者（取締役か従業員か），行為時期（在職中か退職後一定期間を含むか）等の点において，かなりの広がりが見られる。紛争の多くは，あまり円満とは言えない形で会社を離れた元取締役や元従業員が，在職中から部下に移籍を勧めたり，顧客に取引先を変更するよう働きかけたりする等，競業の準備段階とも言える一連の行為の後に，元の所属会社と同種の事業活動を自ら行ったことに対する，元の所属会社からのクレームといえよう。取締役にせよ従業員にせよ，独自の経済活動の自由があり，まして退職してしまえば元の所属会社との関係は断たれる。仮に退職後一定の期間につきその経済活動を制約するべく，元の所属会社と取締役らとの間で何らかの契約を締結していたとしても，事後の紛争の過程において当該契約の効力が問題視されることもある[1]。他方で，取締役等が在任中に，会社の機密情報等を不正な手法によって取得したり，本来会社に属すべき財産や社員を私有化したと評価できる場合，それは大いに問題とされてきた。これらはいわゆる競業準備行為と称されるこ

ともあり，会社法であれば忠実義務違反，あるいは取引先行者の利益を取引後
行者が不正に加害したと構成して[2]不法行為責任を追及する訴訟の中で当否が
論じられている。いずれの構成においても，救済手段として金銭的な賠償を請
求でき，このときの損害額は，そのような忠実義務違反や不法行為となるべき
権利侵害行為がなければ会社（被競業会社）が取得したであろう利益（逸失利
益）の填補賠償を主に求めることになる。

　もっとも，よく指摘されるとおり，この損害額の算定は非常に難しく，「逸
失利益」の名の下に原告が具体的に何を算定根拠として何を請求するかは，実
に様々である。株式会社の取締役が会社法356条1項1号に規定する手続に違
反して，会社の事業に属する取引を行った場合，当該会社に生じた損害につい
て推定規定があるのは周知の通りであるが（423条2項），前述の通り，そもそ
も会社法上の競業規制違反のみを理由とした任務懈怠責任を追及するケースが
多くない以上，この推定規定が利用された裁判例は多くない。民事訴訟法248
条に基づいてすべて裁判官のフリーハンドに任せるという考え方もなくはない
が，実際の裁判例では当事者の納得の得られる理由付けに腐心する様子が見て
取れる。

　本稿ではこのような現状認識に立ち，必ずしも円満な形ではなく会社から独
立した元取締役が，かつての所属会社と同じ事業をするに当たり，どのような
場合に事後的な金銭的調整を求められるのか，さらにその金額はどのような考
慮に基づいて設定すべきか，という観点から，既に多くの研究のある分野では
あるが，改めて裁判例を整理して考慮要素を探ることを目的とする[3]。

---

(1)　従業員のケースに多い。近時のものとして例えば大阪地判平成25年9月27日労働判
　　例ジャーナル21号10頁，福岡地判平成19年10月5日判タ1269号197頁等。

(2)　潮見佳男『不法行為法I（第2版）』（信山社，2009年）97頁以下参照。

(3)　裁判例を中心に整理したものとして，砂田太士「引き抜き行為と忠実義務」『現代企
　　業・金融法の課題　平出慶道・高窪利一先生古稀記念論集（上）』（信山社，2001年）
　　409頁，重田麻紀子「取締役退任後の競業と法規制」会計プロフェッション9号（2013
　　年）97頁，嘉納英樹・大橋さやか「退任予定の取締役の従業員引き抜き」ジュリスト
　　増刊『実務に効くコーポレートガバナンス判例精選』（有斐閣，2013年）175頁，また
　　従業員の競業のケースも含めて網羅的に調査したものとして，横地大輔「従業員等の競
　　業避止義務等に関する諸論点について（上）（下）」判タ1387号（2013年）5頁，1388
　　号（2013年）18頁がある。

II 競業あるいはそれに準じる行為の紛争類型

　既に多くの指摘があるとおり[4]，近年の，およそ平成に入ってからの取締役の競業あるいはそれに準じる行為を問題とする事例は，会社内部の対立等を理由に独立を画策した取締役が，①競業会社を設立する等移籍先を準備した上で，②元の所属会社の従業員を勧誘し，③会社の営業秘密を持ち出したり使用したりして，④競業取引を行って顧客を奪取した，という流れが問題視される。たいていの場合①〜③のどこかのタイミングで取締役は退任・退職しており，在任中に④の競業取引が行われるケースは少ない[5]。元の所属会社（被競業会社）にしてみれば，取引先の喪失や売上げの減少が発覚してはじめて退任取締役による競業に気付くことも多く，当該退任取締役との間で損失額の調整を行う必要があるかが問われることになる。

　元の所属会社（被競業会社）が退任取締役に金銭賠償を求める場合，会社法上の競業避止義務は在任中に競業取引（上記④）がある場合に限られるため，(1) 取締役在任中に①②③のいずれかの行為をしていた場合に「忠実義務違反」と構成したり，(2) ④まで含めて不法行為と構成したり，(3) 特に③の場合には不正競争防止法上の救済を求めたりするものがある。特に(1) (2)の構成の特徴を簡単に見ておく。

1 忠実義務違反構成

　上記①〜③の行為は競業取引の準備段階と言いうるもので，それ自体は競業取引とはいえないが，これが忠実義務違反を構成するかについて多くの裁判例がある。特に問題視されることが多いのは従業員の引き抜き・退職勧奨行為（上記②）である。比較的早い段階の裁判例では，プログラマーやシステムエンジニア等の人材派遣業を営む株式会社において人材こそが唯一の資産ともい

---

(4)　例えば東京地方裁判所商事法研究会『類型別会社訴訟 I（第 3 版）』（判例タイムズ社，2011 年）225 頁。

(5)　在任中の競業が問題になった事例として，名古屋高判平成 20 年 4 月 17 日金判 1325号 47 頁がある。また，取締役として機能していなかったが形式上は在任期間中に競業があったケースとして，東京地判平成 2 年 7 月 20 日判時 1366 号 128 頁。

民商法の課題と展望

うべきものであり，取締役が自己の設立しようとする同種の会社への参加を勧誘することはそれだけで忠実義務違反であるとされた[6]。すなわちこれは，取締役の勧誘行為に応じて退職したか否かが問題視されたように読める。取締役が在任中に従業員に対して自己が計画中の新事業への参加と退職を勧誘し，引き抜きを行うことは，勧誘方法や引き抜かれる従業員の人数や重要性に関わらず，善管注意義務・忠実義務違反に当たるという見解は，現在の学説でも一般的に支持されているように見受けられる[7]。これに対し，勧誘行為の当・不当その他の事情（退職従業員との関係や当該会社における待遇等）を考慮して「不当な」勧誘のみ忠実義務違反とすべきだとの見解[8]が有力に主張されている。この見解は，仕事上のノウハウの個人的な伝授等のような日本企業の上司と部下の濃密な関係や，退任取締役が独立して競業する背景には取締役間の争いがあり，争いに関する非が追い出した側にある場合もありうることに配慮したものである[9]。かかる配慮は実態に即した解決策を見出そうとする点で一定の評価を受けている[10]。

　近時の裁判例を見ると，引き抜きや取引先奪取に至るまでの取締役と従業員との人的な関係，取締役の行為が会社の業務に与える影響の度合い等を総合して考えるべきだとの指摘がなされているものも一定数あり，上記の見解対立において，何が裁判例の立場かは曖昧になりつつある[11]。むしろ，引き抜き行為

----

(6) 東京地判昭和 63 年 3 月 30 日判時 1272 号 23 頁，およびその控訴審である東京高判平成元年 10 月 26 日金判 835 号 23 頁参照。

(7) 青竹正一「取締役の従業員引き抜きによる責任」『現代企業・金融法の課題（上）（平出慶道・高窪利一先生古稀記念論集）』（信山社，2001 年）1 頁，岩原紳作ほか編『会社法コンメンタール (8)』（商事法務，2009 年）58 頁（近藤光男），北村雅史「取締役の競業規制」森本滋＝川濱昇＝前田雅弘編『企業の健全性確保と取締役の責任』（有斐閣，1997 年）318 頁，同『取締役の競業避止義務』（有斐閣，2000 年）154 頁等。

(8) 江頭憲治郎「判批」ジュリ 1081 号 122 頁。

(9) 江頭・前掲注(8)の文献 124 頁参照。

(10) 例えば田中亘「忠実義務に関する一考察」小塚荘一郎＝髙橋美加編『商事法への提言』（商事法務，2004 年）225 頁では，少なくとも閉鎖会社では従業員の養成や人的組織の構築において取締役個人の果たすべき役割は大きいと考えられるため，取締役が部下の教育のために人的投資をする誘因を失わせるべきでないという観点から，この見解を支持する。

(11) 東京地判平成 22 年 7 月 7 日判タ 1354 号 176 頁，千葉地松戸支判平成 20 年 7 月 16 日金法 1863 号 35 頁等。

だけをとらえて問題視するよりも，退職の前後にまたがって行われた一連の行為によって会社の事業運営が支障を来し，主要な取引先を奪われて損害が発生したこと全体を取り上げたり，引き抜き行為に注視する場合であっても，その態様の認定において，虚偽の説明等による従業員の圧迫や強引な退職強要の存否に関する言及がある場合も少なくない[12]。退任取締役が退職する際に起こした一連の競業準備行為全体を問題とするならば，在任中の行為には会社法上の責任追及，退任後の行為は不法行為として区別して主張立証するよりも[13]，全体を通じて統一的な理論構成で責任原因を明らかにした方が実態に即していると言えるかもしれない。退職後の取締役にも何らかの理屈で忠実義務を継続させるという考え方もあり得るが[14]，いったん退職した取締役には当然に職業選択の自由があり，退職前の会社がこれを無条件に制限できるものでないことは言うまでもない[15]。このため，退職の前後を問わず一貫して取締役の責任を捉えようとするとき，不法行為責任を追及するケースが近年では多いように思われる。そこで次に不法行為による責任追及構成を概観する。

2　不法行為構成

上述の通り，取締役が元の所属会社から独立するに当たり，在職中から当該

---

[12]　大阪地判平成8年12月25日判時1686号132頁（退職勧奨の際に強要があったとの認定），大阪高判平成10年5月29日判時1686号117頁（勧誘の態様は推認のみ）東京地判平成11年2月22日判時1685号121頁，東京高判平成16年6月24日判時1875号139頁（相当強力かつ執拗な働きかけで人間関係等の事情から退職を余儀なくされた旨認定）。また忠実義務違反なしとされたケースとして東京地判平成3年8月30日判時1426号125頁，東京地判平成5年8月25日判時1497号86頁（いずれも不当な勧誘の不存在を認定）。

[13]　もっとも，そのように区別して論じるケースも当然ある（東京地判平成19年4月27日労判940号25頁）。

[14]　前掲注[11]・千葉地裁松戸支判平成20年7月16日では，取締役が辞任の前から従業員および大口顧客を自己の陣営に引き込むべく働きかけていたことから，辞任後の行為についても信義則上忠実義務違反として評価された。また，高知地判平成2年1月23日金判844号22頁では，後任の取締役が選出されていなかったことから平成17年改正前商法258条（会346条1項に相当）を適用して辞任取締役の権利義務の継続を理由に忠実義務違反を主張したが否定されている。

[15]　先の千葉地裁松戸支部判決に関連したものとして北川徹「判批」ジュリ1435号132頁。

民商法の課題と展望

会社の利益を自己の利益にすべく，従業員を引き抜く等の準備行為がなされているのであれば，その実行行為が厳密に在職中であるか退職後であるかにこだわるのは紛争の実態に即していないようにも思われる[16]。他方で，本来は自由であるべき退任後の取締役の経済活動について，元の所属会社がクレームを付ける以上，不法行為責任を追及できるのは，退任取締役の行為が元の所属会社の取引上の権利等を明らかに侵害するような場合に限られる。退職従業員のケースではあるが最高裁平成22年3月25日判決[17]は，競業行為が「社会通念上自由競争の範囲を逸脱した違法な態様で」なされている場合には不法行為に該当することを一般論として指摘したが，この表現自体は以前から広く支持され，用いられてきた[18]。問題は，上記最高裁判決が原審の認定を覆して不法行為性を否定したことからも分かるとおり，「社会通念上自由競争の範囲を逸脱」したといえるためには具体的にどのような侵害行為を指すのか，という点である。

　「自由競争の範囲の逸脱」の内容について，上記平成22年最高裁判決は，元の所属会社の営業秘密にかかる情報を用いたり，信用をおとしめたりする等の「不当な方法」で営業活動を行っていない，という点を指摘して不法行為性を否定した。元の所属会社が本来所有するべき情報や財産の不正利用があると不正競争防止法にも抵触する可能性があり[19]，裁判例でも営業秘密の不正利用や顧客リストの持ち出しを指摘することが多い[20]。これは持ち出された「情報」が営業秘密として会社に帰属するものであるにもかかわらず，これを「不正に」取締役らが利用したことが前提となる。しかし，営業上のノウハウ・技術等の開発に携わった取締役が退任後に当該情報を自己のために利用することは

---

(16)　早川勝「判批」商事1520号75頁参照。

(17)　民集64巻2号562頁。

(18)　前掲注(4)『類型別会社訴訟Ⅰ』230頁，潮見・前掲注(2)97頁以下。

(19)　人材派遣会社において派遣スタッフに関する情報及び派遣先の事務所に関する情報が不正競争防止法上の営業秘密に該当するとして退任取締役・従業員および彼らの設立した会社に損害賠償責任が認められたケースとして東京地判平成15年11月13日最高裁ウェブサイト，LEX/DB28090172。

(20)　大阪高判平成6年12月26日判時1553号133頁，東京地判平成10年8月26日判タ1039号199頁，大阪地判平成14年1月31日金判1161号37頁，東京地判平成17年10月28日判時1936号87頁。

妨げられず，これを制限するには別途契約による必要があるとの認識が一般的であるため[21]，「不正な」使用といえるかどうかはしばしば争いの対象となる[22]。さらに，何をもって営業秘密となるべき「情報」と評価すべきか，その外縁すら明確とはいえない。一定規模以上の会社であれば，社内に情報管理規程を持ち，それに従って運用していることも多いが[23]，機密情報か否かは形式的に割り切れるものでもないだろう。組織的に管理・保存されていない「情報」であっても上記平成22年最高裁判決のケースのように評価が分かれることもある。すなわち上記最高裁判決の事例では，退職従業員が在職中に担当していた取引先に自己の独立と今後の受注希望を伝えていた点について，会社の保有する「顧客に関する情報」を利用したと評価するならば（原審），機密情報を不正使用したかのようなニュアンスとなるが，当該従業員が営業の現場で培ってきた「人的関係」を利用したと解すると（最高裁），前述の自ら開発した営業上のノウハウの自己使用として捉えることもできる。保存管理の形式は一つの指標となり得るが，情報の内容や事業における有用性・汎用性も斟酌して，会社の財産であると評価できるかが分水嶺になりそうである。

　また，退任取締役の主観的意図（背信性）も，しばしば重視されている。特に取締役が退職後の事業のために，在職中から競業会社を設立したり，自分の移籍先を確保したりする行為については，計画的な取引先の奪取の意図のような背信的意図が加わってはじめて不法行為を構成するかのように読めるケースが少なくない。事案により異なるが，裁判例では，独立に至る経緯を詳細にレビューし[24]，時に移籍先企業や取引先との共謀や[25]，偽計や脅迫等の行為[26]の存在により計画的に元の所属会社の顧客を奪取する意図があったと認定している

---

(21)　田中・前掲注(10)の文献262頁参照。

(22)　例えば前掲注(12) 東京地判平成5年8月25日は学習塾の分離独立のケースであるが，塾の授業方法や教材等の開発・蓄積について独立した側の取締役の属人的要素が強いことから，企業秘密に属するものではないとされた。

(23)　内部統制システムの一環として作成されることが多い（会社規則98条1項1号，100条1項1号）。もっともこれは大会社に相当する会社であれば作成義務があるが，中小企業の場合は義務はない。

(24)　取締役間の対立を原因としている場合等は，対立に至る経緯を詳細に認定することが多い。会社に残るオーナー取締役の非が強調された事案として前掲注(14) 高知地判平成2年1月23日金判844号22頁参照。

民商法の課題と展望

ように見受けられる。逆に意図せず旧所属会社の取引先と取引に至る結果になったような場合には不法行為性が否定されるケース[27]もある。

3 忠実義務違反と不法行為責任の関係

それでは忠実義務違反行為と不法行為責任とはどのような関係に立つのか。従業員の引き抜き行為の忠実義務違反の有無に関し，従来の判例理論とされている見解，すなわち在任中の引き抜き行為はその勧誘の態様等の事情によることなく一律に忠実義務違反になるという見解を前提とした場合，「不当な」競業準備行為を対象とする不法行為責任の方が成立範囲は狭い，ということになるはずである[28]。しかし，実際に忠実義務違反と不法行為責任をあわせて請求している裁判例を見ると，忠実義務違反行為があれば当然に不法行為責任も成立すると考えているように読めるケースも少なくない[29]。ただしそのように忠実義務違反＝不法行為責任としているかのようなケースでも，忠実義務違反となる競業準備行為は，情報の不正利用や偽計を用いた引き抜き等が認定されており，単なる引き抜き行為以上の不当な事例といえる。裁判例になるほど（判決に至るほど）もつれる事例は，両責任が同時に成立するほど悪性の高いものばかりである，という理解になるのかもしれない。理屈の上では，忠実義務違反は会社に対する責任であるが，競業規制に関しては，取締役という立場上アクセスできる情報や財産を私的に流用することを是としない価値判断に立っており[30]，不法行為責任において言われるところの「自由競争の範囲を逸脱」したかどうかという観点とは程度の差はあれ共通するところがあるように思われる。

ところで，忠実義務違反と不法行為責任の区別に関しては，退任取締役が設

---

(25) 移籍先の企業と協議の上集団転籍をした事例として，東京地判平成3年2月25日判時1399号69頁，前掲注(12)東京高判平成16年6月24日。大口の取引先（仕入れ先等）と共謀した事例として，東京地判平成18年12月12日判時1981号53頁。

(26) 特に従業員の引き抜きの際に，意図的に会社の状況を悪い方向に強調して伝えて転籍を促したり，競業会社設立を不自然に隠蔽したりするケースがある

(27) 東京地判平成11年10月21日　裁判所ウェブサイト，LEX/DB28042425

(28) 尾崎悠一「判批」ジュリ1377号152頁。

(29) 前掲注(12)大阪高判平成10年5月29日，前掲注(12)東京高判平成16年6月24日等

(30) 岩原ほか編・前掲注(7)『会社法コンメ(8)』61頁（北村雅史）。

立した競業会社にも責任を負わせるべきか，という観点からの違いもありうる。すなわち，退任取締役が，退任後の移籍先の企業を在任中から準備してその取締役となっていた場合[31]，退任取締役が競業準備行為として行った行為は当該競業会社の事業の一環として行っていると見ることもできる。したがって，退任取締役に不法行為責任が成立する場合，競業会社にも会社法 350 条による責任が成立する余地があるといえる[32]。設立された競業会社にそのような責任を当然に負わせることには疑義を呈する見解もあるが[33]，競業準備行為に際して共謀した第三者に対して共同不法行為を構成する場合[34]と同様，状況によっては金銭的調整に参加する当事者が増加する場合があっても構わないように思われる。こうしてみると，不法行為構成は，取締役の人的責任でとどまることなく，その受け皿会社も含めた負担のあり方を考えることが可能な構成であると評価することができるだろう。

Ⅲ　独立時の行為に関する事後的な金銭調整

取締役の退職後の「競業」とその準備行為が「自由競争から逸脱」した態様で行われたとき，金銭的にはどのように調整されるのであろうか。裁判例では退職金の返還あるいは支払を求めて争われることも多いが，本稿では損害賠償請求の構成を中心に検討する。

賠償の対象となる損害は，講学上「有形損害」と「無形損害」に分けて説明される[35]。有形損害には後述の逸失利益の他，従業員の募集にかかる費用や教育費用等が該当する。これらは区別されて論じられる場合も，「逸失利益」の

---

(31)　なお，競業会社を設立することや，その取締役に就任すること自体は「取引」でないため，直接競業規制（会 356 条 1 項）の対象となることはない（岩原ほか編・前掲注(7)『会社法コンメ(8)』71 頁（北村雅史）。

(32)　設立された新会社も不法行為請求の被告とされたケースとして前掲注 13・東京地判平成 19 年 4 月 27 日がある。ただしこのケースでは不法行為とされた勧誘行為のタイミングが設立前であったため，設立された競業会社の改正前民法 44 条（会社法 350 条）の責任は否定された。

(33)　久保大作「判批」ジュリ 1441 号 119 頁。

(34)　前掲注(25)の裁判例を参照。

(35)　横地・前掲注(3) 28 頁，嘉納・大橋・前掲注(3)の文献 175 頁参照。

民商法の課題と展望

中で合わせて論じられる場合もありうる。無形損害は会社の信用低下等による損害をいう。以下では「有形損害」のうちの逸失利益損害の内容を中心について見ていくことにする。

　会社法の要求する承認手続を経ることなく競業取引を行った取締役が，会社に損害を発生させたとされる場合，競業取引を行った取締役には任務懈怠責任が発生する。このときの会社の損害はいわゆる得べかりし利益であり，会社の側として，競業取引がなければどのような利益を取得できていたかを説得的に説明しなければならない。基本的には，競業取引が開始される以前の数年間の利益の額の平均額を基礎とし，これに景況等を加味して得べかりし利益を算出し，この額から競業開始後の現実に得られた利益及びこれから推測される将来の得べかりし利益の額を控除し，そしてそれに損害を回復するのに必要な期間を乗じて損害額を算出する，と考えられている[36]。これらの金銭額を確定するには，その額を基礎づける事実を主張立証した上で，具体的な数字を出さなければならない。このような損害額の考え方は，会社法の規定する競業取引の場合に限らず，従業員の引き抜きや取引先の奪取のような競業準備行為に対して忠実義務違反に基づく任務懈怠責任や不法行為責任に基づく損害賠償請求の場合でも同様である。

　ただし，このとき何を基準として「利益」を考えるのか，どのような事情を加味させたり期間設定を設けたりするのか，さらにはそれらの立証が必ずしも成功しない場合にどうするのか等について，裁判例は様々な対応を見せている。無論，裁判例の認定は原告の主張する算定方法の当否をベースに行われるため，当事者が何を求めるかによって異なり，必ずしも一貫しているわけではないが，いくつかの類型を見て取ることができる。

1　逸失利益のとらえ方

　上述の「逸失利益」の考え方は，大まかに言えば，従来の実績である利益額をベースに現在の収益や経費について差し引きを行う，というものであった。しかし裁判例における損害額の認定をみると，元の所属会社（被競業会社）の過去の売上げや純利益額をベースにする場合と[37]，もっと個別の数字を積み重

---

(36)　前掲注(4)『類型別会社訴訟 I 』234 頁。

ねて金額を認定する場合とがある。この差はどこにあるか。一つの整理の仕方
として，問題視する競業準備行為の種類（引き抜きか，顧客奪取か等）や，元の
所属会社のダメージの程度の違い（退任取締役の独立後も事業が継続されている
か否か）によって区別して論じてみる。

(1) 元の所属会社（被競業会社）が事業を継続している場合

例えば従業員等の引き抜き事例において，社内に個人別の営業成績等の数字
が具体的に存在する場合，引き抜かれた従業員ごとに個別に利益と費用を計算
して合算する手法が見受けられる。そしてそのように算出された額に一定の期
間を乗じて，不法行為等の影響の及ぶ期間に限定して逸失利益賠償を認定する。
裁判例では，この期間の認定にかなり心を砕いており，従業員引き抜きの場合
には3ヶ月から6ヶ月程度で設定されることが多いようである[38]。もっともこ
れは事案によるし，裁判官の心証次第なのであろう。

なお，この期間とは引き抜きの影響から回復するまでに要する期間を意味す
ると指摘されることが多い。これは例えば当該引き抜かれた従業員が仮に引き
抜きに応じなかった場合に元の所属会社に在籍したであろう期間を推定した上
で，当該期間に生み出すであろう将来の利益を算定するという方法ではない。
むしろ，引き抜かれた従業員に代わる人員を補充するまでの間に得られるはず
であった利益が填補されると考えるのである[39]。このような考え方の背景には，
たとえ予期せぬ出来事であったとしても，被競業会社が継続企業である以上，
被競業会社に残った取締役らは，取締役・従業員の退職後の対応を善管注意義
務を尽くして適切に行わなければならず，それを怠ったことによる損害を退任

---

(37) 東京地判昭和51年12月22日判タ354号290頁では，被競業会社の前年同月の売上
　　額を基準に前年度の利益率を乗じて損害額を算定する。また前掲注(25) 東京地判平成3
　　年2月25日は前年度同月の粗利益を元に計算している。

(38) 前掲注(6) 東京高判平成元年10月26日（3ヶ月），前掲注(12) 東京地判平成11年2月
　　22日（6ヶ月），前掲注(25) 東京地判平成18年12月12日（6ヶ月），前掲注(13) 東京地
　　判平成19年4月27日（4ヶ月）など参照。また横地・前掲注(3) 判タ1388号29頁も
　　参照。

(39) 前掲注(25) 東京地判平成3年2月25日，前掲注(13) 東京地判平成19年4月27日等参
　　照。ただし，裁判例の中には，退職した従業員等が数ヶ月～数年在籍していたら得られ
　　たであろう利益を指すと考えているケースもある（前掲注(20) 東京地判平成17年10月
　　28日，前掲注(20) 大阪地判平成14年1月31日，前掲注(12) 東京地判平成11年2月22
　　日等）。

取締役やその競業会社に負担させるべきではない，という考慮があるものと考えられる[40]。つまり，不当な引き抜きにより欠員が生じた場合に従業員養成等にかかる回復期間において会社が得られたはずの収益を，退職した従業員が過去にもたらしていた実績をベースに割り出したものを「逸失利益」とし，回復期間経過後の損益に関しては，現経営陣の手腕によるものとして線を引くのである。そのような「逸失利益」は，引き抜き前後の会社全体の純利益の差として現れるわけでは必ずしもない[41]。また，以上のような考えに立つならば，「逸失利益」のほかに，回復にかかる費用，すなわち新人教育にかかる費用や従業員募集にかかる費用等を合わせて損害として請求するのも説得的であろう。

　顧客の奪取に関しても同様に，奪取された取引先ごとに得られるはずであった利益を算定し，合算する手法が多く見られる[42]。ただし，ここにいう「利益」の算定方法も，必ずしも同じではなく，例えば顧客1件あたりの平均売上高に利益率と継続が予想される期間を乗じたもの[43]，会社の営業利益を顧客の数で除して顧客一人あたりの利益を算出した上で，奪取された顧客数と継続が想定される期間を乗じたもの[44]等がある。なおこの算定においては，従業員引き抜きの場合とは異なり，奪取されなければ顧客が継続したであろうと想定される契約期間についての賠償が認められる傾向がある。

　しかし顧客奪取ケースにおける期間設定に関しても，従業員の引き抜きケースと同様に考えることもできるのではなかろうか。すなわち，退任取締役らによる不法行為の影響で顧客が減ったとしても，営業努力によって新たな顧客を獲得すれば十分回復可能だという議論が考えられるだろう[45]。もちろん，一度離れた顧客を再度奪い返すことになれば，そのための交渉費用は退任取締役ら

---

(40)　清水円香「判批」リマークス45号74頁参照。

(41)　前掲注(6)東京高判平成元年10月26日は従業員の退職後も会社の当該事業年度の利益が前年度に比して減少していないと認定している。

(42)　東京地判平成13年9月18日金判1153号50頁，前掲注(20)大阪地判平成14年1月31日，前掲注(25)東京地判平成18年12月12日。

(43)　前掲注(20)大阪地判平成14年1月31日。

(44)　前掲注(25)東京地判平成18年12月12日。

(45)　例えば東京地判平成23年10月21日，最高裁ウェブサイト，LEX/DB25443904は，退任取締役らの不法行為が原告会社（被競業会社）の営業に与える影響は1年を超えるものではないとして，「損失の公平な分担」の観点から，不法行為と相当因果関係のある原告会社の売上げの減少の範囲を限定した。

の不当な競業準備行為によって支出を余儀なくされたもので，不法行為と因果関係のある損害額であると見なせなくもない[46]。しかしそれは引き抜きの場合も同様であって，従業員募集や新規顧客獲得のための諸経費があればそれは損害額に上乗せできるとしても，退任取締役の不法行為の影響から回復するための努力を会社に残った側の取締役が怠って良いわけではないだろう。その意味では損害拡大防止義務に近い発想といえるかもしれないが，不法行為の影響が及ぶとされる期間，すなわち損害の回復に必要な期間という考え方によって区切る方が理屈としては一貫しているように思われる。

(2) 被競業会社の事業が継続困難になっている場合

従業員が一斉に退社し，重要な取引先も奪取されてしまったようなケースで，元の所属会社（被競業会社）の当該事業が立ちゆかなくなっている場合はどうか。上記(1)の「回復するまでの期間」が半永久的になるという考え方もあり得ようが，被競業会社に残った側の取締役が善管注意義務を尽くして事業の回復に努めたとしても継続不能ならば，適切な方法で事業を終了させるべきことも取締役としての善管注意義務の内容であろう[47]。このとき，どの範囲まで退任取締役の不法行為の影響とみなすかは慎重である必要がある[48]。

例えば東京地裁平成22年7月7日判決[49]では，取締役が競業他社に所属事業部ごと移籍すべく画策し，事業部の中核を担ってきた従業員数名とともに退職したために事業部の運営が立ちゆかなくなり，原告会社（被競業会社）は当

---

[46] 尾崎・前掲注(28)の文献155頁は，東京地判平成18年12月12日（前掲注(25)）の事例において，原告である被競業会社が奪取された顧客の再奪取に成功したことを指摘し，契約による営業利益と損害賠償額の二重取りが生じる可能性を示唆しつつ，再奪取にかかる交渉費用は被告である取締役らの不法行為により負担せざるを得なかったものであるから，それを損害額に含めることは差し支えないとも指摘している。

[47] 江頭憲治郎『株式会社法（第7版）』（有斐閣，2017年）514頁，吉原和志「会社の責任財産の維持と債権者の利益保護（三・完）」法協102巻8号（1985年）1480頁等。

[48] 前橋地判平成7年3月14日判タ885号244頁では，労働者の一斉退社によって受注していた業務が継続できなくなり廃業に至ったケースである。裁判所はほぼ原告の請求通り，顧客奪取前5年間の平均営業利益の2年分を損害額と顧客奪取後に発生した欠損額の合計を損害額と認めたが，「2年」の根拠も不明であるし，顧客奪取後に会社に発生した営業利益の欠損額が退任取締役の不法行為の影響によるものか，会社に残った取締役の任務懈怠によるものかを検討することなく，全額を損害としたことについて批判がある（松山三和子「判批」金判983号50頁）。

[49] 前掲注(11)。

該事業部を維持することを諦め，他社に事業譲渡したという事案であったが，このとき原告会社（被競業会社）側は，事業譲渡に至るまでの期間で，既に受注していた履行できなくなったために発生した費用等を逸失利益とし，さらに，事務所移転費等の事業譲渡にかかる費用も合わせて請求した。判決は，逸失利益の損害賠償は認容したものの，事業譲渡にかかる費用は損害に含めなかった。その理由としては，原告会社が集団移籍問題の前から資金繰りに窮する状況にあり，事業譲渡は原告会社の経営上どのような対応が望ましいかという経営判断によるものであって，退任取締役らの移籍が契機であったことは否定できないが原因であるとまでは認められない旨，指摘されている。

　この事例では，会社がそれ以前から経営難に陥っていたことが重要な要素となっているが，そのような要因がなければどうだったか。会社に残された取締役による当該事業の継続断念という経営判断が入ったがゆえに，それ以前に退任取締役によってなされた不法行為の因果関係が常に切れてしまうとまでは言い切れないかもしれない[50]。上述した(1)でいうところの損害額である，「回復に要する期間」までの損害（逸失利益）＋回復にかかる費用（＋無形損害）という考え方をこの部分に当てはめるとすれば，事業継続の断念を決定し終了するまでの期間にかかる損害＋事業終了にかかる費用（＋無形損害）を損害額とすることになるのではなかろうか。とはいえ，被競業会社に残った経営陣がどの程度迅速に解消の方向で意思決定すべきであるといえるか，その期間の設定は，(1)の場合の回復期間の設定以上に難しい。事業継続の場合における回復に必要な期間は，特に従業員引き抜きケースのように，新規募集と新人教育に要する期間としてある程度客観的に認定できそうであるが，事業の終了に関しては，平成22年東京地裁判決のように事業譲渡による以外にも選択肢は多く存在し，会社に残った取締役の経営判断に委ねられるべき範囲は広い。そうすると，(1)の場合以上に裁判所の裁量的な判断に委ねる部分は大きくならざるをえない。

---

(50)　清水・前掲注(40)の文献77頁では，従業員の代替性が低く補充が不可能である等の理由により，従業員退職後に経営縮小という選択をとらざるを得なかった場合には，そのような経営縮小にかかる費用支出による損害も引き抜き行為との相当因果関係を認める余地がある旨，指摘している。

2　裁量的な評価額

　1で見てきた損害額の認定は，あくまで社内に信頼できる会計帳簿等が存在し，引き抜かれた従業員1人あたりの収益や顧客1件あたりの収益を割り出すに足るだけの情報が訴訟資料として提出されるのであれば利用できる考え方である。しかし，必ずしもすべてのケースでそのような計算が可能であるとはいえない。退任した取締役に不法行為があるとしても，その不法行為の及ぶ影響をどの範囲と見るか，手がかりすらつかみにくいケースも当然ありうる。損害額の認定に関しては，多かれ少なかれ，裁判官の自由心証に委ねなければならない部分があることは否定できない。

　裁判例の中には，損害額の立証に関して，十分な損害の立証がなかったことから，退任取締役の競業準備行為を忠実義務違反であると認めながらも，請求棄却したケースがある[51]。このケースでは原告会社は退任取締役の行為（競業会社設立および従業員引き抜き）により，取引先を奪われたと主張しながらも，当該年度の売上げ減少を示して前年度の粗利益との差額を損害額と主張するのみで，実際に奪われたとされる契約の額等を証拠として提出していなかったことがそのような結論を導いたようである。原告会社の側からすれば，取締役の独立を巡ってトラブルがあればこそ，売上げの減少について，当該退任取締役の行為に帰責させたくもなるのであろう。しかし上記(1)でみたとおり，裁判例の趨勢は具体的にどの売上げの減少が退任取締役の不法行為に帰責できるかを厳しく見る傾向にあるといえる。

　このような場合，端的に民訴法248条から裁量的に損害額が決定されることも少なくない[52]。不法行為等と相当因果関係のある損害額の範囲の設定は，究極的には個別の事例に応じた裁判官の裁量に依拠する部分が大きく，それ自体は全く正当な処理だと思われるが，判決文の中には当事者がその裁量的判断を納得して受け入れるための多様な理由付けが様々に存在する。典型的には，売上げ減少から推計される逸失利益のうち，退任取締役らの不法行為等の影響によるものを割合的に認定する手法であろう。ここでいう「割合」は，売上げ減少をもたらす要因の中で退任取締役らの不法行為等の占める割合であったり[53]，

---

　(51)　前掲注(12)大阪地判平成8年12月25日参照。

　(52)　例えば前掲注(51)の控訴審である前掲注(12)大阪高判平成10年5月29日では割合を表示せず端的に損害額のみを示した。

民商法の課題と展望

退任取締役の競業準備行為のうち，正当な部分と不当な部分の割合的認定であったりと[54]，さまざまな観点が提示されている。これらの理由付けは，裁判官の自由心証の範囲で認定された損害額の理由を説明するためのものであり，必ずしも統一的な手法を提示する必要はないが，その背景となる考慮要素には，退任取締役のなした行為の不当性と会社に残った取締役の対応の評価が含まれていると見ることができる。

Ⅳ　終わりに

　以上のとおり，取締役が円満ではない形で退職し，元の所属会社と同じ事業を行うに至ったときに生じるトラブルに関して，損害賠償請求を通じていかに事後的な金銭的調整が図られているかを見てきた。独立の際のトラブルが，退任取締役の「不当な」行為による場合に，当該退任取締役に事後的に元の所属会社の逸失利益の一部を負担させるが，それは所属会社に残った取締役が常に請求したもの勝ちにならないような工夫がなされていると言えよう。それは忠実義務違反や不法行為性の認定において「不当性」を要求することでも達成されてきたが，損害額の認定においても，相当因果関係の及ぶ範囲を厳格に考えて損害回復期間を設定することで，所属会社に残った取締役がその後の対応を懈怠している場合の損失の負担を退任取締役に押しつけるものではないというメッセージを発している。ただし，その線引きの明確化はきわめて困難であるといわざるを得ない。基本的には裁判官の自由心証に依拠せざるを得ないが，各種裁判例では，ある程度客観的な数字を積み重ねることにより，説得力のある根拠を示す努力がなされてきた。

　ところで，競業による損害賠償の立証の難を救うべく規定されたものと一般に説明されている会社法423条2項に関しては，適用範囲が狭いが故に利用さ

---

(53)　前掲注(20) 大阪地判平成 14 年 1 月 31 日，前掲注(12) 東京高判平成 16 年 6 月 24 日判時 1875 号 139 頁。

(54)　前掲注(11) 千葉地松戸支判平成 20 年 7 月 16 日では，退任取締役の顧客奪取を違法行為（忠実義務違反）を認定しつつ，当該顧客の獲得は退任取締役の個人的信頼によるところが大きかったことから，顧客の喪失による損害のうちの 3 割について相当因果関係を認めている。

れた事例はきわめて少ない[55]。不正競争防止法5条2項による損害賠償請求においても同内容の推定規定が存在するが，こちらも適用事例は多くない。しかし競業準備行為にかかる営業秘密の不正開示に関する事例において，原告会社の損害額と推定されるべき競業会社の利益の額につき，Ⅲ 1 (1)で見た逸失利益の認定に類似した判示をしたケースがある[56]。すなわち，競業会社の利益を認定するに当たり，売上げから控除すべき費用の費目を検討した上で利益率を算定するのみならず，算定対象期間を1年間に限定し，さらに当該期間の中でも不正開示された情報に基づき業務が行われたかどうかについて段階を分ける，というものであった。すなわち，この考え方を進めると，競業者が取得した利益の額をもって損害額として推定したところで，今度は取得利益額の範囲をどこに設定するかという問題に変わるだけであって，立証の困難が救われるものではない，ということになりそうである。

---

(55)　前掲注(5)の判例を参照。
(56)　前掲注(19) 東京地判平成15年11月13日。

6 内部統制の欠陥と監査役の職務

南　　健　悟

I　問題の所在　　　　　　　　Ⅲ　内部統制の欠陥に対する監
Ⅱ　監査役の職務と助言・勧告　　　査役の助言・勧告
　　　　　　　　　　　　　　　Ⅳ　結びに代えて

I　問題の所在

1　セイクレスト事件判決

　会社法上，大会社である取締役会設置会社においては，取締役会による「取締役の職務の執行が法令及び定款に適合することを確保するための体制その他株式会社及びその子会社から成る企業集団の業務の適正を確保するために必要なものとして法務省令で定める体制の整備」の決定が義務づけられ（362条4項6号・同5項），このような内部統制の決議に関して，事業報告において，当該決議の内容の概要及び当該体制の運用状況の概要が開示され（会社則118条2号），その内容の相当性は監査役監査の対象となる。もし，内部統制の整備についての決定又は決議事項（監査の範囲に属さないものを除く）の内容が相当でないと認めるときは，その趣旨及びその理由を監査報告に記載しなければならない（会社則129条1項5号）。

　ところで，取締役会が構築した内部統制に重大な欠陥があり，それにより代表取締役等が不正行為を行っているような場合，監査役は，上述したような内部統制の決議内容が相当でないと認め，監査報告に記載すること以外に取締役会に対して何らかの行為をなすべきであろうか。この点，大阪高判平成27年

『民商法の課題と展望』大塚龍児先生古稀記念〔信山社，2018年3月〕　　*125*

民商法の課題と展望

5月21日金判1469号16頁〔セイクレスト事件控訴審判決〕及びその原審判決である大阪地判平成25年12月26日金判1435号42頁は注目すべき判断を示している。本件は，代表取締役による断続的な不正行為（不適切な貸付行為，過少ファイナンス，不適切な約束手形の振出等）がなされている中，監査役がその都度懸念を表明したり，辞任を仄めかしたりするなど，一定の行為をしたものの，代表取締役の不正行為を防ぐことができず，結果，会社に損害を生ぜしめたとして損害賠償責任を負うとされた事案である。本判決における論点は多岐にわたるが，その一つとして，監査役の義務につき次のような判断がなされている。すなわち，「監査役の職務として，本件監査役監査規程に基づき[1]，取締役会に対し，破産会社の資金を，定められた使途に反して合理的な理由なく不当に流出させるといった行為に対処するための内部統制システムを構築するよう助言又は勧告すべき義務があった」と述べている。また，原審判決においても，やや異なるものの「監査役は，会社において，リスク管理体制が構築されていない場合や，これが構築されているとしても不十分なものである場合には，取締役に対して，適切なリスク管理体制の構築を勧告すべき義務を負う」とし，また「（代表取締役—筆者註）Ａが同払込金を不当に流出させるおそれがあることを予見できたといえ，取締役会に対し，直ちに，Ａによる資金流出を防止するための…リスク管理体制…を直ちに構築するよう勧告すべきであった」と述べている。本件は，断続的に代表取締役の不正行為が行われていることや，本件で問題となった会社の監査役監査規程において，監査役監査基準で定められていた内部統制システムに係る助言勧告規定が採用されていたという特有事情があり，一般論として上記判旨が過度に強調されるべきではないのかもしれないが，監査役に適切な内部統制を構築するよう取締役／取締役会に助言・勧告すべき義務を負わせた点は注目されるべきであろう。そこで，本稿は，このような内部統制に欠陥があった場合に，監査役に本判決で述べられているような助言・勧告が一般論として職務として課されるのかということについて検討するものである。

---

(1) 本件では，日本監査役協会が定めた監査役監査基準を監査役監査規程のひな形として利用しており，同規程21条3項では「監査役は，内部統制システムに関する監査の結果について，適宜取締役又は取締役会に対し内部統制システムの改善を助言又は勧告しなければならない。」と規定していた。

2 セイクレスト事件判決に対する疑問

ところで，1で紹介したセイクレスト事件判決に対して，好意的に受け止める見解もあるものの[2]，他方で，次のような疑問も呈されている。すなわち，会社法のルール自体は，取締役ないし取締役会による違法行為について監査役がとるべき措置としては，差止めのほかは，取締役会に「それは違法な行為である」旨を報告ないし意見陳述することを予定するにとどまり，このような報告・意見陳述を受けてどのような内部統制を構築すべきか，といったことは，取締役会が判断すべきである。そして，本判決が述べる助言勧告義務について，会社法が予定する監査役の本来の職務とはいえない行為をなす義務を監査役に負わせ，その違反から損害賠償責任を生じさせることは，妥当ではないと指摘されている[3]。本件との関係においては，監査役監査規程において内部統制に関する助言勧告義務が定められていたことから，それが監査役の職務内容となっていたという評価もあり得るものの[4]，この点についても否定的な評価が散見される[5]。したがって，このような本判決に対する批判として考えられているのは，内部統制の欠陥を認識した場合，監査報告への記載が，監査役の本来の職責と果たす手段として相応しく[6]，本判決が述べるような助言勧告は監査役の本来の職務とはいえないということになろう。そうすると，問題は監査役の助言・勧告という職務は監査役の職務に含まれるのか，もし，含まれるとするならば，それが助言・勧告義務として課されるのはいかなる場合なのか，

---

(2)　塩野隆史「大阪地判平成 25 年 12 月 26 日判批」法時 86 巻 12 号（2014 年）137 頁，林孝宗「大阪地判平成 25 年 12 月 26 日判批」新・判例解説 Watch15 号（2014 年）142 頁も参照。

(3)　伊藤靖史「大阪地判平成 25 年 12 月 26 日判批」リマークス 50 号（2015 年）93 頁。

(4)　塩野・前掲注(2)137 頁参照，高橋均「大阪地判平成 25 年 12 月 26 日判批」ジュリスト 1469 号（2014 年）107 頁。なお，遠藤元一「大阪高判平成 27 年 5 月 21 日判批」商事法務 2078 号（2015 年）11 頁や得津晶「大阪高判平成 27 年 5 月 21 日判批」ジュリスト 1490 号（2016 年）122 頁は，監査役監査基準自体それ自体に法的効力はないとしても，会社が採用した場合には，監査役がベストプラクティスを採用しているということの投資家に対するコミットメントとなり，法的義務になるとする。

(5)　伊藤・前掲注(3)93 頁，松井秀樹「大阪地判平成 25 年 12 月 26 日判批」金判 1439 号（2014 年）7 頁，満井美江「大阪地判平成 25 年 12 月 26 日判批」金判 1464 号（2015 年）20 頁。

(6)　高橋・前掲注(4)106 頁。

民商法の課題と展望

ということになる。そこで，本稿では，この問題について検討しようと思う。

なお，検討の順序として，まず，そもそも監査役は一般論として取締役／取締役会に対する助言・勧告といった行為が職務に含まれるのか(II)，その上で，内部統制監査に関して，監査役はいかなる場合に，助言勧告義務が課せられるのかということ，そして，その限界を明らかにしたい(III)。

II　監査役の職務と助言・勧告

1　監査役の監督機能

(1)　監査論における「監査」の意義

この問題を検討する前に，まず監査役の職務について確認しておきたい。監査役の権限について，会社法381条1項は「監査役は，取締役の職務の執行を監査する。」と定める。本条では，監査役の職務は「監査」であるとされているが，ここにいう監査とは何か，法文上必ずしも明らかではない。一般的に，監査論において，監査とは，会計監査を念頭に置きつつ，「経済活動や経済事象についての主張と確立された規準との合致の程度を確かめるために，これらの主張する証拠を客観的に収集・評価するとともに，その結果を利害関係をもつ利用者に伝達する体系的な過程」[7]とされる。他方，通常，この情報の伝達過程を第三者である監査人に依頼しないで自分で批判的調査を行い，誤りを正す場合は，監査ではなく，監督と呼ばれている[8]。もし，監査の定義を前者のように捉えるのであれば，取締役等に対してなす積極的な是正行為は監査に含まれないことになるようにも思われる。そこで，監査役の「監査」とはどのような行為を指すものとして考えられてきたのか，監査役制度の沿革や判例に現れた監査役の具体的な職務を素材に検討する。

(2)　監査役制度の沿革

まず，昭和25年改正前商法において，監査役の職務はどのように考えられていたのだろうか。明治23年商法（旧商法）のもととなった明治17年のロエスレル草案231条によると，取締役（後の監査役）の職務は，頭取（後の取締

---

(7)　アメリカ会計学会編／鳥羽至英訳『アメリカ会計学会　基礎的監査概念』（国元書房，1982年）3頁。
(8)　田中恒夫『監査論概説（第8版）』（創成社，2007年）3頁。

128

6 内部統制の欠陥と監査役の職務〔南　健悟〕

役）等の業務執行について法令違反の有無等について監視し，その業務上の錯
誤を検覈することとされた。そして，ロエスレルは頭取（取締役）の業務執行
について法令違反等の有無を監督するとしつつ，取締役（監査役）は頭取（取
締役）に対して禁制権を有せず，単に検査を行い，その結果を株主総会に報告
することに限られるとする[9]。その後，明治23年商法192条は，監査役の職
務は，取締役の業務執行が法律等に適合しているか否かを監視し，業務執行上
の過怠及び不整を検出することとされた。当時の解説書によると，取締役の業
務を監査することとは，業務執行の不当性や過失を監視し，検出するだけで
あって，取締役の行為を監督するわけではないとされていた[10]。つまり，取締
役の業務について不正や過怠があることを発見するに止まり，たとえこれを発
見したとしても禁制や処分する権限はないと指摘されていた[11]。その理由とし
て，もし禁制権まで認めると，取締役の職務に介入し，その職権を奪い，会社
の組織を紊乱することになるとする[12]。その後，明治26年改正により，192条
1号後段の「且総テ其業務施行上ノ過怠及ヒ不整ヲ検出スルコト」が削除さ
れ[13]，この削除の理由も，監査役の監査権限が取締役の業務執行上の懈怠及び
不整の発見に及ぶことになると，取締役の職務執行が干渉を受け，円滑な業務
執行が阻害されるという実務家の意見が取り入れられたためであるとされる[14]。
そして，明治32年商法181条は「監査役ハ何時ニテモ取締役ニ対シテ営業ノ
報告ヲ求メ又ハ会社ノ業務及ヒ会社財産ノ状況ヲ調査スルコトヲ得」としたが，
この改正では「会社の業務や財産状況の調査」≒「取締役の業務執行の監視」

(9)　「頭取ノ業務上ニ付キ法律又ハ申合規則ニ循フヤ否又株主及ヒ債主ニ適スルヤ否ヲ監
　　督スル」こととしつつ，「尤モ取締役ハ頭取ニ対シテ禁制権ヲ有セスシテ只検査ヲ為シ
　　以テ其結果ヲ総会ノ決議ニ供スル而已若シ然ラサル｢ハ取締役ハ頭取ノ職掌内ニ立入リ
　　頭取タルノ権利ハ全ク取締役ノ為ニ奪ル，ニ至ル」とする（ロエスレル『商法草案（上
　　巻）復刻版』（新青出版，1995年）409頁）。
(10)　岸本辰雄『商法正義第貳巻』（新法註釈会出版，1893年）455頁。
(11)　岸本・前掲注(10)456頁。
(12)　岸本・前掲注(10)457頁。同書によると，監査役は監督役ではないと述べ，「監査」と
　　「監督」を明確に使い分けていることがわかる。
(13)　梅謙次郎口述『改正商法（明治26年）講義〔復刻版〕』（信山社，1997年）460頁
　　-461頁参照。
(14)　潘阿憲「監査役の業務監査権限」永井和之＝中島弘雅＝南保勝美編『会社法学の省
　　察』（中央経済社，2012年）279頁参照。

129

民商法の課題と展望

と考えられていたのであれば[15]，監査役の監査は「調査」に過ぎず，ここでも調査の結果を株主総会にて報告すれば足りると，考えられていたようにも思われる[16]。

ところが，実態としての監査役制度の形骸化に対する批判もあり[17]，当時の判例においては，監査役の職務に対して積極的な役割を付与するかのような判断がなされている[18]。大判昭和8年7月15日民集12巻1897頁は，銀行取締役の責任及びそれに対する銀行監査役の責任が問題となった事案において，「株式会社ノ監査役ハ会ノ業務執行ヲ監督スヘキ任ニ在ルヲ以テ啻ニ会社ノ営業状況ヲ知リ其ノ計算関係ヲ調査スルノミニ止マラス会社ノ業務執行ニ不正且不利ナルモノアルコトヲ発見シタルトキハ取締役ニ対シテ其ノ旨ヲ警告シ其ノ反省ヲ促スト共ニ之ヲシテ自ラ適宜ノ措置ニ出テシメ以テ会社ノ損失ヲ未然ニ防止スルカ如キコトモ亦其ノ職責ニ属スルコト自ラ明ナリトス」とした。そうすると，判例においては，立法当時の考え方とは異なり，監査役は取締役の業務執行につき不正等を発見した場合には，取締役に対して「警告を加え」，「反省を促す」，「自ら適宜の措置」を執ることが求められていた。

しかし，昭和25年改正により，取締役会制度が導入され，監査役の監査権限は会計監査に縮小されることになる[19]。すなわち，取締役会が，解職権限等を背景に代表取締役等の職務の執行を監督することとされ[20]，監査役の業務監査権限と重複することになることから，監査役監査は会計監査に限定されるこ

---

(15)　『法典調査会　商法修正案参考書〔復刻版〕』（商事法務研究会，1985年）80頁参照。なお，この点，明治23年商法（旧商法）において本来想定していた職務が曖昧になり，監査役制度改正の中でも制度本来の趣旨を没却させるものであったと評価する見解もある（佐藤敏昭『監査役制度の形成と展望』（成文堂，2010年）53頁）。

(16)　宮島司「監査機構」倉澤康一郎＝奥島孝康編『昭和商法学史』（日本評論社，1996年）395頁参照。

(17)　岡野敬次郎「株式会社ノ監査制度ニ就テ」法協28巻1号（1910年）38頁参照，田中耕太郎『改正会社法概論』（岩波書店，1939年）589頁参照。

(18)　例えば，宮城控判大正5年2月29日法律新聞1093号15頁。

(19)　昭和25年商法の監査役に関する改正については，積極的にこれを設置すべき意向や要望があったわけではなく，従前から存在した権限を他の機関に譲りつつ，最小限必要な会計監査の範囲でこれを残したに過ぎないとされる（松井秀征「要望の伏在――コーポレート・ガバナンス」中東正文＝松井秀征編『会社法の選択』（商事法務，2010年）402頁）。

とになった（昭和 25 年改正商法 274 条）[21]。取締役会と代表取締役とを制度的に分離したため、業務執行自体に当たらない取締役が業務監査的機能を有するものとされ[22]、監査役は現行法の会計監査人に近くなった[23]。したがって、監査役の職務は、会社の財政状態を調査して、これを報告することであって、取締役又は株主に対し助言を与えることは任務ではないと考えられていた[24]。この点、例えば、東京高判昭和 46 年 3 月 30 日民集 27 巻 5 号 664 頁も「監査役は、会社業務の決定機関ではなく事後において取締役に会計に関する報告をする等の職責を有するにすぎず、代表取締役の手形乱発行為を事前に阻止する立場にない」と判示している。

　ところが、昭和 40 年 3 月に倒産した山陽特殊鋼における積年の巨額の粉飾決算をはじめとする昭和 39 年から 40 年不況期に露呈した多くの倒産上場会社の粉飾決算を契機として、その防止が社会問題化したことから[25]、相次ぐ企業不祥事の防止のため、監査機構の強化が主張された。すなわち、監査役を経営監視のための機関として積極的に位置づけ、監査役にも業務監査を行わしめるべきではないか、との主張がなされたのである[26]。それは、取締役会が実際に経営監督機能を果たしていないとの認識を前提として、監査役による監査を今一度実行性のあるものに変えていこうという議論であった[27]。そこで、昭和 49 年改正により、監査機能強化のため、監査役は再び会計監査のほか業務監査をなし得るものとし（昭和 49 年改正商法 274 条、275 条）[28]、業務監査につき、従

---

(20)　昭和 25 年改正においては、取締役会の「監督」という文言は用いられていないが、取締役会がその決議をもって代表取締役としての地位を解任することができることを、取締役会の代表取締役に対する命令監督権の裏付けとして見られ得る（鈴木竹雄＝石井照久『改正株式会社法解説』（日本評論社、1950 年）156 頁）。

(21)　鈴木＝石井・前掲注(20) 189 頁、宮島・前掲注(16) 397 頁参照。

(22)　鈴木＝石井・前掲注(20) 190 頁。昭和 25 年改正にモニタリング・モデルの萌芽を見出すこともできる（得津晶「会社法上の監査概念について――監査等委員会の監査について」日本取締役協会 Board Room Review117 号（2016 年）48 頁）。

(23)　得津・前掲注(22) 48 頁。昭和 25 年改正における監査役の名称につき、大隅健一郎＝大森忠夫『逐条改正会社法解説』（有斐閣、1951 年）315 頁参照。

(24)　岡咲恕一『新会社法と施行法』（学陽書房、1951 年）109 頁。

(25)　大和正史「昭和四九年商法改正」倉澤＝奥島編・前掲注(16) 45 頁、菅原菊志「新監査制度における監査役の職務」商事法務 639 号（1973 年）176 頁。

(26)　松井・前掲注(19) 404 頁。

(27)　松井・前掲注(19) 404 頁。

民商法の課題と展望

前の取締役会による業務監督と併置して補強・充実を図った[28]。結局，昭和49年商法改正により業務執行の監視・監督は，取締役会と監査役という二つの機関にまたがる制度となった[30]。より具体的に言えば，監査役の権限として，①調査権限，②勧告・助言権限，③報告権限および④是正権限とに分類すると[31]，既に同様の権限はあったものの，調査権限として営業報告徴求権（昭和49年改正商法274条2項）等が，助言・勧告権限として取締役会出席権及び意見陳述権（昭和49年改正商法260条ノ3），報告権限として株主総会に対する意見報告義務や監査報告提出義務（昭和49年改正商法275条），また是正権限として取締役の違法行為差止請求権（昭和49年改正商法275条ノ2第1項）等，新設や拡充が図られた。その後も，昭和56年改正，平成5年改正，平成13年12月改正により，監査役の監査権限と義務を拡大・強化する改正が続き，現在，監査役は監査報告の作成（381条1項後段）や株主総会報告義務（384条）だけではなく，取締役等に対する事業報告徴求権・財産状況調査権（381条2項・3項），取締役の法令違反行為に係る報告義務（382条），取締役会出席義務・意見陳述義務（383条1項），監査役による取締役の違法行為差止請求権（385条），そして，監査役設置会社と取締役との間の訴えにおける会社代表権（386条）が付与されてきた。このように監査役の権限に着目すると，特に監査役の業務監査権限の拡充や監査役の独立性を担保するための制度が充実化していることがわかる。これらの一連の改正に着目すると，監査役に対しては，取締役の職務の執行に対する積極的な是正措置を認める権限が付与され，それを担保するような制度改正が続いてきたということができよう。

---

(28) 竹内昭夫「監査役制度の改正について」商事法務643号（1973年）455頁は，昭和49年改正は，原則，監査役に業務監査権限や各種監督是正的権限を付与し，昭和25年改正前に戻ったと評する。片木晴彦「監査役の業務監査・会計監査(一)」民商法雑誌103巻5号（1991年）683頁も参照。

(29) 蓮井良憲「監査役に期待する」監査役326号（1993年）7頁。

(30) 蓮井・前掲注(29)7頁。ただし，昭和49年改正は，昭和25年改正の枠組みに従った形で対応するならば，取締役会の監査権限・独立性強化が図られるべきであったにもかかわらず，監査役制度の強化が図られたのは，取締役会改革が経営の自立性を脅かす可能性があったため，それに対するスケープゴートであったとする（松井・前掲注(19)413頁，420頁参照，松中学「監査役のアイデンティティ・クライシス」商事法務1957号（2012年）9頁，得津・前掲注(22)48頁）。

(31) 水田耕一「監査役の業務監査権限の範囲」商事法務668号（1974年）7頁。

(3) 監査役の業務監査に関する裁判例

次に，監査役の業務監査に関する裁判例を素材に，監査役の業務監査において求められている行為について検討する。まず，監査役の任務懈怠責任の判断枠組みとして，まず，最判平成21年11月27日判時2067号136頁が挙げられる。本件は，農協の代表理事が公的な補助金の交付を受けて進める建設事業に関連し，交付が受けられる見込みがなくなったにもかかわらず，理事会で虚偽の説明を行い組合に多額の費用負担をさせて損害を与えた事案で，農協監事の監査義務が問題となった事例である。同判決は，「監事として，理事会に出席し，A〔代表理事〕の〔した〕ような説明では，堆肥センターの建設事業が補助金の交付を受けることにより〔組合〕自身の資金的負担のない形で実行できるか否かについて疑義があるとして，Aに対し，補助金の交付申請内容やこれが受領できる見込みに関する資料の提出を求めるなど，堆肥センターの建設資金の調達方法について調査，確認する義務があった」とする。本判決では，監事が気づくべき代表理事の善管注意義務違反行為に対して調査・確認すべき義務を怠った点が問題とされ，代表理事の善管注意義務違反行為を認識した後の是正については直接的に問題とはされていないが，取締役等の善管注意義務違反行為の疑いが生じた場合の監査役の行為規範として参考となる[32]。他方，下級審裁判例においては，東京地判平成11年3月26日判時1691号3頁では，代表取締役等の違法なゴルフ会員権の大量募集行為に関して，監査役として，代表取締役の業務執行を監査し，違法行為を阻止すべき任務を負うとした上で，違法な大量募集の立案並びにその実行を阻止する何らの手段も取らないまま，これを放置したことをもって第三者に対する責任が肯定されている。また，大阪高判平成18年6月9日判時1979号115頁は，食品衛生法に違反する食品添加物が混入した食品の販売について，当該事実を認識したにもかかわらず，それを自ら積極的に公表しないと判断したことが取締役等の任務懈怠となるとした事案で，損害回避の方策の検討に参加していたにもかかわらず，監査を怠ったとして監査役の責任が肯定されている。これらの裁判例は具体的な是正行為について言及されていないものの，取締役等の善管注意義務違反行為について是正措置をとらなかったことが任務懈怠に当たると考えているものと思われる。

---

[32] 山口利昭「監査役の責任と有事対応のあり方」商事法務1973号（2012年）101頁。

民商法の課題と展望

したがって，いくつかの裁判例においては取締役等の善管注意義務違反行為を認識した場合または認識し得る場合には，積極的に是正措置をとることが求められているといえよう[33]。

(4) 小 括

以上，監査役制度の沿革及びいくつかの裁判例を参照すると，監査役の監査は単に取締役の不正行為等を調査するだけではなく，種々の権限を行使し，積極的な是正措置を講じることが求められてきたのではないかと考えられる。従前，監査論上の監査と監査役監査は全く異なる概念だと指摘されていた。例えば，監査論において，監査は，会計検査性，専門性，第三者性，事後性等といった特徴があるが，監査役監査はそのような特徴とは異質のものであるということが指摘されてきた[34]。そして，監査役の業務監査は取締役及び取締役会による業務執行の意思決定と執行状況の当否を監督するものと解され，そもそも「監査」と解することは基本的に誤りであるとの指摘もなされていた[35]。そうであるならば，監査という文言に拘泥せず，監査役は取締役の職務の執行を「監督」する者として捉え，取締役の違法行為について積極的な是正措置をとる権限が付与されているといえよう[36][37]。したがって，一般論として，株式会社の監査役は，会社の業務執行を監督すべき任にあるから，会社の営業状況を知り，その計算関係を調査するだけでなく，会社の業務執行に不正があることを発見したときは，取締役に警告し適当の措置をとらせ，会社の損失を未然に

---

(33) 矢沢惇「監査役の職務権限の諸問題（上）」商事法務695号（1975年）5頁も，監査役は調査の結果，取締役の違法行為によるものであれば，必要に応じて，各種権限を講じて，監督是正手段をとる義務を生ずるとする。また，監査役による取締役の違法行為差止請求権に係る文脈ではあるが，取締役による不正行為等を認識した場合，法は，監査役に対し，事前にそのような行為を防止し，また，発生した事態を是正することを要請していると指摘されている（酒巻俊雄＝龍田節＝上村達男編『逐条解説会社法　第5巻　機関2』（中央経済社，2011年）102頁〔西山芳喜〕）。

(34) 西山芳喜『監査役制度論』（中央経済社，1995年）144頁-145頁，同『監査役とは何か？』（同文舘出版，2014年）29頁。

(35) 江村稔「業務監査の意義と展望」商事法務456号（1968年）3頁，5頁。例えば，矢沢・前掲注(33)5頁も「業務監督役」と評価する。

(36) 昭和49年改正時も会社の業務執行を担当する取締役の行為に対し，直接是正措置をとる権限を有することは監査機関にとって本質的なものとは思われていなかった（水田・前掲注(31)11頁）。

防止する職務を有するとした大審院判決は現在でも妥当するものと思われる[38]。しかし問題は，どのような場合に，どのような是正措置を監査役は行えば良いのだろうかであろう。

2　監査役の是正措置

そこで，監査役はどのような場合に各種権限を利用して，取締役に対する積極的な是正措置を講ずる義務が生じるのであろうか。従来の学説は，監査／監督対象に着目して，取締役会の監督は妥当性監査にまで及ぶが，監査役監査は取締役の業務執行の妥当性にまで及ぶか，それとも適法性に限定されるのかという問題として論じられてきた[39]。この点，監査役監査は適法性監査に限定されるとする見解から，妥当性監査にまで及ぶとする見解に対する批判として，取締役の業務執行への過度な干渉となることが挙げられる。すなわち，その立場からは，「監査役の監査も妥当性に及ぶとするならば，取締役の裁量権を制限することになる」[40]とか，「監査役は業務執行の当否について経営責任を負わない以上，監査の名の下に取締役に対して監査役自身が妥当と考える代案を示してそれに誘導することを認めることは，経営に対する無責任な介入を許す点で不合理」[41]と指摘される。しかし，これらの指摘はあくまで適法な業務執行

---

(37)　なお，監査役の英文呼称問題に関する議論においても（公益社団法人日本監査役協会・監査役等の英文呼称検討諮問会議「監査役等の英文呼称について」別冊商事法務379号（2013年）98頁参照），監査役の主要な機能には，監督のための必要な情報収集と，必要な各種提言その他のアクションを行うこと等が含まれると指摘され（神作裕之＝武井一浩「監査役・監査役会の新たな英文呼称──その背景と趣旨」別冊商事法務379号（2013年）110頁），この点，監査論の立場から「監査」と「監督」は明確に区別されるべきであり，監査は執行に関わる意思決定や判断そのものには関与せず，その執行の結果を評価するものであり，他方，監督とは執行に関わる意思決定や判断に深く関わり，それを実現するためになされる行為で，必然的に指示や勧告などを伴うという定義を前提に，監査役は監督と監査の両方を兼ねている点が特徴的であることが示唆されている（「座談会　新たな『監査役等の英文呼称』の検討にあたって」別冊商事法務379号（2013年）119頁，123頁〔井原理代発言〕参照）。

(38)　山平忠平『監査役制度の生成と発展』（国際書院，1997年）141頁，商事法務研究会編『監査役ハンドブック（新訂第3版）』（商事法務研究会，2000年）247-248頁〔堀口亘〕参照。

(39)　前掲注(14)・潘295頁以下参照。

(40)　青竹正一『新会社法（第4版）』（信山社，2015年）317頁。

民商法の課題と展望

に対する干渉となることへの危惧であって，少なくとも，監査役が取締役の善管注意義務違反を含む違法行為[42]を認識した場合については，そもそも取締役の違法行為を事前に阻止することは取締役の業務執行に対する干渉とはいうべきではないから[43]，監査役が積極的な是正措置をとることは問題ないどころか，このような場合には積極的な是正措置をとることが求められることになろう[44]。

　そうすると，どのような是正措置を行うことが監査役に求められるのであろうか。確かに，監査役の権限として，取締役の違法行為を認識した場合には，取締役会に出席し，意見を陳述し，もしくは法令違反事実があると認められるときは，取締役会に報告をすることが求められる。また究極的には，違法行為差止請求権の行使も可能である。しかし，これらの権限を含めて具体的にどの

---

(41)　奥島孝康＝落合誠一＝浜田道代編『新基本法コンメンタール　会社法2（第2版）』（日本評論社，2016年）262頁〔野村修也〕。

(42)　江頭憲治郎『株式会社法（第7版）』（有斐閣，2017年）533頁参照。

(43)　取締役の違法行為差止請求権に関する文脈ではあるが，上柳克郎＝鴻常夫＝竹内昭夫『新版注釈会社法(6)　株式会社の機関(2)』（有斐閣，1986年）425頁〔北沢正啓〕，畠田公明「株主・監査役・監査委員による取締役の行為の差止めの要件と効果」浜田道代＝岩原紳作編『会社法の争点』（有斐閣，2009年）146頁。

(44)　森本滋「監査役の監査権限とその説明義務」平出慶道＝今井潔＝浜田道代編『現代株式会社法の課題』（有斐閣，1986年）226-227頁は，代表取締役の業務執行が任務懈怠と判断される場合，それは違法行為であり，具体的な法令違反行為の場合と同様に，（取締役会の）監督権限と（監査役の）監査権限が問題となり，両者の間に質的差異を生じないとした上で，取締役会の監督権限と監査役の監査権限には，取締役の違法行為を阻止し会社の健全な運営を確保する目的を有するとする。また，監査役の業務監査も，取締役会の業務監査も，ともにその対象は「取締役の職務の執行」であって，同一であるが，監査役の業務監査の中でも，その「検査」機能すなわち事後的に調査して株主総会に意見を報告するということは監査役に固有の権能であって，取締役会の業務監査においては問題とはならず，もっぱらその「監督」機能であるとされ，その上で，業務監査権限の中の「監督」機能に関しては，監査役のそれと取締役会のそれとは同一であると考えられてきた（倉澤康一郎「監査機構」竹内昭夫＝龍田節編『現代企業法講座第3巻　企業運営』（東京大学出版会，1985年）337頁）。実務における指摘として，寺田昌弘＝大月雅博＝辛川力太「不祥事に関与していない取締役・監査役の責任（下）」商事法務2001号（2013年）46頁。他にも，例えば，前田雅弘「監査役会と三委員会と監査・監督委員会」江頭憲治郎編『株式会社法大系』（有斐閣，2013年）255頁は，取締役会が行うものを監督，監査役が行うものを監査と文言を使い分けているが，いずれも業務執行担当者の業務執行を監視する機能を果たしていることに変わりはなく，この使い分けに重要な意味があるとは思われないとする。

ような是正措置をとることが求められ，それが任務懈怠を構成するかが問題となる。ただし，従来，監査役の業務監査に関する任務懈怠責任（対会社責任及び対第三者責任）の事例は多くなく，是正行為が問題となる事例も少ないことから，平取締役の代表取締役等に対する監視義務の事例も参照しながら検討することとする。前述のように，適法性監査については，取締役会の監督と監査役監査は同質であり，監査役は，業務監査の権限を有する取締役と同様な立場に置かれるから，平取締役の代表取締役に対する監視義務を認める判例が参考となるからである[45]。そこで，平取締役の代表取締役に対する監視義務に関する判例も参考にしつつ，監査役のとるべき是正措置について検討する。

まず，取締役の監視義務と関連する是正措置については，対第三者責任に関するものではあるが，最判昭和48年5月22日民集27巻5号655頁は「取締役は，会社に対し，取締役会に上程された事柄についてだけ監視するにとどまらず，代表取締役の業務執行一般につき，これを監視し，必要があれば，取締役会を自ら招集し，あるいは招集することを求め，取締役会を通じて業務執行が適正に行われるようにする職務を有するものと解すべき」とし，取締役が会社の違法な業務執行を是正する措置をとるべき義務を負うことを明らかにしている[46]。そして，そのような代表取締役の違法行為（善管注意義務違反）に対する是正が問題とされた事例として，東京地判昭和50年5月8日金判455号11頁では，代表取締役の支払見込みのない約束手形の振出しという事例において，取締役は代表取締役から代表社員や手形帳を取り上げ，経理に資金繰り表を作成するよう明示するも，結局，手形振出しを禁ずることもないまま経理事務も含めた業務を経理担当取締役及び経理担当者にまかせきりにしたとして監視義務違反が認められているものがある。また，大阪高判昭和54年3月23日判時931号119頁においても「概ね月一回ぐらいの割合で…会合し業況の報告を聞き，これに対し間違いなくやるよう注意を促していた」程度では任務懈怠があるとされた（ただし，悪意又は重過失がないとして責任は否定）。また，対会社責任の事案で，前掲大阪高判平成18年6月9日は，違法な食品添加物が混入した食品を販売したことを取締役等が認識したにもかかわらず，その事実を公表

---

[45]　上柳克郎＝鴻常夫＝竹内昭夫編『新版注釈会社法(6)株式会社の機関(2)』（有斐閣，1987年）507頁〔加美和照〕。

[46]　神崎克郎「取締役の監視義務」同『取締役制度論』（中央経済社，1981年）126頁。

民商法の課題と展望

し，謝罪等の被害回復，信用回復措置をとるべきであったにもかかわらず，これらを怠ったとして任務懈怠責任が肯定されているが，本件も積極的に是正措置をとらなかったことが責任原因とされている。他方，任務懈怠がないとされたものとして，東京地判昭和53年3月16日金判561号38頁は，代表取締役の放漫経営の事案で，経費の節減や会社業務の適切な管理を忠告し，代表取締役の背任行為を追及し，経営態度にも忠告を与え，加えて代表者印を取り上げた上，別の者を自分の代わりに出向させるなどの是正措置をとった場合には義務違反が否定されている。更に，監査役の任務懈怠が問題になった事案である，商品先物取引の顧客が，取締役及び監査役等に対し，違法な勧誘等により損害を被ったとして，対第三者責任が問われた大阪地判平成21年5月21日判時2067号62頁においては，確かに，顧客との紛議による損害賠償については，営業体制にもかかわる問題について直ちに解決しようとしなかったものの，取締役らが不正会計処理をしていること，多数の顧客からの損害賠償請求訴訟により経営に影響を及ぼす可能性があったことを調査により把握し，調査後，取締役を含む不正経理の責任者を辞任させ，不正経理を解消し，訴訟提起によりその損害の回復を図るなどして，会社の経営改善の努力をしているとして責任が否定された。そうすると，取締役等の違法行為（善管注意義務違反行為）について調査等を行い，その事実を把握した場合には，違法行為を解消し，場合によっては訴訟を提起するなどして是正措置をとることが必要とされているようにも考えられる[47]。

　これらの裁判例を見ると，監査役の場合も，代表取締役の違法行為等を認識した場合や認識し得た場合には，単に一般的な意見や注意をするだけでは足りず，積極的な是正措置をとることが求められているのではないだろうか。したがって，少なくとも，取締役等に対して事業報告を求め，会社財産状況の調査権を行使して，事実関係を把握したうえで，取締役会に対する報告義務や取締役会での意見陳述義務を果たすなど積極的な是正措置が求められよう。また，取締役等の違法行為が継続しているような場合には，究極的には取締役の行為の差止めという手段も考えられる。しかしながら，確かに，違法行為差止請求

---

[47]　ただし，人事権のない監査役が取締役等の辞任を促すことまでは職務に含まれないように思われる。

6 内部統制の欠陥と監査役の職務〔南 健悟〕

権は必ずしも訴えによる必要はなく，直接，差止めを求めることも可能とされているものの⁽⁴⁸⁾，通常，仮処分申立ての形でなされることから⁽⁴⁹⁾，違法行為の差止めについては業務執行に対する影響が大きい上⁽⁵⁰⁾，後述するように取締役等の内部統制構築義務違反については使えないという問題がある。そうすると，従来の裁判例が指摘しているように，積極的な是正措置をとることが求められているのであれば監査役は取締役等に対し，単に法令違反行為（善管注意義務違反行為）である旨を意見陳述するにとどまらず，より積極的に適法な業務執行を行うよう助言や勧告をすることが求められるのではないだろうか⁽⁵¹⁾。また，それ以外にも，場合によっては，経営陣に問題点を指摘したうえで，それでも経営陣が改善する気を持たないのであれば，会社法上の権限行使だけでなく，適切な会社内外の機関等に通知する旨や，自ら辞任する旨等を迫る必要性もあり得る⁽⁵²⁾。本来，取締役の違法な業務執行に対しては，その是正を求めることが監査役の職務であることからすると⁽⁵³⁾⁽⁵⁴⁾，例えば，違法行為差止請求権の行使が困難であるような場合には，取締役会の監督機能を補完するものとして，少なくとも助言勧告すべきであろう。

⑷⑻ 落合誠一編『会社法コンメンタール8 機関［2］』（商事法務，2009年）418頁〔岩原紳作〕参照。

⑷⑼ 江頭・前掲注⑷⑵527頁，497頁，遠藤・前掲注⑷8頁参照。

⑸⑽ 実務上，監査役による取締役の違法行為差止請求権を行使する場合には，会社の取引先に対して大きな影響を与えるなど行使には慎重になる可能性が高い（鈴木進一『改正商法による監査役』（税務経理協会，1982年）123頁参照）。また，セイクレスト事件においては，違法行為差止請求として仮処分申立てを行った場合，上場廃止につながり得るリスクが生じていたとされていることから（遠藤・前掲注⑷8頁），その点も行使の際には問題となろう。

⑸⑾ 浜辺陽一郎「監査役のアイデンティティの再検証（上）」商事法務1967号（2012年）22頁は，良質な企業統治体制を確立するという責務を果たすため，監査役は，監視・検査だけではなく，助言又は勧告等の意見の表明，取締役の行為の差止め等必要な措置を適時に講じることが職務となるとする。なお，実務上も現実的な対応として助言・勧告を行うべきであるとするものとして，鈴木・前掲注⑸⑽124頁（ただし，助言勧告自体は監査役の法的権限には含まれないと解する）。

⑸⑿ 寺田＝大月＝辛川・前掲注⑷⑷50頁。なお，辞任については，取締役のものではあるが，山田純子「取締役の監視義務」森本滋＝川濱昇＝前田雅弘編『企業の健全性確保と取締役の責任』（有斐閣，1997年）230頁，江頭・前掲注⑷⑵474頁も参照。

⑸⒀ 浦田雄幸『株式会社監査制度論』（商事法務研究会，1970年）393頁，水田・前掲注㉛8頁参照。

民商法の課題と展望

Ⅲ　内部統制の欠陥に対する監査役の助言・勧告

1　監査役の内部統制監査

　それでは，前章で論じたように，監査役には，代表取締役等の違法な行為等を認識した場合や認識し得た場合には，単に一般的な意見や注意をするだけでは足りず，積極的な是正措置をとることが求められるとして，取締役会において構築された内部統制の内容及び運用が，取締役の善管注意義務違反と認められるような場合（内部統制に欠陥があった場合），監査役は，それに対して，下記に述べるように，監査報告等によって相当性について意見を述べるだけで足りるのだろうか。

　会社法上，大会社である取締役会設置会社において，取締役会は「取締役の職務の執行が法令及び定款に適合することを確保するための体制その他株式会社及びその子会社から成る企業集団の業務の適正を確保するために必要なものとして法務省令で定める体制の整備」の決定が義務づけられている（362条4項6号・同5項）。そして，このような内部統制の決議に関して，事業報告において，当該決議の内容の概要及び当該体制の運用状況の概要が開示され（会社則118条2号），その内容の相当性は監査役監査の対象となる。もし，内部統制の整備についての決定又は決議事項（監査の範囲に属さないものを除く）の内容が相当でないと認めるときは，その趣旨及びその理由を監査報告に記載しなければならない（会社則129条1項5号）[55]。これは，業務監査権限を有する監査役が出席している場合には，取締役会が内部統制をいかに構築しようとしているかを監査するものとされる[56]。そして，内部統制の制度化によって，監査役の職務が予防監査を中心とした妥当性監査に及ぶことが明確になり，個別の監

---

(54)　なお，平成5年の監査役監査基準の改訂における説明では，提言（平成5年以前の規準における意見）・助言・勧告の区別は，事案によって監査役の対応の仕方を変えるべきであることを示し，事実関係の不当性の程度の差によって取締役に対する意見の述べ方が違ってくるのは，業務の執行責任は取締役にあるのであるから，監査役としては，その程度の配慮は必要であるとの考えによる（鈴木進一「監査役監査基準の逐条解説」経理情報709号（1994年）92頁）。

(55)　なお，この点，藤原俊雄「内部統制システムと監査役監査」同『コーポレート・ガバナンス』（成文堂，2013年）151頁も参照。

査役の監査報告でも，監査役会監査報告でも，その相当性について意見を述べることが明文で定められている（規則129条1項5号，130条2項2号）[57]。

2　内部統制に欠陥があった場合

　それでは，取締役会が構築した内部統制について欠陥があった場合，監査役はどのような対応をすべきであるのか。まず考えられるのは，上述のように，監査役は内部統制監査を行い，内部統制が相当でないと認めるときは，監査報告において指摘することになる。しかしながら，監査報告が，内部統制の欠陥の場合に限定して開示を要請しているとはいえ，取締役会の決議に沿って，適切に構築及び運用されているかについて，監査役が日常的な監査を通じて実態的内容を評価していることが前提とされているのであるならば[58]，普段の監査において内部統制に欠陥があり，その欠陥が重大であって取締役の義務違反を構成することを認識し，または認識し得る場合についても，監査役は上記監査報告への記載のみ行えばよいのかが問題となる。結論からいえば，このような場合には，監査役は取締役会に対して適切な内部統制を構築させるための是正措置として助言・勧告をすべきものと考えられる。つまり，監査役の助言及び勧告は，取締役等の内部統制義務違反に対する積極的な是正措置をとるべき監査役の職務の一環として捉えられる。このような職務を肯定する理由は，第一に，前述したように，監査役には取締役の法令違反行為を積極的に是正する義務が存在していること，第二に，適切な内部統制を構築させるために，監査報告等への記載以外の手段が基本的に存在しないことである。とりわけ後者の点が，取締役の内部統制構築義務違反が他の善管注意義務違反行為とはやや異なる理由である。というのも，取締役の内部統制構築義務違反については監査役

---

[56]　浜辺陽一郎「監査役のアイデンティティの再検証（下）」商事法務1968号（2012年）28頁。

[57]　浜辺・前掲注[56] 28頁。

[58]　関哲夫「会社法および金融商品取引法における監査役の対応──内部統制システムを中心として」別冊商事法務307号（2007年）68頁。平成26年の会社法改正により，内部統制の運用状況の概要も事業報告に記載することが義務づけられ，構築の段階だけではなく，運用状況の監視が内部統制の実効性を見る上で重要であることが認識され（太田順司「監査役制度をめぐる諸問題と監査役が果たすべき役割」ジュリスト1484号（2015年）51頁），日常的な運用状況を監査することが前提となったと考えられる。

民商法の課題と展望

が違法行為差止請求権を行使することが困難であるという特徴を有するからである。詳言すると，取締役会が決定し，構築した内部統制に重大な欠陥があり，それを認識し，または認識し得た場合，監査役は適切な内部統制を構築するよう違法行為差止請求権を行使することで強制することはできない。違法行為差止請求はあくまで「不作為」を求めるものであって，適切な内部統制の構築という「作為」を求めることができないからである(59)。しかし，監査役は，株主と異なり，会社の常設的な監査機関として，違法行為の差止請求以外にも，各種の監督是正の権限を有することにかんがみると，取締役に対し，「違法な行為をやめること」を請求するだけではなく，会社の損害の発生を未然に防止するため，「一定の行為をなすべきこと」を指摘し，あるいは，意見を述べる権限を有するものと考えられる。また，このような場合，監査役は，報告徴収や業務及び財産の状況に関する広範な調査により知り得た情報をふまえて，より説得的な是正活動を行うことが可能である(60)。そうであるならば，より積極的な是正活動の一環として，単に一般的な注意を述べる程度では不充分であり，内部統制の欠陥が重大で取締役等の善管注意義務違反を認識し，また認識しうる場合には，積極的に助言や勧告を行う必要が生じるものと考える。より詳述すれば，監査役の義務違反が内部統制構築との関係で問題となるのは，内部統制に関する決定が行われていない場合(61)，決定内容が取締役の善管注意義務に反する程度である場合等と考えられ(62)，また，取締役の不適切な業務執行等が行われることが予見可能であり，現行の内部統制に欠陥があって当該行為を防

---

(59) 落合編・前掲注(48) 419 頁，142 頁〔岩原紳作〕参照。作為を求める請求であるとして仮処分申請が却下された事例として，大阪地決平成 12 年 6 月 27 日資料版商事法務 198 号 247 頁。

(60) 西山・前掲注(33) 105 頁。

(61) 会社法及び同法施行規則上，明確に整備自体義務づけているわけではないが，必要な体制の整備に留意しなければならないにもかかわらず，必要な体制を整備しないという結論にいたることは考え難いことから（今井克典「経営機関の監督・監査」淺木慎一＝小林量＝中東正文＝今井克典編『検証会社法』（信山社，2007 年）178 頁），たとえ内部統制に関する決定だとしても，「内部統制を整備等をしない」旨の決議も，この場合に含まれると思われる。

(62) 長畑周史「大阪地判平成 25 年 12 月 26 日判批」法学研究 88 巻 3 号（2015 年）50 頁。ただし，監査役は取締役会の上位機関ではないため，法的強制力を伴うような命令や請求をすることはできないものと思われる。

止しえないようなときには，監査役は積極的に是正のために，具体的な内部統制の改善策等について助言や勧告することが求められると解すべきである。そして，このことはセイクレスト事件における事実関係と異なり，たとえ監査役監査基準に沿った監査役監査規程を採用していなかったとしても，助言や勧告が求められることになるものと考える。この点，セイクレスト事件の原審判決においては，監査役監査規程との関係については括弧書きにて「内部統制システムに関する監査の結果について，適宜取締役会等に報告し，必要があると認めたときは，取締役会等に対し，内部統制システムの改善を助言又は勧告しなければならないこと等が定められていることからも明らかである」と判示されており，この表現に鑑みれば，監査役監査規程に助言勧告に関する規定がなかったとしても監査役の助言勧告義務は否定されないことが示唆されていると思われる。

　しかし，このような見解に対して，内部統制の内容は経営判断の問題であり，妥当性監査を行う権限がないことを前提とするならば，そこまでの義務を監査役に課すことは酷であり，かつ不適当ではないかとの疑問も生ずる。しかし，そのような立場を前提として考えたとしても，第一に，内部統制監査は，そもそも妥当性監査の一つとされ[63]，法が認めた例外としても捉えられること，第二に，助言勧告義務が生じる場合というのは，監査役が調査等の結果，内部統制の欠陥が重大であって，それが取締役等の内部統制構築義務違反となることを認識し，または認識しうる場合であって，適法性監査の範囲ともいえることから，適法性監査に限定する立場に与しても，そこから呈される上記のような疑問は当てはまらないものと思われる。

3　監査役の助言・勧告の限界

　しかしながら，上記のように取締役等に内部統制構築義務違反が認められ，それを認識し，または認識し得た場合に，助言勧告すべきであると考えられるとしても，助言及び勧告はいずれも取締役会に対する強制力までは認められず，あくまでそれに従うかは取締役会の任意ということになる[64]。したがって，監

---

[63]　前田庸『会社法入門（第 12 版）』（有斐閣，2009 年）496 頁，葉玉匡美＝郡谷大輔編『論点解説　新・会社法』（商事法務，2006 年）342 頁。

[64]　水田・前掲注(31) 9 頁。

民商法の課題と展望

査役が適切な内部統制の構築を取締役等に助言勧告をしてもしなくとも，結局それによって損害が生じるのであれば，その因果関係が問題となり得る。結果的に，監査役に助言勧告義務を認め，当該義務に違反したとしても損害賠償責任を免れてしまう可能性は大きいように思われる。この因果関係の問題に関して，冒頭で紹介したセイクレスト事件控訴審判決は「監査役として，…取締役らに対し，Ｚ社の現金，預金等の出金や払戻しについて，本件手形取扱規程に準じた管理規程を設ける内部統制システムを構築するよう助言又は勧告すべき義務を履行していれば，これに基づいて，取締役会において，現金，預金等の出金や払戻しについて，本件手形取扱規程に準じた管理規定が定められることになった可能性が高かったというべきである」と述べ，事実的因果関係の立証責任を転換したかのような判示となっている[65]。助言勧告は取締役に対して強制力を伴わないことから，事実的因果関係の立証がかなり困難になるという限界があることがその背景にあると思われる。そこで，第一に，この限界を乗り越えるために，同判決のような立証責任の転換を認めるべきか，ということが問題となるが，このような事案で会社法423条及び429条において，立証責任の転換を認める文言上の根拠がない。第二に，従前，会社法429条に基づく対第三者責任で取締役の監視義務違反が問題となる事案においては，因果関係の立証が緩和されてきたという指摘がある。すなわち，監視義務違反類型で対第三者責任が問題となる場合，最高裁の考え方は，任務懈怠行為をした取締役が第三者に対し責任を負うべき場合には，他の取締役が，どのような方法でそれを阻止しえたかということ，逆にいえば監視義務違反と他の取締役の悪意・重過失による任務懈怠との間の具体的な因果関係を認定する必要はないとしているのではないか，というものである[66]。しかし，任務懈怠と会社又は第三者の損害との因果関係は文言上必要であるし，上記の指摘は，あくまで取締役の責任を念頭に置いているものと思われるが，取締役の是正については究極的には人事で決着をつけられる一方，監査役には取締役の選解任権がないため，人事で決着をつけられず，そのために強制力に乏しく，取締役の場合と同じようには考えられないことから，上記の指摘は監査役の助言勧告の場合には必ずしも当てはまらないように思われる。この点で，平取締役の監視義務の一環として

---

[65]　得津・前掲注(4)122頁。

の助言勧告等の是正措置とは，異なり得るものと思われる。したがって，多くの場合，監査役の助言勧告義務違反と会社の損害との間の因果関係については否定的にならざるを得ないように思われる。

Ⅳ　結びに代えて

　本稿の結論をまとめると，監査役は，取締役会が構築した内部統制につき重大な欠陥があるなど，取締役等の善管注意義務違反を構成する場合には，当該欠陥を是正するため，単に法令違反であることを意見陳述するだけではなく，より積極的な助言勧告することも職務として求められるとする。このような結論に対しては，監査役にそこまでの職務ないし職務を負わせることは酷ではないかという批判も考え得る[67]。また，そもそも内部統制構築の責任者は取締役等であって監査役にそのような職務を負わせて，責任を負わせることはできないとの反論も考えられる。確かに，現行法上，内部統制の構築は取締役会の監督機能の中核を担っており，その欠陥について，監査役に責任を負わせることはできないとも考えられる。そして，アメリカ型のガバナンスが目指すような取締役会の監督機能が充分に果たされているのであれば，監査役にこのような職務を負わせる必要はないようにも思われる。しかしながら，従前から指摘されているように，実態として，取締役会の業務監督機能が果たされにくい土壌

---

[66]　竹内昭夫「最判昭和48年5月22日判批」同『判例商法Ⅰ』（弘文堂，1976年）309頁，なお，酒巻俊雄＝龍田節＝上村達男編『逐条解説会社法 第5巻 機関2』（中央経済社，2011年）422頁参照〔青竹正一〕。この点，訴訟の当初から原告に対し相当因果関係を基礎づける細かい事実の主張を要求することは妥当でなく，被告である取締役の具体的な反論に応じて，より細かい事実の主張を原告に求めていくことが，裁判実務として妥当であるとの指摘もある（小林孝一「取締役の対第三者責任に関する若干の問題」判タ370号（1979年）21頁）。他方，取締役の監視義務との関係で，第三者の損害と監督者の任務懈怠との間の相当因果関係の存在を事実上推定する見解として，並木和夫「東京地判昭和50年5月8日判批」法学研究54巻7号（1981年）110頁参照。

[67]　そもそも監査役監査の目的は，監査意見の表明という役割を果たすためのプロセスにおいて，取締役の法令違反行為を発見した場合にこれを指摘し，会社が被るおそれのある損失を未然に防止するべく努めることにとどまり，あたかも警察権の如く，違法行為等を予防ないし摘発すること自体は含まれないとの指摘もある（蟹江章「監査役監査の本質と監査役監査基準」経済学研究46巻1号（1996年）12頁）。

民商法の課題と展望

が残る日本企業において[68]，監査役がその補完的な役割を担わされているとすれば，取締役の違法行為等に対して監査役がより積極的な措置をとることが求められると考える。そして，このことはコーポレートガバナンス・コードにも表れているとも思われる[69]。加えて，監査役と内部統制との関係においては，従来，監査の対象となるのは，内部統制システムに係る決議の内容とされ，解釈により，その決議の現実の運用状況も含まれるとされてきたが，平成26年改正会社法によって，事業報告の記載事項に内部統制システムの運用状況の概要が含まれることが明確にされたことに鑑みれば（会社法施行規則118条2号）[70]，内部統制の運用状況を監査し，その結果，重大な欠陥を認識した場合等においては，監査役は積極的に取締役会に対する助言勧告を通じて是正を促すべきであろう。

〔付記〕 脱稿後，以下の文献に接した。
来住野究「監査役の監査と取締役会の監督」鳥山恭一＝中村信男＝高田晴仁編『現代商事法の諸問題』（成文堂，2016年）287頁，林孝宗「監査役の任務懈怠責任と監査役監査基準」同869頁，得津晶「会社法上の監査概念について ―― 三種類の監査機関の妥当性監査権限」法学80巻4号（2016年）405頁に接した。

＊本研究はJSPS科研費26780050の助成を受けたものです。

---

(68) 山平・前掲注(38)69頁，81頁，和田宗久「公開型株式会社に関するガバナンス制度の変遷と課題」稲葉威雄＝尾崎安央編『改正史から読み解く会社法の論点』（中央経済社，2008年）94頁参照。なお，その背景として江頭憲治郎「コーポレート・ガバナンスの課題」銀行法務558号（1999年）6頁参照。神吉正三「わが国の取締役会は監督機能を果たしてきたか」龍谷法学47巻1号（2014年）21頁は，日本の取締役は，会社法が想定する監督機能をその理念どおりに果たすことが実態としての取締役会の構造から不可能であるとし，その最大の要因として，代表取締役の中の特定の者が人事権を掌握した上での取締役の従業員性にあると述べる。ただし，同22頁において，取締役会の監督機能を監査役に移すことについては懐疑的である。

(69) コーポレートガバナンス・コード原則4-4参照。太田・前掲注(58)54頁参照，稲葉威雄「今後の監査役のあり方を考える」監査役641号（2015年）30頁-31頁参照。コーポレートガバナンス・コード及び平成27年度監査役監査基準の改定における，監査役と内部統制の関係については，武井一浩「平成27年度監査役監査基準の改定」監査役645号（2015年）22頁も参照。

(70) 中村直人編著『監査役・監査委員ハンドブック』（商事法務，2015年）321頁〔仁科秀隆〕。

7 法人税法132条に関する最近の判例について

中元　啓司

I　は じ め に
II　平成22年度税制改正前の
　　自己株式取得・譲渡の課税上
　　の取り扱い
III　IBM 事件の事実の概要と
　　判決
IV　法人税法 132 条について
V　お わ り に

I　は じ め に

　取締役は会社に対し善管注意義務・忠実義務を負い（会社法330条［民法644条準用］），法令を遵守して職務を遂行しなければならない（会社法355条）。取締役が遵守しなければならない法令には，全ての法令が該当し，法人税法132条も含まれる。取締役がかかる法令遵守義務を懈怠したことが認められると損害賠償責任を負う（会社法423条）。株式会社は，国や地方公共団体に対して租税を納付する義務を負い，この義務を怠ることは許されない。株式会社の業務を執行する取締役は，頻繁に繰り返される法改正や大量の通達により複雑化している現在の税制について常に把握するように努めなければならない。会社の業績に多大な影響を及ぼすことにならないように，過少申告や無申告，不納付の状態となるような誤った税務処理を避け，加算税・重加算税が付加されるような状況を招かないようにする義務を負う。法解釈に疑義がある場合には専門家に適切な助言を求めるなどの対応をとることが求められる。税務調査において，現行の国税通則法においては，納税者である企業に開始日時・場所，目的，対象税目，対象期間など11項目を事前に電話通知することになっており，また，税務調査を受けた企業が受け取った更正通知書には課税額を増やす理由や

『民商法の課題と展望』大塚龍児先生古稀記念〔信山社，2018年3月〕　　147

民商法の課題と展望

税額計算の過程が詳細に記載されているはずである。

Ⅱ　平成 22 年度税制改正前の自己株式取得・譲渡の課税上の取り扱い

　平成 13 年 6 月，商法改正に伴う関係法令の整備法（平成 13 年法律第 80 号）において，法人税法等に自己株式の取得に係るみなし配当規定が設けられた[1]。この改正以前は，株式の消却等により株主等に金銭等の払い戻しがあった場合，実質的に利益の分配があるとして存置されていたが，その金額は，株式等が交付を受けた金銭等の額が旧株式の帳簿価額を超える場合のその超える部分の金額とされていた。しかしながら，この改正において，交付した株式に対応する資本金等（当時，資本等）の金額を超える部分の金額に改められた。要するに，法人がその活動により獲得した利益を還元したと考えられる部分の金額の有無や多寡は，株主等の株式の帳簿価額とは関係ないこと，個人にかかわるみなし配当については，交付した株式に対応する資本金等の金額を超える部分の金額とされていたからである。

　当時，自己株式の取得（発行法人の株式を当該法人への譲渡）直前に売買，第三者割当等により取得している場合，譲渡法人については，その株式の取得価額（簿価）は時価評価額に一致するが，法人税法上の株式の譲渡対価は資本金等の部分の金額（交付を受けた金銭等からみなし配当部分の金額を除いた残余の部分の金額）であることから，一般に大きな内部留保金額（利益積立金）がある場合，株式の譲渡損が計上され，配当の益金不算入規定とあいまって，損失が

---

(1)　平成 13 年商法改正以降，現在は会社法 155 条において，自己株式の弊害に対する規制を設けつつも，原則として自己株式取得を認める立場と評価できる。伊藤靖史『会社法（第 2 版）』（有斐閣，2011 年）276 頁。このような現行法の立法政策に対しては，金庫株（取得した自己株式を償却せずに保有し続けること）を問題視する者も多い。江頭憲治郎『株式会社法（第 6 版）』（有斐閣，2015 年）248 頁注(3)。平成 13 年商法改正以降，会社法においても，自己株式取得は剰余金の配当と並んで，株主に対して会社の剰余資金を返却する手段と位置づけられている。なお，この自己株式を，会社財産というよりは，将来会社に対する持ち分を投資家に売却することで資金調達する権限と評価し，新株発行授権枠（発行可能株式総数。会社法 113 条）と同様のもの捉える立場もある。藤田友敬「自己株式の法的地位」小塚荘一郎＝高橋美加編『商事法への提言 落合誠一先生還暦記念』（商事法務，2004 年）91 頁。

生じる可能性があることが想定されていた。この状況のもとで，IBM 事件といわれる本件税務処理が行われたのである[2]。

Ⅲ　IBM 事件の事実の概要と判決

1　本件事件の事実の概要

米国法人 IBM の完全支配会社である米国法人 WT は，平成 14 年 2 月，日本 IBM の日本国内の中間持株会社とするために，休眠会社であった有限会社 X（IBMAPH，原告・被控訴人）を買収してその持分全部を取得した。X は，平成 14 年 4 月 22 日，WT より，約 1 兆 9500 億円（1 株当たり 127 万 1625 円）で，その保有する日本 IBM 等 4 社の全株式を取得して，日本国内における IBM グループの持株会社となった。なお，X は WT から約 1 兆 8200 億円の融資を受けており，また，約 1300 億円の増資ないし資本準備金の入金を受けている。本件株式購入の取得価額は，ファイナンシャルアドバイザリーサービスの専門業者が平成 14 年から同 18 年までのキャッシュフローに基づく DCF 法により主として算定された。

その後，X は平成 14 年 12 月，日本 IBM に対し，同社株式 16 万 7000 株を 1 株当たり 127 万 1625 円で売却し，また，平成 15 年 12 月にも，同様に同社株式約 1 万 8000 株を，1 株当たり 127 万 1625 円で売却し，さらに，平成 17 年 12 月にも同社株式約 15 万 2000 株を 1 株当たり 127 万 1625 円で売却した。本件各譲渡により，X は，各事業年度に実体のない有価証券譲渡損失を計上し，これを翌年度以降に繰越した。

X は，平成 20 年 1 月，自らを連結親法人とするみなし連結承認を得て，同年 12 月期以降，本件各譲渡によって生じた有価証券譲渡損失の繰越欠損金を損金に算入し，日本 IBM の多額の利益を打ち消す確定申告行った。平成 16 年

---

(2)　商法の平成 13 年改正前は，日本 IBM は，自己株式の取得禁止の例外として認められていた自己株式の消却を行うことにより，日本で得た利益の米国の親会社に対する実質的な配当が行われていたと推測される。竹内陽一「日本 IBM 事件判決の検証――連結納税に関する事案と包括的否認規定」税理 57 巻 10 号（2014 年）66 頁。いわゆる金庫株の解禁が行なわれた平成 13 年の商法改正時に，法人税法における自己株式の取得についてみなし配当に関する税制改正もあり，平成 14 年に日本 IBM の利益を間接的に米国 IBM に流す仕組みとしたことによって，本件課税問題が生じたのである。

度の税制改正で，平成13年4月1日以降開始する事業年度の欠損金について，それまでの5年間から7年間の繰越控除ができるようになったことから，平成14年度12月期の欠損金1982億円，平成15年12月期の欠損金213億円，平成17年12月期の欠損金1803億円の3事業年度で合計約3995億円の欠損金が計上できると考えたからである。これに対して，税務署長は法人税法132条を適用して本件各譲渡にかかわる有価証券譲渡損失額を各事業年度の所得の金額の計算上損金の額に算入することを否認（課税）する更正処分を行うとともに，後続事業年度の各法人税の更正処分等を行った。Xは，本件各事業年度更正処分等の取消しを求めて提訴した。

2　第1審判決

　第1審において，Y（国，被告・控訴人）は，法人税法132条1項の法人税の負担を「不当に」減少させる結果となるとの文言解釈について，否認の要件である不当性の評価事実として㋑Xを中間持株会社としたことに正当な理由ないし事業目的がなかったこと，㋺本件一連の融資・増資を構成する本件融資等の行為が独立当事者間の取引ではないこと，㋩本件一連の行為は，株式譲渡損を連結損金として控除する租税回避の目的で行われたことを主張した。しかしながら，東京地方裁判所はこれら①から③のいずれも認めなかった。

3　控訴審判決

　(1) 控訴審判決において，Yは第1審での㋑・㋩の主張を撤回し，㋺に関して，本件一連の行為は源泉徴収税の圧縮のために一体的に行われたものであり，個々の取引は独立当事者間の通常の取引とは異なるから，本件一連の行為も経済合理性を欠くと主張した。東京高等裁判所を，第1審判決の認定事実を引用し，法人税法132条の解釈論を展開した上で，Yの控訴を棄却した。

　(2) 控訴審判決は，①法人税法132条1項の「不当」の解釈について経済合理性基準に従って判断すべきものとした上で，当該行為または計算が，純粋経済人として不合理，不自然なもの，すなわち，経済的合理性を欠く場合には，独立かつ対等で特殊関係のない当事者間で通常行われる取引（独立当事者間の通常の取引）と異なっている場合を含むと判示した。

　また，②本条の「不当」か否かを判断するうえで，（同族会社の行為又は計算

の目的ないし意図も考慮される場合があることを否定する理由はないものの,）当該行為または計算が経済的合理性を欠くというためには，租税回避以外に正当な理由ないし事業目的は存在しないと認められること，すなわち専ら租税回避目的と認められることを常に要求し，当該目的がなければ同項の適用対象とならないと解することは，同項の文理だけでなく本条に関する昭和25年の改正の経緯にも合致しないと判示した[3]。

　さらに，③本件各譲渡以外の本件一連の行為は，税額圧縮も重要な目的として実施されたものであることは認めたものの，本件各譲渡は，税額圧縮の実現のためにＸの中間持株会社化と一体的に行われたとは認められないと判示した。

　④本件各譲渡とそれ以外の本件一連の行為は，主体，時期，内容が異なるうえ，税額圧縮という共通の目的実現のために行われたともいえないため，本件一連の行為が全体として経済的合理性を欠くかどうかではなく，本件各譲渡自体が経済的合理性を欠くかどうかを判断しなければならないと判示した。

　⑤本件各譲渡自体は経済的合理性を欠くものではないと判示した。この判示理由として，まず，「不当」の判断対象は最終的に行われた取引そのものであって，その過程は「不当」の評価根拠事実とはならないとし，本件各譲渡の譲渡対価を合理的であり，また，当時の法人税法上，独立当事者の内国法人であっても，取得価格と同一の譲渡価額で日本 IBM の自己株式の取得に応じる取引をすることは十分ありえたとし，そもそもＹは，独立当初の通常の取引であればどのような譲渡価額で本件各譲渡がされたはずであるのかについて，何ら具体的な主張立証をしていないと判示した。

　⑥Ｘに計上された本件各譲渡に係る譲渡損失額は，法律の規定により計算上発生した見せかけの損失であり，本件一連の行為を容認することは，租税負担の公平維持という本条の趣旨に反するとのＹの主張は法律上の根拠を欠くとし，本件各事業年度においてＸに多額の譲渡損失および欠損金が生じたのは，法人税法の規定を適用した結果であると判示した。

---

(3)　本判決は，昭和25年のシャウプ税制勧告により，納税者の租税回避に対する主観的な認識の有無は適用要件とはせず，租税負担の不当減少のみを適用要件とする改正がなされた経緯や本条の文理を根拠に挙げている。同族会社の行為・計算の否認規定の沿革は大正12年の所得税法の改正に遡る。同改正，本条創設時には，〔法人税逋脱ノ目的有リト認ムル〕場合においてはとの文言であった。

民商法の課題と展望

その後，最高裁判所は，Yの上告について不受理の決定を下したので，控訴審判決が確定した[4]。

Ⅳ　法人税法 132 条について

1　法人税法 132 条における法人税等の不当な減少

（1）法人税法 132 条は，税務署長は，次に掲げる法人（同族会社等）に係る法人税につき更正又は決定する場合において，その法人の行為又は計算で，これを容認した場合には法人税の負担を不当に減少させる結果となると認められるものがあるときは，その行為又は計算にかかわらず，税務署長の認めるところにより，その法人に係る法人税の課税標準若しくは欠損金額又は法人税の額を計算することができると規定する。

本条が設けられたのは，非同族会社では，会社と社員，あるいは社員相互の利害対立を通じて，当該法人の所得，法人税の負担をことさらに減少させるような行為がなされにくいのに対して，同族会社[5]においては，その経営権が少数の者に独占されているため，これを放置しておけば，いわゆる隠れた利益処分等，合理的な理由を欠き，当該法人の所得，法人税の負担の公平の原則に反することが行われやすいことから，税負担の公平を維持するため，かかる行為や計算が行われた場合に，それを正常な行為や計算に引き直して更正または決定行う権限を税務署長に認めるものである[6]。なお，本条は，税負担を「不当に」減少させるという不確定概念を用いているが，これは課税要件明確主義に反するものではないと解されている。税負担を不当に減少させるという文言も，単に一般的な税負担の公平といった面からする当否ではなく，法令上の個々の課税要件（収益・損害等）についての解釈に照らして不当な減少であるということである。また，同族会社に対してのみこの否認規定を設けることは憲法

---

(4)　平成 28 年 2 月 18 日最高裁（第 1 小法廷）決定，平成 27 年（行ヒ）304 号（判例 ID 28240983）法人税更正処分取消等，通知処分取消請求事件（D1-Law.com 判例体系）。

(5)　法人等の 3 人以下並びにこれらと特殊の関係のある個人及び法人が有する株式の総数または出資の金額の合計額がその株式の発行済み株式の総数または出資金額の 100 分の 50 以上に相当する会社を同族会社という（法人税法 2 条 10 号，法人税法施行令 4 条）。

(6)　大江忠『要件事実租税法（下）』（第一法規，2004 年）421 頁。

14 条にも違反しないと解されている[7]。また，これらの規定による効果が，現実に行われた行為・計算そのものに私法上の実体的変動を生じさせるものではない[8]。

(2) 従来の判例は，法人税法 132 条 1 項の「不当」の解釈について，経済合理性基準を採用する判例（純経済人の行為として不合理・自然な行為・計算が「不当」にあたるとする）が多いようであるが[9]，同族・非同族対比基準を採用する判例（同族会社であるがゆえに容易になしうる行為・計算が「不当」にあたるとする）もある[10]。後者の判例の採る立場では，非同族会社の中には同族会社に近いものもあれば，所有と経営の分離した巨大会社に至るまで，さまざまな段階のものがあるので，同族会社であるが故に容易になし得る行為・計算に何が該当するかを判断することは困難である。本件 IBM 事件控訴審判決①は基本的にこの立場であり，その上，独立当事者間の通常の取引基準を徹底したといえる。金子教授は，抽象的な基準としては経済合理性基準を採り，ある行為または計算が経済的合理性を欠いている場合に否認が認められると解する。そして，行為・計算が経済的合理性を欠いている場合とは，それが異常ないし変則的で租税回避以外に正当な理由ないし事業目的は存在しないと認められる場合のことであり，独立・対等，相互に特殊関係のない当事者間で行われる取引（独立当事者間取引）とは異なっている取引には，それにあたると解すべき場合が少なくないであろうとしている[11]。ただ，経済合理性基準説を採るといっても，法人税等を不当に減少させる結果となる同族会社等の行為・計算でこれを否認できる場合は，法令上の具体的な課税要件事実についての実質的な理解という面から肯定できるような場合に限られるものであることに注意しなければない。

---

[7] 金子宏『租税法（第 20 版）』（弘文堂，2015 年）470 頁。

[8] 最判昭 48 年 12 月 14 日訟月 20 巻 6 号 146 頁。法人税法 132 条に基づく同族会社等の行為・計算の否認は，当該法人税との関係においてのみ，否認された行為・計算に代えて課税庁の適正と認めるところに従い課税を行うというものであって，もとより現実になされた行為・計算そのものに実体的変動を生ぜしめるものではないと判示する。

[9] 東京高裁判決昭和 40 年 5 月 12 日税務訴訟資料 49 号 596 頁，東京地裁判決昭和 26 年 4 月 23 日行政事件裁判例集 2 巻 6 号 841 頁。

[10] 東京高裁判決昭和 53 年 11 月 30 日訟務月報 25 巻 4 号 1145 頁，東京高裁判決昭和 26 年 12 月 20 日行裁例集 2 巻 12 号 2196 頁，東京高裁判決昭和 48 年 3 月 14 日行裁例集 24 巻 3 号 115 頁，東京高裁判決昭和 49 年 10 月 29 日行裁例集 25 巻 10 号 1310 頁，福岡高裁宮崎支部判決昭和 55 年 9 月 29 日行裁例集 31 巻 9 号 1982 頁。

この行為とは，対外関係において法人の財産状態ないし所得計算に影響を及ぼすべき法律効果を伴うその法人の行為をいい，計算とは，対外関係において法人の財産状態の表示ないし経理いかんにより財産上ないし所得計算上影響を及ぼすことがある計算をいう。

　法人税法は，法人が純経済人として，経済的に合理的に行為・計算を行なうべきことを前提としている。そして，合理的な行為・計算に基づき生じるべき所得に対して課税し，租税収入を確保しようとするものであるから，法人が通常経済的に合理的に行動したとすればとるべきはずの行為・計算をとらないで法人税廃止もしくは軽減の目的で，ことさらに不自然，不合理な行為・計算をすることにより，不当に法人税を回避・軽減したこととなる場合には税務当局は，かかる行為・計算を否認して，経済的に合理的に行動したとすれば，通常とったであろうと認められる行為・計算に従って課税を行いうることになるのである。

2　IBM 事件控訴審判決の検討

　(1) 本件控訴審判決①は，先に述べたように，法人税法 132 条の不当の意義について，経済合理性基準説を前提として，独立当事者間の通常取引基準を採ることを判示した。このように，独立・対等で相互に特殊関係のない当事者間で通常行われる取引でない取引は，不当に行われた取引に該当するかのような判断基準が傍論としてではあるが示されたことが与える影響は大きいと思われる。法人税法 132 条 1 項の適用範囲を大きく拡大する解釈を採ることを示した

---

(11)　金子・前掲注(7) 471 頁。なお，谷口教授は，同族会社の行為計算の否認規定について，租税回避の場合だけでなく，独立当事者間の正常取引と異なる取引がなされた場合も，その射程に含まれるとする見解も有力になっているとする。谷口勢津夫『税法基本講義〔第 4 版〕』(弘文堂，2014 年) 69 頁。そして，この見解は，一見すると，IBM 事件控訴審判決の判示内容に近いように思われると指摘するものとして，足立格＝渡邊満久「法人税法 132 条の『不当』の意義――IBM 事件高裁判決を踏まえて」商事法務 2082 号 (2015 年) 23 頁(7)がある。これに対して，法人税法 132 条の制定経過に立ち返って考えると，法人制度の濫用といった制度の濫用の場合も同条の不当の場合に含まれるとする見解もある。水野恒久「設立された持株会社に対する自己株式の譲渡と，それに対する同族会社の行為計算否認規定の適用の可否に関する事例 (IBM 事件)」月刊国際税務 34 巻 11 号 (2014 年) 90 頁，友長英樹［検証・IBM 事件高裁判決〔第 2 回〕］T.Amaster595 号 (2014 年) 7 頁。

ことになるとされかねないからである。

（2）また，同判決②において，これまでの学説が採ってきた立場[12]，すなわち行為又は計算が経済的合理性を欠いている場合とは，それが異常ないし変則的で，租税回避以外に正当な理由ないし事業目的が存在しないと認められる場合のことであるとする立場は否定されたのである。したがって，本判決の立場では，これまでの学説が採用してきた取引に正当な事業目的があるか否かおよび租税回避目的以外の何らかの正当な理由があるか否かの基準は排除されることになるのであろうか[13]。

本判決①②に従えば，独立当事者間取引から乖離した取引であるとさえ認定できれば，当該取引に事業上の理由があるか否か，もしくは正当な理由があるか否かを問わず，かかる取引は不当な取引とされ，否認の対象となる租税回避にあたると判断されることになりはしないか[14]。ただ，本判決②の部分にあるように，同族会社の行為又は計算の目的ないし意図も考慮される場合があることを否定する理由はないもののという文言から，その行為又は計算がいかなる目的で行われたかは，その行為または計算が純経済人としての不合理，不自然か否かを判断するにあたり，重要な判断要素・資料になることは当然のことであって，考慮しなくて良いということではないであろう[15]。

（3）本判決①から⑥は，法人税法132条の不当に該当するかどうかを基礎づけるためにYが主張した点について判示したものである。

まず，本判決③の理由付けは，米国IBMの日本における源泉徴収税額の圧縮は，日本IBMからXに対する利益配当を行うことによっても可能であるからということである。なお，第1審判決について，利益還流の手法として，配

---

[12] 金子・前掲注(7) 471頁。この学説に反対し，本判決に賛成するものがある。今村隆「132条および132条の2の適用と税務執行の関係上の論点」「特集　これからの日本の否認規定を考える　研究者寄稿」税務弘報64巻1号（2016年）76頁。

[13] 実務においては，本判決②の内容がそれ以上に具体的な適用基準を示していない以上，課税当局が従来の判例を超え，事業上の必要性やのその目的に基づいて行われた行為に対して，法人税法132条1項を適用することはできないのではないだろうかと主張されている。入谷淳「ヤフー，IBM事件後の課税実務」・前掲注(12) 税務広報。

[14] 〔対談大渕博義X太田洋〕・前掲注(12) 税務弘報11頁の太田発言。

[15] 藤曲武美「裁判例に見る法人税の基礎（第40回）『行為または計算の否認』規定」・前掲注(12) 税務弘報159頁。

当という法形式ではなく，自己株式取得という法形式を選択したことについて
こそ，経済的実質性を問うべきであること，および，Ｘが本件企業買収の際の
受け皿会社としての機能を果たしたことによる経済的利益が，源泉所得税の減
少という課税利益と比較して，十分に大きいかどうかが問われるべきであった
こと，さらに，租税回避の意図からなされたものであったか否かを中間持株会
社であるＸの設置から連結納税の開始までの一連の行為とすることが妥当であ
るのかという疑問を提示する立場もある[16]。ただ，この立場においても，第１
審判決の認定事実の下で，連結納税を開始しても日本 IBM 等に対する時価評
価課税が実施されないようになる前に，最初の自己株式取得に係る欠損金につ
いて，平成 16 年改正によって繰越期間が７年に延長されることがなければ，
繰越控除期限を迎えるようになっていたことなどの事実の存在を根拠に租税回
避の意図を否定する判決に異論はないとする[17]。

　また，本判決④⑤⑥からは，これは，主体，時期，内容等について，一連の
取引であるか否かを厳格に判断していると評価できる。このことは，たとえば
本判決③の自己株式の譲渡であろうと通常の配当であろうと税額圧縮は可能で
あったのであり，一連の行為が一体的に行われたとはいえないとし，かつ，各
自己株式の譲渡も通常の価額で行なわれていることから，独立当事者間の通常
の取引と異なるとはいえないとの判示などから窺えるのである。

　これに対して，本判決に疑問を呈する立場からは，本判決の見解は，当事者
の意図を問題とし，当事者が租税回避目的で一連の行為を行ったのかを問題と
するものと考えられるが，法人税法 132 条項１項の適用にあたっては，客観的
に見て，一連あるいは一体の行為であるかを問題にすべきであるとの主張がな
されている[18]。

---

[16]　小塚真啓「非正常配当の否認可能性についての一考察」岡山大学法学会雑誌 64 巻 3・
　　4 号（2015 年）101 頁。

[17]　小塚・前掲注[16] 104 頁。

[18]　今村・前掲注[12] 税務弘報 77 頁。また，IBM 事件において，Ｘから本件各譲渡等に
　　ついての経済合理性の主張もなされているが，それらの判断は，経済界の実務に接して
　　いない裁判官には判断の難しい面もあると指摘される。そして，国税職員といえども，
　　法人税法 132 条の適用にあたっては，経済界の実務家の意見を聴くなどの措置も必要で
　　あろうし，国税庁は，可能な限り通達や事例集で具体的な基準を提示するように努める
　　べきであると主張されている。

7　法人税法132条に関する最近の判例について〔中元啓司〕

　しかしながら，本判決は，米国内の取引を含めたこれら一連の行為を全体として考察すれば，不当との評価も不可能ではないが，本条の適用はあくまで日本国内で行われた本件各譲渡取引そのものである以上，当該取引自体を取り出した時に，不当との評価にまでは至らないことを認めたものである[19]。なぜならば，本件一連の行為が当初から連結納税制度を用いた利益の相殺というスキームを想定して行われていたわけではないとの前提があるからである。そうすると，本条の適用が認められる独立当事者間の取引と異なる場合とは，取引の対価が不合理であることが明白であり，その価額の合理性の算定が容易な場合に限定されるべきである。

3　法人税法132条について

　(1) 租税回避とは実定法上の用語ではなく，表現の方法あるいはその内容が学説において必ずしも一致しているわけではないが，学説上，租税回避とは，異常，不合理な行為・計算を選択することよって，通常の法形式を選択した場合と基本的には同一の経済的効果ないし法律効果を達成しながらも，通常の法形式に結びつけられている租税法上の負担を軽減または解除することであるとされている[20]。そして，その租税回避を否認するとは，納税者が採用した異常不合理な法形式の行為等を通常の合理的な法形式等に引き直して，課税要件規定に当てはめて課税関係を規律するということである[21]。

　(2) 法人税法132条1項は「同族会社に関する」一般的否認規定，つまり租税回避をかなり一般的に否認することを認める規定あるいはやや一般的な否認規定とされている[22]。租税法律主義に基づくならば，本条を同族会社以外に適用する場合には，個別に明文の規定を定めるべきである[23]。本条は創設規定で

---

(19)　足立＝渡邊・前掲注(11) 19頁。

(20)　金子・前掲注(7) 124頁。清永敬次『租税回避の研究』（ミネルヴァ書房，1995年）369頁。田中治「2　租税回避否認の意義と要件」岡村忠生編著『租税回避研究の展開と課題』（ミネルヴァ書房，2015年）39頁，浦東久男「3　租税回避と個別的否認規定」岡村編著・同書71頁，渡辺徹也「5　組織再編成と租税回避」岡村編著・同書124頁。

(21)　金子・前掲126頁。わが国には，ドイツ租税通則法42条のような租税回避行為の否認を一般的に認めた包括的否認規定はないとされる。

(22)　清永敬次『税法（新装版）』（ミネルヴァ書房，2013年）43頁，金子・前掲注(7) 126頁。

あり，かつ同族会社ついてのみ規制しているからである[24]。したがって，同族会社の行為・計算という個別の分野に関する一般的否認規定として本条は規定されたのである。なお，平成18年の法人税法の改正によって，同族会社の行為・計算の否認規定の適用により法人税，所得税，相続税，または地価税のいずれかにつき増額更正が行われた場合には，それに連動しての租税の更正・決定を行うことができる旨が明文化された（法人税法132条3項，所得税法157条3項，相続税法64条2項，地価税32条3項参照）。

(3) 平成22年の法改正により，みなし配当と譲渡損益の構造を租税回避的に利用した行為を防止するための措置として，みなし配当について受取配当等の益金不算入の規定の対象外とされており（法人税法23条3項），また，完全支配関係のある外国法人の法人税法24条1項各号に掲げる事由により金銭その他の資産の交付を受けた場合の当該他の外国法人の株式の譲渡については，その株式の譲渡益金額または譲渡損失額の計算上，その譲渡対価となる金額は，譲渡原価に相当する金額とされており（法人税法61条の2第16項），譲渡損益は発生しないこととされている。この場合，譲渡損益に相当する金額は，結果として資本金等の額の増減項目（法人税法施行令123条の6第1項）とされることとなっている。これらの改正により，IBM事件と同じ取引では株式譲渡損失は生じないこととなった。この点について，これらの規定の回避は可能であるとして，立法論として，根本的には，少なくとも配当全額益金不算入となる場合，株式取得金額を，発行法人に生じた利益または損失の金額だけ増加または減少させ，配当または出資の金額だけ減少または増加させるように調整することや，また，法人に生じた株式譲渡損益は課税の対象外とすることも考えられるとする立場がある[25]。

---

[23] 渡辺・前掲注[20] 129頁。なお，租税回避の否認規定に関する一般的否認規定と包括的否認規定との対比については，谷口勢津夫『租税回避論』（清文社，2014年）288頁参照。

[24] 清永・前掲注[20]『租税回避の研究』415頁。

[25] 岡村忠生「特集　企業課税の最新動向　最近の重要判例——IBM事件」ジュリスト1483号（2015年）41頁。

V おわりに

1 米国 IBM が日本に中間持株会社（X）を置き，この X は，米国では WT から独立した法人として取り扱われないが，日本では法人（有限会社）であるから，いわゆるハイブリッド・エンティティであることを活用して，日本 IBM が獲得した利益を，日本 IBM からの配当としてではなく，日本 IBM による自己株式取得の対価の支払と X からの融資金の返済を合わせ，配当源泉徴収税等の負担なしに，米国 IBM に還流させ，加えて，その自己株式取得に伴い X に計算上生じていた株式譲渡損失を，連結納税制度を利用して日本 IBM は後に獲得した利益と相殺した。

この自己株式取得は，米国では X と WT の間の内部取引として課税されず，日本では課税対象であったが（法人税法施行令 187 条 1 項 3 ロ），平成 15 年改正前の日米租税条約 8 条 1 項により租税が免除されており，日米両国で課税されなかった。IBM は，当該みなし配当につき源泉徴収をしたが，これは所得税額控除により X に還付されたが，本件株式譲渡損失はそのまま X の繰越欠損金となった。X は，日本 IBM から受領した本件各譲渡の対価を本件融資の返済として WT に支払った結果として，日本 IBM の利益は日本において課税されないまま米国に還流したことになる[26]。米国で課税されていないということであれば，国際的な二重非課税が生じることになる。それを防ぐために，国税当局は，WT が X の全持分を取得したうえ，X が本件融資および本件増資によって得た資金により本件株式購入を行い，さらに本件各譲渡に及んだ行為を，本件一連の行為と把握したのであろう。これは，我が国の租税法の下では対処がすこぶる困難な問題を提起していることになる。いわゆる BEPS（税源浸食と

---

(26) 前掲注(12) 税務弘報 8 頁の太田発言によれば，IBM 事件では，米国の Check-The-Box 税制の適用により，米国の税制上，日本 IBM の親会社であり，中間持株会社である有限会社 X が米国 IBM の海外の関連会社を統括する持ち株会社である米国 WT の「支店」とみなされる結果，米国 WT から X への日本 IBM 株式の譲渡は本支店間取引として取り扱われることになり，米国ではその譲渡益に対して課税されていないが，米国 WT の手許で課税が繰り延べされていることを意味するものにすぎないのであり，本件譲渡益に課税されていないことは，別に非課税という取扱いがなされたことを意味するものではないとする。

民商法の課題と展望

利益移転）に関する問題である。

2 (1) 現行法の下では，本件の事案の処理として，法人税法 132 条 1 項による課税の可能性の可否について論じることしかできないと考える。国際的な租税制度の歪み・不整合が問題の根源にある以上，国際的な租税制度の歪みの原因となっている米国の CTB（Check The Box）税制を是正するか，当該税制の適用によって生じる不当な結果に絞って税務上の行為・計算の否認を認める個別的否認規定の創設によって対処すべき問題である[27]。本件については，法人税法 132 条の行き過ぎた拡張解釈によって適用することにより日本における課税を実現することが目的とされてはならないと考える。租税法律主義（憲法 84 条）の下では，納税者に予測可能性を与えることによって，経済取引を不当に阻害することなく，課税が適正になされることを保障しなければならない。法人税法 132 条 1 項の条文の文言からは，その適用に際して，私法上の取引を別の取引に引き直す権限を税務署長に与えているものと捉えられるので，かかる強力な権限を与える規定であるからこそ，その適用範囲の判断については厳格になされるべきである。株式会社において，取締役が善管注意義務・忠実義務に従い法令を遵守して職務を執行し，会社経営上の正当かつ合理的な理由や事業目的が存在する場合については，それが隠れ蓑に利用されている場合はともかく，そうでなければ，本条の適用に際しては考慮に入れるべきである。納税者の予測可能性を保障するために，税制適格要件や個別否認規定の適用要件が緻密にかつ厳格に考えられているにもかかわらず，一般的行為・計算否認規定がたやすく適用され，その結果，納税者の予測に反した課税が頻繁に繰り返し行われることになると，その予測ないし期待を裏切ることになってしまい，正常な経済取引にも支障が生じるような負の萎縮効果を生み出すことになりかねないのである。

（2）法人税法 132 条は，法人税法の内国法人に関する規定の最後の第 4 章の更正及び決定のところに規定されている。この規定の位置および構造から，税務署長が更正又は決定する場合には，税務署長の認めるところにより，税額を計算することができると規定されており，本条は，税務署長の更正等の権限規定として納税者は利用できない規定であり，広く，一般的に適用できる事実認

---

(27) 前掲注(12) 税務弘報 28 頁の大淵博義発言。

定の実質主義により，さらには税法解釈の手法で否認できるのであれば，税務署長もそれにより更正すべきであるということになる。したがって，最終的な事実認定で否認できるもの，法の解釈により否認できるものは可能な限りその手法によるべきであり，かかるすべての方法・手段によっても否認する手立てがない場合に，最後の手段として，本条の規定がかかる場合の行為・計算の否認規定として，伝家の宝刀としての役割を果すことになるのである[28]。したがって，本条は伝家の宝刀とか最後の手段としてのみ持ち出すことのできる極めて強力な規定であるから，これを安易に振りかざすことは，その適用により，租税法律主義の否定につながりかねず，望ましいことではない。本条の沿革をたどれば，これまでに個別的否認規定が整備されるのに伴い，同族会社に限定された範囲での一般否認規定であり，伝家の宝刀としての存在意義を有する規定である本条は，適用されることが少なくなってきていたのである。今後，租税法律主義を貫徹するためには，個別否認規定を十分なものにすることで，本条のような一般的否認規定の適用を必要とする場面が漸増することがないようにしなければならないと考える[29]。

3(1) 以上は，本件事件を同族会社の租税回避の問題としてとらえる視点から述べてきたが，この事件を，一種の BEPS（税源浸食と利益移転）が論点となる国際的租税回避の問題としてとらえるべきであり，まず，Xは，日本では法人，米国では WT の日本 PE であるから，主体の不整合が生じており，次に，この不整合が生じたがその必然的帰結とはいえない金融手段の不整合も認識できるので，2つのハイブリッド・ミスマッチ（不整合）が認識できると捉える立場がある[30]。すなわち，Xは日本の課税関係では法人であるが米国の課税関係では，CTB 規則に基づく選択によって課税上は不存在となり，WT の一部

---

[28] 前掲注(12) 税務弘報 31 頁の太田発言。

[29] 酒井貴子「法人税法 132 条，132 条の 2 現規定に対する私論」前掲注(12) 税務弘報 95 頁は，もちろん立法時に認められた租税回避の可能性には個別否認規定で対処されていなければならないと考えるとされる。

[30] 岡村・前掲注(25) 38 頁。本件事件には，Xは，まず，日本では法人，米国では WT の日本 PE であるから，主体の不整合が生じているし，また，この不整合から生じたが，その必然的帰結とはいえない金融手段の不整合という 2 つのハイブリッド・ミスマッチが認識できると主張される。なお，BEPS のもう 1 つの類型は，DD（Double Deduction, 二重控除）である。

民商法の課題と展望

（日本における恒久的施設〔PE〕）とみなされて，Xに帰属する損益（米国租税法上認識されるもの）はそのまま米国の連結申告に算入される結果として，最終的に，日本の課税関係では，株式譲渡とされ，株式譲渡対価支払債務の弁済とされ，株式譲渡損失に起因する連結損金のみが生じた。また米国では本件自己株式取得は，日本IBMに利益または留保利益がある限りで配当とみなされたが（内国歳入法典302条），2004年（平成16年）10月に成立した米国雇用創出法に規定された85％の非課税（内国歳入法典965条）の適用を受けられるように時期を調整されて米国のWTに送金され，米国の課税もほぼなかった。このように日本IBMが獲得し，米国に還流された利益が，日本では控除され，米国では85％が非課税となることは，OECD/G20による15の行動計画の1つである行動計画2「ハイブリッドミスマッチの仕組みの無効化」が取り上げたBEPSの2つの類型の1つ，D/NI（Deduction/No Inclusion，控除／非課税）に当たると主張されている。これは，主体または金融手段に対する租税上の取扱の国家間の差異を利用してかかる類型の結果を生じさせ，関係当事者の全体としての税負担を軽減する効果を生じさせようとするものである（同行動計2が，その対応として，国内法と条約の整備を勧告した）。そして，本件事件の仕組みは，配当源泉徴収税の回避，株式譲渡益課税の回避，および利益還流とD/NIという3つの税負担回避をもたらしたと指摘する[31]。

　(2)　また，本件事件において，非正常配当に対する日本の法人税の脆弱性が顕現されたことを指摘し，この脆弱性は平成22年改正によって導入された法人税法23条3項，法人税法61条の2第16項が極めて限定的な局面でしか機能しないことを踏まえると，現在でもほぼそのままの形で残っていると主張する立場がある[32]。かかる観点から非正常配当に対する脆弱性の解消のためのあるべき立法の素描を示している。そして，1982年ALI（American Law Institute）研究で提案された，株式帳簿価額（基準価格）に独自の値を付与するこ

---

(31)　岡村・前掲注(21) 39頁。まず，利益還流に対する日本の配当源泉徴収税の負担が回避されたこと，次に，WTからXの日本IBM株式の移転に対する日米両国の課税が回避されたことであり，さらに，米国の課税をほぼ受けずに還流された日本IBMの留保利益が，日本で株式譲渡損失となり，連結納税に持ち込まれて日本IBM等連結子法人の利益から控除されたことである。本件事件のD/NIは，連結納税によりこの損失が連結子法人である日本IBMの所得から控除されたことで生じていると主張される。

とをやめ，子会社の純資産帳簿価額を用いることとする提案で示された子会社投資の扱いには，子会社から親会社への分配を配当と原資の回収とに区別する必要性はなく，すべて非課税とするだけでよいので，相当の魅力があるとされる[33]。

4 日本の租税法の解釈としては，租税法律主義（憲法84条）に従えば，当該事案を否認する明文規定が租税法にない場合には，租税回避であるとして当該事業を否認することは認められない。本件事件においても，法人税法132条1項の適用の可否が論点となっているが，これまでの通説および従来の判例に従い経済合理性基準を基本に判断して解釈を展開するべきである。本件控訴審判決において，上告不受理の決定が下され，控訴審判決が確定したが，従来の判例が変更されたととらえるべきではないと考える。ただ，租税回避が多国籍企業により多様な取引形態を重層的に用いた複雑な様相を呈している状況は事実として存在していることは確かであるから，かかる複雑な取引形態を用いた租税回避をめぐり，関係各国の批判が強まることで，OECDやG20などによる組織再編税制や連結税制をめぐる複雑な規制により，国際的な租税回避の試みに対する取締りの強化が議論され，我が国においても，個別的な租税回避規定についての議論が進行している状況である。その際に，あくまでも租税法律主義に基づく，課税要件の明確化について精緻な議論がなされ，構成要件の明確な規定を置くことが求められる。また，将来，GAARと称される包括的租税回避否認規定ないし一般的否認規定（General Anti-Avoidance Rule）を日本に導入することを検討する場合には，租税が軽減される取引をするケースにおいてはアドバンス・ルーリング制度を採用して事前に課税当局の意見聴取や承認を得ることができるようにしたり，また，課税当局が行った租税回避にかかわる事案の課税処分見込事案について最終処分決定以前に審査を行うことができる委員会制度を立ち上げることにより，課税当局による納税者側に対する強権的なGAAR執行を防ぐ納税者保護装置を採用することで，納税者の権利と課

---

(32) 小塚・前掲注(15) 岡山大学法学会雑誌64巻3・4号135頁。本件事件それ自体については法人税法132条1項による否認を認める余地が十分にあると思われると主張する。小塚真啓「10『租税回避』防止立法としての法人税法23条3項」岡村編著・前掲注(20) 265頁。

(33) 小塚・前掲注(16) 139頁。William D. Andrew の ALI の提案を高く評価している。

民商法の課題と展望

税当局の権限の調整を図り，納税義務者の権利保護あるいは予測可能性の確保
を保障することが必要である[34]。

---

(34) 矢内一好「海外の法制および判例からのヒント」前掲注(12) 税務弘報 85 頁。GAAR
を導入した場合，課税当局の権限が強化され，税務調査における疑わしい事案について
この GAAR の適用が頻発するとの懸念はあるが，GAAR パッケージ等の適用と GAAR
の適用要件等に関する裁判所の判断等から，課税当局の税務訴訟における敗訴の確立が
増加する可能性があることも指摘される。そして，租税法律主義が重視される租税裁判
では，GAAR の規定により，租税回避の濫用を防止し，租税回避事案に対する最後の
砦としての GAAR が機能することが予測されることを主張される。

8　合併対価の不当性と合併の差止め

青竹　正一

Ⅰ　は じ め に　　　　　　　　Ⅴ　取締役の善管注意義務・忠
Ⅱ　対価の不当性と仮処分　　　　　実義務違反と法令違反
Ⅲ　株主総会決議取消しの訴え　　Ⅵ　事前の開示と法令違反
　を本案とする差止仮処分　　　Ⅶ　む す び
Ⅳ　会社法831条1項3号と法
　令違反

Ⅰ　は じ め に

　平成17年制定の会社法は，株主総会決議を要しない略式合併について，①
吸収合併が法令・定款に違反する場合，または，②合併契約で定められた合併
の対価または割当てに関する事項が消滅会社・存続会社の財産の状況その他の
事情に照らして著しく不当である場合において，③消滅会社・存続会社の株主
が不利益を受けるおそれがあるときは，株主は，消滅会社・存続会社に対し，
合併をやめることを請求することを認めた（平成26年改正前会社784条2項・
796条2項）。この略式合併の差止めの規定は，簡易合併には適用されないとす
るほかは，平成26年改正の会社法に引き継がれている（会社784条の2・796
条の2）。また，略式会社分割および略式株式変換・略式株式移転についても，
平成17年制定の会社法は同様の要件で差止めを認め（平成26年改正前会社784
条2項・796条2項），平成26年改正の会社法に引き継がれている（会社784条
の2・796条の2）。

　平成17年制定の会社法は，略式合併以外の合併については，差止めを認め
る明文の規定を設けていなかった。平成26年改正の会社法は，簡易合併を除
く，略式合併以外の合併について，①吸収合併または新設合併が法令・定款に

『民商法の課題と展望』大塚龍児先生古稀記念〔信山社，2018年3月〕　　165

違反する場合において，②消滅会社・存続会社の株主が不利益を受けるおそれがあるときは，株主は，消滅会社・存続会社に対し，合併をやめることを請求できるものとしている（会社784条の2第1号・796条の2第1号・805条の2）。会社分割および株式交換・株式移転についても，同様である（会社784条の2第1号・796条の2第1号・805条の2）。

　平成26年改正の会社法が略式組織再編以外の組織再編について差止請求に係る明文の規定を新設したのは，略式組織再編以外の組織再編につき株主による差止めが認められるかどうかについて解釈論において見解が分かれていたこと，改正前会社法の下では株主が組織再編の効力を争う手段として組織再編の無効の訴え（会社828条）があるが，事後的に組織再編の効力が否定されることは法律関係を複雑・不安定にするおそれがあり，株主が組織再編の効力発生前にその差止めを請求できることとするのが相当であることにある[1]。

　平成26年改正の会社法は，略式組織再編以外の組織再編については，対価の不当性を差止めの要件とする明文の規定を設けていない。しかし，会社法は，略式組織再編以外の組織再編について，「法令」違反が差止めの要件となることを明文で認めているから，対価が不当である場合も，法令違反として差止めが認められる余地があるように思われる。そこで，本稿では，組織再編のうちの合併を中心に取り上げ，略式合併以外の合併について，合併対価の不当性が合併の差止事由となるかを検討することにする。

Ⅱ　対価の不当性と仮処分

　平成26年改正の会社法が略式再編以外の組織再編について対価の不当性を差止めの要件とする明文の規定を設けなかったのは，「会社法制の見直しに関する中間試案」（平成23年12月7日・法制審議会会社法制部会）の審議において，株主による組織再編の差止請求は，実際には，仮処分命令申立事件により争われ，裁判所は，短期間での審理を求められることが予想されるところ，対価の不当性を差止請求の要件とすると，実際上，裁判所が短期間で審理を行うこと

---

(1)　坂本三郎編著『一問一答　平成26年改正会社法〔第2版〕』（商事法務，2015年）337頁。

が極めて困難であるとの指摘があったからである[2]。そして，平成26年改正会社法の立案担当者は，組織再編において当事会社の株主に交付される対価が不相当である場合には，当事会社の取締役の善管注意義務・忠実義務違反の問題が生じうるとしても，略式組織再編において，法令または定款違反の場合と，対価が不相当である場合とは別の差止事由として規定されているから，組織再編の対価が不相当であることは，差止請求の要件である「法令又は定款」の違反に含まれないと解されると説明している[3]。

　略式合併以外の合併については，対価の不当性を差止めの要件とする明文の規定を設けていないから，合併対価の不当性それ自体を差止事由とすることはできない。しかし，対価の不当性も法令違反として差止事由になると解する場合に，差止仮処分事件において，裁判所が短期間で審理することが困難となることは障害となるのであろうか。

　合併の差止めは事前の救済方法であり，合併差止めの訴えを提起しても，差止判決を得るまでに，合併契約で定めた効力発生日または設立会社の成立の日に合併が効力を生じてしまうと（会社750条1項・754条1項），訴えは却下される。そこで，合併の差止請求は，実際には，合併差止仮処分の申立てによることになる。

　合併差止めの仮処分は，仮の地位を定める仮処分（民保23条2項）であり，仮処分債権者には本案訴訟において勝訴したときと同様の結果が与えられるので，いわゆる満足的仮処分である。仮の地位を定める仮処分命令は，口頭弁論または債務者が立ち会うことができる審尋の期日を経なければ，発することはできない（民保23条4項）。仮処分債権者に満足的利益が与えられることから，事前に債権者・債務者双方の言い分を公平に聴取したうえで仮処分発令の可否を審理する手続的保障である。

　満足的仮処分においては，本案訴訟における争点と同様の争点が審理の対象となる。そして，満足的仮処分であって，払込期日または割当日まで（会社209条1項・245条1項）という，合併差止めの仮処分と同じく短期間で審理し

---

(2)　法務省民事局参事官室「会社法制の見直しに関する中間試案の補足説明」商事1952号（2011年）55頁，岩原紳作『会社法制の見直しに関する要綱案』の解説〔V〕」商事1979号（2012年）9頁。

(3)　坂本・前掲注(1) 339頁。

なければならない募集株式発行・新株予約権発行の差止めの仮処分事件におい
て，裁判所は，差止事由としての「著しく不公正な方法」による発行（会社
210条2号・247条2号）について，疎明資料および審尋の全趣旨から事実関係
を詳細に認定して，募集株式・新株予約権の発行が特定の株主の持株比率を低
下させ，現経営陣の支配権を維持する目的でされたものか，資金調達や企業価
値の毀損防止のために発行を正当化する特段の事情があるかを判断している[4]。
また，略式合併では，対価の不当性は差止めの一つの要件となっているから，
略式合併の差止めが仮処分で争われた場合に，裁判所は対価の不当性を審理す
ることが予定され，また，裁判所は対価の不当性を審理できることを前提にし
ているということができる[5]。略式合併以外の合併の差止めについて，合併対
価の不当性も法令違反として差止めが認められると解する場合に，差止仮処分
事件において裁判所が短期間で審理することが困難となることは障害となるも
のではない。

Ⅲ　株主総会決議取消しの訴えを本案とする差止仮処分

　平成17年制定の会社法が，略式組織再編について，略式組織再編が法令・
定款に違反し，または，対価・割当てが著しく不当であって，株主が不利益を
受けるおそれがある場合に，差止めを請求できることにしたのは，株主総会決
議がある場合には，被支配会社の株主は株主総会決議取消しの訴え（平成17
年改正前商247条1項，会社831条1項）を提起できるところ，略式組織再編に
ついては株主総会決議がないことから，決議取消しの訴えに代わる少数株主の
救済措置が必要なためであった[6]。
　略式合併以外の合併について差止めを認める明文の規定を設けていなかった
平成26年改正前の学説には，合併を承認する株主総会決議に取消事由がある

---

(4)　たとえば，ニッポン放送事件の東京地決平成17・3・11判タ1173号143頁。
(5)　松中学「子会社株式の譲渡・組織再編の差止め」神田秀樹編『論点詳解　平成26年
　　改正会社法』（商事法務，2015年）210頁は，会社法831条1項3号の決議の不当性を
　　判断する場合について，同様のことを提示している。
(6)　江頭憲治郎「『会社法制の現代化に関する要綱案』の解説〔Ⅶ〕」商事1728号（2005
　　年）13頁，相澤哲＝細川充「組織再編行為」相澤哲編著『立案担当者による新・会社
　　法の解説』別冊・商事法務295号（2006年）199頁。

場合に，合併決議取消しの訴えを本案として，その決議の効力を停止し，合併手続の執行停止ないし執行禁止の仮処分を求めることができるとする見解があった[7]。

また，判例には，合併承認決議の方法が法令に違反し，かつ著しく不公正なものであるとして仮処分の被保全権利を認め，また，本案確定前に合併手続が完了することによって，仮処分債権者その他の株主ならびに債務者会社に不測の損害を生ずるおそれがあるなど不当な結果を招来する可能性がきわめて大きいから保全の必要性も認められるとして，決議の効力の停止および債務者会社の代表取締役に対する決議の執行禁止の仮処分を認めたものがあった[8]。

平成 26 年の改正に際し，「中間試案」では，「特別の利害関係を有する者が議決権を行使することにより，当該組織再編に関して著しく不当な株主総会の決議がされ，又はされるおそれがある場合であって，株主が不利益を受けるおそれがあるときに，株主が当該組織再編をやめることを請求することができるものとするかどうかについては，なお検討する。」とされていた[9]。これは，株主総会決議の取消事由のうち，会社法 831 条 1 項 3 号の取消事由に基づく決議取消しの訴えが差止仮処分の本案となるような規定を設けることを検討するものであった。この検討事項は，「会社法制の見直しに関する要綱案」（平成 24年 8 月 1 日・法制審議会会社法制部会）では，仮処分申立事件において会社法831 条 1 項 3 号の要件の判断を短期間に行うことは困難であるとする最高裁判所等の反対が多かったことから，採用しないこととし，異論なく了承された[10]。ただし，中間試案の「補足説明」では，中間試案の検討事項が明文の差止要件として掲げられなかったとしても，会社法 831 条 1 項 3 号の取消事由に基づく決議取消しの訴えを本案とする仮処分を申立てることによって組織再編の差止めを請求することができるとする解釈論は否定されるものではない，と説明し

---

(7) 大隅健一郎「株主権に基づく仮処分」同『商事法研究（上）』（有斐閣，1992 年）342頁，新堂幸司「仮処分」同『権利実行法の基礎』（有斐閣，2001 年）59 頁。なお，弥永真生「著しく不当な合併条件と差止め・損害賠償請求」黒沼悦郎＝藤田友敬編『企業法の理論上巻　江頭憲治郎先生還暦記念』（商事法務，2007 年）634-635 頁も，同様の見解をとっていた。

(8) 甲府地判昭和 35・6・28 判時 237 号 30 頁。

(9) 「中間試案」第 2 部第 5〔A案〕（注 1）。

(10) 岩原・前掲注(2) 9 頁。

民商法の課題と展望

ている[11]。

平成 26 年改正会社法の下でも，組織再編を承認する株主総会決議が特別利害関係人の議決権行使によって著しく不当なものとなるおそれがある場合は，総会決議取消しの訴えを本案訴訟とする差止仮処分による救済が認められるとする見解がある[12]。

しかし，仮処分命令と本案との関係の基本原則は，「仮処分の内容は基本的に本案請求の範囲内でなければならない」ということであり，原則として，本案でできないことは仮処分であってもできず，仮の地位を定める仮処分も保全命令の一つである以上，その内容が本案とかけ離れたものであってよいはずはない，とされている[13]。合併差止めの仮処分命令は，本案である株主総会決議取消しの訴え・請求の範囲内のものではなく，仮処分命令と総会決議取消しの訴えとの結び付きはない。ただし，会社に関する仮処分でも，本案訴訟と直接に結び付きがない仮処分が認められる場合がある。取締役の選任決議の無効・取消しまたは解任の訴えを本案とする取締役の職務執行停止および職務代行者選任の仮処分である。

平成 2 年改正前の商法 270 条 1 項は，取締役の選任決議の無効・取消しまたは解任の訴えを本案とする取締役の職務執行停止・職務代行者選任の仮処分が認められることを明文で定めていた。また，同条 3 項は，仮処分およびその変更・取消しがあったときはその登記をしなければならないことを定めていた。また，商法 271 条は，職務代行者の権限を定めていた。

商法 270 条は，民事保全法の制定に伴い，平成 2 年の商法改正で削除された。そこで，職務執行停止・職務代行者選任の仮処分は，民事保全法 23 条 2 項の仮の地位を定める仮処分として認められるかどうかによるが，民事保全法 56 条は，法人の役員として登記された者について，職務執行停止・職務代行者選任の仮処分命令またはその変更・取消しの決定があったときは，嘱託登記をし

---

[11] 「補足説明」前掲注(2) 55 頁。

[12] 大田洋＝野田昌毅＝安井桂大「組織再編の差止請求およびキャッシュ・アウトの差止請求に関する実務上の論点（下）」金判 1472 号（2015 年）2 頁。なお，会社法 831 条 1 項の取消事由がある場合につき，齊藤真紀「不公正な合併に対する救済としての差止めの仮処分」神作裕之ほか編『会社裁判にかかる理論の到達点』（商事法務，2014 年）122 頁。

[13] 瀬木比呂志『民事保全法（新訂版）』（日本評論社，2014 年）306-307 頁。

なければならないことを定めている。また，商法 270 条 3 項は，会社法 917 条に引き継がれ，また，商法 271 条は，会社法 352 条に引き継がれ，民事保全法 56 条に規定する仮処分により選任された職務代行者の権限を定めている。これらの仮処分の登記，職務代行者の権限を定める規定は，取締役の選任決議の無効・取消しまたは解任の訴えを本案とする取締役の職務執行停止・職務代行者選任の仮処分が認められることを前提としている[14]。

　合併差止めの仮処分命令は，株主総会決議取消しの訴え・請求の範囲内のものではない。また，本案訴訟と直接に結び付きがない，会社法 831 条 1 項 3 号に基づく決議取消しの訴えを本案とする合併差止の仮処分について，これを認める法律上の根拠を欠く。「中間試案」の検討事項について仮処分申立事件において会社法 831 条 1 項 3 号の要件の判断を短期間で行うことは困難であることを理由に採用しなかったことには，疑問がある。しかし，会社法 831 条 1 項 3 号の取消事由に基づく決議取消しの訴えが本案となるような規定が設けられなかった以上，株主総会決議取消しの訴えを本案とする合併の差止仮処分は認められないと解するべきである。

Ⅳ　会社法 831 条 1 項 3 号と法令違反

　特別の利害関係を有する者が議決権を行使したことにより著しく不当な決議がされたときの具体例として，Ａ会社の合併の相手方会社Ｂが同時にＡの大株主であり，Ａの合併承認総会において議決権を行使し，Ａ側に不利な合併条件を定める合併契約の承認決議を成立させた場合が挙げられている[15]。

　会社法 831 条 1 項 3 号の株主総会決議の取消事由としての「著しく不当」な

---

[14]　仮処分を登記事項とする規定は取締役の職務執行停止・職務代行者選任の仮処分が認められることを明確にすることにつき，原井龍一郎＝河合伸一編著『実務民事保全法（3 訂版）』（商事法務，2011 年）431 頁〔清水正憲〕，取締役選任決議の取消し・無効確認の訴えが取締役の職務執行停止・職務代行者選任の仮処分の本案訴訟になることにつき，東京地方裁判所商事研究会編『類型別会社訴訟Ⅱ（第 3 版）』（判例タイムズ社，2011 年）875 頁〔飯畑勝之＝岡部弘＝布目貴士〕，中島弘雅「取締役職務執行停止・代行者選任仮処分」神作ほか編・前掲注[12] 143 頁。

[15]　江頭憲治郎『株式会社法（第 6 版）』（有斐閣，2015 年）365 頁。大隅健一郎＝今井宏『会社法論中巻（第 3 版）』（有斐閣，1992 年）119 頁も，同様の例を挙げている。

民商法の課題と展望

決議について，学説では，目的の不当性が認められる場合に肯定されるかについて争いがあるが[16]，子会社・従属会社の合併承認総会において親会社・支配会社の議決権行使により不当な合併条件が承認されたときは，著しく不当な決議がされたときに当たり，取消事由になることに争いはない。また，判例は，全部取得条項付種類株式の取得決議（会社171条1項）において，少数株主を排除する目的で決議がされただけでは不当性の要件は満たされないが，少なくとも，少数株主に交付される金員が対象会社の株式の公正な価格に比して著しく低廉であれば，不当性の要件を満たすとしている[17]。

通常の合併においては，株主総会の特別決議により合併契約の承認を受けなければならない（会社783条1項・795条1項・804条1項・309条2項12号）。合併の承認決議を欠く場合は，差止事由の法令違反となる。これに対し，合併の承認決議に会社法831条1項3号の取消事由があっても，決議取消判決が確定するまでは決議は有効と扱われるので，判決が確定するまでは法令違反はないことになりそうである。

しかし，学説には，合併承認決議において特別利害関係株主の議決権行使によって著しく不当な合併条件が定められたときは，法令違反として差止事由になるとする見解[18]，著しく不当な合併対価等の定めを内容とする契約の承認決議が特別利害関係人が議決権を行使したことによる不当な決議に当たるときには，その組織再編行為は法令に違反するものとして差止請求の対象となるとする見解がある[19]。

また，有効な決議なくして組織再編を行うことは法令違反であり，仮の地位を定める仮処分は本案判決でできることを先取り的に実現することができるから，特別利害関係人の議決権行使によって著しく不当な対価で組織再編が株主総会で承認された場合に，決議取消しの訴えと，当該訴えが認容されることにより提起可能となる法令違反による組織再編の差止請求の訴えの両方を本案と

---

(16)　肯定的な見解として，藤田友敬「組織再編」商事1775号（2006年）57頁，閉鎖会社の内紛に起因する少数株主の締出しにつき肯定的な見解として，江頭・前掲注(15) 160-161頁。

(17)　東京地判平成22・9・6判タ1334号117頁，大阪地判平成24・6・29金判1399号52頁。

(18)　江頭・前掲注(15) 884頁注3，885頁注4。

(19)　弥永真生『リーガルマインド会社法（第14版）』（有斐閣，2015年）381頁。

8 合併対価の不当性と合併の差止め〔青竹正一〕

することによって，差止めの仮処分を求めることができるとする見解[20]，支配
株主が単独で決議を成立させるに足る議決権を保有しているのであれば，株主
総会決議の前後で差止事由となるのかどうかが変わるのは妥当ではなく，3分
の2以上の議決権を保有する支配株主を相手方とする組織再編案が著しく不当
といえる場合は，すでに会社法831条1項3号の状態が生じ，法令違反に当た
るとして，決議前に差止めを求めることができるとする見解がある[21]。

　なお，募集株式発行の差止事由としての法令違反（会社210条1項）について，
募集株式発行に係る株主総会決議に会社法831条1項3号の取消事由がある場
合に，瑕疵が取消事由にとどまるときは取り消されるまでは有効であるが，
いったん発行されてしまうと発行無効が容易に認められないことを考慮すれば，
差止めを認めるべきとする見解がある[22]。

　合併の差止めを本案訴訟で求めるとすれば，「現に手続中の合併を差し止め
る」という判決を求めることになる。仮の地位を定める仮処分で求める場合は，
申立ての趣旨（民保13条1項）は，本案請求の範囲内の「現に手続中の合併を
仮に差し止める」ということになる。被保全権利である「争いがある権利関
係」（民保23条2項）は，権利関係について争いがあり，その争いがまだ確定
判決によって確定されていない状態をいう[23]。そして，略式合併以外の合併の
差止仮処分における申立ての趣旨に結び付いた被保全権利の第1は，合併が法
令・定款に違反するかどうかである。法令・定款に違反するかどうかは，仮処
分債権者の株主が疎明しなければならない（民保13条2項）。法令に違反する
ことを疎明するために，合併の承認決議に会社法831条1項3号の取消事由が
あることを主張することは当然にできる。確かに，決議取消判決が確定するま
では総会決議は有効と扱われるが，そのことは，法令違反を被保全権利とする
差止仮処分が認められないことを意味しない。仮の地位を定める仮処分は，争
いがある権利関係につき暫定的な法律状態を形成・維持することにより，債権

⒇　田中亘「各種差止請求権の性質，要件および効果」神作ほか編・前掲注⑿ 27頁，伊
　　藤靖史ほか『会社法（第3版）』（有斐閣，2015年）414頁〔田中亘〕。
㉑　松中・前掲注⑸ 208頁，211頁。
㉒　神田秀樹編『会社法コンメンタール5 —— 株式〔3〕』（商事法務，2013年）108-109
　　頁〔洲崎博史〕。
㉓　中野貞一郎『民事執行・保全入門（補訂版）』（有斐閣，2013年）343頁。

者に著しい損害または急迫の危険・不安が生じることを回避し，本案訴訟で権利者の勝訴判決が確定した時に当該権利の実現が困難または不可能となっていることを回避する制度である[24]，からである。会社法831条1項3号の取消事由があることが疎明されると，決議が無効で，承認決議を欠くという法令違反は暫定的に形成されることになる。

　合併承認総会において特別利害関係株主の議決権行使によって著しく不当な合併対価が決議された場合は，合併の差止めを申立ての趣旨とする仮処分を求め，合併が法令に違反することを被保全権利として，会社法831条1項3号の取消事由があることを疎明することにより，合併の差止めは認められてよい。決議取消しの訴えと差止請求の訴えの両方を本案（申立ての趣旨）とする必要はない[25]。

　株主による取締役の違法行為の差止請求については，取締役が法令・定款に違反する行為をするおそれがある場合も，差止請求を認めている（会社360条1項）。差止対象の違法行為が着手されてから差し止めたのでは遅いことが多く，当該行為がなされる段階で差止めが認められるべきであるからである[26]。これに対し，前述のように，組織再編に関して著しく不当な株主総会の決議がされ，または「されるおそれ」がある場合を組織再編の差止事由とする，中間試案の検討事項は採用されなかった。会社法831条1項3号の取消し事由があることを法令違反として総会決議前に差止めを求めることはできない。

---

(24)　中西正・中島弘雅・八田卓也『民事執行・民事保全法』（有斐閣，2010年）312頁〔中西正〕，松本博之『民事執行保全法』（弘文堂，2011年）476頁参照。

(25)　受川環大『組織再編の法理と立法』（中央経済社，2017年）294頁は，会社法831条1項3号に該当することが法令違反となり，組織再編の差止請求権だけを被保全権利として差止仮処分申立てが認められると解している。また，中村信男「組織再編の差止」鳥山恭一＝福島洋尚編『平成26年会社法改正の分析と展望』金融・商事判例増刊1461号（2015年）99頁は，会社法831条1項3号に該当することを法令違反と捉え，株主が組織再編の差止めの請求を行うには，請求株主が，特別利害のある株主の議決権行使により著しく不当な決議が成立したことの疎明を差止仮処分事件において行えばよいと解している。しかし，何故に会社法831条1項3号に該当することが法令違反となるかは明確でない。

(26)　落合誠一編『会社法コンメンタール8 ── 機関〔2〕』（商事法務，2009年）131頁〔岩原紳作〕。

V　取締役の善管注意義務・忠実義務違反と法令違反

1　会社を名宛人とする法令と善管注意義務・忠実義務違反

　略式組織再編以外の組織再編の差止請求について，「中間試案」の補足説明および「要綱案」の解説では，略式組織再編の差止請求に関する平成26年改正前の会社法784条2項1号を参考に，法令・定款違反を差止請求の要件とし，同号の法令・定款違反は，善管注意義務や忠実義務の違反は含まないと一般に解されていることからすると，試案の「法令又は定款」違反には，善管注意義務や忠実義務違反を含まないと解釈され，前提にされていると説明している[27]。また，平成26年改正会社法の立案担当者は，略式組織再編の差止要件の「法令又は定款」違反（平成26年改正前会社784条2項1号・796条2項1号）は会社を規範の名宛人とする法令・定款違反を意味し，取締役の善管注意義務や忠実義務違反は含まれないと解されていることからすれば，新設する組織再編の差止請求の要件である「法令又は定款」の違反（会社784条の2第1号・796条の2第1号・805条の2）についても，これと同様，取締役の善管注意義務や忠実義の違反は含まれないと解されると説明している[28]。

　学説にも，平成26年改正の会社法が定める合併の差止事由の法令違反とは，会社が合併に適用される法令に違反することであり，合併当事会社の取締役の善管注意義務・忠実義務違反は，会社の法令違反とはいえないので，差止事由とはならないとする見解がある[29]。

　平成26年改正前の会社法784条2項1号の法令違反は善管注意義務・忠実義務違反を含まない，また，会社を名宛人とする法令違反を意味し，善管注意義務・忠実義務違反は含まれないと一般に解されていたのであろうか。

　学説は，平成26年改正前の会社法784条2項1号の法令は，原則として会社を名宛人とするわが国のすべての法令を意味すると解されるとして，独占禁止法19条違反が取締役の会社に対する損害賠償責任を定めていた平成17年改正前の商法266条1項5号の法令違反となるかについて「商法その他の法令中

（27）　「補足説明」前掲注(2)55頁，岩原・前掲注(2) 9頁。

（28）　坂本・前掲注(1) 339頁。

（29）　江頭・前掲注(15) 883頁。

の，会社を名あて人とし，会社がその業務を行うに際して遵守すべきすべての規定もこれに含まれるものと解するのが相当である。……会社をして法令に違反させることのないようにするため，その職務遂行に際して会社を名あて人とする右の規定を遵守することもまた，取締役の会社に対する職務上の義務に属するというべきだからである」と判示した，野村證券事件の最判平成 12・7・7 民集 54 巻 6 号 1767 頁を引用している[30]。

上記最高裁判決は，商法 266 条 1 項 5 号の法令には，取締役の一般的義務・具体的義務を定める規定以外の法令について，会社や株主の利益保護を図る実質的意味の会社法と贈賄に関する刑法規定のような取締役にとり公序と見られる規定，あるいは，会社の健全性を確保することを直接または間接の目的とする規定だけが法令に含まれるとする学説の見解[31]，をとらないことを明らかにしたことに意義があり，取締役の善管注意義務・忠実義務を定める規定は含まれないと判示したものではない。また，商法 266 条 1 項 5 号の法令に会社を名宛人とする法令が含まれるのは，取締役は職務遂行に際して法令を遵守する義務を忠実義務の一内容として負っている（平成 17 年改正前商 254 条ノ 3，会社 355 条）からであるということができる。平成 26 年改正前の会社法 784 条 2 項 1 号の法令違反には善管注意義務・忠実義務違反は含まれないと一般に解されていたわけではない。

会社法 360 条の株主による取締役の違法行為差止請求の場合は，差止事由となる同条 1 項の法令違反に取締役の善管注意義務・忠実義務違反が含まれるとするのが，判例であり[32]，学説である[33]。

組織再編の差止請求と同じく，会社を相手方（仮処分債務者）とする会社法

---

(30) 森本滋編『会社法コンメンタール 18 ── 組織変更，合併，会社分割，株式交換等〔2〕』（商事法務，2010 年）81 頁〔柴田和史〕。

(31) 近藤光男「法令違反に基づく取締役の責任」森本滋＝川浜昇＝前田雅弘編『企業の健全性確保と取締役の責任』（有斐閣，1997 年）287-288 頁，森本滋『会社法〔第 2 版〕』（有信堂高文社，1995 年）253 頁注 5。

(32) 東京地決平成 2・12・27 判時 1377 号 30 頁，東京高判平成 11・3・25 判時 1686 号 33 頁，東京地決平成 16・6・23 金判 1213 号 61 頁。

(33) 上柳克郎＝鴻常夫＝竹内昭夫編集代表『新版注釈会社法(6) ── 株式会社の機関(2)』（有斐閣，1987 年）424 頁〔北沢正啓〕，大隅＝今井・前掲注(15) 246 頁，落合編・前掲注(26) 132 頁〔岩原〕。

210条の募集株式発行の差止請求の場合は，差止事由となる同条1号の法令違反に取締役の善管注意義務・忠実義務違反は含まれないと解されている(34)。その理由としては，善管注意義務・忠実義務違反は，会社を名宛人とする法令の違反ではないことが挙げられている(35)。

しかし，昭和25年の商法改正により創設された当時の商法280条ノ10の新株発行の差止請求は，「会社ガ法令若ハ定款ニ違反シ又ハ著シク不公正ナル方法若ハ価額ニ依リテ」株式を発行した場合に認めていた。そして，当時の解説では，単なる不公正な方法もしくは価額による発行の場合にはとくにその程度が著しい場合に限り差止請求を認める本条の趣旨から見て，取締役の善管注意義務・忠実義務に関する一般規定は含まれないと解していた(36)。この解説は，善管注意義務・忠実義務違反は会社を名宛人とする法令の違反ではないことを問題としていない。

平成26年改正の会社法が定める組織再編の差止事由である法令違反は会社を名宛人とする法令違反を意味し，取締役の善管注意義務・忠実義務違反は含まれないと解することには，会社を名宛人とする規定に定められた職務を行うのは取締役である，株式会社は業務執行取締役を通じてしか行為することができないという疑問が提示されている(37)。また，名宛人のみを基準とすると，善管注意義務・忠実義務以外にも，取締役に一定の行為を命じる形をとる，株主総会参考書類への理由などの記載（会社301条1項，会社則86条）や説明義務（会社314条）といった株主総会に関する多くの規定は含まれないことになってしまうことが指摘されている(38)。また，募集株式発行の差止事由の法令違反について，募集株式発行に関する会社を名宛人とする規定も，多くは，会社ある

(34)　上柳克郎＝鴻常夫＝竹内昭夫編集代表『新版注釈会社法(7) —— 新株の発行』（有斐閣，1987年）289頁〔近藤弘二〕，酒巻俊雄＝龍田節編集代表『逐条解説会社法3巻 —— 株式2・新株予約権』（中央経済社，2009年）142頁〔伊藤靖史〕，神田編・前掲注(22) 108頁〔洲崎〕。

(35)　上柳＝鴻＝竹内・前掲注(34) 289頁〔近藤〕，酒巻＝龍田・前掲注(34) 142頁〔伊藤〕。

(36)　大隅健一郎＝大森忠夫『逐条改正会社法解説』（有斐閣，1951年）375頁。

(37)　松中・前掲注(5) 202頁，太田洋・野田昌毅・安井桂大「組織再編の差止請求およびキャッシュ・アウトの差止請求に関する実務上の論点（上）」金判1471号（2015年）5頁。

(38)　松中・前掲注(5) 201頁，中東正文「会社法上の差止請求に関する規律の整合性」金判1472号（2015年）13頁。

いは株主の利益保護を目的としているのであり，取締役の善管注意義務・忠実義務と本質的な違いがないことが指摘されている[39]。

これらの提示・指摘は，正当である。合併契約の締結（会社748条），合併契約の内容の決定（会社749条1項・753条1項），合併契約等の事前の開示（会社782条1項1号・794条1項・803条1項1号），合併契約の承認（会社783条1項・795条1項・804条1項），株式買取請求手続の履行（会社785条3項・797条3項・806条3項）などの，会社を名宛人とする規定に定められた職務を行うのは，業務執行機関の取締役である。また，合併に関する会社を名宛人とする規定の多くは，会社または株主の利益保護を目的としているものである。会社を名宛人とする規定も，取締役はその職務を遂行するに当たり，会社の利益を犠牲にして自己の利益を図ってはならないという，善管注意義務・忠実義務を定めている規定（会社330条・355条，民644条）と本質的な違いはないといえる。略式合併以外の合併の差止事由である法令違反は，会社を名宛人とする法令違反のみを意味するのではなく，取締役の善管注意義務・忠実義務違反も含まれると解するべきである。

2　対価の不当性と善管注意義務・忠実義務違反

合併をする場合に，各当事会社は合併契約を締結しなければならないが（会社748条），合併契約を締結する前に，通常は，買収側の会社は，買収対象会社から財務状態その他に関する情報を入手し，それを前提に買収価格を決めて，基本合意書を作成する。その後，買収会社は専門家による買収対象会社の実地調査（デュー・ディリジェンス）を行い，そこで判明した情報をもとに改めて買収価格等の買収条件に関する交渉を行い，合意が成立すれば，合併覚書（合併合意書）が作成され，調印される。合併条件の交渉は，買収会社と買収対象会社の取締役に全面的に委ねられている。また，合併条件である合併の対価および割当てに関する事項は，合併契約の法定決定事項であり（会社749条1項2号－5号・753条1項6号－11号），その決定は，取締役会設置会社では取締役会決議による（会社362条4項・399条の13第5項13号・416条4項16号）。それ以外の会社では取締役が決定することになる（会社348条1項2項）。

---

(39)　田中・前掲注(20) 15-16頁。

このように，合併条件の交渉および決定について，取締役に強い権限が与えられている。そのため，親子会社間ないし企業グループ内の会社間の合併においては，買収対象会社の取締役は，当該会社ないしその株主の利益よりも，親会社や企業グループ全体の利益を優先して，合併条件を決定するおそれがある。また，合併対価として金銭を交付する交付金合併においては，買収対象会社の株主を退出させる締出し（キャッシュ・アウト）の手段として利用されるおそれがある。合併において，買収対象会社の取締役と株主との間に，合併条件について利益相反が生じるおそれがある。

そこで，学説では，株式買取請求権による救済では限界があることを指摘したうえ，組織再編の差止事由に取締役の善管注意義務・忠実義務違反が含まれないとすると，法令違反による差止請求制度が組織再編の場合における利益相反を抑止する手段として機能する余地は著しく限定され，たとえば，支配株主が少数株主に対し不十分な対価しか交付せずに組織再編を通じて会社から締め出す場合や，現金を対価とする買収提案が競合している場合に，より低い対価の買収提案を買収対象会社の経営陣が支持して組織再編を実現しようとするときに，差止めが認めらなくなることを指摘し，利益相反を抑止する手段としての差止請求制度の望ましさを考慮すると，差止事由としての法令違反に取締役の善管注意義務・忠実義務違反が含まれる解すべきことが主張されている[40]。

利益相反を抑止する手段として機能できるようにするために，差止事由としての法令違反に取締役の善管注意義務・忠実義務違反が含まれると解してよいことは，株式公開買付けおよび取得条項付種類株式を利用したマネージメント・バイアウト（MBO）における取締役の義務，および，特別支配株主の株式売渡請求による対象会社の少数株主のキャッシュ・アウトにおける取締役の義務が参考となる。

平成 26 年改正の会社法は，略式組織再編以外の組織再編と同じく，全部取得条項付種類株式の取得が法令・定款に違反し，株主が不利益を受けるおそれがあるときは，株主は，会社に対し，全部取得条項付種類株式の取得をやめることを請求できるものとしている（会社 171 条の 3）。

---

[40]　白井正和「組織再編等に関する差止請求権の拡充 —— 会社法の視点から」川嶋四郎＝中東正文編『会社事件手続法の現代的展開』（日本評論社，2013 年）210 頁，217-218 頁。

全部取得条項付種類株式は，上場会社の取締役がその会社を買収する MBO の手段として利用されている。取締役が買収会社を設立して，株式公開買付けにより買収対象会社の株式の大部分を取得し，その後，買収対象会社の定款を変更してその発行済株式を全部取得条項付種類株式とし，当該株式をそれよりもきわめて少ない別の種類株式を対価として対象会社が取得し，対象会社の株主のうち買収者以外の者には，1株未満の端数処理（会社234条1項2号）として金銭を交付するという方法である。

このような MBO において，レックス・ホールディングス事件の東京地判平成 23・2・18 金判 1363 号 48 頁は，「取締役は，会社に対し，善良な管理者としての注意をもって職務を執行する義務を負うとともに（会社法 330 条，民法 644 条），法令・定款及び株主総会の決議を遵守し，会社のために忠実に職務を行う義務を負っている（会社法 355 条）が，営利企業である株式会社にあっては，企業価値の向上を通じて，株主の共同利益を図ることが一般的な目的となるから，株式会社の取締役は，上記義務の一環として，株主の共同利益に配慮する義務を負っているものというべきである。」と判示し，MBO において，取締役が自ら株主から対象会社の株式を取得し，必然的に取締役についての利益相反的構造が生じるから，対象会社の取締役が，自己の利益のみを図り，株主の共同利益を損なうような MBO を実施した場合には，株主の共同利益に配慮する義務に反し，善管注意義務・忠実義務に違反するものとしている。

控訴審判決の東京高判平成 25・4・17 判時 2190 号 96 頁は，「MBO においては，株主は，取締役（及びこれを支援するファンド）が企業価値を適正に反映した公正な買収価格で会社を買収し，MBO に際して実現される価値を含めて適正な企業価値の分配を受けることについて，共同の利益を有するものと解されるから，取締役が企業価値を適正に反映しない安価な買収価格で MBO を行い，旧株主に帰属すべき企業価値を取得することは，善管注意義務に反するというべきである。……取締役および監査役は，善管注意義務の一環として，MBO に際し，公正な企業価値の移転を図らなければならない義務（以下，便宜上「公正価値移転義務」という。）を負うと解するのが相当であり，MBO を行うことが合理的な経営判断に基づいている場合……でも，企業価値を適正に反映しない買収価格により株主間の公正な企業価値の移転が損なわれたときは，取締役及び監査役に善管注意義務違反が認められる」と判示し，取締役は

MBO に際して実現される価値を含めて適正な企業価値の移転を図らなければ
ならない義務が善管注意義務に含まれることを明らかにしている。

平成 26 改正の会社法は，特別支配株主が，キャッシュ・アウトの対象会社
のすべての株主に対し，その有する株式の全部を売り渡すことを請求できる制
度を新設している（会社 179 条 1 項）。そして，売渡株主の救済措置として，特
別支配株主に対する売渡株式全部の取得の差止請求を認めている（会社 179 条
の 7 第 1 項）。

特別支配株主の株式売渡請求は，対象会社の承認を受けなければならない
（会社 179 条の 3 第 1 項）。その決定は，取締役会設置会社では取締役会の決議
による（同条 3 項）。それ以外の会社では取締役が決定することになる。

立案担当者は，株式売渡請求は，特別支配株主が請求するものであるため，
対象会社の取締役は，売渡請求を承認するか否かを決定するに当たり，特別支
配株主以外の売渡株主の利益を保護するため，善管注意義務をもって売渡請求
の条件等が適正かを検討する必要があり，売渡株主に交付される対価の相当性，
対価の交付の見込みを確認する必要があると説明している[41]。この説明には，
学説でも異論はない[42]。

取締役の善管注意義務・忠実義務は，直接には会社に対して負うものである。
また，企業買収，組織再編の場合において，株式会社の営利性という一般的・
長期的な目的から，取締役は株主の共同利益に配慮する義務を負い，株主に対
し善管注意義務・忠実義務を負う，ということはできない[43]。

株式公開買付けおよび取得条項付種類株式を利用した MBO の実施において，
買収対象会社の取締役が株主に対し善管注意義務・忠実義務を負うのは，取得

---

(41)　坂本・前掲注(1) 272 頁。

(42)　江頭・前掲注(15) 278 頁注 2，田中亘「キャッシュ・アウト」岩原紳作＝神田秀樹＝
　　　野村修也編『平成 26 年会社法改正』（有斐閣，2015 年）77 頁，福島洋尚「特別支配株
　　　主の株式等売渡請求」鳥山＝福島編・前掲注(25) 73 頁。

(43)　飯田秀総「企業買収における対象会社の取締役の義務 —— 買収対価の適切性につい
　　　て」フィナンシャル・レビュー 1215 号（2015 年）149-150 頁は，株式会社の営利性か
　　　ら取締役の善管注意義務・忠実義務は総株主に対し利益最大化を図る義務を意味すると
　　　いう行為基準は，平時の経営事項に関する取締役の義務の行為基準を示すもので，企業
　　　買収の固有の問題である利益相反問題に対処する基準とはならないことを指摘してい
　　　る。

価格について，対象会社の株式を取得する取締役と取得される株主との間に利益相反が生じるからである。また，特別支配株主の株式売渡請求の承認において，買収対象会社の取締役が株主に対し善管注意義務・忠実義務を負うのは，売渡株主に交付される対価について，特別支配株主の意向に従いやすい対象会社の取締役と特別支配株主以外の少数株主との間に利益相反が生じるからである。親子会社間ないし企業グループ内会社間の合併や交付金合併においても，対価等の合併条件について，買収対象会社の取締役と株主との間に利益相反が生じるおそれがある。親子会社間ないし企業グループ内の会社間の合併や交付金合併においては，買収対象会社の取締役は，合併条件を決定するに当たり，株主に対し善管注意義務・忠実義務を負うと解してよい[44]。

3 対価の不当性の判断と株主が不利益を受けるおそれ

合併条件である合併の対価および割当てに関する事項は，取締役会・取締役が決定する。合併対価は，消滅会社の株主が合併前に有していた株式の経済価値に等しい存続会社の株式・交付金等を取得するように定めなければならない。また，合併により，合併前の各当事会社の企業価値を超えるシナジーが発生する場合は，レックス・ホールディングス事件の東京高裁判決がMBOに際して実現される価値を含めて適正な企業価値の移転を図らなければならないと判示しているように，消滅会社の株主にシナジーを反映した対価が分配されなければならない。分配されなければ，合併対価は公正とはいえず，善管注意義務・忠実義務違反は認められる。

取締役会・取締役の合併対価の決定において取締役に善管注意義務違反があるかについては，経営判断の原則の適用があるかが問題となる。会社法360条の株主による取締役の違法行為の差止請求については，判例は，経営判断の原

---

[44] 飯田秀総「特別支配株主の株式等売渡請求」神田編・前掲注(5) 154頁は，特別支配株主の株式等売渡請求の制度は，取締役の義務が会社法上の制度として目に見える形で表れたにすぎないのであって，他のキャッシュ・アウトや企業再編一般の場合についても，対価の公正性を確保する義務が含まれていると解すべきとしている。また，伊藤ほか・前掲注(20) 385-386頁〔田中〕は，対象会社の取締役がキャッシュ・アウトあるいは組織再編による買収の対価の額をめぐって買収者と交渉する場面では，取締役は，株主の利益のために忠実に，善良な管理者の注意を尽くして，買収対価その他の買収条件に関する買収者との交渉や決定を行う義務を負うと解すべきとしている。

8 合併対価の不当性と合併の差止め〔青竹正一〕

則の適用を認めている[45]。しかし，買収対象会社の取締役と株主との間に利益
相反が生じる合併については，経営判断の原則は適用されないといってよい。
裁判所は，合併対価の不当性それ自体を判断しなければならない。

　合併の差止仮処分の申立てにおいては，株主は，合併の対価が不当であるこ
とを疎明すればよい。合併対価の相当性に関する事項は事前開示事項であり
（会社 782 条 1 項 1 号・794 条 1 項・803 条 1 項 1 号，会社則 182 条 1 項 1 号・204 条
1 号），株主は，会社に対し，事前開示事項を記載した書面の閲覧等を請求す
ることができる（会社 782 条 3 項・794 条 3 項・803 条 3 項）。そこで，合併当事
会社の合併対価の相当性に関する事項が開示されると，株主は，当該事項を記
載した書面の閲覧等により得られた情報により，対価の不当性を疎明すること
ができるであろう。

　取締役会・取締役の決定した対価の不当性が取締役の善管注意義務・忠実義
務違反となり，法令違反になると解すると，株主は，株主総会の承議決議の前
に合併の差止仮処分を求めることができることになる。また，合併の承認決議
は効力発生日の前日までに行えばよいとしていること（会社 783 条 1 項・795 条
1 項）には，立法論として，決議の翌日に効力を発生させねばならない実務上
のニーズは乏しいから，仮処分に必要な決議の日より 2 週間経過後に効力が発
生する制度に改正すべきことが主張されているが[46]，株主総会の承認決議の前
に仮処分を求めることができれば，裁判所に審理の時間的余裕を与えることに
なるであろう。

　略式合併以外の合併差止めの仮処分における第 2 の被保全権利は，株主が不
利益を受けるおそれがあることである（会社 784 条の 2 柱書・796 条の 2 柱書・
805 条の 2）。略式合併の場合の株主が不利益を受けるおそれがあるときの典型
例として，交付される合併対価の価値が著しく低い場合が挙げられている[47]。
これに対し，略式合併以外の合併においては，法令に違反することにより株主
が不利益を受けるおそれがある場合については，必ずしも明らかではない。し
かし，取締役会・取締役が決定した対価の不当性が取締役の善管注意義務・忠
実義務違反となり，法令違反になるとすると，対価の不当性が判断され，交付

---

(45)　前掲注(32) 東京地決平成 16・6・23。

(46)　江頭・前掲注(15) 370 頁。

(47)　森本編・前掲注(30) 83 頁〔柴田〕。

民商法の課題と展望

される対価の価値が低い場合は，株主が不利益を受けるおそれがあることになる。また，仮の地位を定める仮処分は，争いがある権利関係について債権者に生ずる「著しい損害又は急迫の危険」という，保全の必要性がなければならない（民保23条2項）。そこで，合併の差止仮処分の申立てにおいて，交付される合併の対価の価値が低く，株主が不利益を受けるおそれがあるという被保全権利が疎明されると，債権者の損害・不利益という保全の必要性も認められやすくなる。

VI　事前の開示と法令違反

　会社は，株主総会の日の2週間前などの備置開始日から効力発生日まで，合併契約の内容その他法務省令で定める事項を記載した書面等を本店に備え置かなければならない（会社782条1項1号・794条1項・803条1項1号）。

　事前開示事項について法務省令で定める事項は，合併対価の柔軟化に伴い，平成19年の改正で，消滅会社の株主を保護するために，拡充・明確化が図られている。法務省令が定める吸収合併の消滅会社の開示事項には，「合併対価の相当性に関する事項」が含まれる（会社則182条1項1号）。合併対価の相当性に関する事項は，①合併対価の総数または総額の相当性に関する事項，②合併対価として当該種類の財産を選択した理由，③存続会社と消滅会社が親子会社・兄弟会社の関係がある場合にそのような関係にない消滅会社の株主の利益を害さないように留意した事項，④その他の合併対価および割当ての相当性に関する事項である（会社則182条3項）。

　立案担当者は，①について，合併対価として消滅会社の株主に交付される財産の価値の総和は，基本的に，消滅会社等の企業価値に基づいたものとなるべきで，合併対価の総数・総額を決定する際に当事会社の企業価値を算定するために採用した方法，算定の基礎とされた数値および算定の結果，対価の総数・総額の決定に際して考慮されたその他の事情が記載されることが想定されるとし，信頼することができる第三者機関により対価の総数・総額が算定されたことを示す具体的事実は，対価の決定過程やその算定根拠の合理性を示す事情として，①の事項に含まれると説明している[48]。②は，合併対価の柔軟性が認められたことによる事項である。③は，企業グループ内の会社間の合併において

は，消滅会社ないしそれらの株主共同の利益よりも，親会社や企業グループ全体の利益を優先して，合併対価の種類や数額が決定されるおそれがあり，少数株主への配慮がとくに要請されることから重要事項とされたものであり，対価の決定過程において企業グループとはまったく利害関係がなく独立した立場での評価の実施を期待できる第三者機関の評価を求め，これに従って合併対価を決定したことなどが記載されることが想定されると説明している[49]。

　事前開示事項について開示がなされていない場合や，虚偽の記載がある場合は，合併に関する具体的な法令違反として，合併の差止事由となる。とくに，合併の対価の相当性に関する事項は，株主が合併の公正を判断し，株主総会で合併に承認するか，株式買取請求権を行使するか，また，合併の差止請求をするかを判断する重要資料となる。合併対価の相当性に関する事項の事前開示を欠くこと，虚偽記載は，合併の差止事由になると解さなければならない。判例は，交換対価の相当性に関する事項などの株式交換の事前開示事項（会社則184条1項）が開示されていないことは，株式交換の無効原因にもなるとしている[50]。

　実務では，合併対価の相当性に関する事項として，第三者機関により算定されたことに加え，利害関係を有する取締役等を検討・決議から除外したことや社外監査役の審議への参加などの記載が見られる[51]。また，東京証券取引所の上場規則は，上場会社およびその子会社の業務執行を決定する機関が合併を行うことを決定した場合には，適時開示を行うこと，上場会社は，合併当事会社以外の者であって，企業価値または株価の評価に係る専門的知識および経験を有するものが，合併に係る合併比率に関する見解を記載した書面作成後直ちに，当該書面を当取引所に提出することを求めている（東証・有価証券上場規程402条1号k・403条1号c・421条1項，同施行規則417条8号e(a)）。また，支配株主を有する上場会社は，合併を行うことを決定した場合は，その決定が当該上場会社の少数株主にとって不利益なものでないことに関し，当該支配株主との

---

(48)　相澤哲ほか「合併等対価の柔軟化の施行に伴う『会社法施行規則の一部を改正する省令』」商事1800号（2007年）6-7頁。

(49)　相澤ほか・前掲注(48) 7頁。

(50)　神戸地尼崎支判平成27・2・6金判1468号58頁。

(51)　玉井裕子編集代表『合併ハンドブック（第3版）』（商事法務，2015年）134頁。

民商法の課題と展望

間に利害関係を有しない者による意見の入手を行い，必要かつ十分な適時開示を行うことを求めている（東証・有価証券上場規程441条の2）。

学説では，第三者機関に独立性がないときは，買収者に有利な企業価値の算定を行った可能性があり，第三者機関の独立性は合併対価の相当性を判断するうえで重要な事実といえるから，第三者機関の独立性に関する事項も対価の相当性に関する事項に含まれ，これが記載されない場合には，法令違反として差止事由になるとする見解がある[52]。これに対し，開示事項として解釈上争いがある事項が開示されないことが法令違反として差止めが認められることになれば，健全のM＆Aまで萎縮してしまうことを理由に，企業価値算定を行った第三者機関の独立性に関する事項が開示されないことは，差止事由にならないとする見解がある[53]。

立案担当者は，合併対価の相当性に関する事項に，信頼できる第三者機関，利害関係のない第三者機関により対価の評価をしたことを含めている。また，上場規則は，専門的知識・経験を有するものによる合併比率に関する見解の提出，少数株主に不利益でないことに関する利害関係を有しない者による意見の入手・開示を求めている。対価の算定を行った第三者機関の独立性は，解釈上争いがある開示事項とはいえない。第三者機関の独立性に関する事項が開示されない場合も，差止事由になると解してよい。

Ⅶ　む　す　び

略式合併以外の合併において，法令違反は合併の差止事由となる。合併対価の不当性それ自体は差止事由とすることはできない。合併対価の不当性も法令違反として差止めが認められると解する場合に，差止仮処分事件において裁判所が短期間で審理することが困難となることは障害となるものではない。

株主総会決議取消しの訴えを本案とする合併の差止仮処分は認められない。

---

(52)　飯田秀総「組織再編等の差止請求規定に対する不満と期待」ビジネス法務12巻12号（2012年）80-81頁，河村賢治「組織再編と開示 —— 特に合併対価の相当性に関する事前開示について」法学教室409号（2014年）36頁。なお，同旨の見解として，白井・前掲注(40) 221頁。

(53)　太田＝野田＝安井・前掲注(12) 7頁。

会社法831条1項3号の取消事由に基づく決議取消しの訴えを本案とする差止めの仮処分命令は，総会決議取消しの請求の範囲内のものではなく，総会決議取消しの訴えと差止仮処分命令との結び付きがないからである。

合併承認総会において特別利害株主の議決権行使によって著しく不当な合併対価が決議された場合は，合併の差止めを申立ての趣旨とする仮処分を求め，合併が法令に違反することを被保全権利として，会社法831条1項3号の取消事由があることを疎明することにより，合併の差止めは認められてよい。会社法831条1項3号の取消事由が疎明されると，決議が無効で，承認決議を欠くという法令違反は暫定的に形成されるからである。

合併に関する会社を名宛人とする規定に定められた職務を行うのは，業務執行機関の取締役である。また，会社を名宛人とする規定の多くは会社または株主の利益保護を目的とするものであって，取締役の善管注意義務・忠実義務を定める規定と本質的な違いはない。合併の差止事由である法令違反は，会社を名宛人とする法令違反のみを意味するのではなく，善管注意義務・忠実義務違反も含まれる。

親子会社間ないし企業グループ内の会社間の合併や交付金合併においては，対価等の合併条件について買収対象会社の取締役と株主との間に利益相反が生じるおそれがある。株式公開買付けおよび取得条項付種類株式を利用したMBOの実施における対象会社の取締役の株主に対する義務，特別支配株主の株式売渡請求の承認における対象会社の取締役の特別支配株主以外の少数株主に対する義務と同じく，親子会社ないし企業グループ内の会社間の合併や交付金合併においては，買収対象会社の取締役は，合併条件を決定するに当たり，株主に対し善管注意義務・忠実義務を負う。

合併により，合併前の当事会社の企業価値を超えるシナジーが発生する場合は，消滅会社の株主にシナジーを反映した対価が分配されなければ，合併条件は公正とはいえず，善管注意義務・忠実義務違反は認められる。取締役会・取締役の合併対価の決定において，合買収対象会社の取締役と株主との間に利益相反が生じる合併については，経営判断の原則は適用されない。

合併対価の相当性に関する事項の事前開示を欠くこと，虚偽記載は，具体的な法令違反として合併の差止事由となる。対価を算定する第三者機関の独立性に関する事項も対価の相当性に関する事項に含まれると解してよい。

民商法の課題と展望

　取締役会・取締役の決定した合併対価の不当性が善管注意義務・忠実義務違反となり，法令違反になると解すると，株主は，株主総会の承認決議の前に合併の差止仮処分を求めることができることになる。また，仮処分債権者の受ける損害・不利益という保全の必要性も認められやすくなる。

　このように解しても，合併等の組織再編を萎縮させたり，差止仮処分の申立てが濫用されるおそれはあまりないであろう。保全の必要性について，債権者の損害・不利益のほか，仮処分により債務者の受ける損害・不利益を考慮し，債務者の受ける損害が著しく大きい場合は保全の必要性は認められないとするのが，判例であり[54]，多数説[55]であるからである。また，裁判所は，申立人に，保全命令発令の条件としての担保（民保 14 条）について，高めの担保額を立てさせている[56]からである。

---

[54]　住友銀行対 UFJ ホールディングス等事件の最決平成 16・8・30 民集 58 巻 6 号 1763 頁，楽天事件の東京地決平成 19・6・15 金判 1270 号 40 頁など。

[55]　鈴木正裕「仮の地位を定める仮処分と保全の必要性」山木戸克己代表『保全処分の大系　吉川大二郎博士還暦記念　上巻』（法律文化社，1965 年）228 頁，竹下守夫＝藤田耕三編『注解民事保全法上巻』（青林書院，1996 年）246 頁〔橘勝治〕，原井＝河合編著・前掲注(14) 80 頁〔栗原良扶〕など。

[56]　瀬木・前掲注(13) 78 頁参照。ちなみに，ニッポン放送事件の前掲注(4) 東京地決平成 17・3・11 は，申立人が 5 億円の担保を立てることを保全執行の実施の条件としている。

9 支払決済制度における善意取得の適用範囲
── 不当利得論と交付合意論を踏まえて

田 邊 宏 康

I　は じ め に
II　手形の善意取得の適用範囲
　　に関する判例
III　不当利得論からの問題提起
　　と交付合意論

IV　不当利得論と交付合意論を
　　踏まえた個別的考察
V　譲渡人が他人になりすまし
　　た場合について
VI　む す び

I　は じ め に

　電子記録債権においては，手形と同様，債権の流動化を図るための各種の措置が講じられているが，善意取得（電子記録債権法 19 条）は，その中心といえる[1]。その意味で，善意取得の適用範囲の問題は，電子記録債権制度にとっても非常に重要な問題と考えられるが，この点について電子記録債権法の立案担当者等の執筆に係る文献には，「手形の善意取得についての解釈と同じ解釈が電子記録債権の善意取得についても採られるようにしようとした」との記述がある[2]。

　手形の善意取得（手 16 条 2 項）の適用範囲については，例えば「A は，振出しを受けた約束手形を保管していたところ，B は，その手形を盗取し，A から自己への裏書を偽造して C に裏書した」という裏書人 B が無権利者の場合に C のために善意取得が認められることは，問題がない。物理的な盗難，紛失が

---

(1)　ただし，沢野直紀「電子記録債権の創設 ── 手形から電子手形へ」西南 45 巻 2 号
　　（2012 年）17 頁は，電子記録債権について「善意取得の成否が問題になるケースは極め
　　て少ない」と指摘する。
(2)　始関正光＝高橋康文編著『一問一答　電子記録債権法』（商事法務，2008 年）97 頁。

民商法の課題と展望

ない電子記録債権についても，例えば「個人事業者の A は，B から絶対的強迫を受け意思能力がない状態で B に電子記録債権を譲渡する電子記録の請求をさせられ，電子記録がなされた後，B は，C に電子記録債権を譲渡した」という譲渡人 B が無権利者の場合に C のために善意取得が認められることも，問題がないであろう[3]。問題は，これらの善意取得の適用範囲が譲渡人が無権利者の場合に限られるか否かである。

　上の問題については，関係する判例の理解が容易でないうえ，学説においても，譲渡人が無権利者の場合に限られると解する見解（以下「限定説」という。）と譲渡人が制限能力者の場合や譲渡が無権代理の場合等にも適用されると解する見解（以下「非限定説」という。）とが対立している[4]。限定説は，例えば「沿革から考えても，……善意取得は占有 —— 手形では裏書の連続した手形の所持 —— に対する信頼の効果として認められるものであり，そのような占有とか裏書の連続した手形の所持ということは，その者を権利者であると推定させるだけであって（民 188，手 16 参照），譲渡人の能力・有効な意思表示・代理権の存在までをも推測させるものではないから，問題を否定すべきであろう」と述べる[5]。これに対し，非限定説は，例えば「手形法 16 条 2 項は，『前項ノ規定ニ依リ其ノ権利ヲ証明スルトキハ』と規定しているから，善意取得は裏書の連続のある手形の所持人に認められた効果であることは明らかである。このことは，善意取得制度が，裏書の連続のある手形所持人に形式的資格が認められることを基礎とするものであることを示している。しかし，そうだからといって，善意取得の適用範囲を無権利者からの譲受の場合に限定しなければならない論理的必然性はない。善意取得制度は，手形権利移転行為の瑕疵一般を治癒する制度と理解して，悪意・重過失のない手形取得者の保護を徹底すべきであ

---

(3)　電子記録債権においては，債権者として記録されている者のみが債権を行使しうるという意味で，その者に電子記録債権に関する事実上の支配権限としての準占有が与えられると考えられる（森田宏樹「有価証券のペーパーレス化の基礎理論」金融研究 25 巻法律特集号（2006 年）45 頁以下，14 頁参照）。

(4)　ドイツにおいては，非限定説が通説といえるが，比較的近年の代表的な教科書であるヒュック＝カナリスやツェルナーの教科書の立場は，限定説に近い（Vgl; Hueck/Canaris, Recht der Recht der Wertpapiere, 12. Aufl. 1986, §8 Ⅳ 2 b; Zollner, Wertpapierrecht, 14. Aufl. 1987, §14 Ⅵ 1 c）。

(5)　木内宜彦『手形法小切手法（企業法学Ⅲ）（第 2 版）』（勁草書房，1982 年）200 頁。

9 支払決済制度における善意取得の適用範囲〔田邊宏康〕

る」と述べる[6]。限定説は，善意取得の保護法益を有効な取引行為ととらえ，その信頼の対象を譲渡人の権利ととらえるのに対し，非限定説は，善意取得の保護法益を善意占有ととらえ，その信頼の対象を自己の権利ととらえるものといえる[7]。他方，電子記録債権の譲受人は，原則として電子債権記録機関から直接に譲渡人の記録事項の開示を受けることができない（電子記録債権法87条参照）。譲受人が譲渡人からその証明書の交付を受けて譲渡人の権利を確認することは可能であろうが，法はその交付を義務づけていないから，電子記録債権の善意取得の信頼の対象は，自己の権利ととらえざるをえない。その意味で，電子記録債権の善意取得の適用範囲については，非限定説をとることが自然とも考えられるが，限定説をとることも論理的に不可能とはいえまい。

　善意取得の適用範囲について非限定説をとって譲渡人が無権利者の場合以外の場合に善意取得を認めたとしても，裏書人が原因関係上の不当利得（民703条）に基づいて善意取得者に対し手形の返還を請求しうる場合があるという指摘もある[8]。この指摘は，こう着気味の議論状況に実益という実際的視点を提供するものとして重要である。また，手形行為の原因行為は，例えば売買契約の支払のために手形を振り出した場合における売買契約であると一般に考えられてきた。しかし，ドイツにおいては，この場合における手形行為の原因行為を売買契約ではなく，交付の合意に求める交付合意論が有力となっており[9]，わが国にも紹介されている[10]。交付合意論をとる場合には，原因関係上の不当利得に基づく手形返還請求が認められる範囲も多少異なってこよう。そこで，本稿においては，手形の善意取得の適用範囲に関する判例を検討したうえで，手形および電子記録債権における善意取得の適用範囲について不当利得論と交付合意論を踏まえて考察したい。

---

[6]　前田庸『手形法・小切手法入門』（有斐閣，1983年）198頁。

[7]　平出慶道ほか編『注解法律全集（25）手形・小切手法』（青林書院，1997年）256頁以下〔林竧〕参照。

[8]　上柳克郎「手形の善意取得によって治癒される瑕疵の範囲（一）」論叢80巻2号（1966年）1頁以下〔同『会社法・手形法論集』（有斐閣，1980年）479頁以下。以下では，同書により引用する。〕参照。

[9]　Vgl. Hueck/Canaris, a.a.O. （Fn.4）, §17 Ia ; Schnauder, Einreden aus dem Grund-verhaltnis gegen den ersten Wecsel- und Scheckglaubiger, JZ 1990, S. 1046ff.

民商法の課題と展望

Ⅱ　手形の善意取得の適用範囲に関する判例

1　最判昭 35・1・12 民集 14 巻 1 号 1 頁

[事実]「A 会社名古屋出張所取締役所長犬塚雅久」と自称する B は，昭和
29 年 5，6 月頃しばらくの間名古屋市に滞在し，この趣旨を記載した名刺を使
用し，同市内に「A 会社名古屋出張所」と書いた看板を掲げ，同人方の一室
を事務所として石炭売買の仲介人等をし，取引の相手方等に対して A 会社の本
店は福岡市にある旨を述べていた。A 会社は，福岡市に本店を置いて石炭の
売買等を営業としており，同会社には取締役の一員として犬塚勇という氏名の
者がいたが，同人は，所在不明であった。B は，A 会社を代理または代表する
権限を有しないにもかかわらず，その権限を有する旨自称して Y から受取人
を「A 会社名古屋出張所」とする本件手形の振出交付を受け，これに「A 会
社名古屋出張所取締役所長犬塚雅久」と署名して善意の X に裏書譲渡した。
善意で本件手形を取得して所持人となった X は，本件手形の支払呈示期間に
支払場所において本件手形を呈示して支払を求めたが，支払が拒絶されたため，
A 会社および Y に対し本件手形金等の支払を求める訴えを提起した。

　第 1 審判決（名古屋地判言渡年月日不詳民集 14 巻 1 号 20 頁）は，請求を認容
した。Y は，B の裏書は無権代理であるかまたは B の署名は偽造もしくは仮
設人の署名であり，B の裏書は無効であると主張して控訴したが，原判決（名
古屋高判昭和 30・12・27 民集 14 巻 1 号 20 頁）は，Y による X の権利推定の反証
がないとして控訴を棄却した。Y は，原判決は X が実質上の手形権利者であ

⑽　福瀧博之「原因関係に基づく手形抗弁の法律構成」龍田節＝森本滋編『商法・経済法
　の諸問題　川又良也先生還暦記念』（商事法務研究会，1994 年）398 頁以下，菊地和彦
　「手形の無因性の再検討」盛岡短期大学法経論集 11 号（1990 年）49 頁以下，橡川泰史
　「手形取引当事者の合意と手形抗弁」私法 56 号（1994 年）254 頁以下，今泉恵子「手形
　理論と手形抗弁理論の交錯 —— 契約説・創造説の折衷理論における『付随的な約定』
　の法的評価を中心として」私法 56 号（1994 年）247 頁以下，高木正則「手形授受の当
　事者間における原因関係上の抗弁 —— ドイツにおける議論を参考にして」明治大学法
　学研究論集 8 号（1998 年）187 頁以下，庄子良男『ドイツ手形法理論史（下）』（信山
　社，2001 年）969 頁以下，拙稿「手形の無因性と『原因』関係に基づく抗弁に関する若
　干の考察 —— 『交付合意論』を踏まえて」専修大学法学研究所紀要『民事法の諸問題
　ⅩⅢ』（2010 年）101 頁以下参照。

ると誤解していると主張して上告した。

［判旨］

上告棄却。

「本件約束手形の裏書は形式的に連続しており，Ｘは裏書譲渡により善意でこれを取得し（Ｘの本件手形の取得に重大な過失のあったことについては主張も立証もない）現に所持しているのであるから，犬塚雅久と自称する者がＡ会社を代理または代表する権限を有しないに拘わらずその権限ある旨自称して，Ｙから本件手形の振出交付を受け次でこれをＸに裏書譲渡した事実によっては，本件約束手形の所持人たるＸからこれが振出人たるＹに対する手形上の権利行使に消長を来たすものでないと解するのは相当である。」

2　最判昭36・11・24民集15巻10号2519頁

［事実］「Ａ会社名古屋出張所取締役所長犬塚雅久」と自称するＢは，昭和29年5，6月頃しばらくの間名古屋市に滞在し，この趣旨を記載した名刺を使用し，同市内に「Ａ会社名古屋出張所」と書いた看板を掲げ，同人方の一室を事務所として石炭売買の仲介人等をしていた。Ａ会社は，福岡市に本店を置いて石炭の売買等を営業としており，同会社には取締役の一員として犬塚勇という氏名の者がいたが，同人は，所在不明であった。Ｂは，Ｙから受取人を「Ａ会社名古屋出張所」とする本件約束の振出交付を受け，これに「Ａ会社名古屋出張所取締役所長犬塚雅久」と署名してＸに裏書譲渡した。Ｘは，これをＣ銀行に裏書譲渡し，Ｃ銀行は，本件手形の支払呈示期間に支払場所において本件手形を呈示して支払を求めたが，支払を拒絶された。その後，Ｘは，Ｃから本件手形の戻裏書を受けて所持人となり，Ｙに対し本件手形金等の支払を求める訴えを提起した。

第1審判決（津地四日市支判昭和31・9・27民集14巻1号2531頁）は，請求を認容した。Ｙは，控訴したが，原判決（名古屋高判昭和31・12・19民集14巻1号2535頁）は，「Ｙの手形法第十六条は手形譲渡人の無権利の場合のみに限られ手形譲渡人につき無能力，代理権欠缺，意思表示の瑕疵等のある場合は同法条の適用なしとする見解は採用し得ないところである」と述べて控訴を棄却した。Ｙは，原判決は手形法16条1項に違背し，手形法16条2項を誤解した違法な判決であると主張して上告した。

民商法の課題と展望

［判旨］

上告棄却。

「本件手形は，Ｙが昭和二九年六月八日受取人を山栄商事株式会社名古屋出張所と記載して振出したものであること，右手形中第一の裏書欄には，裏書人として山栄商事株式会社名古屋出張所取締役所長，犬塚雅久，被裏書人としてＸと記入してあり，右犬塚の名下に同人の印を押したものと思われる印影のあることは，原判決の引用する第一審判決が確定したところであり，同判決が手形面における叙上の記載から，裏書の連続に欠けるところはなく，Ｘは右手形の適法な所持人とみなされる旨判示するところは，当裁判所も正当としてこれを是認する。

ところで，手形法一六条一項に『みなす』というのは，所論のごとく『推定する』との意味に解すべきであり，したがつて，ＹはＸが真実の権利者でないことを証明すれば，権利の行使を拒みうるのであるが，Ｘは，……本件手形を同条二項により善意取得し，実質上の権利者となつたものと認めるべきであるから，Ｙは，Ｘの権利の行使を拒みえないのであり，論旨は，結局理由なきに帰する。」

「本件手形に受取人として記載されているＡ会社は，手形上の権利を取得したものではないことはＹの主張自体からあきらかであり，Ｘは，とりもなおさず，手形上の無権利者から本件手形を取得したものに該当するのである。そして，Ｙは，Ｘの本件手形の取得が悪意又は重大な過失によるものであることを立証していないのであるから，Ｘは，手形法一六条二項により本件手形の実質上の権利者となつたものといわなければならない。」

3　最判昭41・6・21民集20巻5号1084頁

［事実］　本件約束手形の受取人の記載は，いったんＸ宛をもつて振り出されたが，その後振出人であるＹ$_1$においてこれをＹ$_2$宛に訂正した。本件手形の受取人はＹ$_2$であつて，第1裏書はＹ$_2$からＸ宛をもつてなされているが，Ｙ$_1$は，本件約束手形の原因となつたＸからの借受に際してＹ$_2$に無断で同人の印を持ち出し，Ｘに対して同人が債務につき連帯保証することを承諾している旨を申し向けたうえ，同人の印を使用して同人名義の本件手形の裏書および公正証書作成に関する委任状を作成したものであって，Ｙ$_2$は，Ｙ$_1$に対してこ

のような代理権を授与したことはなかった。Xは，本件手形を満期に支払場所に支払のため呈示したが，支払を拒絶されたため，Y₁およびY₂に対し本件手形金等の支払を求める訴えを提起した。

第1審判決（東京地判昭和35・12・16民集20巻5号1091頁）は，XのY₁に対する手形金請求等を認容したが，Y₂に対する請求を棄却した。XおよびY₁は，控訴し，原判決（東京高判昭和39・11・26民集20巻5号1096頁）は，本件手形の形式上Xに至る裏書の連続に欠けるところはないとして控訴を一部棄却した。Y₁は，本件手形に形式上裏書の連続があっても，Xは自己に対する裏書が偽造であることを知っていた悪意の取得者である等と主張して上告した。

［判旨］

上告棄却。

「原判決は，Xが受取人Y₂，第一裏書人Y₂，被裏書人Xと記載のある本件約束手形を所持している事実を確定しているのであるから，手形法七七条一項，同一六条一項によりXが本件手形の適法の所持人と推定されるのであるが，同条項による推定を覆すためには，Y₁において，本件手形が有効な振出および裏書によりXの所持に帰したものでない所以を主張立証するだけでは足りず，さらに手形法一六条二項本文による手形上の権利の取得もないこと，すなわち，同条項但書により，手形取得者に右の点に関する悪意または重大な過失があつたことをも併せて主張立証しなければならないものと解する。しかるに，Y₁は，前記後段についての主張を記載した昭和三六年六月一七日附準備書面を原審口頭弁論期日において陳述していないし，その他右の点について何らの主張もなしていないことは記録上明らかであるから，この点についての判断を加えることなくXを本件手形の適法の所持人とした原判決に所論の違法がない。論旨は採用できない。」

4 検 討

最判昭35・1・12（以下「①判決」という。）については，手形の裏書譲渡の無権代理の場合に善意取得を認めたものという評価が少なくない[11]。①判決は，「犬塚雅久と自称する者がA会社を代理または代表する権限を有しないに拘わらずその権限ある旨自称して，……Xに裏書譲渡した事実」を認めたうえでXについて善意および重過失といった手形法16条2項の善意取得の要件を問

民商法の課題と展望

題としていることから，そのような評価が出てくるものと思われる。

　最判昭 36・11・24（以下「②判決」という。）は，手形法 16 条 1 項 1 段の「看做す」を「推定する」との意味に解した点で著名な判決であるが，①判決と同様の事案について「X は，……手形上の無権利者から本件手形を取得したものに該当する」と述べて手形法 16 条 2 項を適用したものとしても注目に値する。②判決は，手形に記載されている受取人を A 会社と解しつつ，本件手形の裏書の連続を認めていることから，B が「A 会社名古屋出張所取締役所長犬塚雅久」の名義で行った裏書の形式を代理形式と解し，B の X に対する裏書を無権代理と解していると考えられる。

　以上のことから，上記 2 判決は，裏書譲渡が無権代理の事案に関するものであることは否定できないが，いずれも無権代理の裏書譲渡をされた本人が無権利者であり，かつ，被裏書人の権利取得により権利を失って損失を受けた者が明らかでない事案に関するものである。①判決は，そのような事案において手形法 16 条 2 項の善意取得の要件を問題とし，②判決は，そのような事案において本人が無権利者であることに着目して手形法 16 条 2 項を適用したものといえる。

　最判昭 41・6・21（以下「③判決」という。）は，手形法 16 条 1 項による適法な所持人との推定を覆すためには，同条 2 項ただし書の事実があったことを主張・立証しなければならないと解した点に意義があるが，その批評においては，「Y_1 が無権限で Y_2 名義の裏書をして X に手形を交付した本件においても，X について善意取得が生ずる可能性があると考えるからこそ，Y_1 は X が善意取得もしていないことを主張・立証しなければ X の実質的無権利を主張・立証したことにならない，という本件判旨の考え方が出てくる」という指摘がある[12]。この指摘自体は妥当であろうが，③判決において無権限で裏書を代行された本人である Y_2 も，Y_1 から有効に手形債権を取得したものとは考えられず，③判決も，上記 2 判決と同様，無権限の裏書譲渡をされた本人が無権利者であり，かつ，被裏書人の権利取得により権利を失って損失を受けた者が明らかで

---

(11)　高窪利一「判批」矢沢惇ほか編『商法の判例（第 2 版）』（有斐閣，1972 年）143 頁，
　　　神崎克郎「手形の善意取得」法セ 246 号（1975 年）105 頁，竹内昭夫『判例商法 II』
　　　（弘文堂，1976 年）111 頁以下等参照。
(12)　竹内・前掲注(11) 105 頁。

ない事案に関するものである。

手形の善意取得が生ずれば，その反射的効果として手形上の権利を失って損失を受ける者が存在するはずであるが，上記3判決においてその存在は明らかでない。その意味で，これらの判決が善意取得を認めたものと解することには疑問が残る。少なくとも，上記3判決の射程を裏書譲渡が無権代理の場合一般に及ぼすことは妥当でない。

Ⅲ　不当利得論からの問題提起と交付合意論

上柳克郎教授は，「甲が乙に振出した約束手形を，無能力者（制限行為能力者―筆者）乙が丙に裏書し，乙が無能力（制限行為能力―筆者）を理由にその裏書を取り消した」という事例を設定し，「丙について手形の善意取得を認めても，乙が原因行為を無能力（制限行為能力―筆者）を理由に取消せば，丙が手形を善意取得したことが乙丙間では丙の不当利得となり，乙は丙に対し不当利得を根拠として手形の返還を請求できることにならないか」という問題を提起する[13]。

上の事例において乙が原因行為も取り消した場合には，丙の善意取得を認めたとしても，乙から丙への手形債権の移転は，法律上の原因（民703条）を欠くものとなる。手形の善意取得自体がこの移転に法律上の原因を付与すると考えられなくもないが，「手形関係とは異なる法律関係から生ずる請求権が，手形の善意取得の成立によって排除されると解する根拠は十分ではない」といえよう[14]。したがって，上の事例において乙が原因行為を取り消した場合に乙が原因関係上の不当利得として丙に対し手形の返還を請求しうることは疑いなく，少なくとも丙のために善意取得を認める実益はない。そこで，「このような場合に善意取得を認めることは無意味である」とも指摘される[15]。

ところで，上柳教授は，手形行為の原因行為を売買契約等に求めていると考えられるが，ドイツにおいては，手形行為の原因行為を売買契約等でなく，交

---

(13)　上柳・前掲注(8) 490頁。

(14)　竹内昭夫＝龍田節編『現代企業法講座5有価証券』（東京大学出版会，1985年）135頁注(94)〔林竧〕。

(15)　大隅健一郎・河本一郎『注釈手形法・小切手法』（有斐閣，1977年）181頁。

民商法の課題と展望

付の合意，すなわち「売買契約とその代金債務の支払の方法としての手形の授受（手形行為）との中間に，両者を結びつけるものとして，売買契約に関連して手形を授受する旨，およびその手形の内容に関する合意」[16]に求める交付合意論が有力となっている。例えばカナリスは，「手形の履行または担保が付与される原因債権（Kausalforderung）が手形債権の法律上の原因であるという誤解をしてはならない。そのような考えは，譲渡担保または担保権において被担保債権が担保の設定に対する法律上の原因とみなすのと同様に誤っている。それは，譲渡担保または担保契約における担保合意に教義的に相当する手形の交付に関する特別な合意にある」と述べる[17]。カナリスが「原因債権が手形債権の法律上の原因である」ことを「誤解」と断ずるのは，「原因関係（Grundver-haltnis）における約束は，有価証券の交付ではなく，金額の支払のみを義務づける」ため，「履行されるべき給付約束の法律上の原因は，基礎にある債務関係には見出せない」からである[18]。

　交付合意論は，わが国においては妥当しえない理論であろうか。

　四宮和夫教授は，給付不当利得について「出捐が給付利得の基礎としての『給付』となるには，それが基礎的法律関係（その法律関係上の義務）という客観的関連 —— これを『履行関連』と呼ぶことにする —— を有することを要」すると解している[19]。このような理解によると，法律上の原因（民703条）は，給付となるべき出捐と「基礎的法律関係（その法律関係上の義務）という客観的関連」を有することを要するため，手形行為の原因行為は，手形行為を義務づけるものでなければならないこととなる。しかし，例えば「当事者の一方がある財産権を相手方に移転することを約し，相手方がこれに対してその代金を支払うことを約することによって，その効力を生ずる」売買契約（民555条）は，売買代金債務の弁済に関連して手形が授受される場合における手形行為を義務づけるものではない。したがって，四宮教授の考えによると，売買契約等は，手形行為の原因行為となりえず，その原因行為は，交付の合意に求めざる

---

(16)　福瀧博之『手形法概要（第2版）』（法律文化社，2007年）79頁。

(17)　Hueck/Canaris, a. a. O.（Fn.4），§17 Ia.

(18)　I, a. a. O.（Fn.10），S. 1048.

(19)　四宮和夫『事務管理・不当利得（事務管理・不当利得・不法行為上巻）』（青林書院，1981年）116頁。

をえないこととなろう。

　また，判例によると，手形債務は，「挙証責任の加重，抗弁の切断，不渡処分の危険等を伴うことにより，原因関係上の債務よりも一層厳格な支払義務」であり，会社がその取締役に宛てて約束手形を振り出す行為は，原因債務の負担とは別個に現行会社法356条1項2号の「取引」にあたる[20]。そうだとすると，このような厳格な支払債務を負担させるために「原因」債務の履行の方法としての手形の交付の合意が例えば強迫により取り付けられることは十分考えられる。そのような場合には，仮に売買契約等の実質関係や手形行為自体に瑕疵がないときであっても，手形債務者は手形の交付の合意を取り消して手形の返還を請求しうると解するのが妥当とも考えられる。

　以上のことから，交付合意論は，わが国においても妥当しうる理論といえる。なお，手形の交付の合意の際に当事者が売買代金債務のような「原因」債務の発生を停止条件（民127条1項）として，また，「原因」債務の消滅を解除条件（民127条2項）として意識していることは容易に是認されよう。したがって，手形の交付の合意は，原則として「原因」債務の発生を停止条件とし，その消滅を解除条件とするものと解され，「売買契約が無効であれば，結局，その代金債務の弁済のために手形を交付する旨の合意も無効とな」る[21]。

　上柳教授は，制限行為能力の瑕疵が「手形譲渡行為のみについてあって，その原因行為については存在しない場合には，両説の間に著しい結論の差異がある」と述べる[22]。手形行為の原因行為を売買契約等に求めるならば，例えば未成年者である乙が法定代理人の同意を得て丙から商品を購入し，その支払のために法定代理人の同意を得ずに手形を裏書し，裏書を取り消した場合には，乙から丙への手形上の権利の移転は，法律上の原因を欠くものとはならない。しかし，手形行為の原因行為を売買契約等ではなく，交付の合意に求めるならば，法的状況は異なってこよう。

---

[20]　最大判昭和46・10・13民集25巻7号900頁。

[21]　福瀧・前掲注(16) 81頁。その例外としては，融通手形等がある。以上の点に関する詳細については，拙稿・前掲注(10) 101頁以下参照。

[22]　上柳・前掲注(8) 491頁。

民商法の課題と展望

IV　不当利得論と交付合意論を踏まえた個別的考察

1　前　説

　交付合意論を踏まえて手形において手形行為の原因行為としての交付の合意
の存在を想定するならば，電子記録債権においても，それと同様の意味を有す
る「記録請求の合意」の存在を想定することができよう。そこで，ここでは，
不当利得論と交付合意論を踏まえ，手形および電子記録債権について①譲渡人
が制限行為能力者（未成年者（民5条），成年被後見人（民8条），被保佐人（民12
条），被補助人（民16条））の場合，②譲渡の意思表示に瑕疵がある場合，③譲
渡が無権代理の場合，④譲渡人に処分権限がない場合の各類型において善意取
得を認めるのが妥当か否かを検討する。

2　譲渡人が制限行為能力者の場合について

　例えば未成年者である乙が丙から商品を購入し，その支払のために法定代理
人の同意を得ずに丙に対し手形を裏書し，裏書を取り消した場合，裏書に関す
る交付の合意をも取り消したと考えるのが自然であろう。そうだとすると，こ
の場合に丙の善意取得を認めたとしても，乙から丙への手形債権の移転は，商
品の購入が法定代理人の同意を得ていたと否とに関わらず，法律上の原因を欠
くものとなり[23]，乙は，不当利得を理由に丙に対し手形の返還を請求でき，丙
のために善意取得を認める実益はないといえる。また，この場合に乙が無権利
者であるときには，乙からの手形返還請求は認められないが，丙の善意取得に
より権利を失って損失を受けた者が存在する以上，その者からの丙に対する不
当利得を理由とする手形返還請求が認められるから，やはり丙のために善意取
得を認める実益はない。

　上の場合にも，丙が丁に手形を裏書しまたは甲が丙に手形金を支払うときに
は，丙の善意取得を認めると否とで法的状況は異なってくる。すなわち，この
場合に善意取得を認めなければ，丙から裏書を受けた丁が甲に対する手形上の

---

[23]　この場合に裏書に関する交付の合意について法定代理人の同意を得ていたときは，裏
　　書についてもその同意を得ていたものと解されよう。

200

9 支払決済制度における善意取得の適用範囲〔田邊宏康〕

権利を取得するためには，丁は，手形を善意取得する必要があり，その要件は，善意かつ無重過失である。丁が善意取得しないとき，乙は，丁に対し手形の返還を請求しうる。これに対し，この場合に善意取得を認めれば，手形を善意取得した丙から裏書を受けた丁は，手形上の権利を承継取得し，乙からの手形の返還請求を免れ，「其ノ債務者ヲ害スルコトヲ知リテ手形ヲ取得シタル」場合に限り丙への遡求が否定され（手17条），権利濫用と評価される場合に限り甲への請求が否定されるにすぎない[24]。また，この場合に善意取得を認めなければ，丙に手形金を支払った甲が免責されるためには，甲の支払が善意支払（手40条3項）とならなければならず，その要件は，善意かつ無重過失である。甲の支払が善意支払とならないとき，乙は，甲に対し手形金の支払いを請求しうる。これに対し，この場合に善意取得を認めれば，手形を善意取得した丙に手形金を支払った甲は，常に免責され，乙が甲に対し手形金の支払いを請求しうる余地はなくなる。このように乙が原因行為を取り消した場合でも，丙が丁に手形を裏書または甲が丙に手形金を支払ったときには，善意取得を認めるほうが丁や甲の地位は有利になり，乙の地位は不利になる[25]。手形の流通性を高めるという見地からすれば，丙の善意取得を認めるほうが妥当であるということとなろうが，手形が必ずしも金融機関以外の商人の間を転々流通してはいないという実態[26]を考慮すると，手形の流通性をそこまで高めるべきであるとは一概にいえない。そうだとすると，上の法的状況の相違は，手形の善意取得の可否の問題に対しさほど大きな意味を有するものではあるまい[27]。

　以上のことは，未成年者である乙が丙から商品を購入し，その支払のために法定代理人の同意を得ずに丙に対し電子記録債権を譲渡し，譲渡を取り消した場合にもあてはまるであろう。したがって，不当利得論と交付合意論を踏まえ

---

[24]　手形について権利濫用の抗弁を認めた判例として，最判昭43・12・25民集22巻13号3548頁参照。

[25]　以上の点について竹内＝龍田編・前掲注[14] 132頁〔林〕参照。

[26]　関俊彦『金融手形小切手法（新版）』（商事法務，2003年）368頁参照。

[27]　これに対し，現実にきわめて流通性の高い振替株式の善意取得の問題を考えるに際しては，本文で述べた法的状況の相違は，それなりの意味をもつと考える。この点については，拙稿「株式譲渡法制の現状と問題点 —— 善意取得に関する問題点の検討を中心に」丸山秀平ほか編『企業法学の論理と体系　永井和之先生古稀記念論文集』（中央経済社，2016年）553頁以下参照。

民商法の課題と展望

るならば，手形についても電子記録債権についても，譲渡人が制限行為能力者
であり，譲渡が取り消された場合に善意取得は認められないと解するのが妥当
である。

3　譲渡の意思表示に瑕疵がある場合について

学説においては，手形の善意取得の適用範囲の問題として，裏書の意思表示
に瑕疵がある場合について議論されてきた。しかし，現在の判例は，「手形の
裏書は，裏書人が手形であることを認識してその裏書人欄に署名または記名捺
印した以上，裏書としては有効に成立する」と解し[28]，民法の意思表示の瑕疵
に関する規定の適用を排除する（またはきわめてそれに近い）見解をとっている。
そのため，判例においては，裏書の意思表示に瑕疵がある場合も，裏書は有効
であって手形上の権利は有効に承継され[29]，人的抗弁が問題とされるにすぎず，
善意取得が問題となる可能性はない。

これに対し，電子記録債権法 12 条 1 項は，「電子記録の請求における相手方
に対する意思表示についての民法第九十五条第一項又は第九十六条第一項若し
くは第二項の規定による取消しは，善意でかつ重大な過失がない第三者（同条
第一項の規定による強迫による意思表示の取消しにあっては，取消し後の第三者に
限る。）に対抗することができない」と規定して民法の意思表示の瑕疵に関す
る規定を修正しているが，このことは電子記録債権の発生，譲渡等について民
法の意思表示の瑕疵に関する規定が ―― 修正を受けつつも ―― 適用されるこ
とを前提にするものである。そこで，電子記録債権については，譲渡記録請求
の意思表示に瑕疵がある場合に善意取得が認められるかが問題となるが，虚偽
表示（民 94 条）の場合および譲受人の譲渡人に対する詐欺・強迫（民 96 条 1
項）の場合には，譲受人は当然に悪意であるから，譲受人のための善意取得は
問題となりえない。他方，心裡留保の場合には，譲受人は善意かつ無過失であ
れば保護され（民 93 条 1 項），錯誤の場合（共通錯誤の場合を除く。）には，表意

---

(28)　最判昭 54・9・6 民集 33 巻 5 号 630 頁。

(29)　前掲注(28)最判昭 54・9・6 は，裏書の担保的効力について判示したものではあるが，判
　　例が手形理論として手形行為を手形債務負担行為と手形権利移転行為に分かつ「二段階
　　行為説」（前田庸『手形法・小切手法』（有斐閣，1999 年）53 頁以下参照）をとってい
　　るとは解されないので，その判示は，裏書の権利移転的効力についても妥当しよう。

者である譲渡人が重過失のときは，譲受人は善意かつ無過失であれば保護され（民95条3項），第三者の詐欺の場合には，譲受人は善意かつ無過失であれば保護される（民96条2項）。その結果，譲渡の意思表示に瑕疵がある場合に善意取得により保護される可能性がある者は，心裡留保の場合の軽過失の譲受人，錯誤（民95条）の場合に表意者である譲渡人が無重過失のときの譲受人および譲渡人が重過失のときの軽過失の譲受人，第三者の詐欺の場合の軽過失の譲受人ならびに第三者の強迫（民96条1項）の場合の譲受人に限られる。しかし，いずれの場合にも，手形における交付の合意に相当する「記録請求の合意」にも同様の瑕疵があると考えられ，譲渡人が電子記録債権の譲渡の無効または取消しを主張するときは，譲受人の善意取得を認めても，譲渡人または権利を失った者は，不当利得を理由に譲受人に対し電子記録債権の変更記録（電子記録債権法26条以下）を請求できると考えられ，譲受人のために善意取得を認める実益はないといえる。したがって，不当利得論と交付合意論を踏まえるならば，電子記録債権の譲渡記録請求の意思表示に瑕疵がある場合に善意取得は認められないと解するのが妥当である。

なお，学説においては，手形についても，民法の意思表示の瑕疵に関する規定を — そのまままたは修正して — 適用する見解が有力である[30]。この見解によると，手形の裏書の意思表示に瑕疵がある場合にも善意取得が認められるかが問題となるが，電子記録債権についてと同様，否定するのが妥当である。

4 譲渡が無権代理の場合について

手形の裏書が無権代理の場合について「ある者が第三者から無権代理行為によって自己のために商品を買付取得し，その代金の支払として本人所有の手形を無権代理人として相手方に譲渡し」たという事例を設定し，この場合には，「それが善意取得されることになっても，本人と相手方との間には不当利得の関係は生じないように思われる」と述べる見解がある[31]。この見解は，手形行為の原因行為を売買契約に求めていると考えられるが，それにしても疑問であ

---

(30) 高橋美加「判批」神田秀樹＝神作裕之編『手形小切手判例百選（第7版）』（有斐閣，2014年）14頁以下等参照。筆者も，この見解をとっている。

(31) 大隅・河本・前掲注(15) 181頁。ここでいう「自己のために」とは，当然に「自己の計算で」という意味であろう

民商法の課題と展望

る。上の事例は，売買契約について無権代理と代理権の濫用がある事例といえようが，代理権の濫用があっても，無権代理であることには変わりがない。そうだとすると，上の事例において手形の善意取得を認めたとしても，売買契約について表見代理（民109条等）が認められない限り，本人から相手への手形債権の移転は，やはり法律上の原因を欠くこととなるのではあるまいか。上の事例において例えば相手方が売買契約について無権代理人に対し履行の責任を選択する（民117条1項参照）場合には，無権代理人と相手方との間に本人と相手方との間で成立するはずであった法律関係が発生する[32]。しかし，この無権代理人と相手方との間の法律関係が遡って本人から相手方への手形債権の移転の法律上の原因となると解することも困難であろう。

　手形行為の原因行為を交付の合意に求めるならば，裏書が無権代理の場合，交付の合意も無権代理のはずであり，被裏書人が手形を善意取得したとしても，本人から相手方への手形債権の移転は，法律上の原因を欠くものとなり，本人または権利を失った者は，不当利得を理由に被裏書人に対し手形の返還を請求でき，善意取得を認める実益はないこととなる。電子記録債権の譲渡が無権代理の場合も同様であろう。したがって，不当利得論と交付合意論を踏まえるならば，手形についても電子記録債権についても，譲渡が無権代理の場合に善意取得は認められないと解するのが妥当である。なお，このように解しても，電子記録債権の善意取得が認められなかった者は，電子債権記録機関に損害賠償することにより損害を補てんしうる可能性がある（電子記録債権法14条1号）。

5　譲渡人に処分権限がない場合について

(1)　前　説

　譲渡人に処分権限がない場合としては，譲渡人に自己の権利を処分する権限がない場合と譲渡人に他人の権利を自己の名で処分する権限がない場合がある[33]。前者の典型例として，破産者が破産財団に属する手形または電子記録債権を譲渡した場合および遺言執行者があるにもかかわらず，相続人が相続財産

---

[32]　大判昭8・1・28民集12巻10頁，四宮和夫・能見善久『民法総則（第8版）』（弘文堂，2010年）325頁参照。

[33]　田辺光政『手形流通の法解釈』（晃洋書房，1976年）91頁，平出ほか編・前掲注(7)259頁〔林〕参照。

に属する手形または電子記録債権を譲渡した場合があり，後者の典型例として
は，問屋，質権者，執行吏等が無権限で他人の権利を譲渡した場合がある。こ
こでは，それらの場合について善意取得の可否を検討する。

(2) 破産者が破産財団に属する手形または電子記録債権を譲渡した場合につ
いて

　破産法47条1項は，「破産者が破産手続開始後に破産財団に属する財産に関
してした法律行為は，破産手続の関係においては，その効力を主張することが
できない」と規定する。したがって，破産者が破産財団に属する手形または電
子記録債権を譲渡した場合，その行為は，相手方からはその効力を主張できな
いという意味での相対的無効となるが，破産法学説においては，この規定と動
産の即時取得を規定する民法192条との関係が議論されている。通説は，「法
47条1項が相手方の善意・悪意を問わずに，権利取得を対抗できないとする
趣旨は，破産財団を充実させるために即時取得を排除する特別規定を設けたも
のと考えられるから，たとえ即時取得の要件が満たされていても，破産手続き
開始後の破産者の行為によって相手方が破産財団に属する財産について権利を
取得することはない」と解する[34]。この論理が手形および電子記録債権の善意
取得との関係においても妥当することは疑いない。ドイツにおいても，倒産法
80条1項は，「倒産手続開始により，倒産財団に属する財産を管理し処分する
債務者の権利は，倒産管財人に移転する」と規定しており，同法81条が「債
務者が倒産手続開始後に倒産財団の目的物に関し処分したときは，その処分は
無効とする」と規定したうえで不動産上の権利を一定の範囲で保護しているが，
動産や有価証券上の権利を保護していないことから，手形法16条2項の善意
は，倒産手続における債務者の処分権限の瑕疵を治癒しないと解されている[35]。
わが国の破産法も不動産上の権利を一定の範囲で保護しているが（破49条・51
条），動産や有価証券上の権利を保護していないことは，同様である。

　上の通説に対しては，異論もあるが[36]，手形行為または電子記録債権の記録
請求の原因行為を交付の合意または「記録請求の合意」に求めるならば，破産

---

(34) 伊藤眞『破産法・民事再生法（第3版）』（有斐閣，2014年）337頁。

(35) Baumbach/Hefermehl/Casper, Wechselgesetz Scheckgesetz und Recht der
Kartengestuten, 23. Aufl. 2008, WG Art. 16 Rdn. 17.

(36) 石川明『民事法の諸問題』（一粒社，1987年）305頁以下参照。

民商法の課題と展望

者が破産財団に属する手形または電子記録債権を譲渡した場合，譲受人は，破産管財人の側で交付の合意または「記録請求の合意」の効力を承認しない限り，破産管財人に対し交付の合意または「記録請求の合意」の効力も主張できなくなる。したがって，この場合，善意取得を認めたとしても，破産財団から譲受人への債権の移転は法律上の原因を欠き，譲受人は不当利得として手形の返還または電子記録債権の変更記録をしなければならなくなると考えられ，善意取得を認める実益はないといえる。

　以上のことから，不当利得論と交付合意論を踏まえるならば，破産者が破産財団に属する手形または電子記録債権を譲渡した場合に善意取得は認められないと解するのが妥当である。なお，手形または電子記録債権の譲渡人が無権利者の場合には，その者がたまたま破産者であっても，手形または電子記録債権は破産財団に属するものではないから，善意取得は認められよう[37]。

(3)　相続人が遺言執行者のある相続財産に属する手形または電子記録債権を
　　譲渡した場合について

　民法 1013 条は，「遺言執行者がある場合には，相続人は，相続財産の処分その他遺言の執行を妨げるべき行為をすることができない」と規定する。この規定に違反する処分行為の効力については，絶対的無効と解するのが判例・通説である[38]。したがって，相続人が遺言執行者のある相続財産に属する動産を譲渡した場合，その行為も絶対的無効となるが，第三者が，目的物が遺産に属することまたは遺言執行者の存在を知らなかった場合に即時取得を認める見解がある[39]。これに対し，「この結論は，譲渡行為が有効ではない場合に，善意取得の成立を否定する通説とは必ずしも調和しない」という批判がある[40]。

　ドイツにおいては，民法 1984 条 1 項が「遺産管理命令により相続人は，遺産を管理し処分する権限を失う」と規定し，倒産法 81 条を準用していることから，手形法 16 条 2 項の善意は遺産管理の場合における相続人の処分権限の

---

(37)　平出ほか編・前掲注(7) 259 頁〔林〕参照。
(38)　大判昭 5・6・16 民集 9 巻 550 頁，最判昭 62・4・23 民集 41 巻 3 号 474 頁，中川善之助＝加藤永一編『新版注釈民法(28) 相続(3)（補訂版）』（有斐閣，2002 年）334 頁以下〔泉久雄〕参照。
(39)　中川・加藤編・前掲注(38) 334 頁〔泉〕。
(40)　平出ほか編・前掲注(7) 259 頁〔林〕。

瑕疵も治癒しないと解されている[41]。これに対し，わが民法は，遺言執行者が
ある場合に破産法の規定を準用していない。しかし，手形行為または電子記録
債権の記録請求の原因行為を交付の合意または「記録請求の合意」に求めるな
らば，この場合に善意取得を認める実益がないことは，破産者が破産財団に属
する手形または電子記録債権を譲渡した場合と同様である。したがって，不当
利得論と交付合意論を踏まえるならば，相続人が遺言執行者のある相続財産に
属する手形または電子記録債権を譲渡した場合に善意取得は認められないと解
するのが妥当である。なお，手形または電子記録債権の譲渡人が無権利者の場
合には，その者がたまたま遺言執行者のある相続財産関する相続人であっても，
手形または電子記録債権は相続財産に属するものではないから，善意取得は認
められよう。

⑷　譲渡人に他人の権利を自己の名で処分する権限がない場合について

限定説も，譲渡人に処分権限がない場合の中で問屋，質権者，執行吏等が無
権限で他人の権利を譲渡した場合には，一般に善意取得を認めてきた[42]。しか
し，「代理人だと自称する者から，その代理権の存在を信じて修得する者は，
保護されない，との多数説の立場からは，……処分権の存在を信じた場合には
保護されるというのは，いささか論理が一貫しないきらいがある」と指摘され
る[43]。また，手形行為または電子記録債権の記録請求の原因行為を交付の合意
または「記録請求の合意」に求めるならば，この場合に善意取得を認める実益
がないことは，譲渡が無権代理の場合と同様である。したがって，不当利得論
と交付合意論を踏まえるならば，手形についても電子記録債権についても，譲
渡人に他人の権利を自己の名で処分する権限がない場合に善意取得は認められ
ないと解するのが妥当なのではあるまいか。

Ⅴ　譲渡人が他人になりすました場合について

無記名式の小切手においては，無権利者が他人になりすまして交付譲渡した

⑷⒈　Baumbach/Hefermehl/Casper, a. a. O.（Fn.35），WG Art. 16 Rdn. 17.

⑷⒉　豊崎光衛「善意取得」鈴木竹雄＝大隅健一郎編『手形法・小切手法講座第 3 巻』（有
斐閣，1965 年）147 頁参照。

⑷⒊　上柳克郎ほか編『新版注釈会社法⑷ 株式⑵』（有斐閣，1986 年）138 頁〔河本一郎〕。

民商法の課題と展望

場合，取引相手の氏名の錯誤は通常は「法律行為の目的及び取引上の社会通念に照らして重要」な錯誤（民法改正案95条1項）とはならないであろうから，譲渡人が他人になりすましたこと自体は問題とならず，譲受人が単に無権利者から譲渡を受けたものとして小切手を善意取得しうると考えられる。法律上当然の指図証券である手形において最後の裏書が白地式裏書であり，無権利者が他人になりすまして譲渡した場合も，同様である。これに対し，手形において最後の裏書が記名式裏書であり，無権利者が最後の被裏書人になりすまして裏書した場合には，裏書人と最後の被裏書人との同一性という問題が生じ，善意取得の可否が問題となる。この場合には，裏書人から被裏書人への手形債権の移転の原因行為としての交付の合意は，有効であることが多いであろう。したがって，この場合には，不当利得論と交付合意論を踏まえたとしても，善意取得を認める実益があることは否定できない。

　手形において最後の裏書が記名式裏書であり，無権利者が最後の被裏書人になりすまして裏書した場合に善意取得を認めることについては，「白地式裏書と記名式裏書の制度上の区別を無視するものであって，理論上適切ではない」といわれる[44]。これに対し，ドイツにおいてカナリスは，以下のように述べる。

　「最も難解なのは，被裏書人が裏書人による裏書の偽造からも保護されるか否か，譲渡人と証券上の名宛人との同一性に関する善意の保護があるか否かという問題に答えることである。裏書の連続もこの点では疑いなく権利外観を設定せず，手形法16条1項による推定効もいうまでもなく真の名宛人の利益になるにすぎず，証券の所持人誰もの利益になるわけではないという理由から，これを否定しうる。他方，これを肯定しないと，取引が重大な問題に直面し，手形の流通性が害される危険があり，同一性の問題が必然的に生じえない無記名証券よりも指図証券がこの点ではるかに流通に適しなくなってしまうという，善意保護の原則的な肯定のための実際的な理由が述べられる。加えて，（裏書ではないにしても）証券の占有が確かな蓋然性をもって所持人と名宛人との同一性に関する権利外観の根拠を基礎づけることから，教義的観点の下でも善意取得の許容を正当化しうるように思われる。したがって，この問題は，原則として肯定されえようが，記名式裏書の機能それ自体がまさに証券の悪用からの

---

(44)　平出ほか編・前掲注(7) 262頁〔林〕。

資格者の保護にあるから，取得者の調査義務に関する比較的に厳しい要求が立てられなければならず，これを善意取得の鷹揚な取扱いによりぐらつかせてはならない。被裏書人の善意取得は，例えば裏書人が偽造の身分証明書を提示した場合に認められてよい」，と[45]。

カナリスの見解は，上の場合に被裏書人のために善意取得を認める実益が大きいことから，名宛人になりすました裏書人が手形を所持していること自体が善意取得の一応の基礎になると解し，裏書人と名宛人との同一性に関し被裏書人に権利の帰属に関する調査義務よりも高度の調査義務を認めることにより，「白地式裏書と記名式裏書の制度上の区別」を維持しようとするものといえるが，「このような注意義務の法律上の根拠は明確でない」といえる[46]。「白地式裏書と記名式裏書の制度上の区別」があいまいなものとなれば，法律上当然の指図証券である手形とそうでない小切手との区別もあいまいなものとなってしまい，手形と小切手を区別する法制度の根幹が崩れる。また，わが国においては，手形において最後の裏書が記名式裏書であり，無権利者が最後の被裏書人になりすまして裏書した場合に善意取得を認める実益があるとしても，それを認めた判例はなく，それを認める実益が大きいとは必ずしもいえないであろう。

以上のことから，手形において最後の裏書が記名式裏書であり，無権利者が最後の被裏書人になりすまして裏書した場合にも善意取得は認められないと解するのが妥当である。

電子記録債権については，発生記録において「債権者の氏名又は名称及び住所」が，譲渡記録において「譲受人の氏名又は名称及び住所」が絶対的記録事項とされている（電子記録債権法16条1項3号・18条1項3号）。無権利者が記録されている債権者または譲受人になりすまして電子記録債権を譲渡した場合に善意取得を認めるならば，これらを絶対的記録事項とした意味が失われかねない。したがって，この場合にも善意取得は認められないと解するのが妥当である。なお，この場合に善意取得を認められない者は，電子債権記録機関に損害賠償することにより損害を補てんしうる可能性がある（電子記録債権法14条2号）。

---

(45)　Hueck/Canaris, a. a. O.（Fn.4），§8 Ⅳ 2b cc.

(46)　平出ほか編・前掲注(7) 262頁〔林〕。

民商法の課題と展望

VI　む す び

　手形の裏書人が制限行為能力者の場合および裏書が無権代理の場合には，手形行為の原因行為と一般に考えられてきた売買契約等にも同様の瑕疵があることが通常であろう。したがって，これらの場合，被裏書人が手形を善意取得したとしても，手形債権の移転は通常は法律上の原因を欠き，不当利得を理由とする手形の返還請求権が発生するため，善意取得を認める実益は大きくないといえる。もっとも，これらの場合にも，売買契約等に瑕疵がないこともありうることから，手形行為の原因行為を売買契約等に求める以上，これらの場合に善意取得を認める実益が全くないとはいい切れず，そのことが，非限定説が有力説であり続けているひとつの大きな理由になっていると思われる[47]。

　しかし，手形行為の原因行為を売買契約等ではなく，交付の合意に求める交付合意論を踏まえるならば，── 売買契約等に瑕疵がない場合を含めて ── 手形の善意取得の適用範囲が争われている大部分の場合に不当利得を理由とする手形返還請求が認められ，善意取得を認める実益はなくなると考えられる。電子記録債権の善意取得についても，同様である。このような観点から，本稿においては，手形および電子記録債権の譲渡人が制限行為能力者の場合や譲渡が無権代理の場合等には善意取得は認められず，他方，不当利得に基づく手形返還請求が認められないと考えられる譲渡人が他人になりすました場合には，手形と小切手とを区別する法制度等を理由に善意取得は認められないという見解を展開した。

　本稿の見解は，交付合意論を前提とするものであるから，直ちに一般的に受け入れられるものでないと思うが，例えば最近の教科書には「無制限説の中には，原因債務が有効に存在している限りで，Ｘは手形の返還義務を負わないから，Ｘに善意取得を認める意味があると主張するものがあるが，理解できない。ＡがＸに対して負う債務（既存債務）の支払のために，手形を裏書譲渡したとしよう。この場合，Ａが裏書を取り消すというのは，既存債務の支払のために手形を譲渡することを取り消すことである。Ａが裏書を取り消せば，Ｘが

---

(47)　前田・前掲注(29) 435 頁以下参照。

既存債務の支払のために手形を所持することの『法律上の原因』はなくなるから，既存債務が有効に存在することはＸが手形を所持することの根拠とはなりえない」という叙述がある[48]。この叙述は，交付合意論を踏まえたものではないのかもしれないが，「Ａが裏書を取り消すというのは，既存債務の支払のために手形を譲渡することを取り消すことである」という点において手形行為とともにその原因行為である交付の合意をも取り消していることを意味しているとも考えられないではなく，本稿の論理と親近性を有する。

　電子記録債権についても，手形と同様の形で何がその原因行為かということは問題とならざるをえず，今後，さまざまな場面において交付合意論に関する議論が深化していくことを期待して本稿をむすぶ。

　〔付記〕脱稿後，高木正則「電子記録債権の善意取得」法律論叢89巻2・3号（2017年）149頁以下に接した。

---

[48]　早川徹『基本講義　手形・小切手法』（新世社，2007年）157頁。

10 改正民法に見る有価証券規定

淺 木 愼 一

Ⅰ　緒　言
Ⅱ　証券的債権から有価証券へ
Ⅲ　有価証券に係る一般規定を
　　民法中に整序した点について

Ⅳ　有価証券に表章しうる債権
Ⅴ　有害的記載事項のある手形
Ⅵ　各　論

Ⅰ　緒　言

　平成 29 年（2017 年）改正民法は，民法典第 3 編第 1 章第 7 節中に「有価証券」に関する一般規定を新設した。これにともない，改正前の民法 86 条 3 項（無記名債権を動産とみなす規定），同 363 条（証書の交付を要する債権質の設定），同 365 条（指図債権を目的とする質権の対抗要件），同 469 条ないし同 475 条（従来，いわゆる証券的債権と称された債権に係る諸規定）が削除された。加えて，商法典中に設けられていた商法 516 条 2 項（指図債権および無記名債権の履行の場所），さらに同 517 条ないし同 519 条（商行為としての有価証券総則規定）も併せて削除された。

　これらに代えて，改正民法は，有価証券に係る節を，第 1 款指図証券，第 2 款記名式所持人払証券，第 3 款その他の記名証券，および，第 4 款無記名証券，に分かち，新たな規定を整備し，民商法間の理論的矛盾を排除しようと試みている。すなわち，整序された改正民法 520 条の 2 ないし同 520 条の 20 がこれである。

　本稿においては，これら改正民法の有価証券規定について，若干の考察を試みることにしたい。

『民商法の課題と展望』大塚龍児先生古稀記念〔信山社，2018 年 3 月〕

民商法の課題と展望

II　証券的債権から有価証券へ

1　改正の基本方針

　民法（債権関係）の改正に関する中間試案補足説明第19，1(1)において，いわゆる従来の証券的債権に代えて有価証券に関する規定を整備する旨が声明され，「有価証券と区別される意味での証券的債権に関する規律は，民法に設けないこととする。」との基本方針が示された。

　「有価証券と区別される意味での証券的債権」とは，一体何であったのか。

2　証券的債権の意義

　(1)　従来，いわゆる「証券的債権」という単語を，「有価証券」と区別して用いた民法研究者もいた。代表格は，星野英一であった。彼は，民法の証券的債権に係る規定を，有価証券について規定したものではなく，「その1歩手前の，債権の譲渡や行使と証券の存在とが密接に関連している債権」[1]について規定したものであると解した。

　古くから，民法研究者は，証券的債権の意義を説くに際して，「有価証券」という単語を用いることを巧妙に避けてきたものと観察しうる。たとえば，鳩山秀夫の説くところは，以下のごとくである。すなわち，証券的債権とは，「債権証書ノ成立スルニ非ザレバ債権其ノモノモ亦成立セズ債権証書ノ存在スルニ非ザレバ債権其ノモノモ亦存在セザルモノナリ」[2]。これを引き継ぐように，第2次大戦を挟んだ後，たとえば於保不二雄は，「証券債権とは，債権の成立・存続・譲渡・行使などすべて証券とともにすることを必要とする債権であって，いわば債権が証券に化体（verkörpern）しているものである」[3]と説いている。

　(2)　しかし，上のように述べているからといって，わけても第2次大戦後の民法研究者が，必ずしも，証券的債権を有価証券と完全に区別して扱っているとはいい難い。

　林良平の著書を補訂・共著の形式をもって継承した民法研究者達は，「証券

---

(1)　星野英一『民法概論III（債権総論）』（良書普及会，1978年）214頁。
(2)　鳩山秀夫『改定増補日本債権法（総論）』（岩波書店，1925年）365頁。
(3)　於保不二雄『債権総論（新版）』（有斐閣，1972年）322頁。

的債権とは，証券に化体した債権をいい，債権の成立・存続・譲渡・行使を証券とともにする債権をいう」[4]と説きつつも，「証券的債権の典型的なものである手形・小切手・倉庫証券・船荷証券については，それぞれ，商法・手形法・小切手法に詳細な規定が置かれ，また商法517条以下に，通則的規定がある」[5]と述べていることから，証券的債権すなわち有価証券と捉えていたことが窺える。この見解に従えば，証券的債権という単語と有価証券という単語は，同一の概念を，民法が，証券に化体している抽象的な債権の面から規定したのに対し，商法は，化体した有形的な証券の面からこれを規定した結果に由来して，各々生じたものである[6]と小括することができよう。

　(3)　そもそも改正前民法が証券的債権に係る規定を設けたのは，以下の理由による。すなわち，「譲渡ノ容易ナル債権ヲ設クルハ近時経済上ノ進歩ニ伴ヒ財産取引頻繁トナリ従テ財産融通ノ便宜ヲ必要トスルニ由ル蓋シ金銭若クハ物件引渡ノ債権ニ於テ苟クモ債権者ノ信用確実ナレハ債権ノ譲渡ハ実際金銭若クハ物件ノ譲渡ト其結果異ルコトナク而シテ安全ト便宜ハ遙カニ優レリ故ニ譲渡ノ容易ナル債権ヲ設クルハ財産融通ノ便宜タルハ言ヲ俟タス夫ノ経済上ニ所謂信用制度ノ基礎ト為ルモノナリ」[7]。要するに，債権譲渡が活発になれば，債権を対象とする取引も自ずと活発になるであろうから，一般に利用されることを期待して，証券的債権に係る規定が民法典中に設けられたのである。この理由によれば，改正前民法が，証券的債権の流通に関して，証券に化体している抽象的な債権の面から規定を設けた経緯が明らかにされているといえよう。

　(4)　平成29年（2017年）改正前夜にあっては，証券的債権に係る改正前の規定は，私法研究者の間では，証券に表章された債権を中心に規定された，私法上定義されるところの有価証券に関する規定であると評価されるに至っていた[8]。ただ，改正前民法の諸規定は，文理上，債権を証券から切り離して捉え

---

(4)　林良平・石田喜久夫・高木多喜夫（安永正昭補訂）『債権総論（第3版）』（青林書院，1996年）531頁。

(5)　同前。

(6)　この点は，我妻栄『新訂債権総論（民法講義Ⅳ）』（岩波書店，1964年）554-555頁の記述にも示唆されている。

(7)　富井政章校閲＝岡松参太郎著『註釈民法理由下巻（第9版）』（有斐閣書房，1899年）234-235頁。

(8)　西村信雄編『注釈民法(11)』（有斐閣，1965年）401頁〔沢井裕〕参照。

民商法の課題と展望

るがごとき規定ぶりとなっていたがために，これらの規定は，理論的にも実質的にも，有価証券の本質に反した規定であると批難されてきたのであった[9]。

　（5）　証券的債権という単語が，私法上定義されるところの有価証券と同義であるとの見解は，改正前商法516条2項，同517条の規定から観ても，説明が可能であった。これら商法の規定は，証券的債権に係る改正前民法と同様，「指図債権」および「無記名債権」という語を用いて立法されていた。もしこれらの語を，星野のように，有価証券とは別物と解すると，有価証券については，指図債権等に関する商法516条2項および同517条の規定の適用がないと解される余地が生じることになって，たとえば有価証券に関して，その履行の場所（改正前商516Ⅱ参照）または債務者の履行遅滞の時期（改正前商517参照）に関する根拠規定が存在しないということになり，有価証券に関する法律関係が曖昧になってしまう[10]との指摘があったからである。証券的債権が有価証券と別物であるなら，改正前の法体系の下では，これら商法の規定をわざわざ有価証券に類推適用するというおかしな話になったわけである。

3　証券的債権はどのような有価証券であったのか

　（1）　従来の議論によれば，証券的債権は有価証券概念に包摂されるとの結論に揺ぎはないと思われる。これが債権的有価証券であること，いうを待たない。

　（2）　ところで，改正民法は，有価証券それ自体についての定義規定を持たない。したがって，有価証券概念に関しては，解釈に委ねられる。

　有価証券の定義については，主として，商法研究者の間で議論の蓄積を観るが，今日にあっては，「有価証券は，権利の移転および行使の両者がともに証券によってなされることを要するものである」との見解に落着していると観察してよい[11]。証券と権利とに上のような結合を与えることによって，「証券上の権利に，有体物たる動産や不動産と並んで，取引の対象としての最低限度の安全・確実性を与えたことになる」との評価が可能だからである。

　（3）　上の有価証券に係る定義と，民法研究者の説く証券的債権に係る定義

---

(9)　同前〔沢井裕〕参照。

(10)　前田庸『手形法・小切手法』（有斐閣，1999年）2頁。

(11)　拙著『商法学通論Ⅴ』（信山社，2013年）10-11頁参照。このうちに掲げた平出慶道の見解が説得性に富む。

10 改正民法に見る有価証券規定〔淺木愼一〕

（わけても初期のそれ）とを比較すると，証券的債権は，「債権の成立もまた証券とともにする」との文節が付加されていることが分かる。

これは，いわゆる完全有価証券を念頭に置くものであろうか。

法典調査会における民法起草委員であった富井政章の校閲による民法理由書に，以下のような記述がある。すなわち，「指図債権ハ独立ノ債権ナリ　独立ノ債権トハ原因ト独立シテ請求スルコトヲ得ル債権ナリ抑々債権債務ノ関係ヲ生スルニハ必ス何等カノ原因アルコト明ナリ即チ売買，贈与若クハ寄託等ノ如キ其一定ノ名称ヲ付シ能ハサル場合アランモ兎ニ角原因ナキコトアルヘカラス。而シテ原因ハ債権ノ基礎ト為ルモノナルカ故ニ通常ノ債権ニ在リテハ之ヲ請求スルニ当リテ先ツ原因ヲ疎明シ且ツ其性質ニ従ハサルヘカラス例之売買ノ如キ双務契約ニ在テハ自己ノ債務履行ノ提供ヲ為スカ如キ又贈与ナレハ債務者カ贈与ノ意思ナリシコトヲ証明スルカ如シ，然ルニ独立ノ債権ニ於テハ原因ニ関係ナク独立ニ請求スルコトヲ得従ツテ債権ノ譲渡アリタル場合ニ譲渡人ニ付着スル事情ハ譲受人ニ効力ヲ及ホサス」[12]。また，別の箇所では，「指図債権ハ証書債権ナリ　証書債権トハ債権ノ存在及範囲全ク証書ニ依テ決セラレ債権ノ成立ト証書トハ分離スル能ハサルモノヲ云フ即チ証書ハ証明ノ具ニアラスシテ権利ノ存在要件ナリ」[13]との記述がある。

以上の記述に鑑みれば，民法起草者は，証券的債権を，今日でいう完全有価証券にして無因証券であると捉えていたものと思われる。したがってまた，文言証券でもある。

梅謙次郎は，指図債権の例として，以下のような証書を挙げている（原典は縦書き）[14]。

　　　　　　　　証
　　米　百石也
　　右何時ニテモ貴殿若クハ貴殿ノ指図人ニ
　　御引渡可申候也
　　　　　　　何ノ誰

---

(12)　富井＝岡松・前掲注(7) 235-236 頁。
(13)　同前 234 頁。
(14)　梅謙次郎『民法要義（巻之三債権編）』（和仏法律学校発行，1897 年）213 頁。

民商法の課題と展望

何ノ誰殿

　このような証券が，仮に米穀の売買契約に基づき，代金を受領した売主に
よって発行されたものであっても，起草者の見解に従えば，この証券に表章さ
れた債務は，米穀売買契約と独立したものであって，売買契約の瑕疵は，この
証券債務に影響を及ぼすものではない。すなわち，上の証券は，いわゆる物品
手形と同様の機能を有することになる。

　証券的債権を，完全有価証券にして無因証券と同義であると捉えると，民法
起草者が，記名債権に係る規定を民法中に設けなかった理由も，推測すること
が可能であると思われる。記名債権は，従来の指名債権を証券に結合させたも
のであるから，債権譲渡に際し，債務者が，改正前の異議をとどめない承諾を
しない限り（改正前民468 I），債権の成立に係る抗弁を債務者が留保し続ける
ことになり，このことが，記名債権を証券的債権に含ましめることの障碍にな
ると考えられたためではなかろうか。

　(4)　以上によれば，条文の体系上からしても，証券的債権は，完全有価証券
にして無因証券たるものを念頭に，立法されていたものといいうるであろう。

4　改正民法の有価証券

　結局のところ，改正民法の有価証券は，やはり中間試案補足説明が述べると
おり，証券的債権に関する規律を承継していないというべきであろう。

　債権的有価証券に係る規定であることは動かし難いにしても，私的自治の原
則に従い創設される，完全有価証券・不完全有価証券，文言証券・非文言証券，
要因証券・不要因証券のいずれの証券をもカバーする一般規定であると解すべ
きである（後述IV参照）。

III　有価証券に係る一般規定を民法中に整序した点について

1　改正の基本方針

　改正前にあっては，有価証券に関する一般規定に相当するそれは，民法，商
法および民法施行法中に散在していた。中間試案第19，1(2)は，「現行制度で
も，船荷証券，記名式・無記名式の社債券，国立大学法人等債券，無記名式の

社会医療法人債券等の一部の有価証券（商取引によるものに限られない。）については，民法の規定の適用の余地があることから，民法に有価証券に関する規律を整備して存置することが適当であるが，特別法による有価証券を除くと多くの典型例があるわけではない。そこで，民法，商法及び民法施行法に規定されている証券的債権又は有価証券に関する規律について，民法の規律と有価証券法理が抵触する部分はこれを解消するものの，基本的には規律の内容を維持したまま，民法に規定を整備することとする。」と謳っている。

2　商法501条4号との関係

（1）　民法とともに改正を施された商法においては，同法501条4号は，そのまま存置されている。つまり，手形その他の商業証券上になされる証券行為たる法律行為は，絶対的商行為と解される。

　内田貴は，「今日では，国立大学法人等の債券，無記名式の社会医療法人債券など，商行為によらない有価証券が登場しているので，商法に規定を置くのは適切でない」[15]と説くが，厳密にいえば，内田が例示したこれらの証券は，ただ証券発行の原因関係が商行為に基づかないというだけであって，証券発行行為自体が商行為に該当するか否かは，また別の考察が必要である。

（2）　商法501条4号にいう「その他の商業証券」に関して，今日まで，多くの商法研究者は，これを広く有価証券の意味に解すべきであると説き，金銭その他の物または有価証券の給付を目的とする有価証券（改正前商518，519参照。なお改正民520の12の文言に留意）に限る必要すらないと解してきた[16]。そうではあっても，これは「商法上の有価証券」の話であって，改正前の民商法体系を前提とすれば，「その他の商業証券」を，「あらゆる有価証券」の意に解することは，形式解釈上，成り立ちえないものであった。以下の理由による。

　「指図債権」および「無記名債権」という用語は，改正前にあっては，民法および商法に共通して用いられていた。したがって，民法（一般法）と商法（特別法）との関係から，形式的な解釈によれば，民法の規定は，指図債権一般，

---

(15)　内田貴『民法改正のいま・中間試案ガイド』（商事法務，2013年）64頁。

(16)　西原寛一『商法総則・商行為法』（岩波書店，1952年）73頁，大隅健一郎『商法総則（新版）』（有斐閣，1978年）101頁，平出慶道『商行為法（第2版）』（青林書院，1989年）49-50頁，鴻常夫『商法総則（新訂第5版）』（弘文堂，1999年）88頁。

無記名債権一般を規定した一般規定であるのに対し，商法の規定はとくに商業証券たる指図債権および無記名債権その他の有価証券を規律したものと解する他なかったのである[17]。改正前商法が，指図債権，無記名債権等を商行為編中に規定していたのは，これらの証券に関する行為を商行為とする見地からであり，証券に関する行為が商行為であるのは，とくに商業証券に関する行為たるときであった[18]。そうであるとすれば，理論上，改正前の商行為編総則において規定されていた商法上の有価証券とは，商行為から生じた債権を表章するそれであったということになろう。しかがって，商法501条4号にいう「その他の商業証券」とは，通説に従えば，広く商行為から生じた債権を表章するそれ指すものであったことになる。なお，田邊光政によれば，商業証券という用語は，手形を典型とする信用証券，すなわち一定金額の支払いを目的とする証券に限定されるものである[19]と説明されることになるが，この説によっても，この用語は，商行為から生じた金銭債権を表章する信用証券を指すものであると解されよう。

(3)　商行為編総則の有価証券に係る一般規定が削られた後にあっても，「その他の商業証券」の意義についての解釈を変更する必要はないと思われる。商法上の有価証券も，民法上の有価証券も，特別法に抵触しない限り，民法の有価証券規定によって規整されることになっただけの話である。そういう意味では，有価証券に係る一般規定を民法に置くこととした判断は，正当であったといえる。

Ⅳ　有価証券に表章しうる債権

(1)　債権的有価証券は，改正民法によって，指図証券，記名式所持人払証券，その他の記名証券および無記名証券として整序された。それでは，性質が譲渡を許さないときを除いて（改正民466Ⅰただし書），譲渡可能なあらゆる債権を有価証券化することができるであろうか。換言すれば，民法の規定の許す範囲内で，私的自治の原則に従って，自由に有価証券を創出することができるので

---

(17)　大森忠夫『商法総則・商行為法（改訂版）』（三和書房，1975年）184頁参照。

(18)　竹田省『商行為法』（弘文堂，1931年）35頁。

(19)　田邊光政『商法総則・商行為法（第4版）』（新世社，2016年）60-62頁。

10 改正民法に見る有価証券規定〔淺木愼一〕

あろうか。

(2) かつて証券的債権たる指図債権について，梅謙次郎は，「法律ニ明文ヲ掲ケサルモ苟モ反対ノ規定ナキ以上ハ一切ノ債権ヲ指図式ト為スコトヲ得ヘシ」[20]と説いていた。また，商法上の指図債権につき，鳩山秀夫も以下のように述べている。「商法ノ明ニ認ムル種類ノ外，当事者ノ意思ニ依リテ自由ニ如何ナル給付ノ内容ニ付テモ指図債権ヲ成立セシムルコトヲ得ルヤ否ヤハ我法典ノ解釈上疑問ナリト考フ。独逸ニハ反対説アリト雖モ……消極ニ解スベキ法典上ノ根拠ナシ。唯商法ニ規定セルモノト同一ノ効力ヲ付センガ為メニハ商法ノ要求スル方式ニ従ハザルヲ得ザルノミ」[21]。これらの見解は，いずれも，法の許容する範囲内において，有価証券の創出に私的自治の原則の適用を許す見解につながるものである。

(3) これに対し，制定法で認められているか，少なくとも慣習上の根拠がなければ，自由に有価証券を創出できないという見解がある。森本滋，江頭憲治郎という現代の商法学を牽引する西と東の泰斗による見解である。ただし，記述されたものではなく，座談会における発言に基づくものである。

まず，森本が，「慣習法というかどうかは別としても，少なくとも2人の間で有価証券といったら有価証券になるわけではありませんね」[22]と口火を切っている。これを受けて江頭は次のように述べている。「まさにおっしゃるとおりで，私も，勝手に当事者2人の間で「私とあなたの間でこの権利は有価証券化しましょう」といって何でも有価証券にするのは，いけないと思うのです。というのは，たとえば強制執行のときに債権差押えの手続によるか，それとも有価証券を執行官が差し押さえなければならないかというようなことがありますから，第三者からみて有価証券か否かの基準ははっきりしないといけないわけです」[23]。

(4) 上に示した江頭の理由づけは，必ずしも強固なものとはいえないと思われる。AとBとの間で売買契約が成立し，AB間に売掛金債権が生じたとして，

---

(20) 梅・前掲注(14) 213頁。

(21) 鳩山・前掲注(2) 366-367頁。

(22) 江頭憲治郎：森本滋：神田秀樹：柴田和史：吉原和志「座談会・わが国会社法制の課題 —— 21世紀を展望して」商事法務1445号（1997年）33頁〔森本滋発言〕。

(23) 同前〔江頭憲治郎発言〕。

民商法の課題と展望

この売掛金債権の「支払いに代えて」AがBに約束手形を振り出した場合の，Bの債権者Cの立場を考えれば明らかであろう。第三者たるCにとっては，売掛金債権がAB間の合意によって有価証券上の債権たる手形債権に代わったことになると観ることが可能だからである。

(5) 江頭は，上の発言に続けて，「しかし，それでは法律の規定がないと有価証券とできないかというと，そうではない。法律に根拠のない有価証券は世の中にいっぱいあるのです。……だから，森本先生がおっしゃったとおり，慣習法というかどうかはともかく，これは有価証券であると一般の人が認めるものは，法律の根拠がなくたって有価証券になると私は思っているのです」[24]とも述べている。

このように述べるのであれば，私的自治の原則により，法の許容する範囲内で，当事者の創意工夫により，有価証券を任意に創出しうるとの結論を採る方が，よほど簡明である。そのようにして創設された有価証券が優れていると判断する者が現われれば，この者は，進んで証券の第三取得者となるであろう。

そうであるとすれば，要するに，権利を有価証券化するということは，証券と引換えに債権を行使するという同時履行の抗弁の付着した権利を創設する結果となるにすぎず，それは私的自治の範囲の問題である[25]とする前田庸の見解によるべきである。

ただし，白地有価証券の許容に関しては，ある有価証券が創出され，その普及を待って，慣習が当該白地有価証券の流通を許すか否かにかかっていると考える。

V　有害的記載事項のある手形

端的には，支払約束文句が単純性を欠くがゆえに，あるいは，支払約束の効力を手形外の事実に係らしめるような条件を付したものであるがゆえに，約束手形として無効である証券が，民法上の指図証券として扱われる可能性はあるか。

---

(24) 同前〔江頭憲治郎発言〕。

(25) 前田・前掲注(10) 15頁。

これは否定されよう。手形文句が記載されている限り，当事者は，その証券を手形として扱う意思があるものとみなされ，その証券はもっぱら手形法によって処理されるべきものと考える。手形文句白地証券であっても，外観解釈の原則により，当事者がその証券を白地手形として扱うものと認められる限り，民法上の指図証券には該当しないと考える。

Ⅵ 各 論

1 指 図 証 券

(1) 改正民法520条の2は，指図証券について，裏書と証券の交付とが譲渡の効力要件であることを明らかにするものであり，有価証券法理上，当然のことを定めた規定となっている。実質的に，民法旧469条を改めるものである。

民法は，指図証券を，改正民法467条の規定に依拠して譲渡しうるか否か，明定していない。改正前にあっては，債権譲渡の対抗要件に係る民法旧467条，同469条は強行規定と解すべきであるから，指図債権の譲渡の場合に指名債権譲渡の手続を履践しても，それだけでは指図債権の譲渡を第三者に対抗しえず，必ず裏書という対抗要件を践まなくてはならない[26]と説くものもあった。しかし，手形について，判例は，裏書禁止手形でない手形の譲渡につき，手形の交付をともなう指名債権譲渡の方法によることができるとしており（大判昭和7年（1932年）12月21日民集11巻22号2367号，最判昭和49年（1974年）2月28日民集28巻1号121頁），学説も古くから判例支持派が多数を占める[27]。民法上の指図証券についても，当事者が，あえて民法467条に依拠する譲渡を欲するならば（人的抗弁制限効，資格授与的効力，善意取得といった裏書に特有の恩恵を欲せず譲渡する途を選ぶならば），これを否定すべき理由はない。

(2) 改正民法520条の3は，指図証券の譲渡に際しての，裏書の方式を定める規定であり，指図証券の性質に応じ，手形法の規定を準用することとしている。商法上の有価証券に係る準用規定たる商法旧519条1項の一部を一般化し

---

[26] 伊澤孝平『手形法・小切手法』（有斐閣，1949年）370-371頁。

[27] 田中耕太郎『手形法小切手法概論（新訂第4版）』（有斐閣，1937年）332頁，鈴木竹雄『手形法・小切手法』（有斐閣，1957年）228頁，大隅健一郎『新版手形法小切手法講義』（有斐閣，1989年）100頁。

民商法の課題と展望

て承継している。裏書の方式につき，商法旧519条1項をそのまま承継するものと解すれば，以下のごとくになる。

①裏書は単純でなければならず，裏書に付した条件は記載なきものとみなされる。一部裏書は無効である。持参人払いの裏書は白地式裏書と同一の効力を有する（以上，手12準用），②裏書は，証券上または補箋上にこれを記載し，裏書人が署名するを要する。白地式裏書は，証券の裏面または補箋上になさねばならない（以上，手13準用），③白地式裏書の所持人は，(ｱ)自己または他人の名をもって白地を補充すること，(ｲ)白地式によりまたは他人を表示してさらに裏書すること，(ｳ)白地を補充せずかつ裏書をしないで証券をそのまま第三者に譲渡すること，のいずれをもなすことができる（以上，手14Ⅱ準用）。

本条が準用しているのは，あくまで，裏書の方式に係る規定に限られるから，裏書の権利移転的効力に係る手形法14条1項は，準用の対象外である。しかし，裏書には，その本質的効力として，証券上の一切の権利を移転する権利移転的効力が当然に認められる。手形法14条1項が準用されないのは，あるいは，民法520条の2のみに規定するところで十分であると考えられたためであろうか。

裏書人が，裏書に際して，「私はこの証券が満期に支払われることを担保します」あるいはこれと同旨の文言を付しても，上述の①により，かかる記載は，記載なきものとみなされる。すなわち，指図証券の裏書に，当然には担保的効力が認められない。

手形の裏書に認められる裏書の担保的効力は，手形の流通助長のために，法がとくに認めた法定責任であると解するのが通説である[28]。そうであってみれば，指図証券の裏書に，手形の裏書と同様の担保的効力を認める余地がないようにも思える。しかし，指図証券の振出人が，基本有価証券行為（振出し）をなすに際し，証券上に，「この証券に裏書をする者は，（支払い）担保責任を負担する」旨を記載した証券を，基本有価証券として作出することができると解する余地はあるように思われる。もし，このような考え方が肯定されるなら，かかる基本有価証券に，無担保裏書（手15Ⅰ），裏書禁止裏書（手15Ⅱ）の規

---

(28)　川村正幸『手形法・小切手法（第3版）』（新世社，2005年）160-161頁，田邊光政
　　『最新手形法小切手法（5訂版）』（中央経済社，2007年）119-120頁。

定を類推適用しうることになろう。

　(3)　改正民法 520 条の 4 は，指図証券の所持人の権利の推定を定めるもので
あるが裏書の資格授与的効力を認める規定である。商法上の有価証券に係る商
法旧 519 条 1 項が，小切手法 19 条を準用していたのを一般化し，独立の条文
としたものである。

　(4)　改正民法 520 条の 5 は，指図証券の善意取得を定めるものである。商法
上の有価証券に係る商法旧 519 条 2 項が，小切手法 21 条を準用していたのを
一般化し，独立の条文としたものである。

　商法旧 519 条 2 項は，「金銭その他の物又は有価証券の給付を目的とする有
価証券」の取得について，善意取得の規定を準用していた。しかし，善意取得
制度は，証券特有の流通方法による流通の安全を期する趣旨に出たものである
から，証券の権利内容の如何によって差があるべきものではない[29]として，そ
の他の権利または法律上の地位を表章する有価証券に準用されると解されてい
た。その意味では，本条が，指図証券に表章される権利を特段に明示しなかっ
たのは，妥当であるといえる（むしろ，正当であるというべきである）。

　(5)　改正民法 520 条の 6 は，指図証券の譲渡における，いわゆる人的抗弁制
限効を定めるものである。改正前民法 472 条を承継している。

　通常の債権譲渡にあっては，債務者は，その譲渡に際し，譲渡人に対する抗
弁をもって譲受人にも対抗できるのであるが（改正民 468 I），指図証券にあっ
ては，流通を促進し，譲受人を保護すべく，本条による人的抗弁の制限を認め
ている。本条は，いわゆる人的抗弁制限効を，物的抗弁とされているものを除
き，善意の譲受人に対抗できないという形式をもって表現している。

　改正前民法 472 条の下で，指図証券に表章される権利の成立に係る事由がど
う扱われるかに関し，かつて，私は，次のように述べた。証券上の権利の成立
に係る法律行為に瑕疵がある場合の，証券の効力については，民法に特段の規
定が存在しないから，これについては，一般原則に従わざるをえない。よって，
証券上の権利の成立に係る法律行為が無効であれば，証券は当然に無効であり，
取消事由があって取り消されれば，証券はその行為時に溯って無効となり，証
券所持人は，証券上の債務者に対し，何らの権利も有しないことになる。民法

---

[29]　西原寛一『商行為法（第 3 版増補）』（有斐閣，1973 年）111 頁。

民商法の課題と展望

の見地からは，証券上の権利の成立に係る事由は，そもそも抗弁の問題となり
ようがないのではないか。証券成立に係る法律行為に瑕疵があり，無効あるい
は取消事由に基づく取消しという事態になれば，債務者がどこにも存在しない
以上，抗弁以前の問題といえるからである。しかし，これでは，指図証券が作
成されても，証券の譲受人は，証券上の権利の存在に対する不安を抱かざるを
えない。かかる不安を減殺し，証券の流通保護を図るためには，証券の種類に
応じて，個別に当該証券の社会的・経済的機能を勘案して，適宜に民法の一般
原則を修正する理論（たとえば，権利外観理論）を立てるべきである[30]。

　上の私見は，証券的債権を無因証券と解した富井政章の見解に従う限り，必
ずしも妥当ではない。しかし，改正民法の有価証券の下では，さしあたり，上
の立場を維持しておきたい。

　(6)　改正民法 520 条の 7 は，指図証券を質権の目的とする場合について，同
520 条の 2 ないし同 520 条の 6 の規定を準用することとしている。

　本条により，指図証券を目的とする質権の設定については，質権設定者が質
入裏書をして，証券を質権者に交付しなければならない。事実上の譲渡担保で
ある隠れた質入裏書も認められよう。

　質入裏書を受けた質権者は，自ら指図証券上の権利を行使することができる
（手 19 Ⅰ類推）。質権者は，その権利行使に際し，人的抗弁制限効の恩恵を受け
る（改正民 520 の 6 準用，手 19 Ⅱ類推によるのではない）。

　(7)　改正民法 520 条の 8 は，指図証権の弁済の場所を定めるものである。商
法旧 516 条 2 項を一般化した規定である。指図証権に係る債務を取立債務とす
る趣旨であり，当然の理を示すものである。

　なお，商法上の有価証券については，商法旧 516 条 2 項の削除にもかかわら
ず，債務者の現在の営業所を第 1 義的な弁済場所とし，営業所がないときに，
その住所を第 2 義的な弁済場所と解すべきであろう。営業所は，企業の企業生
活関係上の活動の中心たる場所であるから，人の一般生活関係上の本拠として
の住所と同様の効果を認むべきだからである。

　(8)　改正民法 520 条の 9 は，証券の請求提示に付遅滞効を認めるものである。
つまりは，改正民法 412 条 1 項の特則を定めるものである。商法旧 517 条を一

---

(30)　拙著・前掲注(11) 34-35 頁。

般化して承継するものである。

　同条を前提とすると，指図証券は，期限の定め（満期）があるときであっても，流通を許されることになる。そうであるとすれば，満期後の指図証券の流通に，改正民法520条の5および同520条の6の適用を認めると，証券債務者は，長期に不利な立場を強いられることになる。したがって，満期後の指図証券の流通に，いわゆる期限後裏書の趣旨を類推すべきであると考える。実際には，商法旧517条の下でもありうる問題であったのだが，この機会に解決しておくべきだったのではなかろうか。この点で，改正民法の規定は，不備があるというべきである。

　手形の期限後裏書の規定（手20Ⅰ後段）は，支払拒絶証書作成期間を基準としているから，そのままの形では準用し難い。また，手形には法定の支払提示期間が定められており，適法な支払提示と満期後の請求提示とは別の概念で捉えられる。これに対して，民法上の指図証券は，期限の定めがあるものであっても，請求提示しかありえない。だからといって，満期後の裏書に，常に満期前の裏書と同一の効力を認める（手20Ⅰ本文参照）のは，行き過ぎではなかろうか。

　さらに付言すれば，期限の定めのない証券（一覧払い）であって，基本証券上に，提示期間の定めのない証券の消滅時効がどうなるのかという問題がある。基本証券成立の時（振出日付）も記載がないということになれば，問題はさらに複雑化する。改正前民法166条1項の「権利を行使することができる時」とは，判例によれば，債権成立時であるとされている（大判昭和17年（1942年）11月19日民集21巻1075頁）。これを前提に考えると，基本証券の直接の受取人が「権利を行使することができることを知った時」とは，債権の成立を知った時であるということになるから，改正民法166条1項の消滅時効の主観的起算点・客観的起算点は，直接の受取人との関係では，一致する。しかし，第三取得者は，証券上の債権が何時成立したかを知ることができない（たとえ振出日の記載があっても，それは事実上の推定を生じるにすぎないものと思われる）。現実に証券が作成・交付された時から10年というのも，典型的な有価証券である手形や小切手が，証券債務者の重い責任を勘案して，短期消滅時効を採用している趣旨からして，適当であるとは思われない。そうであるとすれば，この解決のため，一覧払証券の提示期間を，立法をもって画すべきであったと考え

るものである。

(9) 改正民法520条の10は，指図証券の債務者の弁済に際しての調査の権利に関する規定である。すなわち，弁済債務者の免責規定であり，改正前民法470条をそのまま承継するものである。

(10) 改正民法520条の11は，指図証券を喪失した場合の，証券を無効とする手続を定めるものである。これにより，民法施行法57条の規定が削除された。

(11) 改正民法520条の12は，指図証券の喪失者の権利行使方法を定める救済規定である。商法旧518条の規定を一般化して承継するものである。

商法旧518条の法文が「金銭その他の物又は有価証券の給付を目的とする有価証券」となっていたことから，本条は，その法文上の表現を引き継いだものと思われるが，商法研究者の多くは，商法旧518条の立法趣旨に鑑みれば，その他の有価証券であっても，非訟事件手続法114条により，公示催告の申立てをなしうる有価証券であれば，等しくこの法則の適用を受けることができると解してきた[31]。本条の文言は，債権的有価証券をほぼ網羅しているとはいい条，本条の冒頭を，「指図証券の所持人が」で始めてもよかったのではなかろうか。

2 記名式所持人払証券

(1) 改正民法520条の13は，記名式所持人払証券の譲渡について，証券の交付を譲渡の効力要件と定めるものである。改正前にあって，商法上の選択無記名証券（改正民法にいう記名式所持人払証券と同義と捉えてよい）は，無記名証券とみなされ（改正前商519 I →小5 II）これと同一に扱われた。これに対し，改正前民法471条は，記名式所持人払債権への同470条（弁済に際しての債務者の免責規定）の準用を規定するのみであった。於保不二雄によれば，これは，民法の立案者が，この債権を記名債権の1変形と考えたために，この債権は，債務者が証券所持人に弁済することによってその責めを免れうべき免責的効力を有するにすぎないとし，債権譲受人の保護に関する特別の定めを設けなかった[32]からであると説かれていた。

---

(31) 平出慶道『商行為法（第2版）』（青林書院，1989年）214頁，西原・前掲注(29) 115頁。
(32) 於保・前掲注(3) 327頁。

改正民法は，記名式所持人払証券を，むしろ無記名証券の1変形として扱うこととしたものと観察することができる。改正前にあっても，民法研究者は，これを無記名債権の1変形であると解し，譲受人保護のための抗弁については無記名債権に関する規定（改正前民 473，472）を準用すべきであると主張し，なお，無記名債権の善意取得の規定（改正前民 86 Ⅲ→192）を準用すべきところ，商法上の有価証券の規定（改正前商 519 Ⅱ→小 21）がより強力であるので，後者によるべきものと一般に解していた[33]。平成 29 年（2017 年）の民法改正は，この方向でなされたのである。

(2)　改正民法 520 条の 14 は，記名式所持人払証券の所持人の権利の推定を定めるものである。社員権証券ではあるが，同じく証券の交付によって譲渡される株券に係る会社法 131 条 1 項と平仄を合わせた規定となっている。すなわち，譲渡を証券の交付によって行うという方式からすれば，証券の占有者であれば証券の交付によって債権の譲渡を受けている可能性が高いので，そのことを法的にも承認して，証券の占有者が，その証券に係る債権についての実質的な権利者であると推定したものである[34]。

(3)　改正民法 520 条の 15 は，記名式所持人払証券の善意取得を定めるものである。準用によらず，独立した規定として設けられている。

(4)　改正民法 520 条の 16 は，記名式所持人払証券の譲渡に際しての，人的抗弁制限効を定めるものである。上に述べたように，改正前民法 472 条および同 473 条を記名式所持人払債権に準用すべしと主張していた民法研究者間の考え方を採用した規定であると観察しうる。

(5)　改正民法 520 条の 17 は，記名式所持人払証券を質権の目的とする場合の規定である。この場合には，上述の改正民法 520 条の 13 ないし同 520 条の16 を準用することとしている。

(6)　改正民法 520 条の 18 は，記名式所持人払証券に，指図証券に係る改正民法 520 条の 8 ないし同 520 条の 12 の規定を準用する旨を定めるものである。証券の弁済の場所，証券の請求提示の付遅滞効，弁済債務者の免責，証券喪失の場合の手続，および，喪失証券に係る便宜的権利行使方法，について，指図

---

(33)　同前参照。

(34)　前田庸『会社法入門（第 12 版）』（有斐閣，2009 年）200 頁参照。

証券の規定が準用される。

3 その他の記名証券

　記名債権の概念は，改正前にあって，民法研究者もこれを認めていた。記名債権は，従来の指名債権に包摂される概念であった。しかし，記名証券に表章される指名債権を，一般のそれと同視することは証券の特質を無視することになるので，民法の通説は，指名債権の譲渡の一般原則の他に，証券の交付を譲渡の要件とし，権利の行使に際しても証券の提示を要すると解してきた[35]。

　改正民法520条の19第1項は，記名証券の譲渡またはこれを目的とする質権の設定につき，通常の債権譲渡に関する方式に従い，かつ，その効力をもってのみ，これらをなすことができると規定するものである。証券の交付が効力要件たること，当然である。権利の行使を証券と引換えになすこと，これまた当然である。本条に明定しなかったのは，証券法理上，当然の理であるためであろうか。

　改正民法520条の19第2項は，わけても記名証券の喪失と公示催告手続について，指図証券に関する規定を準用し，この証券の喪失に，公示催告手続の適用があることを明らかにした点に意義がある。

　この問題は，喪失手形が公示催告および除権決定の対象となる実体法上の根拠が，改正前民法施行法57条に帰着すべきところ[36]，同条が，記名証券をその文言中に含んでいなかったため，記名証券の典型である裏書禁止手形が，公示催告・除権決定の対象となるか否か，曖昧であるという形で，議論のあったところである。裏書禁止手形については，記名債権も有価証券の消極的作用によって証券なしでは権利を行使することができないものであるから，それを喪失した場合には，当然除権判決〔今日の除権決定〕を認めざるをえないのであって，民法施行法の規定を限定的に解することが誤りなのではないかと思う[37]との見解が鈴木竹雄によって有力に主張されていた。この見解は，喪失裏書禁止手形が公示催告・除権決定の対象となる実体法上の根拠を，改正前民法施行法57条に置くことを前提に，同条が，条理上，記名証券をも含むと解す

---

(35)　西村編・前掲注(8) 404頁〔沢井裕〕。

(36)　その理由については，拙著『商法学通論Ⅵ』（信山社，2014年）200-201頁参照。

(37)　鈴木・前掲注(27) 315頁脚注(13)。

るものであったといえる。

今次の改正民法は，上の問題を立法的に解決したものである。

4 無記名証券

改正民法 520 条の 20 は，記名式所持人払証券の規定を，無記名証券に準用する旨を規定している。記名式所持人払証券は，無記名証券の 1 変形なのであるから，これを無記名証券と同列の規整下に置くことは，当然であるというべきである。法体系上は，むしろ無記名証券を本則とし，これに関する規定を設け，それを記名式所持人払証券に準用するという形式を採るべきであったと思われる。

11　保険法25条の「てん補損害額」と差額説

新山　一範

I　はじめに
II　保険法25条の文理からの考察
III　保険契約基準差額説と比例説の代位額の比較
IV　片面的強行規定性からの考察
V　保険契約基準損害額が損害賠償基準損害額を上回る場合
VI　加害者からの損害賠償が先行する場合

I　はじめに

　保険法25条1項は，保険者の請求権代位に関して，保険給付額がてん補損害額に不足するときは，保険給付額か，被保険者債権額からこの不足額を控除した残額か，いずれか少ない額を限度として保険者は被保険者債権について被保険者に代位する旨規定し，差額説を採用したとされる[1]。差額説（損害額超過主義）では，保険給付額と被保険者債権額とを合わせた額が被保険者の損害額を超える場合に，その超える額の限度で保険者は被保険者債権を代位取得する[2]。本稿は，保険法25条1項において，この被保険者の損害額とは，保険給付額を算定するための損害額をいうのか，被保険者債権額を算定するための損害額をいうのか，を考察するものである。これを保険法25条1項に則して言えば，同項2号かっこ書の「てん補損害額に不足するとき」の「てん補損害

---

(1)　大串淳子＝日本生命保険生命保険研究会編『解説保険法』（弘文堂，2008年）254頁（西脇英司筆），福田弥夫＝古笛恵子編『逐条解説改正保険法』（ぎょうせい，2008年）83頁，萩本修編『一問一答保険法』（商事法務，2009年）140頁。

(2)　山下友信『保険法』（有斐閣，2005年）555頁。

『民商法の課題と展望』大塚龍児先生古稀記念〔信山社，2018年3月〕

民商法の課題と展望

額」とは，同項1号の保険給付額を算定する基礎となる損害額をいうのか，同項2号の被保険者債権額を算定する基礎となる損害額をいうのか，ということである[3]。

保険法第2章において，「てん補損害額」とは「損害保険契約によりてん補すべき損害の額」であり，この損害額はその損害が生じた地および時における価額によって算定される（保険法18条1項）。本稿の問題で，仮に保険法25条1項2号かっこ書の「てん補損害額」が同項1号の保険給付額を算定する基礎となる損害額をいうとしても，この損害額が保険法18条1項によって算定される場合，通常，保険法25条1項2号の被保険者債権額を算定する基礎となる損害額と異ならず，本稿において考察しようとすることがさして問題になることはないであろう。本稿の対象とする問題は，例えば，保険契約上，保険損害額の算定基準が約定され，この約定された算定基準による損害額が保険法25条1項2号の被保険者債権額を算定する基礎となる損害額とかい離する場合に顕在化する。具体的な数字を挙げて本稿の問題を言えば，例えば，保険法25条1項1号の保険給付額70（例えば，実損てん補契約において保険金額が70の場合），2号の被保険者債権額80（例えば，2割の過失相殺がされる場合）の場合において，2号かっこ書の「てん補損害額」は保険契約において約定された算定基準による損害額をいうとして，それが90または110のとき，保険者の代位額はそれぞれ60または40となり，2号かっこ書の「てん補損害額」が2号の被保険者債権額を算定する基礎となる損害額100をいうとしたとき，保険者の代位額は50となる。

周知のとおり，この問題は，保険法施行前の商法662条1項の下での人身傷害補償保険において，人傷基準差額説と裁判基準差額説（訴訟基準差額説）の対立を生じた問題（通例，約定された算定基準による損害額が被保険者債権額を算定する基礎となる損害額を下回る場合の問題）と同じ問題である。人身傷害補償保険のこの問題について最高裁は，「保険金の額と被害者の加害者に対する過

---

(3) 保険法25条1項2号かっこ書の額は，「てん補損害額」から保険給付額を控除した額を被保険者債権額から控除した額であるから，保険給付額と被保険者債権額との合計額から「てん補損害額」を控除した額となり，保険法25条1項が採用したとされる差額説において，被保険者の損害額＝「てん補損害額」とは何をいうのか，という問題になる。

失相殺後の損害賠償請求権の額との合計額が裁判基準損害額を上回る場合に限り，その上回る部分に相当する額の範囲で保険金請求権者の加害者に対する損害賠償請求権を代位取得すると解するのが相当である」と判示して，裁判基準差額説を採用した[4]。そして最高裁判決は，保険者の支払うべき保険金の額は，保険約款所定の算定基準（人傷基準）による損害額から，保険金請求権者が賠償義務者から既に取得した損害賠償金等がある場合はその取得額を差し引いた額とする，という趣旨の保険約款の規定が存した場合においても，被保険者に有利な裁判基準差額説を採用したのであるから，保険法 26 条によって被保険者に不利な特約を無効とする片面的強行規定とされている保険法 25 条の下においては，少なくとも約定された算定基準による損害額が被保険者債権額を算定する基礎となる損害額を下回る場合，最高裁は，「民法上認められるべき過失相殺前の損害額」（裁判基準損害額）に相当する額が被保険者に確保されるように，保険法 25 条 1 項 2 号かっこ書の「てん補損害額」は同項 2 号の被保険者債権額を算定する基礎となる損害額をいうと解することになる，と予想される。したがって，保険法 25 条 1 項 2 号かっこ書の「てん補損害額」について考察することに実務上さほど大きな意味があるとは言えないが，保険法 25 条 1 項の文言上の疑問があること，保険法 25 条 1 項において裁判基準差額説を採用することも人傷基準差額説を採用することも可能であるとする見解が主張されている[5]ことから，この問題を考察してみた。

　以下，本稿では，保険法 25 条の文理や片面的強行規定性などからこの問題を考察し，保険法 25 条 1 項 2 号および 2 項（2 項においても保険給付額が「てん補損害額に不足するとき」という文言が用いられている。）の「てん補損害額」は，同条 1 項 1 号の保険給付額を算定する基礎となる損害額が同項 2 号の被保険者債権額を算定する基礎となる損害額を上回る場合には，文言通り，保険法 18 条 1 項の「損害保険契約によりてん補すべき損害の額」をいう，と解してよいが，保険給付額を算定する基礎となる損害額が被保険者債権額を算定する基礎となる損害額を下回る場合には，被保険者債権額を算定する基礎となる損害額

---

(4)　最判平 24・2・20 民集 66 巻 2 号 742 頁，最判平 24・5・29 判時 2155 号 109 頁。

(5)　嶋寺基『最新保険事情』（金融財政事情研究会，2011 年）146 頁，同「判批」NBL974 号（2012 年）7 頁，山下典孝「人身傷害補償保険をめぐる新たな問題」阪大法学 62 巻 3・4 号（2012 年）681 頁，佐野誠「判批」民商 147 巻 2 号（2012 年）254 頁。

になる，と解することの可能性を検討してみる。

保険法25条1項の被保険者債権は損害賠償請求権に限定されるものではないが，以下では，被保険者債権が不法行為または債務不履行による損害賠償請求権であるものとして，同項1号の保険給付額を算定する基礎となる損害額（保険契約上，保険損害額の算定基準が約定されている場合を想定する。）を「保険契約基準損害額」，これによって保険者の代位額を算出する差額説を「保険契約基準差額説」（保険給付額と被保険者債権額との合計額が保険契約基準損害額を超える場合に，その超える額の限度で保険者は被保険者債権を代位取得する，とする説），同項2号の被保険者債権額を算定する基礎となる損害額を「損害賠償基準損害額」，これによって保険者の代位額を算出する差額説を「損害賠償基準差額説」（保険給付額と被保険者債権額との合計額が損害賠償基準損害額を超える場合に，その超える額の限度で保険者は被保険者債権を代位取得する，とする説）ということにする[6]。

II 保険法25条の文理からの考察

1 保険法25条1項

保険法25条1項2号かっこ書が「前号に掲げる額がてん補損害額に不足するときは」という文言を用いていることから，同条1項の文理解釈としては保険契約基準差額説が自然である，とする見解がある[7]。保険法は，18条1項で，

---

(6) 「保険契約基準損害額」・「損害賠償基準損害額」は，山本哲生「請求権代位における損害概念——人身傷害補償保険を契機として」吉原和志＝山本哲生編『関俊彦先生古稀記念変革期の企業法』（商事法務，2011年）289頁の用語を借用した。損害賠償「基準」といっても，被保険者債権額を算定する基礎となる損害額についてのある特定の算定基準のことをいうのではない。損害賠償基準損害額は，「民法上認められるべき過失相殺前の損害額」（前掲注(4)の最高裁判決）であって，必ずしも被保険者と被保険者債権の債務者（以下，加害者という。）との間の訴訟によって認定された額をいうものではない。損害賠償基準損害額は，被保険者の加害者に対する損害賠償請求，保険給付をした保険者による加害者に対する代位求償，加害者からの損害賠償が先行した場合の被保険者の保険者に対する保険金請求，それぞれの局面で判断されるものである。

(7) 山本・前掲注(6) 316頁，古笛恵子「人身傷害保険をめぐる実務上の問題点——裁判基準差額説のその後」保険学雑誌618号（2012年）242頁注(55)。佐野誠「人身傷害補償保険の法的性質と商品性のあり方」損害保険研究75巻3号（2013年）75頁参照。

「損害保険契約によりてん補すべき損害の額」を保険法第2章において「てん補損害額」というとしているから，保険法25条1項2号かっこ書の「てん補損害額」も18条1項の「損害保険契約によりてん補すべき損害の額」をいうと解する[8]ことは，特段の理由のない限り，当然の解釈といえる。そして，保険法18条1項は任意規定である[9]から，保険契約において保険者がてん補義務を負う損害額の算定基準が約定されている場合，約定された算定基準による損害額により保険者の代位額を算出する保険契約基準差額説は，文理解釈上，保険法25条1項の自然な解釈といえる[10]。

また，保険法25条1項が，2号の被保険者債権額が損害額に不足するときはとする定め方ではなく，1号の保険給付額が損害額に不足するときはと定めたことからして，差額説によって保険者による代位よりも優先的に回復されるべき被保険者の損害は，そこでいう額を算定する基礎となる損害のことであり，したがって1号の保険給付額を算定する基礎となる損害であると考えるのが，素直な解釈であるように見える。

さらに，保険法25条1項2号かっこ書の「てん補損害額」が損害賠償基準損害額を意味するとするならば，2号かっこ書の額は，損害賠償基準損害額のうちの被保険者過失部分の損害額を保険給付額から控除した額となる。この額は，常に1号の額以下となり，保険者が代位取得する被保険者債権の額の限度となるのであるから，1号の額か2号かっこ書の額か「いずれか少ない額を限度として」（保険法25条1項柱書）とするまでもないことになる[11]。

以上のとおり，保険法25条1項の文言を素直に読めば，保険法25条1項の文理解釈としては，保険契約基準差額説が妥当である，ということになる。

---

(8)　山野嘉朗「保険代位・請求権代位」落合誠一＝山下典孝編『新しい保険法の理論と実務』（経済法令研究会，2008年）207頁参照。

(9)　大串他編・前掲注(1) 224頁（藤井誠人筆），福田＝古笛編・前掲注(1) 58頁，萩本編・前掲注(1) 123頁。

(10)　山本・前掲注(7)。

(11)　保険法25条1項2号かっこ書の「てん補損害額」が保険契約基準損害額を意味するとするならば，1号の額と2号かっこ書の額の大小は，保険契約基準損害額と被保険者債権額の大小による。

民商法の課題と展望

2 保険法 25 条 2 項

次に，保険法 25 条 2 項においても「（前項）第 1 号に掲げる額がてん補損害額に不足するときは」という文言が用いられているので，2 項についても同様に，「てん補損害額」が保険契約基準損害額をいうのか，損害賠償基準損害額をいうのか，を検討してみることにする。

保険法 25 条 2 項は，1 項によって保険者が被保険者債権の一部について代位し，被保険者債権の一部が保険者に，残部が被保険者に帰属することとなった場合に，保険法が被保険者による損害の回復を優先すべきであるという趣旨で差額説を採用したことからしても，保険者による代位債権の行使を優先すべきではないとして，被保険者による残債権の行使を保険者に対する関係で優先させたものである，とされる[12]。ところで，この 2 項において，「（前項）第 1 号に掲げる額がてん補損害額に不足するときは」と限定されているのは，いかなる理由によるものであろうか。

まず，保険法 25 条 1 項において損害賠償基準差額説を採った場合について考えてみる。1 項 2 号かっこ書の「前号に掲げる額がてん補損害額に不足するときは」と 2 項の「（前項）第 1 号に掲げる額がてん補損害額に不足するときは」を異なる意味に理解することは文理上不自然であるから，1 項において損害賠償基準差額説を採る場合，1 項 2 号かっこ書および 2 項の「てん補損害額」は，損害賠償基準損害額をいうと解することになる。そして，1 項 1 号に掲げる保険給付額が「てん補損害額」（損害賠償基準損害額）の全部をてん補する場合，損害賠償基準差額説によれば，保険者は被保険者債権の全部を代位取得し，被保険者債権が被保険者と保険者とに分属的に帰属することは生じないから，2 項の適用される場面を生じることはない。これに対して，2 項の「（前項）第 1 号に掲げる額がてん補損害額に不足するときは」，被保険者債権は，全部被保険者に帰属するか，被保険者と保険者に分属的に帰属することになり，2 項の適用される場面を生じうることになる。

次に，1 項において保険契約基準差額説を採った場合について考えてみる。前述のとおり，1 項 2 号かっこ書の「前号に掲げる額がてん補損害額に不足するときは」と 2 項の「（前項）第 1 号に掲げる額がてん補損害額に不足すると

---

(12)　萩本編・前掲注(1) 141 頁。

238

きは」を異なる意味に理解することは文理上不自然であるから，１項において保険契約基準差額説をとる場合，１項２号かっこ書および　２項の「てん補損害額」は，保険契約基準損害額をいうと解することになるであろう。そして，２項の「（前項）第１号に掲げる額がてん補損害額に不足するときは」，保険契約基準差額説によれば，被保険者債権は，全部被保険者に帰属するか，被保険者と保険者に分属的に帰属することになり，２項の適用される場面を生じうることになる。

　これに対して，保険契約基準差額説において，１項１号に掲げる保険給付額が「てん補損害額」（保険契約基準損害額）の全部をてん補する場合は，どうなるか。保険契約基準差額説によれば，この場合でも，保険契約基準損害額が被保険者債権額を下回るときには，被保険者債権の被保険者と保険者への分属的帰属を生じることになると思われる。つまり，保険給付額が「てん補損害額」（保険契約基準損害額）の全部をてん補し，かつ保険契約基準損害額が被保険者債権額を下回る場合，１項２号かっこ書に当たらず，１号の保険給付額が２号の被保険者債権額より少なくなるから，保険者は，１項により，同項１号の保険給付額の限度で被保険者債権を代位取得し，被保険者に被保険者債権額と保険給付額との差額分の被保険者債権が帰属することになると思われる[13]。例えば，損害賠償基準損害額100，被保険者債権額90，保険契約基準損害額80の場合において，80の保険給付がなされると，保険者は被保険者債権80を代位取得し，被保険者に10の被保険者債権が帰属することになるであろう。

　保険契約基準差額説が上述の場合についてどのように考えるのか，不明であるため，断定的に判断することはできないが，以上のように，保険法25条1項2号かっこ書および2項の「てん補損害額」を保険契約基準損害額と解した場合，保険給付額がてん補損害額の全部をてん補するときにおいても被保険者債権の被保険者と保険者への分属的帰属を生じうるが，保険給付額が「てん補損害額に不足するとき」には当たらないから，文理上は，この場合の分属に2項は適用されないことになりそうである[14]。しかし，2項は，そもそも被保険

---

(13)　赤津貞人「傷害・疾病保険の意義・性質と人身傷害補償条項・無保険車傷害条項」大塚英明＝児玉康夫編『新保険法と保険契約法理の新たな展開』（ぎょうせい，2009年）470頁。

(14)　赤津・前掲注(13) 471頁参照。

民商法の課題と展望

者・保険者の加害者に対する被保険者債権の行使の局面において被保険者の優先を定めるものであり，保険金の受領と保険者に優先する残債権の行使による少なくとも被保険者債権額までの損害の回復を被保険者に認めようとするものであると考えられるのであって，その際，保険契約基準損害額までの損害のてん補がなされているか否かは，本来無関係のはずである。被保険者による損害の回復を優先すべきであるという趣旨で差額説を採用したことから，2項で保険者に優先して被保険者による残債権の行使を認めた，ということであるならば，この場合の分属に2項の適用を認めないことは妥当ではないであろう。2項だけを素直に見れば，そもそも，差額説とは損害賠償基準損害額までの被保険者の損害の回復を優先する考え方であるとするからこそ，2項でそれに保険給付額が不足するときの（不足を生じなければ被保険者債権の保険者と被保険者への分属的帰属を生じないのであるから）被保険者の優先を認めているのだ，ということになるのではなかろうか。そうだとすると，保険法25条2項の「てん補損害額」については，損害賠償基準損害額をいうと解すべきことになり，1項と2項の文言上の整合性から，1項2号かっこ書の「てん補損害額」についても，保険法18条1項とは整合しないが，損害賠償基準損害額をいうとする解釈も考えられないことではないのではなかろうか。

　以上要するに，保険法25条1項の文理解釈だけからすれば，保険契約基準差額説が自然であるといえるのであるが，保険契約基準損害額が被保険者債権額を下回るときの2項の解釈も合わせて考えると，損害賠償基準差額説より保険契約基準差額説が保険法の文理に適合しているとは，必ずしも言えないように思われる。

Ⅲ　保険契約基準差額説と比例説の代位額の比較

　差額説は，保険者による代位よりも被保険者によるその損害の回復を優先する考え方であり，保険法25条は，絶対説や比例説よりも被保険者の保護に厚い差額説を採用した。そして，保険法26条により，25条に反する特約で被保険者に不利なものは無効とされるから，絶対説や比例説を採る約定は，25条の下では認められない，とされる[15]。絶対説による保険者の代位額は，保険給付額，被保険者債権額のいずれか少ない額となる。保険者の代位額が保険給付

240

額や被保険者債権額を超ええないことは，保険代位の性質上，当然であり，もちろん，保険契約基準差額説による代位額にしろ，損害賠償基準差額説による代位額にしろ，絶対説による代位額を超えることはない。問題となりうるのは，比例説を採る約定との関係である。ここで保険契約基準損害額が損害賠償基準損害額を下回る場合だけを取り上げると，比例説による保険者の代位額との関係で，保険契約基準差額説は比例説よりも被保険者に不利になることはないか，が問題となる[16]。比例説をどのように理解するかの問題となる。

保険法制定前の商法662条1項に関して比例主義（相対説）は，一部保険における保険者の請求権代位の範囲について，商法661条但書における一部保険の場合の規定を類推適用し，付保割合に従った保険者の代位を認める[17]。つまり，保険者の代位額は，被保険者債権額に保険金額の保険価額に対する割合を乗じた額として表わされる。一方で最高裁昭和62年5月29日判決[18]は，自動車保険の車両保険金の支払を受けた被保険者および車両保険金の支払をした保険者の加害者に対する損害賠償請求事件において，「保険金額が保険価額（損害額）に達しない一部保険の場合において，被保険者が第三者に対して有する権利が損害額より少ないときは，一部保険の保険者は，填補した金額の全額について被保険者が第三者に対して有する権利を代位取得することはできず，一部保険の比例分担の原則に従い，填補した金額の損害額に対する割合に応じて，被保険者が第三者に対して有する権利を代位取得することができるにとどま

---

(15) 萩本編・前掲注(1) 141 頁，大串他編・前掲注(1) 256 頁，福田＝古笛編・前掲注(1) 83 頁，山野・前掲注(8) 208 頁，佐野誠「人身傷害補償保険における損害把握―― 訴訟基準と人傷基準の乖離問題」損害保険研究 71 巻 2 号（2009 年）29 頁注(20)，潘阿憲『保険法概説』（中央経済社，2010 年）150 頁。

(16) 損害賠償基準差額説による保険者の代位額と比例説による保険者の代位額との比較では，保険契約基準損害額が損害賠償基準損害額を下回る場合には，損害賠償基準差額説による保険者の代位額が比例説による保険者の代位額を上回ることはなく，問題となることはない。保険契約基準損害額が損害賠償基準損害額を上回るときには，被保険者債権額に保険給付額の損害額に対する割合を乗じる比例主義による保険者の代位額より損害賠償基準差額説による保険者の代位額が大きくなる場合を生じうる。例えば，損害賠償基準損害額 100，被保険者債権額 90，保険契約基準損害額 120，保険給付額 90 の場合，損害賠償基準差額説による保険者の代位額 80，比例主義による保険者の代位額 67.5，比例配分説による代位額 81 となる。

(17) 田辺康平『新版現代保険法』（文真堂，1995 年）145, 143 頁。

(18) 民集 41 巻 4 号 723 頁。

民商法の課題と展望

る」と判示して，比例主義を採っている。この最高裁判決によれば，比例主義
による保険者の代位額は，被保険者債権額に保険給付額の損害額に対する割合
を乗じた額として表わされる[19]。

　このような一部保険における比例主義に対して，人身傷害補償保険における
保険者の代位の範囲に関し，比例配分説[20]は，保険者は「支払った保険金のう
ち，加害者の過失割合部分に相応する損害賠償請求権を取得する」とする[21]。
つまり比例配分説による保険者の代位額は，保険給付額に加害者過失割合を乗
じた額として表わされる。以下において比例配分説を人身傷害補償保険に限定
せず一般化すると，比例配分説は，保険給付の中には被保険者自らの過失に
よって生じた損害に対するてん補部分と加害者の過失によって生じた損害に対
するてん補部分とが混在しているものと理解し，加害者の損害賠償義務と実質
的に相互補完の関係に立つのは，そのうち加害者の過失によって生じた損害に
対するてん補部分であり，したがって，保険者が取得する被保険者の加害者に

---

(19)　保険金額が保険価額に満たない一部保険においては，保険給付額は保険金額の保険価
　額に対する割合をてん補損害額に乗じて得た額となる（改正前商法636条，保険法19
　条）から，この保険金額の保険価額に対する割合（付保割合）は，保険給付額のてん補
　損害額に対する割合と等しくなり，改正前商法636条または保険法19条の適用される
　保険においては，被保険者債権額に保険金額の保険価額に対する割合を乗じた額と言お
　うと，被保険者債権額に保険給付額の損害額に対する割合を乗じた額と言おうと，同じ
　ことである。ただ，最高裁昭和62年5月29日判決は，一部保険に関する判断であり，
　それを改正前商法636条の適用のない保険にまで一般化しうるかどうかは，別個に問題
　となる。比例てん補原則の適用ある一部保険の請求権代位に関して比例主義を採って
　も，実損てん補契約の代位について差額説が採られることについて，田辺康平「保険者
　の請求権代位」『損害保険事業研究所創立四十周年記念損害保険論集』（損害保険事業研
　究所，1974年）248, 249頁，同「請求権代位における権利の取得と行使」『保険契約の
　基本構造』（有斐閣，1979年）282頁参照。

(20)　桃崎剛「人身傷害補償保険をめぐる諸問題 —— 東京地判平成19年2月22日（判タ
　1232号128頁）を契機として」判タ1236号（2007年）71頁では「比例配分説」とし
　て分類されている。この説は，「比例分担説」（坂東司朗「判批」損害保険研究70巻3
　号（2008年）151頁，嶋寺・前掲注(5) NBL974号7頁），「比例按分説」（山下典孝「人
　身傷害補償保険に関する一考察」阪大法学61巻3・4号（2011年）753頁）と称される
　ほか，「比例説」（岡田豊基「判批」リマークス39号（2009年）95頁，潘阿憲「判批」
　民商147巻1号（2012年）69頁，近藤明日子・青野歩「判批」法セ697号（2013年）
　11頁，長谷川貞之「判批」法律のひろば67巻3号（2014年）59頁，榎本光宏「判批」
　曹時66巻6号（2014年）1565頁）としている文献もある。

(21)　神戸地判平16・7・7交民集37巻4号895頁（905頁）。

11 保険法25条の「てん補損害額」と差額説〔新山一範〕

対する損害賠償請求権も，加害者の過失によって生じた損害に相当する部分である[22]，とする考え方と思われる。

この比例配分説による保険者の代位額との比較において，例えば被保険者の加害者に対する損害賠償請求権について過失相殺がされる場合で保険契約基準損害額が被保険者債権額以下となるときにおいては，保険契約基準差額説による保険者の代位額は保険給付額に相当する額となり，比例配分説による保険者の代位額は保険給付額未満の額となるから，保険契約基準差額説による代位額が比例配分説による代位額を上回ることになり，保険契約基準差額説は比例配分説よりも被保険者の保護に欠けることになる[23]。保険法の下において，比例配分説を採用することは困難であり，差額説が採用されることになる[24]ということであるならば，そこでいう差額説の範疇には保険契約基準差額説は含まれないことになるであろう[25]。

しかしながら，比例配分説は，上記最高裁判決の考え方 —— 保険者の代位額を，被保険者債権額に保険給付額の損害額に対する割合を乗じた額とする —— の損害額を損害賠償基準損害額とするものである[26]。比例説が付保割合（それを一般化して，保険給付額の損害額に対する割合）に従った保険者の代位を認めるとする考え方であるとするならば，この損害額は，保険契約基準損害額

---

(22) 労働者災害補償保険法 12 条の 4 に関する最判平元・4・11 民集 43 巻 4 号 209 頁の反対意見（同 214 頁）参照。

(23) 例えば，損害賠償基準損害額 100，被保険者債権額 90（1 割の過失相殺），保険契約基準損害額 80，保険給付額 70 の場合，保険契約基準差額説による代位額 70，比例配分説による代位額 63 となり，保険契約基準差額説による代位額が比例配分説による代位額を上回ることになる。佐野・前掲注(15) 29 頁も，比例配分説は場合によって人傷基準差額説よりも被保険者に有利になることがある，としている。

(24) 肥塚肇雄「判批」損害保険研究 74 巻 2 号（2012 年）157 頁，同「判批」判時 2166 号（判評 647 号）（2013 年）182 頁。

(25) ただし，肥塚・前掲注(24) 判時 2166 号 183 頁は，人身傷害補償保険について，人傷基準損害額の算定基準と訴訟基準損害額の算定基準との較差を可及的に解消することを指向するとすれば，人傷基準差額説に依拠するほうが妥当ではないか，としている（同旨，同・前掲注(24) 損害保険研究 74 巻 2 号 162 頁）。

(26) 被保険者債権額は損害賠償基準損害額に加害者過失割合を乗じた額であるから，「保険給付額の損害額に対する割合」の「損害額」を損害賠償基準損害額とした場合に，被保険者債権額に保険給付額の損害額に対する割合を乗じた額は，保険給付額に加害者過失割合を乗じた額となる。

民商法の課題と展望

によることになるのではなかろうか[27]。このように比例配分説と比例主義とは
異なる考え方であり[28]，保険法 25 条の下においては認められないとされる比
例説が比例主義をいうものであるならば，保険契約基準差額説が比例説よりも
被保険者の保護に欠けるということにはならないであろう。

　以上，比例説を採る約定は保険法 25 条の下では認められないとしても，そ
もそも，そこでいう比例説とはどのような考え方をいうものであるか，が問題
である。保険契約基準損害額が損害賠償基準損害額を下回る場合において，そ
の比例説が比例配分説を含むのであれば，保険法 25 条の差額説として保険契
約基準差額説には問題がある。それが比例主義をいうならば，保険法 25 条の
差額説の範疇に保険契約基準差額説も含まれうるが，比例配分説による約定も
必ずしも片面的強行規定性に反するものではない，ということになるのではな
かろうか。いずれにしろ，保険契約基準差額説は，保険契約基準損害額が損害
賠償基準損害額を下回るときに，決して被保険者の保護に厚い考え方ではない。

Ⅳ　片面的強行規定性からの考察

1　保険契約基準差額説の論拠

　以上に見たとおり，保険契約基準差額説に関して，比例説より被保険者に不
利になる場合があるとしてこれを採りえないとは必ずしも言えないとしても，
保険契約基準差額説は，保険契約基準損害額が損害賠償基準損害額を下回る場
合には損害賠償基準差額説より被保険者に不利となり，さらに，保険契約基準
損害額が被保険者債権額以下となる場合には保険契約基準差額説による保険者
の代位額は保険給付額相当額となり，絶対説による代位額と等しくなるのであ
るから，保険契約基準損害額が損害賠償基準損害額を上回る場合を措けば，決
して被保険者の保護に厚い考え方とはいえない。にもかかわらず，なぜ保険契
約基準差額説が主張されるのか。

　保険法施行前の商法 662 条の下における人身傷害補償保険に関して，人傷基
準差額説は，保険契約者は人身傷害補償保険金と自賠責保険等に基づく給付を

---

(27)　評価済保険に関して，田辺・前掲注(19)『保険契約の基本構造』290, 293 頁参照。

(28)　佐野・前掲注(23)も，比例配分説（過失割合を基準とする）は一部保険における比例説
（付保割合を基準とする）とは内容的に別物である，という。

244

通じて保険約款所定の算定基準（人傷基準）により算定される損害額（人傷基準積算額）の限度で損害がてん補されるものとして人身傷害補償保険を理解するのが通常であり，人傷基準積算額に可及的に近い限度で損害がてん補されるという保険契約者の期待を害することは，保険約款の保険代位に関する規定に反し被保険者の権利を害するものである，とする[29]。そして，このように保険契約者の期待を解する理由は，とりわけ，加害者からの損害賠償金の支払等が保険給付に先行した場合の支払保険金の額の計算方式に関する約款規定（保険者の支払うべき保険金の額は，人傷基準積算額から，保険金請求権者が賠償義務者から既に取得した損害賠償金等がある場合はその取得額を差し引いた額とする，という趣旨の規定）との関係で，先に保険給付がなされるか，損害賠償がなされるかによって被保険者の取得する金額の合計額に差異を生じさせないよう，保険約款を整合的に解釈しようとしたことにあった，と思われる[30]。

　このように人傷基準差額説の論拠は，保険法施行前の商法 662 条が任意規定であることを前提として[31]，人身傷害補償保険の約款条項を整合的に解釈することにあったのであって，保険者による代位よりも被保険者によるその損害の回復を優先する差額説として人傷基準差額説が合理的であるとされたからではない，と思われる。保険法 25 条は被保険者の保護を図った片面的強行規定であり，保険法においては上記の損害賠償金の支払が保険給付に先行した場合の約款規定のような規定は存しないのであって，それとの整合性を考慮して保険法 25 条を解釈する必要性はない。逆に，保険法 25 条の解釈を前提として，損害賠償額の支払が保険給付に先行した場合の解釈をすべきことになる。

　保険法 25 条の解釈として，損害賠償基準差額説による紛争の増加を考慮して保険契約基準差額説によるべきである，とする見解がある[32]。損害賠償基準差額説には，加害者からの損害賠償が先行した後に被保険者が保険者に対して保険金請求をする場合，損害額算定コストの増加や訴訟の増加をもたらす，と

---

[29]　大阪地判平 18・6・21 判タ 1228 号 292 頁。

[30]　植田智彦「人身傷害補償保険による損害填補及び代位の範囲についての考察」判タ 1243 号（2007 年）15 頁・20 頁，坂東・前掲注(20) 155 頁以下，岡田・前掲注(20) 97 頁，出口正義「判批」リマークス 46 号（2013 年）105 頁，田高寛貴「判批」リマークス 47 号（2013 年）36 頁参照。さらに，裁判基準差額説による場合の実務上の問題も指摘されていた（坂東・前掲注(20) 158 頁）。

[31]　植田・前掲注(30) 20 頁。

民商法の課題と展望

いう問題があると思われるが、損害賠償基準差額説によることが無用な紛争の増加に結び付くものなのか、判然としない[33]。この見解によっても、利得禁止という観点からは保険契約基準損害額によって保険者の代位の範囲を判断することに合理性はない、とされている[34]。

2 片面的強行規定性からの考察

以上のとおり、被保険者の保護を図るという面において、保険契約基準損害額が損害賠償基準損害額を下回る場合、保険契約基準差額説に合理性があるとは思われないのであるが、それだけではなく、保険契約基準差額説は保険法25条が被保険者のために片面的強行規定とされたことに反しないか、が問題となる。

保険法18条1項は任意規定であり、保険者のてん補額を算定するための基準としての被保険者の損害額の算定基準は、保険契約当事者の約定によることができる。その約定された損害算定基準による損害額が損害賠償基準や保険法18条1項の時価評価基準による損害額を下回るとしても、その算定基準は、必ずしも保険契約者側の利益を一方的に害するものとして無効であるとはいえない。しかし、保険給付請求権と被保険者債権との調整の問題である保険代位の局面においては、保険法は保険法25条を片面的強行規定として被保険者を保護する制度とした。ここで問題となるのは、保険者の代位に関する保険契約当事者のある約定が形式的に差額説の範疇に含まれるか否か、ということではない。その約定が差額説に含まれないとしても、保険法が保護しようとした被保険者の利益が図られうるならば、その約定は片面的強行規定性に反しないと

---

(32) 山本・前掲注(6) 315頁以下。ただし、約定の保険契約基準が損害賠償基準よりもかなり低い場合にはその保険契約基準を保険代位の局面において無効とし、この場合は保険法18条1項の時価評価による（山本・前掲注(6) 319頁）。

(33) 損害賠償基準差額説によるにせよ、保険契約基準差額説によるにせよ、加害者に対する保険者の代位求償や被保険者の損害賠償請求において被保険者債権額の算定は避けえないのであり、どのように無用な紛争の増加が生じるのであろうか。また、保険法18条1項の時価評価によるとすること（前掲注(32) 参照）は、時価評価と約定の算定基準の差についての紛争を生じさせることになるのであるから、紛争の増加の防止に結び付くことになるのであろうか。

(34) 山本・前掲注(6) 306, 307頁。

いうべきであるし，逆に，形式的に差額説の範疇に含まれるからといって，実質的に保険法 25 条の片面的強行規定性に反することはない，ということにはならない。保険法が被保険者の利益を片面的強行規定とすることによって保護しようとしたことに実質的に反することはないかという問題である。

　保険契約基準差額説によれば，保険契約基準損害額が損害賠償基準損害額を下回る場合，損害賠償基準差額説より被保険者に不利となる。さらに保険契約基準損害額が被保険者債権額を下回る場合，比例配分説よりも被保険者に不利となり，保険契約基準差額説による保険者の代位額は絶対説による代位額と同じになる。保険契約基準差額説では，保険者の代位額は当事者の約定による保険契約基準によって決定され，保険契約基準を下げることによって保険給付に占める保険者の代位額の割合は増加し，被保険者に不利となる。差額説が被保険者の損害額までの損害のてん補を優先する考え方だとして，その損害額を保険契約によって自由に定めうるとするならば，これは保険法 25 条を片面的強行規定としたことに間接的に矛盾することとなってしまう[35]。このような，保険契約により損害算定基準を下げ，それによって保険者の代位額を増加させることのできる考え方は，被保険者に不利な約定を無効とする片面的強行規定としたことを無意味にしてしまう恐れがある。

　前述のとおり，保険法 25 条 1 項の文理解釈としては，25 条 1 項 2 号かっこ書の「てん補損害額」は 1 項 1 号の保険給付額を算定する基礎となる損害額をいう，と解することが自然である。しかし，25 条 2 項において，保険契約基準損害額が被保険者債権額を下回る場合，その「てん補損害額」を保険給付額を算定する基礎となる損害額をいうと解釈することは，25 条 2 項の趣旨に合致しないのではないかと考えられる。そこで，25 条の文理だけからは，25 条が保険契約基準差額説・損害賠償基準差額説のいずれを採るものであるかを判断することは，困難であるように見える。しかし，保険契約基準差額説は，保険契約基準損害額が損害賠償基準損害額を下回る場合，必ずしも被保険者の保護に厚い考え方であるとはいえず，さらに，25 条が保険代位の局面における被保険者の利益のために片面的強行規定とされていることからは，25 条の解釈として保険契約基準差額説を採ることは妥当であるとはいえない。以上から

---

(35)　山本・前掲注(6) 318 頁。

民商法の課題と展望

して，保険契約基準損害額が損害賠償基準損害額を下回る場合，25条1項2号かっこ書および2項の「てん補損害額」は1項2号の被保険者債権額を算定する基礎となる損害額をいう，と解するべきではないかと思われる。

V　保険契約基準損害額が損害賠償基準損害額を上回る場合

　保険契約基準損害額が損害賠償基準損害額を下回る場合，保険法25条1項2号かっこ書及び2項の「てん補損害額」は1項2号の被保険者債権額を算定する基礎となる損害額をいう，と解することを前提として，次に，保険契約基準損害額が損害賠償基準損害額を上回る場合[36]について考える。

　保険契約基準損害額が損害賠償基準損害額を下回る場合，保険契約基準差額説による保険者の代位額は損害賠償基準差額説による保険者の代位額以上となり，保険契約基準差額説によることは被保険者に不利となる。しかし，保険契約基準損害額が損害賠償基準損害額を上回る場合，逆に損害賠償基準差額説による保険者の代位額が保険契約基準差額説による保険者の代位額以上となる。例えば，損害賠償基準損害額100，被保険者債権額80，保険契約基準損害額110，保険給付額90の場合，損害賠償基準差額説による代位額は70，保険契約基準差額説による代位額は60となる。保険法が保険者による代位よりも被保険者によるその損害の回復を優先させるために差額説を採用したことからすれば，保険契約基準損害額が損害賠償基準損害額を上回る場合，むしろ保険契約基準損害額に基づいて差額説を適用することが妥当であるように思われる。

　この結論は，加害者からの損害賠償が保険者の保険給付に先行した場合との整合性からも支持されうる。例えば，上記の例が保険金額90の実損てん補契約であった場合において，加害者から損害賠償債務額80の支払が先になされると，保険契約上は30の残損害額について保険者はてん補義務を負うことになり[37]，被保険者は損害賠償金80と保険金30の合計110を取得しうることになるであろう。逆に，保険給付義務額90の支払が先になされる場合には，保険者が取得する被保険者債権の額は，損害賠償が保険給付に先行した場合との

---

(36)　もちろん，約定された保険契約基準による損害額が保険法18条1項による評価額を著しく上回る場合，その保険契約基準は利得禁止原則に反し無効と解されることになる。

整合性から，被保険者に帰属させるべき残債権 20 を損害賠償債権額 80 から控除した 60 でなければならないことになる。

　では，この結論をどのように導き出すか。保険契約基準損害額が損害賠償基準損害額を下回る場合に損害賠償基準差額説によるべきであるとした理由は，保険法 25 条が被保険者の利益のために片面的強行規定とされていることにある。それゆえ，保険法 25 条について損害賠償基準差額説によるとしても，被保険者に有利となる損害賠償基準を上回る損害算定基準が保険契約において約定されている場合，片面的強行規定性に反することはなく，この約定の効果として保険代位の局面においても損害賠償基準損害額を上回る保険契約基準損害額までの被保険者の損害の回復が認められる，と解することが可能であるように思える。つまり，保険者は保険契約基準損害額まで被保険者の損害が回復されることを許容する約定をしたのであり，この約定は，損害賠償が保険給付に先行した場合だけではなく，逆の場合においても同様に被保険者の損害の回復を認める約定であると解することが合理的である。

　しかし，この構成による場合，保険代位の局面において異なる約定をすることも可能であることになるし，保険法 25 条 2 項の適用において被保険者を十分に保護することができないことになる[38]。そこで，保険契約基準損害額が損害賠償基準損害額を下回る場合，保険法 25 条 1 項 2 号かっこ書および 2 項の「てん補損害額」は損害賠償基準損害額をいう，と解するが，保険契約基準損

---

[37]　差額説の考え方から厳密に言うと，保険者の保険給付義務は本来は 90 であるが，損害賠償金 80 との合計額が保険契約基準損害額 110 を超えるために利得防止から保険者の保険給付義務は 30 に制限される，ということになるのであろう。鈴木辰紀「保険者の請求権代位についての再論」『損害保険研究』（成文堂，1977 年）57 頁注(8)，同「残存物代位と請求権代位」『火災保険契約論』（成文堂，1979 年）102 頁注(1)，田辺康平「一部保険における保険者の請求権代位」『保険法の理論と解釈』（文眞堂，1979 年）149, 152 頁，林竧「一部保険における請求権代位の範囲」瀬川信久編『私法学の再構築』（北海道大学図書刊行会，1999 年）385, 386 頁参照。

[38]　例えば，損害賠償基準損害額 100，被保険者債権額 80，保険契約基準損害額 110，保険給付額 100 の場合，保険契約基準損害額による保険者の代位額は 70 となり，被保険者債権が保険者と被保険者に分属的に帰属するにもかかわらず，保険契約基準損害額が損害賠償基準損害額を上回る場合についても保険法 25 条 1 項 2 号かっこ書および 2 項の「てん補損害額」を損害賠償基準損害額をいうと解すると，保険給付額が「てん補損害額に不足するとき」に当たらないことになるから，保険法 25 条 2 項は適用されないことになる。

害額が損害賠償基準損害額を上回る場合は，保険法25条1項2号かっこ書および2項の「てん補損害額」は保険契約基準損害額をいう，と解する構成が考えられる。

いずれの構成によるべきかは，片面的強行規定とすることによってどこまで被保険者を保護すべきか，という問題になるであろうと思われるが，後者の構成による場合，これに反する約定は許されないことになるから，保険法25条1項が保険者による代位よりも被保険者によるその損害の回復を優先させるために差額説を採用したことに，より整合すると言える。そして何よりも，保険法25条1項2号かっこ書および2項の「てん補損害額」は，文言通り，18条1項の「てん補損害額」をいうことになり，25条の文言に適合することになる。

そうすると，保険法25条の文言解釈としては，むしろ，保険契約基準差額説に依拠し，ただし，保険契約基準損害額が損害賠償基準損害額を下回る場合には，25条が被保険者のために片面的強行規定とされていることと実質的に矛盾することになることから，26条により損害賠償基準差額説に依拠すべきことになる，という方が適切であるように思われる[39]。

Ⅵ　加害者からの損害賠償が先行する場合

以上により，保険法25条1項2号および2項の「てん補損害額」は保険法18条1項の「損害保険契約によりてん補すべき損害の額」をいうが，この損害額が被保険者債権額を算定する基礎となる損害額を下回る場合には，保険法25条1項2号および2項の「てん補損害額」は被保険者債権額を算定する基礎となる損害額になる，と解するべきであると思われる。前述したように，損害賠償額の支払が保険給付に先行した場合の処理については，この25条の解釈を前提として考えるべきことになる。

損害賠償額の支払が保険給付に先行した場合と先に保険給付がなされた場合

---

(39)　結局のところ，保険法は，保険給付請求権と被保険者債権との調整の局面において，25条1項の文言上は保険契約基準損害額までの被保険者の損害の回復を認める制度を採っているにすぎないかに見えるが，26条によりそれを片面的強行規定とすることによって保険契約基準損害額か損害賠償基準損害額かいずれか大きい額までの被保険者の損害の回復を認める制度を採っている，ということではなかろうか。

とで，被保険者・保険者の最終的な取得額・負担額が異なることになるのは不合理であるから，保険契約基準損害額が損害賠償基準損害額を上回る場合には保険契約基準損害額までの被保険者の損害のてん補が認められてよいことになるし，保険契約基準損害額が損害賠償基準損害額を下回る場合には損害賠償基準損害額までの被保険者の損害のてん補が認められてよいことになる。したがって，保険契約基準損害額が損害賠償基準損害額を上回る場合，被保険者が受領した損害賠償金と損害賠償金の支払がなされる前の保険者の元々の保険給付義務額との合計額が保険契約基準損害額を超えないときには，元々の保険給付義務額に相当する保険給付義務を保険者は負うことになり，被保険者が受領した損害賠償金と保険者の元々の保険給付義務額との合計額が保険契約基準損害額を超えるときには，保険契約基準損害額から被保険者が受領した損害賠償金の額を控除した限度で保険者は保険給付義務を負うことになる。また，保険契約基準損害額が損害賠償基準損害額を下回る場合，被保険者が受領した損害賠償金と保険者の元々の保険給付義務額との合計額が損害賠償基準損害額を超えないときには，元々の保険給付義務額に相当する保険給付義務を保険者は負うことになり，被保険者が受領した損害賠償金と保険者の元々の保険給付義務額との合計額が損害賠償基準損害額を超えるときには，損害賠償基準損害額から被保険者が受領した損害賠償金の額を控除した限度で保険者は保険給付義務を負うことになる。そうすると，保険契約基準損害額が損害賠償基準損害額を下回る場合には，保険契約基準損害額から被保険者が受領した損害賠償金の額を控除した限度で保険者は保険給付義務を負うとする約定は，保険法25条・26条に反することになろう[40]。

　以上のように考えると，先に損害賠償額の支払を受けた被保険者が保険者に対して保険給付請求権を行使する場合で保険契約基準損害額が損害賠償基準損害額を下回るであろう場合には，損害賠償基準損害額の算定を必要とすることになる。保険契約基準損害額が損害賠償基準損害額を下回る場合でも保険契約基準差額説によるならば，その必要がないにもかかわらず，損害賠償基準差額説によるとすると，損害賠償基準損害額算定のコストを生じさせ，また訴訟の

---

[40]　西嶋梅治「人傷保険をめぐる諸問題についての覚書」大塚英明＝児玉康夫編『新保険法と保険契約法理の新たな展開』（ぎょうせい，2009年）435頁参照。

民商法の課題と展望

増加をもたらしてしまうことが考えられる[41]。損害賠償基準差額説にはこのような問題があり，制度設計として保険契約基準差額説にはそれなりの合理性があると思われるのであるが，保険法25条・26条の解釈としては，保険法は，25条を片面的強行規定として，保険代位における被保険者の利益を図る制度を選択した，ということではなかろうか。

---

[41] 事実上の問題としてこのようなコストの増加が保険者に生じるのは，保険契約基準損害額が損害賠償基準損害額を下回ることが明らかなような場合だけで，そういう場合でなければ，保険者は，損害賠償基準損害額を算定することなく，保険契約基準損害額によって保険給付義務額を算定することになるのではなかろうか。その上で，訴訟によって争われる場合，損害賠償基準損害額の主張・立証責任を負うのは保険金請求者側となるから，通例として，被保険者は，加害者に対する損害賠償請求権の行使に先行して保険金請求権を行使する選択をすることになると思われる。そうすると，加害者から先に支払を受けて被保険者が保険金請求訴訟を提起する場合の少なからざる部分は，加害者に対する損害賠償請求権の行使に先行してなされた被保険者の保険金請求に対して，保険者が迅速な支払をしなかったことに起因する，と考えられないであろうか。

12 人保険契約と重過失による告知義務違反

山 下 友 信

Ⅰ　はじめに
Ⅱ　重過失の存否に関する平成
　10 年以前の裁判例の概観
Ⅲ　重過失の成否が問題となる
　事例類型
Ⅳ　重過失の成否についての判
　断基準のあり方
Ⅴ　おわりに

Ⅰ　は じ め に

1　本稿の目的

　生命保険契約または疾病保険契約の締結に際しての告知義務違反として保険者が保険契約を解除するためには，告知義務者（保険契約者または被保険者）の義務違反が故意または重過失によるものであることという要件を満たすことが必要である。この主観的要件については，告知義務者の知らない事実についても告知しなかったことについて重過失による告知義務違反として認められるか否かという問題は議論されてきたが，故意または重過失の要件のその他の面については，具体例に即した検討はあまり行われてこなかった。そもそも故意と重過失のいずれも否定された裁判例は平成 10 年代に入るころまでは非常に少数で，また，告知義務違反を認める裁判例では，故意による義務違反と重過失による義務違反を厳密に区別してその意義と事案への当てはめを論じることがほとんどなかった。判決でも故意または重過失があった，あるいは少なくとも重過失があったというような判断をするものが多く，重過失をどのような基準に従い判断しているかも明確でなかった。

　しかし，平成 10 年前後から，重過失による告知義務違反の成立を否定する

民商法の課題と展望

裁判例が散見されるようになり，重過失の成否が裁判上の争点となる事例も増加しつつあるということができる。学説でも，近時の重過失の成否をめぐる個別の裁判例についての研究等により問題点が徐々に明らかになりつつあるが[1]，いまだこの論点について十分な議論が行われていない状況である。本稿は，このような状況を踏まえて，重過失の成否の判断基準について考察しようとするものである。

　重過失の成否を論じる場合にさらに留意しなければならないのは，平成20年の保険法の制定過程では，告知義務違反の効果としてヨーロッパ諸国の保険契約法の趨勢にならっていわゆるプロ・ラタ原則を採用するかどうかということが議論されたが，これを不採用とすることとの関係で，告知義務者の重過失の要件は保険法の下では故意にきわめて近いものとして解釈すべきではないかが論じられたという経緯があったということである[2]。重過失による告知義務違反について考察するに当たっては，このような視点も含めて考察することが必要である。

　重過失の意義について確認しておくと，一般的に説かれているところによれば[3]，故意による告知義務違反は，①告知すべき重要な事実があること，②当該事実が告知すべき重要な事実であること，および③当該事実を告知しないことの3点のすべてを認識している場合に認められる。そして，①～③のいずれか1点でも認識しなかったことについて重過失があったのであれば重過失による告知義務違反となる。ただし，①についてのみは，認識しない事実についても認識しなかったことについて重過失があれば告知義務違反となるという考え方に対しては，有力な反対の考え方がある。

---

(1)　重過失をめぐる裁判例についての近時の研究として，志村由貴「告知義務違反をめぐる裁判例と問題点」判タ 1264 号（2008 年）64 頁，特に 72 頁以下，金岡京子「告知義務違反における故意又は重過失」法律のひろば 60 巻 11 号（2007 年）67 頁，永松裕幹「告知義務違反における故意又は重過失に関する裁判例の分析と検討」保険学雑誌 626 号（2014 年）107 頁。

(2)　保険法部会の審議については，木下孝治「告知義務・危険増加」ジュリスト 1364 号（2008 年）20-21 頁参照。

(3)　以下については，山下友信『保険法』（有斐閣，2005 年）303-305 頁。

II 重過失の存否に関する平成 10 年以前の裁判例の概観

　平成 10 年よりも前の重過失についての判断が示された裁判例を概観してみると，まず，重過失を否定したものはきわめて少数であること[4]，被保険者ががんをはじめとする重大な疾病に罹患し，医師の診断を受けていた事例が多いこと，がん以外の疾病でも被保険者本人にもこの疾病を認識していた事例がほとんどであること，疾病ががんである場合には，診断が告知時までにされていても，被保険者本人には告知されていないため，告知すべき重要事実としては，自覚症状，医師の受診，精密検査の指示を受けたことなどの事実とされていること，重要事実としての精密検査の指示は被保険者に何らかの自覚症状が出たために医師の診断を受けた際に受けたものであることが指摘できる。がんに罹患していた事例では，いずれも保険契約成立後の被保険者の死因は罹患していたがんであることも共通する。

　このように，この時期の裁判例では，ほとんどが告知義務の対象となる疾病に関して医師の診断を受けている事例であったことが明らかになる。これは，

---

(4)　重過失を否定した裁判例として，東京地判昭和 25 年 4 月 22 日下民集 1 巻 4 号 594 頁（子宮がんで死亡した被保険者が，告知時より前の子宮がんとは無関係の婦人科疾患を告知しなかったことについて，そのような疾患は軽微な症状として軽視されるのが一般的であることなどから，被保険者の故意または重過失を肯定することは妥当でないとされた事例），京都地判昭和 47 年 8 月 30 日生判 2 巻 24 頁（被保険者は気管支炎に罹患していたが，医師から気管支炎であるとの説明をしていたかどうかが不明であり，被保険者本人は風邪を引いて咳や痰が出るという程度の認識，自覚にとどまっていたので，告知しなかったことが故意または重過失によるとはいえないとされた事例），東京地判昭和 52 年 9 月 28 日生判 2 巻 159 頁（被保険者が保険診査の 6 日前に頭痛，腰痛，倦怠感を訴えて医師の診察を受け，多数の疾病の疑いがあるとの診断を受けていたが，これを告知しなかったことについて，診察時には鎮静剤の投与を受けただけで暫時仕事を休むようにとの注意を受けたにとどまり，特定の病名は告げられていなかったことから，頭痛程度の認識で告知しなかったことについて故意または重過失がないとされた事例），広島高判平成 10 年 1 月 28 日生判 10 巻 30 頁（健康診断で異常があることは告知したが，精密検査を受けることを指示されたことまで告知すべきこととは認識しておらず，そのことについて重過失がないとされた事例）。なお，以上で「生判」とあるのは生命保険判例集（生命保険文化研究所・生命保険文化センター発行）の略で，以下でも同様である。

民商法の課題と展望

後に見るように，より新しい時期の裁判例の中に見られる定期的な健康診断等で異常な検査結果が出た事実を告知しなかったという類型の事例が，この時期には見られないということである。

各裁判例，特に重過失を認めた事例では，いかなる点について重過失が認められているかを見ると，ほとんどは告知すべき事実である自己の認識している既往症や症状等が重要であることの判断を誤ったことの重過失（以下では，この意味での重過失を重要性の不知の重過失という）であることが明らかであるが，告知すべき重要な事実を認識しなかったことの重過失（以下では，この意味での重過失を事実の不知の重過失という）を問題としているものも見られる。

総じてこの時期の裁判例では，上記のように，重大な疾病について診断を受けて被保険者が認識しているか，がんのような疾病について何らかの自覚症状があり医師の受診をしており，精密検査を指示されているような事例が問題となっているので，重過失を認めることは容易であったし，さらに故意を認めてもよいというのに近い判断が故意または重過失がある，あるいは少なくとも重過失があるという判示の仕方につながっていたのであろうと考えられる。

Ⅲ　重過失の成否が問題となる事例類型

平成 10 年前後から，数は多くないが，重過失を否定する裁判例が散見されるようになっている。また，重過失は肯定されているが，Ⅱで概観した裁判例では主張されていなかったような内容で保険金請求者側から告知義務者（被保険者）の重過失を否定する主張がされている事例が見られる[5]。そこで，以下では，重過失が結論において否定され，または重過失否定の主張の理由として

---

(5) Ⅱで概観した裁判例と同様の類型の事案に関する裁判例も引き続き見られる。例として，東京地八王子支判平成 19 年 7 月 31 日生判 19 巻 358 頁およびその控訴審である東京高判平成 20 年 3 月 19 日生判 20 巻 167 頁（心窩部痛などの自覚症状があったことを不告知の事例につき，一審判決は重過失を否定したが，控訴審判決は重過失を肯定），大阪高判平成 24 年 7 月 12 日（平成 24 年（ネ）第 672 号債務不存在確認等請求控訴事件。野口夕子・保険事例研究会レポート 277 号（2014 年）11 頁，篠崎正巳・保険事例研究会レポート 289 号（2015 年）1 頁で紹介されている。C 型肝炎に罹患しインターフェロン治療を受けていた被保険者がその治療の副作用によるうつ病となっていた事実を告知しなかった事例につき，重過失を肯定）。

挙げられている事由を類型化して裁判例を紹介し検討する。なお，各裁判例は，告知義務違反以外の争点が含まれているものもあるが，本稿の検討にはその点は影響しないと考えられるので，告知義務についての判示のみを取り上げる。

1　保険者の質問の仕方が告知義務違反を招いた事例

(1)　裁判例の概要

① 大阪地判平成 10 年 2 月 19 日判時 1645 号 149 頁

被保険者Aは，団体信用生命保険加入のための告知に先立ち，4 回の入院をしており，第 2 回目の入院で肝臓がんと判明したが，がんであることはAには告知されず，入院承諾書では検査と記載され，肝動脈塞栓術等の治療が行われた。告知事項には，最近 3 年以内の手術または継続して 2 週間以上の入院および医師の治療・投薬があったかというものがあった。Aは契約成立後約 1 年後に死亡した（判決文では死因は明らかでないが，肝臓がんであったと推測される）。告知義務違反に関する争点も多岐にわたるが，Aの重過失に関するのは，上記の告知事項についての不告知であり，以下のように判示した。

「本件告知書によると，……過去 3 年以内での特定の病気かけがで手術を受けたこと又は継続して 2 週間以上の入院及び医師の治療投薬を受けたこと（告知事項 2）については……肝臓病については，肝動脈塞栓術を 3 回受けていることから，肝臓病について手術を受けたことが右告知すべき重要な事実であると認められる。（この点，補助参加人＜注・保険者＞は，告知事項 2 中の『継続して 2 週間以上の入院及び医師の治療・投薬』との文言について，入院と医師の治療・投薬を通じて 2 週間以上となれば告知を要するものと解釈すべきと主張し，(2) ないし (4) の入院＜注・第 2 回目ないし第 4 回目の入院＞についても告知の対象であると主張する。しかし，右文言の記載から一義的に右のような解釈が可能であるとはいえず，原告＜注・Aの遺族＞ら主張のように，継続して 2 週間以上の入院に加え，継続して 2 週間以上の医師の治療・投薬を受けた場合に告知すべきことを求めているものであると解釈する余地も十分にあり，更には，医師の治療・投薬を受けた入院期間（つまり，検査のみの期間は除くという趣旨）が継続して 2 週間以上である場合に告知すべきことを求めているとも解釈する余地があり，右各解釈による場合には，(2) ないし (4) の入院については，入院期間が 14 日未満であることから，告知事項 2 に対する告知事項とはならないことになり，たとえ，告知事項 2 につい

民商法の課題と展望

て補助参加人主張のように解釈するのが相当であると解する余地があったとしても，前記認定のとおり，Ａは，告知事項２につき，(1) の入院については，胃潰瘍で入院していたことにつき明確に告知していながら，(2) ないし (4) の入院については告知していないことからして，告知事項２については (2) ないし (4) の入院について告知事項にならないとの解釈を自らなした上で，右事実を告知しなかったと推認することができる。そして，Ａは，補助参加人と比較し，保険契約について専門的知識を有していなかったことからすると，Ａが，補助参加人主張のような解釈をなさずに，自らの解釈に基づき (2) ないし (4) の入院について告知しなかったとしても，Ａに重大な過失があると認めることはできず，他に，Ａに，(2) ないし (4) の入院を告知しなかったことにつき故意又は重大な過失があると認めるに足りる証拠はない以上，(2) ないし (4) の入院が告知すべき事項にあたるとしても，この点を捉え，補助参加人がＡの告知義務違反を理由に解除することはできないものと解するのが相当である。)」

なお，①の上記の告知事項２についてＡに重過失がなかったとの判断は，控訴審判決（大阪高判平成 11 年 11 月 11 日判時 1721 号 147 頁）でも支持されている。

② 盛岡地判平成 22 年 6 月 11 日判タ 1342 号 211 頁[6]

被保険者Ａは，平成５年にＢ型肝炎と診断され，同年から平成７年にかけての入院，平成９年・11 年の通院では慢性肝炎や肝細胞がんの疑いがあると診断されていたが，平成 11 年 10 月 6 日以降約 2 年 3 ヶ月にわたり通院はなかった。平成 14 年に数度の診察を受けており，血液検査を受けたほか，腹部超音波検査で肝臓の辺縁が鈍化するなどしており，腎嚢腫，慢性肝炎と診断を受けたが，投与された薬は胃に関するものだけであった。その後平成 18 年まで肝臓の検査等は受けておらず，肝疾患による入通院はなかった。平成 17 年までの市の健康診断を受診していたが，平成 15 年度の肝機能検査の結果は「オールａ」であった。

Ａは，平成 16 年に団体信用生命保険加入のため告知をしたが，①最近 3 ヶ月以内の医師の治療（指示・指導を含む）・投薬を受けたことがあるか，および②過去 3 年以内に胃潰瘍，肝炎，肝機能障害等の病気で手術を受けたこと，ま

---

(6) 本判決についての研究として，永松裕幹・共済と保険 54 巻 7 号（2012 年）34 頁（重過失に関する判示について支持している）。

たは２週間以上にわたり医師の治療（指示・指導を含む）・投薬を受けたことが
あるかという質問について，いずれもなしと回答した。平成18年1月にＡは
肝臓がんにより死亡した。

　保険者は，Ａは平成５年以降Ｂ型肝炎が治癒しておらず，肝疾患の治療，経
過観察を受けていたところ，平成14年の受診で肝臓の所見として辺縁鈍化と
されたのであるから医師はこれをＡに伝えたはずであり，飲酒の禁止および定
期的な通院・検査を受けることなどの指示・指導を行ったもので，この指示・
指導の事実を告知しなかったＡには少なくとも重過失があると主張した。

　判決は，質問②に関して，Ａは平成５年から18年まで継続的に肝疾患の治
療，経過観察を受けていたとまでは認められず，腹部超音波検査の結果慢性肝
炎と診断されたことについて医師はＡにその説明をしたとは認められるが，具
体的な指示・指導が判然とせず，指示・指導があったとは認定できないとした。
これにより，告知すべき重要事実がないということになるので，結論は出たこ
とになるが，判決は，仮に「指示・指導」があったとして，Ａに故意または重
過失があったかについて検討しておくとし，まず故意を認めることは無理があ
るとした上で，重過失について，次のように判示した。

　「……『重大な過失』の意義については議論があるところだが，告知義務制
度の趣旨やその効果の重大性等にかんがみると，『重大な過失』とは，ほとん
ど故意に近い著しい注意欠如の状態をいうものと解すべきである（……）。

　これについて検討すると，確かに，上述のとおり，Ａは平成５年に慢性肝炎
と診断され，これが完全に治癒したとは認識していなかったと考えられる。

　しかし，本件告知書で告知が求められているのは慢性肝炎の有無ではなく，
それに関して指示・指導を受けたことの有無である。そして，『指示・指導』
というのは，手術とか入通院とか投薬のような客観的に明確で，かつ本人も確
実に認識し，容易には忘却しづらい事実ではなく，それ自体が必ずしも明確な
概念ではなく，評価の入り込む余地がある上に，本件告知書には『指示・指
導』の例示や具体的な説明の記載がないことも相まって，忘却や時期の認識に
ついての混乱が生じやすい事項といわざるを得ない。

　また，『２週間にわたる』という文言についても，本件告知書に例示や具体
的な説明の記載がなく，どのような場合がこれに当たるのか直ちには判然とせ
ず，平成14年ころから既にこの文言をめぐる紛争があったというのである

民商法の課題と展望

（……）。

以上のことに加え，……平成14年初めの通院は，本件告知書作成の2年以上前のことであるし，肝疾患の診察・検査を直接の目的としたものではなかったのである。しかも，『指示・指導』の内容は，補助参加人＜注・保険者＞の主張によっても，飲酒の禁止や定期的な通院・検査を受けることの指示・指導というのであり，これは慢性肝炎に関する一般的・抽象的な指示・指導であり，Aはそのようなことを医師から度々聞いていたことが推測される。そうすると，平成14年初めの診察の機会に肝臓に関する話があったとしても，それを明確に記憶していなかった（思い出さなかった）ことを責めることは困難といわざるを得ない。

それだけでなく，平成15年の市の健康診断における肝機能検査の結果は『オールa』であり，しかも前年度と比べて数値もよくなっていたのであるし，体調に目立った不調がなかったこともあって，一般人であるAとしては，肝臓はそれほど問題ないと思っていたとしても不思議ではない。しかも，Aは平成14年初めから2年以上，肝疾患により入通院したり，手術・投薬を受けたりしたこともなかったのであるから，時期の経過による忘却の可能性を否定しきれない。

以上のことを総合すれば，2年以上も前の『指示・指導』を告知しなかったとしても，これをもって，『ほとんど故意に近い』とまでいうことはできず，Aに重大な過失を認めることはできない。」

③　東京地判平成26年3月19日2014WLJPCA03198003[7]

肺がん（リンパ節への転移あり）により死亡した被保険者Aは，保険契約の復活手続の前日に医師の診断を受け，前月から肩こりが強く，右頚部に腫れがあり，腫れが移動している気がすると伝えたのに対し，医師から，リンパ節の腫れを確認し，リンパ節炎の疑いがあるといわれ，頚部エコーおよびMRI検査を他の病院で行うよう指示されていたが（医師は肺がんがリンパ節に転移している可能性は認識していなかった），この事実を告知しなかった。保険者作成の告知について説明する文書では，疾患が肩こりの場合，入院がなければ告知を

---

(7)　本判決についての研究として，竹村知己・保険事例研究会レポート287号（2015年）13頁，谷垣岳人・保険事例研究会レポート298号（2016年）1頁。

要しない旨記載されていた。判決は、医師がリンパ節炎の疑いから、頚部エコーおよびＭＲＩ検査の指示をしたことは、リンパ節に疾病が生じた可能性を示す事実であり、リンパ節の疾病には悪性リンパ腫というがんもあるのであるから、リンパ節に関する既往症・現症の有無は、がんの発症またはがんによる死亡という保険事故の発生の可能性に関連する重要な事項に該当するというべきであるとし、また、Ａが受診した際、Ａには、肩の強いこりに加え、リンパ節の腫れが確認され、腫れが移動している自覚症状もあり、これに対し、医師は、リンパ節炎の疑いがあると告知し、検査を指示したというのであるから、Ａの症状は、単なる肩こりに止まるものではなく、重要な事項に該当するとした。その上で、Ａの故意を否定し、重過失について、以下のように判示した。

　「……Ａは、強い肩こりや頚部の腫れの移動という自覚症状があった上、告知の前日に、医師からリンパ節炎の疑いという具体的な病名を告げられ、別の病院での頚部エコー及びＭＲＩ検査を受けることを指示されていたのである。単なる肩こりで、医師から病名（疑い）を告げられ、検査の指示がされることはないから、これを単なる肩こりであるとＡが誤信したとすれば、重大な過失があったといわざるを得ない。」

　控訴審判決（東京高判平成26年7月24日（平成26年（ネ）第2065号生命保険金請求控訴事件）も一審判決を維持した[8]。

（2）　検　討

　①では、第2回～第4回の各入院が、告知事項2中の「継続して2週間以上の入院及び医師の治療・投薬」に該当するので（保険者はそのように主張した）、Ａは告知すべきものであったところ、Ａは、第2回～第4回の各入院について、いずれも入院期間が14日未満であったことから、各入院は告知事項2に該当しないと判断し、告知しなかったが、この判断の誤りについて重過失がなかったとしたものである。重過失の類型としては、重要性の不知の重過失であるが、判断の誤りが保険者の質問の不明確さに起因しているということができる。

　②では、本判決は、そもそも告知すべき重要事実である医師の指示・指導を受けたという事実が存在しないとしたので、重過失の成否についての判示は傍論としての意味があるにとどまるが、重過失の成否という論点に参考となるの

（8）　谷垣・前掲注(7)で紹介されている。

民商法の課題と展望

で取り上げている。指示・指導を受けたという事実があったという前提で，Ａがその事実を告知しなかったことの原因は，本件ではＡの肝臓障害が完治はしないが明らかに目に見えては悪化もしない状態が続いていた中で，医師の指示・指導といえるものが明確なものではなかったこと，症状が悪化しないことから指示・指導があったことの認識がなくなっていたことを指摘するとともに，保険者の指示・指導を受けていたかという質問が明確でないことをあげ，重過失とはほとんど故意に近いものという解釈論に基づいてこの意味での重過失はなかったとしたものである。重過失の類型としては，事実の不知の重過失と重要性の不知の重過失の両方が問題とされているようであり，このような判断の誤りを招いた原因が保険者の質問が明確でなかったことにあり，その点では①と類似している。

　①②では重過失が否定されたのに対して，③では重過失が肯定されているが，保険契約者側が重過失を否定する根拠としたのが，告知についての案内文書で入院のない肩こりは告知を要しないという記載がされており，Ａはこの場合に該当すると考えたということである。この記載がなければ，Ａは単なる肩こりではないという自覚をもっていたようであり，まして医師からはリンパ節炎の疑いを指摘され検査を受けるよう指示されていたのであるから，その事実を告知しなかったことについては故意の告知義務違反であるといってもよいような事案であるが，案内文書の記載はＡにおいて上記事実が告知すべき重要な事実ではないという誤解を招いた可能性はある。そのような誤解は，軽率といえばいえるかもしれないが，自覚症状がどの程度のものであったのか，また医師がリンパ節炎の疑いと検査の指示をしたというが，それがどのようなニュアンスで説明されたのか次第では，重過失が否定されてしかるべきであったかもしれないように思われる[9]。

　①から③までを，告知を求められている告知義務者の立場に立って見ると，告知書において質問されていることは，告知すべきか否かについて迷うことなく正確に回答できるようなものであるかといえば，そうとも言い切れないのではないかということが示唆される。そして，②がいうように，重過失とはほと

――――――――――

(9)　谷垣・前掲注(7) 10 頁は，告知についての案内の記載があることにより本件では重過失が否定されてもおかしくない事案であるとする。

んど故意であるという意味に解釈すべきであるという立場とが組み合わされるとすれば，重過失が否定されるべき事案は，従来漠然と考えられていたよりも多いかもしれないということが示唆される。

2 医師の被保険者に対する説明が告知義務違反を招いた事例
(1) 裁判例の概要
④ 広島高判平成 15 年 10 月 28 日 ＬＥＸ／ＤＢ 28090551

被保険者Ａは，健康診断で心臓の異常を指摘され，その後動悸の症状を自覚したことなどから医師の診断を受けたところ，不整脈の診断がなされた。Ａは，告知に際して，従来から健康診断で指摘されていた高脂血症であることは告知したが，不整脈については告知しなかった。保険契約成立後，Ａは，入浴中に倒れ，急性心不全により死亡している。

判決は，以下のように，不整脈の不告知について重過失によるものではないとした。

「……不整脈と同様に告知すべき事実に該当するというべき高脂血症について，Ａは定期健康診断で指摘されたことも治療を受けたこともありのまま回答している（実際には投薬治療は不整脈に対するものであって高脂血症に対するものではなかったにもかかわらず）ことなどからすると，Ａが，不整脈の診断を受けたことを，それが告知を要する事実であると知りつつ敢えて告知しなかったとは考えられず，故意を認めることはできない。とはいえ，Ａは，胸部の不快感や動悸があることを訴えていたわけであるから，医師らから不整脈と告げられ，投薬治療も受けていたのに，投薬治療を高脂血症に対するものと誤解し，不整脈の診断を受けたことを被控訴人＜注・保険者＞に告知しなかった点に過失があることは否定できない。

しかしながら，不整脈とは，心臓の不規則な収縮のことをいい，中年以上であれば毎日 1 ないし 2 個の不整脈がみつかり，その原因も種々あって，心臓の病気だけでなく，睡眠不足，疲労などでも起こるほか，病気とは関係のない不整脈も多いこと，このように，不整脈が必ずしも病気とは結びつかず，また，原因が様々であるということは，一般にも広く知られていると考えられること，当審において，Ｂ医師も不整脈はありふれた病名であることから，緊急入院の必要があって医師が説明するような場合はともかく，そうでない場合に患者が

民商法の課題と展望

これをどのように受け止めるかは分からない旨証言していること，Ａに対し不整脈について説明した内容を記載したものはないこと，……Ａに対する指示は，禁酒を含めた栄養指導であり，Ｂ医師も禁酒を度々指示していたこと，禁酒は，高脂血症の改善のみならず，不整脈のうち，Ａに心房粗動とともに認められた心房細動に対しても，アルコールが誘因になることから有効であり，高脂血症と不整脈（心房細動）は，どちらも生活習慣病としての側面を有し，治療的にも重なる部分があったこと，前記のとおりＡは高脂血症に対して投薬治療が行われていたものと誤解していたと推認できることなどからすると，Ａは，不整脈についての十分な説明を受けておらず，そのため，不整脈を高脂血症と独立した別の病気であると理解し認識することができず，このようないわば誤った認識の下に不整脈を告知しなかったものと推認することができる（すなわち，Ａは，いずれも別々に告知すべき事実であるとの認識がなく，高脂血症について告知すれば，被保険者として事実を告知すべき義務を果たし得るものと理解していたことが推認できる。）。Ａがこのように誤った認識の下に告知しなかったことは，前記の不整脈に関する一般の理解や高脂血症と不整脈に対する治療に重なる部分があったこと（両者を区別して理解することを困難にする。）に照らせば，やむを得ないことであったというべきであり，告知しなかったことに重大な過失があったとまで認めることはできない。」

⑤ 東京地判平成 18 年 5 月 31 日 2006 ＷＬＪＰＣＡ 05310001[10]

被保険者Ａは，高血圧症のため通院治療を継続してきたが，ハイキング中にめまい・貧血状態となったことから，Ｂ病院に入院し検査を受けたところ，洞不全症候群（徐脈）が認められ，高血圧症についてのテノーミン等の内服薬が中止されたが，経過観察では正常に戻ったことから退院した。その後，Ｃ病院に入院し，精密検査を勧められたがＡはこれを拒否し，経過観察となった。Ａは，その後Ｃ病院に再度入院する 10 日前に保険加入のため診査医の診査を受けたが，高血圧症については告知したものの洞不全症候群に関しては告知をしなかった。契約成立から 9 ヶ月経過以降Ａは入院を反復した後に死亡したが，死因は原発性アミロイドーシスであり，洞不全症候群とは全く異なる疾病で洞

---

(10) 本判決についての研究として，伊藤雄司・保険事例研究会レポート 226 号（2008 年）1 頁。

不全症候群は原因ではないとされている。

　判決は，上記２つの病院で洞不全症候群について診察および治療を受け，検査を勧められたことが重要な事実であるとし，故意の告知義務違反とは認められないとした上で，重過失について以下のように判示した。

　「……上記告知義務違反の重過失の有無について検討するに，……（ア）Ａは，Ｃ病院の担当医から洞不全症候群との病名を明確に告知されたか否か証拠上明らかではないばかりか，Ｂ病院の担当医は，Ａに対し，『徐脈を悪化させるテノーミンを中止して，徐脈が回復するかを数日間観察します。徐脈が改善しなければ，ペースメーカー植え込みを考えた方がいいでしょう。』との，あたかも徐脈がテノーミンの副作用であるとの誤解を招きかねない説明を行い，かつ，現にテノーミンの服用中止によりいったんは徐脈の症状が消失していることからすれば，不動産業を営み医学的には十分な知識はないと推認されるＡが，徐脈や洞不全症候群が高血圧の治療薬であるテノーミンの副作用であるかのごとき誤解をしていたと推認され，したがって，Ａは，高血圧症について告知すれば告知義務を果たしたと誤解していた可能性を排除できない。さらに，（イ）上記（ア）の誤解は，担当医がＡに対し洞不全症候群の病名や具体的な症状について十分な説明をしなかったことに起因する可能性が否定できないばかりか，洞不全症候群の予後は，一般に，房室ブロックよりも良好とされ，５年生存率は80パーセント以上であり，Ａの洞不全症候群も，診断当初はテノーミンの服用をわずか１日中止しただけで徐脈の症状が消失した軽微な症状であったことからすれば，Ａが洞不全症候群の症状を深刻なものではなく単にテノーミンの服用を中止すれば治癒する症状であるとの誤解をしたことも無理からぬ点がある。加えて，（ウ）そもそも上記洞不全症候群とＡの死因である原発性アミロイドーシスとは全く別の疾病であり，かつ，原発性アミロイドーシスが洞不全症候群から発症することはないところ，この点に関しては，被告＜注・保険者＞支払査定チームすらも，……Ａの原発性アミロイドーシスが洞不全症候群によらないとは判断できないとの誤った見解を原告＜注・保険金受取人＞らに示していることからすれば，Ａがこれらの疾病について誤解していたとしても非難できないこと，からして，Ａの告知義務違反には過失はあったとしてもその過失が重大とまではいえない。」

民商法の課題と展望

(2) 検 討

④では，不整脈が重要事実として告知されるべきであったところ，被保険者は，不整脈以前から罹患していた高脂血症については告知したものの不整脈は告知しなかったことから告知義務違反の成否が問題となっている。被保険者は，そのようにした理由として，不整脈が高脂血症とは別の疾病ではないと考えたというのである。これは社会通念に照らせば明らかな誤解かもしれないが，判決は，不整脈について診断した医師のＡに対する説明がＡの誤解を招いたものとして，Ａの重過失を否定したものである。重過失の類型としては，重要性の不知の重過失の類型であるが[11]，判断の誤りの原因が医師の説明にあったというものであるということができる。

⑤も，被保険者Ａに高血圧症の既往症があったところ，新たに洞不全症候群の症状が現れたので，洞不全症候群についても告知すべきであったところ，Ａは洞不全症候群を新たな疾病と認識せず高血圧症の症状と考え，洞不全症候群については告知しなかったというものであり，そのような誤解を招いたのは，医師の説明がはっきりされておらず，症状も高血圧症の治療薬の副作用と誤解しやすいものであったという事情にあり，類型としては④と類似したものということができる[12]。

④⑤はいずれも医学的には別個の疾病に罹患したという事例であり，2で概観した平成10年ころまでの重過失をめぐる裁判例では見られない類型の事例である。④⑤はいずれも，新たな疾病と元々の疾病の関係が一般人にとってはわかりにくいものであることに加えて，医師の説明が被保険者にはわかりにくいものであったということが，被保険者の新たな疾病に関する事実が重要でないとの誤解を招いたものということができる。この誤解も軽率といえばいえるかもしれないが，重過失とまでいえるかといえばそうでないというのが裁判所の判断である。

---

(11) 伊藤・前掲注(10)6頁は，判決が，「Ａは，Ｃ病院の担当医から洞不全症候群との病名を明確に告知されたか否か証拠上明らかではない」としていることから，重過失の有無を問うまでもなく告知義務の成立を否定すべきであったとする。

(12) 高血圧症の既往症のある被保険者が下肢慢性動脈閉塞症の診断を受けて継続して治療薬を服用していたところ，高血圧症の告知で下肢慢性動脈閉塞症の事実も告知したことになると誤診して後者を告知しなかった場合について，重過失を肯定した事例として，東京地判平成25年5月21日ＬＥＸ／ＤＢ 25512919。

3 知らない事実についての不告知の事例

(1) 裁判例の概要

⑥ 鹿児島地名瀬支判平成8年5月7日生判8巻482頁

中小会社の健康診断において代表取締役で被保険者Aの胸部レントゲン検査の結果，要精密検査との診断が出されたが，会社の担当者が診断結果についての個人票をAや他の従業員に交付しておらず，Aも文書を見ることがなく，自ら結果を確認することもなかったので，要精密検査であることは知らないまま，告知においては，この要精密検査とされた事実を告知しなかった。Aは，保険契約成立後1年後に肺がんにより死亡した。

判決は，以下のようにAの重過失を否定した。

「……このように，Aが，告知当時，右胸部レントゲン検査の結果要精密検査との指摘を受けたことを知らなかった場合，まず，Aが健康診断を受けながらその結果を確認しなかったことは，それ自体不注意ではあるが，この点をもって告知義務との関係でAに重過失があるとは言えず，また，Aが，健康診断における胸部レントゲン検査の結果を知らないのに，告知に際してこれを知らないとは答えず，要精密検査等の異常の指摘を受けなかった旨答えている点については，この点に過失があるとは言えようが，要精密検査との指摘を受けたことを知らない以上，前記認定のような経過のもとで，右のように答えても，これをもってAに故意（悪意）又は重過失があるとは考えられない。」

控訴審判決の福岡高宮崎支判平成9年10月7日生判9巻417頁も，原審判決の結論を維持したが，「控訴人＜注・保険者＞は，告知書に記載された質問事項の記載及び控訴人の医師による直接の質問に対し，Aが『まだ検査の結果を見ていない』と回答せずに，安易に『異常なし』と回答した点に重大な過失がある旨主張するが，＜証拠略＞によれば，右告知書の質問に対する回答は『ある』か『ない』のどちらかに○をして回答する形式のものであり，医師の質問に対する答えとしても，Aが本件保険契約を締結しようとした経緯，同人の健康状態に対する認識等，前記認定の事実関係の下においてはAが『まだ検査の結果を見ていない』と回答せずに，『異常なし』と回答した点に重大な過失があるとまでいうことはできない」とした。

民商法の課題と展望

⑦ 大阪地判平成 25 年 4 月 26 日（平成 23 年（ワ）第 13128 号保険金等請求事
　件），大阪高判平成 25 年 9 月 20 日（平成 25 年（ネ）第 1780 号保険金等請求
　控訴事件）[13]

　70 歳代の被保険者Ａは，平成 18 年の検査で前立腺がんの疑いがある数値が
出たので生検を勧められたが，これに従わないまま，平成 22 年の保険加入に
際しての告知においてこの事実を告知しなかった。その後，前立腺がんの確定
診断を受け，保険金を請求した。

　一審判決は，以下のように，被保険者の重過失を否定した。

　「……Ａは，……本件告知書を交付した時点において，平成 18 年 7 月 21 日
から同年 8 月 25 日にかけてＢ病院で前立腺がんの疑いで受診したことを平成
22 年 1 月 21 日の時点で認識していたかどうかについて疑問が残るというべき
である」。「前立腺がんという疾病の重大性という重過失を肯定する方向で重視
すべき事情がある一方，実通院日数が 3 日間と短いこと，通院時期が本件告知
より約 3 年 4 か月前と相当期間前であること，Ａには前立腺がんの自覚症状が
なかったこと，Ａは本件告知書作成時において 74 歳の高齢者であったことな
ど各種の同人の重過失を否定する方向に働く事情がある。」「このような事情に
照らせば，Ａに重過失があったとまでは認めることができないというべきであ
る。」

　これに対して，控訴審判決は，Ａの受診，医師の説明等の経緯や「担当医の
説明内容ががんという重大な疾病に関するものであったことも考慮すれば，Ａ
が，平成 18 年 8 月 25 日に前立腺がんの疑いがあるため生検を受けるように勧
められたことを忘れるということはあり得ないと考えられ，本件保険契約締結
時，こうした出来事を記憶していたのに，故意に告知しなかったものと推認せ
ざるを」得ないとした。

(2)　検　討

　事実の不知の重過失により告知義務違反が成立するか否かについては，前述
のように議論されてきたところであるが，基本的には被保険者の既往症への罹
患や自覚症状について認識していなかったとか忘却したというような事例を念

---

(13)　本判決についての研究として，村岡茉依・保険事例研究会レポート 282 号（2014 年）
　12 頁，田口城・保険事例研究会レポート 283 号（2014 年）1 頁。

頭に置いていたのではないかと思われる。これに対して，⑦の一審判決は，前立腺がんの疑いがあるため検査を指示されたという事実をAが忘却したと認定し，その忘却したことについての重過失を否定した。忘却したという認定において考慮されているのはAが高齢者であることと医師の当該診断を受けたのが3年4ヶ月前であった等の事情である。控訴審では，より詳細な事実が認定され忘却していたとは認められないとされたので，一審判断の具体的な判断の正当性については問題があったのであろうが，高齢者の保険加入も認められるような時代においては，高齢者に即した故意または重過失の判断が必要となるということが示唆される。

　重要な事実を認識しなかったことの重過失が問題となる例として，近時では，健康診断を受けたがその結果を意図的に見ないまま告知に際して健康診断で指摘された異常を告知しないという事例があげられている[14]。結果を見ていない以上は，異常について認識していないので，事実の不知の重過失では告知義務違反は成立しないという解釈では，告知義務違反を問えないことになるが，それでよいのかということは確かに問題である。⑥も，健康診断により要精密検査との結果が出ていたにもかかわらず，Aが健康診断の結果を見ていなかったため要精密検査の結果が出ていたことを認識せず，告知をしなかったという事例である。本件では，診断結果を見なかったことがAの個人的判断によるのではなく会社のずさんな管理によるものであったことが重過失を否定することにつながったが，個人的な意図的判断で結果を見ないという場合には，告知義務違反を認めないということは確かに問題である。

　⑥や⑦の事例からは，事実の不知の重過失では告知義務違反にならないという解釈をすることの疑問が示唆され，裁判例がそのような重過失でも告知義務違反が成立する可能性を否定してこなかったことにも相当の理由があるのかもしれない。

---

⑭　後掲⑨判決に関する池田雄哉・保険事例研究会レポート274号（2013年）19頁，竹濱修・追加説明・同号20頁は，被保険者になる者が，健康診断成績表を敢えて見ないようにしている場合には，健康診断結果について告知しなかったことについて重過失を肯定することができるという立場である。

民商法の課題と展望

4 健康診断・人間ドックの結果に関する告知義務違反の事例

⑴ 裁判例の概要

⑧ 福岡地小倉支判平成 18 年 7 月 7 日生判 18 巻 461 頁，福岡高判平成 19 年 11 月 8 日生判 19 巻 546 頁[15]

被保険者 A は，健康診断の結果，平成 13 年には，尿蛋白検出，腎機能・泌尿器につき要精密検査，肥満度および肝機能要観察，血圧要管理であり，平成 14 年には，尿蛋白検出，尿潜血検出，腎機能・泌尿器要精密検査，糖代謝，炎症反応，血清判定要精密検査，肥満度要治療，血圧および脂質代謝要管理，肝機能要観察というものであったが，減量等の体質改善に取り組み，その結果告知をした平成 15 年の直近の健康診断では，肥満度正常範囲，糖代謝，腎機能，泌尿器いずれも正常範囲，血圧も正常範囲となっていた。A は，告知に際しては平成 13 年・14 年の健康診断の結果を告知しなかった。保険契約成立後に A は狭心症で入院し，入院給付金を請求した。

一審判決は，A は，本件保険契約の締結に当たっての問診等の際，肥満等の改善に伴い，本件各健康診断の際に異常所見があると判定された原因は完全に解消されたと考え，もはや上記事実の重要性は完全に失われたと考えていたことが窺われ，また，歯科医師である A は，医学に関する専門知識は通常人に比べて豊富にあるが，保険の知識は通常人と変わらないと考えられるので，「A が本件各健康診断の際に異常所見があると判定されたことの重要性は失われたと考え，本件各健康診断の際に，どの項目についてどのような判定がなされたのかを思い出すなどして，そのことを被告に告知しなかったことについて，重大な過失があるとまでは認められない」とした。

これに対して，控訴審判決は，「……A は，本件各健康診断において 2 年続けて『W』＜注・要精密検査＞の検査結果が出ており，逐次その通知を受けていたのであるから，本件告知書に記載した当時，これらの事実を失念していたとか，その重要性を認識していなかったなどということは到底考えられず，この点について悪意であったものと認めるのが相当である」，「仮に，A において，既に体質改善がなされたことなどの理由により，本件各健康診断の結果を告知

---

[15] 本判決についての研究として，井上響太・保険事例研究会レポート 225 号（2008 年）9 頁，福島雄一・保険事例研究会レポート 240 号（2010 年）1 頁。

する必要性がないものと誤信していたという趣旨の主張であると解したとして
も，そうであれば，本件各健康診断の結果は結果として告知した上で，体質改
善の成果についても申述すべきであるから，そもそも上記のような誤信をした
こと自体について重大な過失があるものといわなければならない」とした。

⑨ 大阪地判平成24年9月13日判時2174号120頁[16]

被保険者Aは，健康診断において，総コレステロールについては，1デシ
リットルあたり282ミリグラム，糖尿病については，空腹時血糖が，1デシ
リットルあたり134ミリグラムといずれも基準値を大きく外れる結果が出され，
血糖及びコレステロール値のいずれについても治療を受けるよう指示されてい
たが，これを告知しなかった。Aは，急性心筋梗塞により死亡した。

判決は，「……Aが，同健康診断の結果について，医師から直接説明や指導
を受けたかどうかは明らかでないものの，同健康診断成績表をAは受け取って
いるのであり，同健康診断の結果について把握していたと推認でき，少なくと
も容易に把握できたといえる。それにもかかわらず，Aが，同健康診断の約1
年後に，……上記……の重要な事実を告知しておらず，告知義務に違反したこ
とについて，故意か，重大な過失があったといえる」とした。

（2）**検 討**

ここでは⑧および⑨の2件のみを取り上げたが，近時の裁判例で増加してい
るのが，健康診断や人間ドックにおいてがんなどの重大な疾病を疑わせる検査

⒃　本判決についての研究として，池田・前掲注⒁。

⒄　東京高判平成17年2月2日判タ1198号259頁（人間ドックで膵臓の腫瘍マーカーが
　　高く検査を指示された事例で重過失を肯定），東京地判平成27年1月29日2015WLJ
　　PCA 01298005（健康診断でPSA検査値が高く前立腺の精密検査を指示された事例
　　で故意または重過失を肯定）。その他に，東京地判平成16年9月1日生判16巻651
　　頁，東京地判平成17年11月11日生判17巻840頁，広島地判平成18年7月28日生判
　　18巻535頁があり，いずれも故意または重過失による告知義務違反を認めている。

⒅　神戸地姫路支判平成17年11月28日判タ1222号246頁は，健康診断において虚血心
　　の疑いで要経過観察，肝機能および脂質の数値が基準値を超え要継続治療とされたこと
　　を告知しなかった事例につき，故意の告知義務違反としている。その他に，東京地判平
　　成11年12月7日生判11巻684頁，大阪地判平成13年8月31日生判13巻683頁，京
　　都地判平成13年10月10日生判13巻770頁，那覇地判平成14年3月25日生判14巻
　　107頁，東京地判平成14年11月28日生判14巻798頁，東京地判平成17年12月9日
　　生判17巻966頁，大阪高判平成18年5月12日生判18巻317頁があり，いずれも故意
　　または重過失による告知義務違反を認めている。

民商法の課題と展望

結果が出たため精密検査を受けることが指示されている事例[17]や，⑧⑨のように生活習慣病を示す検査数値が出ており検査や治療を指示されている事例である[18]。がんなどの疑いが出ている場合は，自覚症状は出ていなくとも重大な疾病の疑いが示されているのであるから，従来からある自覚症状があって医師の診断を受け，そこでがんなどの疑いを指摘され精密検査を受けるよう指示された事例と基本的には共通する類型といってよく，被保険者が告知をしなかった場合の故意または重過失による告知義務違反は肯定されやすいといえよう。もっとも，裁判例の中には，がんの疑いがあると指摘されたので，精密検査を受けたところ異常が発見されなかった状況で告知を求められ，異常がなかったことから告知を要しないと考え，告知をしなかった事例も見られ[19]，そのような事例においては，精密検査を指示された事実は告知すべき重要な事実ではないと被保険者が誤解する可能性があり，それをもって重過失ありとしてよいかは問題がある。

　より問題がありそうなのが，⑧や⑨のような生活習慣病を示す検査数値が出ている事例である。このような事例では，被保険者としては未だ自覚症状が出ている状況にはないことが多いであろうから，検査結果を軽視する者があることは容易に想像できる。また，⑧では，被保険者が検査後の努力により数値が改善されていることから，過去の検査結果は告知する必要はないと考えたことも一般人としてみればそれなりの理由があると考えられるかもしれない。しかし，保険者の質問としては，過去2年内に健康診断により異常を指摘されたことがあるかというものであるから，告知事項に該当すること自体は明確であり，また，保険者における危険選択にとっては意味のある情報であることは一般人にも理解可能であろうから，⑧や⑨の被保険者に重過失があったとされても仕方がないとはいえそうである。しかし，告知義務者において告知することの意義について軽視する傾向のある者が出てくる可能性があることは否定しがたいところで，そのような場合に重過失の成否をどう判定するかは，この種の事例は比較的新しい時期に出てきたものであるだけに難問である。

---

(19)　前掲注(17)東京高判平成17年2月2日では，人間ドックによる精密検査の指示の後定期的な検査を受けていたが異常は発見されなかった。前掲注(17)東京地判平成27年1月29日でも，精密検査の結果では前立腺がんとの診断はされていなかった。

Ⅳ　重過失の成否についての判断基準のあり方

1　重要性の判断の誤りと重過失

　具体的事案において重過失を肯定すべきか，否定すべきかの機械的な判断基準というものはありえないが，重過失の成否を判断する基準というものを提示しておくことは，裁判実務と保険実務にとって意味がある。Ⅲで取り上げた重過失を否定した各裁判例はその手がかりとなるものである。

　Ⅲで取り上げた裁判例のうち１および２のものは，事例によって微妙なところがないわけではないが，基本的には告知すべき重要な事実は知っていたが，その事実が告知すべき重要な事実に該当するか否かの判断を誤って告知しなかったという，重要性の不知の重過失の類型に該当すると見られる。そして，１および２の各裁判例は，なぜ告知義務者が重要性についての判断を誤るに至るかの要因を示唆するものである。

　１の各事例では，告知書における保険者の質問が，告知義務者が回答するあたり同人を迷わせることが皆無であるかといえば，そうとも言い切れないということではないかと思われる。質問の言葉の意味が微妙であったり，答えるべき事実が数年前まで遡るものであるも含まれているので，病状や自覚症状，医師の診断とその説明次第では，判断を誤ることもありうることが想像できる。２の各事例でも，疾病が併発していることの認識が，医師の説明などからはっきりしないものであったことにより，新たな疾病について別に告知する必要はないという誤った判断をすることもあり得ることが想像できる。１や２では，重過失を否定するに当たり，告知義務者が保険についての専門家ではないことを強調するものがあるが，この視点は重要である。告知義務者の判断の誤りは甘いものであり，それでも重過失を否定することは保険者の健全な危険選択を害するという批判はありうるかもしれない。しかし，保険法の規律自体が軽過失による判断の誤りは告知義務違反の効果を問わないとしているのは，保険者の危険選択が実効的に行われることは重要であるが，保険者の全部免責という告知義務違反の効果の重大性に照らして告知義務者の主観的要件を故意または重過失に限定したものであり，危険選択の要請はその限りで後退させられるという判断がある。このように考えるときには，重過失を肯定するためのバーを

高いものとすることは正当化できると考えられ，Ⅲ1・2で重過失を否定している裁判所の判断は基本的には支持できるものと考えるし，重過失を肯定した裁判例の中には再考する余地があるものもあるのではないかと考える。

なお，この場合において，重過失はほとんど故意に近いものをいうと解すべきであるという議論をどう見るべきかという問題がある。保険法でも，保険者の重過失免責について，また，保険以外の分野でも重過失の意味について，ほとんど故意に近いものというような言い方がされることがあるが，その言い方自体により重過失の成否の判断が容易になる，あるいは明確になるわけではないように思われる。それよりは，重過失の肯定されるバーは高く，一般人であってもこの重要性に関する判断の誤りをすることはまずありえないといえるような場合でなければ重過失は肯定されない，裏返せば，一般人でもひょっとしたらこのような判断の誤りをするかもしれないといえるような事情がある場合には重過失は否定されるというくらいに理解しておいてはいかがであろうか。

2　重要事実を知らなかったことの重過失

Ⅲ3の類型では，告知すべき重要な事実を知らないことの重過失が問題とされているが，このうち⑦の事例は，古くからあるような事実を忘れたかどうかということが問題となる事案である。この種の事案については忘却することはないという認定ができそうであり，高齢者や相当過去に遡った事実の問題で，本当に忘却したと認定される場合であれば，そもそも知らない事実については告知義務の対象とならないという考え方によることで問題ないと考える。忘却したか否かの認定が困難であることから重過失の問題として妥当な解決を図るほうがよいという考え方は理解できなくはないが，重過失の問題とすることにより告知義務が過大な義務となるおそれがあり，賛成できない。

従来あまり論じられていなかった類型は，健康診断の結果を意図的に見ないというようなケースであり，⑥もその一例であるが，そのような例外的な場合に備えて一般的に事実の不知の重過失についても重過失による告知義務違反を認めるというような解釈をすべきではなく，異常が指摘されたか否かというような回答のほか，結果は見ていないという回答の選択肢を置くことなどの工夫で対応すべきであろう。

3 健康診断等の結果についての告知と重過失

健康診断や人間ドックの結果，特に生活習慣病に関連するような結果についての告知義務違反の成否が問題とされるⅢ4のような裁判例は新しく登場してきたものであるが，告知義務者の重過失が否定されたものは⑧の一審判決のみで，告知義務違反の成立が認められやすい結果となっている。

健康診断等の結果は，検査数値は客観的に示されているし，それに基づく指示も，要治療，要精密検査，要再検査，要経過観察などの文句で明示されているわけであるから[20]，自覚症状があることが告知事項となるような場合に比べれば告知が必要であることは告知義務者にとっても認識しやすいと思われる。また，健康診断等の結果を正しく告知すれば保険者の危険選択も正確にできることとなるし，告知義務違反に問われることなく，異常数値であっても軽微なものであれば特別条件付で引き受けられるなど，保険契約者にとっても望ましい結果が得られるということもある[21]。

しかし，そうであるとはいえ，告知義務違反を問われている裁判例は決して少なくはないことからも示唆されるように，告知義務者の告知義務違反が誘発される事情も存在する。ここで問題とされる検査結果等が，自覚症状を伴わないことが多いこともあり，告知義務者が全員健康診断等の結果について誤解なく受け止めるわけではなく，結果や指示を軽視する者が相当数あることは否定できないし，同じ水準の検査数値でも健康診断結果についての医師の説明や指導はかなり幅があるように思われる。他方で，保険者において危険選択をどの程度厳しく行うかが明らかにされるわけではないことは，告知義務者において重要性について誤認することの原因となりうるものと考えられる。確かに，注意喚起書面等では，告知義務を正しく履行しない場合には，保険給付を受けられないことになる旨の警告の記載はされているが，抽象的なものであるので，

---

[20] 前掲注(8)福岡高判平成19年11月8日は，要管理および要観察は，重要な事実に当たらないとするが，告知についての注意書で告知事項の検査異常には要精密検査，要再検査，要治療を含むという記載があったケースである。しかし，保険会社によっては，限定をせずに要観察ないし要経過観察まで告示事項としている例がある。

[21] 健康診断書扱の保険医学的見地からの検討として，田中信正ほか「パネルディスカッション・健診書扱について——健診書の普及と健診書扱の公平性」日本保険医学会誌109巻4号（2011年）285頁，中道洋ほか「パネルディスカッション・最近の危険選択手段の変化」日本保険医学会誌112巻4号（2014年）343頁。

民商法の課題と展望

どのくらいの効果があるかは疑問なしとしない[22]。

　このような事情も考慮すれば，重過失肯定のための判断基準について，前述のように，高いバーを設定すべきであるとすると，健康診断等の結果についての誤解や無理解による重要性の不知に多少でも理由があると見られる場合には，重過失を否定する判断をすることもあり得るとすべきである。精密検査等を指示されたが，精密検査の結果異常は発見されなかったような場合[23]や，過去の健康診断の結果には異常があっても直近の検査結果において異常がなくなったような場合において，告知の必要性がないと考えた場合には重過失を否定すべきであり，もしそのような結果を回避したいのであれば，保険者としては事前にそのような誤解をしないように明確な注意を喚起すべきではないかと考える。

V　お わ り に

　本稿では，告知義務違反の要件としての重過失について考察し，告知義務者による告知義務違反を誘発しやすい事情があることもあることに着目し，重過失肯定のバーを高いものとすべきことを主張した。しかし，そうはいっても，告知書における質問や診査医の質問も過去の実務経験からきわめて不明確なものはあまり見られなくなりつつあるようであり[24]，それはそれで望ましいことであるが，そのことは告知義務違反についての故意または重過失が認められや

---

(22)　福島・前掲注(15) 12 頁は，⑧の控訴審判決の重過失を肯定した結論を支持しつつも，本件の問題の本質は，健康診断・人間ドック等に対する契約当事者の認識の違いが原因にあるとし，保険者としては，なぜ健康診断の結果が必要なのか，その意図が保険契約者等に十分に伝わるような工夫も必要なのではないかとする。

(23)　人間ドックによる精密検査の指示の後定期的な検査を受けていたが異常は発見されなかった前掲注(17)東京高判平成 17 年 2 月 2 日の研究において，榊素寛・保険事例研究会レポート 210 号（2006 年）16 頁は，「本件においてそうであるように，健康状態から切り離された通院歴・異常の指摘を問題とするならば，人間ドックの結果たまたま異常を疑わせる数値が示されたが精密検査の結果問題がなかったという日常的な事実関係において，前者と比べると告知の必要がないと考えることは一般人には自然である……。そうすると，告知事項の設定の仕方を健康状態そのものから切り離した場合，重要性の不知について，従来の解釈論の立場を改める必要があるのではないかということも問題となる」と述べる（同 17 頁では，当該事件での重過失の肯定は支持している）。

(24)　現在では，生命保険協会が「正しい告知を受けるための対応に関するガイドライン」を作成している。

すい状況を生んでいるということもいえる。その場合に，さらに疑問となり得るのが，告知義務違反の効果としての保険者の全部免責ということが合理的なものかということである。告知事項が健康診断等の結果にも広く及んでくると，告知を正しくすれば標準体としての引受けは認められないが，特別条件を付すなどにより引受けが認められる場合は相当に多いのではないかと思われる[25]。ところが，現在の告知義務の対象となる事実の重要性とは，告知されていたとすれば引受けが拒絶される場合ばかりでなく，異なる条件で引き受けられたであろうか否かという基準でも判定されることとなるので，異なる条件で引き受けられたであろう場合でも保険者の全部免責の効果が生じることとなる。この結果が合理的か，制裁的効果が強すぎないかというのがプロ・ラタ原則導入論の問題意識である[26]。

　現状で保険者の全部免責が不合理となるような事例が存在するのか否かは裁判例を見る限り判断することが難しく，プロ・ラタ原則の導入を直ちに主張する状況にはない[27]。しかし，保険者の危険選択基準は外部からは容易にうかがうことができないし，告知書における質問事項は保険者の危険選択における重要事項を示すものであるが，抽象的な質問であって重要性を認めることが難しいものもあれば，危険選択の具体的なあり方まで示すものではない。要は，保険者の危険選択はブラックボックス状態にあるといってもよい。告知義務違反の重過失の成否もそのような事情を踏まえてなされるべきであるし，重要な事実とは何かという基本問題もさらに実証的に研究することが課題となると考える。

---

[25]　危険選択の実務については，日本生命保険生命保険研究会『生命保険の法務と実務（第3版）』（金融財政事情研究会，2016年）105頁以下参照。

[26]　損害保険分野においては，すでに保険法の制定過程においても，いわゆる免許証の色問題として，料率細分化の自動車保険における免許証の色の不実告知による告知義務違反の効果が全部免責とされることは明らかに過大な制裁であるという認識は広く共有されているところである。

[27]　金岡・前掲注(1)74-75頁は，裁判例に基づきプロ・ラタ原則の適用のあり方について論じ，従来の裁判例の傾向からすれば重過失であって引受基準内に該当する事案はきわめて少ないとするが，現在の実務でもそのようにいえるのかはなお検証が必要であろう。

13 傷害保険における因果関係

山 本 哲 生

Ⅰ　は じ め に　　　　　　　Ⅳ　原因の競合
Ⅱ　原因の競合の保険契約上の　　Ⅴ　非担保事由の扱い
　　位置づけ
Ⅲ　疾病免責条項における因果
　　関係

Ⅰ　は じ め に

　保険契約において，担保事由と免責事由が競合して一定の結果が発生した場合に，保険者の責任をどう解するかは因果関係の問題として論じられてきている。本稿では，傷害保険を対象として，この原因の競合の問題を検討する。傷害保険では，急激かつ偶然な外来の事故による身体傷害に対して保険金を支払うとされているのが通例であるところ[1]，原因の競合として典型的に論じられているのは，外来の作用と疾病が競合して傷害が生じた場合に保険者の責任をどう解するかである。

　外来の事故の意義につき，被保険者の身体内部の事情に起因しないことまで意味するのかどうかに関して議論があったが，最判平成19・7・6民集61巻5号1955頁は，外来の事故とは被保険者の身体の外部からの作用による事故をいうものであり，保険金請求者は外部からの作用による事故と傷害との間に相当因果関係があることを主張，立証すれば足り，傷害が疾病を原因として生じ

---

(1)　損害保険会社の傷害保険では，本文のような規定があるのが通例である。生命保険会社の傷害保険では，最近では，不慮の事故による傷害に対して保険金を支払うとし，不慮の事故の定義において，急激かつ偶発的な外来の事故とするものが多い。

『民商法の課題と展望』大塚龍児先生古稀記念〔信山社，2018年3月〕　　　*279*

民商法の課題と展望

たものではないことまで主張，立証すべき責任を負うものではないとした[2]。この判例によれば，外来の事故とは身体内部の事情に起因しないことまで意味するものではないことになる[3]。

　現在では，判例を支持するのが多数説であろう。本稿では，この判例の妥当性や射程は検討の対象とせず，外来の事故とは身体の外部からの作用による事故であるという立場から，原因の競合の問題について検討する[4]。また，疾病免責条項がある場合を念頭に置くこととする。ここで議論の前提となるいくつかの事項を確認しておく。

　原因の競合は，先行事由が後行事由を惹起し，結果につながったという前後継起的因果関係の事例と，担保事由と免責事由はそれぞれ単独では結果を生じさせることはなかったが，これらが協働することによって結果が生じたという補完的因果関係の事例に分けて論じられることが多い。前後継起的因果関係は免責事由が先行する場合と，担保事由が先行する場合があり，たとえば，前者の例は，何らかの疾病に罹患している者が入浴中に疾病の発作を起こし，意識を失ったために溺水して窒息し，死亡したというものである。補完的因果関係は，たとえば，通常であれば出血は生じない程度の転倒であったにも関わらず，

---

(2)　最近の生命保険会社の傷害保険の約款では，外来性とは事故および事故の原因が被保険者の身体の外部から作用することをいう，とした上で，疾病や疾病に起因する外因等身体の内部に原因があるものは該当しないなどと規定されるのが通例のようである。このような規定につき，外来性とは身体内部の事情に起因しないことまで意味するものではないという解釈がなされるのかどうかは問題になる。形式的には保険事故の要素としての外来性とは身体内部に起因するものを含まないとするようにみえるが，このような規定につき保険事故の要素から身体内部に原因があるものを排除する趣旨とは解釈しないということもありうる。保険事故の偶然性に関するものであるが，太田晃詳「判批」『最判解民事篇（平成18年度）下』676頁参照。

(3)　疾病ではない身体内部の要因たとえば加齢による身体的機能の衰えを外来性との関係でどう考えるかも問題になる。塩崎勤＝山下丈＝山野嘉朗編『専門訴訟講座3 保険関係訴訟』（民事法研究会，2009年）265頁［山下丈］。判例の枠組みでは，これらを担保範囲から除外するのであれば，疾病免責条項とは別に，これらについての免責条項を置くべきであるということになりそうである。加齢による身体的機能の衰えが傷害に大きく関与していたとしても保険担保は認められるとしたものとして，大阪高判平成19・4・26判時2006号146頁。

(4)　このような立場に立つか，外来性に身体内部の事情に起因しないことまで含めるかは，原因の競合をどのように処理するか(Ⅳ)には影響しない。原因の競合がどの要件で問題になるか(Ⅱ)には関係する。

疾患があったために転倒により出血し，死亡したというものである。

　傷害保険において原因の競合が問題になる因果関係には2つある。1つは外来の事故と傷害との因果関係である。入浴中の発作で溺死したという例では，窒息という傷害の発生につき，疾病と湯が体内に入ったという外来の作用との競合が問題になる。もう1つは，傷害と死亡等の結果の因果関係である。傷害保険契約では，外来の事故による傷害により死亡等の結果が発生した場合に保険金を支払うという形で定められており，傷害と死亡等の結果の因果関係も問題になる。たとえば，自動車の運転ミスによる交通事故の結果，傷害を被り，その傷害と既往の疾病が協働して死亡した場合に，死亡の発生につき傷害と疾病の競合が問題になる。裁判例では，何らかの事由による傷害発生から死亡等の結果までの経過につき，必ずしも，この2つの因果関係に区別した上で論じているわけではないといわれるが，理論的には2つの因果関係が問題になるともいわれる[5]。

　約款規定としては，外来の事故と傷害との因果関係に関しては，「外来の事故による傷害」につき保険金を支払うとされているのが通例であり，疾病免責条項がある場合には，「疾病による傷害」については保険金を支払わないとされているのが通例である。生命保険会社の扱う傷害保険では，疾病または体質的な要因を有する者が軽微な外因により発症し，またはその症状が増悪した場合における，その軽微な外因となった事故を外来の事故から除外するという規定があることが通例である。外来の事故による傷害を原因として死亡等が発生した場合に保険金を支払うものとされているところ，外来の事故から軽微な外因を排除していることから，軽微な外因により発症したような場合を支払対象から除くものということになる。

　傷害と死亡等との因果関係については，傷害の「直接の結果」として死亡した場合などと規定されているのが通例である[6]。また，損害保険会社の扱う傷害保険では，限定支払条項といわれる規定があることが通例である。限定支払条項とは，外来の事故による傷害を被った時既に存在していた身体の障害もし

---

(5)　坂和章平「保険事故の発生」塩崎勤編『現代裁判法大系25　生命保険・損害保険』（新日本法規，1998年）189頁，山下友信『保険法』（有斐閣，2005年）。
(6)　生命保険会社の傷害保険では，傷害を直接の原因として死亡等したときに保険金を支払うとするものが多い。

民商法の課題と展望

くは疾病の影響により，または傷害を被った後にその原因となった事故と関係なく発生した傷害もしくは疾病の影響により傷害が重大となった場合は，その影響がなかったときに相当する金額を支払うというものである。つまり，外来の事故による傷害が発生した場合に，その傷害と既往の疾病等または事後の疾病等とが協働して死亡等の結果が生じた場合に，既往の疾病等の影響がなかったときに支払われる金額を支払うというものであり，傷害と死亡等との因果関係に関する規定である。

II　原因の競合の保険契約上の位置づけ

1　外来の事故と傷害の因果関係

　外来の事故と傷害の間の因果関係は保険者の責任発生の要件という観点からすれば，2つの点で問題になりうる。1つは保険事故が発生したかどうかの点であり，外来の事故による傷害といえるかどうかである。もう1つは，疾病免責条項が適用されるかどうかの点であり，疾病による傷害といえるかどうかである。外来の事故の意義として，身体の外部からの作用による事故と解し，身体内部の事情に起因しないことを含むものではないとする立場からして，原因の競合はこれらの2つの要件において，どのような形で問題になるのであろうか。

　まず，保険金請求権が発生するためには，保険事故の発生について外来の事故と傷害の間に法的因果関係[7]があることが必要である。ここで，疾病→外来の事故→傷害という疾病先行の事例において，疾病が原因であれば外部作用と傷害の間に保険事故発生についての法的因果関係はないという理解をすると，外来性を外部からの作用と解する意味がなくなるように思われる。

　外来性をこのように解するのは，外部から身体に作用して直接に健康被害をもたらした出来事（外来の事故）と，外来の事故を引き起こした原因を区別し，外来の事故の原因についてはもっぱら保険者の免責事由の有無を判断する際の考慮要素とするという判断枠組みに立つということであり，このような判断枠

---

(7)　保険事故発生のために必要とされる因果関係，疾病免責条項が適用されるために必要な因果関係を相当因果関係というかどうかも問題になるので，本稿では，これらの因果関係を法的因果関係ということとする。

組みによることの実質的な意義は，傷害事故と当該事故を引き起こす諸要因を明確に限界づけることができ，傷害事故の存否についての判断基準の明確化を図ることができることにある[8]。このような見地からすると，外来の事故の意義を身体の外部からの作用による事故と解しつつ，外来の事故と傷害の法的因果関係において，外来の事故の原因を考慮することは，外来の事故を身体の外部からの作用による事故と解する趣旨に反することになる。したがって，疾病が外来の事故の原因である場合に，原因の競合の処理は疾病免責条項の解釈において考慮すべきことになる[9]。

このように考えるとして，外来の事故→疾病→傷害という外来の事故先行の事例では，外来の事故と傷害の間の法的因果関係の判断において，原因の競合はどのように考慮されるであろうか。ここで，外来の事故が疾病の原因となっていることに基づいて，外来の事故と傷害には法的因果関係があるとすることは，疾病先行の場合に外来の事故の原因は考慮しないことと，実質的には整合的ではない。疾病先行の場合に外来の事故の原因を考慮しないことを，傷害事故の判断の存否についての判断基準の明確化という点から理解した場合，一般的に，原因の競合は外来の事故と傷害の因果関係において考慮しないことが明確化には最も適合する。このような考慮に基づいて，基本的には外来の事故と傷害があまり遠い関係でなければ法的因果関係を認めてよい。

外来の事故先行の場合には，外来の事故と傷害の間に疾病，場合によってはその他の事象，が介在しているので，外来の事故と傷害の関係が遠すぎないかどうかという点において，疾病等の事由を法的因果関係の判断で考慮することはありうる。しかし，外来の事故が傷害から遠すぎはしない場合に，外来の事故から疾病が生じているという担保事由と免責事由の競合関係を考慮しないということである[10]。

また，傷害事故の判断の存否についての判断基準の明確化という点からすれ

---

(8)　潘阿憲「傷害保険契約における傷害事故の外来性の要件について」都法 46 巻 2 号（2006 年）218 頁。

(9)　潘・前掲注(8) 267 頁参照。

(10)　外部作用先行で疾病の方が優勢であれば，外部作用と傷害に相当因果関係はないという解釈をすると，疾病先行でも疾病が優勢であれば，外部作用と傷害に相当因果関係はないという解釈をすべきことになるのではないかともいえる。

民商法の課題と展望

ば，外来の事故と疾病が補完的因果関係にある場合にも，どちらが主たる原因かというような原因の競合に関する事情は，外来の事故と傷害の法的因果関係の判断では考慮しないことが望ましい。

以上のような見地からは，外来の事故と傷害の法的因果関係としては，免責事由との競合という問題は考慮しないとした上で，外来の事故と傷害が遠すぎなければ法的因果関係を認めるという解釈が妥当である。原因の競合は免責条項の適用の際に考慮すべきこととなる。なお，これは上記のような実質的考慮から外来の事故を身体の外部からの作用による事故と解する場合にいえることであり，判例がこのような立場に立つものかは明らかではない[11]。

2　傷害と死亡等との因果関係

原因の競合は，傷害と死亡等の結果との因果関係において，傷害と疾病等が競合するという形でも問題になる。損害保険会社の扱う傷害保険の約款では，傷害と死亡等との関係を規定するものとして，限定支払条項がある。限定支払条項が適用されることについての立証責任は保険者にあると考えられるので，保険金請求者にとっては傷害と死亡等との間に原因の競合を考慮しない法的因果関係があることが証明されていれば足りる。この点では，傷害の発生の局面

---

(11)　平成 19 年 7 月最判は，「請求者は，外部からの作用による事故と被共済者の傷害との間に相当因果関係があることを主張，立証すれば足り，被共済者の傷害が被共済者の疾病を原因として生じたものではないことまで主張，立証すべき責任を負うものではない」とする。この一般論をみると，疾病が原因となって傷害が生じたからといって，外部からの作用による事故と傷害の間に相当因果関係がないことにはならないことも含意されているようにみえる。つまり，疾病→外来の事故→傷害という場合に，外来の事故と傷害の間に相当因果関係があるかどうかの判断において，外来の事故より以前の事象に遡って判断することはないようにみえる。伊藤雄司「判批」保険事例研究会レポート 280 号（2014 年）8 頁。

もっとも，7 月最判が，疾病が主たる原因であるなどとして事故と傷害の相当因果関係を否定することはないことまで含意するものであるかどうかは必ずしも明らかではないとの指摘がある。伊藤・前掲 8 頁。

傷害事故の存否についての判断の明確化という考え方を支持しないのであれば，外来性の意義については 7 月最判に従いつつ，相当因果関係の内容として，外部からの作用の原因を考慮することが考えられる。榊素寛「判批」判評 604 号（判時 2036 号）（2009 年）163 頁参照。また，勝野義人「傷害保険における外来性の要件」保険学雑誌 622 号（2013 年）10, 12 頁。

と同じである。

　もっとも，限定支払条項は傷害と疾病等の補完的因果関係を対象とするものと解されるので，傷害から疾病が生じ，その疾病が死亡等につながったという前後継起的因果関係には妥当しない。また，生命保険会社の扱う傷害保険では，限定支払条項のような規定はない。傷害と死亡等との関係についての特段の定めがない場合には，この局面での原因の競合を考慮しようとすれば，傷害から直接に生じた死亡等につき保険金を支払うとの規定で考慮するしかない。ただし，そうすると，保険金請求者が原因の競合を考慮した法的因果関係があることにつき証明責任を負うことになり，傷害の発生の局面とは扱いが異なる。

　傷害事故の存否について判断基準の明確化を図るべきであると考えるのであれば，傷害による死亡等の発生についても同様に判断基準の明確化を図るべきと考えるのが自然であろう。判断基準の明確化を実現するためには，理論的には，傷害と死亡等の因果関係の問題であるということと，原因の競合を含めて因果関係につき保険金請求者が証明責任を負うことを，証明責任規範として切り離すことができれば，つまり，傷害と死亡等の原因の競合に関する法的因果関係については，保険者が法的因果関係がないことについて証明責任を負うと解することができれば問題はなくなる。あるいは，契約解釈として，傷害と疾病との競合についての処理が黙示で合意されていると解釈することを認めた場合にも問題はなくなる。

　このような処理は理論的には無理であるとすると，傷害と死亡等との因果関係において原因の競合を考慮するのであれば，約款でその旨を規定すべきであると考えるのは1つの方策である。すなわち，原因の競合に関する定めがなければ傷害と死亡等との間には原因の競合を考慮しない法的因果関係があれば足りると解するということである。保険者にこのような約款を作成する能力がないわけではないことからすると，判断基準の明確化という趣旨を生かすためには，このような理解も妥当であるように思われる[12]。

---

(12)　外来性に関するものであるが，白井正和「判批」法協125巻11号（2008年）2633頁参照。

民商法の課題と展望

Ⅲ　疾病免責条項における因果関係

　傷害の発生について原因の競合は免責条項の適用の際に考慮するということは，免責条項が適用されるために必要な法的因果関係について，原因の競合を処理するのに適した判断枠組みを用いるということである。つまり，原因の競合の事例において，外来の事故による傷害という保険事故の発生については原因の競合を考慮しないで法的因果関係があるかどうかを考え，免責条項の適用の際に，原因の競合を考慮した法的因果関係があるかどうかを考慮することになる。

　相当因果関係という語でいえば，たとえば，疾病→外来の事故→傷害という疾病先行型において，外来の事故と傷害の間に原因の競合を考慮しない相当因果関係が認められる場合に，疾病と傷害の間にも同様の意味の相当因果関係が認められることが多いと思われる。そうすると，仮に，疾病と傷害の間にそのような相当因果関係があれば保険者免責となるという解釈をすると，どちらにも相当因果関係が認められるのであれば保険者免責になる。つまり，外来の事故と傷害の間でも，疾病と傷害の間でも原因の競合を考えない相当因果関係があれば，それぞれ保険事故発生の要件，免責条項適用の要件を満たすとすれば，結果的には常に免責事由が優先することになる。しかし，原因の競合につき，免責条項の形式をとることだけで常に免責事由を優先することまで含意されているという解釈は合理的ではない[13]。

　結局，原因の競合については，原因の競合を考慮しない相当因果関係だけでは合理的な結論を導くことはできないので，そのような相当因果関係に加えて別の内容の基準で考えるべきことになる。このように免責条項の適用につき，原因の競合を考えない相当因果関係だけで考えないということは，約款の合理的解釈として導くことができよう。つまり，免責条項として定めることで必ず免責事由が優先することまで含意されているというのは，合理的解釈ではない

---

(13)　疾病によらないことが保険事故の内容として定められていると解する場合にも，相当因果関係だけで考えることは妥当ではない。この場合には，疾病と外来の作用の双方に傷害との相当因果関係があり，疾病による傷害というか外来の事故というか判断がつかない。したがって，何らかの結論を導くためにはさらなる基準が必要となる。

286

ので，免責条項の適用に際して，原因の競合については相当因果関係だけで処理しないことは予定されていると考えられる。疾病免責条項であれば，「疾病により」の解釈として，このような解釈が合理的解釈として導かれるということである[14]。

Ⅳ　原因の競合

1　従来の一般論

具体的に原因の競合をどのように処理するかについては，従来から議論がなされている。保険契約において，原因が競合した場合の因果関係を考える際の1つの視角は，担保危険の範囲内にあるかどうかというものだと思われる。保険契約における因果関係の問題は保険者が保険金支払義務を負うかどうかの問題なのだから，担保事由と免責事由が競合している場合に，結果が担保危険の範囲内にあるのであれば保険者の責任を認めるという形で考えるということである[15]。本稿では，このような視角から，傷害保険における原因の競合の問題を検討する。

まず，従来の議論を簡単に確認しておく。前後継起的因果関係と補完的因果関係という事案の類型ごとに具体的にどのように考えられているかについては後述することとし，一般論としては，割合的な支払が認められるかどうかという点をひとまず措くと，法的因果関係の有無の判断につき2通りの言い方がなされる。1つは，自然な結果かどうかである[16]。これは主に前後継起的因果関係において，後行事由が先行事由の自然な結果であるときは，先行事由と結果の間に法的因果関係を認め，先行事由により保険者の責任の有無を判断すると

---

(14)　従来から，傷害保険では，次にみるように，原因の競合の場合，外来の作用による傷害があるといえるためには，外来の作用と疾病が傷害の発生に同程度寄与していれば足りるとし，疾病免責条項の適用については疾病が主たる原因でなければならないとするような解釈が多かったように思われる。

(15)　この点については，山本哲生「保険契約における因果関係についての一考察」北大法学論集66巻5号（2016年）1740頁参照。因果関係に関する事実経過を前提として，そのような事実経過により生じた傷害等が担保範囲に含まれているかどうかの法的評価（ないしは契約解釈）の問題とみる。なお，後述のような従来よくみられる自然な結果かどうかという観点と結論が大きく異なるわけではない。

民商法の課題と展望

いう形でいわれる。

　もう1つは，担保事由と免責事由の比較であり，主として結果を生じさせたかどうかというような判断である[17]。担保事由と免責事由のうち主として結果を生じさせた事由により保険者の責任の有無を判断する。この場合に，細かくは同程度の場合にどう考えるかが問題になる。たとえば，外来の事故と免責事由である疾病が同程度であれば担保を認めるとすると[18]，疾病免責条項については，もっぱら疾病による場合に適用されるとすることになる[19]。

　なお，自然な結果かどうかという視点と，どちらが主かという視点の関係は必ずしもはっきりしない。どちらが主かということは，補完的因果関係についてだけではなく，前後継起的因果関係についてもいわれることがあるが，その場合に，自然な結果であることは，主たる原因であるかどうかとは別の考え方と理解されているのかは必ずしも明らかではないが，主たる原因であるという関係と重なることが多いように思われる。

　傷害と死亡等の結果についての因果関係に関しては，限定支払条項が適用される場合には，それにしたがって処理される[20]。また，約款の「直接の」とい

---

(16)　林輝栄「傷害保険の法的構造」田辺康平＝石田満編『新損害保険双書3 新種保険』（文眞堂，1985年）360-361頁，南出行生「保険事故の外来性と疾病」ほうむ45号（1998年）7頁，肥塚肇雄「傷害保険契約における事故の外来性と医学鑑定」賠償科学24号（1999年）51頁，金澤理『保険法下』（成文堂，2005年）85-86頁。相当因果関係があればよいともいわれる。坂和・前掲注(5) 190-191頁。この場合，同様のことがイメージされているのではなかろうか。松本久「疾病と傷害」金澤理＝塩崎勤編「裁判実務大系26 損害保険訴訟法」（青林書院，1996年）437-438頁，塩崎＝山下＝山野編・前掲注(3) 639頁［大島眞一］参照。

(17)　古瀬政敏「生保の傷害特約における保険事故概念をめぐる一考察」保険学雑誌496号（1983年）133頁，安田火災海上保険株式会社編『傷害保険の理論と実務』（海文堂，1980年）146頁，福田弥夫「判批」判評604号（判時2036号）（2009年）177頁，佐野誠「判批」保険事例研究会レポート236号（2009年）16頁。

(18)　このように解するものとして，松本・前掲注(16) 437-438頁（主として，といういい方はしない），加瀬幸喜「判批」ひろば62巻1号（2009年）62頁。反対，加藤文人「判批」保険事例研究会レポート239号（2010年）6頁。

(19)　金岡京子「判批」損害保険研究75巻3号（2013年）369頁。裁判例につき，深澤泰弘「判批」損害保険研究76巻2号（2014年）327頁以下。

(20)　限定支払条項の解釈として，傷害と疾病の影響が同程度である場合には担保するとするものとして，中西正明「傷害保険」同『傷害保険契約の法理』（有斐閣，1992年）33頁。

う文言から,「直接の」という文言がない場合に表わされる因果関係よりも密接な関係が存在することを要求する趣旨であるとする見解があり[21],また,協働の場合には,どちらが主たる原因か,あるいはより有力な原因かによるといわれることもある[22]。これに対して,「直接の結果として」という約款は,どの程度の因果関係を意味するのか明確ではなく,「よって」と同趣旨で,相当因果関係を採用したものとする見解もある[23]。なお,裁判例は「直接の」という文言に特に意味をもたせていないといわれる[24]。

2　事案類型による概観

　一般論としてはこのような表現がなされるが,重要なのは具体的な事案においてどのような判断がなされるかであり,以下では,まず,傷害発生までの因果関係につき,前後継起的因果関係と補完的因果関係に分けて,より具体的に従来の議論をみながら検討することとする。前後継起的因果関係については,基本的には先行事由によって判断するとされる。前後継起的因果関係には,担保事由が先行する,外来の事故→疾病→傷害の場合と,免責事由が先行する,疾病→外来の事故→傷害の場合があるところ,前者では担保を認め,後者では免責とすることが多い。外来の事故先行型の例としては,犬に嚙まれて狂犬病になる場合や,転倒したことによる外傷から破傷風菌が侵入し破傷風になる場合などがあげられる。これらの場合に担保が認められることにはほぼ異論はない[25]。これらの傷害につき,犬に嚙まれたり,転倒するという外来の作用の危

---

(21)　江頭憲治郎『商取引法(第7版)』(弘文堂,2013年)529頁,石田満「傷害保険契約における立証責任」『保険契約法の論理と現実』(有斐閣,1995年)306頁,中西正明「生命保険契約の傷害特約概説」同『傷害保険契約の法理』前掲注(20) 75頁。

(22)　中西・前掲注(21) 75頁。外来の事故は主要な要因ではないとして免責を認めたものとして,福岡地判昭和60・2・4文研判例集4巻155頁。同程度であれば担保するとするものとして,石原全「判批」判評346号(判時1250号)(1987年)202頁。大阪高判昭和56・5・12判タ443号136頁(有責)。

(23)　松本・前掲注(16) 441頁,肥塚・前掲注(16) 59頁注(19),山野嘉朗「吐物誤嚥事故と傷害保険における外来性要件の法的評価」損害保険研究74巻1号(2012年)64頁注(1)。

(24)　山下・前掲注(5) 478頁。大阪高判昭和59・4・18判タ540号319頁,東京高判平成7・6・26判時1553号144頁,宮崎地判平成9・10・14生保判例集9巻425頁,広島地判平成11・3・31生保判例集11巻252頁,広島高判平成12・2・25生保判例集12巻122頁(広島地判平成11・3・31の控訴審)。

民商法の課題と展望

険と疾病の危険のどちらの範囲内かという観点からみると，一概にどちらとも
判断しにくい。これについては，傷害保険の疾病免責は独立した疾病を免責と
する趣旨であるという理解を前提とすれば，外来の作用から独立した疾病では
ないので，免責の対象ではないということができる[26][27]。

　疾病先行型の例としては，入浴中に既存の疾病の発作が発生したことにより，
溺死したケースなどがあげられる。この場合に免責となるかどうかについては，
議論がないわけではないが，免責を認めるものが多い[28]。

　これに対して，疾病先行型で担保が認められる例としてあげられることが多
いのが，疾病による発作のために道路で転倒したところ，自動車にひかれて死
亡したというようなケースである。この事例については，従来から担保を認め
るのが一般的であるといわれる。この点の説明として，よくみられるのが，相
当因果関係がないというものである。すなわち，道路で転倒したからといって，
当然に後続の自動車にひかれるわけではないから相当因果関係がないとされ
る[29]。この観点から，入浴中の発作により溺死したケースについては，入浴中
に発作が起こったことにより溺死するのは通常の因果の流れであるといわれ
る[30]。

---

(25)　山下・前掲注(5) 480頁，林・前掲注(16) 360-361頁，安田火災・前掲注(17) 146頁，肥
　　塚・前掲注(16) 51頁，金澤・前掲注(16) 85-86頁。

(26)　東京海上火災保険株式会社編『新損害保険実務講座9 新種保険（下）』（有斐閣，
　　1965年）15頁［奥川昇＝渋江克彦］。

(27)　外来の事故先行で免責を認めたものとして，京都地峰山支判平成元・9・4判時1371
　　号135頁。交通事故→うつ→自殺という事案。

(28)　南出・前掲注(16) 6頁，林・前掲注(16) 362頁，安田火災・前掲注(17) 146頁，肥塚・前
　　掲注(16) 51頁，金澤・前掲注(16) 85-86頁，潘・前掲注(8) 249頁。

(29)　塩崎＝山下＝山野編・前掲注(3) 639頁［大島眞一］，422頁［川木一正］。また，南
　　出・前掲注(16) 7頁。大阪地判平成23・4・19交民集44巻2号548頁。認知症で歩行者
　　通行禁止の高架式道路を徘徊中に交通事故で死亡した事案。判旨は，運転者が注意して
　　いれば回避できた事故だから被保険者の心神喪失によって生じた事故ではないというこ
　　とも述べている。
　　　自動車運転中の発作のケースにつき，相当因果関係説によれば自動車事故が発生する
　　ことが通常かどうかという点から判断されるとするものとして，佐野誠「人身傷害保険
　　における疾病の扱い」保険学雑誌630号（2015年）237頁。

(30)　塩崎＝山下＝山野編・前掲注(3) 639頁［大島眞一］。水泳中の心臓麻痺につき，南
　　出・前掲注(16) 6頁。

四六・618頁・並製　ISBN978-4-7972-5748-9
定価：本体 **1,000** 円＋税

年度版は、「民法（債権関係）改正法」の他、「天皇の退位等に関す皇室典範特例法」「都市計画法」「ヘイトスピーチ解消法」「組織犯罪処罰法」を新規に掲載、前年度掲載の法令についても、授・学習に必要な条文を的確に調整して収載した最新版。

 信山社　〒113-0033　東京都文京区本郷6-2-9
TEL:03(3818)1019　FAX:03(3811)3580

法律学の森

潮見佳男 著(京都大学大学院法学研究科 教授)

新債権総論 I

A5変・上製・906頁 7,000円(税別) ISBN978-4-7972-8022-7 C3332

新法ベースのプロ向け債権総論体系書

2017年(平成29年)5月成立の債権法改正の立案にも参画した著者による体系書。旧著である『債権総論I(第2版)』、『債権総論II(第3版)』を全面的に見直し、旧法の下での理論と関連させつつ、新法の下での解釈論を掘り下げ、提示する。新法をもとに法律問題を処理していくプロフェッショナル(研究者・実務家)のための理論と体系を示す。前半にあたる本書では、第1編・契約と債権関係から第4編・債権の保全までを収める。

【目　次】
◇第1編　契約と債権関係◇
　第1部　契約総論
　第2部　契約交渉過程における当事者の義務
　第3部　債権関係における債権と債務
◇第2編　債権の内容◇
　第1部　総　論
　第2部　特定物債権
　第3部　種類債権
　第4部　金銭債権
　第5部　利息債権
　第6部　選択債権
◇第3編　債務の不履行とその救済◇
　第1部　履行請求権とこれに関連する制度
　第2部　損害賠償請求権(I):要件論
　第3部　損害賠償請求権(II):効果論
　第4部　損害賠償請求権(III):損害賠償に関する特別の規律
　第5部　契約の解除
◇第4編　債権の保全―債権者代位権・詐害行為取消権◇
　第1部　債権の保全一般
　第2部　債権者代位権(I)――責任財産保全型の債権者代位権
　第3部　債権者代位権(II)――個別権利実現準備型の債権者代位権
　第4部　詐害行為取消権

〈編者紹介〉
潮見佳男(しおみ・よしお)
1959年　愛媛県生まれ
1981年　京都大学法学部卒業
現　職　京都大学大学院法学研究科教授

新債権総論 II

A5変・上製　6,600円(税別)　ISBN978-4-7972-8023-4　C3332

1896年(明治29年)の制定以来初の
民法(債権法)抜本改正

【新刊】
潮見佳男著『新債権総論II』
　第5編　債権の消滅 / 第6編　債権関係における主体の変動
　第7編　多数当事者の債権関係

〒113-0033　東京都文京区本郷6-2-9-102　東大正門前
TEL:03(3818)1019　FAX:03(3811)3580　E-mail:order@shinzansha.co.jp

これを危険の射程という観点からいえば，疾病の発作で転倒してひかれて死亡するのは，転倒してもひかれる危険性が高いわけではないことからすれば，疾病の危険が現実化したというよりは，自動車による事故の危険が現実化したものといえる場合が通例であろう。入浴中の発作の事例をどのようにみるべきかは次に検討する。

3 入浴中の発作事例

(1) 危険の補完的協働

疾病先行型の，入浴中の発作のような事例については異論が唱えられている。すなわち，入浴中の発作により溺死した場合のように，疾患による発作が生じた場所が悪かったため，外来的力が作用した場合は，保険金支払を肯定すべきとの見解がある[31]。

ここで問題になるのは，発作が生じた場所が悪かったという要素をどのように評価するかである。傷害保険において保険者が引き受けている危険は，傷害についていえば，外部からの作用による傷害を受ける危険である。疾病免責条項によって保険者が引き受けない危険は疾病による傷害の危険である。入浴中の疾病の発作による溺死のケースにおいて，外来の作用とは風呂の湯が体内に侵入することであり，それによる窒息が傷害と考えられる。これを保険者が引き受けた危険という形でいえば，入浴行為の危険という言い方が考えられる。つまり，疾病の発作が単に座っているときに生じたのであれば，特に問題は起こらなかったが，入浴中に発作が起こったために溺死してしまったのであり，これはアクシデントがあれば溺れることがあるという入浴行為の危険が発作をきっかけに現実化したものであるという見方が考えられる。

このように，発作が生じた場所が悪かったことを保険者が引き受けた危険という観点からみると，入浴中の発作のような場合[32]は，発作が生じたときに行っていた行為の危険が現実化したものということができる[33]。このような例としては，他に，自動車運転中の発作[34]，水泳中の発作[35]などがある。これら

---

(31) 江頭・前掲注(21) 526 頁注(3)。なお，坂口光男（陳亮補訂）『保険法（補訂版）』（文眞堂，2012 年）328 頁。入浴中の急死につき内部的要因と外部的要因の二者択一に無理があるという見地には，外来性を認めた上で重過失免責等で対応することが親和的であるとするものとして，石田清彦「判批」保険事例研究会レポート 291 号（2015 年）8 頁。

民商法の課題と展望

の例でも，傷害の発生は，自動車運転行為の危険，水泳行為の危険が現実化したものという見方がありうる。

このようにみると，入浴中の発作による溺死は，疾病の危険と入浴行為の危険が協働して窒息が生じたものということができる。つまり，疾病だけでも，入浴行為だけでも窒息は生じないのであり，両者が協働することで初めて窒息が生じるということである。事実の経過としては，発作により溺死が惹起されたという前後継起的因果関係の事例であるが，溺死が免責危険と担保危険のどちらの射程内にあるかという観点から考えるとすると，事実経過をこの観点から評価することが必要となる。そうすると，疾病の危険だけで溺死が起こったわけではなく，疾病の危険と入浴行為の危険が協働して溺死が起こったといえるので，疾病の危険と入浴行為の危険が補完的に協働した事例といえる。

補完的因果関係の場合にどう考えるかについては後述するとして，ここでの直接の問題は，入浴行為の危険との協働として理解するかどうかである。形式的にはこのような理解は可能であるとして，実質的に入浴行為の危険との協働として評価するべきか，すなわち両者の危険が現実化したものと評価するべきかが問題になる。

仮に，入浴中の発作による溺死のケースについて，入浴行為の危険との協働と理解するのであれば，このような考え方は他の様々な場合にも波及する。たとえば，立っているときに疾病の発作により転倒して傷害を受けた場合につい

---

(32)　旭川地判昭和 62・10・30 判時 1268 号 141 頁（風呂の加熱中の発作で熱傷死。免責），福岡高判平成 8・4・25 判時 1577 号 126 頁（免責），福岡地小倉支判平成 17・8・31 生保判例集 17 巻② 668 頁（免責），神戸地判平成 17・9・6 生保判例集 17 巻② 683 頁（免責），札幌高判平成 18・6・1 生保判例集 18 巻 400 頁（免責）。

(33)　長崎地大村支判平成 7・11・24 判時 1577 号 128 頁（福岡高判平成 8・4・25（注32）の原審。有責）。

(34)　名古屋高判平成 4・11・4 判タ 823 号 236 頁（免責），静岡地判平成 9・3・10 判タ 949 号 202 頁（免責），山口地徳山支判平成 11・11・24 交民集 32 巻 6 号 1843 頁（免責），名古屋地判平成 24・4・25 判時 2156 号 138 頁（免責）。

(35)　神戸地判平成 14・10・7 生保判例集 14 巻 651 頁（免責）。

(36)　同種の事例として，東京地判平成 8・11・21 判タ 942 号 23 Ⅰ頁（免責），東京高判平成 9・9・25 判タ 969 号 245 頁（東京地判平成 8・11・21 の控訴審。免責），横浜地川崎支判平成 15・10・7 生保判例集 15 巻 606 頁（免責），名古屋地豊橋支判平成 17・9・9 生保判例集 17 巻② 721 頁（免責）。

て[36]，座っているときに発作が起これば何も起こらなかったのであり，たまたま立っているときに発作が起こったから転倒したという言い方は可能である。そうすると，この場合には立つという行為の危険と疾病の危険の協働ということになる。また，飛行機内で疾病の発作を起こし，医者がいれば助かったのに，医者がいなかったから助からなかった場合に，医者がいない場所にいることの危険というものを観念することになるのであろうか。さらに，普通であれば（少なくとも重度の）傷害は起こらないような転倒の仕方であったのに，たまたま打ちどころが悪く死亡したという場合はどのように考えるべきことになるのであろうか[37]。

このように考えていくと，疾病による発作を誘引するような行為はとりあえず除くとして（これについては次に検討する），他の行為の最中であれば疾病による発作が起こっても傷害につながることはなかったが，たまたまその行為の最中に疾病による発作が起こったので傷害が生じたという場合（入浴中，海水浴中，自動車運転中など）には，当該行為の危険が現実化したのではなく，疾病の危険が現実化したとみるのが妥当であろう。そうでなければ，疾病以外の要素を際限なく考慮していくということにつながりかねない[38]。このことは，傷害保険でカバーする範囲をそのように拡大することが妥当かという問題ということもできる[39]。形式的には，疾病の発作はいつどこで起こるか分からないのであるから，各種の行為の最中に発作が発生することは疾病の危険に含まれると説明することができる。あるいは，行為の危険と疾病の危険が協働したが，行為の危険の影響は軽微なものであるとみて考慮対象とはしないという説明も可能であろう。もっとも，結局のところは，入浴行為等の危険という要素をどのように評価するかの問題に尽きる。

(2) 発作を誘引する行為

次に，疾病による発作を誘引するような行為の最中に発作が生じた場合を考

---

(37) 仮に，こういう危険を観念するとしても，外部からの作用に関する危険といえるかということはなお問題になる。

(38) (2)でみるように，日常生活上不可避な行為の危険と疾病の危険が協働した場合には疾病の危険の現実化とみて，それ以外の場合には，両者の危険が現実化したものとみるという考え方もありうる。しかし，発作を誘引する行為という限定なしで，行為の危険の現実化と評価していくことは，考慮要素を拡大しすぎるように思われる。

(39) この点に関連して，福田・前掲注(17) 174頁。

民商法の課題と展望

える。たとえば，高血圧症の人がある程度高温の風呂に入ると発作を引き起こす危険性がある。(1)では，ある行為が発作を引き起こすという危険性は考察していなかった。ここでは，入浴により発作を引き起こす危険がある場合に，入浴により発作が引き起こされたという事例を対象として検討する[40]。

　この場合，疾病と入浴行為が協働して発作が発生し，入浴中であったために発作により溺死したということになる。たまたま入浴中に発作が発生した場合と比べると，入浴中に発作が発生すれば溺死につながるという状態で，発作発生を誘引する行為（入浴行為）をするということは，溺死につながる危険行為をするということであり，入浴行為により傷害が発生するという危険の寄与度は大きいといえる。一般論としては，発作が発生すれば傷害につながる危険性がある状況で，発作を誘引する行為をしたために，発作が発生し傷害を受けたという事例では，発作を発生させる蓋然性がどの程度あるかも関連するが，たまたま発作が起こった場合と区別し，この場合は担保危険と免責危険の協働とみることができよう。もちろん，発作を生じさせる蓋然性が高ければ，重過失が問題になることはあるが，それは別論である。

　しかし，発作を誘引する行為といっても，日常生活を送る上で不可避的な行為であれば，そのような行為はせざるをえないのであり，疾病のために日常生活上危険が生じているという状態であるから，そのような行為のために発作が生じたというのは，疾病の危険が現実化したものと評価した方が妥当であるように思われる。このような意味で，入浴，食事，歩行などは日常生活上不可避的な行為といえよう。

　この点につき，次のようにいわれることがある。入浴中の溺死のごとき事例は日常生活で通常行われる入浴というプロセスの中で疾病による発作が生じ，それをもっぱらの原因として溺死しているのだから，死亡は疾病による結果とみるべきであるのに対し[41]，遊園地の遊戯施設に搭乗した結果，疾病による発作が生じたため死亡したという事例では[42]，遊戯施設に搭乗しなければ死亡に至ることもなかったであろうから，入浴中の溺死事例とはかなり異なり，搭乗

---

(40)　東京地判平成 12・9・19 判タ 1086 号 292 頁（免責）。

(41)　名古屋高判平成 14・9・11 生保判例集 583 頁（軽微な外因条項により免責），福岡高判平成 18・11・16 生保判例集 18 巻 742 頁（免責），最判平成 19・7・19 生保判例集 19 巻 325 頁（福岡高判平成 18・11・16 についての上告不受理）。

と疾病が競合原因となって，死亡という結果に至っているとみるのが実態にあっている[42]。この見解における区別の基準はおそらく日常生活における通常行われる行為かどうかなのであろう[44]。

ここでいう日常生活上通常行われる行為とは，上記のように，発作を誘引する行為であっても，その危険を疾病の危険と評価することができる行為という見地から理解することができよう。したがって，遊園地で遊戯施設に搭乗するという行為は日常生活の通常行為と表現することもできるであろうが，ここでいう日常的行為には当たらない[45]。

以上をまとめると，次のようにいえる。他の行為の最中であれば疾病による発作が起こっても傷害につながることはなかったが，たまたまその行為の最中に疾病による発作が起こったので傷害が生じたという場合（入浴中など）には，疾病の危険が現実化したものとみて免責と解することができる。ここでは，日常生活上不可避な行為かどうかを考える必要はない。発作が発生すれば傷害につながる危険性がある状況で，発作を誘引する行為をしたために，発作が発生し傷害を受けた場合には，一般論としては，外来の作用の危険と疾病の危険の協働といえる。しかし，その行為が日常生活上不可避的なものであれば，疾病

---

(42) 東京地判昭和56・10・29判タ473号247頁。気管支喘息と遊戯施設への搭乗が協働して死亡したとしても，相当因果関係なしとした。

(43) 山下・前掲注(5) 482頁，塩崎＝山下＝山野編・前掲注(3) 200頁［潘阿憲］，武田涼子「判批」損害保険研究71巻3号（2009年）261頁。

　　もっとも，遊戯施設の例は，入浴とは異なり，遊戯施設への搭乗に搭乗中に発作が起これば死亡する危険性があるわけではない。遊戯施設への搭乗は，それ自体が傷害につながる危険性を有しているわけではなく，あくまで発作を誘引する危険性を有するだけであり，搭乗により発作が発生し，死亡したケースは，疾病の危険が現実化したものという評価が適切であるように思われる。入浴の例は，入浴中に発作が生じれば溺死する蓋然性が高く，かつ，入浴が発作を誘引する性質も有する点で，入浴行為が傷害を生じさせる危険性が高いという評価が可能である。

(44) 遊戯施設の事例につき，搭乗しなければ死亡に至ることもなかったという表現は，発作を誘引するという点に着目しているとみる余地もある。しかし，前半の表現と合わせてみると，日常生活の通常行為かどうかで区別するものとみるのが自然のように思われる。

(45) 発作が誘引された場合でも，疾病の危険の現実化ということは可能であり，結局は，発作を誘引する行為を別に扱うかどうかを含めて，やはり担保範囲についての評価の問題である。

民商法の課題と展望

の危険の現実化として免責と解することができる。なお，日常生活上不可避的
ではない，発作を誘引する行為であっても，軽微なものを考慮すべきかという
ことも問題になるが，この点は後述する（5 参照）。

4 割合的処理

　割合的処理については，主に補完的因果関係のケースを念頭においているの
ではないかと思われるが，従来から議論がなされている[46]。最近では，結論の
座りの良さという点からすれば，割合的処理が妥当であることにはそれほど異
論もないように思われる[47]。割合的処理の是非をめぐる最大の問題は理論的に
説明することができるかであろう[48]。

　この点で限定支払条項の類推適用が主張されている[49]。しかし，限定支払条
項は，外来の事故による傷害が発生した場合に，その傷害と既往の疾病等が協
働して死亡等という結果が生じた場合に，疾病等がなければ生じていたであろ
う結果に対する保険金相当額を支払うというものである。たとえば，外来の事
故による傷害だけであれば入院で済んでいたはずのところ，疾病との協働によ
り死亡した場合に，入院の場合に支払うべき金額を支払うというものである。

---

[46]　前後継起的因果関係につき割合的処理することについて否定的なものとして，遠山聡
「交通事故における『急激』性」交通法研究 38 号（2010 年）42 頁。傷害保険に即した
ものではないが，肯定的なものとして，木村栄一「保険法における因果関係」一橋論叢
41 巻 2 号（1959 年）153 頁以下。一般論として割合的処理を認めるのであれば，抽象
的には前後継起的因果関係においても割合的処理はありうる。問題は前後継起的因果関
係の事例を割合的に評価するべきかどうかであろう。

[47]　山下・前掲注(5) 387 頁，佐野誠「判批」損保研究 65 巻 3・4 号（2004 年）421 頁，
南出・前掲注(16) 10 頁，石原・前掲注(22) 202 頁，潘・前掲注(8) 228 頁，坂和・前掲注(5)
204 頁，遠山・前掲注(46) 40 頁，金岡・前掲注(19) 377 頁。

[48]　倉沢康一郎「自動車傷害保険における事故の程度と因果関係」『自動車保険をめぐる
諸問題の検討』（道路経済研究所，1988 年）144 頁，加瀬幸喜「保険事故−外来性」『傷
害保険の法理』（損害保険事業総合研究所，2000 年）86 頁，97 頁，肥塚・前掲注(16) 51
頁，松田武司「傷害保険の保険事故（三・完）」産大法学 43 巻 3・4 号（2010 年）1202
頁。割合的因果関係を否定したものとして，京都地峰山支判平成元・9・4 判時 1371 号
135 頁（免責），大阪地判平成 11・1・14 判時 1700 号 156 頁（特段の事情がない限り否
定。有責），大阪高判平成 11.9.1 判時 1709 号 113 頁（大阪地判平成 11・1・14 の控訴
審。有責）。

この場合に，疾病との協働により生じた死亡の結果についての支払保険金の額を基礎として，傷害と疾病の寄与の割合に応じて支払うというものではない。割合的にいえば，入院から死亡へと結果が拡大した部分については，傷害の寄与度は無いものとするという言い方もできる。したがって，本来的には，割合的処理を規定したものではないと考えられる[50]。

ただし，死亡という結果に対して傷害は入院の程度で寄与し，疾病は拡大部分の程度で寄与したものとみなして，保険金を支払うものという説明ができないわけではない。これを外来の作用と疾病の協働による傷害の発生に当てはめると，傷害への寄与度を，外来の作用単独での効果と，疾病の協働による拡大という形で評価して，割合的に支払うということになろう。本来的には割合的処理の規定ではないとしても，このような説明により類推適用として割合的処理に利用することは可能だと思われる。

限定支払条項がない場合でも，本来原因の競合について何らかの規定があってしかるべきであるのに具体的規定がない場合の，約款の合理的解釈として割合的支払いが規定されているものと解釈することが考えられる[51]。

5 軽微な外因等

身体外部からの作用が傷害発生に寄与しているとして，すべてが考慮対象になるかという問題がある。たとえば，日常的な範囲内での気温等の環境的要因

---

(49)　石原・前掲注(22) 203 頁，潘・前掲注(8) 228 頁，山下・前掲注(5) 481 頁。適用を認めたものとして，名古屋高金沢支判昭和 62・2・18 判時 1229 号 103 頁，広島地判平成 9・7・9 判時 1677 号 112 頁，広島高判平成 10・7・2 交民集 31 巻 4 号 985 頁（広島地判平成 9・7・9 の控訴審），大阪地判平成 12・9・28 交民集 33 巻 5 号 1595 頁，大阪地判平成 23・4・19 交民集 44 巻 2 号 548 頁。体質的素因との協働につき，限定支払条項の類推適用の余地を認めるが，当該事案における適用は否定したものとして，広島地判平成 2・5・10 交民集 23 巻 3 号 619 頁。
　　傷害と死亡との相当因果関係は 8 割であるとして，保険金額の 8 割の支払を認めたものとして，広島地判平成 11・3・31 生保判例集 11 巻 252 頁。
(50)　甘利公人「判批」ジュリ 986 号（1991 年）97 頁，「シンポジウム自動車関連事故と傷害保険」交通法研究 38 号（2010 年）64 頁 [佐野誠]。その他の批判として，甘利・前掲 97 頁，塩崎＝山下＝山野編・前掲注(3) 423 頁 [川木一正]，加瀬・前掲注(48) 97 頁。これらの批判への反応として，佐野・前掲注(47) 420 頁，石原・前掲注(22) 203 頁。
(51)　理論的には，約款による契約の解釈方法，約款による契約における黙示の合意の認定の可否，認定のあり方について検討する必要がある。

民商法の課題と展望

を考慮すべきかどうかという問題がある。また，外来の作用であれば軽微なものであってもすべて考慮するかという問題がある。

　この点に関連して，たとえば，日常の範囲内の低温と冠動脈硬化が相まって心不全で死亡したという事案につき，日常生活上普通に起こり，通常人であればおよそ死亡には結びつかないものは，そもそも外部からの作用には入らないといわれることがある[52]。これは環境的要因が傷害保険で引き受ける危険に含まれるかという点において，日常生活上普通に起こり，通常人であればおよそ死亡には結びつかない環境的要因は外来の作用ではないというものとして位置づけるべきであろう。一般論として，通常人であればおよそ死亡に結びつかないものは外来性を欠くとすると，たとえば，通常人として疾病等に罹患していない人を想定するのであれば，疾病と外来の作用が競合したような場合に保険者はおよそ責任を負わないことになるが，後述のように，これは妥当ではない[53]。他方，日常生活上普通に起こる環境的要因は外来の作用ではないとすると，高温のように，日常生活上普通に起こるが，熱中症を惹起するという環境的要因も外来の作用に含まれないとするべきかどうかが問題になる。この点は本稿ではこれ以上は検討しないが，ひとまず外来の作用から除外することが妥当と思われるものとして，日常生活上普通に起こり，通常人であればおよそ死

---

(52)　大阪地判平成4・12・21判時1474号143頁，大阪高判平成5・11・19文研判例集7巻287頁。

(53)　山下友信「判批」ジュリ1100号（1996年）119頁。

(54)　環境的要因以外の日常生活上普通に起こる事象は，傷害保険の担保範囲から除外されるものではない。たとえば，床に転がったおはじきをとろうとして，かがむことによる傷害は外来の作用による傷害であることに異論はないであろう（Hamlyn v. Crown Accidental Ins. Co. (1893) 1 Q.B. 750 (C.A.). 山下丈「傷害保険契約における傷害概念（二・完）」民商75巻6号（1977年）888頁注(1)，915頁注(11)で紹介されている）。しかし，少なくとも表現としては，これを「日常生活上普通に起こり，およそ傷害には結びつかないもの」ということは可能である。このような事例を外部からの作用に入らないとはいわないとすると，環境的要因とその他の外部からの作用で区別することが考えられる。傷害保険の担保範囲の設定の問題であるという点からすると，環境的要因と人間の日常的行為を区別することは，常識的にはありえる区別だと思われる。また，人間の日常的行為を，外来の作用から除くとすると，何が除かれるべき日常的行為かという難問が生じることからしても，このような区別はありえよう。

　日常生活上普通に起こる出来事には外来性はないとするものとして，潘・前掲注(8)235頁，反対，武田・前掲注(43)261頁。

亡には結びつかない環境的要因に限っておく[54]。

　次に，当該事案において，傷害ないし結果発生に対する寄与度がごくわずかであるために考慮の対象から外すということも考えられる。ただし，どういう場合に考慮の対象から外すことができるかが問題になる。この点につき，軽微な外因を不慮の事故から外す約款の解釈において，関連する議論がなされている。近時，軽微な外因の解釈として，因果関係から軽微性を判断するアプローチと外因それ自体の態様・程度から軽微性を判断するアプローチがあるとの指摘がなされている[55]。そして，相当因果関係の判断につき，当該被保険者に特有の事情を捨象してもなお死亡に至っていたという意味で，事故の通常の結果であることを求める立場があり，また，軽微な外因条項について同様の見地から理解する立場があり，これらを認めるとすると，軽微な外因条項は因果関係に係る確認的規定ということになるとの指摘がある[56]。

　当該被保険者に特有の事情を捨象するという点において，具体的に問題となっているのは，疾病あるいは疾病とはいえない身体的素因である。傷害保険でこれらの身体内部の要因を被保険者に特有の事情として捨象する，すなわち，身体内部の要因はないものとして結果が発生した場合に法的因果関係を認めるという考え方をするということは[57]，身体内部の要因との補完的因果関係の事例はすべて因果関係はないものとして保険者の責任を認めないということである。しかし，少なくとも従来の学説は，相当因果関係の理論において当然に疾病と外来の作用の補完的因果関係の事例につき，因果関係が否定されるとは考えていなかったと思われる。たとえば，もっぱら疾病を原因とするような場合に免責となるというような考え方をしている[58]。

　法的因果関係の判断において，一般論としてどのような事情を考慮の対象にするかは問題になりうる。しかし，保険契約における法的因果関係の判断のあり方は保険の種類ごとに考えることができるものである[59]。傷害保険における身体内部の要因についていえば，身体内部の要因と外来の作用の競合はよく起

---

(55)　山下徹哉「判批」保険事例研究会レポート281号（2014年）19頁。

(56)　山下・前掲注(55)20頁。また，甘利公人「判批」判評424号（判時1488号）（1994年）216頁，松田・前掲注(48)1202頁。

(57)　このような問題設定を示すものとして，鈴木達次「疾病と傷害」塩崎勤＝山下丈編『新・裁判実務大系19 保険関係訴訟法』（青林書院，2005年）385頁。

民商法の課題と展望

こる事例であり，それをすべて当然に法的因果関係なしとして判断するとすれば，傷害保険の担保範囲が狭くなり，合理的ではないであろう。したがって，法的因果関係の判断において，身体内部の要因は捨象すべきものとするべきではない[60]。

裁判例を確認してみると，たとえば，傷害の発生につき，身体疾患等と外来の作用が協働したという場合には，免責を認めるものが多いようである[61]。免責を認める裁判例では，身体疾患等を捨象しても死亡に至ったという意味での相当因果関係はないとするものや，軽微な外因条項につき，傷害発生に寄与した外部的なきっかけが通常人にとっては傷害発生に至らないものであれば，外来性を欠くとするものが目に付く[62]。これに対して，外来の事故による傷害が発生し，その傷害と既往の身体疾患等が協働して死亡等の結果を生じさせたという事例では，保険者の責任を認めるものが多い[63]。

しかし，相当因果関係や軽微な外因条項の理解として，当該被保険者に特有の事情を捨象してもなお傷害・死亡等に至っていたという意味で，事故の通常の結果であることが必要であるという見地からすれば，どちらの事例においても免責とすべきであろう。このことから推測されるのは，裁判例は一般論の表

---

(58) 前掲注(19)と本文参照。なお，傷害と死亡等との結果の因果関係についてであるが，限定支払条項につき，相当因果関係からすれば当然の規定といわれることがある。石原・前掲注(22) 203 頁，松本・前掲注(16) 442 頁。これは傷害と疾病が協働して死亡等が生じた場合には，傷害と死亡等の間には相当因果関係はないとみるということともいえる。ただ，そうであっても，相当因果関係論から保険者の完全な免責を導くのではなく，傷害だけであれば生じたであろう結果について保険者の責任を認める。この考え方を外来の作用と疾病の協働による傷害の発生という局面に当てはめた場合にも，保険者の完全免責という結論はとられていない。石原・前掲注(22) 203 頁，松本・前掲注(16) 442 頁。

(59) 山本・前掲注(15) 1682 頁以下参照。

(60) 潘・前掲注(8) 237 頁，山下・前掲注(53) 119 頁，加瀬・前掲注(48) 94 頁。疾病と疾病ではない身体的素因を区別するものとして，南出・前掲注(16) 8 頁。

(61) このような事例で保険者の責任を認めたものとして，大阪高判平成 15・12・25 生保判例集 15 巻 833 頁。交通事故＋疾病→小脳出血→死亡。原審である奈良地判平成 14・8・30 生保判例集 14 巻 540 頁は，軽微な外因に当たるとしていた。大阪高判平成 11・9・1 判時 1709 号 113 頁。てんかん発作＋入浴中離れた看護婦の過失→溺死。看護婦が被保険者を残して浴室を離れたことが溺死事故の直接の原因であるとした。大阪地判平成 18・11・29 判タ 1237 号 304 頁。認知症患者から目を離していた際に誤嚥が生じた事案。過失という外的な事情によって生じた人的な事故とした。

13 傷害保険における因果関係〔山本哲生〕

現はともかく，実質的には，当該被保険者に特有の事情を捨象してもなお傷害・死亡等に至っていたかどうかで判断しておらず，外部からの作用自体の態様・程度から考慮の対象とすべきでないといえるかどうかに着目しているのではないかということである[64]。

---

[62]　東京地判昭和56・10・29判タ473号247頁。遊戯施設への搭乗後，死亡。身体疾患（気管支喘息）との協働。熊本地判昭和63・9・21文研判例集5巻328頁。両側大腿骨骨頭壊死につき固定術を施行し，左股関節に固定用の釘が打ち込まれていた状態で転倒し，左股関節の用を永久に失った。大阪地判平成4・12・21判時1474号143頁。高血圧（冠動脈硬化）＋過度の低温→心不全。大阪高判平成5・11・19文研判例集7巻287頁（大阪地判平成4・12・21の控訴審）。東京地判平成8・6・7判タ927号242頁。白血病治療のための化学療法により神経症状が悪化し，寝たきり。神戸地尼崎支判平成11・4・22生保判例集11巻259頁。肝硬変＋階段から転落→肝不全→死亡。転落原因が肝硬変の可能性もあるともいう。福岡地判平成14・5・10生保判例集14巻337頁。基礎疾患＋転倒による頭部打撲→橋出血→死亡。倉敷簡判平成16・1・9生保判例集16巻1頁。自転車転倒＋加齢による脊柱管狭窄→中心性頚髄損傷。

[63]　大阪高判昭和56・5・12判タ443号136頁。既往症（高血圧性心疾患）と交通事故による受傷。受傷によるショック（本件事故，受傷，入院という精神的，肉体的ショック）がなければ死亡は生じなかった。大分地日田支判昭和62・12・11文研判例集5巻196頁。自宅2階の窓から誤って転落＋動脈硬化症ならびに高血圧性心疾患→死亡。転落と死亡の相当因果関係は認めたが，重過失免責で免責。東京地判平成7・9・27生保判例集8巻245頁。火災の消火活動に伴う極度の緊張，恐怖等の精神的負荷及び緊急に極度の身体的負荷＋安定型狭心症→死亡。東京高判平成8・6・11生保判例集8巻510頁（東京地判平成7・9・27の控訴審）。宮崎地判平成9・10・14生保判例集9巻425頁。自動車との衝突による左下腿骨骨折，左上腕骨骨折，頭部打撲，出血性ショック等の傷＋肝硬変→これらによる出血性胃潰瘍で肝硬変悪化→死亡。広島地判平成11・3・31生保判例集11巻252頁。交通事故で外傷性脳出血等。後遺症で精神・知能障害，走行障害等。事故の約4か月後に急性心筋梗塞で死亡。広島高判平成12・2・25生保判例集12巻122頁（広島地判平成11・3・31の控訴審）。広島地呉支判平成14・12・25生保判例集14巻917頁。牛に引っ張られて鉄棒で強打・胸部骨折→縦隔洞炎によるドレナージ術＋糖尿病をベースとする合併症→死亡。

　　免責としたものとして，福岡地判昭和60・2・4文研判例集4巻155頁。自動車の衝突事故＋心臓弁膜症による心臓の肥大化→急性心不全→死亡。不慮の事故が主要な原因ではない。岡山地津山支判平成14・2・15生保判例集14巻40頁。肝硬変＋原付の自損事故による脳挫傷→肝不全で死亡。事故を直接の原因とする死亡ではない。広島高岡山支判平成15・3・20生保判例集15巻172頁（岡山地津山支判平成14・2・15の控訴審）。

[64]　傷害と死亡等との因果関係については軽微な外因条項は適用されないとすると，その点で外来の事故と傷害の因果関係の事案と傷害と死亡等との因果関係の事案は異なるともいえる。ただし，軽微な外因条項は相当因果関係と同じ趣旨であるなら，どちらでも結論は異ならないはずである。

民商法の課題と展望

外来の事故と傷害の間の因果関係が問題になる事例において免責を認めた裁判例の事案が，実際に外部からの作用自体の態様・程度から軽微といえるものだったかどうかは一概には判断できないが，そのような理解も可能であろう。また，外来の事故と傷害の因果関係が問題になる事例において，有責とするものが多いのは，傷害が生じている以上，それをその態様・程度から軽微として考慮の対象外とすることはやりにくいからではなかろうか。裁判例が実質的にどこに着目しているかは断定することはできないが，このような見方もありえよう。

少なくとも法的因果関係の理解としては，身体内部の要因との補完的因果関係であることだけで法的因果関係が否定されることはないというべきであろう。その上で，外来の作用自体の態様・程度からみて影響が軽微である場合には，疾病の危険が現実化したものとみて，外来の作用による傷害とはみないことはありうる。ただし，傷害事故の判断の存否についての判断基準の明確化という点からすると，保険事故発生における法的因果関係は認めた上で，免責条項の適用の場面で疾病等によるものと評価するというような形が望ましい。軽微な外因条項は機能的にはこのようなものとして理解することができる[65]。

6　傷害と死亡等との因果関係

傷害と死亡等との因果関係については，限定支払条項がある場合には限定支払条項に即して解釈することになる。

「直接の」という文言は，特に意味をもつものではないと解される。言葉の意味として，補完的因果関係の場合に，当然に「直接の」に該当しないことになるわけではないであろう。また，文言からすれば，より密接な関係が必要となるという理解はありうるが，分かるのは単に因果関係を限定するということだけであり，それ以外に，どういう趣旨でどういう場合に限定しようとするのか全く明らかではないため，どのような関係があればここでいう密接性を満た

---

[65]　外因それ自体の態様・程度から軽微性を判断するものとして，潘・前掲注(8) 237 頁，大友潤「判批」保険事例研究会レポート 204 号（2006 年）20 頁，伊藤・前掲注(11) 9 頁。また，武田・前掲注(43) 261 頁。なお，おはじきを拾おうとした事例（前掲注(54) 参照）は，外来の作用以外に要因はないのであり，このようなケースは軽微な外因とはいえないであろう。

すのかが判断できない。形式的に傷害と死亡等との間に何らかの事象が介在してはならないという理解はありうるが、そのように形式的に限定することに合理性はないであろう。このことからすれば、密接な関係が必要となるとした場合の実際の判断は困難であるというほかなく、そうだとすると、「直接の」という文言は特に意味をもつものではないという解釈が合理的であろう[66]。

V　非担保事由の扱い

　傷害保険ではあまり議論されることはないようであるが、原因の競合の問題について、海上保険における議論では、免責事由と非担保事由は区別されることが多い。免責事由とは、保険事故からは除かれていないが、免責条項により保険者が引き受けないこととされる事由であり、非担保事由とは保険事故に含まれていない事由であるといわれる[67]。

　海上保険に関する議論では、典型的には、免責事由または非担保事由が担保事由を惹起し、損害につながったという前後継起的因果関係について、免責事由と非担保事由を区別し、免責事由の場合は保険者免責となるが、非担保事由では有責となるとの見解がある。非担保事由の場合は有責とする考え方は傷害保険に即していえば次のようなものである。

　たとえば、外来の事故による傷害に対して保険金を支払うと規定されており、疾病免責条項はない場合、疾病は非担保事由となる。また、外来性は身体内部に起因しないことまで意味するものではないとする。疾病に罹患している者が自動車運転中に発作を起こしたことにより交通事故を起こし、死亡したとき、直接的には外来の事故による傷害により死亡したのであり、この約款では、外来の事故は担保事由であり、疾病は明示的に免責されていないのだから外来の事故による傷害が発生している以上、保険金請求権の発生要件を満たすので、保険者は保険金支払義務を負う。すなわち、明示の免責事由に該当しない限り、外来の事故が発生している以上は、その原因を問わずに担保するというのが保険契約の趣旨であり、非担保事由は、担保事由の原因となっている場合には、

---

(66)　前掲注(23)の文献参照。

(67)　山下・前掲注(5) 384頁。

民商法の課題と展望

保険金請求権の発生要件とは無関係であると解釈する[68][69]。

これに対して，外来の事故による傷害を担保すると規定している場合に，外来の事故「による」傷害といえるかどうかが問題になり，たとえば，外来の事故が，すべての事象との関係で主たる原因でなければ外来の事故による傷害とはいえないという考え方もありうる。これによれば，疾病により外来の事故が生じた場合に，外来の事故ではなく疾病が主たる原因であれば保険金支払義務は生じないことになる。

なお，非担保事由先行の前後継起的因果関係は有責とする考え方における非担保事由とは特定の事由を明示的に保険事故から除くというものを想定していない。非担保事由は保険事故に含まれていない事由とされるところ，保険事故に含まれていないということにも２つの形式がある。明示的に保険事故から除かれているものと，担保事由に入っていないという形で保険事故から除かれているものである。「外来の事故による傷害」と規定されている場合に，疾病は後者に当たる。「疾病に起因するものを除く，外来の事故による傷害」と規定されていれば，このような規定を保険事故の要素から疾病を排除するものと解釈すべきかという点を措くと，疾病は前者に当たる。非担保事由先行事例は担保するという解釈は上記のようなものであり，これは後者についてしか妥当しない。

前者の非担保事由については，証明責任は別とすれば，非担保事由と免責事由を区別するという議論はないし，その合理性もないであろう。実体法的に問題なのは，後者の，外来の事故による傷害と規定されている場合の疾病の扱い

---

(68)　木村治郎『海上保険実務の基本問題』（保険研究所，1978年）268頁，271頁。また，横尾登米雄「近因原則の考察」保険学雑誌395号（1956年）46-48頁。非担保事由は，担保事由を介在せずに，非担保事由から傷害が生じた場合は非担保という意味があることになる。

(69)　疾病免責条項のない傷害保険において，疾病のために適切な自動車の運転ができずに池に転落し，溺死したのであっても保険金支払義務はあるとした最判平成19・10・19判時1990号144頁につき，時間的近因の考え方をとるものであるとの指摘がある。佐野誠「傷害保険における外来性要件と疾病免責条項」石田重森編著『保険学のフロンティア』（慶應義塾大学出版会，2008年）243頁，遠山聡「傷害保険契約における『外来の』事故該当性の判断基準」保険学雑誌606号（2009年）224頁。しかし，少なくとも当然に時間的近因の考え方をとるものとはいえない。また，仙台地石巻支判平成21・3・26判時2056号143頁。

である。傷害事故の明確化という点からすれば，保険事故の発生の局面では原因の競合は考慮すべきではないという見地からすると，原因の競合として考慮したいのであれば，免責条項として規定することが望ましい。このような見地からすると，明示的に保険事故から除かれていない非担保事由は原因の競合としては考慮しないことになる。すなわち，非担保事由→担保事由→傷害等の場合，担保事由が発生しており，免責事由が発生していない以上，担保事由はその原因を問わずに担保するものと考えられる。担保事由→非担保事由→傷害等の場合は，担保事由が傷害等から遠すぎないかどうかの判断で非担保事由が介在していることは考慮されることはあるが，原因の競合としては特に問題にならない。また，担保事由と非担保事由の補完的因果関係の場合，担保事由と傷害等の間に競合を考慮しない法的因果関係は認められるであろうから，それ以上に非担保事由との競合は問題にならない。

＊本論文は，科学研究費補助金（基盤研究（C））24530076 による研究成果の一部である。

II
民　法

14 いまひとたびのサヴィニー
── 合意の不存在(dissensus)と錯誤(error)の間

小 川 浩 三

Ⅰ　は じ め に　　　　　　　　Ⅲ　ドイツ法の錯誤を理由と
Ⅱ　錯誤の諸態様と合意の不　　　する取消
　　存在　　　　　　　　　　　Ⅳ　お わ り に

Ⅰ　は じ め に

　「われわれが２つの異なる考察の立ち位置のどちらかを選択することに従って，この事案は目的物についての不合意(dissensus in corpore)または目的物についての錯誤(error in corpore)と描くことができる。両方の表現は，したがってそれ自体正しいのであり，ただ同じ概念を異なった側面から描いているのである。」[1]このサヴィニーの言葉は，目的物について契約両当事者間に合意がない，つまり契約が成立していないことと，目的物について錯誤があるということとが同じ事案を問題にしているのであり，表現の違いに過ぎないのであって，その違いはどちらの側から見るかの違いだ，と述べている。ここで問題になっている事案は，たとえば金メッキの器であるのに買主も売主も金の器と思って売買した，および売主は金メッキの器を売ると思ってその旨表示し，買主は金の器を買うと思ってその旨表示したが，少なくともどちらかの表示が不確定であったために意味が二義的になり，合意があったように見えたケース

---

(1)　F. C. von Savigny, System des heutigen römischen Rechts, Bd. 3, 1840, S. 266 Fn.g. サヴィニー／小橋一郎訳『現代ローマ法体系第三巻』(成文堂，1998 年) 242 頁。

『民商法の課題と展望』大塚龍児先生古稀記念〔信山社，2018 年 3 月〕　　*309*

である[2]。どちらも合意が存在しないケースであって、したがって契約は成立しないというのがサヴィニーの考え方である[3]。問題は、事案を考察する際の「一つまたは別の立ち位置」、あるいは概念の「異なった側面」が何かである。この点が明確にされないために、もっと簡単に理解されるはずのサヴィニーの考え方が難しくなっているように思われる。

　以下は、日本の判決例を素材としてこのサヴィニーの考え方を例解しようとするものである。サヴィニーは周知のようにローマ法を素材として自己の錯誤論を組み立ててきたが、ローマ法の事案は多くは簡略にすぎ[4]、もっと具体的な事案の中で議論しなければ、理解できない。それゆえ、背景も含めて事実関係をより具体的に考察できる現代の判決例に即して検討する意味がある。他方でサヴィニーの議論は、わが国の錯誤法を考える上でも意義があると考える。現代のわが国においては、錯誤の定義からしてすでに一致していない。一方では、意思表示における「意思と表示の不一致（齟齬）」であり、それについて表意者が知らない場合と説明される[5]。これに対して、いわゆる「動機の錯誤」に関連して「表意者の事実認識と現実の事実との間に齟齬があること」[6]などと説明されている。たとえば有名な例でいえば、売買の客体である牝馬が受胎していると考えて、それを表示して契約の内容としたが、実際には受胎していなかったというケースについていえば、内心的効果意思は「受胎馬の売買」であり、表示も「受胎馬の売買」であると構成するとすれば、意思と表示との間には不一致はないということもできる[7]。こういった背景から、「意思と表示の不一致」という定義はいわゆる考慮さるべき「動機錯誤」のケースにそのままでは使えないということになるのであろう[8]。しかし、なぜ錯誤によって法

---

(2)　A. a. O., S. 266 Fn. e. f. 小橋訳・前掲注(1) 242 頁。

(3)　サヴィニーの錯誤論における合意の不存在（不合致）と錯誤の関係については、野田龍一「サヴィニー『錯誤』論の形成」原島重義編『近代私法学の形成と現代法理論』（九州大学出版会、1988 年）229 頁以下、特に 268 頁以下において歴史的な位置づけも含めて考察されている。ただし、ここで引いた脚注 g は特に取り上げられていない。

(4)　ただしサヴィニー自身は、後に見るように事案の扱いに慎重で、他の史料によって事案を補おうとする場合もあり、また不十分な史料からの不当な一般化はしていない。

(5)　古くはすでに、梅謙次郎『増補訂正民法要義・巻之一総則編』（有斐閣、1905 年；復刻版 1984 年）210 頁に見られる。

(6)　山本敬三「『動機の錯誤』に関する判例の状況と民法改正の方向（上）（下）」NBL1024 号 15-28 頁；1025 号 37-46 頁（2014 年）、特に 1025 号 46 頁。

律行為が無効になるのだろうか。わが国では伝統的には「意思の欠缺」がある
からと説明してきた。「意思の欠缺」を離れて「表意者の事実認識と現実の事
実との間に齟齬があること」からいかにして意思表示の無効あるいは取消を導
くのであろうか。こうした状況を考えれば，サヴィニーがローマ法の研究から
導き出したテーゼにこだわってわが国の判決例を見直すことにも，意味があろ
う。何でもやってみなければ，どうしようもない状況なのだから。

　以下では，錯誤の典型的な事例をわが国の判決例を素材として，錯誤無効と
いうことを前提にせずにどのような構成が可能かを，具体的な事実関係に即し
て検討する（Ⅱ）。次いで，従来のわが国の錯誤の考え方とは異なる，しかし
錯誤の効果を合意の存在を認めたうえで取消とする点でわが国の改正案と類似
するドイツ法について若干考察を加える（Ⅲ）。最後に，この考察から一定の
結論を提示する（Ⅳ）。

Ⅱ　錯誤の諸態様と合意の不存在

　以下では，錯誤が肯定された判決例について，通常言われている錯誤の諸態

---

(7)　売買目的物の性状錯誤において意思と表示との間には不一致はなく，不一致は一方で
　　の意思と表示，他方での現実との間にあるということをつとに指摘していたのは，W.
　　Flume, Eigenschaftsirrtum und Kauf, 1948, Neudruck 1974, S. 100 ff. bes. 104 である。
　　フルーメは，錯誤として考慮されるべき性状とそうでない性状とを分かつ基準を，その
　　性状について当事者間で合意があったかどうかに見ていた。この解釈論は，以下で見る
　　ように，ドイツ民法典第 119 条第 2 項の解釈論として妥当かどうかは別にして，ドイツ
　　民法典とは構造を異にするわが国の民法の錯誤を考える上では，参考になると思われ
　　る。なお，この著書は，1933 年春にベルリン大学に教授資格取得論文として提出され
　　たが，ナチスの迫害を経て第二次大戦後に出版された。この著作の主要な成果は，錯誤
　　よりも，瑕疵について当時の通説である客観的概念を批判して主観的瑕疵概念を全面的
　　に展開したことである。周知のように 2001 年の債務法改正では主観的瑕疵概念が明文
　　で採用された（第 434 条）。著者が 20 世紀を代表する法律家と評価される 1 つの傍証で
　　はあろう。なお，性状錯誤において意思と表示の不一致がなく，一方での意思と表示，
　　他方での現実との間の不一致というフルーメの説は現代のドイツでは通説になってい
　　る。たとえば，Palandt/H. Heinrichs u. J. Ellenberger, Bürgerliches Gesetzbuch, 75
　　Aufl. 2016, § 119 Rn. 23; Staudinger/R. Singer, Kommentar zum BGB, 2014/2015, §
　　119 Rn.79; Ermann/A. Arnold, Bürgerliches Gesetzbuch, 14. Aufl., 2014, § 119 Rn. 34;
　　D. Medicus/J. Petersen, Bürgerliches Recht, 25. Aufl, 2015, Rn. 136.
(8)　この点について河上正二『民法総則講義』（日本評論社，2007 年）346，349-350 頁参照。

民商法の課題と展望

様について具体的事案から，錯誤があることが決定的根拠ではなく，合意の不存在が根拠であること，少なくとも合意の不存在を事案から確認できることを明らかにしたい。

1 表示行為の錯誤

・最判昭和 54 年 9 月 6 日民集 33 巻 5 号 630 頁

　A を買主，Y を売主とする売買契約が締結され，その代金の一部 150 万円について手形が A から Y に振り出された。本件手形の金額欄には，1,500,00 円ではなく，誤って 1,5000,000 円と記載されていた。Y はこれに気付かずに額面 150 万円と誤信して B に裏書譲渡した。B は当初額面が 150 万円であると誤信して受け取ったがその後，1,500 万円であることに気が付いたが，そのまま X に裏書譲渡した。X の Y に対する手形金支払請求に対して，Y は自己の裏書が錯誤に基づくことを主張して，支払いを拒絶した。原審は，Y の裏書が錯誤によるものであること，X がこの錯誤を知り，Y を害することを知りつつ本件手形を取得したことを認定して，X の請求を退けた。これに対して最高裁は，Y の錯誤は 150 万円を超える部分についてのみであって，その余の部分（150 万円）については錯誤がないと解する余地があることを理由に破棄差戻した。

　本件は，もちろん手形行為特有の問題をはらんでいる。最高裁は，基本的には手形行為への錯誤規定の適用を排除する。「裏書人が手形であることを認識してその裏書人欄に署名又は記名捺印した以上，裏書としては有効に成立」し，「裏書人は人的抗弁として償還義務の履行を拒むことができる」と解することができる，としている。ここで最高裁が，150 万円を超える部分については錯誤に基づく人的抗弁ができるとしても，錯誤のない 150 万円についてはできないと言っている[9]。ここで裏書という法律行為をどのように法律構成するのかは明確ではないが，少なくとも裏書が一回的行為である以上は，一方で 1,500 万円の裏書の意思表示があってそれが錯誤により無効になり，他方で 150 万円の裏書という意思表示があるということはありえない。単純に 1500 万円の裏

---

(9) この点に関する問題については，林竧「手形金額に錯誤がある裏書」『手形小切手判例百選（第 3 版）』（有斐閣，1981 年）16, 17 頁およびそこで挙げられた文献参照。

書の意思表示はなく，150 万円の裏書の意思表示があると考えるであろう。とすれば，錯誤は 1500 万円の裏書の意思表示についての評価阻害事実にすぎないのであって，錯誤それ自体が要件事実であるわけではない。

　手形を離れて，A・Y 間の売買契約を考えて，150 万円の残債務について額面 1,500 万円の債務確認証書が作成されたとすれば，これは典型的な falsa demonstratio non nocet の原則が適用されるケースであって，錯誤はおよそ問題にならないであろう。

　おそらくは，表示行為の錯誤については，教室説例としてはともかく具体的事案においてはほとんど考えられないのであり[10]，仮にあったとしても本件のように意思表示の解釈で解決できるであろう。

2　目的物の同一性についての錯誤
・大阪高判昭和 44 年 11 月 25 日判時 597 号 97 頁
　X と Y の間で甲土地について売買契約書が作成され，買主である X は売主である Y に手付金を交付した。しかし，X の代理人 A が購入するつもりでいたのは乙土地であったので，契約の要素に錯誤があり，契約は無効だと主張して，交付した手付金の返還を請求した。これに対して，Y は X の側に要素の錯誤があるとしても，それには重大な過失があり，表意者は無効を主張することができないと抗弁した。裁判所は，契約成立に至る事実関係を精査したうえで，X の側の錯誤に重大な過失がないとして，X の請求を認めた。

　判決の要点を整理すれば，X と Y の間で甲土地を目的物とする売買契約が締結され手付金が交付されたが，X の側で売買目的物について甲土地と乙土地とを錯誤しており，しかもこの錯誤について X 側には重過失もないので契約

---

[10]　我妻栄『新訂民法総則（民法講義 I）』（岩波書店，1965 年）296 頁「この態様の錯誤に第九五条の適用があることはいうまでもないが，実際に問題となった例が少ない。表示全体を総合的に判断すると，誤記・誤談であることが相手方にわかる場合が多いからであろう。」たとえば，教室説例として山本敬三『民法講義 I 総則（第 3 版）』（有斐閣，2011 年）184 頁は，説例に即して契約の成立を認め，その上で錯誤により無効としている。しかし，説例は，具体的に考えるといかにも不自然である。500 万円もするゴルフ会員権を，専門誌の広告と E メールの往復によって売買するであろうか。途中で，当然具体的な権利・義務についての説明が行われるはずであり，そこでカントリークラブの間違いに気付くのが普通である。

民商法の課題と展望

は無効であり，手付金の返還請求が認められる，ということになる。しかし，事実関係を詳細に検討した場合，はたしてこういう法律構成でよいのか疑問になってくる。

　第一に，契約の目的物を「甲土地」としてよいのか。たしかに契約書には甲土地の売買と書かれている。しかし，売買契約交渉が相当程度熟してくるまでの間は，目的物について両当事者ともそれぞれが「桂の土地」と呼んでいた。しかし，この同じ記号「桂の土地」は，Ｘあるいはその代理人Ａにとっては「京都市右京区桂池尻」に所在する乙土地を意味し，Ｙにとっては自己の居住地から見て「桂の方角」にある京都市右京区西京極の甲土地を意味した。そして，契約書作成する最終段階に至って「西京極長町４番地，同５番地」を目的物としたとしても，それは記号の変化（俗称から正式名称）にすぎず，最後までこの記号のもとでそれぞれが理解する「桂の土地」について契約を締結するつもりであった。このように考えれば，両当事者の表示の合致は「桂の土地」であったとみることも十分に可能である。

　仮に表示の合致が「桂の土地」でないとしても，最終段階で記号が「桂の土地」から「西京極長町４番地，同５番地」に変わっただけにすぎない。いずれにせよ，この記号の意味はＸ側にとっては乙土地であり，Ｙにとっては甲土地であった。とすれば，本事案は同じ記号に両当事者それぞれが違った意味を付与した場合ということになる。この場合に意思表示の合致＝契約の成立ということができるのであろうか。これが第二の問題である。用いた記号さえ合致していればそこに意思表示の合致はあるのだという極端な表示主義をとるのであればともかく，一般的には記号の意味（効果意思といってもよかろう）も含めて意思表示の合致を問題にせざるをえない。考えられる一つは，両当事者が付与した意味が異なる以上意思表示の合致がないと処理することである。これは，いわゆる意思主義と呼ばれるものである。もう一つは，何らかの基準を設けて，どちらの意味付与に正当性があるかを評価することである。どちらかにより大きな正当性があるならば，その意味で意思表示が合致したとする。それぞれが同等に正当性を有する場合には，意思表示の合致がないということになる[11]。

　　　　　　　　　　　　　　　　　　　　　

(11)　ここで用いているのは，契約解釈におけるいわゆる「意味付与比較説」である。これについては，さしあたり磯村保「法律行為の解釈方法」『民法の争点Ⅰ』（有斐閣，1985年）32頁，山本・前掲注(10)『民法講義Ⅰ』参照。

第一の考え方をとる場合でも，事態はそれほど簡単ではない。本件では，X
は「西京極長町４番地，５番地」の土地の売買契約書に署名するまさにその時
点において，その表示（記号）によって通常意味される甲土地ではなく乙土地
を考えていたのだということを推測させる客観的事実関係があったことを証明
しなければならない。本件のXはその証明に成功しているが，この証明がそ
れほど容易でないことは本件から見て取れるであろう。外見上の契約締結時に
錯誤があったことを推測させる客観的事実と，しばしば表示主義の論者によっ
て主張される錯誤があったことに関する認識可能性を証明する客観的事実の間
にどれだけの違いがあるのかは，具体的事実関係の中で吟味してみる必要があ
ろう。たとえば，Xの代理人Aが乙土地を念頭においてYの妻に「お宅は桂
に土地をもっておられるか」（下線は筆者による，以下同じ）と聞いたのに対し
て，この妻が桂に土地をもっていることを肯定したので，Aは乙土地を「桂
の土地」と理解して取引に入った。これは，Aに錯誤があったことを推測さ
せる事実である。この事実をYの妻側から見れば，彼女がAの言葉を注意深
く聞いていれば，「桂において土地をもっているか」と理解すべきで，「桂の方
に土地をもっているか」と理解すべきではなかった。このYの妻の誤解とそ
れに基づく「桂に土地をもっている」ことの肯定を信じて，Aは「桂の土地」
を甲土地ではなく，乙土地だと確信して取引に入った。したがって，Yの妻が
十分に注意深ければ，Aが「桂の土地」として甲土地を理解していないこと
は十分に理解できたはずである。

　次に第二の考え方をとる場合，問題は正当性についての評価基準である。表
示主義もこの考え方の中に含めて，一般に「表意者の相手方の信頼を保護せ
よ」という基準を設けることもできる。しかし，本事案の場合 —— あるいは
契約一般に言えるのだが —— どちらが表意者でどちらが相手方なのか。交渉
の過程を考えれば，これを簡単に決めることができないことはわかりきったこ
とである。仮に表意者と相手方とを決めることができたとしても，「相手方の
信頼」ならどんなものでも保護に値するという極端な説は取れないであろう。
したがって，「相手方の信頼」について保護に値するものとそうでないものと
を区別する基準を設けなければならないであろう。さらに言えば，この基準は
画一的なものではなく，諸般の事情を考慮したものにならざるを得ないであろ
う。そうすると，たしかに記号が「桂の土地」から「西京極長町４番地，５番

民商法の課題と展望

地」に変わったときに X の側に正当性を欠くマイナスの要因があったことは否定できないとしても，しかしそもそも「桂の土地」が交渉の対象になった時点での Y の側のマイナス要因もやはり相当に大きい。その他さまざまな事情を考慮すれば，全体として同一の記号（「桂の土地」，「西京極長町 4 番地，5 番地」）に X と Y とがそれぞれ付与した意味の正当性にはあまり大きな差がないと評価して，意思表示の合致がないと評価できるように思われる。このような比較衡量は，判決において X の錯誤には 95 条但書の「重過失」がないと評価されていることによっても支持されよう。

　もちろん，この事案では表意者 X の表示は甲土地，内心の意思は乙土地，したがって意思と表示との間には齟齬があり，意思表示は無効と取り扱うこともできた。この方が馴れ親しんだ手法であり，無理がないともいえよう。しかし，錯誤の統一的取り扱いということを考慮すると，意思表示の解釈を優先させて，合意が成立しないという方がベターであると思われる。少なくともここでは合意の不成立によっても処理できることは認めることができるであろう。

3　目的物の性状についての錯誤 ―― 絵画の真贋
・東京地判平成 14 年 3 月 8 日判時 1800 号 64 頁
　それぞれ美術工芸品の輸出入・販売等を業とする会社である X は Y より，ギュスターヴ・モローの「ガニメデスの略奪」と題する絵画一点を代金 3,050 万円で購入し，その代金を支払った。しかし，その後この絵画が極めてよくできた贋作であることが判明したので，X は要素に錯誤があるので売買契約は無効だと主張して，支払った代金のうちまだ返還を受けていない 2,700 万円およびその法定利息について不当利得返還請求をした。主たる争点は，本件絵画が真作であることが法律行為の要素となっているかであった。売買契約締結過程および代金（真作相当額）から，「本件売買契約においては，売主である Y は，本件絵画が真作であることを表示し，X は，本件絵画が真作である旨の表示があると認識したうえで，本件絵画が真作であると信じたからこそ契約締結に及んだものというべきであり，本件絵画が真作であることは，本件売買契約の重要な要素であるというべきである」と認定して，X の売買契約無効の主張を認めた。

　本件の認定によれば，真作である旨を売主が表示し，それを受けて X も真

316

作であると認識して契約を締結したのであるから,「真作であること」が契約
内容になっており,したがって要素になると考えているように思われる。しか
し,問題は契約内容になるとして,いかなる形で契約内容になったのであろう
か。たとえば,売買契約の目的物,つまり給付目的物は現実にある贋作である
「ガニメデスの略奪」であり,これについて X および Y 双方が真作であると思
い,それを何らかの形で契約に取り込んだということになるのであろうか。周
知のように,「受胎馬事件」は「現にある馬」について売買契約が結ばれ,こ
の現にある馬についての給付約束の他に,この馬が受胎しているということに
ついて合意し,それが条件になっていた場合には,要素になるとしている。こ
れを本件に当てはめれば,現にある「ガニメデスの略奪」と題する絵画につい
て売買契約を締結し,これに加えて,「この絵画が贋作であったなら解除する」
という条件を付したということになろう。しかし,真作であると信じている者
が,「贋作であったなら解除する」という条件を付すとするのは,たとえ契約
の解釈が法律問題であり,裁判官が認定事実から構成すべきものであるとして
も,やはり不自然である[12]。

　「通常の場合,ある目的物に関する法関係は,空間的・時間的に決定される

---

[12] 山本・前掲注[10]頁は,性状に関する合意について,「条件」,「前提」,「保証」を挙げ
ている。「前提」については,法律行為論の中でどういう位置づけが与えられるべきか
なお定まっておらず,ここで議論するのが適当か問題であろう。「条件」と「保証」に
ついて Flume, a.a.O.(Fn.7), S. 23 f. は次のように述べている。「給付目的物の属性(Be-
schaffenheit)に関係するものではない観念は,状況によって意思を惹起することもあ
る単なる「観念」として,給付合意の意思から厳密に区別されなければならない。この
観念が法律行為上の意思の要素(Element)となるためには,給付合意の意思の隣に独
立の新しい意思が登場しなければならないことになる。たとえば,相続を規律するため
に契約を締結する際に,両当事者が遺言の特定の内容を前提とする場合,遺言の規定に
ついての観念が意思および意思表示の内容となるためには,この観念の正しさが条件と
して契約の中に取り込まれるか,または,一方当事者がこの正しさに関して保証しなけ
ればならない。しかし,保証や条件が心理的に可能となるのは疑いが存在する場合だけ
であり,したがって,給付合意の際に意思形成の基準となる観念であっても,給付目的
物以外の事実についてのものは,単なる観念であって,法律行為上の意思の内容とはな
らない。給付目的物の性状(Eigenschaft)に関する観念と他の観念とが根本的に異な
るという以上の状況を規定しているのは,給付目的物についての観念と給付目的物の性
状に関係するものではない観念とに共通のものはなく,したがってこれらの別々の観念
が一個の一体的な意思の要素にはなりえないということである。これに対して,性状に
関する観念は目的物についての観念の一部である。」

民商法の課題と展望

何かについての法関係として設定されるだけでなく，その目的物をある一定の属性をもつものとして設定されることもある。なぜなら，この目的物を観念する場合，これを一定の属性をもつものとして観念することもあるからである。」[13]売買契約の目的物は，「このガニメデスの略奪と題する絵画」だけでなく，「真作であるガニメデスの略奪」でもありうる。「真作であるガニメデスの略奪」について売買契約が成立していなければ，贋作であることが判明したときに買主が瑕疵担保責任を追及することができなくなる。目的物が真作であるという性状について合意がなされ，それを欠くことが瑕疵として評価されるからである。したがって，売買の目的物としては「現実にあるガニメデスの略奪と題する絵画」と「真作であるガニメデスの略奪」とがありうる[14]。

瑕疵担保責任を問う場合に，売買契約の目的物は「真作であるガニメデスの略奪」だとして，では本件のように代金支払いが非債弁済だと主張する場合，存在が否定される売買契約の目的物は何であろうか。まさか「真作であるガニメデスの略奪」ではないであろう。さしあたり，本件では「ガニメデスの略奪と題する絵画」の売買について表示の合致があるということができるであろう。問題はこの表示に付与される意味である。Ｘは，もちろん「真作であるガニメ

---

(13) W. Flume, Allgemeiner Teil des Bürgerlichen Rechts II: Das Rechtsgeschäft, 3. Aufl., 1979, S. 477.

(14) 中世に始まり現代に連なるローマ法の錯誤法解釈の出発点にはすでにこのような理解もあったと見ることができる。D. 18, 1, 14（売主と買主の共通の錯誤で金の腕輪について合意した場合に，多少とも金が含まれていれば売りはある。しかし，銅（の腕輪）を金（の腕輪）として売ったならば無効）と D. 18, 1, 41, 1（売主も買主も知らずに銀メッキのテーブルを純銀のテーブルとして売買した場合に買いはない）の最初に挙げられた矛盾解決案は，「銅については買いはない，しかし金についてはある（nulla est quo ad aes: sed quo ad aurum sic)」（Glossa ordinaria in D. 18, 1, 4 v. Nulla est emptio）というものである。解釈が難しいところであるが，事案からすれば，D. 18, 1, 14 の両者が共通に錯誤して銅を金として売った（買った）場合について，合意は金についてだけであるから，「銅については買いがない，しかし金については買いがある」となったのではないかと解釈できる。Savigny, a. a. O. (Fn. 1), S. 296 Fn. k は，D. 18, 1, 45 末尾の「真鍮の器を知らずに金の器として売った場合には，売った金について責めを負うことになる」という文章において，条件文の「真鍮を売った」と帰結文の「売った金」との間に一見してある矛盾について，「両方とも正しい，彼は現実には真鍮を売ったが，言葉の上では（したがって，契約の内容上は）金を売ったのである」と説明している。ここでは，現実の目的物と契約の目的物が対比されており，この後者が買主が売主の責任を問う購入物訴権（actio empti）の根拠となるのである。

デスの略奪」という意味を付与する。これに対してYはどうか。Xに対して争うとすれば、「ガニメデスの略奪と題する絵画」は現実に給付された絵画、すなわち贋作をも許容する「ガニメデスの略奪と題する絵画」と主張することになるだろう[15]。両当事者がそれぞれの主張を根拠づける事実を主張し、その立証を踏まえてXの主張する「真作であるガニメデスの略奪」について売買契約が成立したことが認定された。Xは現実に給付された「贋作であるガニメデスの略奪」について売買契約の存在を否定し、その上でこの契約に基づく代金の支払いが非債弁済になることを主張して不当利得返還請求していることになる。この場合、売買契約の存在を否定するにあたって、売買契約が成立したが錯誤により無効だから、その結果として売買契約は存在しないと主張するだろうか。それとも、端的に「贋作であるガニメデスの略奪」を目的物とする売買契約は成立しなかったと主張するだろうか。前者だということは馬鹿げている。そして、「真作であるガニメデスの略奪」について契約が成立していることは、「贋作であるガニメデスの略奪」について契約が成立していないことの評価根拠事実となる。

　ここでも、錯誤について論ずる前に契約の解釈で決着がついている。ついでに言えば、Xが不当利得返還請求するときには「贋作であるガニメデスの略奪」を目的物とする契約が問題となっており、他方Xが契約に基づいて請求する場合には、「真作であるガニメデスの略奪」を目的物とする契約が問題になるのだから、いわゆる錯誤無効と瑕疵担保責任との競合の問題は生ずることはない。

4　属性に関する錯誤

・札幌地判昭和42年1月13日判時493号49頁

　Xを売主、訴外Aを買主として本件土地の売買契約が締結され、売買代金の内金の支払いのために、そしてこの債務を保証するためにAとY共同でXに対し約束手形を振出し、交付した。XがYに対して手形金の支払いを請求。Yはこの請求に対して、原因関係である売買契約が無効であるという抗弁を提

---

[15]　判決が「原告において、仮に後に本件絵画が贋作と判明したとしても被告の責任を問わないという趣旨で本件絵画を買い受ける旨の意思表示をしたとみることはできないから」(67頁最下段)と述べているのは、本文のようなYの主張が可能なことを示唆する。

民商法の課題と展望

出。A は本件土地を宅地開発して分譲することを目的として購入したが，本件土地のうち一部はすでに水源涵養保安林に指定されており，他の部分も指定が予定されていた。したがって，宅地として分譲することは不可能であったが，そのことを A は知らなかった。この目的は売主である X にも表示され，契約内容に取り込まれていた。この分譲目的は動機であるが表示されて契約の内容になっているので要素になり，したがって契約は無効という抗弁である。これに対して，X は追認の事実があったという再抗弁を提出し，これが認められて請求認容の判決が下された。

ここでは，手形訴訟であるため Y の抗弁として原因関係である売買契約の無効を主張しているが，仮に手形がなければ X が売買契約に基づく代金の支払請求をすることになる。問題は，本件でもこの売買契約の目的物である。3 で見た「ガニメデスの略奪」事件では，真作か贋作かという絵画そのものが有する性状（Eigenschaft）が目的物が何かを決定する要素になっていた。これに対して本件では，土地そのものの性状ではなく，行政的規制により課された利用制限といった外部から付与された属性（Beschaffenheit）が問題になっている。これもまた目的物が何かを決定する要因としてよいであろうか。周知のようにこのような属性も瑕疵担保責任に関しては，物の瑕疵として考慮されるというのが判例である[16]。仮に権利の瑕疵であるとしても，担保責任を負う以上は，当事者が合意した備えるべき属性として目的物が何かを決定する要素と考えることは可能である。

問題は，属性によって目的物がどの程度同定（identify）されるかである。真作と贋作であれば，それは「別のもの（aliud）」と考えることに異存はないであろう[17]。しかし，本件のように，問題の土地が「現状のままある」土地，したがって水源涵養保安林に指定され，宅地開発が不可能な土地であるのか，そ

---

(16)　山本敬三『民法講義IV-1 契約』（有斐閣，2005 年）282 頁，大判大正 4 年 12 月 21 日民録 21 輯 2144 頁，大判昭和 5 年 4 月 16 日民集 9 巻 376 頁，最判昭和 41 年 4 月 14 日民集 20 巻 4 号 649 頁等。

(17)　ドイツ民法典 434 条 3 項は，売主が「別のもの（eine andere Sache）」を給付した場合も物の瑕疵と同様と規定している。これによって 2001 年改正以前にあった論争に立法により終止符を打った。この論争については，たとえば，D. Medicus, Bürgerliches Recht, 10. Aufl., 1981, Rn. 320 ff. 参照。ただし，本文で論じている「別のもの」は，この問題とは直接に関わらない。

れとも，かかる指定がなく宅地開発が可能な土地であるのかによって，契約の目的物としては別の土地と考えることができるであろうか。目録上の土地（何番地の土地）としては同一であるが，宅地開発が可能であるかどうかによって契約の目的物としては「別のもの」と考えてよいかどうかである。

　サヴィニーは性状錯誤が重大であるかどうか，つまり契約を無効にするかどうかついて次のように述べている。「目的物がもつ性状についての錯誤が重大なもの（wesentlich）となるのは，錯誤によって前提とされた性状によって，現にある取引の通念を判断基準として（nach den im wirklichen Verkehr herrschenden Begriffen），当該目的物が現実に属しているものとは異なる種類の物に入れられなければならない場合である。」[18]サヴィニーがローマ法に則して具体例として挙げるのは，たとえば青銅の容器を金製の容器と思って買うとき，酢をワインと思って買うとき，女の奴隷を男の奴隷と思って買うとき，これらの場合にはいずれも別種のものである。これに対して金の純度が異なっても金製の腕輪は同種の物であり，良いワインと悪いワイン，女奴隷を処女と思って買ったがそうでなかった場合，衣服が中古なのに新品だと思って買う場合には別種のものになるわけではない[19]。しかし，サヴィニーは具体例から帰納しているだけで，抽象的基準を立てることに対しては慎重である[20]。

　サヴィニーは高級管理官訴権（actio aedilicia）については，特殊なものとみて，現在でもしばしば行われているような[21]，購入物訴権（actio empti）と混同するようなことはしていない[22]。高級管理官訴権は特殊なものであるがゆえに拡張解釈しないということになると，たとえば青銅の容器を金の容器として買った場合に，支払った金銭の返還請求は，瑕疵担保責任に基づく解除ではなく，売買契約の無効に基づく非債弁済の不当利得返還請求によって行われることになる。

　ところが現在のドイツの解釈論では，このケースでは瑕疵担保責任[23]を認め

---

(18)　Savigny, a. a. O. (Fn.1), S. 283. 小橋訳・前掲注(1) 257 頁。

(19)　A. a. O., S. 278, 285. 小橋訳・前掲注(1) 252, 259 頁。

(20)　A. a. O., S. 277. 小橋訳・前掲注(1) 252 頁。

(21)　たとえば，Kaser/Knütel/Lohsse, Römisches Privatrecht, 21. Aufl., 2017, Rn. 48 は，ユスティニアヌス帝の下で，高級管理官訴権が奴隷や荷駄獣の売買を超えてすべての物の売買に拡張されたこと，買主訴権によっても解除や減額が可能になったと理解している。

民商法の課題と展望

て解除が可能ということになるであろう。ドイツの解釈論では，錯誤よりも瑕疵担保責任が優先的に適用されるため，瑕疵担保責任に基づく解除が認められるというのが通説である[24]。目的物が一定の属性を備えていることについて合意がある場合には，売買契約はこの属性を備えた物について成立する。したがって，売主が属性を備えていない物を給付しても契約に適合する目的物を給付したことにならず，少なくとも代金全額の請求は拒絶できる。義務違反が重大であれば，買主は解除が可能であり（323条5項2文），解除によって買主は代金の返還を受けられる。このように，買主の攻撃・防御すなわち売主の代金請求の拒絶および買主の代金返還請求は契約の成立，有効を前提に行われる。この場合，売主の側に性状錯誤に基づく取消の可能性が考えられるが，判例は取消によって売主が瑕疵担保責任を免れる場合には，取消を認めない。した

---

(22)　Savigny, a. a. O. (Fn. 1), S. 359 Fn. B「高級管理官訴権とこの点で同列に論じてはならないのは，追奪担保訴権である，たとえこの訴権においても錯誤が前提とされるとしても。なぜなら，この場合に追奪担保訴権が認められる真の根拠は錯誤ではなく，売買が適切に履行されなかったことである。これに対して，この場合に錯誤が考慮されることになるのは，逆向きに他人の権利であることを知っていた場合には，売主に対する償還を放棄したことになるのだという限りのことである。したがって，ローマの法律家たちにおいても，追奪担保は，高級管理官告示の規定とは違って，〔法規があるから特に効果が認められる〕全く実定的な法規ではなく，売買契約の自然な帰結だと評価されている。したがって，追奪担保は購入物訴権によっても請求することができ，これに対して購入物訴権は買い取った物の瑕疵や病気を理由としては認められないのである。」

(23)　瑕疵担保責任という法制度が何のためにあるのか，筆者には理解不能である。まず，債務の本旨に従った（契約に適合する）給付がないとした場合に，解除や損害賠償について通常の債務不履行とは異なる期間制限がなぜ必要なのか理解できない。さらに，わが国の民法についていえば，中途半端な1年という制限期間，瑕疵を発見した時を始期とする点なども，合理性は認められない。もちろん，19世紀より前に家畜とりわけ馬の売買を基本として発展してきた法制度が工業製品の飛躍的増加という現象に対処する中で混乱が生じてきたという歴史は理解できるとしても，その結果生じたものを合理化できるものではない。古典期のローマ法学者が瑕疵や病気について細かく議論していることに立ち返って，もう一度根本的に考え直すべきだと考えている。ローマ法についての現在までの到達点の紹介としては，拙稿「瑕疵担保責任の請求期限について—問答契約研究の一環として—」『桐蔭法学』12巻2号（2006年）1頁以下参照。ただし，それは瑕疵概念について全く言及していない点で不十分である。19世紀のプフタについて，「法学史における D. 19, 1, 13pr.」『専修大学法学研究所紀要43』（2018年）47頁以下参照。

(24)　たとえば，Medicus/Petersen, a. a. O. (Fn. 7), Rn. 142.

がって，たとえば売主からの給付が全くない状態で，買主の目的物引渡請求に対して，売主が売買契約を取消すことは可能である。もちろん，その前段階として，属性を備えた目的物について契約が成立したのか，それとも属性を備えていないことをも許容するような契約が締結されたのかの争いがありうる。他方で，売主の給付前で売主が買主に対して属性を備えていないことをも許容するような契約の締結を主張して代金支払いを請求する場合には，買主は契約がその内容で成立していないことを否認することになる。契約がどういう内容なのかをめぐるこの争いで買主が勝てば，売主の請求は棄却される。これに対して売主が勝てば，買主としては意思表示の内容の錯誤を理由として取消すことができる（119条1項）[25]。もちろん，取消した場合には買主は売主に対して122条1項に基づいて損害賠償しなければならない。

　わが国の場合は，微妙なようであるが，どちらも適用されるといった説であろうか[26]。ドイツ民法について考察したのと同じ事案で考えてみよう。属性について合意があるにもかかわらず，売主が属性を備えない目的物を給付して買主が受領した（「給付として認容した」）ときに売主が代金支払請求してきた場合。買主は瑕疵担保を根拠にすれば，契約を解除して支払いを拒絶するか，または，損害賠償請求権と相殺して支払うべき代金を減額することができる。買主は，他方で，錯誤無効を主張すれば —— ただし，筆者の考え方では現にある属性を備えていない物についての契約は成立していないことを根拠とする —— 代金の支払いを拒絶できる。買主が代金を支払っていた場合には，瑕疵担保責任に基づく解除および錯誤無効を理由として返還請求することができる。もちろん，両者には期間制限の違いがある。売主の給付が全くなされていない段階で，売主が代金支払請求をする場合には，彼は属性を備えていない現にある物を許容する契約の成立を主張することになる。これに対して，買主が錯誤無効を主張して支払請求を拒絶するためには，属性が表示されて契約内容になっていることを証明しなければならない。すでに述べたように，これは買主の側から属性を備えた目的物について契約が成立したことを証明することであって，これは意思表示の内容をめぐる買主と売主の争い，つまり解釈の問題とみることが

---

[25]　D. Medicus, Allgemeiner Teil des BGB, 10. Aufl., 2010, Rn. 766.

[26]　山本・前掲注(10)『民法総則』225頁，河上・前掲注(8)『民法総則講義』366頁参照。

できる。仮にここで買主の主張する内容で契約が結ばれたということになれば売主の請求は棄却される。売主の主張する内容で契約が結ばれたとなれば，属性は契約内容となっていないのだから，ドイツ民法とは違って買主の側から錯誤を主張することはできない。逆に買主の側から属性を備えた目的物の引渡請求をする場合，買主はこの内容の契約が成立したことを主張・証明しなければならない。売主はこれに対して買主の主張を否認して，現にある物を許容する内容の契約が成立したことを主張する。ここでも，成立した契約の内容をめぐる争いであり，解釈の問題である。買主の主張する内容で契約が成立したということになれば，属性を備えなくてもよいということは契約内容になっていないのだから売主に錯誤無効の主張はもはや許されない。

　もっとも，属性がどの程度重要かということは，やはり考慮を要する。瑕疵担保責任に基づいて解除が認められるのは，その属性を欠くことによって契約を締結した目的を達成できない場合である（民法566条）。錯誤無効で考えているのは，合意した属性が備わっていなければ買主が契約を締結しなかったであろうことが契約内容から明らかになる場合であり，そのことは契約を締結した目的を達成できない場合と重なると思われる。このように契約で重視された属性であれば，それを備えている物と備えていない物とでは，別種のものと考えてよいであろう。

　本件で宅地開発できるという属性は，この属性がなければ宅地開発を目的とする土地の売買契約は締結されなかったと考えられるので，この属性を備えている土地の売買契約を締結したということは，この属性を備えていない目的物を許容するような売買契約の締結を否定する評価根拠事実と考えることができる。

　属性に関する錯誤の問題も，錯誤を要件とすることなく合意の不存在，つまり契約の不成立の問題として処理できるのである。

5　人に関する錯誤 ── 婚約の場合

・東京地判平成24年7月17日

　XはZ（被告補助参加人）と婚約していたところ，Yはこの婚約を知っていながらZと情交を通じ，この結果XとZの婚約は破綻し，Xは著しい精神的苦痛を被るとともに，収入が減少したとしてYに対して損害賠償を請求した。

これに対してYは、まず①XはAと婚姻関係があったにもかかわらずYと婚約したので、重婚状態を生じさせる合意であり、公序良俗に反して無効であることを主張した。次にYは、②婚約については、婚姻とは違って錯誤無効が認められ、YはXが独身者であるから婚約するという動機を少なくとも黙示的に表示しているから、要素の錯誤により無効であると主張した。その他にYは、本件損害賠償請求が権利濫用であること、そして、YがXとZの婚約を知った時にはすでにXとZの婚約関係は破綻していたのであるから、Xには法的保護に値する利益がないと主張した。

　主たる争点は、本件婚約が錯誤により無効かという点にあった。Yが主張するように、「婚約とは、婚姻関係を生じさせることに向けた意思の合致であるから、当事者が独身であることは契約内容の要素であるし、独身者であるから婚約するという動機は少なくとも明示的に表示されている」、しかし現実にはXは独身ではなかったのだから要素の錯誤があると簡単に言えるかというと、判決は必ずしもそれほど明確ではない。たしかに判決は一方で、「そもそも婚姻は将来の婚姻を約する合意であって、通常は婚約の当事者がその時点においても独身であることは当然の前提になっているというべきであるから、Zは、本件婚約の意思表示に際し、原告が独身であると認識していたことを当然に表示していたものというべきであり、上記動機はXに対して表示されているということができる」と述べている[27]。

　しかし、裁判所は他方で、「Zは、Yから、Yを選ぶか、Xを選ぶか、両方と別れるか考えて欲しいと言われたのに対して即答しなかったことが認められ、このようなZの異性関係の持ち方やXが本件婚約時に既婚者であったことを知った後にもXとの婚約関係を継続するかどうか迷っていたことに照らすと、Zは、Xが既婚者であることを知っていても、その婚姻関係が実質的に破綻していたという事情があれば、本件婚約をしなかったとはいいがたいようにも考えられる」と述べて、Xが独身であるということが婚約の決定的動機であったのか、あるいは独身であるという認識と婚約との間に因果関係があるのかを疑っている。しかし、ZはXからの結婚の申し込みに対して、自身の離婚が

---

[27]　山本・前掲注(6)論文NBL1024号23頁は、ここから「相手方が独身であるという動機を当然に表示していたとしているのは、相手方が独身であり、婚姻を許される者であることが婚約という制度の構造的な前提になっていると考えられる」と述べている。

民商法の課題と展望

未成立であることを理由に回答を留保し，離婚成立後に申し込みに応ずる旨回答したという認定事実から，Ｚは「例え実質的に婚姻関係が破綻していたとしても，前婚が解消されないままの状態で婚約することにはさすがに躊躇があったといえるから，Ｘと前妻との婚姻関係が例え実質的には破綻していたとしても，本件婚約時にＸと前妻の離婚が成立していないことを知っていれば，少なくともその時点で原告からの結婚の申入れに応じることはなかったというべきである」と述べている。これは，Ｘの離婚が成立しなければ婚約しなかったであろうという因果関係を認めるものである。しかし，この動機は表示されているといえるのであろうか。一度は婚姻に失敗した者同士の婚約について，一般的な形で独身であることが制度的前提だから当然表示されているといってよいのであろうか。もちろん，Ｚが自身の離婚が成立してからＸの婚姻の申入れを受け入れる旨回答していることが，この動機の表示と見られないことはない。しかし，それほど明証的であろうか。

　とはいえ，そもそもの出発点として，動機が表示されて契約の内容になったときに要素となるという枠組みが，ここでも意味があるのだろうか。「表示されて契約の内容になる」というのは，相手方の保護という取引行為に固有の枠組みではないのだろうか。婚約にまで適用してよいのであろうか。

　そもそも論を言うのであれば，本件で婚約は成立しているのであろうか。Ｘは表示の内容はともかくとして，その意思は前妻との間で離婚が成立した場合に婚姻するという条件付きの婚約である。これに対して，Ｚは判決が認定しているように，無条件の婚約である。条件付き婚約というものがありうるかという点についていえば，婚約は婚姻とは違って，「制度」といえるほど要件効果が確定しているものではないであろう[28]。したがって，離婚が成立した場合に婚姻するという条件付きの婚約は，離婚をめざしている婚姻が実質的に破綻しているのであれば有効とみてよいであろう。しかし，本件では，Ｘの意思は条件付き婚約の締結であるのに対して，Ｚの意思は無条件の婚約である。ここには意思表示の合致はない。判決が，離婚が成立しないのであれば婚約しないというＺの意思を丁寧に認定していることは，やはり重大な意味をもつと考える。

---

(28)　条件付き婚姻というものを民法は規定しておらず，認めないものと思われる。1983年の教会法典（Codex Iuris Canonici）は1102条で規定しており，将来の事柄に関する条件付きで結ばれた婚姻は無効である。

そして，ここでも錯誤の問題ではなく，合意の不存在こそが問題ということが理解できるであろう。

6 人に関する錯誤 ── 保証の場合

・東京高判平成 17 年 8 月 10 日判時 1907 号 42 頁

　X 信用金庫は，中小企業安定化特別保証制度（金融環境変化対応資金保証）に基づく静岡県信用保証協会の保証付きで訴外 A に融資した貸付金債務について連帯保証および物上保証をした Y に対して保証債務の履行を求めた。

　Y の抗弁の一つは以下の共通の錯誤の抗弁であった。すなわち，X および Y 双方とも，本件保証契約の締結に当たり，訴外 A 会社にシステム金融など高利の金融業者から多額の借入金があるのにそのことを知らず，これが存在しないものと考えてその認識を前提ないし基礎としたものであるから，当事者双方に共通の錯誤があった。この錯誤は，それがなければ，当事者双方のみならず一般人も本件保証契約を締結することはなかったと考えられるから，要素の錯誤に当たり，本件保証契約は無効，というものであった。

　Y の抗弁の二つ目は，A 会社の取締役 B およびその妻 C がシステム金融などからの借り入れについて信義則上 Y に告知すべき義務があったにもかかわらず，これを行わなかったので詐欺に当たる。これについて X の C 次長はシステム金融から融資があったことを知っていたか，または重過失で知らなかった。したがって，第三者の詐欺について悪意となるので，これに基づき本件保証契約を取消す，というものであった。

　裁判所は，本件融資の時点で A 会社が破綻状態にあったこと，これを知っていれば Y が保証契約を結ぶことはなかったので，これは動機の錯誤に当たるとした。そのうえで，Y が C 次長に「この会社大丈夫ですか」と確認したところ，「大丈夫です」という返答があった。これによって動機が表示されたことになる。したがって，要素の錯誤が認められ，本件保証契約は無効だとして X の請求を認めなかった。

　動機の錯誤に関する判例からすると本件は若干違和感がある。一般的には動機が表示されて契約内容になっているという言い方をしているように思われる。本判決では，単に表示があるという言い方だけである。契約条項の中に反映されていることが認定されていない。また，表示といっても，「この会社大丈夫

民商法の課題と展望

ですか」といった程度で，そこに保証する人の一般的な心配以上のものを読み取ることは困難であろう。保証人になる場合には，通常この程度のやり取りがあるのが一般的であろうし，それを手掛かりに動機が表示されているというのはあまりに安易であるように思われる。逆に言えば，本件でYが「この会社大丈夫ですか」といわなかったら，錯誤無効は認められないということになったのだろうか。

　Yは，たしかに本件の中小企業金融安定化特別保証制度に基づく県信用保証協会の保証付きの融資のメカニズムについて理解しているとはいい難いであろう。しかし，政府の肝いりで始まった制度に基づく特別保証があるということは，理解していたのではないか。借金の返済のための融資ではなく，運転資金のための融資だということは理解していなかったのであろうか。「大丈夫ですよ。新しい仕事も2つばかり立ち上がっているし，奥さんもお金の工面から注文取りからで，駆けずり回っているから大丈夫ですよ」という必ずしも認定されていない主張事実からも，その点はうかがえないことはない。いずれにせよ，本件融資は，Xにおいてそれなりの審査をすればこの制度に基づく融資はできなかったはずのものである。非常にルーズな審査をやったことによって，結果的には特別保証制度に名を借りた，実質的にはYの担保があるからこその融資ではなかったのだろうか。

　本件のような根保証ではない保証契約は，特定の主債務があって締結される。特定の主債務は，債権者と債務者と債務金額だけで同定されるのだろうか。たとえば，売掛代金債務ということで保証したが，実際には貸金債務であったという場合，債権者と債務者と金額が同じであるから同じ債務であるといえるのだろうか[29]。既存の債務を保証するのであれば，その債務が貸金債務か売掛代金債務かは問題にする必要はないであろう。この債務者がこの債権者に対して現に負っている金額の債務が問題なのだから。しかし，これから発生する債務については，その債務を同定する際に他の属性も重要なのではないだろうか。これから発生する債務であれば，貸金債務と売掛代金債務とは別の債務であろう。Yは十分に理解できなかったとしても特別保証制度に基づく，そしてそれ

---

[29]　たとえば，空クレジットのケース。最判平成14年7月11日判時1805号56頁参照。この判決については，内田貴『民法I　民法総則・物権法（第4版）』（東京大学出版会，2008年）64頁参照。

14 いまひとたびのサヴィニー〔小川浩三〕

に適合する貸付債務について保証したのであって，この制度に適合しないような ルーズな貸付債務を保証したのではないと考えるべきではなかろうか。

Ⅲ　ドイツ法の錯誤を理由とする取消

すでに上記Ⅱ4で詳しく見たように，ドイツ法で錯誤が問題になるケースは限られている。属性に関する錯誤ついていえば，最初の問題は目的物に当該の属性が備わっていることが合意の内容になっているかどうかが問題になる。これは，売主と買主の間の表示に付与した意味の問題であり，解釈によって決せられる。解釈によって決せられた意味で合意の成立が認められる。これに対して，解釈に敗れた側が錯誤を主張してくることになる[30]。たとえば，属性が備わっているということで合意が成立したと立証された場合には，属性がないことを主張した売主の側が錯誤による取消を主張することになる。ただし，危険が移転する，つまり目的物の引渡が行われる前に。他方で，解釈によって属性が備わっていないことを許容する内容で契約の成立が認められた場合には，属性についてうまく表示できなかった買主が，表示の内容の錯誤に基づいて取消すことになる。いずれの場合でも錯誤を主張する側は解釈をめぐる争いの敗者であり，つまり何らかの落ち度がある側であり，したがって信頼利益の賠償責任を負う。

これに対して，日本では属性に関する錯誤無効が認められるのは，属性が表示されて契約の内容になっているとき，したがって属性について合意があるときである。このときは，属性を備えていない現にある目的物についての契約に基づいて代金を請求してくる売主の訴えを退けるために買主が錯誤無効を主張する。しかし，これは売主の主張する目的物について契約が成立していないという主張にほかならない。あるいは，代金を支払った買主が錯誤無効を主張して支払った代金を不当利得返還請求する。これに対して，売主の側から錯誤無効を主張することはありえない。反対に，属性について合意がないときは，属性が表示されて契約の内容になっていないのだから買主は錯誤無効を主張する

---

(30)　これについては，すでに中松纓子「私法上の錯誤（ドイツ）」比較法研究41号（1979年）37頁以下が指摘していた。

329

民商法の課題と展望

ことができない。したがって，属性について合意があるかないかですべて決着がつき，さらに錯誤を問題にする必要はない。だから，ドイツのようにいったん合意が成立して，さらにそれを取消すなどという構造にはなっていないのである。

Ⅳ　おわりに

以上のわずかばかりの分析によって，錯誤は不要だというのはいかにもおこがましい。本稿は全くの試論にすぎず，それもほんのわずかばかりである。それぞれの分析も，なお不十分のそしりを免れない。それにもかかわらず，安易な錯誤論による解決に対する疑問としては，それなりの意味をもつものと自負している。何よりも，すでに複数の先達が示唆してきたこと[31]に，筆者なりの具体性を与えることができたのではないかと思っている。最後にもう一度サヴィニーを引いておく。

「ある家屋の売買において目的物に関する錯誤が基礎にある場合，相手方の契約訴権を免れる者が根拠にするのは，意思の合致，したがって契約の本質が全く存しないということである。この意思の合致の欠如は，両当事者がこの欠如を意識している場合にも，全く同様に，それどころかより以上に疑念の余地なく，債権債務関係の発生を妨げることになる。今〔錯誤の場合〕は，両当事者が若干の間この欠如について思い違いをしていたというのだから，この錯誤

---

(31)　最近のものとしては，木庭顕『ローマ法案内 —— 現代の法律家のために』（羽鳥書店，2010年）109頁がある。「錯誤 error は合意概念の直接の帰結たる制度である。つまり合意の要件は厳密に解される。何らかのイメージを両当事者は共有するのであるが，それはヴァーチャルなものであり，他人の頭の中をのぞくわけにはいかない。そうしたイメージの弁別の唯一の手段は記号であり，かつ，画像は曖昧であり差異に敏感でないから，言語的記号を要する。（特に言語的）記号は signifiant と signifié から成り立つが，前者を一致させるだけでは合意は成り立たない。後者が一致しなければならない。これが典型的な錯誤である。裏から言えば，実在との対応関係の意味の真実性は要求されない。荒唐無稽な対象物の売買であっても，両当事者が合意していれば有効である。無意味で責任を発生させないというにとどまる。…他方，signifié が一致していれば，signifiant の不一致は問題ない。signifié の内容と連鎖するイメージ，動機や結果予期は共有されなくてもよい。これを切断するのは政治システムの大いなる作用である。言語の厳密な使用のみが切断する」。

によって何一つ変わることはない。したがって，錯誤が債権債務関係が発生しない根拠でないことは明らかである。錯誤がなくても債権債務関係は同じように発生しないことになるのだから。」[32]

---

(32) Savigny, a. a. O. (Fn.1), S. 263 Fn. b. 小橋訳・前掲注(1) 240 頁。

15　民法188条による無過失推定
── 占有と信頼の保護に関する一考察

遠山　純弘

Ⅰ　問題の所在
Ⅱ　民法188条による無過失推定
Ⅲ　起草過程における議論状況
Ⅳ　民法188条と前主の処分権
　　限に対する信頼
Ⅴ　民法188条の適用場面
Ⅵ　今後の検討課題

Ⅰ　問題の所在

　太宰治の有名な小説「走れメロス」は，人を信じることの大切さと友情の美しさを描いた物語である。暴君ディオニスは，メロスとその友人セリヌンティウスの強い信頼と友情を目の当たりにして改心する。もちろん，人を信じることの大切さは，物語の世界の話にとどまるものではなく，現実の世界でも変わらない。そして，このことは，法の世界においても同様である。信頼は，契約が成り立つための基盤である。信頼なくして契約は成り立たない[1]。

　もっとも，法の世界において，信頼の保護ということが言われる場合には注意が必要である。なぜなら，信頼を保護しようとすれば，それによって不利益を被る当事者がでてくるからである[2]。物について権利を有しない者を権利者であると信じて取引した者を保護しようとすれば，真の権利者は，その権利を失うことになる。また，代理権を有しない者を代理人と信じて取引した者を保護しようとすれば，本人は，無権代理人のした行為につき責任を負わなければならない。そのため，法の世界においては，人を信じることは大切であると言って信頼した者をむやみやたらと保護すべきではなく，信頼した者を保護するかどうかは慎重に判断しなければならない[3]。

『民商法の課題と展望』大塚龍児先生古稀記念〔信山社，2018年3月〕

民商法の課題と展望

　しかし，「信ずる」，「信頼する」とは，いったいどういうことなのか。残念ながら，これらの言葉は様々な場面においてしばしば用いられているにもかかわらず，ドグマーティクがこれらの言葉の意味を十分に吟味して用いているとは言い難い。『広辞苑』によれば，「信ずる」とは，「まことと思う」，「正しいとして疑わない」，「まちがいないと認め，たよりにする」，「信頼する」などとある。また，「信頼」とは，「信じてたよること」とある[4]。もっとも，ある者が，たとえば，単なるうわさ話を真に受けた場合のように，権利者や本人の関与しない何らかの事情からある者を権利者や本人であると思った，それをまちがいないと認め行動したとしても，それを「信じた」，「信頼した」というのであろうか。法律は，そのような場合にも信頼があるとして保護を与えるのであろうか。

　たしかに，信頼の保護は重要である。しかし，信頼とは呼べないものを信頼と呼んで保護しようというならば，話は別である。そこにはもはや保護すべき信頼がない。それにもかかわらず，わが国では，そのような場面においても信頼という言葉が用いられることがある。そこで，判例・学説が如何に信頼という言葉を軽卒に用いているかを示すために，以下では，民法188条による無過失推定の問題を取り上げることにしよう。そして，そこにおいて，判例・学説が信頼という言葉を用いることができない場面においてそれを用いているのを見ることにしよう。

---

(1)　継続的契約関係，とりわけ賃貸借契約は，当事者相互の信頼関係を基礎とするとされている（最判昭27・4・25民集6巻4号451頁）。もっとも，契約当事者相互の信頼関係は，売買契約のような一回的な契約関係においても重要な基礎である。民法が想定する売買は，現実売買とは異なり，契約当事者相互に債権債務を発生させるものである（民555条）。買主は，売主に対して，目的物の引渡債権を取得し，他方，売主は，買主に対して，売買代金の支払債権を取得するにすぎない。債務が実際に履行されるという保障はどこにもない。にもかかわらず，何故当事者は契約を締結するのか。それは，相手方が債務の履行をしてくれるであろうと信頼するからである。誰も，契約を締結しても目的物を引き渡してくれない，代金を支払ってくれないと思うような者とは契約を締結しないであろう。このように，信頼関係は，売買契約のような一回的な契約においても重要な基礎なのである。
(2)　鳩山秀夫「法律生活の静的安全及び動的安全の調節を論ず」『債権法における信義誠実の原則』（有斐閣，1955年）3頁。
(3)　鳩山・前掲注(2)27頁。
(4)　新村出編集『広辞苑（第6版）』（岩波書店，2008年）1453頁，1468頁。

Ⅱ　民法 188 条による無過失推定

　民法は，動産の処分権限を有しない者から占有を取得した者を保護するために即時取得を認めている（民 192 条）。即時取得が認められるためには，取引によって動産の占有を取得したこと，占有者が「平穏に，かつ，公然と占有を始めた」こと，および占有者が「善意であり，かつ，過失がない」ことを要する。このうち，平穏，公然の占有および占有者の善意は，民法 186 条 1 項によって推定される[5]。そのため，訴訟において即時取得を主張する動産の占有取得者は，占有の事実だけを主張立証すれば，自己の占有が平穏，公然であること，および自己が善意であることを主張立証する必要はなく，即時取得を争う相手方において，占有者の占有が強暴，隠秘であること，または，占有者が悪意であることを主張立証しなければならない[6]。もっとも，民法 186 条 1 項は，占有者の無過失を推定していないことから，即時取得の要件である無過失をいずれの当事者が主張立証するのかが問題とされる。この占有者の無過失について，判例は，民法 186 条 1 項によっては推定されず[7]，民法 188 条も無過失を推定していないことから，即時取得を主張する占有者において，自己に過失なきことを主張立証すべきであるとしてきたが[8]，最高裁は，最判昭 41・6・9 民集 20 巻 5 号 1011 頁（以下，「昭和 41 年判決」という。）において，従来の判例を改め，譲受人たる占有取得者は，譲渡人が占有権原を有すると信ずるについて過失のないものと推定され，占有取得者自身において過失のないことを立

---

(5)　我妻栄・有泉亨補訂『新訂 物権法（民法講義Ⅱ）』（岩波書店，1983 年）221 頁。

(6)　司法研修所編集『改訂紛争類型別の要件事実——民事訴訟における攻撃防御の構造』（法曹会，2006 年）115 頁，大江忠『要件事実民法(2)物権（第 3 版）』（第一法規株式会社，2009 年）80 頁。

(7)　大判大 8・10・13 民録 25 輯 1863 頁。

(8)　大判明 41・9・1 民録 14 輯 876 頁，大判昭 5・5・10 新聞 3145 号 12 頁，大判昭 7・6・29 民集 11 巻 1267 頁。
　　大判明 41・9・1 民録 14 輯 876 頁は，以下のように述べる。「因テ按スルニ占有者ハ民法第百八十六条ニ依リ所有ノ意思ヲ以テ善意平穏且公然ニ占有ヲ為スモノト推定セラルト雖モ占有ニ過失ナキヤ否ニ付テハ此ノ如キ法律上ノ推定アルコトナキヲ以テ同第百九十二条ニ依リ動産ノ上ニ行使スル権利ヲ取得シタルコトヲ主張スル占有者ハ自己ノ占有ニ過失ナキコトヲ立証スヘキコト当然ナリ」。

民商法の課題と展望

証することを要しないとした[9]。昭和 41 年判決はいう。

「思うに，右法条にいう『過失なきとき』とは，物の譲渡人である占有者が権利者たる外観を有しているため，その譲受人が譲渡人にこの外観に対応する権利があるものと誤信し，かつこのように信ずるについて過失のないことを意味するものであるが，およそ占有者が占有物の上に行使する権利はこれを適法に有するものと推定される以上（民法 188 条），譲受人たる占有取得者が右のように信ずるについては過失のないものと推定され，占有取得者自身において過失のないことを立証することを要しないものと解すべきである。しかして，このように解することは，動産流通の保護に適合する所以であ」る。

他方，学説に目を向けるならば，昭和 41 年判決以前は，民法 192 条における無過失の立証責任について，学説は対立していた。民法 186 条 1 項が無過失を推定していないことから，即時取得においても，無過失は推定されず，即時取得を主張する者が無過失の立証責任を負うとする見解がある一方で[10]，有力学説は，即時取得においては，前主の占有を信頼するのであり，前主は，民法

----

(9) なお，昭和 41 年判決以前に，最判昭 26・11・27 民集 5 巻 13 号 775 頁がすでに無過失の立証責任が取得者にはないとの見地に立っていたとするものもある（吉原節夫「即時取得の要件」『売買（動産）判例百選』〔有斐閣，1966 年〕99 頁，金山正信「民法第192 条にいう『過失ナキ』ことの立証責任」『昭和 41・42 年度重要判例解説』〔有斐閣，1973 年〕35 頁）。昭和 26 年判決は，取得者において善意であることに過失なき旨の証明がないかぎり本件占有を無過失のものと断定するのは違法であるとする上告理由に対して，「原判決が被控訴会社（被上告人）（取得者——筆者）に過失ありとするには「被控訴会社の方で増田商店（前主——筆者）が本件物品の非所有者であることを知らなかつた点において相当の注意を欠いたことの証拠を必要とするに拘らずさような証拠はない」と判示したのは，被控訴会社が善意，無過失であつたとの前記認定事実を覆す反証のないことを説示したものであつて，論旨——中略——にいうように，挙証責任の法則を誤つたものではない。」とする。

　もっとも，民法 188 条による無過失推定を初めて肯定したのが昭和 41 年判決であるか，昭和 26 年判決であるかは，本稿の結論にとって重要ではないので，この問題の結論は，ひとまず措くこととする。

(10) 勝本正晃『物権法』（弘文堂，1950 年）180 頁，末弘嚴太郎『物権法 上巻』（有斐閣，1921 年）266 頁，中川善之助『民法大要 上巻総則・物権法』（勁草書房，1955 年）148頁，片山金章『物権法』（評論社，1950 年）51 頁，宗宮信次・池田浩一『物権法論』（有斐閣，1950 年）97 頁など。

188条によって権利を有するとの推定を受けるのであるから，これと取引に入った者が，前主に権利があると信じても過失がないとしていた[11]。たとえば，我妻は，当初，即時取得を主張する者が無過失を立証すべしとしていたが[12]，その後見解を改め，民法188条による無過失推定を肯定している[13]。

> 「第186条は，無過失を推定していない。従って，時効取得を主張する場合などには，無過失を挙証しなければならないのは当然である。然し，即時取得の場合には別に解釈しなければならない。即時取得は處分の權限のない占有者を處分の權限があると誤信する場合だが，占有者は，第188條によって權利の推定を受ける。即ち，處分權があると稱して取引をする占有者は，その處分權があるものと推定される。從って，これと取引する者は，そう信じても過失がないといわねばならない。いいかえれば，即時取得の場合には取得者の無過失も第188條によって推定されることになる。」

今日では，民法192条における無過失は，民法188条によって推定され，その結果，占有取得者の即時取得を争う者において，占有取得者に過失があったことを主張立証すべきである，とするのが判例・通説である[14]。判例・通説によれば，占有者は，民法188条によって処分権限があるものと推定されるから，この者と取引する者は，前主たる占有者が処分権限を有すると信じてもよい，そのため，そう信じてもその者には過失がない，というのである。しかしながら，何故占有取得者は，民法188条による本権の推定から，前主たる占有者が処分権限を有するものと信じてもよいのであろうか。

---

(11) 我妻栄『物権法（民法講義Ⅱ）』（岩波書店，1952年）135-136頁，末川博『物権法』（日本評論新社，1956年）237-238頁，柚木馨『物権法』（青林書院，1959年）129-130頁，林良平『物権法』（有斐閣，1951年）103頁など。もっとも，民法188条ではなく，民法186条1項によって民法192条における無過失が推定されるとする見解もある（舟橋諄一『物権法』〔有斐閣，1960年〕242頁）。

(12) 我妻栄『民法講義Ⅱ 物権法』（岩波書店，1935年）123頁。

(13) 我妻・前掲注(11)135-136頁。

(14) それについて，我妻＝有泉・前掲注(5)221頁，川井健『民法概論2（物権）（第2版）』（有斐閣，2005年）89頁などを参照。

民商法の課題と展望

Ⅲ　起草過程における議論状況

　民法 192 条は，占有の公然・平穏および占有者の善意・無過失をその成立要件としている。もっとも，民法 186 条 1 項は，占有の公然・平穏および占有者の善意を推定しているが，占有者の無過失については，明文上推定していない。また，判例・通説は，即時取得においては，民法 188 条によって占有取得者の無過失が推定されるとするが，民法 188 条も，明文上は，占有者の無過失を推定しているわけではない。

　それでは，起草者は，現行民法の起草過程において，民法 192 条における無過失の推定についてどのように考えていたのであろうか。そこで，以下では，この点に関する現行民法の起草過程の議論を見ていくことにしよう。

　民法草案 188 条（現行民法 188 条）の審議において，穂積は，同条の起草趣旨の説明において，民法草案 188 条は，旧民法財産編 193 条の規定の文字を改め，また，一部分を省略しただけで，旧民法財産編 193 条の規定と変わらないと説明している[15]。

　　旧民法財産編第 193 条「法定ノ占有者ハ反対ノ証拠アルニ非サレハ其行使セル権利ヲ適法ニ有スルモノトノ推定ヲ受ク其権利ニ関スル本権ノ訴ニ付テハ常ニ被告タルモノトス」

　この規定中，「法定ノ」というのは，草案では，占有を法定占有に限らず，他の占有も含むとしたことから，この文字を削除し[16]，また，本権の訴えで，

---

(15)　法典調査会『民法議事速記録 2（第 8－17 回）』（法務図書館，1976 年）325 頁（穂積陳重起草趣旨説明）。

(16)　旧民法では，「法定ノ占有」，「自然ノ占有」および「容仮ノ占有」という三種類の占有が認められていた（旧民法財産編 179 条）。「法定ノ占有」とは，「占有者カ自己ノ為メニ有スルノ意思ヲ以テスル有体物ノ所持又ハ権利ノ行使ヲ謂フ」（旧民法財産編 180 条 1 項）。「自然ノ占有」とは，「占有者カ自己ノ権利ヲ主張スル意ナクシテ有体物ヲ所持スルヲ謂フ」（旧民法財産編 184 条 1 項）。また，「容仮ノ占有」とは，「占有者カ他人ノ為メニ其他人ノ名ヲ以テスル物ノ所持又ハ権利ノ行使ヲ謂フ」（旧民法財産編 185 条 1 項）。民法草案では，これらの区別は排除され，占有に一本化されている（法典調査会・前掲注〔15〕325-326 頁〔穂積起草趣旨説明〕）。

占有者が被告となるのは，本権推定の結果であって，「書ク必要モナシ又分リ切ツタコトデア」るから省いたとされている[17]。もっとも，民法草案188条の審議において，現行民法186条となる民法草案186条による推定との関係が議論されたが，無過失の推定の問題についてはまったく議論されていない。

それでは，民法草案186条（現行民法186条）の審議においては，どうだったのか。

穂積は，同条の起草趣旨の説明において，民法草案186条は，旧民法財産編186条，187条，188条の規定をひとまとめにして，少し修正を加えたと説明している[18]。

　旧民法財産編第186条「占有者ハ常ニ自己ノ為メニ占有スルモノトノ推定ヲ受ク但占有ノ権原又ハ事情ニ因リテ容仮ノ証拠アルトキハ此限ニ在ラス」
　第187条「正権原ノ証拠アル占有ハ之ヲ善意ノ占有ナリト推定ス但反対ノ証拠アルトキハ此限ニ在ラス」
　第188条「強暴ノ証拠ナキ占有ハ之ヲ平穏ノ占有ト推定ス
　占有ノ公然ハ之ヲ推定セス必ス之ヲ証スルコトヲ要ス
　前後2箇ノ時期ニ於テ証拠アリタル占有ハ其中間継続シタリトノ推定ヲ受ク但其占有ノ中断又ハ停止ノ証拠アルトキハ此限ニ在ラス」

これらの規定中，旧民法財産編187条の「正権原」による占有につき，正権原でない場合を保護しないという理由はないことから，「正権原」を省き，また，旧民法財産編188条2項では，「占有ノ公然」は推定されないが，占有の迅速な保護という観点から，占有の公然性も推定することとしたとされている[19]。もっとも，民法草案186条の審議においても，無過失の推定の問題については，まったく議論されていない。

このように，占有による無過失推定の問題は，民法186条の起草過程の議論においても，民法188条の起草過程の議論においてもまったく問題とされていない。

それでは，起草者は，占有による無過失推定の問題をどのように考えていた

(17)　法典調査会・前掲注(15) 325-326頁（穂積起草趣旨説明）。
(18)　法典調査会・前掲注(15) 317頁（穂積起草趣旨説明）。
(19)　法典調査会・前掲注(15) 317-318頁（穂積起草趣旨説明）。

民商法の課題と展望

のであろうか。この問題を考えるに当たっては，即時取得に関する民法草案
192条（現行民法192条）および取得時効に関する民法草案162条（現行民法
162条）の起草趣旨の説明が手がかりを与えてくれる。

現行民法192条は，動産の取得時効に関する旧民法証拠編144条に由来する。

旧民法証拠編第144条「正権原且善意ニテ有体動産物ノ占有ヲ取得スル者
ハ即時ニ時効ノ利益ヲ得但第134条及ヒ第135条ニ記載シタルモノヲ妨ケス
　此場合ニ於テ反対カ証セラレサルトキハ占有者ハ正権原且善意ニテ占有ス
ルモノトノ推定ヲ受ク」

本稿の考察に必要な点に注目するならば，現行民法192条および旧民法証拠
編144条に共通で要求されているのは，占有者の善意のみであり，旧民法証拠
編144条では，現行民法192条で要求されている占有の公然，平穏および無過
失が要件とされていない。他方，旧民法証拠編144条では，現行民法192条で
は要求されていない正権原による占有が要件とされている。もっとも，旧民法
証拠編144条と民法草案192条の要件の違いについては，「既ニ時効ノ所デ…
中略…略ボ説明ガアリマシタ如ク」とされ，取得時効に関する民法草案162条
（現行民法162条）の起草趣旨の説明に委ねられている[20]。そこで，民法草案
162条の起草趣旨の説明を見ることにしよう。

民法草案162条（現行民法162条）は，梅の起草趣旨の説明によれば，旧民
法証拠編138条，140条，148条の規定を合わせたものである[21]。

旧民法証拠編第138条「不動産ノ取得時効ニ付テハ所有者ノ名義ニテ占有
シ其占有ハ継続シテ中断ナク且平穏，公然ニシテ下ニ定メタル継続期間アル
コトヲ要ス
　財産編第183条及ヒ第185条ニ定メタル如キ強暴，隠密又ハ容仮ノ占有ハ
時効ヲ生セス」
　同第140条「占有カ上ニ定メタル条件ノ外財産編第181条ニ記載シタル如
キ正権原ニ基因シ且財産編第182条ニ従ヒテ善意ナルトキハ占有者ハ不動産
ノ所在地ト時効ノ為メ害ヲ受クル者ノ住所又ハ居所トノ間ノ距離ヲ区別セス

---

(20)　法典調査会・前掲注(15) 341頁（穂積起草趣旨説明）。
(21)　法典調査会・前掲注(15) 192頁（梅謙次郎起草趣旨説明）。

340

十五个年ヲ以テ時効ヲ取得ス

　占有者カ正権原ヲ証スルコトヲ得ス又ハ之ヲ証スルモ財産編第187条ニ規定シタル如ク其悪意カ証セラルルトキハ取得時効ノ期間ハ三十个年トス」

　同第148条「上ノ場合ニ於テ回復者カ占有ノ無権原タリ又ハ悪意タルコトヲ証スルトキハ時効ハ三十个年ヲ経過スルニ非サレハ成就セス」

　旧民法証拠編における取得時効では，15年の短期取得時効が成立するためには，占有者の善意が要求され，悪意の占有者については，30年の占有期間が必要とされている。しかし，旧民法証拠編140条では，現行民法162条で要求されている所有の意思，占有の公然，平穏および占有者の無過失が要件とされていない。他方，旧民法証拠編140条では，現行民法162条では要求されていない正権原による占有が要件とされている。

　所有の意思の要件はひとまず措くとして，占有の公然，平穏については，旧民法証拠編138条によれば，「強暴，隠密」の占有は，時効を生じないとされているから，取得時効が成立するためには，平穏，公然の占有が必要とされる。その点では，平穏，公然の占有という要件は，民法草案で新たに付加された要件ではなく，旧民法の取得時効の要件を民法草案では，「裏カラ書イタ」ものにすぎない[22]。

　これに対して，正権原要件の削除および無過失要件の付加について，梅は，次のように説明している[23]。

　正権原を要件とすることは一応もっともなように見える。しかしながら，正権原があっても過失がある場合があり，そのような場合には，正権原があっても特別に保護する必要はない。これに対して，正権原はなくても保護してやらなければならない場合もある。それゆえ，正権原を要件とすることは，充分に理由があるものとは思われない。正権原を要件として過失のない者は保護する，過失のある者は保護しないとすることもあろうが，法律が開けていない時代ならばともかく，今日は，法律が開けてきて，世の中の事情も千差万別であって一様に考えることができない。それならばむしろ，過失がない場合としておけ

---

(22)　法典調査会・前掲注(15) 193-194頁（梅起草趣旨説明）。

(23)　法典調査会・前掲注(15) 194-195頁（梅起草趣旨説明）。

民商法の課題と展望

ば，正権原があっても過失があれば保護しない，正権原がない場合であっても，過失がない場合には充分に保護するということにしたほうが結果がよいと思ったのである。そこで，正権原を省いて，これに代えて過失がないことを要件とした。

　これによれば，民法192条における占有者の無過失は，旧民法では，即時取得の要件ではなく，現行民法の起草段階で新たに付け加えられたものであることがわかる。そうであれば，本来，民法186条1項または民法188条の起草段階で，無過失の立証責任についてどうするかを顧慮すべきであったが，すでに見たように，両規定とも，旧民法財産編の規定を維持しただけであり，占有者の無過失については，顧慮されることはなかった[24]。

　結局，民法192条における無過失の推定の問題を考えるための手がかりは，現行民法の起草過程の議論からは得られないのである。

Ⅳ　民法188条と前主の処分権限に対する信頼

　判例・通説は，民法192条が規定する即時取得における無過失については，民法188条によって推定されるとしている。判例・通説によれば，民法188条が占有者の本権を推定している以上，譲受人たる占有取得者は，前主たる占有者が動産の所有者であると信じてもよい，だから，そう信じて取引をした占有取得者には過失がない。法律が信頼の源なのである。法律に携わる者にとってこれほど信頼の基礎として確かなものはない。しかし，民法188条が占有者の本権を推定していることから，何故譲受人たる占有取得者は，前主たる占有者が動産の所有者であると信じてもよいのであろうか。

　民法192条が規定する即時取得は，動産の譲渡人たる占有者が実際にはその物の所有者でないにもかかわらず，その者を所有者であると信じて取引をした者を保護する制度である。つまり，民法192条における占有取得者の信頼の対象は，前主の動産に対する所有権または処分権限である。しかし，何故占有取

---

[24]　安永正昭「民法192条〜194条（動産の善意取得）」広中俊雄＝星野英一編『民法典の百年Ⅱ 個別的考察(1)総則編・物権編』（有斐閣，1998年）485頁。

342

得者は，民法 188 条によって，前主を動産の所有者であると信じることができるのであろうか。たしかに，民法 188 条は，占有者は本権を有するものと推定している。もっとも，本権とは，占有を正当化する権利であって，何も所有権に限られない。賃借人の権利でもよいし，受寄者の権利でもよい[25]。そうであれば，何故占有取得者は，民法 188 条によって，前主たる占有者を動産の所有者であると信じることができるのであろうか。同条は，前主を所有者であると推定しているわけではない。本権を有するものと推定するのである。いかなる権利かはわからない。とにかく占有者は占有する権利を有するものと推定しているのである。この占有する権利が所有権であるということは，同条は一言もいっていない。それにもかかわらず，何故占有取得者は，同条によって，前主を動産の所有者であると信じることができるのであろうか[26]。判例・通説はいう。占有者は，所有の意思をもって占有するものと推定されるから（民 186 条 1 項），通常は，所有権を有するとの推定を受けることになる，と[27]。だから，動産の占有取得者は，動産を占有する前主をその所有者と信じてよい，と。しかし，これでは占有も民法 188 条も台無しである。占有や民法 188 条の機能が適切に理解されていない。われわれは，占有の機能，そして，民法 188 条が持つ意味をより真摯に考慮すべきである。占有者は，さしあたり適法に占有しているものとして扱われる（民 188 条）。その結果，本権の訴えにおいて占有者には被告の地位が与えられ，占有の正当化については，占有者が，自己の占有が適法であることを主張立証する必要はなく，それを争う者において，占有者の占有が適法でないことを主張立証しなければならない。本権の訴えにおいて占有者の本権が否定されない限り，占有者の占有は守られる。民法 188 条の趣旨は，まさしくこうして占有者の占有を守ることにある。占有の保護は暫定的であるといいながら，占有は強固に守られる。われわれは，このような占有の機能にかんがみて，民法 188 条が特定の占有権原でなく，広く占有権原を一般的に推定していることの意味を考えなければならない。かりに民法 188 条が特

---

(25)　我妻＝有泉・前掲注(5) 490 頁。

(26)　平野は，「188 条は適法と推定するだけで所有に基づく占有と推定しているわけではない」として，民法 188 条による無過失推定を否定している（平野裕之『コア・テキスト民法Ⅱ物権法』〔新世社，2011 年〕29 頁）。

(27)　大判大 13・9・25 新聞 2323 号 15 頁，我妻＝有泉・前掲注(5) 490-491 頁。

民商法の課題と展望

定の権利を推定しているならば，本権の訴えにおいて，占有者の占有権原を争う者は，その権利のみを否定すれば足りる。しかし，民法188条は，そうではない。同条は，占有者は適法に占有しているものと推定している。具体的にいかなる権利かはわからない。とにかく占有者の占有は適法なのである。もっとも，いかなる権利かわからないから，占有者の占有を覆す論証は，すべてそれを争う者が負担しなければならない。占有者は相手方の論証を切断しさえすればよい。占有者は圧倒的に有利な立場にある。占有は何と強固に守られることか。残念ながら，判例・通説は，本権の訴えにおいて占有者に被告の地位を与えるとしながら，それ以上に占有を機能させようとはしないのである[29]。

これによれば，民法188条においては，特定の占有権原を問題としないことに意味があるのであり，所有権であれ，同条において特定の権利を問題とすることは，占有や同条の機能に適合しない。民法188条から前主が所有者であるとの信頼を導き出すことはできないのである。

もっとも，判例・通説が占有や民法188条の機能を適切に理解していないとしても，占有者に本権として所有権を推定するとしている以上，今日では，動産の占有者からその動産を譲り受けようとする者は，動産の占有者である前主をその所有者であるという信頼を抱くということが言われるかもしれない。しかし，それでもなお前主の所有権に対する占有取得者の信頼を導き出すことはできない。たしかに，民法188条は，占有者の本権を－判例・通説によれば，所有権を－推定している。しかし，見方を変えれば，同条は，占有者の本権を推定しているにすぎない。占有者は，「さしあたり」本権を有するものとして扱ってよい，というにすぎない。同条は，占有者の本権を保障しているわけではない。同条が認める前主たる占有者の本権は暫定的なものにすぎない。最終

---

(28) もっとも，占有や民法188条の機能が適切に理解されていないのは，何もこの場合に限った話ではない。わが国では，所有権に基づく返還請求訴訟では，たしかに，占有者に被告の地位が与えられる。しかし，占有権原については，民法188条にもかかわらず，被告である占有者が自己に占有権原があることを主張立証しなければならないとされている（最判昭35・3・1民集14巻3号327頁，司法研修所編・前掲注〔6〕47頁，大江・前掲注〔6〕119頁）。占有や民法188条の最も基本的な機能すら働かないのである。
(29) 今日，占有訴権の存在意義がしばしば疑問視されているが（千葉恵美子・藤原正則・七戸克彦『民法2物権（第2版補訂版）』〔有斐閣，2008年〕148頁，152頁など参照），占有を機能させないのであるから，占有訴権が機能しなくなるのは当然の結果である。

的にはないかもしれない。そうであれば，何故占有取得者は，最終的にはないかもしれない前主の本権を，それが存在するものと信じることができるのであろうか。おおよそ民法 188 条から，前主の所有権に対する信頼どころか，本権そのものに対する信頼すら導き出すことはできないのである。

　以上によれば，民法 188 条から，前主たる占有者が所有者であるとの占有取得者の信頼を導き出すことはできない。この信頼を作り出す基礎はどこにもない。民法 188 条は，占有者が本権を有するものと推定しているのであって，本権の中身については，何も語っていない。また，同条は，本権を推定しているにすぎない。最終的にはないかもしれない。そのようなものに対して，どうしてそれが存在するという信頼が成り立つのであろうか。判例・通説は，動産の占有取得者を保護するために，本来信頼の基礎とはならないものをその基礎とすることによって，信頼を作り出したのである。

V　民法 188 条の適用場面

　さらに言えば，民法 192 条における無過失推定の文脈において，民法 188 条を援用すること自体がそもそも適切でない。判例・通説は，民法 188 条が本権を推定していることから，譲受人たる占有取得者は，前主が動産の所有者であると信じてもよいとする。たしかに，民法 188 条は，広く占有者が本権を有するものと推定している。そのため，前主が動産の占有者であれば，前主は，当該動産について本権を有するものと推定されることになる。しかし，これは，この場面において民法 188 条が適用されれば，の話である。同条は，その起草の経緯からすれば，占有があるところ常に適用される規定ではない。すでに起草過程の議論において見たところであるが，民法 188 条は，旧民法財産編 193 条に由来する[30]。そして，旧民法財産編 193 条は，占有者は本権の訴えにおいて被告となること，および占有者に本権が推定されることを定めていた。このうち，民法 188 条の草案の起草段階で，占有者が本権の訴えにおいて被告となる旨の文言が削除されたが，それは，「書ク必要モナシ又分リ切ツタコトデア」るから省かれただけである[31]。これによれば，民法 188 条は，旧民法財産編

---

(30)　それについて，Ⅲを参照。

民商法の課題と展望

193 条と同趣旨の規定であり，同じ機能を有する[32]。そうであれば，民法188条は，その文言の一般的な表現にもかかわらず，占有者は本権の訴えにおいて被告となること，および，そこでの本権の主張立証責任について定める規定であるということになる。言い換えるならば，同条は，本権の訴えにおいて用いられるべき規定であって，その文言とは異なり，占有あるところ常に適用される規定でもないし，民法192条における無過失の推定の文脈において援用されるべき規定でもないのである。

　もちろん，民法188条は，民法192条における無過失の推定の文脈において援用されるべきではないという根拠は，何も法史的な観点だけの話ではない。かりに判例・通説がいうように，民法188条から，動産の占有取得者は，前主たる占有者を所有者であると信じてよいとするならば，同条によって，占有取得者の無過失だけでなく，善意も推定されることとなる。すると，法律は，善意という一つの要件を二つの異なる条文で推定しているということになる。一方で，民法186条1項によって，つまり，占有取得者自身の占有によって，善意が推定され，他方で，民法188条によっても，つまり，前主たる占有者の占有によっても，善意が推定されることになる。もちろん，平穏・公然要件との関連で，民法192条における善意は民法186条1項によって推定されるので，実際上民法188条による善意推定が問題とされることはないであろう。しかし，判例・通説のように考えるならば，民法188条によっても善意は推定されるはずである。何故法律は，占有取得者の善意について，民法186条1項において，占有取得者自身の占有によってそれを推定しておきながら，さらに民法188条において，前主たる占有者の占有によってそれを推定しなければならないのであろうか。

　疑問はそれだけではない。民法188条は，占有者は本権を有するものと推定している。その結果，動産の占有取得者は本権を有するものと推定される。他方，判例・通説によれば，民法188条によって，占有取得者の無過失も推定される。そうすると，民法188条は，一方で，占有取得者が本権を有するものと推定しながら，他方で，占有取得者の無過失も推定していることとなる。もっ

---

(31)　法典調査会・前掲注(15) 325-326 頁（穂積起草趣旨説明）。

(32)　起草者自身，民法188条は，旧民法財産編193条と変わらないと述べている（法典調査会・前掲注〔15〕325頁〔穂積起草趣旨説明〕）。

とも，民法192条における占有取得者の無過失は，それ自体独立の要件ではない。同条における無過失は，占有取得者が善意であることについて過失がないことである。つまり，占有取得者が善意であることを前提とする。そして，この善意は，占有者が本権を有していないことを前提とする。これによれば，民法188条は，一方で，占有取得者が本権を有するものと扱ってよいとしておきながら，他方で，占有取得者が本権を有しない場合をも同時に想定していることになる。何故占有者が本権を有するものとして扱ってよいとする民法188条が，同時に占有者がそれを有しない場合をも想定しなければならないのであろうか。何故一つの条文が同時に二つの矛盾した状況を想定していると考えることが正当化されるのであろうか。

このように歯車がかみ合わなくなるのは，いったい何故か。もともと法律に内在した問題なのか。否，違う。民法188条の起草過程の議論における同条の機能にかんがみれば，同条の使い方がおかしいのである。おかしな使い方をするから，歯車がかみ合わなくなる。そうであれば，歯車がかみ合うようにする方法は簡単である。それは，民法188条を本来の適用場面に戻し，本来の適用場面でないところから，その適用を排除することである。これによれば，民法188条は，次のように解すべきである。すなわち，同条は，本権の訴えにおいて用いられるべき規定であり，そこにおいて占有者に被告の地位を与え，そして占有者の占有物に対する本権を推定する規定である。同条は，その文言に反して，占有が問題となる場面において常に適用される規定でもないし，前主たる占有者の所有権や占有取得者の無過失を推定する規定でもない。判例・通説は，民法188条を，同条が本来機能すべき場面で機能させないにもかかわらず，同条が本来機能しない場面においてそれを機能させるのである。それによって，信頼が成り立たないところに信頼を作り出すのである。

VI　今後の検討課題

判例・通説は，民法192条における無過失は，民法188条によって推定されるとする。そこで，本稿では，判例・通説がその論拠として用いる占有取得者の信頼について，それを民法188条から導き出すことができるかを見てきた。本稿における考察によれば，判例・通説が民法188条による無過失推定を肯定

民商法の課題と展望

する論拠には説得力がない。判例・通説がいうところの信頼を作り出す基礎は
どこにもない。判例・通説は，民法 188 条の機能や適用場面を歪曲することに
よって，信頼を作り出し，この作り出された信頼を保護しようとしている。

　もちろん，民法 192 条における無過失の立証責任に関して，占有取得者が負
うか，その相手方が負うかは，実務的にはそれほど重要な問題ではないかもし
れない[33]。しかし，だから，民法 192 条における無過失の推定に関して目くじ
らを立てて議論する必要はないというのであれば，まさにこうした軽率な態度
こそ本稿が問題とするところなのである。信頼の保護は，通常，紛争当事者の
一方の不利益のもとになされる。そうであれば，信頼の保護は，より慎重に
なされなければならない。もっとも，わが国では，取引の安全こそが重要である
といわんばかりに，信頼とは呼ぶことができないようなものまで信頼と呼んで
保護している。判例集，論文，教科書において，「信じる」，「信頼」という言
葉が如何に吟味されることなく用いられていることか。実際，民法 192 条自体，
前主を所有者であると信頼した者を保護する制度であるとされながら，誰もそ
れに疑問を提起しない。占有取得者は，信頼だけでは保護されない。占有取得
者が信頼したことについて過失がない場合に初めて占有取得者は保護される。
旧民法は，即時取得に占有取得者の無過失を要求していなかった。現行民法の
起草段階において無過失要件が導入されたが，起草過程の議論において誰もそ
の導入に疑問を提起しなかった。また，その後も誰も疑問を提起していない。
信頼（bona fides）が適切に理解されていれば，無過失などという要件は必要な
かったにもかかわらず。わが国では，信頼という概念が慎重に吟味されること
はないのである。

　なお，本稿の考察によれば，民法 188 条によって占有取得者の無過失は推定
されない。しかし，このことは，昭和 41 年判決以前の学説が述べていたよう
に，民法 192 条の無過失は，同条の適用を主張する占有取得者において主張立
証すべきであるとするものではない。民法 192 条における無過失の推定につい
ては，すでに民法 186 条 1 項によって推定されるとの見解も主張されていると
ころであり[34]，この問題については機会を改めて論ずることとしたい。

---

(33)　我妻＝有泉・前掲注(5) 221 頁。

(34)　それについて，前掲注(11)を参照。

また，民法 188 条の機能は，本権の訴えにおいて，占有者に被告の地位を与えること，そして，占有者が本権を有するものと推定することによって，占有者の本権を争う者において占有者の占有が適法になされていないことを主張立証させ，それにより占有者の占有を守ることにある。しかし，所有権に基づく返還請求訴訟に関する現在の実務を見る限り，占有者は，そこにおいて被告になるとされながらも，占有者自らが自己の占有権原を主張立証しなければならないとされている[35]。民法 188 条がまったく機能していない。占有の最も重要な機能であるにもかかわらず，それが機能しない。何故民法 188 条はこのような機能不全を起こしたのか。この問題は，占有の根幹にかかわる重要な問題なので，この問題についても今後機会を改めて検討することとしたい。

---

[35] 最判昭 35・3・1 民集 14 巻 3 号 327 頁，司法研修所編・前掲注(6) 47 頁，大江・前掲注(6) 119 頁。

16 委任等の法理からみた二重支出の不利益割当基準
── 受託保証人等の求償に関する覚書

福 田 誠 治

Ⅰ　序
Ⅱ　委任や事務管理・不当利得
　　の一般法理
Ⅲ　主債務者と保証人の関係
Ⅳ　連帯債務と共同保証
Ⅴ　整理・検討
Ⅵ　結　語

Ⅰ　序

1　出 発 点

　受託保証人は債権者に弁済すれば主債務者に求償できるが，その要件として，保証人は支出すればよいのだろうか[1]。それとも，支出が債務の弁済に該当すること（支出と債務消滅の因果関係）を要するのだろうか。現行[2]の民法459条1項後段は「弁済をし，その他自己の財産をもって債務を消滅させるべき行為をした」と規定しており，これは，支出による主債務の消滅を要件にする趣旨だと理解されている。その一方で，同条の求償権は受任者の費用償還請求権

---

[1]　本稿は，二重支出（いわゆる二重「弁済」）の場合における求償権の成否や帰属を扱うことから，債務消滅効のある支出（平成16年改正前の442条1項や443条，459条1項の文言を使えば出捐）だけを弁済といい，債務消滅効の有無を度外視する場合には単に支出と表現する。また，事前・事後の通知義務（現行443条）との関係で強制執行を除外する必要があり，差しあたり本稿では，支出者が弁済のために任意で支出する場合だけを想定する（Ⅱ3⑵③参照）。

[2]　平成29年改正によって，債権法を中心に財産法規定が大きく改正された。その改正対象になった規定については「現行」と表記して，改正後の「新規定」と区別する。また，改正対象にならなかった規定については，条数だけで引用する。

民商法の課題と展望

（650 条 1 項）の性質を有しており，そこでいう「委任事務を処理するのに必要と認められる費用」に関しては，費用の「必要性」があれば足り，費用が奏功したか否かを問わない[3]。これからすると，むしろ支出による債務消滅は受託保証人の求償要件にならないはずである。

　費用の奏功性を要件にするか否かという問題は委任と事務管理を分ける重要な差異の 1 つであって，事務管理者の有益費償還請求権（702 条 1 項）においては費用が本人に有益だったことを要する[4]。このため，求償法理と委任法理の調和を図ろうとすれば，現行 459 条 1 項のほかに，求償権の根拠規定がもう 1 つ必要である。その候補となるのは，主債務者の事後通知義務を定めた現行 443 条 2 項（現行 463 条 2 項を介した準用）である。

2　求償権の根拠規定と通知制度の関係

　支出が奏功しない場合の典型は二重支出である。受託保証人の支出が主債務者の弁済後だった場合でも求償できるだろうか。これは通知制度の問題であり，保証人の支出が主債務の消滅をもたらさない場合については，準用された現行 443 条 2 項が求償の根拠になっている。そのため，現行 459 条 1 項後段の理解は委任法理と牴触しない。すなわち，委任法理における必要費は費用の奏功性を問わないが，求償法理は支出が奏功した場合と奏功しなかった場合を分け，前者を現行 459 条 1 項で，後者を現行 443 条 2 項でそれぞれ規定していることになる。そう考えれば求償法理は委任法理と調和する。

　そこで強調すべきこととして，現行 459 条 1 項と現行 443 条 2 項は法的な意味での原則と例外の関係に立つわけではない。委任法理は費用の奏功性を問わ

---

(3)　本稿では，費用の奏功性を問わないという意味での必要性にカギ括弧をつけ，「必要性」と表現する。

(4)　後述 II 2(1)。そこでみるように，委任における費用償還請求の範囲は広いうえに，支出した費用に関する利息や損害賠償についても請求権を認めており，それらが事務管理との差異である。また，650 条は業務執行組合員にも準用されており（現行 671 条），費用の範囲等に関して委任と組合は共通する。本稿はそういった委任や組合と事務管理の差異に着目し，両者を対置するために，費用の奏功性を問わないなど広範な請求権を認める制度を委任法理といい，また請求範囲を有益費に限定する制度を事務管理法理，さらに利得消滅抗弁を認めるものを不当利得法理という。そのうえで，さらに一般的な委任法理などと各種の求償権規定（現行 442 条，443 条，459 条，462 条〜 465 条）を対比するため，後者を求償法理という。

ずに償還請求を肯定するのであって，求償法理が2つの規定を用意したのは，単なる場合分けにすぎない。従来はその点を十分に認識せず，現行443条2項による後行支出者の求償を例外的なものだと捉える議論があった。それが誤解であることを指摘したいというのが本稿の背景にある第1目標である。

その検討にさいしては，主債務者の事後通知とともに保証人の事前通知を考慮する必要がある。これは，判例の発想からすると，後行支出による求償の要件として，保証人が事前通知義務を遵守したにも拘わらず主債務者が事後通知義務を遵守せず，保証人が弁済の事実を把握できなかったことを要するからである[5]。そのため，第1目標の検討に説得力をもたせようとすれば，現行459条1項と現行443条を全体として整序する必要がある。

3　問題の射程

さらに，視野は保証の外にも広がる。上記と同じ問題は，連帯債務者相互間の求償（現行442条1項と現行443条）や不可分債務者相互間の求償（現行430条）・共同保証人相互間の求償（465条1項）にも存在し，ここでも受託保証人の求償と同様に，支出が奏功した場合と奏功しなかった場合との区別をみいだせる。結局，求償法理は全体として必要費（650条1項）の範囲を2つに分けて規定したといえる。

そこで注目すべきは，連帯債務や不可分債務・共同保証における相互の求償につき委任法理との類似性が目立つことである。主債務者に対する保証人の求償では，委託の有無に応じて求償範囲が区別されているが，連帯債務者などの求償では，委任・組合関係の有無に応じた区別がされていない。特に共同保証では保証連帯の関係が要件になっておらず，各保証人は他の保証人の存在を知らない場合も考えられる。それなのに465条1項は委任法理とほぼ同一の求償範囲を定めており，同項は共同保証人相互間に委任や組合の関係を擬制したものだといえる[6]。

さらに法改正を考えると，平成29年改正は従来の連帯二分論を捨てて，不真正連帯債務を連帯債務規定に取り込もうとしている。これにより，相互の認識を欠く連帯債務者（従来の不真正連帯債務者）相互間にも組合擬制を拡張する

⑸　連帯債務に関するものだが，最判昭57・12・17民集36巻12号2399頁参照。

民商法の課題と展望

ことになる。そういった組合擬制の意味が解釈論上の課題になることは別稿で指摘したが[7]，改正内容が具体化したことで擬制の射程を詳しく検討できるようになった。それを試みたいというのが本稿の第2目標である。

4　本稿の課題と検討の順序

　上記の2点は高い山の頂にある到達目標であって，本稿が扱うのは，目標に取り組む前の準備作業である。二重支出によって債権者の不当利得返還債務が成立するが，そこでは債権者の無資力リスクが問題となる。そのリスク引受に関しては，主に事後通知制度が不利益の割当基準を示している。では，その求償法理をいったん脇におき，委任や事務管理・不当利得の一般法理を使って考えると，二重支出の不利益をどのように割り当てることになるだろうか。これが本稿で取りあげる課題であって，求償法理を位置づける試金石として，一般法理を確認しておく必要があると考える。

　以下では，まず，委任を事務管理や不当利得と対比しながら，費用償還を中心とした受任者の権利・義務について，その要件効果を確認する。そこでは，求償法理を整序するための分析道具を獲得することに重点をおき，特に費用の「必要性」に関わる考慮要素を整理する。次に，そこで得た分析道具を使って保証人等による二重支出の問題を検討し，求償法理と比較すべき試金石を具体化する。そのさい費用償還等が問題になる場合を大きく2つに分け，主債務者と保証人の間の法律関係と，連帯債務者や共同保証人の相互間における法律関係をみる。

---

(6)　福田誠治「連帯債務の学説史」平井一雄ほか編『日本民法学史続編』（信山社，2015年）269頁。なお，同書286頁では，「連帯債務者相互間に事務管理や委任の関係しかない場合には，担保保存義務違反を介して求償期待の保護が図られており」としたが，これは誤記であり，正しくは「連帯債務者相互間に事務管理や不当利得の関係しかない場合にも，担保保存義務違反……」と書くべきであった。また，305頁注209では「求償の根拠を不当利得に求める」としたが，正しくは「求償の根拠を事務管理または不当利得に求める」とすべきであった。

(7)　福田・前掲注(6) 305頁。

II　委任や事務管理・不当利得の一般法理

1　制度の概略

　ここでは，求償法理の背後にある考え方を確認するため，委任と事務管理や不当利得を対比する。まず委任では，契約の締結によって，受任者は事務処理に関して善管注意義務を負担するほか（644条），委任者の請求があれば事務処理状況の報告義務を負い（645条前段），また委任の終了時には請求がなくても遅滞なく経過と結果の報告義務を負う[8]（645条後段）。これらの義務に違反したことで委任者に損害が発生すれば，受任者は損害賠償責任を負う（現行415条前段）。他方で，受任者の権利としては，事務処理費用に関する支出後の償還請求権（650条1項）や前払請求権（649条）のほかに，代弁済請求権（650条2項）や受任者の損害に関する賠償請求権がある（650条3項）。そのうち費用償還請求権の要件は，委任契約の成立および委任事務処理に「必要と認められる費用」の支出の2点であり，効果として，支出した費用および支出日以後における利息の償還請求権が成立する。ただし，業者による不動産仲介のように必要費を報酬に含める旨を定型的に合意していると評価できるような取引においては，報酬とは別に必要費を請求することはできない[9]。また，受任者の損害賠償請求権に関する要件は，委任契約の成立，委任事務を「処理するため」に発生した受任者の損害，それに関する受任者の無過失であって[10]，これは委任者に無過失責任を課すものだと理解されている[11]。

　利息に関してはこう説明されている。費用の立替えによって受任者は資本の

---

(8)　報告義務は善管注意義務から派生したもの，ないしその一内容にあたる。前者につき我妻栄『債権各論中巻二』（岩波書店，1962年）676頁，また後者につき潮見佳男『基本講義債権各論 I（第3版）』（新世社，2017年）261頁を参照。

(9)　大阪地判昭44・8・6判時591号91頁，最判昭48・7・6集民109号485頁，東京地判昭57・11・19判時1075号131頁。不動産仲介のほか，組合類似の契約（スーパーと運送会社による流通システムに関わる契約）について同旨の裁判例があるほか，国選弁護に関しても，「国選弁護人の要するであろう費用等を総て考慮して裁判所は相当に報酬額を決定すべきもの」とされている。前者につき東京地判昭58・4・12判時1100号145頁，後者につき最判昭29・8・24民集8巻8号1549頁。さらに学説は，損害賠償（650条3項）との関係で報酬合意のなかで損害引受を考慮する可能性を指摘する。三宅正男『契約法（各論）下巻』（青林書院，1988年）995頁，潮見・前掲注(8)267頁。

民商法の課題と展望

利用を阻害されているから，金銭の利用による通常の利益として法定利率の償還請求を認めるべきだし[12]，かりに利息支払義務を否定すると受任者は立替えに消極的となり，かえって委任者の不利となるおそれがある[13]。

次に，事務管理の成立要件は，他人の事務に関する管理の開始・事務管理意思・管理義務の不存在・本人の意思や利益への顕著な不適合性の欠如[14]である。自己の債務に関する弁済が同時に他人の債務を消滅させる場合であっても事務の他人性や事務管理意思の存在を排斥しないと解されている[15]。しかし，事務管理意思につき客観説[16]をとればともかくとして，主観説[17]をとる限りにおいて，他人の債務を消滅させる意思の認定には困難を伴う[18]。

事務管理が成立すると，事務管理者は善管注意義務（698条の反対解釈[19]）ならびに管理開始に関する遅滞なき通知義務（699条本文）および受任者と同様の経過等報告義務（701条，645条）を負担し[20]，これらの義務に違反すれば損害賠償責任を負う[21]。他方で，事務管理者が「本人のために有益な費用」を支出すれば有益費償還請求権（702条1項）が成立し，その償還を催告することで損害金が発生する[22]（412条3項）。また，「本人のために有益な債務」を負担すれば代弁済請求権が成立する（702条2項，650条2項）。しかし，事務管理

---

(10) 650条3項は「自己に過失なく」と定めており，学説はそれを前提として，受任者の無過失を賠償請求権の要件とする。我妻・前掲注(8) 685頁，三宅・前掲注(9) 995頁。
　　　そのため，受任者に過失があれば賠償請求権は成立せず，たとえ委任者に過失があってもそれが過失相殺の対象になるわけではないと理解されている。平野裕之『民法総合5 契約法（第3版）』（信山社，2007年）635頁，半田吉信『契約法講義（第2版）』（信山社，2005年）453頁。反対，吾孫子勝『委任契約論』（厳松堂書店，1917年）80頁，幾代通ほか編『新版注釈民法16』（有斐閣，1989年）276頁（明石三郎），石田穣『契約法』（青林書院，1982年）357頁，潮見・前掲注(8) 267頁。

(11) 後掲注(35) 参照。

(12) 横田秀雄『債権各論』（清水書店，1912年）636頁，吾孫子・前掲注(10) 76頁。

(13) 吾孫子・前掲注(10) 76頁。

(14) 我妻栄『債権各論下巻一』（岩波書店，1972年）900頁以下，四宮和夫『事務管理・不当利得・不法行為上巻』（青林書院，1981年）13頁以下，潮見・前掲注(8) 302頁。

(15) 我妻・前掲注(14) 908頁，松坂佐一『事務管理・不当利得（新版）』（有斐閣，1973年）18頁，28頁，谷口知平ほか編『新版注釈民法18』（有斐閣，1991年）203-204頁（金山正信），四宮・前掲注(14) 14頁注2，17頁。同旨，潮見・前掲注(8) 303頁。

(16) 差しあたり，谷口ほか編・前掲注(15) 220頁（金山）。

(17) 我妻・前掲注(14) 902頁，四宮・前掲注(14) 17頁。

356

によって損害を被っても，事務管理者は損害賠償を請求できないと解されている[23]。

　最後に，不当利得の成立要件は利得・損失・事実的因果関係・原因の欠如だが，これらを充足することで成立する利得の返還請求権について，利得者が原因の欠如に関して善意であれば利得消滅の抗弁が認められる（703条）。その抗弁の射程との関係で公平説と類型論が対立しているが，求償利得に関する限りでは類型論でも利得消滅の抗弁を肯定できる[24]。

⒅　共同不法行為者につき，青野博之「不法行為における複数関与者間の求償権」法時60巻5号（1988年）41頁参照。事務管理意思は事務管理と不当利得を区別する鍵となるにも拘わらず，それが主観的要件であるがゆえに不安定な基準であり，真に解決すべき実質的な問題（コストやリスクの分配）を無意識のうちに回避するような機能を果たすといわれている。平田健治「事務管理法の構造・機能の再検討（3・完）」民商90巻1号（1984年）46頁以下，平田「事務管理法の構造・機能」私法48号（1986年）249頁。
　　ただし，事務管理者は，本人が誰であるかを認識している必要はないものの，管理の結果を他人に帰属させる意思をもっていることが必要だと解されている（我妻・前掲注⒁902頁，四宮・前掲注⒁17頁，潮見・前掲注⑻304頁，窪田充見編『新注釈民法15』（有斐閣，2017年）33頁（平田健治））。そうすると，たとえば共同保証人の1人による弁済であれば，少なくとも共同保証の事実を認識していることが不可欠の前提になる。
⒆　四宮・前掲注⒁26頁，潮見・前掲注⑻309頁。
⒇　一回の行為で完了する事務については，管理開始通知と結果報告通知が一体化する。我妻・前掲注⒁916頁，四宮・前掲注⒁28頁注1，谷口ほか編・前掲注⒂247頁（金山）。
(21)　特に通知義務違反を理由とする損害賠償責任につき，四宮・前掲注⒁28頁注1，窪田編・前掲注⒅48頁（平田）。
(22)　大判明41・6・15民録14輯723頁参照。この理解を前提にして，河邉義典『最判解民平成10年度（下）』809頁注15は，共同不法行為者間の求償権の性質を不当利得または一種の事務管理だとする。しかし，通説は，受任者と同様に当然の利息請求を認める。我妻・前掲注⒁919頁，四宮・前掲注⒁30頁，谷口ほか編・前掲注⒂294頁（三宅正男），潮見・前掲注⑻308頁，窪田編・前掲注⒅57頁（平田）。
(23)　我妻・前掲注⒁922頁，谷口ほか編・前掲注⒂295頁（三宅），加藤雅信『事務管理・不法利得・不法行為〔第2版〕』（有斐閣，2005年）19頁，潮見・前掲注⑻309頁。ただし，それらは本人の損害賠償責任を否定することに立法論として批判的であり，解釈論として，本来は損害にあたるものを費用に含めることで対処しようと図っている。それと実質的には同じだが，四宮・前掲注⒁33-34頁は，費用に準ずる損害について賠償請求を認める。同旨，窪田編・前掲注⒅57-58頁（平田）。さらに，特段の限定をつけずに受任者と同様の損害賠償請求を認めるものとして，松坂・前掲注⒂6頁参照。

民商法の課題と展望

2 「必要性」の枠組みと具体的考慮要素

(1) 費用償還請求における委任と事務管理の違い

受任者の費用償還請求に関わる諸要件のうち，焦点になるのは費用の「必要性」である。その基本的な判断枠組みにつき，学説は，㋐「必要性」に関する判断の基準時は費用の支出時であり，㋑「必要性」の有無につき受任者が相当の注意を払っておれば足りるとしており，この2点は共通理解となっている[25]。たとえば梅謙次郎によれば，事務管理では「真ニ本人ノ為メニ有益ナリシ費用」だけが償還請求の対象になるのに対して，委任では「実際有益ナラサリシモ当時ノ事情ニ依リ必要ト認ムヘキ費用」であれば足り[26]，必要費とは「当時ノ事情ヲ考ヘ普通ノ鑑識アル者カ必要ト認ムヘキモノ」を指す[27]。また，我妻栄によれば，必要費は「その事務を処理するさいに受任者が相当の注意をもつて判断して必要と考えた費用」であり，「結果からみて必要でなかつた費用ないしは効果のなかつた費用も含まれる（事務管理，不当利得の返還請求権との差である……）のはもちろんのこと，費用を支出する当時必要と認めるかどうかも純客観的標準によらず，受任者の過失なき判断を標準とすべきである[28]」。

しかも，その判断枠組みは費用償還請求にとどまらず代弁済請求にも当てはまる[29]。それに対し，受任者の費用前払請求では客観的な必要性が要件になる

---

(24) 藤原正則『不当利得法』（信山社，2002年）297頁。

(25) 梅謙次郎『民法要義巻之三』（有斐閣，1912年，復刻版1984年）743頁，横田・前掲注(12) 636-637頁，吾孫子・前掲注(10) 70頁，末弘厳太郎『債権各論』（有斐閣，1918年）765頁，鳩山秀夫『増訂日本債権法各論（下巻）』（岩波書店，1924年）623頁，三潴信三『契約法（新法学全集13巻）』（日本評論社，1940年）274頁，末川博『債権各論第二部』（岩波書店，1941年）319頁，我妻・前掲注(8) 682頁，石田・前掲注(10) 355-356頁，三宅・前掲注(9) 989頁，幾代ほか編・前掲注(10) 271-272頁（明石），山本敬三『民法Ⅳ-1』（有斐閣，2005年）729頁，加藤雅信『契約法』（有斐閣，2007年）426頁，潮見・前掲注(8) 266頁。

　判例も，650条1項（平成16年改正前の規定）にいう「委任事務ヲ処理スルニ必要ト認ムヘキ費用」とは「受任者カ各場合ノ事情ニ省ミ相当ノ注意ノ下ニ必要ト認メタル費用」を指すという。大判昭2・1・26裁判例2巻民100頁。

(26) 梅・前掲注(25) 744頁。

(27) 梅・前掲注(25) 743頁。

(28) 我妻・前掲注(8) 682頁。

(29) 三潴・前掲注(25) 274頁，我妻・前掲注(8) 683頁，三宅・前掲注(9) 990頁，幾代ほか編・前掲注(10) 274頁（明石），加藤・前掲注(25) 427頁。

と解されているし[30]，梅や我妻がいうように事務管理者の費用償還請求では費用支出の客観的な有益性が要件となる。

そうすると，費用償還請求権に関する委任と事務管理の差異は，前者の方が幅広いという点にあって，委任ではたとえ費用支出が委任者に有益な結果をもたらさなくても，受任者が相当の注意を払って必要性を認めていれば償還請求の対象になる。この特徴を出発点にすると，問題は２つの方向に広がる。その１つは，有益な結果をもたらさなくても「必要性」があれば費用償還請求を認めるのはなぜかという理論的な根拠論であり，もう１つは，相当の注意を払ったとの評価を受けるために受任者は何をすべきかという行動規範の内容論である。

(2) 理論的な根拠

(a) まず，理論上の出発点となる発想について学説の理解は一致しており，たとえば我妻は次のようにいう。委任は一定の事務を処理するための統一的な労務を契約内容としており[31]，そこでは，委任によって受任者に何等の経済的負担をかけず，また損失を蒙らせないようにする義務を負うのを本則とする，と[32]。その背後には，委任者の意思に従って事務を処理するのが委任の性質だから，委任履行の結果と認めるべきものについては，委任者がすべてその責めに任ずるのが妥当だ[33]とする発想が隠れている。その発想を出発点として，我妻は事務処理時点における費用の「必要性」に関する相当の注意を問題とし[34]，また受任者に生じた損害に関する委任者の無過失責任を導く[35]。つまり，委任

---

(30) 吾孫子・前掲注(10) 64 頁注 2，幾代ほか編・前掲注(10) 269 頁（明石），半田・前掲注(10) 451 頁。

(31) 我妻・前掲注(8) 532 頁，652 頁。そこで我妻は「統一的な労務を目的とする」と表現しているが，本稿では「目的」を「契約内容」に置き換えた。

(32) 我妻・前掲注(8) 681 頁。同旨，横田・前掲注(12) 633 頁，吾孫子・前掲注(10) 64 頁，末川・前掲注(25) 317 頁，320 頁，幾代ほか編・前掲注(10) 271 頁（明石），加藤・前掲注(25) 425 頁。

(33) 幾代ほか編・前掲注(10) 272 頁（明石）参照。明石は「委任は，委任の範囲内では委任者の意思にしたがって事務を処理するのを目的とするから，委任履行の結果とみとめるべきものには委任者がすべてその責めに任ずるのが妥当である」とする。そこでいう「目的」を本稿は「性質」に置き換えた。

(34) 我妻・前掲注(8) 660 頁，682 頁。同旨，幾代ほか編・前掲注(10) 272 頁（明石），加藤・前掲注(25) 426 頁。

民商法の課題と展望

者の意思やその指示に従うという契約の性質が委任者の不利益負担を正当化するのである[36]。

　(b)　もっとも，出発点の発想をどこまで貫くかについては，学説にニュアンスの違いを窺うことができる。かつての学説は，委任が委任者のための契約であることを特に強調しており，我妻は，委任事務処理に必要な旅行にさいして受任者が怪我をしたまたは盗難被害を受けたという場合に，その損害を委任者の賠償責任に取り込む[37]。また，受任者が払うべき善管注意は受任者の義務と権利の双方に関係するはずである[38]。ところが，我妻は，事務処理遂行義務との関係で報酬の有無や程度および受任者の専門性を考慮して注意義務を操作すべきことを説く一方で[39]，費用の「必要性」や委任者の無過失責任との関係では，少なくとも明示的にはそこまでの説明を示しておらず，事務処理遂行義務の叙述を引用してもいない。そういったことから，我妻説の特徴として，広範な費用に「必要性」を認めようとする姿勢を窺うことができるのであって，上記の発想がその出発点になっている。

　それに対し，戒能道孝は有償委任における無過失責任の排除を主張し[40]，今

---

(35)　我妻・前掲注(8) 660, 684-685 頁。同旨，吾孫子・前掲注(10) 79 頁，末川・前掲注(25) 320 頁，三宅・前掲注(9) 995 頁，平野・前掲注(10) 634 頁，加藤・前掲注(25) 427 頁。
　　そのほか，無過失責任に関しては，委任者は受任者を利用して利益を受けようとするのだから，事務処理のために受任者が被る損害について絶対的に責任を負うのは当然だという発想（報償責任性）を根拠にするものがある。岡松参太郎『無過失損害賠償責任論』（有斐閣，1953 年）597 頁，末弘・前掲注(25) 767 頁注 64，山本・前掲注(25) 731 頁。
　　無過失責任性の系譜に関しては，野田龍一「委任者の損害塡補義務」福岡大学法学論叢 36 巻 1 ～ 3 号（1991 年）51 頁以下，一木孝之「受任者の経済的不利益等に対する委任者の塡補責任 (1)」國學院法学 45 巻 2 号（2007 年）283 頁以下参照。

(36)　四宮和夫はこの点を明言し，費用の範囲に関する委任と事務管理の差異を本人による指示の有無に求める。四宮和夫「委任と事務管理」『民法論集』（弘文堂，1990 年，初出 1971 年）137 頁。それに対する批判的な見解として，一木孝之「事務管理者に生じた経済的不利益等の塡補をめぐる史的素描」早法 84 巻 3 号（2009 年）181 頁以下参照。

(37)　我妻・前掲注(8) 685 頁。同旨，鳩山・前掲注(25) 624 頁，三潴・前掲注(25) 275 頁，末川・前掲注(25) 320-321 頁，宗宮信次『債権各論（新版）』（有斐閣，1971 年）245 頁，三宅・前掲注(9) 995 頁，山本・前掲注(25) 731 頁。委任事務処理の「為メ」という文言について，末川は処理に「関連して」と読み替え，宗宮は「於て」と読み替える。

(38)　後述注(46) 対応本文参照。

(39)　我妻・前掲注(8) 671-673 頁。

(40)　戒能道孝『債権各論』（巌松堂書店，1942 年）332 頁。

日では多くの支持を集めている[41]。また，損害賠償の範囲に関して，有力説は委任事務処理中に遭遇した単なる事故被害を賠償対象から除外する[42]。これらは，我妻が受任者の負担や損失をすべて委任者に押し付けようとするのを行きすぎだと感じるからであろう。

　では戒能や賠償範囲に関する有力説のように考えると，費用の範囲論（「必要性」の有無）に差異が生ずるだろうか。差しあたりここでは否といえる[43]。それは，本稿がごく単純な机上設例を取りあげて，「必要性」を充足するために受任者がなすべき具体的行動（作為義務）を検討しようとするものだからである。単純な設例を考える限りにおいて，なすべき行動は受任者一般に期待されるものであって，一部の行動を無償での受任者について不要だとすることや，有償での受任者に加重的な行動を要求することは考えられない。報酬の有無が影響するのは，なすべき行動を受任者が行わなかった場合において，その不作為に関する合理的な理由の存否を判定するときであって，それは本稿の射程外の問題である（3(2)③）。

　(c)　その点は委任関係を整理するさいの鍵になる。受任者が支出時になすべき行動をとらなかったとしても，その不作為につき合理的な理由があれば，支出に「必要性」が認められる。これこそが，受任者に経済的負担等を負わせないという出発点の発想の意味であり，戒能のようにその発想の射程を狭く捉えるにしても，それは合理的な理由の判定に影響を与えるだけである。換言すれば，リスク負担に関する特約（結果債務引受特約）のない限り，受任者が無過失の場合におけるリスクはすべて委任者の負担となり，委任者はたとえ無過失でもリスク負担を免れない[44]。

---

(41)　来栖三郎『契約法』（有斐閣，1974 年）528 頁，石田・前掲注(10) 356 頁，平野・前掲注(10) 636 頁，半田・前掲注(10) 453 頁。反対，三宅・前掲注(9) 995 頁注 1。

(42)　幾代ほか編・前掲注(10) 277 頁（明石），来栖・前掲注(41) 528 頁注 1，石田・前掲注(10) 357 頁，平野・前掲注(10) 635 頁。

　　それらによれば，単なる事務処理遂行のための旅行というのでなく，購入土地検分のために旅行して現場の土砂崩れで負傷したとか，伝染病の流行地における事務処理が委託され，受任者がその任務遂行中，過失なしに罹患したといった事情が必要となる。前例につき，幾代ほか編・前掲箇所，潮見・前掲注(8) 266 頁，また後例につき，吾孫子・前掲注(10) 82 頁注 2。

(43)　ここでは，委任報酬に費用を含める旨の約定がある場合を脇においている。その場合に報酬請求権しか認められないのは当然だからである。前述注(9) 参照。

民商法の課題と展望

　それを示唆するのは平野裕之である。平野は委任の背後にある信頼関係に着目し，「委任者も委任をして後は報酬を支払うというだけでなく，必要な指示をしなければ受任者は事務をどう処理したらよいのか困ることもあり，『信義則上，委任事務遂行に消極的であってはならず，むしろ積極的に必要な協力行為をする義務を負う』（東京高判平3・12・4判タ786号206頁）。これに違反すれば，……場合によっては損害賠償責任を生じさせる」という[45]。そこで平野は，一方的に受任者だけが善管注意義務を負うというのではなく，委任者としても適切な指示をし，委任事務処理に必要な協力をすべきだとみている。ただし，その指示や協力を委任者の義務と位置づけてよいかは疑問であって，所引の裁判例はともかく，平野自身は義務とは述べていない。平野はむしろ，指示・協力に関する不作為の事情から無過失責任である損害賠償責任を導いているのであって，その不作為につきやむを得ない事情があったか否かは委任者の賠償責任の成否に無関係だとみているように思われる。

　受任者がなすべき行動を次にみるが，その行動を決定する重要な柱は委任の本旨と委任者の指示であり，その指示には委任契約後のものも含まれる。平野の主要論旨は，その後発的な指示や協力が受任者の行動規範を決定する要因の1つであり，それに関する委任者の不作為が受任者による注意義務違反の認定にさいして意味をもつことを指摘した点にある。しかしさらに，そこにはもう1つ別の含意があって，委任者の不作為に関して合理的な理由があるか否かは度外視すべきことを説いている。そのうち後者の重要性が高いことをすぐ後で示したい（(3)(b)）。

(3)　受任者の行動規範

　(a)　受任者が払うべき相当の注意とは善管注意を指すが[46]，その具体的内容に関しては，費用論など受任者の権利との関係よりも，受任者の義務との関係で論じられている。ここでは，受任者の行動規範について山本敬三による整理

---

[44]　本文では，受任者の請求権との関係で委任者によるリスク負担の論拠を論じている。結論として同じことは受任者の債務不履行責任でもいえるが，その論拠は債務不履行法の一般原則である。

[45]　平野・前掲注(10) 636頁。そこで参照する裁判例が直接に扱ったのは，委任の中途終了に伴う報酬請求権（現行648条3項）である。

[46]　吾孫子・前掲注(10) 70頁，鳩山・前掲注(25) 623頁，幾代ほか編・前掲注(10) 271頁（明石），山本・前掲注(25) 729頁。

をみておこう。

山本によれば，受任者が事務処理に関する委任者の指示に従わなかった場合には，それによって委任者に生じた損害につき受任者は賠償責任を負担する[47]。ただし，指示が委任の本旨に照らして不適当であるために[48]，受任者がその旨を通知して委任者に指示の変更等を求めたものの，委任者の再指示を受けないまま事務処理を進めざるを得なかったのであれば，受任者は責めを免れる。これは，急迫な事情があって，指示を仰ぐ時間的な余裕がない場合も同じである[49]。他方で，受任者が指示に従っていた場合には損害賠償責任を免れることもあるが[50]，常にそうだというわけではない。委任者の指示が不適当であり，かつそのことを受任者が知っていたときは，受任者は指示の不適当さを通知するなどの義務を負い[51]，それを怠れば責めを免れない[52]。同様に，受任者が指示の不適当さを容易に知りえたときにも責めを免れない[53]。

この行動規範は，事務処理の方法等に関して委任者の指示があることを前提

---

[47]　山本・前掲注(25) 714 頁。

[48]　受任者に裁量の余地がないような委任では，常に指示に従うべきだといわれている。三宅・前掲注(9) 951 頁。

[49]　山本・前掲注(25) 715 頁。委任者が再指示をしない場合に，委任の本旨を考慮して適宜の措置をとることは受任者の義務だと解されている。末弘・前掲注(25) 759 頁，鳩山・前掲注(25) 615 頁，我妻・前掲注(8) 671 頁，幾代ほか編・前掲注(10) 230 頁（中川高男），石田・前掲注(10) 349 頁。それに対し，三宅は，そこで臨機の処置をすることは受任者の義務ではないとして，それに関わる費用を一種の事務管理と捉える。三宅・前掲注(9) 952 頁。

　　指示を仰ぐための余裕に関係する裁判例は 2 件あるが，何れも，指示が委任の本旨に照らして不適当である場合の問題ではない。大判昭 2・1・26 前掲注(25) は，委託内容（輸出代金の取立て）に関連するけれども指示がなかった事項（輸出先での商品保管）について，指示を仰がなかったことを不問に付している。これは，書面による往復交渉に 4 ヶ月程度を要しており，商品保管につき委託者の指示を仰ごうとすれば 1 年を要する可能性があったことなどに着目したものである。

　　もう 1 つの事件は，東京地判平 1・3・14 判時 1301 号 21 頁であり，これは交通事故で被害を受けた患者に関する過剰診療の問題を扱っている。判決は，患者の症状を完全に把握するための種々の検査の実施あるいは可能な診療方法の選択を十分に検討するための時間的余裕がなかったことを重視する。そのために，むち打症及び右上下肢挫傷を負った患者に対する腹部レントゲン撮影が「明らかに合理性を欠くものということはできない」と判示する。これは，異常がないことの確認だけでも意味があるという医学上の見解があることに鑑みたものである。

[50]　山本・前掲注(25) 714 頁。

にしている。その指示は契約時のものに限定されず，契約後の指示であっても，それが委任契約の範囲内である限りは遵守すべきだと解されている[54]。それらの指示が不適当であっても受任者はなおその指示を墨守してよいとか，自己の裁量で行動してよいというのではなく，さらに委任者の再指示を仰ぐべきだという点は注目に値する。指示を受けたからといって委任者への照会を省略できるとは限らないのである。そうであれば，委任者の指示がなかった場合も同様だろう。すなわち，指示がないというだけで当然に受任者の裁量的判断に委ねるのではなく，重大事項であれば，急迫な事情がない限り受任者は委任者の指示を仰ぐべきであり，受任者の合理的な裁量判断が許されるのは，受任者の照会に対して委任者が返答しなかった場合だけだと思われる[55]。

　(b)　それを平野の指摘と併せ考えてみよう。平野は，委任者の損害賠償責任との関係で委任者の不作為が意味をもつと指摘する。しかし，善管注意義務の判定にさいし委任者の不作為がもつ意味はさほど大きくない。それはせいぜい，注意義務を遵守したことの評価障害事実が存在しないという程度のものにすぎ

---

(51)　この点に関係する裁判例として，大阪地判平 16・3・11 Lex/DB 28090984 がある。これは，海外での特許紛争を抱えた企業が，顧問となっていた弁護士に対して現地での弁護士の選定等を委託したという事件である。そこでの争点は，選定された現地弁護士陣が高額なタイムチャージを設定していたことにあり，委任者がその選定を事後的に疑問に感じたことで，受任者の善管注意義務違反を問題にしている。しかし，判決は委任者の主張を退け，概要次のようにいう。「受任者……としては，委任者……の意思決定に必要な事項につきアドバイスや説明を適宜なすべき義務があることはいうまでもないが，そのような説明義務を尽くした以上，常にその弁護士報酬や経費を最低限にとどめることを最優先事項とすべきものではなく，依頼者の利益を実現するために必要と思われる弁護士を選定すれば足りる」。要するに，受任者が委任者の指示を仰ぐ場合には，選定結果の利点と難点に関する情報の提供が求められるという趣旨であろう。

(52)　山本・前掲注(25) 715 頁。同旨，末弘・前掲注(25) 759 頁，鳩山・前掲注(25) 615 頁，我妻・前掲注(8) 671 頁，石田・前掲注(10) 348 頁，潮見・前掲注(8) 260 頁。

(53)　山本・前掲注(25) 715 頁。

(54)　吾孫子・前掲注(10) 44 頁，三潴・前掲注(25) 278 頁，幾代ほか編・前掲注(10) 230 頁（中川）。

(55)　来栖三郎は委任者の指示がない場合につき受任者に裁量を認め，また中川高男も同旨を説く。来栖・前掲注(41) 521 頁，幾代ほか編・前掲注(10) 230 頁（中川）。しかし，それは，委任者が受任者の裁量を認めていた場合を想定したものだろう。裁量権を付与した前提に変化が生じた場合や裁量の範囲が不明確であるためにそれを踰越するおそれがある場合には，本文のように，受任者は委任者に照会すべきである。

ず，委任者の不作為は積極的な評価根拠事実とならないであろう。山本が受任者の行動規範を描写していることから分かるように，受任者の行動だけが評価根拠事実になるからである。そもそも委任者は無過失責任を負担するのだから，その負担を正当化するには受任者の能動的な作為が必要なはずである。さらにそれを裏返しにいえば，受任者が行動規範に従って合理的に行動していれば善管注意義務を遵守したと評価され，費用や損害を委任者に転嫁できるが，委任者は合理的に行動しているからといって負担の引受けを免れることはできない。それが無過失責任の意味である。

　(c)　以上の一般的な行動規範については，それを保証委託関係にそのまま当てはめることはできない。次述のように，保証委託における費用償還は委任の本旨を達成した後に初めて問題になることだからである。そのため，一般的な規範を考慮要素に置き換えてみよう。受任者の行動規範を決定するにあたって重要な鍵になるのは，①委任の本旨および契約時または契約後における指示内容である。また，②必要に応じて委任者に照会すべきだが，③その余裕がないとか，照会に対する返答が得られないといった合理的な理由があれば受任者の裁量を認めることができる。さらに，④照会にさいして受任者は委任の本旨に照らして指示が不適切であるといった状況を説明すべきである。そして，受任者が②や④の行動をしていれば，その作為は善管注意義務を遵守したこと（「必要性」）の評価根拠事実になる。しかし，②に関する不作為が当然に義務違反の評価を決定づけるわけではなくて，受任者に合理的な理由があれば義務違反の評価は覆る。それを示すのが③である。他方で，⑤委任者が契約後における指示や協力をしないからといって，その不作為が評価根拠事実になるわけではないし，たとえその不作為に関して委任者に過失がなかったとしても，委任者の無過失が評価障害事実になるわけでもない。保証委託の当事者関係を分析するさいは，その最後の点が特に重要な鍵になる（Ⅲ 1，2）。

3　保証委託の分析道具

　(1)　以上では，委任法理における支出の「必要性」について，基本的な判断枠組みと具体的な考慮要素をみた。しかし，そのうち具体的考慮要素については，そのまま保証委託に当てはめることができない。それは，弁済期の到来によって保証委託の目的が達成されており，その後における支出は，なお残存す

民商法の課題と展望

る保証債務を清算するためのものだからである。すなわち，一般的な委任との対比でいうと，保証委託には2点の特徴があって，第1に保証委託の内容は保証契約を締結すること，および弁済期まで信用を供与することにとどまり，主債務者は保証人に弁済を委託していない[56]。それでも，委託に基づいて保証債務が成立しており，これを消滅させるための支出は「委任に係る事務処理により生ずる負担[57]」として，650条1項にいう費用に該当する[58]。しかし，その支出が主債務者に利益をもたらすとは限らず，二重支出の危険などが伏在する。そのため，第2の特徴として，保証人は支出時に債務の状況を正確に把握する必要があり，基本的には，正確な情報に基づいた支出に限って「必要性」を認めるべきである。それら2点は，さらに次のような意味を含んでいる。

保証委託は受任者による裁量の余地のない種類[59]の委任契約であって，保証契約を締結し，弁済期までの信用を供与することが委託内容である。そのため，弁済期の前にあっては債務を消滅させるための支出の是非に関する決定権は主債務者に専属し，主債務者が支出しないことを決定している場合だけでなく，判断を先延ばししている場合であっても，そういった委任者の態度は受任者の行動を拘束する。他方で，弁済期到来によって保証委託の目的を達成すれば，債務消滅のために支出するかどうかは受託保証人の自由であって，支出の是非に関する決定権は主債務者と保証人の双方に帰属する[60]。すなわち，たとえ弁済期到来後に主債務者が支出の先延ばしを図っても，その判断が保証人を拘束するいわれはない。

そういった保証委託の特徴は照会の目的に影響を及ぼす。一般の委任契約において受任者が委任者に照会するのは，その指示を仰ぐためである。それと異

---

(56)　文献を含めて，福田誠治『保証委託の法律関係』（有斐閣，2010年）59頁注139，78-82頁参照。伝統的な学説は弁済を委託内容に含めているが，それが不適切であることは別に検討したところである。同書49-58頁。

(57)　最判平2·12·18民集44巻9号1686頁。

(58)　保証委託では委託目的の達成後における費用支出が問題になるが，細かくいえば，それは保証委託に固有の特徴ではない。たとえば，契約交渉とその締結に関して委託を受けた会社が，交渉のため海外に従業員を派遣した結果として，無事，契約締結に至ったという場合において，従業員の帰国費用は委託目的達成後に発生する。ただし，現実の取引社会ではその費用は報酬に含まれるだろう。その結果として，保証委託を別にすれば，目的達成後の費用が法的な問題として意識されることはあまり想定できない。

(59)　前掲注(48)参照。

なり，保証委託の目的達成後に受託保証人が主債務者に照会するのは，債務の状況を正確に把握するとともに，必要に応じて誰が支出するかを調整するためである。それは，保証人の知らないうちに主債務者が先に弁済しているなどの事情で，主債務者が債権者に対して抗弁を有する可能性があることによる。また，利益分析上，保証委託の特徴は事前照会義務の正当化要因になるのだが，この点は後にみることにしよう（Ⅲ1(1)）。他方で，一般的な委任と同様に保証委託でも主債務者は事前照会の義務を負担しない。これは，受託保証人が善管注意義務を遵守している限りにおいて主債務者が不利益を負担すべきだからである（Ⅲ1，2）。それに対して，委任が相互的となる連帯債務では様相が大きく異なる（Ⅳ1(1)）。

(2) このように，保証委託の特徴は具体的考慮要素の修正を要請する。重複を厭わずまとめておこう。まず，①委任の本旨と指示内容についてみると，上記のように弁済期到来後の支出は委託目的を達成した後の問題だから，委任の本旨は考慮の対象外である。また，主債務者の指示が保証人の行動規範に関係するかを考えると，支出した保証人が1人であれば特に考慮を要するような指示は想定できない。それと異なり，共同保証人の1人が支出するのであれば，主債務者に対する照会とともに他の保証人に対する照会が問題になりうる。これは，債務の状況把握が事前照会の目的だからであって，主債務者が共同保証の事実を伝えるとともに，支出に関して保証人相互の連絡調整を指示していた場合は，その指示に従うべきである（Ⅲ4(1)，Ⅳ1(1)）。

次に，②委任者への照会が債務の状況を把握するためであって，場合によっては支出の調整が必要になることは前述した。そうすると，④受託保証人が債務の状況を照会するさいは，自身が支出しようとしていることを具体的に説明するのが望ましい。しかし，状況照会を受けた主債務者は保証人の支出予定を

---

(60) 事前請求権につき私見は清算目的説をとっており，これを前提にすると，支出の是非に関する決定権を受託保証人に認める必要性はさして高くない。事前請求権を使って，保証人は保証債務相当額の金銭を主債務者に請求できるからである。しかし，そうだからといって，保証人の決定権を否定すべきことにはならない。委託目的の達成後に保証債務が残存しているという状況で，保証委託契約の清算を図るため，事後求償と事前請求の2つの手段を保証人に認めてよいと思われる。なお，私見では，現行460条による事前求償権を事前請求権と表現すべきだと考えている。その理由については，福田・前掲注56) 3-4頁参照。

民商法の課題と展望

察知できるから，保証人が支出予定を明示的に説明することまでは不要だと考える。それは連帯債務者でも同じである。それと異なり，事務管理や不当利得が償還請求の根拠となる場合には，事前照会において支出予定の内容を具体的に説明すべきだと思われる（Ⅲ5⑵および⑶，Ⅳ2⑵(b)）。

　さらに，③委任者への照会につき余裕がない場合としては，債権者が強制執行によって配当を受けようとしているときが考えられる。しかし，本稿で想定するのは，保証人が任意に支出する場合だけだから，照会の余裕がないほどに切迫した状況を想定するのは難しい。弁済期到来後であれば，受託保証人は支出せずに事前請求権（460条2号）を行使できるからである[61]。むしろ，合理性との関係で問題になるのは，主債務者の連絡先が不明となった場合に合理的な手段を使って連絡先を調査したかという点や，主債務者の返答を得るために待っていた期間は合理的だったかという点である。そういった合理性の判定にさいしては，保証引受に関する対価の有無など諸事情が考慮対象になるが，本稿はその詳細には踏み込まない。

　他方で，⑤委任者による指示や協力の欠如に関しては，保証人の事前照会に対して主債務者が有益な情報を伝えたか否かが主な問題になる。そのほか，たとえば主債務者が保証委託後に転居していれば，連絡先を伝えることで保証人の事前照会を容易にするのが望ましいし，保証人と同時期に主債務者も支出を予定しているなどの事情があれば，主債務者からの事前照会や事後通知も問題になる。要するに，二重支出回避に資する情報を主債務者が正確に提供していれば，情報提供の事実が「必要性」の評価障害事実となる。他方で，本稿はその情報提供が主債務者にとっての義務でないと考えるから，情報提供に関する不作為につき主債務者に合理的な理由があったとしても，それは評価障害事実にはならない。

---

[61]　本稿は委任法理を分析道具としているが，それにも拘わらず，本文の文脈では求償法理の制度を使って表現せざるを得ない。というのは，事前請求権が費用前払請求権の派生形態ではなく，むしろ代弁済請求権の派生形態である免責請求権を基にして，これに実効性を付与するために金銭債権として構成したものが事前請求権だと考えるからである。この点につき，福田・前掲注56 112-115頁参照。

4　思考実験の対象とそこでの前提事項

（1）　以下では，それらを考慮しながら保証委託の当事者関係と連帯債務者相互の関係に大別し，机上設例を使って二重支出に関する不利益割当基準を探る。そのさい，委任法理だけでなく，事務管理法理や不当利得法理を当てはめた場合の基準もみておきたい。これは，通知制度が無委託保証を射程に含んでいるからである。そのため，主債務者と保証人の間に保証委託の関係がある場合と無委託保証の場合を比較する。また，委任や組合の関係があるような真正連帯債務者の相互関係と，不真正連帯に属する共同保証人の相互関係を比較する。

検討にさいしては，委託時に委任者が何ら特段の指示をしていない場合を出発点にする。また，先行支出者と後行支出者はそれぞれの支出時において他者の支出や支出予定を把握しておらず，支出の先後関係は事後に判明したという場合を主に想定する。さらに，二重支出の場合（現行443条2項の規律対象）のほか，主債務者が相殺などの抗弁権を有する場合（現行443条1項の規律対象）にも「必要性」の有無が問題になるが，本稿は前者に絞って検討する。これにより，本稿における先行支出は債務消滅効をもつ弁済に該当するから常に「必要性」を充足し，「必要性」の有無を論ずべきは後行支出だけである。ただし，検討すべきは支出の「必要性」だけではなくて，先行支出者が保証人などであれば，その損害賠償責任が問題となる。先行支出者である保証人が善管注意義務に違反したことで後行支出を招いたのであれば，その責めを問われるべきだからである。

（2）　それからもう1つ，二重支出の回避策を確認しておきたい。二重支出の回避に万全を期すため最低限必要な行動は，後行支出者が事前に債務の状況を先行支出者に対して照会し，自己の支出予定を知らせたうえで，さらに先行支出者の返答を待つことである。これには6つの意味があって，第1に，後行支出者の事前照会は誰からの催促を受けることもなく，能動的に行うのが望ましい。第2に，後行支出者が先行支出の事実を把握するためには，事前照会をしたうえでさらに先行支出者から返答を受ける必要がある。このため，隔地者間での事前照会が法律上の義務となる場合においては，事前照会を発信しただけで後行支出が許されるわけではなく，その発信（・到達）後，合理的な返答期間内は支出すべきでないことになる。この点で，事前照会義務は作為義務と不作為義務を内包している。

民商法の課題と展望

　他方で第3に，先行支出者は後行支出者に先行支出の事実を伝える必要があるが，その通知は事前照会に対する返答として行えば足りることが多い。先行支出者が能動的な事後報告の義務を負担している場合であっても，同時に後行支出者が事前照会義務を負担し，かつその作為義務と不作為義務を遵守する限りにおいて，先行支出者の行動は受動的でよい。第4に，先行支出者が能動的な事後報告義務を負う場合もあるが，これは後行支出の回避策として万全なものではない。それは，隔地者間における情報の遣り取りに時間がかかる場合を考えると，たとえ事後報告が遅滞なく発信されても，到達前に後行支出者が支出を終えてしまうことを防げないからである。第5に，先行支出者の事前照会であればその点の支障を回避できるが，後行支出者が事前照会をする限りにおいて先行支出者の事前照会は過剰である。そのため，先行支出者による能動的な事前照会が法的義務となるのは，先行支出者が受任者であるといったその属性に由来する。

　さらに，本稿の検討対象は，事前照会以外の方法では他者による支出の有無を把握できない場合である。そこでの各支出者は，後行支出者として能動的に事前照会すべきなのか，それとも先行支出者として事前照会が来るのを待っていればよいのかが分からない。そのため，第6に，法的な義務であるかどうかは別として，双方とも事前照会をするのが望ましい。

　(3)　そういった整理から2つのことが分かる。まず，ここでの問題は，二重支出を受領した債権者の無資力リスクを誰が引き受けるべきかという点にあるが，その問題を解く鍵は，別の意味でのリスクに関係する。それは情報伝達に関わるリスクを引き受けるべきは誰かというものである。次に，二重支出を回避するためにどういった行動をするのが望ましいかという問題（行動指針[62]）と，現に行われてしまった後行支出に関して不利益転嫁を可能にするための法的根拠となる義務があるのかという問題（行動規範）があるところ，両者が一致するとは限らない。

　それはこうである。委任者・受任者といった支出者の属性は法的義務およびその裏返しとしてのリスク負担に直結する。受任者は善管注意義務の一内容として事前照会義務を負うが，これは，二重支出の回避に必要な努力を払っていれば足りることを意味する。事前照会は結果債務ではなくて手段債務にすぎず，受任者に合理的な理由があって事前照会ができない場合におけるリスクは委任

者が負担すべきものだからである。逆にいえば，委任者が事前照会などによって二重支出の回避に協力するのは望ましいことだが，不作為につきたとえ合理的な理由があったとしても，それは委任者のリスク負担を回避する事情にならない（考慮要素⑤）。そのため，委任者の事前照会を行動指針に含めることはできても，それは法的義務ではなくて，行動規範には含まれない。このように，情報伝達リスクの負担に関する考え方が行動指針と行動規範の分裂をもたらしている。そして，2つのリスクの関係を考えると，債権者の無資力リスクに関する不利益割当基準を定立するために，行動規範が情報伝達リスクの負担を考慮して支出者の義務を定めるという関係に立つ。

　以下での作業の中心は，二重支出の回避策と情報伝達リスクの負担者の2点を念頭においたうえで，望ましい努力と法的な意味での義務を見極めるというものである。ただし，情報伝達リスクの負担者を確定するには，支出者の属性とは別に，債務の状況に関する情報を誰が握っているのかという点にも配慮する必要がある。それらを考慮することで不利益割当の基準が明らかとなる。

Ⅲ　主債務者と保証人の関係

　ここでは4つの設例を取りあげたい。第1例は，債権者Gへの債務に関して主債務者SがAに連帯保証を委託し，弁済期経過後にAが保証人としてGに支出したが，その前にS自身が支出していた場合であり，第2例はAの支出が先行した場合である。そのほか，AとBの2人がSから連帯保証の委託を受け，弁済期経過後，A・Bの順に支出した場合を取りあげるが，それをさ

---

⑥2　本稿が行動指針という表現を使うのは，そこに，望ましい行動を広く含めるためである。そして，指針に適った行動をしていてもなお不利益を負担すべき場合があって，後にみる第1例におけるSはやむを得ない理由でAに返答できなかったとしても不利益を回避できない。また，行動指針に反していても不利益の引受けを拒絶できる場合があって，第3例におけるAは事前照会等を怠っていても，同様の過失がBにもあればAは不利益を負担しない。このように，本稿にいう行動指針は当為命題を含まず，それを規範と表現するのは不適切だと考える。もっとも，行為規範と評価規範の定義を工夫すれば，本稿の行動指針が前者を指し，また行動規範が後者を指すと理解できるかもしれない。行為規範については差しあたり，内田貴「民事訴訟における行為規範と評価規範」法教75号（1986年）69頁以下参照。

民商法の課題と展望

らに細分化する。第３例は，２つの保証委託が独立して行われており，保証を二重に委託したという事実についてＳがＡやＢに知らせていなかったときであり，第４例はＢに対してＳが二重の保証委託を伝えていたときである。

それらのうち，第１例を除く３つの例では保証人Ａの支出が先行しており，これに「必要性」があるのは明白である。問題は保証人（第１例におけるＡおよび第３例・第４例における保証人Ｂ）の後行支出であって，これについては支出時の行動を考慮して「必要性」の有無を判定する。また，「必要性」とは別に，支出時期が先行する保証人（第２例から第４例におけるＡ）の損害賠償責任が問題となり，ここでは先行支出者の行動を考慮する。それらの判定にさいして検討すべきは，受託保証人が支出に先立って債務の状況を委任者たる主債務者等に照会すべきか否かという点にあるが（考慮要素②），照会義務の有無や内容は主債務者による指示の内容によって異なる（考慮要素①）。

また，第４例を除く３つの例については，保証委託があった場合（１～４）とは別に，その委託がなかった場合を取りあげて，事務管理法理や不当利得法理からの検討も試みる（５）。無委託保証については，第1a 例などと表記することにしたい。

1　第１例

（1）　支出時における後行支出者Ａの行動規範を画定するにあたって，その大枠を決めるのは考慮要素①だが，ここでは委託目的の達成後を想定しており，委任の本旨や契約時の指示は保証人の作為義務に直結しない。しかし，それでもなお保証が委託されたという事情は，支出の「必要性」との関係で，保証人の事前照会義務を正当化する。それは，保証委託が信用供与を内容としており，その必然的な帰結として保証契約の締結後，弁済期までは時間的間隔が空くことを前提にしているからである。

それを説明するために第１例から離れて，債務者Ｓが債権者Ｇへの弁済をＭに委託した場合を考えると，そこでは，Ｍが支出に先立ってＳに対して債務の履行状況を改めて照会する必要性は低い。これは，弁済委託においてＭによる支出をＳが決定しているからである。しかし，委託にさいしてＳ自身による履行の可能性があることをＭに説明していれば，Ｍは支出に先立ってＳに状況を照会すべきである。また，受託後に相当の時日が経過しているとき

にも，債務の状況を改めて確認すべきだといえる[63]。

　そうすると，第1例において，委託や保証契約の締結後，弁済期まで時間的間隔が空くという事情は，履行状況の確認作業をAに求める重要な理由となる。しかも，多くの場合，S自身が弁済期に履行するのであって，この事情も，支出に先立つ能動的な状況照会をAに求める理由となる[64]。

　他方で，AがGから請求を受けていれば，その事情に着目することも考えられるところであって，請求を受けたことでAは債務存続を誤信する可能性がある。というのは，法律上は連帯保証人が補充性を欠いているにも拘わらず（454条），取引実務の慣行としては債権者がいきなり連帯保証人に請求することはなく，主債務者に請求しても弁済を得られない場合に限って連帯保証人に請求するのが一般的だからである。そういった慣行の下で連帯保証人Aが請求を受けたのだから，Sによる支払は未了だと考えても，それはやむを得ないと評価する余地がある[65]。

　しかし，「必要性」要件との関係で考える限り，AがGから請求を受けたことは，事前照会を省略する理由にならない。ここでは，Gの無資力リスクをSとAの何れに負担させるべきかについて検討しているのだから，Gの行動を重視することはできない。また，債権者がまずは主債務者を交渉相手にするという慣行からすると，債務の状況をもっともよく把握するのは主債務者だといえるのであって，保証人が情報の集約者に事前照会をすべき必要性は高いし，

---

[63]　四宮・前掲注(36) 135頁は，委任者の指示にしたがって行動すべき受任者が指示から逸脱しようとする場合は委任者に通知すべきだと説く。そうすると，弁済委託の直後に支出するのではなく，時日を経過してから支出しようというのであれば同様の通知ないし委任者の意思確認が必要になる。

[64]　事前・事後の通知は保証人が片面的に義務を負うのが実務慣行だといわれている。法制審議会〔民法（債権関係）部会〕『第77回会議 議事録』（法務省HPのpdf版）33頁（中井康之）。この意見は他の法曹実務家からも支持を受けており，保証人は「債権者から，主債務者が行方不明の状態になっているよという情報を伝えられたとしても……何らかの調査は」する（同書24頁（岡正晶））一方で，「主債務者がいちいち履行するときに，事後にしろ事前にしろ，保証人に，払いますよとか払いましたよということを言うということは現実的ではないですし，そうしなければ不利益を被るという規律自体が合理的ではない」という（同書32頁（深山雅也））。

[65]　「自然な行動としては，むしろ債権者は，まず最初に債務者のほうに行っているのではないかと思うのです。そうしたときに，やはり債務を負っている保証人として，なお通知が必要でしょうか」。法制審〔民法（債権関係）部会〕・前掲注(64) 24頁（内田貴）。

民商法の課題と展望

その照会は保証人の利益にも繋がる。残るのは、有益な情報を得られる可能性などの便益と情報収集費用が釣り合っているかという問題だけであって、それは、後にみる合理性の判断において考慮すべきことである。

　もっといえば、Ａの支出が後行することで「必要性」が当然に否定されるわけではないにしても、後行の事実は「必要性」の評価障害事実の１つになる。それにも拘わらずＡが善管注意義務を遵守したと評価するためには、その根拠として、能動的な努力を払ったことが必要である。Ａが請求を受けたことで慣行上は債務が未払だと推認できるのはたしかだが、それだけでは評価の根拠としては弱すぎて、Ａによる能動的な努力の代わりになるとは思えない。それと同様に、ＡがＳから何らの通知を受けていないという事情があったとしても、そういった消極的な事実だけでＡが善管注意義務を遵守したことにはならない。

　(2)　では、事前照会を現に行うことが不可欠かといえば必ずしもそうではない。Ａに求められているのは、債務の状況を把握するための合理的な行動である（考慮要素②③）。合理的な方法でＡがＳの連絡先を調査したが、それを把握できず、近々に把握できる見込みもなかったことで、事前照会をしないままＡが後行支出を行ったとしてみよう。この場合に、事前照会の不作為は「必要性」の評価障害事実にならない。むしろ調査活動の合理性が評価根拠事実になるはずであり[66]、弁済期の経過によって保証委託契約を清算すべき段階に入っているにも拘わらずＳの連絡先を把握できる見込みがないという状況下では、Ａの調査活動に法的意味をもたせるべきである。それは、たとえＡの支出直後にＳの連絡先が判明しても同じである。

　(3)　他方で、先行支出者Ｓも支出に先立って「これから支出すること」をＡに通知したり、あるいは弁済後、Ａから事前照会を受ける前に弁済の事実を能動的に通知したりするのが望ましい。しかし、それは主に行動指針の問題である。法的な意味での行動規範が規律対象にするのはＡの行動だけであって、これを評価するための資料としてＳの能動的な通知が意味をもつにすぎない。しかも、Ｓの能動的な通知が「必要性」の評価障害事実に該当するのは

---

[66]　ＡがＧから請求を受けていた場合において、その事実は連絡先に関する調査義務の水準を引き下げる要因になりうる。

たしかだが，それは必要十分条件ではなく，Aの事前照会に対して受動的に返答するだけで評価障害事実が成立する。そのため，Sに期待される能動的な行動は連絡先を明らかにすることでAの事前照会を容易にするという点に尽きている。

このように，本稿は，Aの能動的な行動こそが「必要性」の評価根拠事実になると考えて，Aに事前照会義務を課す。そこでのAは，支出に先立ってSに事前照会を行い，かつ合理的な返答期間を待たなければならず，その期間経過後に後行支出をしたという事情が「必要性」の評価根拠事実になる。また，Sが合理的な返答期間内に受動的な事後通知を行えば，これが「必要性」の評価障害事実となる。そういったAの能動的な事前照会とこれに対するSの受動的な事後通知の2点が「必要性」判断における中心的な事実であって，Sによる能動的な行動には付加的な意味しかない。

⑷　要するに，Aの後行支出について「必要性」を肯定できるのは，事前に照会したにも拘わらず合理的な期間内にSの返答を受けなかった場合，および事前照会をしなかったことに合理的な理由がある場合の2つである（考慮要素③）。それらの場合に，返答遅延や不返答につきSに何かやむを得ない事情があったとしても，その事情は「必要性」の評価障害事実にならない（考慮要素⑤）。それは，Aが連絡先を把握できなかったことにつき，Sにやむを得ない事情があった場合でも同じである。ただし，ここでのAはSに対する費用償還請求権を有するほか，二重支出を受領したGに対しても不当利得返還請求権を有している。そのため，SがAへの費用償還に応ずることで弁済者代位が成立する（現行500条）。

2　第2例

次に，Aの支出が先行し，費用償還請求権が成立する場合を考える。ここでの問題は，Sの後行支出を契機として損害賠償請求権が成立するかという点にある。それとの関係でAがなすべきは事前照会と遅滞なき事後報告だが，そのうち事前照会の重要性が高いことは前述したとおりである。Aが事前照会の努力をしたことは善管注意義務遵守の評価根拠事実にあたり，事後報告が遅れたからといってその評価を覆せるとは限らない。また，事前照会の努力をしなかったことは評価障害事実にあたり，事後報告の遅滞がなかったからと

民商法の課題と展望

いってその評価を覆せるとは限らない。そして，注意義務の遵守が認められないとすればAの損害賠償責任が成立する。ただし，それとは別に，Sは，二重支出を受領したGに対する不当利得返還請求権を取得する[67]。

そのさい，Sが事前照会をしなかったこと（Sの不作為）に着目し，過失相殺をすべきだとは思えない[68]。もちろん，能動的な事前照会によってSが事務処理状況の報告を求めることは二重支出の回避策として有効であり，かりにAが先行支出の前に照会を受領すれば支出を差し控えることができる。また，照会の受領が弁済後だったとしても，Aは事後報告を急いで発信すべきだと認識できるから，それを通じて，Sの後行支出を回避できる可能性が高まる。しかし，それは行動指針の問題にすぎず，行動規範の問題は別に検討しなければならない。そして，事前照会をSの義務と捉えると，合理的な返答期間を経過するまでSは支出すべきでないことになる。Sが保証を委託したことで，支出に先立って一定期間を待つべき義務をAに対して負担するという考え方は，どうみても不適切である。

また，Sが現に事前照会をしていればAの行動規範に影響を及ぼすが，Sの不作為に関して合理的な理由があったことは行動規範と無関係である。行動規範において考慮するのは，Aが事前照会義務や事後報告義務を果たすために合理的な努力を払ったか否かという点に尽きているからである。結局，ここでも，Sによる能動的な事前照会は法的な意味での義務ではない。

3 第3例

第3例では，SからAとBに対する保証委託がそれぞれ独立して行われ，

---

[67] この場合に，SはAに対する損害賠償請求権とGに対する不当利得返還請求権を有するから，Sの損害額の算定にあたって後者の存在を考慮すべきかが問題になる。判例は分かれており，損害賠償請求権と他の債権との並立を認めることで，損害額の算定にさいして他の債権の存在を考慮しないものが多いが，他の債権による回収可能性がある限りは具体的損害の発生を否定するものもある。前説に立つものとして，最判昭35・9・20民集14巻11号2227頁，最判昭38・8・8民集17巻6号833頁，最判昭45・2・26民集24巻2号109頁，最判昭61・11・20判時1219号63頁，最判平23・2・18判時2109号50頁，また後説に立つものとして，最判平4・2・28判時1417号64頁，最判平13・11・27民集55巻6号1380頁。本稿では差しあたり前説を前提にする。

[68] ただし，共同保証の場合を考えると，主債務者から保証人に対する損害賠償請求において，主債務者の不作為が過失相殺の対象になることがある（4(2)）。

Ａ・Ｂの順に支出している。そのさい，二重の保証委託という事実をＡとＢは知らされておらず，二重支出を回避するための情報はＳを通じて遣り取りするしかない。第１例のＡと同様に，ここでの後行支出者Ｂは能動的な事前照会義務を負い，合理的期間内に返答を得られなかった場合および合理的な理由で事前照会ができなかった場合であれば，Ｂの支出に「必要性」を認めることができる。他方で，Ａの支出は債務の弁済に該当するから，その支出には「必要性」がある。そのため，両者がＳに対して費用償還請求権を取得することがある[69]。それがここでの検討対象である。

Ｓが費用償還の義務を二重に負担するからといって，最終的な不利益をＳが常に負担するわけではなくて，その不利益を先行支出者Ａが負担すべきことがある。これは，ＡがＢと同様の事前照会義務を負担するし，事後報告義務も負うことによる。Ａの事前照会等は後行支出の回避に資するのだから，それらを怠ったことは善管注意義務違反にあたる。特に重要なのは事前照会であって，その情報をＳからＢに伝えることで後行支出を回避できる可能性が高まる。かりに，ＳがＡとＢの双方から事前照会を受けていれば，その返答期間を使って情報を伝達できるためである[70]。そういった義務違反によってＳに生じた損害につきＡは賠償責任を負担する。ただし，第１例の応用になるが，Ｂへの費用償還に応じたＳは，Ｇに対する不当利得返還請求権を取得しており，Ａが賠償金の支払に応じれば弁済者代位が成立する。

それを裏返しにすると，ＡとＢの双方に合理的な理由があって事前照会ができず，かつＡの事後報告がやむを得ず遅れた場合であればＡの損害賠償責任は成立せず，二重支出の不利益をＳが負担すべきことになる。同様に，Ａが事前照会と事後報告をともに発信し，Ｂも事前照会を発信したが，Ｓが一時

---

[69] ここでは，費用償還請求権が二重に成立する場合を検討する。それと異なり，ＢがＳに事前照会をしておらず，ＡもＳに事前照会や事後報告をしていなかった場合には，Ａの費用償還請求権だけが成立する。しかし，その事情を知らずにＳがＢへの費用償還に応ずると，Ｓはその不当利得返還とは別に，Ａの善管注意義務違反を理由として損害賠償を請求できる。これによりＡは無資力リスクを負担する。ただし，そのリスクは，二重に給付を受領した債権者Ｇが無資力であると同時に，本来は費用償還を受けるべきでないＢが無資力だというリスクにすぎない。本稿の検討対象はＧの無資力リスクを負担すべき者は誰かという点にあって，それは事前照会を怠った後行支出者Ｂである。

的に行方をくらませており，両者からの連絡が無意味となった場合でも，Sが不利益を甘受する。そうやって，Bの事前照会義務ならびにAの事前照会義務および事後報告義務がすべて機能しないような事態は現実味をおよそ欠いており，解釈論や立法論ではそれを無視することだって可能だろう。しかし，ともかくも机上の論理としては，二重支出の不利益をSが負担すべき場合が存在する。しかも，そこでSが不利益を負担するのはSに何かの過失があるからではなく，たとえSに何かやむを得ない事情があったとしても，その事情は結論を左右しない（考慮要素⑤）。たとえば，Sが交通事故に遭って長期入院したことでAとBの連絡が無意味になったのだとしても，不利益はSが負担する。

4　第4例

(1)　この事例の特徴は，二重の保証委託という事実をSがBに伝えていたことにあり，その他の点は第3例と同じである。二重委託を伝えたことで，SはAとの連絡調整をBに指示したと評価できることがある[70]。しかも，連絡調整の中身は二重委託の伝達にとどまらない。ここでのBは，万が一，支出するのであればSに対する事前照会とは別に，Aにもその事務処理状況を照会し，支出に関してAと調整するよう指示を受けていたといえる（考慮要素①）。

---

[70]　差しあたりここでは，Aの事前照会の後にBが事前照会をした場合を想定しており，SはBへの返答においてAの支出予定を伝達できる。それと異なり，Bの事前照会が先であれば，SはAへの返答においてBの支出予定を伝達すればよい。その場合，かりにAが返答内容を無視してBより先に支出したときであっても，Sに対する損害賠償責任が成立することで，最終的にはAが二重支出の不利益を負担する。Sの返答を受けたAは二重支出の事態を招かないよう配慮すべきであり，自己の支出を差し控えるか，さもなくばBと連絡をとって，どちらが支出するかについて調整する義務を負う。その連絡調整をしないままに支出したことが善管注意義務違反に該当する。他方で，未払の返答を受けたBによる後行支出は費用償還請求権をもたらすから，その費用償還に応じたことがSの損害にあたる。そのため，結局は事前照会に関して後行した者が二重支出の不利益を負担することになり，本文と同様の結論に達する。

[71]　AとBの連絡調節をSが指示したと評価できないのであれば状況は第3例と同じになって，AやBはSに対して事前照会をすれば足り，相互間における事前照会の義務を負わない。他方で，本文のように評価すると，すぐ次にみるように，Bが指示にしたがって二重委託の事実をAに伝えることで，AとBが当初から共同で保証委託を受けたのと同じになる。

また，Ｂが保証契約の締結と同時期に二重委託の事実をＡに伝えれば[72]，今度はＡがＳにその事実を確認すべきである。その確認を得ることで，ＡもＢとの連絡調整について義務を負う。そうやってＡとＢが負担する連絡調整の義務は，Ｓの指示に基づく委任契約上のものである。

　他方で，ここでのＳは支出に関与していないが，第３例と同様にＡやＢから事前照会や事後報告を受ける立場にある。そのため，Ｓは，Ｂの事前照会に対して，Ａから事前照会を受けた旨を返答するのが望ましいし，その返答は「必要性」の評価障害事実になる。そうすると，第３例の情報伝達がＳを媒介した経路だけであると異なり，ここでの情報伝達はＳを媒介する経路とＡＢ間で直接行われる経路が併存する。

　(2)　以上を踏まえてＢの後行支出に「必要性」がある場合を考えると，それは，ＳとＡがＢの事前照会に対して合理的な期間内に返答しなかった場合，および，Ｂが合理的な方法で調査してもＳとＡの連絡先を把握できなかった場合である。これによりＡとＢは費用償還請求権を取得するが，さらにＡの損害賠償責任が問題になる。そこでは，Ａが事前照会や事後報告に関する義務を遵守したか否かによって賠償責任の成否が分かれる。ここまでの筋道は第３例とほぼ同じである。

　しかし，第４例ではＡとＳが二重支出の不利益を分担すべきことも考えられる。ここでは複数の情報伝達経路が併存しており，双方の経路で目詰まりが起きていれば，二重支出の原因を誰か１人の行動に限定できない。それはたとえば，ＡがＳに事前照会をしただけで弁済し，また事後報告はやむを得ない事情（例，交通事故による長期入院）で遅れており，さらに，Ｂの事前照会を受けたＳとＡが合理的な期間内に返答しなかったという場合である。ここでのＡはＢへの事前照会を怠っているが，Ｓも，ＡとＢの支出予定を把握しておきながらＢに返答していない。そのため，Ｂの後行支出を招いた原因はＡとＳ，両者の不作為にある。したがって，ＡはＳに対して損害賠償責任を負うが[73]，

---

　(72)　本文と異なり，二重の保証委託に関する情報伝達が遅れ，弁済期を経過して，Ｂが支出しようという段に至ってようやくＡにそれを伝えたという場合には，ＢはＡから事前照会など必要な情報を直接に入手できないことがある。それは，第３例でみたように，Ｓが情報の媒介役を果たさないときである。そういったときは，Ｂの情報伝達が遅れたことが「必要性」の評価障害事実となる。

民商法の課題と展望

それは過失相殺を伴う。しかも，Ｓの不作為が後行支出を招いたという事情があれば，それだけで過失相殺が可能である。たとえ，不作為につき何かやむを得ない事情があっても，それは過失相殺を否定する理由にならない。

　(3)　このように，第１例や第２例と同じく第３例や第４例でも，Ｓはたとえ無過失であっても不利益を負担しまたは分担すべきことがある。それを行動指針や行動規範の観点からみると，両者は次のように分裂している。行動指針がＳに期待する行動は，ＳがＡから得た先行支出に関する情報をＢに伝達することにとどまらない。さらに，Ｓは二重の保証委託ないし共同保証の事実をＡとＢに伝えて，両者間における直接の情報伝達を可能にするのが望ましい。他方で，行動規範はそれらをＳに義務づけているわけではないし，Ｓが指針にしたがって行動したからといってＳの不利益負担を否定するわけでもない。行動規範は，ＳがＡとＢに対して保証を委託したという事実に着目することで，情報伝達リスクをＳに負わせている。

5　補論：事務管理法理や不当利得法理の帰結

(1)　第 1a 例と第 2a 例に関する問題の整理

　(a)　以上では，ＳとＡの間に保証委託契約がある場合を考えた。では，無委託保証の場合はどうだろうか。事務管理における費用償還請求であれば有益性が要件になるし，不当利得返還請求では利得と損失の因果関係が要件になる。そのため，Ａの支出がＳの支出に後行する第 1a 例では要件を充足しない。Ａは無委託で他人の財産関係に介入したのだから，支出が後行するというリスクはＡが負担すべきである。

　他方で，第 2a 例ではＡの支出が主債務の消滅をもたらしているが，不当利得でいうと利得消滅の抗弁が問題となり，ＳがＡの弁済を知らずに後行支出

---

(73)　ＡがＳに対して賠償責任を負うのとは別に，Ｂに対する直接の損害賠償責任も問題になるが，それには，共同保証人であるＡとＢの間に委任または組合の関係が必要である。後述するように，本稿は事務管理や不当利得の関係しかない場合にもＢの事前照会に対する誠実返答義務をＡに課すが（Ⅳ 2），本文におけるＡは弁済後にやむを得ない事情で連絡通信ができなくなっており，誠実返答義務違反の事情はない。他方で，かりに委任または組合の関係があれば損害賠償責任が成立する。この場合，ＡがＢへの賠償に応じても，過失のあるＡはＳに対して損害賠償を請求できない。前掲注(10) 参照。

380

をすることで，この抗弁が成立する。それを回避するため，Ａは弁済の事後報告によってＳを悪意にするのが望ましい。しかしさらに，Ａが弁済に先立って債務の状況を照会し，そのさいに自己の支出予定を具体的に伝えていれば，Ｓには保護に値する信頼がない。このため，事前照会の内容が具体的であることで[74]，ＳはＡの弁済を知っていたはずだといえるのであれば，善意だとは評価できない。ただし，それらの事後報告や事前照会は損失者Ａにとって法的な意味での義務ではなく，先行支出の有無等を確認することで自己の利益を守ろうとする行動にすぎない。したがって，合理的に調査したがＳの連絡先を把握できないというリスクはＡが負担する。

　また，事務管理では，事務管理者の管理開始通知や支出後の事後報告などが問題となる。そのため，Ａが管理の開始通知を怠ったことで，ＳがＡの保証や弁済を知らずに後行支出をしたのであれば，Ａは善管注意義務違反を理由として損害賠償責任を負う。それは，弁済の事後報告を怠ったことでＳの後行支出が可能になった場合でも同じだが，さらに善管注意義務の一内容として，ＡはＳの後行支出を確実に回避するために事前照会をすべきである。たとえ，Ａの事後報告が遅滞なく行われていても，その到達前にＳが後行支出をしていたのであれば，事前照会に関する過失が賠償責任をもたらす。その点は，Ａが受託保証人である場合と同様である。

　(b)　以上が，事務管理法理や不当利得法理を単純に当てはめた帰結である。そこでは，まず支出の先後に着目し，Ａの支出が後行する場合には不利益転嫁の途を閉ざす。次に，Ａの支出が先行する場合であっても，Ａの善管注意義務違反等に着目して不利益を負担させる。しかし，Ｓの行動が不合理ならば不利益転嫁を認めるべきであって，Ａの事前照会に対するＳの誠実返答義務が問題になる。それを説明しよう。

　第1a例や第2a例において二重支出を確実に回避する方策はＡの事前照会であり，特に事務管理法理はそれをＡに義務づけている。ところが，それによって回避できるのは第2a例におけるＳの後行支出だけである。第1a例におけるＡの後行支出を回避するには，照会を受けたＳが弁済の事実を返答す

---

(74)　保証委託の関係があれば保証人は債務の状況を照会すれば足り，自己の支出予定を具体化することまでは必要でない（考慮要素④）。

民商法の課題と展望

ることを要し，その返答によって初めて A は後行支出を控えることができる。かりに，その返答を期待できないのであれば，A の事前照会は後行支出の回避策として十分な実効性をもたないことになってしまう。そのため，S に誠実返答義務を課したうえで，その義務違反を理由とする損害賠償責任を問うことが検討課題となる[75]。

　以下で検討したいのは，S が現に事前照会を受けたことで，A の保証とその具体的な支出予定を把握した場合である。それらを把握しておきながら，S が虚偽の情報を A に返答したというのであれば，不法行為責任を問うことができよう。しかし，本稿はさらに進んで S が沈黙していた場合についても，その沈黙に合理的な理由がない限りにおいて S は責めを問われるべきだと考える。

(2)　事務管理法理における誠実返答義務

　差しあたりここでは，信用供与を内容とする事務管理が A の保証契約締結によって開始し，本人 S と事務管理者 A の間に事務管理の関係が成立したと考えることにする。それでも，一般法理からすると，本人は事務管理者に対して何ら作為義務を負担しないし，事務管理者が事務処理の過程で被った損害は本人の賠償責任に繋がらない[76]。しかし，本人が損害賠償責任を負わないというのは，無過失責任（650 条 3 項）を問えないという意味にとどまるはずであって，検討したいのは過失責任である。しかも，その過失責任は委任者の無過失責任を逆転させただけであり，委任と事務管理の差異は，S と A の双方が無過失である場合におけるリスク負担にとどまるように思われる。これを敷衍しておこう。

　委任では，委任者の意思やその指示に従うという契約の性質が委任者の費用負担や無過失責任を正当化する。そのために，第 1 例における S の事前照会や事後通知は法的な意味での義務にならなかった。それは A の事前照会に対

---

[75]　損害賠償とは別の法律構成も考えられる。誠実返答義務に違反した S は，A の後行支出が利益をもたらさない旨を主張できないとみることで，A に費用償還請求権や不当利得返還請求権を認めることができる。もっとも，第 1a 例のように主債務者と保証人の関係だけではなく，第 6 例のような共同保証人の相互関係を射程に取り込むと，損害賠償の構成が適している（IV 2 (3)）。

[76]　前掲注(23)参照。

するＳの返答も同様である。委任関係においては，受任者Ａが善管注意義務を遵守したか否かだけが問題となり，義務を遵守した場合の不利益はすべてＳの負担となるからである。そうであれば，委託がない事務管理において，本人Ｓに無過失責任を負担させることができないのは当然だが，かといって，過失責任の回避を認めることもできないはずである。すなわち，委任者Ｓが負担すべきは，受任者Ａが善管注意義務を遵守した場合の不利益だけであるのと同様に，事務管理では立場を逆転させて，事務管理者Ａが自己に生じた不利益を甘受すべきは，本人Ｓが合理的な注意を払っていた場合だけだと考える。これは，法定債権関係である事務管理法理の背後にある公平の要請が働くはずだからである。すなわち，Ａの能動的な事前照会義務を通じて第2a例における本人Ｓは後行支出回避の機会を得ているのだから，現に事前照会をした場合については第1a例におけるＡにも同じ機会を与えるべきである。さもなくば，第1a例のＡは二重支出の回避策をもたないことになってしまう。

　ここでのＳに求めるのは誠実な返答であって，これは受動的義務である。その義務を措定するためにどういった事情が必要だろうか。それを抽象的にいえば，Ｓが先行支出またはその予定をＡに伝えるべき必要性に関する認識である。義務の根拠は事務管理の関係にあるのだから，それに関するＳの認識が不可欠だし，さらに，情報伝達の必要性を把握するための契機が必要である。そのうち重要なのは後者であって，事務管理の開始通知については，事前照会にその意味を含めることができる。他方で，Ｓが情報伝達の必要性を把握するための契機としては，単に債務の状況を照会しただけでは足りず，Ａの支出予定がある程度は具体化し，かつその予定をＳが認識できるのでなければならない。つまり，必要十分な事情は，事前照会によってＡによる保証とその具体的な支出予定をＳが把握できることである。ただし，ここではＡの保証によって事務管理の関係が成立しており，この点で次にみる不当利得と異なる。そのため，Ａが事前照会のなかで支出予定をどこまで具体的に説明すべきかといえば，具体性に欠ける点があっても，Ａの支出予定をＳが推測できる程度であればよいだろう。

　繰り返しになるが，そういったＳの誠実返答義務は過失責任にすぎず，この点が委任との差異である。また，Ａは無委託保証人なのだから，現実の事前照会が不可欠である。Ａが合理的な方法で調査してもＳの連絡先を把握で

きなかったという事情は，情報提供に関する能動的な義務をＳに課す理由にならない。

(3) 不当利得法理における誠実返答義務

事務管理と異なり，不当利得法理の下では，Ａが保証契約を締結しただけではＳとの間に何の法律関係も成立しない。両者間に法律関係が成立するためには，Ａの支出によって債務が消滅したことを要する。しかし，その一般論を貫くと，Ａが後行支出をした第1a例では法律関係の不成立が確定し，Ｓは事前照会を受けても返答しなくてよいことになる。たしかに，ここでのＡは無委託で保証契約を締結し，他人の財産関係に介入している。しかし，その理由だけで，回避策を与えないまま，Ａに不利益を負担させてよいとは思えない。これは，債務者の意思に反する第三者弁済と異なり，Ａの保証契約は，たとえそれがＳの意思に反していても有効だからである。保証債務の成立を認める以上は，二重支出にならないように保証債務を消滅させたいというＡの望みは叶えて然るべきである[77]。そして，Ａの不利益負担を正当化できるのは，Ａが二重支出の回避策を十分に活用しなかった場合と，やむを得ずＳがその回避策に協力できなかった場合だけである。すなわち，ここでも，受動的な誠実返答義務を課すことでＳの過失責任を問おうというのである。

もっとも，ここでのＳとＡの間には何の法律関係も存在しないから，何か根拠を見出さなければならない。Ｓの受動的な義務を支えるのは，ＳとＡが債権者を介して主債務者と無委託保証人という地位を占め，かつ，Ａが支出予定を具体化させ，さらにその２点をＳが認識しているという事実である。それらを充足すればＳは特別の社会的接触に入ったといえるから，これに信義則上の誠実返答義務を課すことができよう。また，第1a例における不当利得は不成立に確定したが，保証契約の締結時点では不当利得の成立可能性が存在したのだから，不当利得法理の背後にある公平の理念が信義則上の義務を支え

---

[77] 類型論は，第三者弁済による求償利得を債権譲渡と対比する。四宮・前掲注(14) 207頁，藤原・前掲注(24) 296頁。その発想からすると，Ｓの誠実返答義務は債権譲渡における債務者の異議なき承諾（現行468条１項）に類似するが，類似点は多くない。第三者弁済と異なり，ここでは保証契約の締結によってＡは保証債務を負担しているし，本文で問題にするのはＳの義務であって，合理的な理由があって返答できない場合のリスクはＡが負担すべきだとみている。

る。

そうすると，誠実返答義務の具体的な要件は，事前照会によってＡの保証とその具体的な支出予定をＳが把握したという事情である。その結論は事務管理と同じだが，ここでは直接の法律関係がないのだから，ＳがＡの支出予定を推測できるというだけでは，義務を課す事情として弱い。たとえば，「Ｇから請求を受けており，何月何日までに返答がなければ支払に応じます」といった形で，Ａが支出しようとしている動機とその時期を明示する必要があるだろう。

⑷　第3a例に即した検討

共同保証に関する第3a例では，先行支出者ＡだけがＳに対する費用償還請求権や不当利得返還請求権を取得する[78]。事務管理であれ不当利得であれ，ＢがＳに対して請求権を取得するには，第1a例でみたように，Ｓの誠実返答義務違反の事情が必要である。そのためには，最低限，ＳがＡの先行支出または支出予定を知っていたことが必要であり，Ｓが善意である限りにおいてＢに伝えるべき情報はない。それは，たとえＡが事後報告や事前照会を怠っても同じである。したがって，Ｂが不利益負担を回避できるのは，事前照会や事後報告によってＳがＡとＢの支出予定（Ａについては先行支出でもよい）を把握していたにも拘わらず，合理的な理由もなしにＢに対して返答しなかった場合だけである。その場合であれば，Ｓは自己の過失を理由として損害賠償責任をＢに対して負担する。

しかし，もう少し丁寧にみると，後行支出の回避に役立つ情報はＡの先行支出またはその支出予定だけではない。情報の有益性という点では間接的なものにすぎないが，ＡとＢが共同保証をしているという事実も後行支出の回避に役立つ。そのため，ＳがＡとＢから事務管理の開始通知を受けたことで，共同保証の事実を認識したのであれば，せめてそれを両者に伝えることで，Ａ

---

[78]　ＳがＡに対して損害賠償請求権や利得消滅の抗弁を取得することも考えられる。事務管理でいえば，ＳがＡの先行支出を知らないまま後行支出者Ｂから請求を受けて，その償還に応じれば，Ｂに対する返還請求権を取得するが，これとは別に，事前照会や事後報告を怠ったＡに対して損害賠償請求権を取得する。同様に，不当利得では，先行支出に関する善意のＳがＢへの返還償還に応じることで利得消滅抗弁が成立する。もっとも，それらの損害賠償責任や利得消滅抗弁によってＡが負担する無資力リスクは，本稿が検討対象にするものではない。前掲注69参照。

とBの相互間における直接の情報伝達を可能にすべきである。したがって，S
がたとえAの支出予定や先行支出を把握していなかったとしても，Aから事
務管理の開始通知を受けていたのであれば，Bの事前照会に対してその旨を返
答すべきであり，合理的な理由なくして沈黙したのであれば，Sの賠償責任を
認めるべきだと考える。ただし，Sは損害賠償責任を負担する一方で，事前照
会や事後報告を怠ったAに対して過失相殺付で損害賠償を請求できる。そう
いった形で負担を転嫁するためにはAの管理開始通知に加えて，Bによる現
実の事前照会が不可欠であり，ここでも二重支出の回避につき鍵を握るのは後
行支出者Bである。

それと異なり，不当利得法理を使ってSとBの関係を考えると，SがAの
先行支出またはその支出予定を把握したというのであればともかく，その認識
を欠くという状況で，AとBの連絡調整についてまで配慮すべきだとは思え
ない。

(5) **事務管理法理と不当利得法理における行動指針と行動規範の分裂**

以上のように考えたとき，主債務者Sと保証人A・Bの行動指針と行動規
範は次のように分裂する。第1a例では，先行支出者Sが事前に支出予定をA
に伝えたり，支出後に伝えたりするのが望ましいが，そういった能動的な行動
は行動指針の問題にすぎない。ここでは，情報伝達リスクをAが負担するの
だから，行動規範が規律対象にするのはSの誠実返答義務であって，その前
提としてAによる現実の事前照会が要求される。それは，事務管理であれ不
当利得であれ変わりない。事務管理法理は，Aに能動的な事前照会義務（管理
開始通知を含む。以下同じ）を課すが，それが機能するのは第2a例だけである。

その第2a例では，事務管理法理の行動規範と不当利得のそれとが異なる。
事務管理法理の下では，先行支出者Aが合理的に行動すれば不利益負担を回
避できるという意味で，事前照会がAの義務となる。不当利得法理は，それ
を裏返しにして善意支出者Sの信頼保護を規定することで，Aの合理的な行
動というのでなしに，現実の事前照会をAに求める。そのため，合理的な方
法で調査してもSの連絡先が判明せず，事前照会ができなかったという場合
に関するリスク負担が，事務管理と不当利得では異なる。他方で，行動指針と
しては，後行支出者Sも事前照会をするのが望ましいが，行動規範はそれを
考慮しない。

第 3a 例において行動指針が求めるのは，先行支出者 A の事前照会と事後報告・後行支出者 B の事前照会・事前照会に対する S の誠実返答・共同保証の事実に関する S の通知である。そのうち，行動規範が規律するのは S の誠実返答であり，事務管理法理の下ではその返答内容に共同保証の事実に関する通知が加わる。

このように，本稿は，情報伝達リスクの負担者が委任法理とは異なるとみて，行動規範の規律対象を変更している。委任では，委任者 S がリスクを負担するから，受任者 A（第 3 例では A と B）の事前照会や事後報告が義務化されている。それを踏まえて，本稿は不当利得における「利得者[79]」S のリスク負担を否定すべきだと考え，S の誠実返答を義務化した。それは事務管理でもおおよそ同じだが，第 3a 例では誠実返答義務に加えて，共同保証に関する通知義務を S に課した。ただし，事務管理における本人が一切のリスクを回避できるわけではなく，S の支出が後行する第 2a 例では事務管理者 A の事前照会や事後報告が義務化されている。

Ⅳ　連帯債務と共同保証

ここでは，第 5 例として，S₁・S₂・S₃ の 3 名が連帯債務を負担し，S₁・S₂ の順で債務の全額を支出する場合を取りあげる。そのさい真正連帯を想定し[80]，特に，連帯債務者の相互間に委任または組合関係が存在することを前提とする。それからもう 1 つ，比較の素材として，事務管理法理や不当利得法理が作用する不真正連帯を扱う。先にみた第 3 例と第 4 例における共同保証人は不真正連帯に準ずるものなので，再度それに眼を向けて，保証人の相互関係を検討する。ただし，具体的な検討対象は，2 つの設例のうち第 4 例を一部変更したものである。それは，A・B・C の 3 名が S から別々に委託を受けて連帯保証人となったが，そのさいに S から共同保証（三重の保証委託）の事実を知らされていたところ，A・B の順に支出した場合である[81]（これを第 6 例という）。

⒆　細かくいえば，第 1a 例や第 3a 例における S は後行支出者に対する関係で利得者にあたらない。そのため，カギ括弧つきで「利得者」と表現する。

⒇　現行法の解釈論として私見は連帯二分論を否定して一元論をとるが，それでも求償関係については場合分けが必要だと考えている。福田・前掲注⑹ 298 頁。

民商法の課題と展望

1　第5例

（1）　連帯債務者の相互間に委任の関係が存在する場合には，その委任が費用償還請求権を根拠づけるが，そこでは支出者の事前照会義務や事後報告義務が問題になる。二重支出の場合，各支出者は受任者として支出するのだから，その義務は相互的なものである。これは，相互の関係が組合である場合も同じである。各支出者は業務執行組合員として連帯債務を負担し，履行するのであって，ここでは，複数の業務執行者が選任されたことに重要な意味がある。業務執行者が単独であれば支出時に払うべき注意は特にないが，複数の業務執行者が選任されていれば，支出に関する相互の連絡調整が選任時に指示されているといえる（考慮要素①）。さらに，保証委託関係と異なり，ここでは債務の状況に関する情報が誰か1人に集中するという前提を欠いている。誰が情報を握っているかが分からないという状況で，公平なリスク分担を図りつつ，二重支出の回避に万全を期そうとすれば，能動的な義務を相互に措定するしない。

このように考えると，各連帯債務者の地位は，第4例で共同保証の事実を認識した後のAとBに類似する。すなわち，第5例における S_1 と S_2 は各自の支出に関して能動的な連絡調整の義務を相互に負担し[82]，S_1 は支出に先立って S_2 に履行状況を照会すべきであり，S_2 も同様の義務を S_1 に対して負担する。そのため，双方が事前照会義務を怠ったのであれば両者間で過失相殺付の損害賠償請求権が問題になる。また，そういった事前照会義務を認めることで，各連帯債務者は事前照会をしたうえで合理的な返答期間を経過するまでは支出すべきでないと考えることになる。債権者に対する関係で各連帯債務者は主債務

---

[81]　他と異なり第6例に限っては，二重給付を受領した債権者Gの無資力リスクと主債務者Sの無資力リスクが問題になる。

[82]　本文では S_1 と S_2 だけを挙げたが，支出に関与していない S_3 については，その連絡調整機能を差しあたり問題にしなくてよいように思われる。これは，各連帯債務者が主債務者と同列に立つからである。第4例では，Sが弁済者Aから受けた事前照会を後行支出者Bに伝えなかったことを問題にしたが，それは，委任者Sが受託保証人Bに対して一方的に情報伝達リスクを負担するからである（Ⅲ4）。それと同様の連絡調整機能をここでの S_3 に期待するためには，S_1 や S_2 との明示・黙示の合意によって連絡役を引き受けていたという特段の事情が必要である。たとえば，実質的には S_1 と S_2 が S_3 の連帯保証人にすぎないというのであれば，第3例または第4例と同じことがいえる。そして，第3例と第4例と何れであるかについては，S_1 と S_2 の間の連絡調整を S_3 が指示していたといえるか否かにかかっている。前述注[71]参照。

者の地位に立つが，内部的な費用償還を考える限りは保証人に類似するのであって，この点は第1例や第2例における主債務者 S との大きな違いである。その具体的内容をみていこう。

(2)　第5例における S₂ の後行支出に「必要性」を認めようとすれば，S₂ が S₁ に事前照会をしたうえで合理的な返答期間を待って支出したという事情，または事前照会のために S₁ の連絡先を合理的な方法で調査しても把握できなかったので支出したという事情が要求される。また，S₂ が支出に先立って S₁ から事前照会または事後報告を受けていたという事情があれば，これは「必要性」の評価障害事実となる。そのため，S₂ が善管注意義務を遵守したといえるのは，S₂ だけでなく S₁ も合理的に行動したが，それでも支出に関する情報を共有できなかった場合（例，互いに他方の連絡先を把握できなかった場合）に限られる。

しかしともかくも，S₁ と S₂，双方の支出に「必要性」が存在する場合がある。その場合には，S₁ と S₂ は互いに費用償還を請求できるだけでなく，両者は S₃ に対しても請求できる。すなわち，まず S₁ と S₂ は互換的な地位に立っており，その地位を委任で表現すると，両者は委任者であると同時に受任者でもある。そのために，S₁ と S₂ が合理的に行動してもなお二重支出を回避できなかった場合には，その両者間で互いに費用償還請求権が成立する。次に，その両者に対して S₃ は委任者の地位に立つのだから，S₃ は双方に対して費用償還の義務を負担する。結局，二重支出が不可避であれば不利益は連帯債務者の全員で分担することになるのであって，この結論は組合における損失分担（674条参照）と同じである。

それと異なり，二重支出の不利益を S₁ と S₂ が分担すべき場合もある。それは，S₁ が事前照会や事後報告を怠る一方で，S₂ も事前照会を怠っていた場合である。ここでは，弁済をした S₁ だけが費用償還請求権を取得する。しかし，S₂ の後行支出を回避できなかったことにつき S₁ と S₂ の双方に過失があるから，S₂ は委任者として損害賠償を請求できる。そのさい，S₂ の過失は賠償責任の減額事由にすぎないはずだが，ここで地位の互換性が問題になる。過失のある S₂ は委任者であると同時に受任者でもあって，受任者としては損害賠償を請求できないのに[83]，委任者の地位に着目した賠償請求を認めてよいのだろうか。

それは650条3項の制度趣旨から説明できよう。同項は委任者に無過失責任

を負担させるものであって，そのために受任者の無過失が要件になっている（Ⅱ2(3)(b)）。しかし，ここでS_2が求めるのは，S_1が無過失であっても回避できなかったようなリスクの負担ではなくて，ともに過失のあったことで生じた不利益の分担である。しかも，S_2と同様にS_1も委任者の地位と受任者の地位を併有しており，両者はともに受任者の地位に立つ。そういった両者による過失責任の分担に関しては3項の制度趣旨が及ばないはずである。前述のように，S_1とS_2の双方が善管注意義務を遵守した場合には，これは双方が無過失だからリスク負担の問題であり，組合の損失分担に準じてS_1・S_2・S_3の三者間でリスクを分担する。それと同様に，S_1とS_2がともに善管注意義務違反を犯した場合は過失責任の分担が問題となるから，それを損失分担に準じて両者間で行うべきである。したがって，S_2はS_1に対して損害賠償請求権を取得する[84]。

このように，基本的に第5例は第4例の応用型だといえるが，3つの点で異なる。第1に，二重支出者がともに善管注意義務を遵守していれば，支出に関与しなかったS_3も不利益の分担に加わる。第2に，ともに善管注意義務違反があれば，両者が不利益を分担する。しかし，本稿にとってそれ以上に重要なこととして，第3に，S_1とS_2の双方について能動的な事前照会が法的義務になっている。すなわち，第5例では，二重支出を回避するための行動指針と行動規範が完全に一致する。

2　第6例：共同保証ケース再論

(1)　問題状況の整理

第3例では，主債務者Sの保証委託に基づいて，先行支出者Aと後行支出者Bは何れも，Sに対する事前照会義務を負担していた。また，第4例では，Sが二重の保証委託という事実を伝えることで，Sへの事前照会とは別に，AとBは相互に連絡調整を行うべき義務を負っていた。しかし，それらの義務

---

(83)　前掲注(10) 参照。

(84)　損害の範囲については，前述注(67) 参照。ただし，ここではS_2の支出額を基礎として，それをS_1とS_2，両者の負担割合で按分した金額が賠償対象になる。負担割合を按分の基準にするのは，両者の過失割合が定型的にみて等しいといえる一方で，連帯債務の発生原因となる契約に関わる利益割合が負担割合に反映しており，これと損失割合の共通性が推定されるからである（674条2項）。

はあくまでも保証委託契約上のものであって，AがBとの連絡調整を図るべきだとはいっても，それはAがSに対して負担する義務である。ここで検討したいのはAとBの関係だから，保証委託契約上の義務に依拠することはできない。

第6例におけるA・B・Cは別々に保証委託を受けた共同保証人であって，Aの先行支出による債務消滅前においては三者間に法律関係は存在しない。法律関係の発生契機となるのは弁済であり，全員の保証債務が消滅することで初めて事務管理または不当利得の要件を充足する。そして，Aの先行支出時において，BやCのためにする事務管理意思があったか否かに応じて[85]，事務管理法理と不当利得法理を使い分けることになる。

前節の補論でみたように，事務管理や不当利得では法理を単純に当てはめるのではなく，もっと踏み込んで情報の遣り取りを考えなければならない。すなわち，事務管理法理は善管注意義務の一内容として，支出に先立つ照会義務を事務管理者に課している。しかし，それだけでは事務管理者による後行支出を回避できないことから，本稿は誠実返答義務を本人に課し，これを怠った本人に損害賠償責任を負担させるべきだと考えた。また，不当利得法理の下だと，二重支出を回避するための行動指針において，「損失者」は事前照会によって自己の保証債務負担と支出予定を伝えることが要請される。「損失者」がそれを現に伝えている場合に関して，本稿は，事務管理における本人と同様に，「利得者」も誠実返答義務を負うと考えた。それらと同じことは共同保証人の相互間における事務管理や不当利得にも妥当するように思われる。その理由を説明しよう。

（2）　不当利得法理の帰結

（a）　まず，Aの先行支出を不当利得として考えると，その支出によってAはBやCに対する不当利得返還請求権を取得するが，さらに事後通知によってBを悪意にすれば利得消滅抗弁を排斥できる。また，Aが事前照会にさいして支出予定を具体的に伝えることで，Bは悪意だったはずだと評価することも可能である（Ⅲ5(1)(a)）。ただし，利得消滅抗弁は後行支出者Bに請求権を

---

(85)　ここでのAとBは互いの存在を認識しており，支出時に事務管理意思があれば事務管理の要件を充足しうる。それと異なり，かりにAが共同保証の事実を知らず，単独保証だと考えて支出したのであれば事務管理意思の要件を充足しない。前掲注(18)参照。

民商法の課題と展望

付与するものではない。そのためBは後行支出の不利益を完全には回避できず，ここでは共同保証人が3名だから，二重支出の不利益のうち3分の2をBが負担することになる[86]。

このように，Aの先行支出が保証人の相互間における法律関係の発生契機となる。しかし，そうだからといって，支出前におけるAの行動を度外視してよいことにはならない。たとえば，慎重なBが事前照会をしたところ，その時点では未払だったAがその旨を返答したにも拘わらず，返答の直後にAが支出し，この支出がBの支出に先行したとする。この場合でも，Aの先行支出は不当利得の諸要件を充足するから，上記の結論は変化しない。つまり，不当利得法理を単純に適用すると，いくら合理的に行動してもBは不利益負担を免れない。

それと類似の問題はAの支出後でも生じる。Aが支出後にBから事前照会を受けたにも拘わらず，合理的な理由もなしにAが先行支出の事実を返答しなかった場合には，二重支出の不利益をAに単独で負担させて然るべきであろう。これは事後報告の問題だが，不当利得法理は損失者Aに法的な意味での義務を課していない。これと同じ問題は第1a例に則してすでにみた。そこでは，SとAの間に不当利得の関係さえ成立しない場合について，本稿は「利得者」であるSに誠実返答義務を課した。それと同じ義務を，ここで検討しているAにも負担させるべきである。ここでは返答義務者の地位が主客逆転するが，後行支出者に不利益回避の機会保障を与えようという趣旨は第1a例と同じである。後行支出者Bの事前照会に，Aの返答を期待できるような制度的保障を付与しようというのである。

(b)　このように，二重支出の回避には先行支出者Aの協力が不可欠であり，しかもそれは後行支出者Bからの事前照会に対して誠実な返答をせよという受動的なものにすぎず，Aにとって決して重い負担ではない。その受動的な義務を措定するのに必要な事実は，BがAと共同保証人の関係に立っている

---

[86]　ここでの先行支出者AはBに対する請求権を失うことで，その分の不利益を負担する。しかし，善意者Bによる後行支出は，もう1人の保証人Cに対するAの不当利得返還請求権には影響を及ぼさない。なお，利得消滅の抗弁が働く限度で，弁済者代位の法理を応用して，BからGへの非債弁済を理由とする不当利得返還請求権をAが取得することになるだろう。

こと，Bが支出予定を相当程度に具体化させていること，さらにその2点をAが認識していることである。それらをBの事前照会によって充足した時点ですでにAが先行支出を終えていたのであれば，Aに信義則上の義務を課すのはさほど難しいことではない。これは，Aの先行支出によって不当利得が成立し，AとBは返還請求の当事者となっているからである。

　問題は，Aが未払の時点で事前照会を受けた場合であり[87]，ここでは，両者間の法律関係がまだ成立していない。しかし，不当利得の根底には公平の観念があるのだから，支出によって不当利得の関係を形成しようとするAにも信義則上の義務を課すことが許されよう。Bの支出予定につき説明を受けたAが，自らも支出しようと計画していたのであればBとの調整を図るべきだし，その計画をもたずに未払である旨をBに返答したのであれば，返答後の支出を控えるべきである。もし，いったん未払を返答した後に，支出しようと考えるのであれば，改めてAが能動的にBに対する事前照会をしてBとの調整を図るべきである。

　そういった返答義務を認めることさえできれば，義務違反の効果として，Aの未払を信じて後行支出をしたBに対する損害賠償責任を導くことが可能になる[88]。これと利得消滅抗弁を併用することで，Bは二重支出の不利益をすべて免れることができる。

(3)　事務管理法理の帰結

　次に，Aの先行支出を事務管理として考えるとどうなるか。Aの連帯保証はSからの委託に基づいており，Bを本人とする事務管理行為は支出だけだから，事務管理の開始と同時に管理が完了する。そのため，管理の開始通知は問題にならず，事務管理者Aは報告義務だけを負担する[89]。

　その義務は能動的なものだが，これに多くを期待することはできず，能動的に情報を収集すべきはむしろ後行支出者Bである。それは，Aの事後報告が

---

[87]　行動指針はBの事前照会とは別に，Aの事前照会も要請する。その照会を受けたBは支出を控えるか，さもなくば支出に関してAとの調整を図るべきである。ただし，それを怠ってもBは自己の後行支出に関する不利益を自ら甘受するだけである。

[88]　損害賠償の範囲については，前述注(84)参照。

[89]　前掲注(20)参照。この点は主債務者Sに対する関係との違いであって，Sに対する関係では支出以前に保証契約の締結が事務管理に該当し，AやBはその締結後，遅滞なく管理開始の通知義務を負う。前述Ⅲ5(1)(a)参照。

民商法の課題と展望

手段債務だからであって，合理的な理由でやむを得ず遅延したという場合にまで A の責めを問うことはできない。そして，B が事前照会をすれば，やむを得ず事後報告が遅れるという事態は相当程度に回避できるのであって，事前照会は，A が負担する能動的な事後報告義務に実効性を確保するという機能を担っている。

　また，事前照会の時点で A が未払だった場合は事後報告義務を論ずることができない。そして，未払の旨を返答したうえで A が支出したのであれば，B のためにする事務管理意思を認めるのは難しいのだが，B の利益保護を事務管理意思の要件だけに頼ることはできない。A の先行支出が事務管理に該当するかどうかに拘わらず，B の後行支出は費用償還請求権をもたらさないからである。B の不利益回避を可能とするには A の誠実返答義務を措定することが不可欠であって，それなくして B は後行支出の不利益を A に転嫁できない。そして，法定の債権関係である事務管理の背後にも公平の観念があるはずだから，先行支出による事務管理の開始前における義務として，A に誠実返答義務を課すことができる。

　このように，事務管理では，行動規範としては A の能動的な事後報告義務と受動的な誠実返答義務の２つが問題になるが，それらを下支えするのは B による現実の事前照会である。それは不当利得でも同様であり，B による現実の事前照会が行動規範としての誠実返答義務を導いている。

V　整理・検討

1　不利益割当基準の整理

（1）　以上でみた不利益割当基準を一覧の形にすると次頁の表になる。ただし，その表で素材にする設例は第１例から第６例を基礎としつつ，それを再構成したものである。また，本稿は事務管理や不当利得の要件効果を当てはめつつも解釈論的操作を行ったので，その操作過程が分かるように両論を併記した。さらに，本稿は求償法理を当てはめたときにどうなるかを直接には論じていないが，同じ結論になると思われる欄に印（＊印）をつけた。

（2）　序でみたように，求償法理は受託保証人の支出による主債務の消滅を求償の要件とする（Ⅰ1）。もっとも，保証人の支出が後行するというだけで当然

394

この表の設例		支出順	法律関係		鍵になる要件 〔例 損害賠償による処理ではどんな義務が問題になるか〕	不利益負担者				
						後行支出者	先行支出者	双方の分担	支出への不関与者	不関与者と支出者の分担
[1]	保証人がAに立付	S⇒A	委任	事務管理／不当利得（利益・利得）	〔必要性〕（事前照会）／左欄の要件に加えてSの誠実返還義務／有益性／利得	Aが不合理／Aの事前照会が欠如 または Sは合理的（常にA負担）	Aは合理的／Aは事前照会 かつ Sが不合理			
		A⇒S	委任／事務管理／不当利得	Aの善管注意義務（事前照会・事後報告）／Sの善意・事後報告／利得消滅抗弁		Sが不合理 または Aは合理的／Sの善意（Sの善意 または Aは合理的）	Sは善意 Aは事前照会 かつ Sは後行支出前に事後報告（Sは善意 Aは事前照会 かつ Sは事後報告）			
[2]		A⇒B	委任・組合（委任の指示 なし／あり 連絡調整）	利害消滅抗弁		Bが不合理（常にB負担）	Bは合理的 かつ Sが不合理		BとAは合理的	Bは合理的 かつ Aが不合理 S が得た情報をBに不伝達（S→Aの分担）
[3]	ABCの3名による共同保証		事務管理	SA間は有益性とAの善管注意義務（事前照会・事後報告）を併用 SB間は[1]と同じ		Bの事前照会が欠如 または Sは合理的（常にB負担）	Bは合理的 かつ Sが不合理		Bは事前照会 かつ Aは合理的 かつ Sが不合理 共同保証の（不伝達につき過失）	Bは事前照会 かつ Aは合理的 かつ Sが不合理 Sは共同保証の（不伝達による過失）
			不当利得	SA間は[1]と[2]を併用 SB間は[1]と同じ		Bの事前照会が欠如 または Sは合理的（常にB負担）	Bは合理的 かつ Sが不合理		Bは事前照会 かつ Aは合理的 かつ Sが不合理 先行支出の（不伝達につき過失）	
	ABCの三者間				三者間の法律関係に応じ、連帯債務に準じて考える					
[4]	S₁~₃の3名による連帯債務（真正・不真正）	S₁⇒S₂	委任・組合	〔必要性〕およびS₁·S₂·S₃の善管注意義務（事前照会・事後報告）／左欄の要件に加えてS₁の誠実返還義務	S₂が不合理 かつ S₁は合理的	S₂は合理的 かつ S₁は合理的	S₁·S₂が合理的		S₁とS₂·S₃の 3名で分担（S₁とS₂·S₃の3名で合理的分担）
			事務管理	有益性と善管注意義務（事後報告）	事後報告 S₂善意	事後報告 S₂は善意		事後報告または誠実返還	S₂は善意
			不当利得	利得消滅抗弁	S₂善意 または S₁は合理的	S₂は善意 かつ S₁は合理的		S₂は善意	S₂は善意 かつ S₁は合理的

民商法の課題と展望

に求償を否定するわけではなくて，事後通知の制度が欠を補っている。そこでの要件論は多様な論点を含んでおり，事前・事後の通知に関わる過失の要否が問題になるほか，主債務者の関与しない債務消滅が事後通知の対象になるかなどが解釈論の課題になる。他方で，事後通知制度の効果に関して解釈を挟む余地は小さくて，せいぜい，後行支出を「有効であったものとみなすことができる」という文言の意味や範囲を論ずることができるだけである[90]。そのため，二重支出の問題を通知制度に委ねるという理解を前提にする限りにおいて，そこから導かれる結論は硬直的である。

　それが特に顕著なのは真正連帯の場合である。第5例に委任法理を当てはめると，まずS_1の先行支出とS_2の後行支出のそれぞれについて「必要性」の有無を検討し，次いでそれとは別に損害賠償責任の成否を考えることになる。そういった分析的な考察を経ることで初めて不利益割当基準が明らかになる。それと異なり，求償法理における通知制度は不利益割当基準を直接に示しており，そこではS_1とS_2の支出や行動を一括して視野に取り込んでいる。そして，現行443条2項が示す割当基準は，少なくともその文言上，何れに求償権を付与すべきかという二者択一のものにすぎない。これは，前節でみた思考実験の結果とは大きく異なるものであり，委任法理の下では，S_1またはS_2が単独で不利益を負担すべき場合のほかに，その両者が分担すべき場合およびS_3を含めた債務者全員が分担すべき場合の4つがあった。

　それと異なり，保証委託関係では，委任法理と求償法理が大きく結論を異にする場合は少ない。ここでの委任法理は，第1例の保証人Aについては後行支出の「必要性」という要件を使い，また第2例のAについては損害賠償責任の根拠となる善管注意義務違反の要件を使って，何れにせよ不利益割当基準を直接に示している。他方で，求償法理も基準を直接に示している。そのため，何れの法理であっても考え方の筋道は同じであって，第1例や第2例ではAが二重支出回避のために合理的な努力を払ったのかに着目し，合理性があれば不利益を主債務者Sに負担させる。委任法理と求償法理の差異は，後に整理する要件論にとどまる。また，第3例に関して委任法理が示す結論は3つに分かれ，二重支出の不利益をBが負担すべき場合とSが負担すべき場合，Aが

───────────────

[90]　後掲注(91)および(99)参照。

負担すべき場合があった。これを求償法理で考えても3つの場合に分けること
は不可能でない。SとBの保証委託関係では後行支出者Bの事前通知（現行
443条1項前段の反対解釈）に着目することで，Bが合理的に行動していればそ
の求償を肯定できるし，またSとAの保証委託関係では先行支出者Aの事後
通知（現行443条2項の類推解釈）に着目することで，Aの行動が不合理であれ
ばその求償を否定できる。ここまでであれば委任法理と求償法理は大差ない。

　問題は第4例である。ここでは，情報伝達の経路が複数存在することで，第
3例における3つの場合に加えて，AとSが不利益を分担すべき場合もあって，
委任法理は合計4つの場合分けを示す。先行支出者Aが後行支出者Bに対す
る事前照会を怠り，かつ支出に関与していないSがAから先行支出の情報を
得ていたにも拘わらず，Bの事前照会に返答しなかったのであれば，AとS，
両者の不作為が後行支出を招いたといえる。この結論を求償法理が導くのは難
しい。AからSに対する求償で問題になるのは両者間の通知だけであり，求
償法理はAとBの間における連絡調整の状況を考慮しないからである。その
うえ，求償を認めるか否かの二者択一という効果論の障害がここでも顔を出す。

　(3)　しかし，求償法理が硬直的だと述べたのは，客観的な整理にすぎず，そ
こに批判の趣旨を込めているわけではない。委任法理の柔軟性が発揮されるの
は，特殊な状況を想定した机上設例にすぎないからである。すなわち，委任法
理によれば，第5例で，支出に関与しない債務者S_3が不利益分担に加わるべ
きことがあるけれども，それは，先行支出者と後行支出者の双方が合理的な努
力を払っても情報を共有できない場合であるうえに，その特徴が顕在化するの
は連帯債務者が3名以上のときに限られる。そういった事態は現実味を欠いて
おり，それを捨象して制度設計をすることは許されてよい。同様に第4例でも，
支出に関与しない主債務者Sが不利益分担に加わるべき場合というのは，現
実にはあまり想定できない。

　その結果として残るのは，第5例で先行支出者S_1と後行支出者S_2の双方が
合理的な理由もなしに事前照会等をしなかったという場合であり，求償法理に
関する議論はその点に集中している[91]。しかし，諸学説は求償法理の枠内で議
論を展開したことで，支出による共同免責が原則的な求償要件だという発想に
縛られすぎている。真正連帯や保証委託における求償は委任法理の派生問題に
すぎないのだから，共同免責や債務の消滅は不可欠ではなく，支出に「必要

民商法の課題と展望

性」さえあれば足りる。この点を踏まえれば，通知制度の議論は別の様相を示すはずである。

それは，委任法理が示す柔軟性のどこまでを通知制度において取り込むべきかという議論になるだろう。第5例で双方の支出者に過失があれば不利益を分担させるべきだというのは一部の学説が主張する通りだが，求償法理が委任法理から離れているのはその点だけでない。そこで，一方の立論としては，委任法理に戻って「必要性」や善管注意義務という抽象的な基準を奪還し，レアケースまで含めた対応を可能にすべきだと考えることができよう。しかし，それでは不利益割当基準が分かりにくくなる。委任法理の帰結は柔軟だが，それは費用償還請求権と損害賠償請求権を組み合わせて導出されるものだからである。そうすると，他方の立論として，当事者への予測可能性を高めるために，不利益割当基準を率直に規範化すべきだとみることも可能であり，そこでは規範を明確なものとするために単純化することが考えられる。それは，単純化に伴ってレアケースにおける結論の妥当性に疑問が出るのはやむを得ない，という政策判断を意味する。したがって，この立論をとると，どこまでを「やむを得ない」とみるかが中心的な検討課題となる。

その検討に資するため，次に委任・事務管理・不当利得の特徴をそれぞれまとめておこう。現行443条2項はその文言上，法的義務を先行支出者だけに課す。この点で，連帯債務者相互間の不利益割当基準は事務管理法理に近いが，判例は後行支出者にも義務を課すことで基準を組合法理（相互委任）に近づけている[92]。しかし，保証委託の当事者関係についてはそういった弥縫策では対

---

(91) これは，現実の紛争にもなっている。神戸地判大正13年2月20日新聞2244号21頁，最判昭57・12・17民集36巻12号2399頁。

　学説では，たとえば，長谷川隆「連帯債務者が相互に弁済の通知を怠った場合における求償関係（下）」判時1340号（判評375号，1990年）167頁以下，松岡久和「求償関係における無資力危険の配分（中）」龍法27巻4号（1995年）614頁以下が，本文の場合（連帯債務における双方過失の場合）につき支出者両名による分担を主張する。もっとも，伝統的にはあまり議論の射程を限定せず，先行支出者の事後通知と後行支出者の事前通知がともに行われなかった場合の問題として議論してきた。そこでは，連帯債務と保証委託関係（本稿でみた第5例と第1例）を同じ平面で扱うことになる。そういった観点からの議論として，たとえば，潮見佳男『新債権総論II』（信山社，2017年）613頁，707頁参照。

(92) 前掲注(5)参照。

398

応できず，主債務者に法的義務を課す限りにおいて事務管理法理への近接性を払拭できない。そういった求償法理との突き合わせは将来の課題となるが，それに備えるために，本稿で考えた筋道を整理しておきたい。

2　委任法理の特徴

（1）　以上から明らかなように，委任法理の特徴はその柔軟性にある。その要因は2つあって，第1に，委任法理は不利益割当基準を真正面から取りあげるのではなく，問題を分析的に考察することで柔軟な結論を導いている。それにより，第3例や第4例，第5例では，不利益割当の結論が3つ以上に枝分かれしていた。ただし，前項でみたように，その柔軟性が発揮される主な領域は特殊ケースであって，現実に紛争になったのは連帯債務で支出者双方に過失がある場合だけである[93]。特に，第1例や第2例のように二重支出者が主債務者と保証人であれば，保証人に費用償還請求権ないし求償権を認めるべきか否かだけが検討対象になる。そこでは，問題を分析的に考察するかそれとも一体的に考察するかという検討手法を論ずる余地はない。

第2に，「必要性」や善管注意義務という抽象度の高い要件を採用したことで状況に応じた考慮事情の取捨選択が可能になっており，これが委任法理の不利益割当基準に柔軟性を与えている。特に重要なのは，考慮事情が支出者の属性によって異なるという点である[94]。保証委託関係と連帯債務者相互間を分けて説明しよう。

まず，保証に関する第1例や第2例をみると，不利益割当基準が考慮するのは保証人Aによる能動的な行動の有無やその合理性だけであって，その行動として，Aの支出が先行する第2例でも事前通知を求める一方で，委任者であるSの作為義務を度外視する[95]。他方で共同保証事例（第3例や第4例）における不利益割当基準は，先行支出者Aと後行支出者Bの双方に能動的かつ合

---

(93)　前掲注(91)参照。

(94)　細かくいうと，その属性は債権者に対する対外関係におけるものではなくて，内部関係での属性を指すが，ここではそれを脇におく。以下の説明では，保証人が実質的には主債務者である場合や連帯債務者の誰か1人に負担部分が集中する場合を度外視する。また，第3例と第4例の差異から明らかなように，主債務者の指示内容が共同保証人相互間の連絡調整義務に影響するが，本文ではそれも脇におく。

民商法の課題と展望

理的な行動を求める。それらは，保証人が無過失であれば主債務者Sが不利益を負担するからであって，たとえSの行動が合理的であってもその負担を免れない（考慮要素⑤）。このように，主債務者が二重支出に加わっているかどうかによって，両支出者の過失を考慮するか否かが分かれる。「必要性」や善管注意義務という要件はそういった状況の差異に対応するのに適している。

次に，それを真正連帯に関する第5例でみると，不利益割当基準は両支出者（S₁とS₂）の能動的かつ合理的な行動を問題にする。すなわち，相互間に委任または組合の関係があることで各支出者は事前照会の義務を負担する。そのため，事前照会の後，合理的な期間内は返答を待つべきであって，それを待たずに支出することは他の債務者に対する関係で善管注意義務違反にあたる。そして，S₁とS₂の双方に過失があれば二重支出の不利益は両者で分担し，両者が合理的に行動したのであれば債務者全員が委任者としてリスクを負担する。これは，委任・組合の関係があることで公平の要請が働くからである。それを敷衍しておこう。

保証委託関係と異なり，連帯債務者の相互間では債務の状況に関する情報が誰か1人に集中するとはいえない。しかも，その相互間には主従関係がないのだから情報伝達リスクの公平な分担が要請されるのであって，支出の先後という偶然の事情に重要な意味をもたせることはできない。もちろん，成功報酬型の委任契約（準委任の例だが，たとえば不動産仲介）であれば各受任者が競争関係に立っており，先に成果を出した受任者が報酬を独占するのは当然である[96]。そこでは，時間の先後に決定的な意味があって，先後関係は努力の賜だと評価できる。それと異なり，各連帯債務者は自己の債務を消滅させればよいのであって，先を争って支出するような関係にはない。むしろ，S₁やS₂はともに能動的な情報収集活動をするべきであり，その過程で他方の支出予定を把握すれば，支出に関して調整すべき義務を負う。そのために，時間の先後は脇におかれ，各支出者は事前照会のために努力したか否かが不利益割当の基準になる。

---

(95) その場合であっても，行動指針は主債務者にも能動的な情報伝達行動を求めるが，不利益割当基準で考慮するのは主債務者の作為だけであり，その不作為は問題にならない。行動規範が主債務者の行動を問題とし，その不作為を不利益割当基準に反映するのは事務管理法理や不当利得法理である。これは後にみる。

(96) その報酬には対価のほか費用や損害の引受を含むことがある。前掲注(9)参照。

400

S_1 が先行支出者だからといって事後報告だけで足りるとか，S_2 からの事前照会に受動的な返答をすれば足りるとはいえない。ましてや，債務を消滅させた S_1 が合理的に行動していれば情報伝達リスクは後行支出者 S_2 が負担するというような「原則」を観念することは，委任法理に真っ向から牴触する。それは，S_1 と S_2 の双方に過失があれば S_2 がリスクを負担するという「原則」についても同じである。ただし，両者に事前照会義務を課すためには，相互間に委任や組合の関係が存在することが不可欠の前提である。その関係を欠くことで様相が一変することを後にみよう。

　(2)　そこから明らかなように真正連帯の特徴は際立っている。真正連帯では，双方の支出者が能動的な事前照会義務を負担する。二重支出の回避策としてみればそれは過剰であり，後行支出者の義務だけで足りるのだが，公平の要請が働くことで過剰な回避策が法的な義務となる。その結果として，ここでは，努力目標を含めた意味での行動指針と法的義務だけを扱う行動規範が完全に一致する。それと異なり，保証委託関係において能動的な事前照会義務を負担するのは受託保証人だけである。これは情報伝達リスクを主債務者が引き受けるからであって，それゆえ，保証人の行動に関する合理性だけが法的な審査対象になる。しかし，行動指針としていえば，主債務者も事前照会をするのが望ましくて，これにより自己または保証人の後行支出を回避できる。そのため，保証委託関係では行動指針と行動規範が分裂する。

　現行制度における求償法理は，連帯債務者の通知義務（現行443条）を定めたうえで，それを保証委託関係に準用するという形をとっている（現行463条）。本稿の検討結果からすると，それは委任法理に牴触しており，行動規範に関する理解を法規自体が妨げている。特に重要なのは過失の要否であって，連帯債務者と主債務者とでは要否が異なるはずなのに，その差異を準用という法形式が覆い隠している。これにつき，平成29年改正は連帯債務規定（新規定443条）の準用を止めて，保証委託関係に固有の規定を用意している（新規定463条）。改正後は法規による障害が解消するのだから，2つの規定はそれぞれにふさわしい解釈を容れることが可能になる。一見すると，その解釈論は調和を欠くようにみえるかもしれないが，その不調和は表層的なものにすぎない。真正連帯の場合と保証委託の場合を同じ平面で論ずることにそもそも無理があったのである。

民商法の課題と展望

3 事務管理法理や不当利得法理における誠実返答義務の整理

1 第3節では無委託保証人と主債務者の関係を，また前節では共同保証人相互間の関係をそれぞれ取りあげて，事務管理法理や不当利得法理における不利益割当基準を探った。そこでは，有益性要件ないし因果関係要件との関係で，保証人の先行支出だけが要件を充足し，主債務者や他の共同保証人に対する費用償還請求ないし不当利得返還請求が認められる一方で，後行支出をした保証人の請求は排除される。では，後行支出者は不利益を先行支出者に転嫁できないかといえば，必ずしもそうではない。事務管理法理の下では事務管理者の事前照会義務等が鍵になっており，その義務違反による損害賠償請求という手段で不利益転嫁が可能である。そして，第2a例（無委託保証人Aが主債務者Sに先立って支出した場合におけるSとAの関係）における先行支出者Aは事前照会と事後報告の双方について能動的な義務を負っているし，事後報告だけであれば，第6例（Sからの受託保証人AとBが順に支出した場合におけるA・B・Cの関係）における先行支出者Aも能動的な義務を負担する。不当利得法理の下で不利益転嫁の機能を果たすのは利得消滅抗弁である。それを第2a例における後行支出者Sに当てはめると，Sが善意要件を充足する限りにおいて不利益を先行支出者Aに転嫁できる。

2 しかし，それらだけでは不十分であって，二重支出を回避するために後行支出者が最善を尽くしていても，不利益転嫁の途を閉ざすことがある。それがもっとも顕著なのは第1a例（無委託保証人Aが主債務者Sに後れて支出した場合におけるSとAの関係）と第3a例（無委託保証人AとBが支出した場合における主債務者SとAの関係およびSとBの関係）である。ここで障害となるのは，事務管理法理や不当利得法理の下で，本人ないし「利得者」は事務管理者ないし「損失者」に対して義務を負担していないという命題である（これを第1命題という）。また，不当利得法理だとそれに加えてさらに，因果関係要件を充足しなければ何の法律関係も存在しないという命題（これを第2命題という）が立ちふさがる。それらの枠内にとどまる限りにおいて，第1a例におけるSは，たとえ後行支出者Aから事前照会を受けても先行支出の事実を伝える必要はなく，不返答を理由にSの責めを問う余地はない。また，第3a例におけるSは，たとえAの先行支出を把握していても後行支出者Bの事前照会に対して返答する必要はない。

402

それと同様の事態は，第6例に不当利得法理を当てはめるときにも生ずる。第2a例と異なり，第6例で利得消滅抗弁が認める不利益転嫁は後行支出の一部にとどまり，後行支出者Bがいくら努力を払っていても不利益の全部転嫁は拒絶される。ここでは，第2命題が障害となるうえに，不当利得では損失者も利得者に対して義務を負担していないという命題（第1命題の逆）が立ちふさがる。それらに拘ると，AがBからの事前照会に対して未払の返答をしたうえで先行支出をした場合や，その照会時に終えていた先行支出の事実を返答しなかった場合でも，Aは不利益負担を免れることになる。さらに，事前照会を受けた時点でAが未払だった場合の問題は，第6例に事務管理法理を当てはめても同じであって，ここでは事務管理の開始前は何らの法律関係も存在しないという命題（第2命題の同類）が立ちふさがる。

3　事務管理法理や不当利得法理を単純に当てはめるだけでは，それらの障害を乗り越えることができない。そこで，本稿は先行支出者（ただし，第3a例では先行支出や共同保証の事実を認識した主債務者）の誠実返答義務を観念し，後行支出者から事前照会を現に受けたのであれば，後行支出の回避に役立つ情報を返答すべきだと考えた。これは事務管理者が負担する能動的な事後照会等の義務とは異なり，受動的な義務であって，その根拠は信義則である。第1a例や第3a例のように主債務者と保証人の関係が成立していれば，たとえその保証が無委託であっても，主債務者が保証契約の成立と後行支出者の具体的な支出予定を把握している限りにおいて，事前照会に対して誠実に返答すべきである。これは，両者の関係が事務管理であれば委任の裏返しにあたる問題だからである。また，不当利得であれば，主債務者が後行支出者の保証とその支出予定を把握することで特別の社会的接触に入ったと評価できるから，不当利得法理の背後にある公平の理念が働く。さらに，第6例のように共同保証の関係が成立していれば，自ら事務管理や不当利得の法律関係を形成した者ないし形成しようとする者は，事務管理などの背後にある公平の理念に従って誠実に返答すべきである。

このように考えることで，本稿は先行支出者等の誠実返答義務を介して，その損害賠償責任を問うことができると考えた。それによって，不合理な行動をした先行支出者等に不利益を転嫁できる。ここで重要なのは，誠実返答義務が後行支出者による現実の事前照会を前提にしていることである。委任や組合の

民商法の課題と展望

関係が存在していれば，後行支出者は，合理的に行動すれば不利益転嫁が許されるという意味での事前照会義務を負担する。これは，受任者が合理的に行動した場合のリスクは委任者の負担になるからである。その反面で，委任や組合の関係を欠いていれば，後行支出者が合理的に行動してもリスク負担を免れるとは限らない。そのため，事務管理法理や不当利得法理の下での事前照会は，後行支出者にとって義務ではなく，自己の利益を守るためのものにすぎない。しかし，それでもなお，後行支出者が事前照会をしたうえで，合理的な返答期間を待つという行動は，二重支出の回避にとって不可欠である。それを観念せずに，妥当な不利益割当基準を探ることはできない。その点にこそ，あるべき事務管理法理や不当利得法理の最大の特徴がある。

　ここでは，保証委託関係と同様に，行動指針と行動規範が分裂する。しかもそれは，無委託保証の場合に限ることではなくて，不真正連帯の場合でも同じである。すなわち，第6例において行動指針が求めるのは，先行支出者Aの事前照会・後行支出者Bの事前照会・これに対するAの誠実返答だが，そのうちAの事前照会が行動規範から脱落するのは当然である。しかしさらに，行動規範が規律対象にするのは誠実返答義務だけであって，Bの事前照会はそこでの要件ないし前提の1つという役割しか果たさない。この点で，真正連帯と不真正連帯は異なっている。ところが，平成29年改正は一元論を指向し，不真正連帯を民法の連帯債務規定に取り込もうとしている。そのため，おそらくは不真正連帯も通知制度の対象となる。それに伴って通知の要件を変更しているが[97]，その変更だけで十分なのかが問われるはずである。

　4　不真正連帯との関係で，さらにもう1点を指摘しておきたい。主債務者が無委託保証人に事前照会をするのは望ましいことであるが，債務の状況に関する情報は主債務者に集中しているはずだといえるから，能動的に行動する必要性は低い。そのため，不作為が主債務者に不利益をもたらすとは限らない。他方で，無委託保証人の事前照会については，それが義務であるかは別論として，不作為が保証人に対して常に不利益をもたらす（第3a例の先行支出者Aを除く）。無委託保証人の事前照会は，先行支出の不存在を確認するという意味

---

[97]　新規定443条が，事前・事後の通知義務を課す要件として，「他の連帯債務者があることを知りながら」という文言を加えたのは，不真正連帯の取り込みを前提にしたものである。

で自己の利益を守るための行動だが，同時に後行支出者の利益を守るための行動でもある。

それと異なり，不真正連帯に属する共同保証人の相互間では情報の集中という前提を欠くから，両支出者が相互的に事前照会をする必要性は高い。しかし，それを相互的な義務とするには委任または組合の関係が不可欠である[98]。不真正連帯では，情報が集中するわけでもなければ，委任・組合の関係も存在せず，そこでの事前照会は，各支出者にとって自己の利益を守るための行動にすぎない。その結果として，真正連帯とは別の形で公平を図ることになる。それは，支出によって事務管理者または損失者としての地位を主張しようとする者は，すべからく自己のリスクにおいて支出すべきであり，またそのリスクを嫌うのであれば自ら能動的な努力を払って事前照会すべきだという意味での公平である。

もっとも，その努力は法の外でなされるものであり，法が介入するのは現に事前照会をした後の問題にとどまる。それゆえに，努力を怠ったからといって，法はそれを咎めない。これは，先行支出者であれ，後行支出者であれ同じである。同列に立つはずの不真正連帯債務者が，たまたま先行支出者になることで不作為の結果を回避できるという帰結は一見すると不公平だが，以上のように考えることでそれを正当化できる。

VI 結 語

1 まとめ

本稿は，保証委託関係や真正連帯を中心としつつも，無委託保証や不真正連帯にも視野を広げ，委任などの一般法理を分析道具として，二重支出の不利益割当基準を探った。そこで示された基準は柔軟なものではあるが，同時に結論を導くまでの筋道は複雑であった。それと比べれば，求償法理は不利益割当基

---

[98] 債務負担そのものが事務管理に該当するのであれば，事務管理の開始が事前照会義務の根拠になるが，相互的な義務の根拠にはならない。たとえば，無委託で併存的債務引受契約を締結した引受人は，その締結によって管理を開始するから，原債務者に対する事前照会義務を負うが，原債務者に事前照会義務を課す根拠はみあたらない。そもそも，無委託での債務引受人は，現行法の下で考える限り，実質的には保証人に等しくて，少なくとも内部関係では保証人に準じて扱うべきである。

民商法の課題と展望

準を率直に規範化しており，明確だといえるが，その基準は硬直的なもので
あった。もっとも，2つの基準を一覧表にすれば，その差異は大きいが，結論
を異にする部分の多くは現実味を欠いており，机上設例でしか想定できないも
のだった。そのため，解釈論としては，基準を明確化するとともに単純化した
ことで，そこに政策判断をみいだせるかどうかが争点となるはずであり，これ
が次の課題になることが分かった。

　また，一般法理を検討する過程で分かったこととして，二重支出を回避する
ための行動指針と不利益割当基準を示した行動規範は，多くの場合に一致しな
い。それは，行動規範が情報伝達リスクの負担を鍵にしたことで，リスク負担
者の行動が行動規範の規律対象にならないからである。その点に関する唯一の
例外が，不幸なことに真正連帯の場合であった。現行制度は，保証について連
帯債務規定を準用しており，それが行動規範の理解を妨げている。平成29年
改正はその点を改めることで歩を進めているが，他方で連帯一元論を指向した
ことで新たな課題を生んでいる。

2　次への展望

　最後に，将来の展望をまとめておく。出発点の問題意識は，支出による共同
免責や債務消滅を真正連帯債務者や受託保証人の原則的な求償要件にすること
が適切かという点にあった。この問いを肯定するためには，通知制度が十分に
機能することが前提となるが，現行法の解釈論はむしろ通知制度の役割を制約
している。特に，現行443条2項の効果に関して判例は相対的効果説をとって
おり，これによれば，無過失の後行支出者は「有効であるものとみなすことが
できる」という効果を過失のある先行支出者に対してしか主張できない[99]。こ
れが委任法理と牴触するのは本稿の検討によって明らかである。また，本稿が
検討対象にしたのは任意に支出した場合だけであり，後行支出者が債権者の強
制執行により支出を強いられる場合には事前通知を期待できるとは限らない
（特に債権執行。民執155条1項本文参照）。そのため，通知制度の効果を見直す
だけでは足りず，要件についても見直す必要があるように思われる。

　他方で，保証委託関係では委任法理と求償法理が接近する。保証人の支出が
先行する第2例では，主に保証人の事前通知に関わる合理的な行動（通知をし
たうえで合理的な返答期間を経たこと，または合理的な方法で主債務者の連絡先を

406

調査したこと）の有無が損害賠償責任を左右するが，それを求償法理でいうと，保証人が事後通知を怠ったことおよび主債務者の善意を要件として求償制限が作動する。両者は通知に関する保証人の落ち度を考慮する点で共通しており，実質的な差異は，後者が事前通知ではなく事後通知を基準にする点にとどまる。それでも，保証人の支出が後行する第1例では，両法理の懸隔がなお大きい。委任法理は保証人の事前通知に関わる合理的な行動だけを考慮するのに対して，求償法理は，主債務者が事後通知を怠ったことを要件とする。そこでいう事後通知は保証人の能動的な事前通知に対する受動的な返答を指すと理解できるが，不返答に関する主債務者の落ち度を考慮するのは委任法理に反する。平成29年改正は，第1例における主債務者の事後通知（新規定463条2項）と第2例における保証人の事後通知（同条3項）の双方につき「通知することを怠った」と表現しており，法規による障害はなお残っている。

　もっといえば，本稿は，無委託保証人が後行支出をした場合であっても，主債務者に誠実返答義務を課すことで保証人の求償権を認めるべきだと考えた。現行463条1項は無委託保証人についても事前通知規定を準用していたから，本稿の理解を解釈論に反映させる余地があるのだが，新規定463条1項は無委託保証を事前通知制度の対象から除外する。これは，事務管理法理や不当利得法理を単純に当てはめた結果と同じだが，それが，徹底した利益分析を経たうえでの政策判断であるかについて吟味すべきである[100]。

　〔付記〕2017年8月の校正後に重要文献がいくつか刊行されているが，本稿に反映させることはできなかった。特に重要なものとして，大塚智見「委任者の指図と受任者の権限（1）〜（3・完）」法協134巻10号〜12号（2017年）がある。

---

(99)　大判昭7・9・30民集11巻2008頁。

(100)　法制審〔民法（債権関係）部会〕・前掲注(64) 36頁（笹井朋昭）は，「無委託であっても保証人になってしまった以上は，事前通知義務があると言って情報提供を求めたときに，主債務者なり何なりが無委託保証人に対して本当に義務付けられることになってよいのかどうか。そこは政策的な判断としても分かれ得る」という。

17　債権譲渡制限特約と民法改正
── 債権の流動化・担保化はどこまで可能になったのか

千葉恵美子

Ⅰ　問題の所在
Ⅱ　債権譲渡制限特約の効力
Ⅲ　将来債権の譲渡と債権譲渡
　　制限特約
Ⅳ　結びにかえて

Ⅰ　問題の所在

　民法〈債権関係〉の改正をめぐっては，債権譲渡に関連して多くの議論がなされた。改正作業を通じて，債権譲渡制度をめぐる解釈上の課題を克服するだけでなく，債権の流動化・証券化・担保化といった新しい時代の要請に答える制度構築が目指されたこと自体は評価されるべきである。しかし，債権譲渡制度をめぐっては，改正後も多くの解釈上の問題が残されることになったことも事実である。もちろん，立法作業の中で，どのような議論を経て改正法に到達したのか，あるいは，どのような議論を経て，改正に至らなかったのかという検証作業が必要となるであろうが，今後の法の運用に当たっては，むしろ，改正条文相互の関係，改正条文と改正されなかった条文との関係に考察を加え，改正法によって，どのような法規範が形成されることになるのか，また，これまでに形成されてきた判例理論や学説が，改正条文の解釈にあたって今後も意味があるのかが，とりわけ重要な検討課題となる。
　そこで，本稿では，従来とは異なった法規範が形成されることになった「債権譲渡制限の意思表示」に関する規定を取り上げ，改正によって形成される法規範を明らかにするとともに，改正によって生じることが予想される解釈上の問題点について検討を加えることにしたい（以下では，民法改正後の条文を新○条，

改正前の条文を旧○条と表記することにする）。

改正法では，新466条2項で譲渡制限の意思表示によっても債権の譲渡性を奪うことができないとする原則を承認した上で，新466条3項において，債権の譲受人などの第三者が譲渡制限の意思表示について悪意ないし重過失ある場合に，譲受人からの請求に対して債務者に履行拒絶権を認めるものとし，譲渡人に対する弁済などの債務消滅事由をもって譲受人などの第三者に対抗することができる旨が規定されることになった。

そこで，本稿では，第1に，新466条2項と同3項の意義を分析し，債権譲渡制限の意思表示の効力を明らかにする（Ⅱ1〜3）。第2に，改正法では，債権が預貯金債権である場合に，新466条2項・同3項の特則規定として新466の5がおかれることになったことから，改正法のもとでの同条の意義を明らかにする（Ⅱ4）。第3に，改正法では将来債権の譲渡性と対抗要件についてそれぞれ新466条の6と新467条1項に明文の規定が置かれることになったことから，同条の意義を明らかにした上で，将来債権が譲渡された後に，具体的に発生した債権について譲渡制限の意思表示がなされた場合の効力について検討を加えることにしたい（Ⅲ）。以上の検討を踏まえて，改正法が債権の流動化・担保化の要請にどのように答えたことになるのかに言及して残された解釈論上の課題を明らかにして結びとする（Ⅳ）。

なお，譲渡制限の意思表示については，特約によってなされることが多いことから，以下では，譲渡禁止を含めて債権の譲渡性に何らかの制限を加える意思表示を総称して「譲渡制限特約」と呼ぶことにする。

Ⅱ　債権譲渡制限特約の効力

1　「相対的」効力説の意味

周知のように，民法典制定にあたって，譲渡制限特約は，取立屋から債務者を保護するための制度として，その意義が説明されていた[1]。しかし，今日では，大量の債権者を相手にする場合に，譲渡に伴う事務の煩雑化や過誤払いの

---

(1)　米倉明『債権譲渡 —— 禁止特約の第三者効』（学陽書房，1976年）21頁，池田真朗『債権譲渡法理の展開』（弘文社，2001年）326頁。

17 債権譲渡制限特約と民法改正〔千葉恵美子〕

危険を回避することを目的として，また，債権者・債務者間での相殺の利益を確保するために，譲渡制限特約が利用されていることが指摘されている[2]。

譲渡制限特約の効力については，合理的範囲に制限すべきであるとする主張が，米倉教授[3]によって早くから展開されてきたところである。債務者には譲渡制限特約によって弁済先を固定する合理的な理由があるとする主張がある一方で，経済的地位が優位している債務者が自己の利益のために債権譲渡制限特約を利用しているにすぎないとする批判がなされてきた。また，債権譲渡制限特約が存在することが債権の価値を低下させ，債権の流動化・証券化・担保化の阻害要因になるという意見もあり，譲渡制限特約の効力をめぐっては，激しい議論の対立があった[4]。

旧466条2項が，当事者が反対の意思表示をした場合に債権の譲渡性が失われると規定していたことから，判例（最判昭和48・7・19民集27巻7号823頁，最判昭和52・3・17民集31巻2号308頁，最判平成9・6・5民集51巻5号2053頁など）・通説[5]は，譲渡制限特約によって債権譲渡の効力が生じないと解する見解を採用するとともに，債権譲渡自由の原則との調整を図るために，譲渡制限特約の効力を主張する側に譲受人の悪意・重過失の立証責任を負わせてきた。つまり，条文の体裁にもかかわらず[6]，制限特約があり，かつ，譲受人が当該特約について悪意・重過失がある場合のみ，債権譲渡の効力が生じないとする規範が形成されてきたことになる。しかも，このような判例・通説の立論は，特約の存在の公知性から譲受人の重過失[7]を基礎づけ，譲渡制限特約の効力を特約を締結した当事者間だけでなく第三者との関係でも認めることになり，理

---

(2) 米倉・前掲注(1)書64頁，奥田昌道『債権総論（増補版）』（悠々社，1992年）429頁，平井宜雄『債権総論（第2版）』（弘文堂，1994年）135頁，池田・注(1)書381頁，潮見佳男『新債権総論Ⅱ』（信山社，2017年）389頁など。

(3) 米倉・前掲注(1)書98頁。

(4) 小野傑「債権譲渡（その1）——譲渡制限特約」債権法研究会編『詳説改正債権法』（金融財政事情研究会，2017年）209頁以下など参照。

(5) 我妻栄『新訂債権総論（民法講義Ⅳ）』（岩波書店，1964年）524頁。

(6) 譲渡制限特約の効力について債権譲渡の効力が生じないとする見解を前提にすると，伝統的な法律要件分類説からは，旧466条2項但書は，本来，譲渡禁止特約があるにもかかわらず債権譲渡が可能であると信頼した第三者を保護する制度として位置づけられることになり，譲渡制限特約があることだけで債権譲渡の効力が生じないという効果があるはずである。

民商法の課題と展望

論的に見ても課題を残していた[8]。

このような状況に対して，改正法は，上記の議論に一応の結論を示したことになる。すなわち，当事者の反対の意思表示によって債権の譲渡性を排除する旧466条2項の規定を削除し，これに代わって，譲渡制限特約よって債権の譲渡性自体を奪うことができないとする明文の規定を新466条2項として置いた。これによって，旧466条2項に基づいて，譲渡制限特約に譲受人その他の第三者との関係でも債権譲渡自体を無効とする効果を認めてきた判例[9]・通説[10]を採用しない旨を宣言したことになるからである。

譲渡制限特約の第三者効を認めてきた判例・通説を絶対的効力説と呼ぶとすれば，改正後は，譲渡制限特約によって，債権者は債務者に対して第三者に債権譲渡をしないという債務を負担するにすぎないものと解されることになるから，「相対的」効力説が採用されたことになる[11]。

また，判例は，これまで，処分権限がないにもかかわらず処分行為を行った者に準じて，譲渡制限特約があるにもかかわらず債権を譲渡した譲渡人を扱ってきたが[12]，新466条2項によれば，譲渡制限特約があっても，債権の譲渡性は制限されないのであるから，改正法の下では，譲渡制限特約によっても，譲渡人の処分権限は制限されないことになり，確定的に譲受人その他の第三者（以下「譲受人等」という）に債権が移転することになる。

同様に，譲渡制限特約があるにもかかわらず譲受人に債権が移転した点から，

----

(7) 石田剛『債権譲渡禁止特約の研究』（有斐閣，2013年）33頁以下は重過失の概念を分析している。

(8) 潮見・前掲注(2)書391頁注（123）ハイン・ケッツ『ヨーロッパ契約法I』（法律文化社，1999年）510頁など。

(9) 最判昭48・7・19民集27巻7号823頁は，銀行預金債権の事案において，譲渡制限特約によって債権譲渡の効力が生じないとした上で，債権の譲受人が譲渡制限特約につき善意であり，かつ，重大な過失がない場合を除いて，譲渡原因行為によってその債権は移転しないと解した。最判昭和61・11・24金法1179号37頁，最判平成9・6・5民集51巻5号2053頁も旧466条2項について同様に解している。

(10) 奥田・前掲注(1)書430頁，林良平ほか『債権総論（第3版）』（青林書店，1996年）490頁（高木），前田達明『口述債権総論（第3版）』（成文堂，1993年）400頁，淡路剛久『債権総論』（有斐閣，2002年）442頁，潮見佳男『債権総論II（第3版）』（信山社，2005年）608頁，中田裕康『債権総論（第3版）』（岩波書店，2013年）525頁など。

(11) 部会第22回会議録参照。

直ちに特約違反であるとして債務者が譲渡人に対して債務不履行責任を追及できるわけではない。債務者が，弁済先を固定できなかった結果，損害を被ったことを主張・立証できた場合に初めて，譲渡制限特約違反の効果として譲渡人に対して損害賠償を請求できるものと解すべきことになる。

　もっとも，改正法は，他方で，新466条3項において，譲渡制限特約の効力について例外を認めている。譲受人等が債権譲渡を受けた時点で譲渡制限特約を知っているか，重大な過失があって知らない場合には，①債務者は，譲受人等に履行を拒絶できる権利があるとして，譲受人等による債権行使を阻止する効果を認め，また，②たとえ譲受人等が債務者対抗要件を具備していても，悪意・重過失ある譲受人等に対しては，譲渡人に対する弁済・相殺など債権を消滅させる事由をもって，債務者は譲受人等に対抗できるものとした。

2　新466条3項の意義
(1)　弁済先固定の利益を譲受人等の第三者との関係でも認める理由
　新466条3項は，譲渡制限特約につき悪意・重過失ある譲受人等に限定されるとはいえ，債権者と債務者の間でしか効力がないはずの譲渡制限特約について，譲受人等に対する関係でも債務者による弁済先固定の利益を実質的には認めることになる。

　ただ，改正法の下では，前述したように，新466条2項によって譲渡制限特約によって債権譲渡の効力を制限できないことが宣言されている。したがって，新466条3項は，本来，債権行使ができるはずの譲受人が権利行使を阻止され，債務者から譲渡人への弁済などによって譲受人に帰属する債権が消滅することになるであるから，譲受人等が譲渡制限特約をなされていることを知りながら，あるいは，悪意に準じるような重大な過失があるにもかかわらず，当該債権を譲り受け債権を行使することが，矛盾した行為の禁止という観点から認められ

---

(12)　譲渡禁止特約付債権について債権譲渡がおこなわれ，債務者によって承諾がされた場合に，判例・通説は，これまで，譲渡禁止特約による債権譲渡の制限が解消されるものと捉え，譲渡時に遡って債権譲渡は有効になると解してきた。これまでは，理論的には無権利者の処分行為も権利者の追完によって116条本文の類推適用によって処分時に遡って有効になると解している点（最判昭和37・8・10民集16巻8号1700頁）に準じて，上記債務者の承諾の効果を説明してきた（最判昭和52・3・17民集31巻2号308頁）。

民商法の課題と展望

ないとして，上記のような例外的効力が認められたにすぎないものと解すべきであろう。

　すなわち，新466条3項は，譲渡制限特約の第三者効を認めたものではなく，信義則上，悪意・重過失ある譲受人等に対する関係で，例外的に債務者に弁済先固定の利益の対抗を認めたものにすぎないと解される[13]。

　新466条3項の制度趣旨を上記のように解するとすれば，譲渡制限特約によっても債権の譲渡性は制限されないのであるから，新466項3項に基づいて譲渡制限特約に基づいて履行拒絶権を主張するためには，①債務者が債権者に対して債権譲渡制限の意思表示をしたこと，かつ，②譲受人等が譲渡制限の意思表示があることを知っているか，重大な過失があって知らない点について，さらに債権消滅の効果を対抗するためには，①②に加えて，③債権消滅の効果を発生される原因行為について，これらの効果を主張する側に主張・立証責任があることになる。

(2)　弁済先固定の利益を対抗できるという意味

　新466条3項は，譲受人等が譲渡制限特約を知っているか，重大な過失があって知らない場合に，譲受人等からの請求に対して，債務者に履行拒絶権利を認めているだけでなく，たとえ譲受人等が債務者対抗要件を具備していても，悪意・重過失ある譲受人等に対しては，譲渡人に対する弁済・相殺など債権を消滅させる事由をもって，債務者は譲受人等に対抗できるという効果を認めている。したがって，債務者から譲渡人に対する弁済や譲渡人に対する債権を自働債権とする相殺権の行使によって，債務者は，譲受人との関係でも債権はすでに消滅していると主張することができることになり，譲受人からの請求を退けることができることになる。

　潮見教授は，後者の効果を譲渡人に対して法定の受領権限が付与されたとして説明している[14]。しかし，改正法のもとでは，譲受人が悪意・重過失であったとしても当該債権が譲受人に帰属していることに変わりはないのであるから，

---

(13)　潮見・前掲注(2)書392頁では，このような考え方を禁反言説とよんでいるが，新466条3項は譲受人等の権利行使を制限するだけでなく，これを越えて，譲渡人への弁済等による債権消滅の効果を譲受人等に対抗できるとする点で，信義則違反の効果を明文で規定したことになる。

(14)　潮見・前掲注(2)書399，400頁。

譲渡人に対する弁済は弁済受領権限がない者に対する弁済であって，債務者に弁済者固定の利益を認めるために，例外的に譲受人等に対する関係でも債務消滅の効果を認めたにすぎないものと解される。

したがって，新466条3項によって債権消滅の効果を債務者から対抗された譲受人等は，譲渡人に対して不当利得の返還を請求できることになる。譲受人が悪意・重過失であったとしても当該債権が譲受人に帰属していることに変わりはない以上，譲渡人・譲受人間では債務者の譲渡人への給付に法律上の原因はないからである。

(3) 弁済先固定の利益を主張できる者の範囲

新466条3項の効果を上記のように解するのであれば，このような主張できる者は誰かという問題をさらに検討することが必要となる。

この点，改正前の判決ではあるが，債務者が債権者不確知を原因として供託した事案において，譲渡人が譲渡債権に譲渡制限特約が付されていることを理由として，譲受人ではなく譲渡人に供託金還付請求権が帰属していることが争われた最判平成21・3・27民集63巻3号449頁が参考になる。上記判決では，譲渡禁止特約は債務者の利益の保護のためにあるとして，譲渡禁止特約に反して債権を譲渡した債権者には，特約の存在を理由として譲渡の無効を主張する独自の利益はないとした上で，債務者が譲渡無効を主張する意思があることが明らかであるなど特段の事情がない限り，当該債権を譲渡した債権者が，債権譲渡の無効を主張することはできないと解している。

上記判決は，譲渡禁止特約によって債権譲渡の効力が生じないとする現行法の下での判断ではあるが，改正法の下でも判例理論としての意義があるものと解される。相対的効力説を採用しているとはいえ，改正法も譲渡制限特約に弁済先を固定する意義があることを認めており，この点では現行法と改正法の間に違いはないからである。

新466条3項が，前述したように，信義則上，矛盾した行為の禁止という観点から譲受人等の第三者との間でも例外的に弁済先を固定する利益を認めているとすれば，弁済先を固定する利益を対抗できる者を債務者に限定する必要は必ずしもないはずである。そこで，以下のケースに即して，誰が誰に対して弁済先を固定する利益を対抗できるのかについて検討を加えてみることにしよう。

民商法の課題と展望

【Case1】A 会社は B 市に対して道路整備にかかる 2000 万円の請負報
酬債権があった。B 市の業務に関連した請負契約については，請負人
との間で請負報酬債権の譲渡を禁じる約定をすることが慣例となっ
ており，A の債権についても同様の約定がなされていた。A は，事業
資金を調達するために，C に上記請負報酬債権を弁済期前に売却し，
この債権を C に譲渡したとする内容証明郵便を B に郵送し，これを
B が受領した。
(1) C は，D からの借入金 2000 万円を担保するために，上記請負
報酬債権上に質権を設定し，B はこの債権に質権を設定したとす
る C からの内容証明郵便を受領した。C は弁済期までに D に借
入金を弁済しなかった
(2) A の債権者 E が上記請負報酬債権を差押え，転付命令が B に送
達された。
(3) C の債権者 F が上記請負報酬債権を差押え，転付命令が B に送
達された。
それぞれの場合に，DEF は，B に対して 2000 万円の支払いを請求
できるか。

(ⅰ) 転得者との関係　　譲渡制限特約付債権であっても，債権の譲渡性自体
が制限されているわけではないから，債権は A から C に移転しており，C は
債務者対抗要件を具備している。D は C に帰属する本件債権に質権を設定し
D も新 364 条に基づき B に対して質権の対抗要件を具備していることになる。
そうすると，(1) の場合，D は取立権に基づいて，請負報酬の支払いを B に
対して直接求めることができるはずある（新 366 条 1 項・2 項）。
したがって，D の請求の可否は，B 市の業務に関連した請負契約については，
請負人との間で請負報酬債権の譲渡を禁じる約定をすることが慣例であるとい
う点から，D の重過失を主張し，B は新 466 条 3 項に基づいて D からの請求
に対して履行を拒絶することができるのかどうかによる。
新 466 条 2 項によれば，譲渡制限特約があるとしても債権の譲渡性が承認さ
れているのであるから，同条 3 項は，譲受人等の権利行使に非難可能な事情
（矛盾した行為）があることを理由に，信義則上，債務者に譲受人等の第三者と

416

の間でも例外的に弁済先を固定する利益を認めたものであるとすると，Ｃが悪意・重過失で，Ｄが善意・無重過失の場合には，ＢはＤに対して新466条3項の効果を対抗できないものと解される。これに対して，譲渡人Ｃが善意・無重過失であっても，Ｄが悪意・重過失であることを主張・立証できれば，ＢはＤからの請求に対して新466条3項の効果を対抗できるものと解すべきである（相対的構成）。

　改正前から学説が対立していた点であるが[15]，前述したような相対的構成に対しては，改正法の下でも，一旦，善意・無重過失の譲受人Ｃに対してＢが譲渡制限特約があることを対抗できないという効果が確定した以上は，Ｃからの転得者が悪意・重過失であっても466条3項の効果を対抗できないと解する有力な反対説[16]が主張されている（絶対的構成）。絶対的構成は，Ｃの保護という観点から主張されており，ＢがＡに弁済した場合に，ＤはＢから債務消滅の効果を対抗される結果，ＤはＣに対して権利の瑕疵を原因として損害賠償請求権を行使できることになり，善意・無重過失であるＣが結果として保護されないことを理由とする。しかし，譲渡制限特約の存在につき悪意・重過失あるＤは，新466条3項に基づいてＢから上記のような抗弁を対抗される場合があることを前提に，Ｃから債権譲渡を受けているのであるから，そもそも契約内容に適合していないとして，ＤがＣに対して損害賠償を求めることはできないはずである。

　(ⅱ) 差押債権者との関係　　譲渡制限特約付の債権であっても，債権の譲渡性が奪われるわけではないから，Ａの債権者であるＥはＢに対する請負報酬債権を差押えることができる。新466条3項にもとづいてＢがＡへの弁済など債権消滅の効果を差押債権者に対抗できるとすることは，差押えの効力（民執145条1項）と相いれないことから，改正法では，譲渡制限特約付の債権を差し押さえた譲渡人の債権者に新466条3項は適用されないとする明文の規定が置かれることになった（新466条の4第1項）。したがって，Ａの差押債権者Ｅが転付命令（民執159条1項）を取得した時点で，Ｅが譲渡制限特約付債権

---

(15)　相対的構成を主張する見解としては，平井宜雄『債権総論（第2版）』（弘文堂，1994年）137頁，淡路・前掲注(10) 443頁，絶対的構成を採用する見解として，前田・前掲注(10) 400頁，中田・前掲注(10) 528頁，潮見・前掲注(10) 611頁など。

(16)　潮見・前掲注(2)書401頁。

民商法の課題と展望

であることについて悪意・重過失であったとしても，Ｂは履行を拒絶することはできない。Ｅが優先するかＣが優先するかは，転付命令がＢに送達された時点とＣが第三者対抗要件を具備した時点の先後によって決まることになる。

最判昭和45・4・10民集24巻4号240頁は，差押債権者が転付命令（民執法159条1項）を取得した場合には旧466条2項の適用がなく，転付命令取得時に譲渡制限特約があることを差押債権者が知っていたかどうかにかかわらず，転付命令によって債権は有効に移転すると解してきた。改正法は，上記判決を維持し明文化したことになる[17]。

これに対して，譲受人Ｃの債権者ＦにＣが有する以上の権利を認めるべきではないから，債務者Ｂは悪意・重過失ある譲受人Ｃの差押債権者Ｆに対しては，譲渡制限特約に基づいて履行を拒絶できる権利を認め，譲渡人に対する弁済・相殺など債権を消滅させる事由をもって対抗できるものとした（新466条の4第2項）。

（4）　弁済先固定の利益を対抗できない場合

（ⅰ）譲受人などによる催告とその効果

譲渡制限特約の存在について悪意・重過失の譲受人は新466条3項に基づいて債務者から履行拒絶権を行使され，他方で，すでに債権を譲渡してしまった譲渡人には債務者に対して譲渡債権の履行を催告するインセンティブがない。本来，債務を履行しなければならないはずの債務者が容易に債務の履行を免れる状況が生じることになる。

そこで，新466条4項は，譲受人等が悪意・重過失である場合であっても，債務者が債務の履行を遅滞している場合には，譲受人等が債務者に対し，相当の期間を定めて譲渡人に履行すべき旨の催告をし，その期間内に債務者が履行しないときには，債務者は譲受人等に対して履行拒絶権や債権の消滅の効果を対抗ができないとする規定をおいて，債務者に対して請求できる者がいなくなるという不都合な結果を回避している。

したがって，譲受人や譲受人の債権者が，債務者に対して相当の期間を定めて譲渡人への履行を催告し，その期間を経過したことを主張・立証した場合に

---

[17]　中田裕康・大村敦志・道垣内弘人・沖野眞已『講義　債権法改正』（商事法務，2017年）219頁，潮見・前掲注(2) 410頁は，先取特権に基づく差押えの場合には，強制施行の場合と同様に解してよいとする。

は，466条3項に基づく効果の発生を障害することができることになる（再抗弁）。債務者が誰にも履行しないという状態を回避する点に，新466条4項の趣旨がある。期限の定めのない債務についても，譲渡制限特約によって債務者は弁済の相手方を固定できるだけであり，債権は譲受人に帰属しているのであるのであるから，同様に解すべきである[18]。

債務者としては，譲渡人に上記期間内に債務を履行したことを（再々抗弁）主張・立証できなければ，譲渡制限特約の効力をもはや対抗できないことになり，債務者は譲受人等に履行をしなければならないことになる。

(ii) 譲渡人について破産手続開始決定があった場合の特則

【Case2】【Case1】本文において，その後，Aの債権者から破産の申立てがあり，Aについて破産手続開始決定がされた。Bは，Cから2000万円の支払いを求められた。

Aについて破産手続開始決定があった場合，債務者BはAへの弁済が禁止されることになり，破産管財人に弁済することになるのだから，その限りでは，もはや弁済先を固定する利益が債務者に認められるわけではないことになる[19]。Bが，新466条3項に基づいて譲受人Cに対して履行を拒絶すると，Aの破産管財人はBから取立てをするしかない。しかし，破産管財人には債権全額を回収するインセンティブは働きづらい。たとえ破産管財人がBから債権を回収しても，譲渡制限特約によって債権の譲渡性が奪われるわけではないから，当該債権はCの財産を構成することになり，Cから破産財団に対する不当利得返還請求権は財団債権（破148条1項5号）となるからである。

そこで，新466条の3は，譲受人が債権譲渡につき第三者対抗要件を具備した場合でも，譲渡人について破産手続開始決定があった場合には —— たとえ

---

(18)　中田ほか・前掲(17) 215頁。

(19)　伊藤眞「債権譲渡禁止特約と譲渡人の倒産」山本和彦＝事業再生研究機構編『債権法改正と事業再生』（商事法務，2011年）11頁以下は，倒産手続が開始したからといって，第三債務者が弁済先固定の利益を対抗できる機会を失うかどうかは倒産手続の目的実現とは無関係な問題であるとする。

民商法の課題と展望

譲受人等が譲渡制限特約について悪意・重過失であっても ——，破産手続外で譲受人が債権回収できるように，債権全額の譲受人は債務者に債務の履行地の供託所に供託させることができる[20]ものとし，債務者に供託義務を課すことにした（新 466 条の 3，民執 157 条 4 項参照）[21][22]。供託によって債務者は債務を早期に免れ，他方で，譲受人にのみ供託金還付請求権は帰属することになる（新 466 条の 2 第 3 項準用）。したがって，譲渡人について破産手続開始決定があったことは，新 466 条 3 項に基づく効果の発生を障害することになる。譲受人から供託を請求されると，債務者は供託義務を負うことになるので，破産管財人に対する弁済は禁止されることになる。

なお，供託金請求権についての権利関係が複雑化することを避けるために，債権の一部が譲渡された場合には，本条の適用はない[23]。また，債務者は，供託後，譲渡人と譲受人に対して遅滞なく通知をしなければならない（新 466 条の 2 第 2 項準用）。

(iii) 債務者による承諾の意義

これまで，判例・学説は，債務者の承諾によって，譲渡禁止特約によって生じた債権譲渡の無効の効果を消滅させ，債権の譲渡性を復活させるという効果を追完法理（無権利者の処分行為も権利者の追完によって 116 条の類推適用によって処分時に遡って有効になると解する考え方）に準じて説明してきた。

---

(20) 譲受人が債権譲渡につき第三者対抗要件を具備していない場合には，破産財団との関係で債権が譲受人に帰属していることを対抗できないことから，譲受人は供託金請求権を有しない。同旨，大村他編『民法（債権法）改正のポイント』（有斐閣，2017 年）283 頁［加毛明］。

(21) 部会資料 81-3 2 頁によれば，債務者が供託の請求に応じない場合には，民事執行法157 条 4 項と同じく，第三債務者に対する取立訴訟によるものとし，原告の請求を認容するときには，金銭の支払いを供託により行うことを判決主文で明示しなければならない。

(22) 中田ほか・前掲注(17)書 218 頁によれば，譲渡人に再生手続開始決定や会社更生開始決定があった場合にも同様の状況はありうることになるが，破産開始決定があった場合にのみ譲受人に供託請求権が認められているのは，破産手続の場合には財団債権さえも全額弁済が行われるとはかぎらないため特に譲受人に供託請求権を認めて保護を図ったと説明している。民事再生・会社更生の場合には，不当利得返還請求権は共益債権となるが，満額の弁済を受けられない可能性は低いとする（部会第 89 回会議議事録 23 頁参照）。

(23) 部会資料 81-3 2 頁。

そこで，最判平成9・6・5民集52巻5号2053頁は，116条の法意により，債務者の承諾前の第三者の保護を図っている。債務者の承諾前に登場した第三者が，無権代理行為の追認に登場した第三者と同様の利益状況であることから，116条の但書を手がかりに，債務者が債権譲渡について承諾を与えたときは，債権譲渡は譲渡時に遡って有効になるが，このことを承諾前の第三者に対抗できないものと解してきた。

しかし，改正法の下では譲渡制限特約によっても債権の譲渡性は失われないから原則として上記判例理論はもはや意味がない（預貯金債権との関係については4参照）。もっとも，債務者の承諾によって466条3項にもとづいて発生する効果を放棄する意思表示があったと解することができる場合には，債権者の承諾の意思表示があることは，悪意・重過失の譲受人等からの請求に対して再抗弁事由となりうる。したがって，改正法のもとでは，債務者から譲受人に対する承諾の意思表示に履行拒絶権や債務消滅の効果の主張を放棄する意思があったかどうか解釈することが必要になる。また，承諾の意思表示の相手方は，譲受人になる点に注意することが必要である。

3　弁済先固定の利益の保障と債務者の供託権

債務者としては，譲渡制限特約があること，譲受人等が悪意・重過失であること，譲渡人に弁済したことを証明できれば，譲受人から請求をしりぞけることができるが，譲受人等が主観的要件を争う限り，466条3項に基いて譲渡人への弁済を譲受人等に対抗できるといっても，債務者が早期に債務の履行から解放される保障はない。

そこで，改正法は，譲受人等の善意・悪意，過失の有無にかかわらず，譲渡制限特約が付された金銭債権が譲渡されたとき，債務者は債務の履行地（債権者の現在の住所が債務の履行地である場合には，譲渡人の現在の住所地を含む）の供託所に供託できるとする規定が新設された（新466条の2）。

譲受人等が善意・無重過失である限り，譲渡制限特約によって債権の譲渡性が奪われるわけではないから，譲受人等がその債権譲渡を第三者に対抗することができる要件を備えた場合，譲渡制限特約があったとしても，当該債権の債権者は譲受人である。したがって，上記の場合，債務者は，債権者不確知を理由とする供託をすることはできないことになる。改正法は，弁済先を固定する

民商法の課題と展望

という債務者の利益を実質的に確保するために，債務者に供託権を認めたものにすぎないものといえる[24]。したがって，供託金の還付請求権は譲受人に帰属することになる（新466条の2第3項）。なお，債務者は，供託後，遅滞なく，譲渡人と譲受人に対して通知をしなければならない（同第2項）。

4　預貯金債権に係る特則規定の意義と判例法理の関係

　預貯金債権に係る譲渡制限特約については，改正466条2項の特則規定を置き，悪意・重過失の譲受人等に対しては，譲渡制限特約によって「預貯金債権に譲渡性がないこと」を対抗できるとして，これまでの判例理論を踏襲し，譲渡制限特約について絶対的効力説を維持することにした（新466条の5第1項）。このような例外規定をおいたのは，改正466条3項の限度で譲渡制限特約の効力を認める相対的効力説を前提として預貯金を管理するには膨大なコストが発生することなど，主に政策的理由による[25]。また，改正466条の5第1項の主張・立証責任についての考え方も，旧法のもとでの解釈が踏襲されることになる。

　このため，譲渡制限特約の相対的効力を前提とする規定については適用の余地はない（新466条2項・3項・4項，同466条の2，同466条の3）。

　ただし，改正の前後を問わず，預貯金債権を差し押さえた者に対しては，譲渡制限特約の効力を主張することができないから（466条の5第2項），預貯金債権に対して強制執行をした譲渡人の差押債権者が，転付命令取得時に譲渡制限特約あることについて悪意・重過失であったとしても，差押債権者は有効に

---

[24]　部会資料78B 9-11頁。

[25]　潮見・前掲注(2) 417頁参照。政策的理由として列挙されている理由には，預金債権はその性質上現金化されているのも同然であり，債権流動化による資金化になじまないとする点があげられている。改正法は，真正の債権譲渡と担保のための債権譲渡について同一の構成によっているが，ABL（後述注(23)参照）との関係では，流動資産を構成する預金債権も担保目的債権としておくことが必要であり，ABLを推進するために，このような特例をおいたことが障害とならないのかについては疑問が残る。また，1つの金銭債権の額が繰り返し増減する預貯金債権の特殊性や現金通貨に近いという理由は，預金者がいつでも預金の払い戻しを請求できる当座性の預金（当座性預金）についていえることであるが，466条の5は，預貯金口座に係る預貯金債権と規定されていることから，一定期間の満了まで払戻しができない期限付の預金（定期性預金）に基づく預貯金債権についても適用があることになる。

差押えができ，転付命令によって転付債権者に債権が移転することになる[26]。

また，金融機関が債権譲渡の効果を承認する場合には，これまでの判例理論が踏襲されることになり，債権譲渡時に遡って譲渡性が回復することになる。債務者の承諾前の第三者との利害の調整については，預貯金債権に限って最判平成9・6・5民集52巻5号2053頁による判例法理が適用になるものと思われる。すなわち，改正後も，譲渡制限特約付預貯金債権の場合には，譲渡人である預金債権者には処分権限がないという点で無権代理行為が行われた場合と利益状況が類似していることになり，116条但書を手がかりに，債務者である金融機関が債権譲渡について承諾を与えたときは，債権譲渡は譲渡時に遡って有効になる。ただし，このことを承諾前の第三者に対抗できないものと解することになる[27]。

したがって，前述した譲渡制限特約について「相対的」効力説を原則する場合に債務者が承諾する場合（Ⅱ2（4）（ⅲ））と，預金債権について債権制限特約があるにもかからず，第三債務者である金融機関が承諾する場合では，承諾の法的意味は異なってくることに注意する必要がある。

Ⅲ　将来債権の譲渡と債権譲渡制限特約

債権者が将来発生する債権を譲渡したが，譲渡後に，当該債権の債務者との間で譲渡制限特約が約定された場合に，債務者は譲受人に対して譲渡制限特約の効力を主張できるか。

判例・学説は，将来債権の譲渡性を承認し，いわゆる集合債権譲渡担保やABL（Asset-Based-Lending）[28]の有効性を基礎づけてきた。これを受けて，改正法では，将来発生する債権の譲渡性を承認し，対抗要件について明文の規定が置かれることになった。

そこで，以下では，将来債権に関する改正法の意義を明らかにした上で，債

---

(26)　悪意・重過失の譲受人の債権者が譲渡制限特約付の預貯金債権を差し押さえた場合には，譲渡制限特約によって債権譲渡の効果が生じないことになるので，差押債権者は執行債務者（譲受人）の責任財産でない債権を差押えたことになる。このため，預貯金債権の場合には新466条の4第2項に対応する規定がないことになる。

(27)　同旨，潮見・前掲注(2) 418頁。

民商法の課題と展望

権譲渡制限特約に関する規定との関係で，改正法によってどのような法規範が
形成されることになるのかについて明らかにすることしよう。

1　将来債権を巡る改正の内容

(1)　譲渡性の承認（新 466 条の 6 第 1 項）

判例（最判平成 11・1・29 民集 53 巻 1 号 151 頁）・通説は，将来債権の発生可
能性が低いことは，将来債権を含む債権群を目的とする債権譲渡ないし譲渡担
保の効力を当然には左右しないとして，将来債権の譲渡性を肯定してきた。も
ちろん債権が見込みどおりに発生しない場合もあるが，その場合には，譲受人

---

(28)　ABL は，事業会社が仕入れた在庫を販売し売掛金に代え，これを振込み先の預金口
座から回収し，これを原資として再度仕入れを行うという事業用流動資産のサイクルに
着目して，在庫商品につき流動集合債権譲渡担保を取得し，かつその転売代金債権につ
き流動集合債権譲渡担保を取得することによって債務者の営業活動によるキャッシュフ
ロー全体を一体として担保の目的とする融資である。

　この際，担保目的である売掛代金と在庫品の質量の増減変化を与信枠の上限に連動さ
せるのが典型的であることが指摘されている。しかし，流動資産を超えてすでに与信が
おこなわれていたという実態があり，このため，流動資産の担保価値の範囲内で融資が
行われるという典型的な ABL の特色からはずれるものも ABL に内包されているとす
る指摘がある（相馬一天『中小企業金融としての ABL』（日本経済評論社，2016 年）
41 頁）。わが国では，流動資産を担保とする融資一般と ABL が曖昧なまま使われてい
ることになる。これは政府主導で ABL を不動産担保や保証に依存しない融資として普
及に努め，流動資産担保融資制度（2007 年）を設けるなどして，とりわけ中小企業に
対する新たな金融の仕組みとして ABL を促進したことが影響しているように思われる。

　ABL については，経済産業省『ABL の普及と活用に関する調査報告書』（2009 年）
http://www.meti.go.jp/report/downloadfiles/g90529a01j.pdf のほか，中村廉平「再建型
法的倒産手続における ABL の取扱いに関する考察」NBL908 号（2009 年）29 頁以下，
粟田口太郎「ABL 実務の近時の動向と担保設定時・担保実行時における諸問題」事業
再生と債権管理 126 号（2009 年）123 頁以下，伊藤達哉「将来債権譲渡担保の再生手続
開始後発生債権に対する効力再考 —— ABL や非営業信託の分別管理義務の観点などか
らの考察」NBL932 号（2010 年）26 頁以下，事業再生研究機構編『ABL の理論と実践』
（商事法務，2007 年），山口明『ABL の法律実務』（日本評論社，2011 年），など実務家
の論考が多く公刊されているほか，比較法の視点からは，池田真朗＝中島弘雅＝森田修
編『動産債権担保 —— 比較法のマトリクス』（商事法務，2015 年）が刊行され，動産・
債権担保のアメリカ・フランス・ドイツ・イギリス・ニュージーランド・オーストラリ
ア・中国の法制度が詳細に比較・検討されている。なお，英米の浮動担保と ABL とで
は担保評価のあり方が異なることについては，上記比較法研究を通じて詳細が紹介され
ている。

が，譲渡人に対して契約上の責任を追及することが可能[29]であり，債権が発生するかどうかわからないということが将来債権の譲渡性を否定する積極的理由にはならないと考えてきたことになる。

将来債権を含む債権群の包括的譲渡を目的とする契約が可能であるとしても，譲渡対象が特定していなければ債権は譲渡人から譲受人へ移転することはない。また，担保目的となる債権群が特定していなければ，担保の効力が及ぶ範囲を一般財産と区別することはできない。

この点，判例は，将来債権の包括的譲渡のケースにおいて，譲渡契約時に発生原因や適宜の方法により右期間の始期と終期を明確にするなどして譲渡目的とされる債権が特定されるべきであると解しており（前掲最判平成11・1・29），また，将来債権を含めて包括的に債権を担保目的で譲り受けたケース（いわゆる流動集合債権譲渡担保）についても，債権の発生原因たる取引の種類，発生期間等によって担保目的となる債権の範囲を確定することができるものと解している（最判平成13・11・22民集55巻6号1090頁）。上記の判例は，債権の発生原因，第三債務者，発生期間，金額など何らかの要素によって特定できればよいと解してきた学説[30]を支持したものと解される。

改正法では，上述したこれまでの判例理論を根拠に，「債権の譲渡は，その意思表示のときに債権が現に発生していることを要しない」とする規定を置き（新466条の6第1項），将来債権の譲渡性を承認している。未だ発生していない債権について債権の移転という効力が生じないとする批判を回避するために，上記規定は，将来債権という概念を通じてこれを譲渡した場合にも，債権譲渡があったことを明らかしているものといえる[31]。上記の規定からして，将来債権には，債権の発生原因はあるが未だ債権が発生していない場合[32]だけでなく，将来締結される契約に基づく債権など発生原因自体が存在しない場合も含まれることになる[33]。

---

[29] 潮見・前掲注(2)書365頁以下は，債権が不発生となったからといって事後的な契約上の責任追及が常に可能なわけではないことを指摘する。

[30] 高木多喜男「集合債権譲渡の有効性と対抗要件（上）」NBL234号〔1981年〕8頁以下など。

[31] 部会資料81-3 5頁。

[32] たとえば，賃貸借契約における各期の賃料債権（同旨，潮見・前掲注(2)361頁）。各期の賃料債権は各期の使用収益の対価として発生するものと解しているからである。

民商法の課題と展望

　ところで，集合債権譲渡担保の場合には，担保目的となった将来債権を含む債権群について取立権を設定者に留保する約定が行われる場合がある。前掲最判平成 13・11・22 は，取立権が譲渡担保設定者に留保されていても，担保設定契約の時点で，確定的に債権が移転すると解している。譲渡担保の法的性質については，議論があるところであるが，判例は，集合債権の譲渡担保（本契約型）の場合には，設定者に留保されている取立権を担保権者＝譲受人との間の債権的合意によるものであるにすぎないと解している[34]。改正法の下でも，設定者に取立権を認めていることによって，将来債権の譲渡性が妨げられるものではないことになる。

(2)　将来債権譲渡の対抗要件と対抗要件具備時期（新 467 条 1 項）

　現行法の下でも，判例・学説は，467 条に基づいて将来債権を含む債権群の

---

(33)　「将来債権」として 466 条の 6 が適用される範囲については，今回の改正で見送りになった項目の一つであり，今後の解釈に任されることになった（部会資料 74A「第 1 債権譲渡」「2 将来債権譲渡」（説明）4，部会資料 81B「第 2 債権譲渡（将来債権譲渡）」，部会資料 81-2「第 19 債権譲渡」「2 将来債権譲渡」「(1) 将来債権の譲渡性とその効力の限界」）。

(34)　私見では，設定契約時に集合債権譲渡担保を原因として将来債権を含む債権群が担保目的で移転し目的債権に譲渡担保の効力が及ぶことになり，この時点で集合債権譲渡担保権について対抗要件を具備することが可能となる。担保目的で将来債権を含む債権譲渡が行われた場合に，設定者に取立権を認めることが，担保目的で将来債権が譲渡されることを妨げることでないことは当然のことである。債権質に基づく取立権と同様，譲渡担保権にもとづいて実行通知がなされるまでは設定者が債権者であり担保権者には取立権がなく，設定者が債権の弁済を受けても取立金の担保権者への交付を要しないのは，担保権について実行通知があるまでは設定者が債権者であるからである（千葉恵美子「いわゆる流動型集合債権譲渡担保と対抗要件」ジュリ 1223 号（2002 年）79 頁以下，同「集合動産譲渡担保理論と集合債権譲渡担保理論の統合化のための覚書」名大法政論集 254 号（2014 年）289 頁以下）。

　　集合債権譲渡担保については，集合動産譲渡担保とは異なり，個別の債権の束が問題になっているにすぎず，個々の債権の譲渡担保を包括するだけにすぎないとする見解が有力であるが，取立権を巡る上記の対立は，集合債権の譲渡担保の目的となっている債権群の「流動性」を承認する根拠と限界をどのように解するかという点から生じている。その意味では，真正の債権譲渡と担保のための債権譲渡について，将来債権の移転時期や対抗要件の具備の方法やその時期について対立があるのではなくて，設定者の取立権と担保権者の取立権をどのように調和させるのか，また，第三者との関係で，集合債権譲渡担保権につき，いかなる時点でどのような効力を認めるのかという観点から改正後も議論されるべき問題である。

譲渡について，1個の包括的な通知・承諾で対抗要件を具備することができるものと解してきた（最判昭和53・12・15判時916号25頁，前掲最判平成11・1・29）。また，将来債権を含む集合債権譲渡担保の場合にも同様に解してきた（前掲最判平成13・11・22）。

　もっとも，集合債権譲渡担保の場合には，担保権の実行まで設定者に取立権が留保され，担保目的となる債権の発生・消滅が繰り返されることから，設定時点で，467条に準じて確定日付ある証書によって第三債務者に通知をしたとしても，第三債務者は，担保目的となっている債権の譲受人や差押債権者からの照会に対して，当該債権の存否・その帰属につき確定的かつ確実に表示することは困難であるとも考えられる。

　しかし，前掲最判平成13・11・22は，集合債権譲渡担保の場合，担保のために，既に生じ，又は将来生ずべき債権が設定契約締結の時点で確定的に譲渡されているとして，担保実行前であっても，民法467条2項に準じて，設定者から第三債務者に対する「設定通知」をもって譲渡担保権につき第三者対抗要件を具備することができると解し，上記設定通知と共に，第三債務者に設定者に付与された取立権限の行使に協力を依頼したとしても対抗力を妨げないと判示している。このような理解は，最判平成19・2・15民集61巻1号243頁によっても確認されており，判例理論として確立したものと解される。

　前掲最判平成13・11・22及び最判平成19・2・15は，債権譲渡の方法で担保権を設定することと担保権の実行の結果，債権を行使できることを区別することによって，設定通知の時点でも，目的債権が特定していれば，いかなる債権群にどのような担保権が誰のために設定されているのかを確定的かつ確実に表示することはできるものと解している。

　また，前掲最判平成19・2・15は，担保権実行以前であっても担保目的債権は譲受人（＝譲渡担保権者）に帰属することになり，目的債権について債権譲渡（譲渡担保権）の対抗力を具備する時期は，譲渡人（＝設定者）から第三者債務者への債権譲渡通知の到達時時点であると解している。

　そこで，改正法は，上記の判例法理を踏まえて，将来債権の譲渡が債権譲渡の概念に含まれることを前提にして，将来債権についても既発生の債権と同様の方法によって対抗要件具備できるものとし，新467条において，債権譲渡に現に発生していない債権の譲渡を含むことをカッコ書きで補充した。

このように将来債権の譲渡について債権譲渡の対抗要件を具備できることを認める実益は，将来債権の譲渡について対抗要件具備すれば，その時点を基準に，債権譲渡の効果（債権が同一性を維持したまま移転することによって債権の帰属先が変更すること）を債務者および第三者に対抗できるものと解することができる点にある[35]。

（3）　将来債権と譲渡後に発生した債権との関係（新466条の6第2項）

前述したように，最判平成19・2・15は，目的債権に将来債権が含まれる場合であっても，具体的に債権が発生した時点で，自動的に，当該債権は担保のために譲渡担保設定者から譲渡担保権者に移転することになると解している。

上記の判例理論は，新466条の6項2項で明文化され，将来債権が譲渡された時点で債権が現に発生していないときには，譲受人は発生した債権を「当然に」取得すると規定している。

しかし，将来債権の譲渡を受けた譲受人が，現在発生していない債権についてどのように債権を取得するのか，つまり，債権移転のプロセスをどのように理論的に説明するのかについては，以下のような見解の対立がある。

設定契約時にまだ発生していない債権も，譲渡人のもとで発生し譲渡人に一旦帰属した上で，譲渡人の新たな行為を要することになく，将来債権の譲渡の原因行為がなされた時点で，譲渡人から譲受人に移転することになると解する見解[36]がある。この見解では，将来債権と将来譲渡後に発生した債権を同一の債権と考えており，設定契約時にまだ発生していない債権については，発生するまでは権利行使ができないにすぎないと解していることになる。もっとも，将来債権について，発生前に債権を観念することができないことは確かである。そうだとすると，債権の発生前に，将来債権として譲渡したものは一体何かが

---

(35)　債権譲渡の予約や停止条件付譲渡契約の場合には，債権譲渡の効果の発生が留保されており契約によって債権が確定的に移転していないことから，将来債権の譲渡にはあたらないことになる。債権譲渡の予約についてされた確定日付のある証書による債務者に対する通知又は債務者の承諾をもって，当該予約の完結による債権譲渡の効力を第三者に対抗することはできないと判示した最判平成12・4・21民集54巻4号1562頁，最判平成13・11・27民集55巻6号1090頁の考え方が踏襲されることになる。停止条件付譲渡契約の場合にも，停止条件が成就するまでは債権は移転しないことになるのであるから，それ以前に対抗要件を具備することはできないことになる。

(36)　千葉・前掲注(34)論文・ジュリ1223号79頁以下。

問題となっている。

そこで，財産権の内容とその帰属主体に認められる処分権を区別し，将来債権の譲渡の効果を財産権の帰属関係の変更[37]ないしは譲渡される債権に関する譲渡人から譲受人への処分権の移転と捉え[38]，将来債権の譲渡時に未だ発生していない債権は，債権発生時点で自動的に譲渡人から譲受人に承継取得されるものと解する見解が有力に主張されている。

これに対して，将来債権の譲渡は，将来発生する債権について債権発生時に原始的に「債権者となる地位」が移転しているにすぎないのであって，将来債権について債権譲渡の意思表示があった時点で未だ発生していない債権については，譲受人のもとで発生すると解する見解[39]がある。この見解では，「将来債権」と譲渡後に発生する「債権」とは異なることを前提としており，また，新466条の6第2項の「当然に取得する」という意味を移転した「債権者となる地位」に基づいて譲受人のもとで債務者に対する債権が発生し帰属するものと解することになる。

上記の対立は，一見すると，債権移転のプロセスに関する説明のしかたの違いにすぎないようにも思われるが，将来債権と譲渡後に発生した債権の関係をどのように理解するかは，将来債権の譲渡について債権譲渡の効果を物権的に構成するのかどうか（承継取得か原始取得か），(2)で検討する将来債権の譲渡後の個別債権についての譲渡制限特約の効力を規定する新466条の6第3項の意義についても見解の対立を生む可能性がある。また，新469条2項2号に基づいて相殺できる範囲にも影響を与える[40]。加えて，集合動産譲渡担保における集合物概念と同様，将来債権という概念は，集合債権譲渡担保において目的債権の流動性を容認しながら担保権の効力を認めるための道具概念としても機能しており，このような観点からも検討をする必要あることになる[41]。

少なくとも，改正法の下では，前述したように，将来債権の譲渡を「債権譲渡」に含め，通常の債権譲渡と同様の方法によって対抗要件が具備できるもの

---

[37]　森田宏樹「財の無体化と財の法」吉田克己・片山直也『財の多様化と民法学』（商事法務，2014年）119頁，同「処分権の法的構造」高翔龍ほか編『日本民法学の新たな時代　星野英一先生追悼』（有斐閣，2015年）493以下。

[38]　和田勝行『将来債権譲渡担保と倒産手続』（有斐閣，2014年）171頁以下。

[39]　中田・前掲注(10) 562頁，潮見・前掲注(2) 362頁。

としている。そうだとすれば，債権譲渡と対抗要件の関係を物権変動と対抗要件の関係と同様の枠組みで説明する[42]以上は，将来債権の譲渡についても，譲渡人から譲受人へ債権が移転し（承継取得），これを対抗できると解することを前提としなければならないのではなかろうか。後者の見解のように，将来債権を債権発生時に原始的に債権者となる地位と解すると，将来債権を含む債権群を目的として集合債権譲渡権が重視して設定された場合に，債務者対抗要件および第三者対抗要件の優先劣後の判断が複雑化することになり，将来債権という概念を明文化した意味が失われることになるように思われる。

2　譲渡制限特約との関係
(1)　新466条の6第3項の趣旨
　将来債権に関する規律と譲渡制限特約に関する規律の関係について，以下の例に基づいて考察を加えてみることにしよう。

---

(40)　譲渡人のもとで債権が発生し，これが譲受人に移転するのであれば，譲渡人は将来債権の譲受人が取得した債権の発生原因である契約にもとづいて第三債務者が譲渡人に対して債権を取得した場合（たとえば，AがBC間の売買契約に基づいて将来発生するBの売掛代金債権を目的として集合債権譲渡担保権を設定した場合に，その後BC間に成立した売買契約において，目的物に重大な瑕疵があることを原因として契約が解除され損害賠償請求権が発生したケース）には，この債権を自働債権とする相殺をもって第三債務者は譲受人に対抗できるのかが問題となってくる。将来債権の移転を「債権者の地位」の移転と解し，個別の債権は譲受人のもとで発生するという見解では，相殺できないことになるのではないかと思われるが，将来債権の譲渡を将来発生する債権の処分権の移転があったと解する見解では，処分権を喪失しているのは譲渡人にすぎないのであるから，第三債務者は新469条2項2号に基づいて損害賠償請求権を自働債権として売掛代金債権と相殺できることになろうか。

(41)　千葉・前掲注(34)論文・名大法政論集254号289頁以下参照。

(42)　この点については，磯村保「債権譲渡──物権変動論との連関」磯村保ほか『民法トライアル教室』（有斐閣，1991年）238頁以下。

> 【Case3】AはBに対して事業資金として2000万円を貸付け，この貸
> 金債権を担保するために，B・C間の部品甲の供給契約に基づいて発
> 生する，BからCに対する売掛代金債権全額3年分を目的として，
> AB間で集合債権譲渡担保契約を締結した。この契約ではAからの，
> 実行通知あるまでは，Bが上記売掛代金債権について取立てができる
> とする約定があわせてなされていた。その後，CはBから継続的に
> 部品甲の供給を受け製品の組み立てを行うことにしたことから，BC
> 間で基本契約を結び，その中で上記売掛代金債権について譲渡制限
> 特約を約定した。ところが，Bが弁済期を過ぎてもAに借入金を返
> 済しなかったことから，AはBに対して実行通知を送り，上記売掛
> 代金債権のうち，まだCがBに弁済していなかった1000万円の売掛
> 代金債権の支払いを求めて，Cに対して訴えを提起した。Aの請求
> は認められるか。

　上記のケースの場合，Ⅲ1で検討したように，集合債権譲渡担保契約を締結
時に，BC間で売掛代金債権が発生していなくとも，将来債権の譲渡性が承認
され（新466条の6第1項），対抗要件を具備することができることになるから
（新467条），設定契約後に債務者対抗要件を具備していれば，設定時に発生し
ていない売掛代金債権であっても，Aに担保目的で当該債権が移転している
ことをCに対して対抗できることになり，当該債権が発生した時点でAはC
に対して支払を請求できることになる。この場合に，たとえ当該売掛代金債権
が具体的に発生する前にBC間で譲渡制限特約を締結した場合であっても，債
務者対抗要件具備時期のほうが早いから，債権制限特約を対抗することはでき
ないことになる。

　これに対して，新466条の6第3項は，将来債権の譲渡後，債務者対抗要件
の具備時までに譲渡制限特約がなされたときには，改正法は譲渡制限特約につ
いて譲受人が悪意であるとみなして，新466条3項の規定を適用するとしてい
る。この限度で第三債務者には弁済先固定の利益が認められることになる。

　集合債権譲渡担保を設定する際に，担保権者は，設定者（譲渡人）と第三者
債務者の間に譲渡制限特約が約定されていないかどうかを第三者債務者に問い
合わせ担保価値を査定することになると思われるが，改正法では，債務者対抗

民商法の課題と展望

要件具備の先後で譲渡制限特約の効力に違いがあることになる。

すなわち，上のケースの場合，BC 間の基本契約で B の売掛代金債権について譲渡制限特約がなされた時点が，上記売掛代金債権に対する集合債権譲渡担保権の設定についての通知の到達時・承諾時（対抗要件具備時点）以前になされた場合には，C は，A に履行を拒絶できる権利があり，また，たとえ将来債権の譲渡について設定時に担保目的で A に債権が移転し A が債務者対抗要件を具備したとしても，B に対する弁済・相殺など債権を消滅させる事由をもって，C は A に対抗できることになる。

一方，債務者対抗要件具備後は，譲受人へ将来債権の移転を第三者債務者に対抗できることになり，売掛代金債権が発生前であったとしても，BC 間の譲渡制限特約によって譲渡を制限することはできないことになる。したがって，A は個別の債権が発生した時点で C に対して常に履行を請求することができることになる[43]。

これに対して，BC 間の継続的部品供給契約に係る基本契約（譲渡制限特約を含む）のほうが，AB 間の集合債権譲渡担保契約より先に締結された場合には，新 466 条の 6 第 3 項の適用がなく，466 条 3 項が適用されるものと解される[44]。

以上の分析からすると，466 条の 6 第 3 項では，譲渡制限特約が，集合債権譲渡担保権の設定後，将来債権の譲渡について債務者対抗要件具備前に約定された場合には，譲受人＝担保権の悪意を擬制し，第三者債務者による弁済先固定の利益が優先することになり，このような結論がいかなる点から正当化されるかが問題になる。

この点，将来債権について担保目的で譲渡した場合には，譲渡時点には，まだ債権が発生していなかったのであるから，その譲渡を制限する特約の対象が存在しないために，善意・悪意を基準として困難であることがみなし規定をおいた趣旨であるとする見解がある[45]。しかし，既に 1 で検討してきたように，現に発生していない債権であっても，将来債権の譲渡性は認められており，債務者対抗要件を具備していなければ将来債権は第三債務者との関係では譲渡人に帰属していることになり，将来債権についても，債務者対抗要件具備前であ

---

(43) 部会資料 84-3 6 頁。

(44) 中田ほか・前掲注(17) 225 頁。

(45) 中田ほか・前掲注(17) 225 頁。

432

17 債権譲渡制限特約と民法改正〔千葉恵美子〕

れば譲渡制限特約の対象となる対象があるものと解すべきように思われる[46]。

新466条の6第3項の趣旨を明らかにするためには，むしろ，譲渡制限特約が約定されていることを譲受人が知っているかどうかにかかわらず，譲受人の悪意を擬制し，弁済先固定の利益を第三債務者に認める必要性を直裁に検討するべきであろう。

将来債権の譲受人は，債務者対抗要件を具備していない以上は，将来債権が自己に帰属していることを第三者債務者に対抗できないのであるから，まずは，譲渡制限特約によって弁済先を固定する第三債務者の利益が当然優先するとする見解[47]が登場してくることになる。債権譲渡とは債権の同一性を維持したまま，債権の帰属先を変更する行為であり，債務者が債権譲渡に関与していない以上，新468条1項と同様，債務者が不利な法的に地位におかれるべきではないことを理由とすることになる。

確かに，改正法では，新467条1項に基づいて，債務者対抗要件を具備しなければ，将来債権が譲受人に帰属していることを債務者に対抗できないことが明文化され，また，新466条3項によって，譲渡制限特約による弁済先固定の利益に配慮している。しかし，一方で，新466条2項は，譲渡制限特約によっても債権の譲渡はその効力を妨げられないとし，加えて，新466条の6第1項は，債権譲渡は，その意思表示のときに債権が現に発生していることを要しないとしている。したがって，改正法の下では，譲渡された債権の発生原因となっている契約において同時履行の抗弁権はあるような場合とは異なり，債務者対抗要件具備前に譲渡制限特約を約定したというだけで，第三者債務者の弁済先固定の利益が「優先」されるわけではないように思われる。

結局，将来債権について新466条の6第3項によって第三者債務者に弁済先固定の利益を優先する理由は，将来債権の譲渡はこれから発生する債権について譲渡人の処分権の喪失させるものにすぎず，債務者対抗要件具備するまでは譲渡人の処分権喪失を対抗できない結果，債権者＝譲渡人と債務者間の譲渡制限特約による弁済先固定の利益が優先すると解するしかないのではなかろうか。

---

(46)　同旨，潮見・前掲注(2) 421頁。

(47)　潮見・前掲注(2) 420頁。

民商法の課題と展望

(2) 預貯金債権の場合

新466条の6第3項によれば，譲渡制限特約がなされた債権が預貯金債権の場合には，新466条の5第1項を適用される。

【Case3】の即して考えると，預金口座の開設前に，将来の預金債権を目的として譲渡担保契約が設定され，金融機関に対して譲渡通知があるまでに，つまり，譲渡担保権につき債務者対抗要件が具備されるまでに預金口座が開設された場合には，譲受人が譲渡禁止特約につき悪意・有過失である場合には，金融機関は譲渡担保権の効力が生じなかったことを対抗できることになる。

これに対して，債務者対抗要件具備時以降に預金口座が開設された場合には，すでに将来債権を目的とする譲渡担保権について債務者対抗要件が具備されているのであるから，将来債権はすでに譲受人に帰属しており，譲渡人が金融機関との間で預金口座を開設したとしても，発生した預金債権については譲渡制限特約の効力は及ばないことになるのだろうか。それとも，将来発生する預貯金債権を譲渡後に譲渡制限特約がなされたとしても，預貯金債権については譲渡制限があることは周知の事実であり重過失を認定できることから，当該債権が発生する前に預金債権については譲渡性が奪われているものと解すべきであり，金融機関は譲渡担保権の効果が生じないとして譲受人には預金の払戻請求権がないと主張できることになるのだろうか。

問題の糸口は，ここでも，将来債権と現に発生する債権との関係をどのように理解するかによるように思われる。将来債権の譲渡によって譲渡人は処分権を喪失していると解する見解を前提にすれば，対抗要件具備後は譲受人は発生する債権の処分権喪失を第三債務者に対抗することができることになるが，預金口座の開設によって発生した預貯金債権は譲渡人から譲受人に承継取得されることになるから，譲渡人のもとで譲渡制限特約の効力が及び，新466条の5第1項に基づいて譲渡人から譲受人への債権の効力が生じないもの解することになろうか。

⑷ 『民法（債権関係）の改正に関する中間試案の補足説明』235頁等。

Ⅳ　結びにかえて

　本稿では，新466条〜新467条までの規定によって，債権譲渡についてどのような規範が形成されることになるかについて考察を加えてきた。

　債権譲渡については，平時の資金調達の手法として金銭債権について債権譲渡の活用が促進されるように，債権譲渡禁止特約の見直しをすることが改正の当初の目的の1つであるとされたが[48]，目的にそった改正が実現したことかどうかは，今後の解釈論の行方に左右されることになる。

　本稿で示した解釈論を前提にすると，債権の流動化・担保化の要請との関係で，最も意義がある改正は，新466条2項により，譲渡制限特約が約定されたとしても，債権譲渡の効力が妨げられないことを明文で規定した点にあるように思われる。

　確かに，譲渡制限特約付債権を譲渡した債権者の行為は特約に違反することになる。しかし，新466条3項は，債権の譲渡性を承認しながら，譲受人が悪意・重過失の場合に，矛盾した行為の禁止という観点から，信義則上，弁済先の固定の利益を保護しているにすぎない。したがって，債務者の利益を侵害し現に損害が発生している限度で，譲渡人は特約違反の責任を負うにすぎないものと解される。また，譲受人が悪意・重過失であった場合に，債務者は新466条3項に基づく効果を譲受人に対抗できることになるから，譲受人が譲渡人と譲渡制限特約に違反して債権譲渡を受けたというだけでは，譲受人が債務者から不法行為を原因として損害の賠償を請求されることはないものと解される[49]。

　加えて，譲渡制限特約に反して債権譲渡が行われたというだけで債務者による債権発生原因たる契約の解除も認められるわけではないことになる。債務者が大企業などの場合，譲渡制限特約違反を原因として解除条項を約定することも考えられるが，定型約款による場合に内容規制の必要があるか，弁済先固定の利益のために譲渡人の資金調達の機会を奪う可能性があることから，優越的

---

[49]　池田真朗「民法改正案債権譲渡部分逐条解説 —— 検討と問題点」慶應法学36号（2016年）50頁は，そもそも資金調達という観点からは譲渡制限特約の対外効を否定すべきであり，譲渡制限特約を有効とした上で，債権譲渡を受ける譲受人はコンプライス違反であり，譲渡人は特約違反である以上債務不履行責任があるとする。

民商法の課題と展望

地位の濫用にならないかなど，今後詰めるべき残された課題があるように思われる。

債権の流動化・担保化の要請との関係で意義があるもう一つの改正は，将来債権の譲渡性を明文で認めた新466条の5である。しかし，すでにみてきたように，将来債権の譲渡後に発生する債権との関係をどのように解するかによって，様々な問題に影響が生じる可能性が高い。

上記条文の解釈については，具体的な事件を通じて今後も論争が続くことになると思われるが，本稿がそのたたき台となれば幸いである。

18 民法572条（商法526条3項）の存在意義

三　宅　　新

<table>
<tr><td>

Ⅰ　は じ め に
Ⅱ　現行民法下において民法
　572条の法律解釈が争われ得
　る例
Ⅲ　不法行為責任と債務不履行
　責任で必要十分であること
</td><td>

Ⅳ　考えられ得る民法572条の
　積極的意義
Ⅴ　現行民法572条の存在意義
　に関する結論
Ⅵ　商法526条3項に関する考察
Ⅶ　改正民法で存在意義が付与
　される可能性（結びに代えて）
</td></tr>
</table>

Ⅰ　は じ め に

　売買の瑕疵担保責任については，その法的性質についてきわめて多くの議論がなされてきた。しかし，これまで，「基本的な事項についてさえ実務上の決着がついておらず，法的に不安定な状況にある」[1]のが現状であった。このような現状は一連の民法（債権関係）改正において議論され，改正民法では，いわゆる特定物ドグマや原始的不能論を否定し，目的物が契約の内容に適合しない場合に担保責任を認める内容となった。そして，その場合には追完請求や代金減額請求が可能となる（改正民法562条・563条）反面，解除や損害賠償請求については債務不履行責任として可能ということになった（改正民法564条）。そのため，従来の法定責任説と契約責任説の争いに関して[2]は契約責任説を採用したものとして決着がつき，解除と損害賠償が瑕疵担保責任と債務不履行責任とで二元的に定められていた点に関しては，債務不履行責任として一元化する形となった。

---

(1)　民法（債権関係）部会資料15-2・9頁。

『民商法の課題と展望』大塚龍児先生古稀記念〔信山社，2018年3月〕　　*437*

民商法の課題と展望

しかし，瑕疵担保責任を制限する特約を付した売買契約において，売主悪意の場合にその特約が否定されることを定めた民法572条は，改正民法でも，その対象が契約不適合の制限特約に変わった点を除いて，要件・効果ともに条文内容に変化なく残ることとなった。

本稿は，この点に着目して，現在の二元的な瑕疵担保・債務不履行の法制度の下で，民法572条にどのような存在意義があるかについて明らかにすることを主要な目的とする。なぜ改正民法下ではなくあえて現行民法下での民法572条なのかというと，そもそも民法572条がどのような経緯で制定されてどのような意義を有するかについての先行研究がほとんど存在しないため，前提たるべき現行民法下の背景を示しておかないと改正民法572条の解釈に支障を及ぼす可能性がある，と考えたためである。また，その関連で商法526条3項にも言及する。

なお，本稿における用語の定義として，明治23年に制定されて結局施行されなかった民法を「旧民法」と，明治29年に制定されて平成16年の口語化を経た民法を「現行民法」又は単に「民法」と，平成29年に改正された民法（平成29年法44号）を「改正民法」と呼ぶ。また，改正民法下では「瑕疵」という表現ではなくなるが，本稿では現行民法を扱う場合が多いため，特に断りのない限り「瑕疵」と表現していく。

II　現行民法下において民法572条の法律解釈が争われ得る例

1　設　例
以下の設例を見てみよう。

設例1

　Yは傾斜のある土地（本件土地）を所有していた。本件土地に関しては，

---

(2)　もっとも，法定責任説と契約責任説もそれぞれ多岐にわたり，単純な二項対立とはいえなくなっている。本稿では，法定責任説とは，特定物売買における売主の義務は対象の目的物を買主に引き渡すことであるから売主には瑕疵のない当該目的物を引き渡す義務はないが，買主の信頼保護のために特定物売買に限って法が定めた責任である，と定義する。他方で，契約責任説とは，瑕疵担保責任は売買契約に関する債務不履行の特則であるから目的物が特定物か否かに関係なく適用される責任である，と定義する。

かつて素性の知れない工事業者がYに残土の廃棄場所として利用を求めてきたことがあり，それに対してYが本件土地を平らにする見返りに許可したという事実（本件事実）があった。

住宅用地を探していたXは，本件土地が通常の更地であると思い，本件事実について説明を受けることなく，Yから本件土地を購入した。その際に交わした契約書には，「売主は，瑕疵担保責任を負わないものとします」という特約（本件特約）が付されていた。

その後，Xが住宅建築に着工すると，地中から瑕疵に該当する産業廃棄物（産廃）が出てきて，その撤去費用等がかかった。この産廃は，上記業者が残土廃棄時に混入させたものであった。この場合，民法572条により本件特約が排除され，Yは瑕疵担保責任を負うことになるだろうか。

Yは，本件事実があったことは認めたが，残土の廃棄を許可しただけでその中に産廃が入っていることは知らず，昔のことだったため売却時には本件事実を忘却していた，と主張している。

設例1で民法572条の法律解釈が争われるとすれば，①Yが瑕疵の存在を知らなかったことに重過失がある場合に同条が（類推）適用されるか，②Yが本件事実を知ってはいたが忘却していた場合に同条が適用されるか，③重過失の有無とは別に，Yが本件事実を知っていたものの瑕疵そのものは知らなかった場合に同条が適用されるか，という点であろう。

いずれも最高裁判例は存在しないが，①②については下級審裁判例が存在するため，以下どのように判断されることになりそうか見ていくことにする。

2　売主が重過失で知らなかった場合

まず，①については下級審裁判例で判断が分かれている。東京地判平成15・5・16判時1849号59頁は，被告売主の重過失を認定し[3]，「民法572条は信義則に反するとみられる2つの場合を類型化して，担保責任を排除軽減する特約の効力を否認しているものと解される」とした上で，その「趣旨からすれば，本件において，本件免責特約によって，被告の瑕疵担保責任を免除させることは，当事者間の公平に反し，信義則に反することは明らかであって，本件においては，民法572条を類推適用して，被告は，本件免責特約の効力を主張し得

ず，民法570条に基づく責任を負う」と判示した。すなわち，重過失で知らな
かった場合には，民法572条が類推適用されることが示された。

これに対して，東京地判平成20・11・19判タ1296号217頁は，民法572条
に関して，「売主が知りながら告げない事実については，公平の見地から瑕疵
担保責任の免責特約の効力を否定する趣旨」とし，「同条の文言及び趣旨に照
らせば，……知らなかったことにつき重過失があるとしても，その効力が否定
されることはない」と判示して，民法572条の（類推）適用を否定した（もっ
とも，この判決は，なお書きにおいて被告売主の重過失自体も否定した[4]ため，類推
適用に関する法律解釈の部分は不要であったといえる）。

3　売主が知ってはいたが忘却していた場合

次に②については，学説では，民法572条の趣旨は信義則に求められるとし
て，売主が忘却して告げなかった場合であっても本条が適用されると考えられ
ているものの[5]，深く検討されたことはない。

これに関する下級審裁判例では，東京地判平成16・4・23判時1866号65頁
が，「思い出さなかったために告知しなかったというのであっても，……特約
の適用を認めることは，信義則に反して許されない」として，被告売主の瑕疵
担保責任を認めている（ただし，民法572条を適用したのではなく，あくまで信義
則により特約を排除した[6]）。もっとも，この事案は，被告売主が瑕疵の原因た

---

(3)　被告売主がかつてその上に建物を所有し，解体・撤去して駐車場となっていた土地の
売買契約において，従前の建物に由来する地中工作物が残置されていた事案である。被
告売主は，建物の解体・撤去を業者に依頼する際，図面上に表示された物以外を撤去の
対象としていなかった。そのため，「被告において，これを把握することもまた極めて
容易であったものである。したがって，被告には，少なくとも本件地中埋設物の存在を
知らなかったことについて悪意と同視すべき重大な過失があったものと認めるのが相当
である」と判示された。

(4)　かつて工場として利用されていた土地の売買契約において，環境基準値を大幅に超え
るヒ素が検出された事案である。売買契約には引渡後6か月に限り瑕疵担保責任を負担
するという特約が付されていたところ，瑕疵が発覚したのは引渡しから6か月経過後で
あった。被告売主は，売買契約以前に土壌調査を実施した結果ヒ素が検出されたことか
ら，汚染浄化工事を依頼し，その結果，当該土地のヒ素が環境基準値以下となっている
旨の報告を受けていたという事情があった。

(5)　我妻栄ほか『我妻・有泉コンメンタール民法――総則・物権・債権（第4版）』（日本
評論社，2016年）1092頁。

る「火災を思い出さなかったということは，ほとんど考えられない」[7]とも判示されているため，そこで述べられた法律解釈がどこまで一般化できるかは微妙である。すなわち，売主が忘却していたのもやむを得ないような些末な又は古い出来事であった場合，どのような帰結になるかは，この裁判例からは導くことができない。

4 瑕疵を生じさせる事実は知っていたが瑕疵そのものは不知の場合

最後に③については，おそらく今まで争点とした先行裁判例も先行研究も存在しない。とはいえ，設例1に則していうと，民法572条の文理解釈からいって売主は瑕疵担保責任を負うといわざるを得ない。というのも，民法572条は，「知りながら告げなかった事実……については，その責任を免れることができない」と規定しているからである。これは，民法551条1項但書の「贈与者がその瑕疵又は不存在を知りながら受贈者に告げなかったとき」，及び，民法590条2項但書の「貸主がその瑕疵を知りながら借主に告げなかったとき」という有責要件を定めた文言と対照的である。すなわち，現行民法下において，贈与及び無利息消費貸借の瑕疵担保責任では，知りながら告げなかった「瑕疵」が有責の要件となっているのに対し，売買の瑕疵担保責任では，知りながら告げなかった「事実」が有責の要件とされているのであるから，瑕疵そのものの知・不知は問題とならない[8]（もっとも，これは形式的な文理解釈をした場合の帰結であり，異論も考えられるため，後にⅣでも検討する）。

これを設例1に当てはめると，Yは素性の知れない工事業者をして本件土地に残土を廃棄させるという瑕疵発生のおそれのある行為をしたのであるから，仮に瑕疵そのものは認識していなくても，本件事実を知っていて告げなかった

---

(6) 同時に，「容易に思い出すことができ，当然に思い出して告知すべき事項を，思い出さずに告知しなかった場合には，故意と同視すべき重大な過失があるというべきであり，そのような場合に上記特約の適用を認めることも，同様に信義則に反するというべきである」と判示して，重過失の際にも瑕疵担保制限特約が排除される旨が示されている。

(7) 中古住宅の売買契約において，約8年半前の火災で建物の一部が焼損していた事実があった事例。

(8) くわえて，瑕疵に該当するか否かについては裁判所の評価が含まれ得る（特に心理的瑕疵の場合）以上，なおさら瑕疵そのものの知・不知は問題とすべきではない。

民商法の課題と展望

のであれば民法572条が適用されて本件特約は排除されることになる。

5 小括及びそれと整合しない現状

　以上の裁判例及び設例1のように，瑕疵担保責任を排除したり期間を制限したりする特約[9]が付されることは，仲介業者を挟んだ土地や中古住宅の売買では少なくない[10]。特に不動産売買においては，当該不動産でかつて自殺・殺人等（いわゆる心理的瑕疵）があった場合，どの程度前の事実を告げなければならないかが明確ではない。そのため，売主としては告げる必要がないと思って告げなかったが，買主としては告げられていれば購入しなかったと主張するような局面が容易に想定できる。このように，民法572条の適用が争われる場面は多くあってもよく，それに比例して同条に関する裁判例や研究も増加してよいはずである。

　しかし，民法572条は，注釈書における解説や実際に争点となった裁判例がきわめて少なく，先行研究もほとんどないのが現状である。その理由として考えられるのは，設例1のような場面では，民法572条による瑕疵担保責任以外の法理，具体的には不法行為責任や債務不履行責任を用いることが買主にとって有利な場合が圧倒的に多く，わざわざ民法572条を問題とするまでもないという点である。そこで以下，どのように不法行為責任や債務不履行責任が有利かにつき，民法572条との比較をしていく。

Ⅲ　不法行為責任と債務不履行責任で必要十分であること

1 不法行為責任と民法572条の違い

　設例1においては，YはXに本件事実を告げずにXに売却したのであるから，XはYが売主として要求される信義則上の説明義務[11]を果たさずに本件土地を売

---

(9)　これが「売主の責任を一切免除する」という特約であった場合はさらに複雑な解釈問題を生むが，本稿ではそれを扱わず，もっぱら設例1のような瑕疵担保責任を排除する特約及び瑕疵担保責任を一定期間に制限する特約を対象とする。

(10)　岡本正治・宇仁美咲『〈詳解〉不動産仲介契約（全訂版）』（大成出版社，2012年）588頁参照。なお，消費者契約法8条1項5号・10条が存在するため，現在このような特約が付されるのは，売買契約当事者双方が非事業者たる個人の場合又は双方が事業者の場合である。

却したとして，不法行為責任に基づく損害賠償請求をしていくことが考えられる。それでは，Ｘが損害賠償を求める場合，不法行為責任と民法572条を通じた瑕疵担保責任とでは，どのような違いが生じるだろうか。

第一に，消滅時効や除斥期間の違いが存在する。不法行為責任の場合，損害（瑕疵）があることを知ってから３年の消滅時効，不法行為時（設例１では遅くとも引渡時）から20年の除斥期間にかかる。他方で瑕疵担保責任の場合，瑕疵を知ってから１年までに売主に責任追及することを告げなくてはならず[12]，また引渡しから10年の消滅時効にかかる[13]。

第二に，遅延利息の起算点が異なる。瑕疵担保責任の場合，損害賠償請求の翌日から起算されるが，不法行為責任の場合は不法行為の日から起算されるため，その多くは目的物の売買契約時か引渡時からということになる。よって，この点は常に不法行為責任を追及した方が有利ということになる。

第三に，損害賠償の範囲にも違いが出てくる可能性がある。瑕疵担保責任の場合，きわめて多くの学説が存在し，その損害の範囲は信頼利益に限られるという主張が有力である[14]。しかし，この点に関して明確な法律解釈を述べた最高裁判例は存在しないため，どのような結論になるかははっきりしない。これに対して不法行為責任の場合，現在の判例法理では，相当因果関係を定めた[15]民法416条が類推適用されることから[16]，相当因果関係が認められれば信頼利益だけでなく履行利益も賠償対象となる。くわえて，仮に特別損害であっても，買主は売主に特別の事情につき予見可能性があったことを立証すれば，民法

---

(11) このような信義則上の説明義務は，最判平成23・4・22民集65巻3号1405頁によって，債務不履行責任ではなく不法行為責任として扱われることが明らかになった。もっとも，この判決によって，契約成立前における「信義則上の説明義務」という概念は，いっそう明確になったといえる。

(12) 最判平成4・10・20民集46巻7号1129頁。改正民法566条では，責任追及を告げることではなく，契約不適合を告げることで足りるが，一元化したことによって債務不履行責任による解除や損害賠償を求めるためにはこの通知が必要となってくる。

(13) 最判平成13・11・27民集55巻6号1311頁。

(14) 前掲注(1)・10頁。

(15) 大判大正15・5・22民集5巻386頁（富喜丸事件）で「民法第416条ノ規定ハ……人ノ行為ト其ノ結果トノ間ニ存スル相当因果関係ノ範囲ヲ明ニシタルモノ」と判示されている。

(16) 最判昭和48・6・7民集27巻6号681頁。

民商法の課題と展望

416条2項の類推適用で特別損害も賠償されることになる[17]。よって，この点も，常に不法行為責任を追及した方がよいことになる。

第四に，立証責任はどうであろうか。瑕疵担保責任とは無過失責任であるが，しかし，瑕疵担保制限特約が存在しかつそれを民法572条で排除しようとする場合，買主に，売主が知りながら告げなかった事実を立証する責任が課される。他方で，不法行為責任の場合，売主の故意過失についてはやはり買主が立証する必要がある。そうすると，民法572条の要件事実を立証できるのであれば，売主の故意過失も立証できるに等しいのであるから，これも不法行為責任を追及した方がよいことになる。なぜなら，売主に知りながら告げなかった事実があったことを立証できた（民法572条の要件を満たした）にもかかわらず，売主に故意はもとより過失もなかった（民法709条の要件は満たさなかった）などという帰結はまず考えられないからである（ただし，これについては後に検討する）。それに対して，民法709条の要件たる売主の過失を立証できたものの，民法572条の「知りながら告げなかった」という立証，つまり故意に近い内容を立証できなかったという帰結が生じることは，容易に想定されるのである。

このように，瑕疵担保制限特約が付された売買契約において買主が売主に損害賠償を求める際，不法行為責任と民法572条とを比較すると，前者を用いた方が圧倒的に有利である。それでもあえて損害賠償請求で民法572条を用いるような局面は，瑕疵発覚後1年以内に売主に責任追及することを告げてはいたが，そのまま3年が経過したために不法行為による損害賠償請求権が消滅時効にかかってしまった，というようなきわめて例外的な場合くらいである。

以上より，損害賠償請求という点で不法行為責任と民法572条を比較すると，民法572条を利用する意味は基本的にない。そうすると，不法行為責任と比較して民法572条に積極的な存在意義が出てくるのは，買主が売買契約の解除を求める場合くらいである。しかし，売買契約の解除は，債務不履行責任でも可能である。そこで次に，債務不履行責任との比較をしていくことにする。

---

(17) 前掲注(16)の昭和48年判決からの帰結。なお，改正民法416条2項では，従来の「予見することができた」との部分が，規範的な概念であることをより明確にするのが適切であるとの理由（民法（債権関係）の改正に関する中間試案の補足説明・120頁）で「予見すべきであった」と変化した。

2 債務不履行責任と民法572条の違い

(1) 問題提起

債務不履行責任と民法572条とでは，立証責任の面で大きな違いがある。前者の場合，売主が債務の本旨に従った履行のなかったこと（設例1でいえば産廃が埋設しており売買契約の内容に適合しない土地を引き渡したという不完全履行）につき帰責事由がなかったことを立証しなければ責任を免れないが，後者の場合，買主が売主に知りながら告げなかった事実があったことを立証しなければならない。

ところが，現行民法下でこの点を考える際，そもそも設例1のような特定物売買において，債務不履行責任を追及することができるのかという問題がある。これは，いわゆる特定物ドグマの問題である。仮に特定物ドグマを前提とする法定責任説に立脚するのであれば，設例1では売買契約時点で産廃の存在しない本件土地は存在しない。そうすると，売主としてはその産廃の含まれる本件土地を引き渡せば債務は履行したことになり，債務不履行責任は追及できないことになりそうである。もっとも，改正民法が特定物ドグマを否定したことは冒頭に述べたとおりである。そのため，これが施行されれば，上記のような問題は生じない。しかし，なお残された問題がある。

第一に，改正民法が施行されても，施行前になされた契約であれば「従前の例による」ことになり（改正民法附則34条1項），現行民法が適用されるため，改正民法施行によって特定物ドグマの問題が実務上すべて解決するわけではない。そのため，現行民法に基づく裁判実務は特定物ドグマを採用しているか否かを明らかにする必要がある。第二に，施行前の契約において契約責任説を採ったとしても，契約責任説では瑕疵担保責任が債務不履行責任の「特則」と捉えられ，両者が抵触する場合は瑕疵担保の規定が適用されると考えられている[18]。しかし，これは（特に特定物売買において）買主が債務不履行責任と瑕疵担保責任とを選択的に追及することを認めないという意味であろうか。仮に認めないとすると，瑕疵を知って1年以内に売主に告げなかった場合，引渡しから10年以内であっても一般の債務不履行責任の追及が不可能になる。

---

[18]　星野英一「瑕疵担保の研究──日本」『民法論集三』（有斐閣，1972年・初出1963年）236頁。

民商法の課題と展望

そこで以下，現行民法に基づいた近年の裁判実務がどのような解釈を前提にしているか見ていくことにする。

(2)　近年の裁判実務

従来，瑕疵担保責任に関して激しく議論が交わされてきたのは，瑕疵担保責任が不特定物売買にも及ぶか否かという点である。しかし，土地のように最初から特定物である物の売買契約において瑕疵が存在した場合，買主は債務不履行責任を追及できるかそれとも瑕疵担保責任だけしか追及できないかという，まさに特定物ドグマそのものに関する議論自体は，さほど多くなされてこなかった。

この点に関して，判例は，特定物ドグマ及びそれに立脚する法定責任説を採用しているようにも見える。すなわち，最判昭和 37・9・25 判時 320 号 14 頁は，買主が特定物売買（作画の販売）で瑕疵担保責任を追及せずに債務不履行責任だけを追及して損害賠償請求した事案であるところ，「原判決の確定した事実によれば，本件売買は特定物の現実売買と認められるから，売主に債務不履行の生ずる余地のないこと，原判決のとおりである。論旨は採用しえない」と判示したのである。そうすると，現行民法上，特定物売買たる設例 1 において，買主は売主の債務不履行責任を追及できないということになりそうである。

しかし，上記昭和 37 年判決をもって，現在の判例法理が特定物ドグマを採用しているというのは無理がある。なぜなら，昭和 37 年判決は，事案に拠るところが大きいからである。すなわち，昭和 37 年判決の原審では，「〔売主は〕本件画幅が真筆なる旨の特別の保証を与えなかつたが，屡々書画を売買して相当の鑑識力をもつ控訴人〔買主〕はこれを仔細に点検した結果，真筆に間違いないとの見込みをつけ，他に高価に売渡すべく，これを買受けたこと」[19]が事実認定されている。つまりこの事案は，真贋不明の特定物を買主が転売目的で自らリスクを承知で購入した事案である。これに対して，設例 1 のように購入した土地から産廃が出てきたような事案においては，土地の中にそのような異物が混入するリスクを承知で購入するなどということは通常の土地売買では考えられず（そのようなリスクが合意されていれば契約内容に明示されているはずである），昭和 37 年判決とは事案を全く異にする。結局，昭和 37 年判決の射程

---

[19]　福岡高判昭和 36・9・9 判時 320 号 16 頁。

はきわめて狭いといわざるを得ない。

　以上のように考えると，当事者が前提としていた意思内容からどのような性質が期待されるかが合理的に導かれる特定物売買において，その特定物が期待される性質を備えていなかった場合（まさに改正民法における契約不適合に該当する場合），特定物ドグマはすでに克服されていたというべきである[20][21]。このことは，近年の最高裁判所の調査官解説（最判平成3・4・2民集45巻4号349頁に対する解説）が，「判例の流れに従う場合には，債務不履行による損害賠償請求が可能であれば瑕疵担保責任を問えないとの趣旨を読み取ることは困難であり，瑕疵担保責任が他の救済方法がない場合の責任であるとの論旨を採用することは難しいのではないかと思われる（判例は法定責任説に立ちつつ，実質的に債務不履行責任の追究〔及〕を是認している）」[22]と述べている点にも見出せる。

　くわえて最近の下級審裁判例には，債務不履行責任と瑕疵担保責任が別個の制度であることを明確に述べるものも存在している。すなわち，上記Ⅱ2で挙げた東京地判平成20年は，特約に従って瑕疵担保責任を否定した反面，選択的に主張された債務不履行責任については，「瑕疵担保責任と債務不履行責任とは制度趣旨・要件を異にする別個の制度である」と判示して帰責事由の不存在を立証できなかった被告売主に債務不履行による損害賠償を命じているのである[23]。

(3)　現行民法と改正民法の違いに対する評価

　以上より，改正民法における特定物ドグマの否定は，新たな解釈を立法で定めたというより，近年の裁判実務を明確にしたにすぎないということになる。また，そのような近年の裁判実務に則ると，瑕疵担保責任と債務不履行責任を

---

(20)　学説では，特定物であれば瑕疵があってもその引渡しによって売主の義務を果たしたことになるとの帰結は，「常識的に理解し難い」との評価がなされている（星野・前掲注(17) 215頁）。また，法制審議会民法（債権関係）部会会議においても，特定物ドグマを支持する見解は見られなかった（法制審議会民法（債権関係）部会第14回会議議事録7-16頁）。

(21)　もっとも，神戸地判平成11・7・30判時1715号64頁は，「本件売買契約は，特定物売買であり，売主はこれを現状で引き渡せばそれで足りる」と判示し，特定物ドグマを前提にしている。しかし，この判決の結論は，免責特約を制限的に解して瑕疵担保責任による損害賠償請求を認容しており，むしろ実質は契約不適合を認めたような内容になっている。

(22)　富越和厚・最判解民事篇平成3年度167頁。

民商法の課題と展望

二元的に規定している現行民法下では，その2つを選択的併合として追及できるということになる。

そうすると，現行民法下においては，債務不履行責任と民法572条とで立証責任以外の違いについても比較検討する必要がある。まず，損害の範囲は，不法行為との比較で述べたことと同様のことが当てはまるため債務不履行責任を選択する方が有利である。次に消滅時効については，引渡しから10年になる点はどちらも同じであるが，瑕疵担保責任では瑕疵発見から1年以内に売主に告げなければならないため，債務不履行責任の方が責任追及は容易である[24]。

(4) 小括及び検討

以上から，現行民法下での民法572条の存在意義は，不法行為責任との比較においては，不法行為責任は消滅時効にかかっているが民法572条ではいまだ責任追及可能であるという例外的な局面があり得ること，及び，売買契約の解除が可能であることに見出せた。しかし，解除も認められる債務不履行責任との比較では，民法572条の存在意義はほぼないことになる。違いがあるとすると，買主が売買契約の解除を希望する場合，債務不履行による解除では催告が必要であるが，瑕疵担保責任では無催告解除が可能であるという点である。しかし，ここで論じるまでもなく，瑕疵担保制限特約が付される売買契約の目的物に瑕疵が見つかった場合，知りながら告げなかった事実があったという立証責任を負ってまで，無催告解除ができるという理由で民法572条を通じた契約解除を求めていくということは，全く現実的ではない。

そうすると，設例1においてXはYの責任追及をするために，①不法行為責任と②債務不履行責任と③民法572条による瑕疵担保責任の3つを選択的併

---

(23) ただし，この判決で示された債務不履行は，「信義則上，本件売買契約に付随する義務として，本件土地の土壌中のヒ素につき環境基準値を下回るように浄化して原告に引き渡す義務を負う」にもかかわらず，その義務を履行しなかったことに対する債務不履行である。しかし，本文のとおり，債務不履行責任と瑕疵担保責任が別個の制度であるとこの判決が明言している以上，仮に原告買主が"環境基準を満たさない土地を引き渡したことは債務の本旨に従った履行ではないため債務不履行である"と主張していたとしても，最終的な結論は同じであっただろう。

(24) また，完全履行請求権についても，現行民法では債務不履行責任にのみ認められると考えられており，その点につき改正民法では瑕疵担保責任において手当てがなされた。いずれにしても，現行民法では債務不履行責任の方が責任追及方法の選択肢が広い分，不利ということはない。

合として主張することが考えられるが，立証責任・遅延利息・消滅時効・損害賠償の範囲・解除のどれを採っても，①と②の選択的併合を採ることでXにとって必要十分であり，③をあえて選択的併合として残す必要はなくなってくる。以上から，現行民法下で民法572条に存在意義はないという仮の結論が導かれる。

Ⅳ　考えられ得る民法572条の積極的意義

1　問 題 提 起

そこで以下では，上記の仮の結論を否定するため，あえて現行民法下における民法572条の存在意義を見出すことを試みる。考えられる局面としては，売主に知りながら告げなかった事実はあった（よって形式的には民法572条の要件を満たす）が，その事実を告げなかったことが不法行為責任や債務不履行責任を構成しない，と評価される場合である。例えば，以下のように設例1をやや変えてみよう。

設例2

　設例1における本件事実の内容が以下のとおりだったとする。

　　Yは，本件土地の傾斜部分に崖崩れの危険があるとして，行政から求められて指示されるがまますべて当局に委ねて造成させた。その際，造成を担当した委託業者が産廃を本件土地の地中に入れたとする。

　　Yは，行政というもっとも信頼できる主体にすべて委ねてかつ危険を除去するべく造成したため，そのような事実を告げる必要はないと思っていた。そのため，これをXに告げずに売却したことにつき，Yに過失や帰責事由は存在しなかったとする。

このような設例2では，Yに過失や帰責事由がないのであるから，Xは不法行為責任も債務不履行責任も追及できない。しかし，民法572条の文理に照らせば，Yに知りながら告げなかった事実があるため，本件特約は排除されて瑕疵担保責任が適用されるところ，それは無過失責任であるからYは責任を免れないことになる。以上のように考えれば，本稿で存在意義がないと仮に結論付けた民法572条にも積極的な存在意義が見出せる。

民商法の課題と展望

　しかし，このように売主に過失や帰責事由がない場合にまで民法 572 条を適用することは，正当といえるだろうか。これを判断するには，そもそも民法 572 条がどのような経緯で何を目的として制定されたかについて見ていく必要がある。

2　民法 572 条の立法経緯

　旧民法において現行民法 572 条に相当する条文は，旧民法財産取得編 97 条[25]である。そこでは，売主が初めから了知しかつ詐欺をもって隠秘した瑕疵については特約の存在にかかわらず免責されないとされていた。すなわち，旧民法では，知りながら告げなかった「事実」が有責要件となっていたのではなく，売主が詐欺によって瑕疵そのものを隠秘したこと，すなわちかなり悪性の強い要件を課していた。

　これが現行民法 572 条になる際，単に旧民法の表現を変化させたのではなく，要件そのものを変化させたものであることは，以下のとおり起草者たる梅謙次郎の法典調査会における発言からも明らかである。

　そもそも梅は，旧民法財産取得編 97 条をそのまま民法 572 条に引き継がせたと考えていたのではない。梅によると，担保の存立について規定した旧民法財産編 396 条[26]において，無担保の合意があっても譲渡人が自ら譲受人に妨害を加えた場合は担保責任を負うとの部分，そして，追奪担保責任を定めた旧民法財産取得編 71 条[27]において，無担保の合意があっても買主が追奪を受けた場合は代金返還義務があるという部分も，民法 572 条の基になっているという。この 2 条文が売主悪意に関して明確には言及しておらず，旧民法財産取得編 97 条だけがそれに関する文言を置いていることは梅も指摘しており，「詰り此

---

(25)　隠レタル瑕疵ヲ担保セストノ要約ハ売主ヲシテ初ヨリ自ラ了知シ且詐欺ヲ以テ隠秘シタル瑕疵ニ付テノ責任ヲ免カレシメス

(26)　担保ハ有償ノ行為ニ付テハ反対ノ要約ナキトキハ当然存立シ無償ノ行為ニ付テハ之ヲ諾約シタルニ非サレハ存立セス

　　然レトモ如何ナル場合ニ於テモ又如何ナル要約ノ為メニモ譲渡人ハ自ラ譲受人ニ妨碍ヲ加フルコトヲ得又第三者カ譲渡人ノ授与シタル権利ニ依リテ譲受人ニ妨碍ヲ加ヘ又ハ追奪ヲ為シタルトキハ譲渡人ハ其担保ノ責ニ任ス但権利ノ授与カ無担保ニテ為シタル譲渡ノ以前ニ在ルトキト雖モ亦同シ

　　右担保ノ義務ハ譲渡人ノ相続人ニ移転ス

450

18 民法572条(商法526条3項)の存在意義〔三宅　新〕

三箇条を集めて一箇条にしたやうなものでありますが其中で知つて告げざると云ふことは広く之を適用する」[28]と述べている。

このように，旧民法の3条文を合わせた条文が民法572条だとすると，同条がなぜ旧民法財産取得編97条だけを引き継いだような文言になっているかという疑問が生じる。この点については，梅は以下のように説明している。

まず，旧民法財産編396条については，大要，無権利者AがBに対してCの権利を売却し，その後AがCを相続した際に権利者の相続人としてBへの引渡しを拒めるという訳にはいかないという旨の例を挙げ，「夫れは勿論のことであります言はぬでも知れたことであらうと思ふて〔現行民法案に〕掲げなかつた」[29]と述べている。また，旧民法財産取得編71条については，旧民法は他人物売買を無効としており，そのような無効の契約の代金を受け取ることは不都合であるという考え方からこのような条文を定めたが，現行民法案は他人物売買を有効としているため，その場合に無担保の合意がありながら代金返還義務を認めるのは当事者の意思に悖ることが多いとし，「日本の言葉で無担保と言へば丸で無担保であつて代金は返へさぬと云ふことが普通の意味のやうに思われます夫れで此事は〔現行民法案に〕掲げなかつたのであります」[30]と述べている。すなわち，他人物売買を承知で無担保の合意をした場合が，ここで前提とされているのである。

そして，旧民法財産取得編97条を民法572条に引き継いだ理由については，現代語化（漢字表記や旧仮名遣い等を修正）して引用すると以下のとおりである[31]。

---

(27)　上ノ場合ニ於テ無担保ニテ売買スルトノ契約ヲ為シタルトキト雖モ買主カ追奪ヲ受ケタルニ於テハ売主ハ代金ヲ返還スル責ニ任ス但買主カ売買ノ時ニ於テ追奪ノ危険アルコトヲ了知シタルトキハ売主ハ此返還ヲ負担セス

　　　売主ハ買主ノ危険負担ニテ売買スルトノ契約ヲ為シタルコトノミニ因リテ亦代金ヲ返還スル責ヲ免カル

　　　然レトモ如何ナル場合ニ於テモ又如何ナル約款ニ依ルモ売主ハ売買ノ前後ヲ問ハス第三者ニ授与シタル権利ヨリ生スル妨碍又ハ追奪ノ担保ヲ免カルルコトヲ得ス

(28)　『法典調査会民法議事速記録30巻』89丁裏（ただし原文は片仮名。以下同様に本稿において原本が片仮名の文献は平仮名に直して引用する）。

(29)　前掲注(28)・90丁表。

(30)　前掲注(28)・92丁表。

(31)　前掲注(28)・92丁表-93丁表。

民商法の課題と展望

　「知リテ告ケサル」ということは，既成法典にはそうは書いてありませぬ。詐欺をもって隠秘したる瑕疵のことについて規定がありますが，ところがわれわれの考えましたところでは，知って言わないでおる，瑕疵について言うてみても，瑕疵のあるということを知っておって，口に言わないでおいてそうして担保はしませぬ，こういうのはどうも普通詐欺と言ってよろしかろうと思います。瑕疵のあるということを知っておりながら言わないという証拠は挙がりにくいのでありますが，そういう場合には多くは，瑕疵があるかどうか知りませぬ私は担保しませぬと言うのが普通であろうと思います。そういう場合には，詐欺がないということは決して言われぬ。知っておるのを隠してやったのである。さればこそ，ポルトガル，スイス債務法，このスイス債務法は追奪担保ばかりについてそう言ってある，ベルギー民法草案，ドイツ民法第一読解草案，スペイン民法，それらのものには，皆本案のごとく「知リテ告ケサル」という風になっております。それから既成法典には，先刻申しましたとおり，瑕疵担保についてのみこの規定がありますが，今〔現行民法案〕は一切の担保についてこれを及ぼした。なぜかと申すと，権利の欠缺すなわち追奪担保の場合と雖も，やはり売主が自己の物でないということを知りつつ黙ってそのことを言わないで担保はしませぬぞ，こういうのはまるで詐欺みた〔いな〕ようなものである。そういうものを有効の契約としては，大きく言えば甚だ公安に害のあることでありますから，それでこれはベルギー民法草案，ポルトガル民法，スイス債務法，スペイン民法，ドイツ民法草案に倣って，もっとも広く「知リテ告ケサリシ事実」ということに致しました。

3　梅の発言の評価

　問題は，この梅の発言の評価である。一見すると，民法 572 条は，現行民法の売買で規定された担保責任をすべて含ませるためだけに，「知リテ告ケサリシ瑕疵」ではなく「知リテ告ケサリシ事実」という文言にしたかのようにも読める。しかし，そういう意図であれば，例えば「知リテ告ケサリシ権利ノ欠缺，数量ノ不足若クハ物ノ一部滅失，又ハ瑕疵」という文言にすれば済んだことである（現に，成立した民法 572 条は，「知リテ告ケサリシ事実及ヒ自ラ第三者ノ為メニ設定シ又ハ之ニ譲渡シタル権利」と，事実と権利を免責対象にする文言となった[32]）。

そうすると，以上の梅の発言で重視すべきは，瑕疵があるかどうか知らない
ときは担保しないと言うのが普通であろうと思う旨を述べている部分である。
すなわち，ここでいう「普通」のようなことをしなかった場合，換言すると，
普通は告げるべきである事柄を告げずに瑕疵担保制限特約を付したのであれば，
その特約を有効とすべきではないのである。これは，現在，民法 572 条が当事
者の信義則に基づいていると考えられている[33]こととも整合的である[34]。

くわえて，前述した民法 572 条の「事実」と民法 551 条 1 項但書・590 条 2
項但書の「瑕疵」という文言の違いについては，担保責任の基となる契約内容
に大きな違いがあること，具体的には，前者は双務・有償契約であるのに対し
て後者は片務・無償契約であることに注意しなければならない。すなわち，前
者は，瑕疵あるものを引き渡された側が，目的物に瑕疵がないことを前提にそ
れに見合う対価を支払っているのである。そのような売買契約において，贈
与・無利息消費貸借契約と同様に，瑕疵そのものを知っていたというのが民法
572 条の要件というのであれば，全く平仄がとれない。

以上のように考えると，民法 572 条の「事実」と民法 551 条 1 項但書・590
条 2 項但書の「瑕疵」とでは，やはり単なる表現の問題ではなく，上記 Ⅱ 4 で
述べたとおり明確に要件に違いが存在するというべきである[35]。

---

(32) 贈与者の担保責任を定めた民法 551 条 1 項但書も「瑕疵又ハ欠缺」と 2 つの事柄を免
責対象とする文言になった。

(33) 柚木馨 = 高木多喜男編『新版注釈民法(14)』（有斐閣，1993 年）414 頁〔柚木馨・高木
多喜男〕，我妻ほか・前掲注(5) 1091-1092 頁。

(34) 別の起草者たる富井政章は，民法 572 条の説明として，「只一つ特約をなさざる原則
あり。それは古来格言となり居ることなり。『譲渡人は自ら追奪の原因を作ることを得
ず』。自ら其の原因を作りて而かも尚ほ責任なしと云ふことは法律の許さざるところな
るが故に，……其の責を免がるることを得ず」（富井政章『債権法講義・下巻』（東京帝
国大学，1912 年）244 頁）と述べている。これが意味するところは必ずしも明確ではな
いが，売主が知りながら告げなかった事実と事実的因果関係があった瑕疵のすべてが有
責となるというよりも，告げないことが許されないと評価される程度の事実であること
が求められていると窺える。

(35) なお，民法 590 条 2 項但書で定められている無利息消費貸の瑕疵を定めた旧民法財産
取得編 182 条但書では，「貸主ニ詐欺アリ又ハ加害ノ意思アリタルトキハ此限ニ在ラス」
となっている。すなわち旧民法においては，売買と無利息消費貸借とでかなりの悪性が
要件とされていた点は同様であった。なお，贈与の瑕疵に関する旧民法上の条文は存在
しない。

民商法の課題と展望

4 民法 572 条が参照した諸外国の法律

　法典調査会では，様々な国の法律が参照されたが，周知のとおり，旧民法は
ボアソナードがフランス民法を母法として起草したものであるから，瑕疵担保
制限特約の排除に売主の悪性を求める旧民法の理念はそこから登場した。しか
し，その後，フランスでは判例で「売主の悪意（mauvaise foi）は単に『知』の
意味にのみ理解されている（したがって，無担保約款の無効となる場合が広い）」[36]
とされ，現行フランス民法 1628 条も，それに応じて「売主は，いかなる担保
責任にも服しないと〔特約において〕述べる場合であっても，自己にとって個
人的な行為から生じるものについては引き続き担保責任を負う。これに反する
合意はすべて，無効である」[37]との文言となっている。

　反面，ドイツやスイスでは古くから，日本の旧民法に近い内容と考えられて
いる。現行のドイツ債務法 444 条は，瑕疵（Mangel）を悪意で（arglistig）黙っ
ていた場合に，瑕疵担保制限特約を持ち出すことができないという内容になっ
ており，スイス債務法 199 条も，売主が買主に対して担保瑕疵（Gewährsmän-
gel）を悪意で（arglistig）黙っていたときに，瑕疵担保制限特約が無効（ungül-
tig）になることを示している。そしてこの悪意とは，ドイツ民法 123 条 1 項で
取消原因とされている悪意の詐欺と同じであり[38]，欺罔の意思と解されている。
そのため，「売主に注意力がなくて瑕疵の存在に気づかなかったとき，物の不
具合を瑕疵だと知覚できなかったとき」[39]は，これに当てはまらない。

　そうすると，やはりわが国では旧民法の時点ではドイツ・スイスにおける考
え方に近かったが，その後，民法典論争で様々な国[40]の立法を参照した結果，
上記のように起草者の明確な意図をもって変更され，より買主保護に資する内
容となり，現在では文理上も解釈上も，ドイツ・スイスと日本との考え方は異

---

(36)　柚木＝高木編・前掲注(33) 369 頁。

(37)　訳語は民法（債権関係）部会資料 15-2・【参考】売買の担保責任に関する立法例 16 頁
　　による。

(38)　Dauner-Lieb/Langen, BGB Schuldrecht, Nomos Kommentar S.1696.

(39)　右近健男『注釈ドイツ契約法』（三省堂，1995 年）80 頁。

(40)　民法 572 条は，単一の法典を母法として制定されたのではない。法典調査会では，フ
　　ランス法・オランダ法・イタリア法・ポルトガル法・スイス債務法・（スイス）ヴォー
　　州法・モンテネグロ法・スペイン法・ベルギー法（草案）・ドイツ法（第一・第二草案）
　　とかなり多様な法典が同条の参照対象となっている（前掲注(28) 88 丁裏）。

なることになったといえるのである。

そのことは，後の学説における民法 572 条の評価においても示されている。すなわち，「ドイツ・スイスでは，売主の悪意（Arglist）は売主が瑕疵を知ったのみでなく，これを買主に告げれば買主がかような特約をしなかったであろうことも知っていることを意味するものと解されている」[41]とされ，「わが旧民法（財産取得編 97）は，……むしろドイツ・スイスに近い態度を示したのであるが，わが現行民法はフランスの判例に近く，単に売主が知って告げなかったにすぎない場合にも（固有の意義において詐欺とは称し得ない場合にも）無担保特約を失効せしめて，強い倫理性を示すこととしたのである」[42]，というのである。

V　現行民法 572 条の存在意義に関する結論

以上を踏まえると，民法 572 条は，旧民法とは異なり売主に悪質な害意までは要求していないものの，普通であれば告げるはずの事柄を告げなかった場合のように，帰責性があることが要件となっていると考えるべきである（結果として，現行フランス民法 1628 条に近い内容といえる）。

そうすると，設例 2 については，ある事実を知っていて告げず，それが結果的に瑕疵を生じさせたとしても，その事実を告げないことが不法行為上の過失や債務不履行上の帰責事由に該当しないのであれば，民法 572 条も適用されないというべきである。

以上より，民法 572 条が適用される場面は，同時に不法行為や債務不履行も成立していることとなる。そうすると，現在の裁判実務は特定物売買においても債務不履行責任を認めていること，及び，その場合に債務不履行責任と瑕疵担保責任との請求権競合を認めていることから，現行民法下では民法 572 条に存在意義はなく当然のことが注意確認的に規定されているにすぎない，という結論になる。

---

(41)　柚木 = 高木編・前掲注(33) 369 頁。
(42)　柚木 = 高木編・前掲注(33) 369-370 頁。

民商法の課題と展望

VI　商法 526 条 3 項に関する考察

1　民法 572 条と商法 526 条 3 項の文言の違い

　ここまで，民法 572 条について述べてきたところ，商法 526 条 3 項にも同様
の規定がある。ただし注意したいのは，民法 572 条の要件は売主に知りながら
告げなかった「事実」があったことだったのに対して，商法 526 条 3 項の要件
は，「瑕疵又は数量の不足」につき悪意であった場合である。もっとも，この
点は民法改正に伴い商法 526 条 3 項も改正され，「売買の目的物が種類，品質
又は数量に関して契約の内容に適合しないこと」に対する悪意となった[43]。た
だし，いずれにせよ商法 526 条 3 項の文理解釈からすると，売主が瑕疵そのも
の（又は契約不適合そのもの）を認識していた必要がある。この民法 572 条との
違いは，何を意味するのであろうか。これを解明するには，やはりその要件・
効果，立法趣旨及び立法経緯等を見ていく必要がある。

2　商法 526 条の意義からの帰結

　この商法 526 条は，一見すると，商人間取引において民法上の瑕疵担保責任
とは別の瑕疵担保責任を課しているかのように見える。実際に，最判昭和 29・
1・22 民集 8 巻 1 号 198 頁における上告理由は，その点を主張している。

　しかし，上記昭和 29 年判決は，「商法 526 条は以上民法で認められた売買の
担保責任に基く請求権を保存するための要件に関する規定であつて，民法の規
定するところ以外に新な請求権をみとめたものではない」と，また最判平成
4・10・20 民集 46 巻 7 号 1129 頁は，「商法 526 条は，商人間の売買における
目的物に瑕疵又は数量不足がある場合に，買主が売主に対して損害賠償請求権
等の権利を行使するための前提要件を規定したにとどまり，同条所定の義務を
履行することにより買主が行使し得る権利の内容及びその消長については，民
法の一般原則の定めるところによるべきである」とそれぞれ判示している。そ
のため，商法 526 条は，商人間取引において買主が売主に責任追及する際の要
件を課したものにすぎない[44]。

---

[43]　民法の一部を改正する法律の施行に伴う関係法律の整備等に関する法律 3 条。

456

このように，商法526条が民法上の瑕疵担保責任の特則を定めたものではなく，そのための要件を高めたものにすぎない以上，商法526条3項における悪意の対象が民法572条のそれと異なることは，何ら矛盾ではない。すなわち，民法572条では瑕疵そのものではなく知っていながら告げなかった事実があれば瑕疵担保制限特約を排除する要件を満たすのに対し，商法526条3項ではあくまで検査・通知義務を排除する要件として，売主の瑕疵そのものに対する悪意が要求されているのである。そうすると，民法572条の存在意義がないという本稿の結論から，商法526条3項の存在意義への結論に直結することはない。

3 商法526条3項の文言に関する疑問

もともと，現行商法526条は，ロエスエル商法草案604条に由来するものである。そこでは，検査・通知義務の排除要件として売主の悪質な詐欺を要求しており，「物品ヲ粗悪ニシ或ハ変造スルノミヲ以テ未タ詐欺トナスヘカラス」[45]と説明されている。それを受けて，明治23年商法544条は，「売主カ担保ヲ引受ケ若クハ詐欺ヲ行ヒ」というのでなければ「買主ハ訴又ハ抗弁ヲ以テ其権利ヲ主張スルコトヲ得ス」，という内容であった。そのため，明治23年商法における検査・通知義務の排除も，旧民法と同様，売主に相当の悪性を要求するものであった。

しかし，明治32年の現行商法（昭和13年改正前288条）では，「前項ノ規定ハ売主ニ悪意アリタル場合ニハ之ヲ適用セス」として，単なる悪意という文言に変化した[46]。さらに，平成17年に『会社法の施行に伴う関係法律の整備等に関する法律』で改正された商法では，それまで何に対する悪意だったか明確でなかったものが，「瑕疵又は数量の不足」に対する悪意であると明確化され

---

(44) そもそも民法上の瑕疵担保責任がローマ法に由来するフランス法に基づいて立法された経緯がある（柚木＝高木編・前掲注(33) 266頁）のに対して，商法526条はゲルマン法固有の「買主注意せよ」という考え方に基づいている（柚木＝高木編・前掲注(33) 410頁）ため，沿革上も別制度といえる。

(45) 司法省『ロエスレル氏起稿商法草案上巻』（1884年）907頁。

(46) これに関して，法典調査会商法委員会議事要録5巻58丁表では，現行商法の草案趣旨につき，「田部〔芳〕君の説明に曰く本条は旧商法第544条の精神と全く同一にして唯文章を改めたるに過ぎず」と説明されている。ただし，同57丁裏における現行商法草案236条では，売主悪意に関する規定は存在しない。

民商法の課題と展望

た。

　この点に関して，上記のとおり，民法において瑕疵担保制限特約排除の要件は，旧民法から現行民法に変わる際，起草者が明確に意図して文言を変えた経緯が見られた。そして，現行民法上，売主の有責要件は知りながら告げなかった「事実」であり，贈与や無利息消費貸借における「瑕疵」とは異なる文言になっているのも上記のとおりである。それに対して，商法526条3項はこの点があまり明確ではない。とりわけ，平成17年商法改正の際に，特に検討された形跡もなく，商法526条3項にいう悪意の対象として「瑕疵又は数量の不足」という文言が加わったことは，どのような意図があったか不明であるため疑問が残る。

Ⅶ　改正民法で存在意義が付与される可能性（結びに代えて）

　本稿における一つ目の結論は，現行民法下での民法572条には存在意義がない，ということである（ただし，似たような規定の商法526条3項に関しては，制度趣旨が異なる以上，上記の結論は当てはまらない）。

　しかし，このような現状が変化する可能性がある。というのも，改正民法は，瑕疵担保責任における解除と損害賠償を債務不履行責任として一元化したためである。そのため，売買契約書で用いられてきた設例1のような特約は，その文言が単に瑕疵から契約不適合に変化することが想定されるだけでなく，その内容も，瑕疵担保責任を制限するのではなく，債務不履行責任を制限するものになり得る。すなわち，民法改正後の瑕疵（契約不適合）担保制限特約は，売主に帰責事由がある場合の債務不履行責任をも制限することを合意したものと評価され得るのである。

　そうすると，設例1において，Xは，現行民法下では本件特約とは無関係に債務不履行責任を追及でき，その場合Yは自分に帰責事由がないことを立証しなければ免責されない。これに対して，改正民法下では本件特約が債務不履行の免責を意味するのであれば，それを排除したいXとしては民法572条に基づいてYの悪意を立証する必要が出てきた。このように，現行民法572条に存在意義はないというのが本稿の結論であり，くわえて民法改正に際してもほとんど同条は議論の対象とならなかったが，瑕疵担保責任における解除と損

458

害賠償が債務不履行責任に一元化されたことによって，何らかの意義が付与される可能性が出てきたのである。これが，本稿におけるもう一つの結論である。

19 労働者のメンタルヘルスに対する安全配慮義務
―― 「期待される」労働者とはいかなる者か？

永 下 泰 之

Ⅰ　問題の所在
Ⅱ　安全配慮義務の労働者のメ
　ンタルヘルスへの拡張
Ⅲ　「期待される」労働者像

Ⅳ　安全配慮義務と過失相殺の
　可否
Ⅴ　結びにかえて

Ⅰ　問題の所在

　平成 27 年 12 月 1 日に改正労働安全衛生法（労働安全衛生法の一部を改正する
法律（平成 26 年法律第 82 号））に基づくストレスチェック制度が施行された（労
働安全衛生法 66 条の 10)[1]。このストレスチェック制度は，昨今，メンタルヘル
ス不調者が増加し，さらにこれによる自殺者も後を絶たないことから，労働者
のメンタルヘルス不調を未然に防止するため，「特にメンタルヘルス不調の未
然防止の段階である一時予防を強化するため，定期的に労働者のストレスの状
況について検査を行い，本人にその結果を通知して自らのストレスの状況につ
いて気付きを促し，個々の労働者のストレスを低減させるとともに，検査結果

---

[1]　ストレスチェック制度については，厚労省「ストレスチェック制度について（改正労
　働安全衛生法のポイント）」(http://kokoro.mhlw.go.jp/etc/kaiseianeihou.html)（2018
　年 1 月 11 日最終確認）のほか，三柴丈典「改正労働安全衛生法におけるストレスチェッ
　ク制度の概要」労務事情 1289 号（2015 年）5 頁，篠原靖征・佐久間大輔「ストレス
　チェック制度が労災実務に与える影響」労働法律旬報 1851 号（2015 年）13 頁，増田陳
　彦「健康診断・ストレスチェック・メンタルヘルスと安全配慮義務」ビジネス法務 16
　巻 2 号（2016 年）134 頁，北岡大介「ストレスチェック施行でどう変わる？　メンタル
　ヘルス不調者の休職・労災民訴」ビジネス法務 16 巻 4 号（2016 年）46 頁などを参照。

『民商法の課題と展望』大塚龍児先生古稀記念〔信山社，2018 年 3 月〕

民商法の課題と展望

を集団ごとに集計・分析し，職場におけるストレス要因を評価し，職場環境の改善につなげることで，ストレスの要因そのものを低減するよう努めることを事業者に求めるものである。さらにその中で，ストレスの高い者を早期に発見し，医師による面接指導につなげることで，労働者のメンタルヘルス不調を未然に防止することを目的」として定められたものとされている[2]。このようにストレスチェック制度は，労働者の「気付き」を主たる目的とするものであるが，これは労働者のプライバシーの問題が背景にあるからであり[3]，実際にはメンタルヘルス不調を早期に発見し，適切な対応を行う「二次予防」が重要性を帯びてくるだろう。その意味では，事業主に課される安全配慮義務が明示的に加重されたということができよう。したがって，事業主がストレスチェックを実施しない，あるいはその前提となる体制の整備自体を怠っている場合は，それだけで安全配慮義務違反に問われる可能性がある[4]。また，ストレスチェックを実施さえすればよいというものでもない。ストレスチェックは，通例年1回の頻度でなされるものであるため（労働安全衛生規則52条の9），メンタルヘルス不調が疑われる労働者がいるにもかかわらず，ストレスチェック実施時期まで待って対応を検討するという運用となれば，対応の遅れから安全配慮義務違反とされる可能性がある[5]。またそれ以前に，電通過労自殺事件判決（以下，「電通事件判決」という。）[6]によれば，使用者は，労働者が精神的・肉体的に疲労困憊して自殺などの行動に走ることのないよう労働者の精神面での衛生管理をしっかりとやらなければならないと解されるところであり[7]，また，東芝（うつ病・解雇）事件判決（以下，「東芝事件判決」という。）[8]では，労働者からの

---

(2) 厚労省「心理的な負担の程度を把握するための検査及び面接指導の実施並びに面接指導結果に基づき事業者が講ずべき措置に関する指針（平成27年11月30日心理的な負担の程度を把握するための検査等指針公示第2号）」(http://www.mhlw.go.jp/bunya/roudoukijun/anzeneisei12/pdf/150511-2.pdf)（2018年1月11日最終確認）。

(3) 北岡・前掲注(1) 46頁以下。

(4) 石崎由希子「安全配慮義務違反に基づく損害賠償と過失相殺・素因減額 —— 東芝（うつ病・解雇）事件・最二小判平成26・3・24労判1094号22頁」日本労働法学会誌125号（2015年）155頁注⒇。

(5) 北岡・前掲注(1) 48頁。

(6) 最判平成12年3月24日民集54巻3号1155頁。

(7) 夏井高人「労働者の過労による自殺と使用者責任」判例地方自治297号（2008年）95頁。

メンタルヘルス情報の申告を待つまでもなく安全配慮義務を履行すべきもの（もっとも当該事件は，労働者のメンタルヘルス不調が看取された場合であるが）とされているところであり[9]，ストレスチェックが義務化されようと，またストレスチェックの実施の有無にかかわらず，事業主としては，労働者のメンタルヘルスに配慮することが求められているのである。

　ところで，電通事件判決や東芝事件判決の趣旨からは，使用者には，労働者の心身の健康面に対してより積極的に配慮せよという，ややパターナリスティックな対応が求められているものと解される[10]。ストレスチェック制度の主目的が労働者の「気付き」に置かれたことと関連するが，後に見るように，電通事件判決や同判決を敷衍する東芝事件判決では，使用者側の安全配慮義務が広く認められており，被用者の健康面，とりわけメンタルヘルスに関して広く配慮することが求められている。しかし，使用者の安全配慮義務を広く認めることは，種々の問題点を生ぜしめる。例えば，予防的業務（配置）転換がありうるが，被用者の意向を無視ないし軽視する事態も生じよう[11]。他にも，裁量労働制を採用している業種においては，被用者の裁量性すなわち自律性が減殺される可能性も否定できない[12]。

---

(8)　最判平成 26 年 3 月 24 日判タ 1424 号 95 頁。

(9)　森戸英幸「実務に活かす平成 26 年重要労働判例解説」労働法学研究会報 2604 号（2015 年）5 頁。

(10)　大内伸哉「判批（最判平成 12 年 3 月 24 日）」ひろば 53 巻 10 号（2000 年）48 頁。

(11)　大内・前掲注(10) 48 頁。最近の事例として耳に新しいものは，最判平成 26 年 10 月 23 日民集 68 巻 8 号 1270 頁（広島中央保険生活協同組合事件）である。本件は，女性労働者につき労働基準法 65 条 3 項に基づく妊娠中の経緯な業務への転換を契機とした降格措置が雇用の分野における男女の均等な機会及び待遇の確保等に関する法律（以下，「均等法」とする）9 条 3 項の禁止する取扱いに該当するかが争われた事件である。本件において最高裁は，上記の事業主の措置は，原則として同項に違反するものとして違法であり，無効であるとし，例外的に当該労働者につき自由な意思に基づいて降格を承認したものと認めるに足りる合理的な理由が客観的に存在するとき，又は事業酒において当該当該労働者につき降格の措置を執ることなく軽易な業務への転換をさせることに円滑な業務運営や人員の適正配置の確保などの業務上の必要性から支障がある場合であって，上記措置につき同項の趣旨及び目的に実質的に反しないものと認められる特段の事情が存在するときは，同項の禁止する取扱いに当たらないとした（なお，本件は破棄差戻され，差戻後控訴審（広島高判平成 27 年 11 月 17 日判時 2284 号 120 頁）では，均等法 9 条 3 項に実質的に反しないと認められる事情があったとはいえないとして事業主の損害賠償責任が認められている）。

民商法の課題と展望

　そして，なによりも懸念されるのが，被用者のプラバシーへの干渉についてである[13]。使用者が被用者のメンタルヘルスに対する安全配慮義務を十分に果たそうとすると，被用者のプライバシーにまで踏み込まなければならない[14]。ところが，被用者の個々のストレス状況やメンタルヘルス情報は個人のプライバシー情報の中でも秘匿性が高いものといえるため[15]，使用者による介入を安易に認めることには問題があろう。また，被用者の健康情報，とりわけメンタルヘルス情報は，その情報提供により，職場における不利益な取扱いを発生させるきっかけともなりうることも懸念される[16]。

　とはいえ，上記の懸念があるとしても，使用者が被用者の健康情報やメンタルヘルス情報をある程度把握していなければ，安全配慮義務履行の一環として，業務軽減や配置転換等の対応を採ることができない。また，使用者が安全配慮義務を負うとしても，それは福利厚生ではない。被用者は被用者で自己の健康に対して配慮する必要は当然にあるといえる[17]。このように，使用者の安全配慮義務と被用者の健康情報・メンタルヘルス情報とは緊張関係に立つのである。

　以上のような問題状況に鑑みると，使用者はどの様な安全配慮義務を負い，それはどの程度であるべきなのであろうかが問われることとなる。従来は，使用者の負担する安全配慮義務の法的性質（すなわち，債務不履行構成か不法行為構成か）に関する議論が積み重ねられ[18]，また，具体的に講じられるべき措置などの安全配慮義務の「内容」についても詳細に検討され，明らかにされてきた[19]。ところで，使用者の負担する安全配慮義務においては，どのような被用

---

(12)　大内・前掲注(10) 48 頁。

(13)　西村健一郎「過重労働による労働者の自殺と使用者の損害賠償責任」労働判例 747 号（1998 年）13-14 頁。なお，職場における被用者のメンタルヘルス情報の取扱いについては，三柴丈典「職場でのメンタルヘルス情報の取扱いと法 (1)(2)(3)」産業医学ジャーナル 39 巻 6 号（2016 年）18 頁，40 巻 1 号（2017 年）18 頁，40 巻 2 号（2017 年）20 頁に詳しい。

(14)　大内伸哉「会社は，過労自殺した社員に，どこまで補償しなければならない？」法教 341 号（2009 年）93 頁。

(15)　北岡・前掲注(1) 46 頁。

(16)　所浩代「病気情報の不申告と使用者の安全配慮義務 ── 東芝うつ病事件」法教 436 号（2017 年）19 頁。

(17)　安西愈「企業の健康配慮義務と労働者の自己保健義務」季刊労働法 124 号（1982 年）18 頁以下参照。

者（労働者）が想定されているのであろうか？すなわち，使用者は，雇用する被用者に対し，心身の健康を損なうことのないよう注意する安全配慮義務を負うが[20]，これを適切に履行するには，被用者の状態を認識することが前提となる[21]。しかし，一口に被用者といっても，その心身の状態は多様である。本稿の問題関心に即するならば，精神的に非常に屈強な被用者もいれば，そうでないものも存在するのである。また，使用者の安全配慮義務は，組織運営（マネジメント）上の義務としての性質を有するものである[22]。したがって，使用者が組織運営（マネジメント）の一環として安全配慮義務を履行しようとするのであれば，自らの組織に従属する被用者につき，一定のありうべき「労働者像」を想定しているはずである。そうでなければ，安全配慮義務履行の目標を定めることができず，その義務内容も定型的に決めることが難しくなるものと思われる。ところが，これまでの議論においては，このありうべき「労働者像」については，必ずしも検討されていなかったものと思われる。しかしながら，後述するように，電通事件判決では，労働者の性格につき個性の多様さとして想定されていることに言及されており，また，東芝事件判決においても，メンタルヘルス情報のような自己のプライバシーに属する情報については，

---

(18)　安全配慮義務の法的性質に関する文献は枚挙に遑がないが，さしあたり，新美育史「『安全配慮義務』の存在意義」ジュリ 823 号（1984 年）99 頁，同「『安全配慮義務の存在意義』再論」法律論叢 60 巻 4・5 号（1988 年）583 頁，同「安全配慮義務」山田卓生編『新・現代損害賠償法講座第 1 巻総論』（日本評論社，1997 年）224 頁，下森定編『安全配慮義務法理の形成と展開』（日本評論社，1988 年），奥田昌道「安全配慮義務」石田喜久夫・西原道雄・髙木多喜男先生還暦『損害賠償法の課題と展望』（日本評論社，1990 年）1 頁，平野裕之「安全配慮義務の観念は，これからどの方向に進むべきか」椿寿夫編『現代契約と現代債権の展望　債権総論 2』（日本評論社，1991 年）33 頁，髙橋眞『安全配慮義務の研究』（成文堂，1992 年），同『続・安全配慮義務の研究』（成文堂，2013 年），瀬川信久「安全配慮義務論・再考」加藤雅信ほか編『21 世紀の日韓民事法学』（信山社，2005 年）195 頁などを参照されたい。

(19)　例えば，渡邊絹子「安全配慮義務の内容・主張立証責任」土田道夫＝山川隆一編『労働法の争点』（有斐閣，2014 年）131 頁にコンパクトに纏められている。

(20)　最判平成 12 年 3 月 24 日民集 54 巻 3 号 1155 頁。

(21)　大阪高判平成 15 年 5 月 29 日労判 858 号 93 頁（榎並工務店（脳梗塞死損害賠償）事件）。

(22)　安全配慮義務を組織運営（マネジメント）上の義務として捉え検討するものとして，髙橋・前掲注(18)・『続・安全配慮義務の研究』（とくに，同「組織運営（マネジメント）上の義務としての安全配慮義務」同書 55 頁以下）を参照されたい。

民商法の課題と展望

「労働者本人からの積極的な申告が期待しがたいことを前提とした上で」，安全配慮義務を履行すべきであるとされており，ここにおいても，ある種「弱い」労働者が予定されているように，使用者の安全配慮義務を設定するには一定の「労働者像」を措定する必要があろう。換言するならば，ありうべき「労働者像」を措定することで，初めて，使用者の安全配慮義務の内容およびその程度を確定することができるのである。

　したがって，本稿では，以上の問題意識に基づき，安全配慮義務が労働者のメンタルヘルスへと拡張されていることを電通事件判決および東芝事件判決の検討により確認した上で（Ⅱ），安全配慮義務において「期待される」労働者像につき，裁判例の検討から明らかにする（Ⅲ）。その上で，安全配慮義務の程度・水準と過失相殺（およびその類推適用）の可否について検討を試みる[23]。

Ⅱ　安全配慮義務の労働者のメンタルヘルスへの拡張

　安全配慮義務のリーディングケースによれば，「国は，公務員に対し，国が公務遂行のために設置すべき場所，施設もしくは器具等の設置管理又は公務員が国もしくは上司の指示のもとに遂行する公務の管理にあたって，公務員の生命及健康等を危険から保護するよう配慮すべき義務（以下，「安全配慮義務」という。）を負っているものと解すべき」であり，かつ，「ある法律関係に基づい

---

[23]　なお，安全配慮義務については，債務不履行構成と不法行為構成との間の議論は収束しておらず，いずれの構成によるかにより帰責事由・証明責任・消滅時効などで相違があるが，安全配慮義務の内容的には「ほぼ同一に帰す」（神戸地判平成6年7月12日労判663号29頁（三菱重工神戸造船所事件））と解されることから，本稿では，いずれの構成によるかには言及せず，もっぱら内容面に焦点を当てて論ずることとする。また，安全配慮義務を，職域における「健康配慮義務」と「安全配慮義務」とに二元的に捉える見解も有力であるが（例えば，渡辺章「健康配慮義務に関する一考察」山口浩一郎ほか編『労働関係法の国際的潮流　花見忠先生古希記念論集』（信山社，2000年）75頁，水島郁子「使用者の健康配慮義務と労働者のメンタルヘルス情報」労働法学会誌122号（2013年）23頁，とくに29頁以下），その分類の適否はともかく，安全配慮義務には前者の健康配慮義務も包含されていると解されるため（例えば，東芝事件判決では「その健康に関わる労働環境等に十分な注意を払うべき安全配慮義務」とされているように，判例上はとくに両義務を区分して用いられてはいない），本稿では，両義務を包含するものとして安全配慮義務という用語を用いることとする。

て特別な社会低接触の関係に入った当事者間において，当該法律関係の付随義務として当事者の一方又は双方が相手方に対して信義則上負う義務として一般に認められるべきもの」とされる[24]。この考え方は，現在，労働契約法5条において，「使用者は，労働契約に伴い，労働者がその生命，身体等の安全を確保しつつ労働することができるよう，必要な配慮をするものとする」として，明文化されている。

　それでは，使用者は，労働者（被用者）のメンタルヘルスに対して，どのような安全配慮義務（注意義務）を負っているのであろうか。以下では，電通事件判決および東芝事件判決を概観し，使用者の労働者のメンタルヘルスに対する安全配慮義務を検討してみよう（なお，後述電通事件判決および東芝事件判決においては，安全配慮義務と過失相殺（素因斟酌を含む）についてのみならず，因果関係の判断についても問題となっているが，本稿の主題との関係から，また紙幅の関係から，以下では，もっぱら安全配慮義務と素因斟酌との関係を対象とする。

1　電通過労自殺事件

（1）　事案の概要

　電通事件判決[25]は，次のような事件である。Ｘらの長男Ａは，Ｙの新入社員として，平成2年6月，長時間に渡る残業が常態化している部署に配属された。同部署の労働状態は次第に悪化し，Ａが申告した月間残業時間は，36協定の上限前後であったが，右申告内容は実際の残業時間よりも相当少なく，Ａはしばしば業務のため徹夜もした。Ａの上司らは，この状況を認識しながら，Ａの負担を軽減することもなく，平成3年3月頃，直属の上司Ｂが，Ａに対し，帰宅してきちんと睡眠を取り，それでも業務が終わらなければ翌朝早く出勤して行うよう指導したに止まった。Ａは同年7月，業務遂行と睡眠不足のため心身ともに疲労困憊した状態になり，当時ＢはＡの健康状態の悪化に気づいていた。その後Ａは，遅くとも同年8月上旬頃にうつ病に罹患し，同月末出張業務を終えて早朝帰宅した数時間後に風呂場で自殺した。Ｘらが不法行為又は安全配慮義務違反に基づくＡの損害賠償請求権を相続したものと主張して，

---

(24)　最判昭和50年2月25日民集29巻2号143頁（陸上自衛隊八戸車両整備工場事件）。

(25)　最判平成12年3月24日民集54巻3号1155頁。

民商法の課題と展望

Yに対し本訴を提起した。

(2)　最高裁判所の判断

最高裁は以上の事実関係のもと，①使用者の安全配慮義務および②素因斟酌の可否につき，次の通り判示した。

①　使用者の安全配慮義務につき，使用者は，業務遂行に際し，「労働者が労働日に長時間にわたり業務に従事する状況が継続するなどして，疲労や心理的負荷等が健康を損なう危険のあることは，周知のところである。労働基準法は，労働時間に関する制限を定め労働安全衛生法65条の3は，作業の内容等を特に限定することなく，同法所定の事業者は労働者の健康に配慮して労働者の従事する作業を適切に管理するように努めるべき旨を定めているが，それは，右のような危険が発生するのを防止することをも目的とするものと解される。これらのことからすれば，使用者は，その雇用する労働者に従事させる業務を定めてこれを管理するに際し，業務の遂行に伴う疲労や心理的負担等が蓄積して労働者の心身の健康を損なうことがないように注意する義務を負うと解するのが相当であり，使用者に代わって労働者に対し業務上の指揮監督を行う権限を有する者は，使用者の右注意義務の内容に従って，その権限を行使すべきである。」……そしてAが，「業務を所定の期限までに完了させるべきものとする一般的，包括的な業務上の指揮又は命令の下に当該業務の遂行にあたっていたため，右のように継続的に長時間にわたる残業を行わざるを得ない状態になっていた」のに，「うつ状態が深まって衝動的，突発的に自殺するに至った」経緯にかんがみ，Aの業務遂行とうつ病罹患による自殺との相当因果関係，ならびにAの恒常的な長時間労働・健康状態の悪化を認識しながら，Aの「業務の量等を適切に調整するための措置を採ることがなかった」点に過失があるとして，使用者の安全配慮義務違反を認めた。

②　被用者の素因（心因的要因）につき，心因的要因を斟酌することができるとの一般論[26]を述べた上で，「しかしながら，企業等に雇用される労働者の性格が多様のものであることはいうまでもないところ，ある業務に従事する特定の労働者の性格が同種の業務に従事する労働者の個性の多様さとして通常想定される範囲を外れるものでない限り，その性格及びこれに基づく業務遂行の態

---

(26)　最判昭和63年4月21日民集46巻4号243頁。

様等が業務の過重負担に起因して当該労働者に生じた損害の発生又は拡大に寄与したとしても，そのような事態は使用者として予想すべきものということができる。しかも，使用者又はこれに代わって労働者に対して業務上の指揮監督を行う者は，各労働者がその従事すべき業務に適するか否かを判断して，その配置先，遂行すべき業務の内容等を定めるのであり，その際に，各労働者の性格等をも考慮することができるのである。したがって，労働者の性格が前記の範囲を外れるものでない場合には，裁判所は，業務の負担が過重であることを原因とする損害賠償請求において使用者の賠償すべき額を決定するに当たり，その性格及びこれに基づく業務遂行の態様等を，心因的要因としてしんしゃくすることはできないというべきである」として，その斟酌を否定した（以上，傍線筆者）。

2　東芝（うつ病・解雇）事件判決

(1)　事案の概要

東芝事件判決[27]は，次のような事件である。Ｙ社の従業員であったＸは，平成12年10月頃から大規模プロジェクトにおいて一工程のリーダーを任され，休日出勤が増加した。同年12月，ＸはＪ神経科医院（以下，「本件医院」という。）を受診し，神経症と診断され適応薬を処方されたが，このことをＹには伝えなかった。平成13年4月，Ｘは，本件医院を受診し適応薬を処方されたが，うつ病に罹患しているとの確定的診断はされなかった。Ｘは，同年5月頃から，同僚から見ても体調が悪い様子で，同月末には激しい頭痛に見舞われ12日間欠勤した。同年6月からは本件医院に定期的に通院するとともに，上司に体調不良を訴えたが，業務負担は軽減されなかった。同年7月末から8月初旬まで療養した後出勤するも，同僚から放心状態であると認識された。その後休養を要する旨を記載した本件医院の診断書を提出し，欠勤を続けた。Ｙは，平成15年1月にＸに対し休職を発令し，同16年8月に休職期間満了を理由とする解雇予告通知をし，同年9月にＸを解雇した。Ｘは，本件解雇無効及び地位確認並びに未払賃金の支払い及びＹの安全配慮義務違反を理由とする債務不履行又は不法行為に基づく慰謝料の支払いを求め，Ｙに対して訴えを提

---

(27)　最判平成26年3月24日判タ1424号95頁。

民商法の課題と展望

起した。

一審判決[28]は，本件解雇を，Xが業務上発症したうつ病の療養のために休業していた期間内になされたことを理由に無効とし（労基法19条1項），未払賃金請求を認容した（民法536条2項）。また，平成13年4月のうつ病発症から同年8月頃までの症状の増悪についてはYの安全配慮義務違反を認めたが，同月下旬以降の対応については，これを否定した。X及びYの双方が控訴。

控訴審判決[29]は，一審判決の解雇無効部分及びYの安全配慮義務違反部分を維持した上で，休業損害の算定につき，過失相殺及び素因減額をした（2割）。これに対して，Xが上告受理申立てをした。

(2) 最高裁判所の判断

「上記の業務の過程において，XがYに申告しなかった自らの精神的健康（いわゆるメンタルヘルス）に関する情報は，神経科の医院への通院，その診断に係る病名，神経症に適応のある薬剤の処方等を内容とするもので，労働者にとって，自己のプライバシーに属する情報であり，人事考課等に影響し得る事柄として通常は職場において知られることなく就労を継続しようとすることが想定される性質の情報であったといえる。使用者は，必ずしも労働者からの申告がなくても，その健康に関わる労働環境等に十分な注意を払うべき安全配慮義務を負っているところ，上記のように労働者にとって過重な業務が続く中でその体調の悪化が看取される場合には，上記のような情報については労働者本人からの積極的な申告が期待し難いことを前提とした上で，必要に応じてその業務を軽減するなど労働者の心身の健康への配慮に努める必要があるものというべきであ」り，Xは，過重な業務が続く中で，体調不良をYに伝えて相当日数の欠勤を繰り返し，業務の軽減を申し出ていたのであるから，「Yとしては，そのような状態が過重な業務によって生じていることを認識し得る状況にあり，その状態の悪化を防ぐためにXの業務の軽減をするなどの措置を執ることは可能であったというべきである。これらの諸事情に鑑みると，YがXに対し上記の措置を執らずに本件鬱病が発症し増悪したことについて，XがYに対して上記の情報を申告しなかったことを重視するのは相当でなく，これをXの

---

(28)　東京地判平成20年4月22日労判965号5頁。

(29)　東京高判平成23年2月23日労判1022号5頁。

責めに帰すべきものということはできない」。「以上によれば，Ｙが安全配慮義務違反等に基づく損害賠償としてＸに対し賠償すべき額を定めるに当たっては，Ｘが上記の情報をＹに申告しなかったことをもって，民法418条又は722条2項の規定による過失相殺をすることはできないというべきである」（以上，傍線筆者）。

3　検　討

電通事件判決では，使用者が負うべき安全配慮義務[30]は，従来の事故型[31]だけでなく，過労による心身の健康侵害型のケースにおいても妥当することが明らかにされている[32]。すなわち，最高裁は，労働基準法および労働安全衛生法65条の3の趣旨から，被用者の心身の健康に配慮することが求められており，そのためには「業務の量等を適切に調整するための措置を採る」ことが必要とされている。こうした使用者の安全配慮義務の内容は，東芝事件判決においても異なるところはない。両ケースにおいて共通するのは，被用者の心身の健康状態に対する使用者側の認識可能性があったことから結果回避の可能性および回避手段が使用者側に存したという点である[33]。これは，雇用という「特別な社会的接触」の関係において，使用者に指揮命令権限があることが根拠となる。ここで問題となるのは，そうした指揮命令権限に基づき被用者の心身の健康に配慮すべきだとして，どこまでの介入を求めうるかである。そして，この介入の程度に関しては，被用者がどのような性質を有するかによって異なりうるものと解される。電通事件判決および東芝事件判決は，この点につき，一歩踏み込んだ判断基準を示したものと解される。

---

[30]　もっとも，電通事件判決自体においては安全配慮義務という用語は用いられず，民法715条に基づく使用者責任の注意義務とされているが，これは，使用者の注意義務の内容が安全配慮義務のそれを吸収しているためであり（青野博之「電通事件判批」リマークス2001〈下〉（2001年）25頁），本件は安全配慮義務違反の一事例であり（大内・前掲注(10) 45頁），本稿では安全配慮義務と称する。

[31]　最判昭和50年2月25日民集29巻2号143頁（陸上自衛隊八戸車両整備工場事件），最判昭和59年4月10日民集38巻6号557頁（川義事件）など。

[32]　笠井修「判批（最判平成12年3月24日）」NBL720号（2001年）79頁。

[33]　樫見由美子「判批（最判平成12年3月24日）」平成12年度重解（ジュリ1202号）（2001年）73頁。

民商法の課題と展望

　東芝事件判決では，メンタルヘルス情報の不申告に関する過失相殺判断にお
いて，「使用者は，必ずしも労働者から申告がなくても，その健康に関わる労
働環境等に十分な注意を払うべき安全配慮義務を負」い，また過重な業務が続
く中で被用者の体調悪化が看守される場合として留保付きであるが，メンタル
ヘルス「情報については労働者本人からの積極的な申告が期待しがたいことを
前提とした上で」安全配慮義務を履行すべき旨が説かれている。このように，
本件では，使用者における安全配慮義務には被用者の不申告のリスクを取り込
んだ形で安全配慮義務の内容・目的が設定されている[34]。被用者のメンタルヘ
ルス情報は，プライバシーに属する情報であるとともに，人事考課等に影響し
うる事柄であるとされているように，雇用という関係から被用者に存する構造
的な「脆弱性」であると解することができ，使用者はこうした被用者の「脆弱
性」を前提条件とした上で，安全配慮義務を履行すべきものとしたものと解す
ることができよう。すなわち，使用者は安全配慮義務を履行するに際しては，
被用者からの申告を漫然と待つのではなく，むしろ「労働者が健康状態を悪化
させない等の配慮を行う第一次的な義務使用者にある」[35]からこそ，そうした
被用者の構造的属性としての「脆弱性」を前提としなければならないこととな
ろう。

　また，電通事件判決では，安全配慮義務の内容・目的として明示されている
わけではないが，心因的要因の斟酌に際して，実質的に安全配慮義務の内容・
目的に関わる判示をしている[36]。すなわち，本件最高裁が，被用者の素因の斟
酌を否定する理由を，被用者の「性格及びこれに基づく業務遂行の態様等が業
務の過重負担に起因して当該労働者に生じた損害の発生又は拡大に寄与したと
しても，そのような事態は使用者として予想すべきもの」としたところからす
ると，この判断は使用者の安全配慮義務の前提条件を明示したものと解される。
被用者の性格等が通常予想可能なものであれば，それを考慮に入れて雇用（業
務）管理を行うのが使用者として当然の対応であり[37]，使用者はその安全配慮
義務を履行するに際しては，被用者の「個性の多様さ」を前提としなければな

---

(34) 橋本佳幸「判批（最判平成 26 年 3 月 24 日）」平成 26 年度重判解（ジュリ 1479 号）
　　（2015 年）74 頁。

(35) 神戸地姫路支判平成 7 年 7 月 31 日判タ 958 号 200 頁（石川島興業事件）。

(36) 拙稿「損害賠償法における素因の位置(1)」北大法学論集 62 巻 4 号（2011 年）702 頁。

らない旨の判断であると解される。すなわち，使用者に対して安全配慮義務を課し，被用者に対して適切な措置をとるべきであるとする際には，被用者に一定の程度で存在する「脆弱性」（心因的要因）が個人差の範囲内であるかを基準として，安全配慮義務の内容・程度が設定されるのである。

　以上の検討によれば，使用者が負担する安全配慮義務につき，その内容・程度を設定するには，被用者の状態を認識することが前提となるのではあるが，被用者に存する一定の「脆弱性」を，使用者としては当然の前提としなければならず，この「脆弱性」を基礎として安全配慮義務の内容設定およびその適切な履行が求められるものといえよう。ところで，電通事件判決では，素因斟酌との関係において「個性の多様さ」を前提とすべきことが述べられたにすぎず，東芝事件判決においても被用者に存する構造的脆弱性を前提とすべき旨が説かれているが，いかなる労働者像を前提とすべきかまでは明らかにされていない。この点は，安全配慮義務が組織運営（マネージメント）上の義務としての性質を有することに関わる問題である。すなわち，安全配慮義務は，①具体的個人に対して特定の状況下において危険から保護する義務（具体的安全配慮義務）のほか，②組織運営（マネージメント）の一環として「被用者（労働者）」という集合的なもの（マスとしての被用者）に対する保護義務（組織運営上の安全配慮義務）を観念することができる。前者①の具体的安全配慮義務を認定する際には，具体的個人につき，その脆弱性を前提とすることとなろうが，後者②の組織運営上の安全配慮義務に関しては，具体的個人の特性を問題とするわけにはいかない。なぜならば，個人としての被用者は「個性の多様さ」を有しているのであるが，使用者がこうした「個性の多様さ」に全て適合した形で組織運営（マネージメント）を行うことは，現実的には不可能であり，また組織管理の観点からしても不合理である。とはいえ，こうした組織運営上の安全配慮義務を履行するにしても，使用者として期待する「労働者像」を措定しなければならないであろうし，そうすることによって初めて適切な安全配慮義務の履行が可能となろう。では，そうした「期待される労働者像」とはいかなるものであろうか。

---

(37)　田中清定「判批（最判平成 12 年 3 月 24 日）」関東学院大学法学紀要 20 号（2000 年）234 頁。

民商法の課題と展望

Ⅲ 「期待される」労働者像

　使用者が上記のような安全配慮義務を負担するとして，では，そこで措定されている（措定されるべき）「労働者」とはどのようなものなのであろうか。こうした注意義務の対象の性質という点については，従来ほとんど議論が見られないところである。しかしながら，この措定される対象（労働者像）を確定せずには，そもそも安全配慮義務の水準・内容は措定できないはずであり，なんらかの「労働者像」が措定されていることは想像に難くない。

　今日の通説のように過失を客観的に捉え，結果回避義務違反と捉えるのであれば，過失評価の前提として行為者に結果発生の予見可能性が存在することが要求される[38]。これを安全配慮義務の文脈に置き換えてみると，被用者に生ずべき結果の発生につき使用者に予見可能性がなければならないのであるが，当該被用者がどのような性質（個性）を有する者であるかによって，結果の発生の予見可能性は異なりうるであろう。すなわち，安全配慮義務などの注意義務の水準は，その対象となる者（被害者）の性質に応じて決定されるべきものである。極端な例として，安全配慮義務の内容決定に際して，被用者を精神的に非常に屈強な者であると措定したとしよう。このような場合，もし被用者が精神的に非常に「脆弱」であったときには，仮に当該被用者が被害を被ったとしても，（使用者に具体的認識可能性がない限り）予見可能性がなかった，すなわち過失＝安全配慮義務違反はなかったとすることもありうる。このように，被用者をどのような者と措定するかによって，安全配慮義務違反の有無は異なりうるのである。また，このように考えるならば，とりわけ組織運営上の安全配慮義務の水準の決定に際しては，具体的な被用者（被害者）の性質ではなく，マスとしての被用者の性質を考える必要があろう。したがって，以下では，この「マスとしての被用者」を念頭に置きつつ，期待されうる労働者像を検討してみたい。

---

(38)　平井宜雄『債権各論Ⅱ不法行為』（弘文堂，1992 年）27 頁。

1 安全配慮義務判断における「労働者像」

安全配慮義務の判断に際して，なんらかの労働者像に言及したものはほとんど見られないところであるが[39]，一つ例を見てみよう。

デンソー（トヨタ自動車）事件[40]では，安全配慮義務につき，次のように判示されている。「安全配慮義務は，労働者を自己の指揮命令下においてその業務に従事させるについて，業務内容を定めてこれを管理するに際し，これを適切に行うなど，業務の遂行に伴う疲労や心理的負荷等が過度に蓄積して労働者の心身の健康を損なうことのないよう注意すべき義務であり，その具体的内容は，当該労働者が置かれた具体的状況に応じて決定されるべきものであるから，通常であれば，被告らには原告の業務が，社会通念上，客観的に見て平均的労働者をして精神障害等の疾患を発生させるような過重なもの（以下「客観的過重労働」という。）にならないように注意すれば足りるとしても，それに至らない程度の過重な業務に従事させている労働者がそのまま業務に従事させれば心身の健康を損なうことが具体的に予見されるような場合には，その危険を回避すべく，その負担を軽減するなどの業務上の配慮を行うべき義務があり，これを怠れば同義務の不履行となる」，「精神障害の成因については，環境からくるストレスと個体側の反応性，脆弱性との関係で精神的破綻が生じるかどうかが決まるとするいわゆる「ストレス―脆弱性」理論によるのが相当であり（〈証拠略〉），これによれば，業務からくるストレスが客観的に評価して精神障害の成因となりうる程度（客観的過重労働）に至らないものの，業務が相当に過重であり，かつ，その程度の過重労働により精神障害を発症しうる程度に労働者側の反応性，脆弱性が存在することを，使用者が認識しうる場合に具体的な安全配慮義務の存在を肯定することが相当である」（以上，傍線筆者）。

本判決では，安全配慮義務に関わる労働者像につき，2点の言及を見ることができる。すなわち，第一点は，「平均的労働者」とする点である。この点からは，組織運営上の安全配慮義務の履行に際しては，まずは「平均的労働者」を基準とすべきものとされている。他方で，客観的過重労働に至らない程度の

---

(39) なぜなら，こうした労働者像の問題は，後述する業務起因性判断においてもっぱら論じられており，かつ，ほとんど事例では，業務起因性が認められると安全配慮義務違反も認められるという構造をとっているからだと考えられる。

(40) 名古屋地判平成20年10月30日労判978号16頁。

民商法の課題と展望

過重な業務により被用者が心身の健康を損なうような場合には，被用者側の反応性や脆弱性に対する認識可能性が要求されている。そうすると，本判決の理解では，安全配慮義務に関わる労働者像においては，被用者側の脆弱性は第一次的には想定されていないものと解されよう。しかしながら，このような理解は不十分である。なぜならば，本判決では，「平均的労働者」が基準とされているが，そもそもその「平均的労働者」とはどのような者であるかが明らかではないからである。

　それでは，次に，「平均的労働者」とはどのような者であるかを検討してみたい。

2 「平均的労働者」とは？

　「平均的労働者」は，もっぱら業務起因性判断において用いられている用語である。「業務上」（労基法75条）の疾病とは，業務と相当因果関係のある疾病を意味する[41]。この業務起因性判断においては，例えば，「相当因果関係が存在するというためには，当該労働者の担当業務に関連して精神障害を発病させるに足りる十分な強度の精神的負担ないしストレスが存在することが客観的に認められる必要があり，当該労働者と同種の職種において通常業務を支障なく遂行することが許容できる程度の心身の健康状態を有する平均的労働者を基準として，労働時間，仕事の質及び責任の程度等が過重であるために当該精神障害が発病させられ得る程度に強度の心理的負荷となっている場合，そのような十分な強度を有する精神的負担ないしストレスがあると判断すべきである」[42]とされているように，労働者として「平均的労働者」が基準とされている。もっとも，この「平均的労働者」概念についても，次に見るように，下級審においては見解が分かれているところである。

① 同種労働者の中で一般的，平均的労働者を基準とすべきとするもの

　この類型においては，平均的労働者として，単に「平均的な営業担当者」[43]や「通常の勤務に就くことが期待されている平均的な労働者」[44]とするものも

---

(41)　最判昭和51年11月12日判時837号34頁（熊本地裁八代支部事件）。

(42)　静岡地判平成26年7月9日労判1105号57頁（社会福祉法人県民厚生会事件）。

(43)　東京地判平成18年11月27日労判935号44頁（国・真岡労基署長（関東リョーショク）事件）。

あるが，多くの裁判例においては，平均的労働者につき，より幅のある者が想定されている。

例えば，同種の労働者といっても，「通常想定される労働者の多様さの範囲において，心理的負荷となり得る出来事等の受け止め方に幅があることを前提とした概念」であると言及するものや[45]，「通常の勤務に就くことが期待されている平均的な労働者を基準として業務自体に一定の危険性があることが大前提であり，これを前提とせず，単に当該労働者にとって危険であったかどうかを判断基準とすることは，上記制度趣旨を看過するもので採用し得ない。他方，労働者の中には，何らかの素因を有しながらも，特段の勤務軽減までを必要としないで通常の勤務に就いている者も少なからずいることから，上記の基準となるべき平均的労働者には，このような労働者も含めて考察すべきである（いいかえれば，上記の平均的労働者にとどまる限り，相対的に耐性の弱い者を念頭において考察することとなる。）」[46]とするもの，「一般的，平均的な労働者すなわち，通常の勤務に就くことが期待されている者（この中には，完全な健康体の者のほかに基礎疾患等を有するものであっても勤務の軽減を要せず通常の勤務に就くことができる者を含む。）を基準として客観的に判断すべき」[47]とするものが見られるように，平均的労働者は多様性が前提とされ，ここには素因などの個体側脆弱性を有する者も含まれると解されている。すなわち，「平均的労働者」とは，個体側の脆弱性がありながらも，特段の軽減までを必要とせずに通常の業務を遂行できる程度の労働者として想定されているといえよう。

② 同種労働者の中で最も脆弱な者を基準とすべきか？

もっとも，個体側脆弱性といっても，これもまた幅のある概念である。そのため，平均的労働者として，同種労働者の中で最も脆弱な者を基準とすべきかが争われることがある[48]。この点につき言及したものとしては，以下の例が挙

---

(44) 東京地判平成 19 年 5 月 24 日労判 945 号 5 頁（国・八王子労基署長（パシフィックコンサルタンツ）事件）。

(45) 福岡地判平成 18 年 4 月 12 日労判 916 号 20 頁（八女労基署長（九州カネライト）事件）。

(46) 東京地判平成 15 年 2 月 12 日労判 848 号 27 頁（三田労基署長（ローレルバンクマシン）事件）。

(47) 名古屋高判平成 19 年 10 月 31 日判タ 1294 号 80 頁（名古屋南労基署長（中部電力）事件）。

民商法の課題と展望

げられる。

　豊田労基署長（トヨタ自動車）事件[49]は，ストレス－脆弱性理論[50]を基礎としつつ，「通常想定される同種の労働者の中で最も脆弱な者」を基準とすることを採用している。また，さいたま労基署長事件[51]では，「通常の勤務に就くことが期待されている平均的労働者を基準とすることが相当であるが，労働者の中には一定の素因や脆弱性を有しながらも，特段の治療や勤務軽減を要せず通常の勤務に就いている者も少なからずおり，使用者においてこれらをも雇用して営利活動を行っているという現在の勤務の実体に照らすと，上記の通常の勤務に就くことが期待されている者とは，完全な健常者のみならず，一定の素因や脆弱性を抱えながらも勤務の軽減を要せず通常の勤務に就き得る者，いわば平均的労働者の最下限の者を含むと解するのが相当である」とされている。とはいえ，近時では，単純に「最も脆弱な者」を基準とするわけではないことにも言及したものも見られる。すなわち，「同種労働者（職種，職場における地位や年齢，経験等が類似する者で，業務軽減措置を受けることなく日常業務を遂行できる健康状態にある者）の中でその性格傾向が最もぜい弱である者（ただし，同種労働者の性格傾向の多様さとして通常想定される範囲内の者）」[52]とするものや，「職種，職場における地位や年齢，経験等が類似する者で，業務の軽減措置を受けることなく日常生活を遂行することができる健康状態にある同種労働者における性格傾向の多様さとして通常想定される範囲内の者の中で，その性格傾

---

(48)　福岡高判平成 19 年 5 月 7 日労判 943 号 14 頁（福岡地判平成 18 年 4 月 12 日労判 916号 20 頁（前掲注(45)の控訴審）では，控訴審において原告（被控訴人）からこの点が主張され，総合的判断としてではあるが，平均的な労働者の範囲に幅があり，個体側脆弱性（要因）も多様であるとして，業務起因性判断の際に考慮されている。

(49)　名古屋高判平成 15 年 7 月 8 日労判 856 号 14 頁。

(50)　ストレス脆弱性理論とは，環境からくるストレスと個体側の反応性，脆弱性との関係で精神的破綻が生じるかどうかが決まるという考え方である。ストレスが非常に強ければ，個体側の脆弱性が小さくても精神障害が起こるし，逆に脆弱性が大きければ，ストレスが小さくても破綻が生ずるとする。厚労省「心理的負荷による精神障害等に係わる業務上外の判断指針」（基発第 544 号平成 11 年 9 月 14 日）はこれに依拠して作成されている。

(51)　さいたま地判平成 18 年 11 月 29 日労判 936 号 69 頁。

(52)　名古屋地判平成 18 年 5 月 17 日労判 918 号 14 頁（名古屋南労基署長（中部電力）事件）。

向が最も脆弱である者」[53]とするもののように，「個性の多様さ」を前提として，その中での最下限ないし最も脆弱な者を平均的労働者として想定しているものと解される。

3　検　討

　これまで検討してきたものは，労災認定における「業務起因性判断」においていかなる労働者を基準とすべきかが問題とされていた。そして，この業務起因性判断は，いわゆる相当因果関係の判断に関わるものであり，安全配慮義務といった注意義務違反すなわち過失の判断には，直接援用することはできない。しかしながら，安全配慮義務は組織運営（マネージメント）上の義務としての性質も有することに鑑みると，上記で検討してきた「平均的労働者」基準を参照することは有用であると思われる。なぜならば，繰り返しとなるが，組織運営上の安全配慮義務を履行するためには，個々具体的な被用者ではなく，「マスとしての被用者」がいかなる者であるかを措定することが前提となると解され，この場合には，まさに「平均的労働者」とはいかなる者であるかという視点が重要となるからである。したがって，以上の分析を元に，以下では，安全配慮義務判断，とりわけ組織運営上の安全配慮義務判断における「労働者像」について検討してみたい。

　先にも述べたように，組織運営上の安全配慮義務を履行するには，「マスとしての被用者」がいかなる者であるかを確定する必要があろう。「マスとしての被用者」とは，個々の具体的な被用者ではなく，「平均的な労働者」を想定するのが妥当であろう。したがって，組織運営上の安全配慮義務の履行に際して「期待される労働者像」とは，「平均的労働者」が念頭に置かれることとなる。もっとも，上述の分析によれば，「平均的労働者」とは幅のある概念である。そうすると，組織運営上の安全配慮義務の判断に際しても，被用者の素因や性格傾向といった「脆弱性」を取り込んだ形で「平均的労働者」と考えるかが問題となる。

　このとき，仮に脆弱性有しない「平均的労働者」として被用者を想定すると，被用者の「個性の多様さ」の故に，少なくない被用者が保護の外に置かれるこ

---

[53]　東京高判平成 23 年 2 月 23 日判時 2129 号 121 頁（東芝事件控訴審判決）。

ととなろう[54]。したがって，この「平均的労働者」概念には，何らかの個体側脆弱性を抱えた被用者も含まれるものと解すべきである。もっとも，上述の分析でも見たように，個体側脆弱性にも幅があることから，「最も脆弱である者」をも含むものではなく，あくまで「性格傾向の多様さとして通常想定される範囲内の者の中で，その性格傾向が最も脆弱である者」を「平均的労働者」と捉えるべきであろう[55]。

　以上により，組織運営上の安全配慮義務の履行に際しては，「平均的労働者」として「性格傾向の多様さとして通常想定される範囲内の者の中で，その性格傾向が最も脆弱である者」を「期待される労働者」として措定すべきということができる。換言すれば，使用者としては，通常予想される個人差の範囲内における脆弱性を被用者が有していることを前提として組織運営上の安全配慮義務を履行すべきものと解することができるのである。

　そうすると，被用者の脆弱性が通常予想される個人差の範囲を超える場合には，組織運営上の安全配慮義務の対象外となる。このとき，具体的個人に対して特定の状況下において危険から保護する義務（具体的安全配慮義務）の問題へと変遷することとなる。そして，この場合には，被用者の個別具体的状況（被用者の通常予想される個人差の範囲を超える脆弱性）に対する使用者の認識可能性がなければならないものと解される。すなわち，そうした被用者の個別具体的状況が使用者に認識することができないのであれば，使用者としても安全配慮義務の履行のしようがないため，同義務の違反とはならないものと解されるが，一方で，認識していたあるいは認識可能性がある場合には，これを織り込んだ形で安全配慮義務を履行すべきこととなろう。ただし，この場合は，すでに組織運営上の安全配慮義務において，脆弱性を取り込んだ上で労働者像を措定していることから，単純な不法行為（例えば交通事故）の場合に比して，使用者の認識可能性は拡張されうるものと解される。そして，このことから，使用者の安全配慮義務は被用者に対する後見的性質を有する義務であるということができよう。

---

　(54)　労働保険制度に関する文脈であるが，東京高判平成 23 年 2 月 23 日（前掲注(53)）でも同様の懸念が示されている。神戸地判平成 23 年 4 月 8 日労判 1033 号 56 頁（新明和工業事件）も参照。
　(55)　拙稿・前掲注(36) 702-703 頁を参照されたい。

Ⅳ　安全配慮義務と過失相殺の可否

　最後に，以上の検討の結果得られた「労働者像」およびこれを前提とする安全配慮義務と過失相殺の関係について検討しておきたい。

1　組織運営上の安全配慮義務と過失相殺

　先に述べた通り，本稿の分析によれば，安全配慮義務の対象となる「労働者像」は，通常予想される個人差の範囲内における脆弱性を有する者ということができる。そして，ここでいう「脆弱性」とは，心因的要因や性格傾向といった素因だけでなく，雇用関係から生じる構造的脆弱性もまた含まれるものと解すべきである。

　使用者の負担する安全配慮義務をこのように理解するならば，電通事件判決で問題となった心因的要因を斟酌しないこと，および東芝事件判決におけるメンタルヘルス情報の不申告は過失相殺事由となりえないことを整合的に理解することができる。すなわち，被用者のメンタルヘルス情報は，自己のプライバシーに関わる情報であることだけでなく，人事考課等に影響しうる事柄であることから，構造的な脆弱性である。本稿の組織運営上の安全配慮義務という観点からすると，こうした構造的な脆弱性から，被用者が自ら積極的に自己のメンタルヘルス情報を申告するという対応は期待し得ず，むしろ安全配慮義務の内容・目的において取り込まれており，使用者はこれを前提とした対応すなわち安全配慮義務の履行が求められることとなるため，メンタルヘルス情報の不申告は過失相殺事由とはなりえないものと解される[56]。

　また，被用者の心因的要因や性格傾向などについても，組織運営上の安全配慮義務の観点から説明することができる。すなわち，「期待される労働者像」は，通常予想される個人差の範囲内における脆弱性を有する者ということができるから，心因的要因や性格傾向といった脆弱性（素因）は，すでに組織運営上の安全配慮義務の履行に際して前提とされているものと解されるのであり，使用者としてもこれを前提とした対応が求められるのである。したがって，私

---

(56)　橋本・前掲注(34) 74頁。

見によれば，心因的要因や性格傾向といった脆弱性に関して，通常の個人差の範囲内であれば，安全配慮義務の前提として取り込まれている以上，これを斟酌することができないのは当然だといえよう。

いずれの場合にしても，組織運営上の安全配慮義務においては，被用者の通常予想される個人差の範囲内の脆弱性は同義務の内容・目的に取り込まれており，それゆえに損害回避の可能性と回避手段は使用者にこそ存するのである[57]。したがって，過失相殺（類推適用）事由とはなりえないのである。

2 具体的安全配慮義務と過失相殺

このように考えると，メンタルヘルス情報の不申告が過失相殺事由となりうる場合や被用者の精神的脆弱性が斟酌されうる場合は，通常予想される個人差の範囲内の脆弱性を超える場合に限られるのであり，これは具体的安全配慮義務との関係で問題となろう。すなわち，当該脆弱性に対する使用者の認識可能性・予見可能性が認められる場合に限り，過失相殺の可否が認められるものと解される。

では，具体的安全配慮義務との関係で，被用者の脆弱性に対する認識可能性・予見可能性が問題となる場面とはどのようなものであるか。すでに(1)で指摘したように，組織運営上の安全配慮義務の履行の前提として，被用者の脆弱性は通常予想される個人差の範囲内のものであれば，義務の内容・目的にとりこまれているため，これを改めて過失相殺事由をとることはできない。しかし，当該脆弱性が通常予想される個人差の範囲を超えるものである場合には，使用者としてもこれを当然の前提とすることはできず，また，組織運営（マネージメント）の観点からしても合理的であるとは言い難い。したがって，このような場合には，被用者の協力が要請されよう。ここに至り過失相殺事由を見出すことができる。以上の事柄については，すでに従前から下級審において論じられているところである。いくつか例を見てみたい。

例えば，榎並工務店（脳梗塞死損害賠償）事件[58]は，次のように述べる。使用者は労働者に対し，「使用者として安全配慮義務を負っており，労働者である

---

(57) 樫見・前掲注(33) 73頁。

(58) 大阪高判平成15年5月29日労判858号93頁（前掲注(21)）。

太郎の健康状態を把握した上で，同人が業務遂行によって健康を害さないよう配慮すべき第一次的責任を負っているから，太郎の身体的な素因等それ自体を過失相殺等の減額事由とすることは許されない」，他方で，「使用者が上記義務〔安全配慮義務〕を十分に履行するためには，その前提として，労働者が使用者に対して，発生した事故の内容や事故の症状に関する報告をし，使用者側でこれを十分に認識する必要がある。したがって，労働者は，業務中に事故に遭いその後の労務提供等に支障が生じた場合，使用者に対して，報告することが困難である等の特段の事情がない限り事故の内容や自己の症状等について報告すべきである」（以上，傍線筆者）。本判決は，次のように理解することができよう。すなわち，前段の安全配慮義務と過失相殺（および素因斟酌）の件関係については，組織運営上の安全配慮義務の履行の前提として，被用者の通常予想される個人差の範囲の脆弱性は取り込まれているため，ここから被用者の健康状態の把握義務もまた組織運営上の安全配慮義務の内容とされうるのである（被用者の健康を害さないように配慮すべき「第一次的責任」である）。もっとも，被用者というのは「個性の多様さ」があるのであり，その「多様さ」すべてを使用者が把握することは事実上不可能であるし，またそうした負担を課すのは不合理でもある。したがって，被用者はただ漫然と事態の推移を使用者に委ねるのではなく，自ら主体的に行動，具体的には心身の健康状態を申告することも必要とされるのである[59]。なぜならば，使用者が具体的安全配慮義務を適切に履行するためには，使用者の側で被用者の心身の健康状態等を十分に認識する必要があるからである。したがって，したがって，労働者があえて情報を秘匿した場合[60]や企業内の相談体制を利用しない場合などには過失相殺の可能性

---

[59] 例えば，大阪地判平成 25 年 3 月 6 日判タ 1390 号 217 頁では，被用者がうつ病に罹患し自殺したケースにつき，使用者の安全配慮義務違反を認めた上で，当該被用者の勤務経験が比較的長く，健康上の問題があれば，自ら申出や相談などがあることを期待してよい状況にあったことや，被用者自身も自己の健康の維持に配慮すべき義務を怠った面があるとして，過失相殺の類推適用により，損害額の 3 割の減額がなされている。拙稿「損害賠償法における素因の位置（6・完）」北大法学論集 65 巻 1 号（2014 年）57-58 頁も参照されたい。

[60] 労働者が精神症状に対する内服治療を受けていたことを秘匿していたことにつき過失相殺を否定した例として，神戸地判平成 25 年 6 月 12 日判例集未登載（LEX/DB 文献番号 25501359）。

民商法の課題と展望

は残されるであろう[61]。

　なお，具体的安全配慮義務との関係において過失相殺の可能性が残るにしても，心理的負荷や精神症状のため，正常な判断が困難な場合も多いことから，過失相殺の可否にはなお慎重な判断が求められる[62]。すなわち，被害者の過失とは，結果回避のための合理的な行為態様と被害者の行為態様とのズレを意味するものと解すると，危険について正常な判断ができない被害者には，結果回避のための合理的な行動を期待することはできないはずである。そのような場合にも「過失」と認定することには問題があろう[63]。東芝事件判決における被用者のメンタルヘルス情報の不申告についても，同じことが言えよう。すなわち，同事件では被用者自身はこのままでは自己の心身の健康状態が悪化することは明らかにわかっていたはずである。そうすると，ある種の「合理的」行動としては，自己の健康状態を上司なり使用者側に申告し，業務軽減措置を講じてもらうとか場合によっては休職するなどがありうるわけである。しかしながら，同事件で当該被用者は業務を継続したのであり，その結果として心身の健康状態を悪化させてしまっている。これは合理的な行動からの逸脱と捉えることもできる。しかし，先にも述べたように，雇用関係においては被用者には構造的な脆弱性が存在する。すなわち，自己の健康状態，とりわけメンタルヘルス情報を申告することは，人事考課に影響しうるのであるから，こうした情報を申告しないという行動もまた被用者として不合理な行動ではないとみなしうるのである。東芝事件判決は，こうした観点も織り込んだ上で，安全配慮義務の内容・目的を構築したものであると解することができよう。

V　結びにかえて

　以上，本稿で検討してきた帰結を簡単にまとめておこう。

　使用者の負担する安全配慮義務は，①組織運営（マネージメント）としての性質を有する組織運営上の安全配慮義務と②具体的被用者に対する具体的安全配慮義務とに分類することができる。

---

(61)　松浦聖子「判批（最判平成 26 年 3 月 24 日）」法セ 717 号（2014 年）124 頁。

(62)　拙稿「判批（最判平成 26 年 3 月 24 日）」民商法 150 巻 3 号（2014 年）487 頁。

(63)　窪田充見『不法行為法』（有斐閣，2007 年）386 頁参照）。

①組織運営上の安全配慮義務においては，被用者の「脆弱性」が通常予想される範囲内のものである限り，使用者としてこれを当然の前提として義務を履行すべきである。そして，このときは，被用者の「脆弱性」に対する使用者の認識可能性や予見可能性は問題とはならない。なぜなら，組織運営上の安全配慮義務の内容・目的には，その存在が当然の前提とされているからである。

他方で，②具体的安全配慮義務の履行に際しては，被用者の脆弱性が通常予想される範囲を超える場合に限り，当該脆弱性に対する使用者の認識可能性や予見可能性の有無が問われることとなる。そして，この場合には，当該被用者自身からの申告などの協力が要請されることなり，これを被用者が怠った場合には，過失相殺事由となりうる。とはいえ，メンタルヘルス情報の申告義務については，慎重な対応が求められる。なぜなら，メンタルヘルス情報は，プライバシーに属する情報であるとともに，人事考課に影響しうる事柄であるから，その秘匿性は高く，これを申告しないという被用者の対応もあながち不合理なものであるとはいえないからである。むしろ，使用者には，前段①組織運営上の安全配慮義務の履行に際して，被用者のこうした対応も織り込んだ上で，配慮が求められるというべきである。

なお，本稿では，メンタルヘルス情報の不申告を契機として，主に被用者の精神的・心理的脆弱性にかかる安全配慮義務と過失相殺の関係を論じてきたところであるが，本稿の検討の結果が，被用者の体質的素因などについて妥当するかは別途検討を要するであろう。また，本稿は，加害者と被害者との間に雇用関係がある場面についての検討にすぎないため，例えば，そうした関係性が想定されない交通事故ケースにおいては，別途検討が欠かせないものと思われる。以上，残された問題については，他日を期したい。

〔付記〕脱稿後，三柴丈典「使用者の健康・安全配慮義務」日本労働法学会編『講座労働法の再生第3巻 労働条件論の課題』（日本評論社，2017年）273頁に接した。同論文は，労働安全衛生法が示す予防政策的要素を参酌して，これを安全配慮義務論へ「翻訳」を図る試みである。同論文の帰結によれば，使用者の安全配慮義務とは，「労働安全衛生に関するリスク管理義務」だとされる（296頁）。この点は，本稿の問題関心との関係では，とりわけ組織運営上の安全配慮義務との関係では重要な指摘である。本稿の問題関心との関係で言えば，同論文の指摘する予防政策的観点からのリスク管理が，組織運営上の安全配慮義務の「目的」として取り込まれていると解することができる。したがって，組織運営上の安全配慮義務とは，その目的から，被用者の有するリスクす

民商法の課題と展望

　なわち「脆弱性（＝素因)」が個人差の範囲内にある限り，これに対する一次的な管理
義務を包摂するものと解することができるのである。

　＊本稿は，平成26-28科学研究費補助金（若手B)(26780051）の研究成果の一部である。

20 誤振込による預金債権と被仕向銀行の受取人に対する貸金債権による相殺
── 特に，ドイツのネット契約論との関係で

藤 原 正 則

Ⅰ　は じ め に　　　Ⅲ　ドイツ法との対比
Ⅱ　わが国の判例・学説　　Ⅳ　お わ り に

Ⅰ　は じ め に

　振込依頼人が，振込先の指定を誤って，原因関係のない受取人に対する振込を仕向銀行に依頼したときも，受取人・被仕向銀行間には振込金相当額の普通預金債権が成立するというのが，判例（最判平8・4・26民集50巻5号1267頁。以下「平成8年最判」）の考え方である。すなわち，平成8年最判は，「前記普通預金規定には，振込みがあった場合にはこれを預金口座に受け入れるという趣旨の定めがあるだけで，受取人と銀行との間の普通預金の成否を振込依頼人と受取人との間の原因となる法律関係の有無に懸からせていることをうかがわせる定めは置かれていないし，振込みは，銀行間及び銀行店舗間の送金手続を通して安全，安価，迅速に資金を移動する手段であって，多数かつ多額の資金移動を円滑に処理するため，その仲介に当たる銀行が各資金移動の原因となる法律関係の存否，内容等を関知することなくこれを遂行する仕組みが採られているからである」と判示し，受取人の一般債権者が受取人の口座の預金債権を差し押さえたときは，振込依頼人は第三者異議の訴（民執38条）で差押を排除することはできないとしている。そうすると，平成8年最判からは，誤振込でも振込金相当額の金銭は受取人に帰属し，振込依頼人は受取人に対する債権的な

不当利得返還請求権を取得するに止まると考えるのが素直な理解であろう。しかし，他方で，被仕向銀行が，受取人の預金債権を受働債権として，受取人に対する貸金債権で相殺するというケースが存在する。その際に，裁判例は，振込依頼人から預金の組戻しの要請があったなどで，被仕向銀行が誤振込であることに悪意で相殺したときには，相殺は効力がないとして，振込依頼人の被仕向銀行に対する不当利得返還請求を認めている。ただし，振込依頼人と仕向銀行の間には契約関係が存在するが，振込依頼人と被仕向銀行の間には契約関係は存在しない。そうすると，被仕向銀行からの相殺の効力を否定するなら，（i）直接の契約関係にない者（振込依頼人・被仕向銀行）の間の義務違反を認めて損害賠償請求を考える，ないしは，義務違反として相殺の効力を否定するか，（ii）誤振り込みした金銭に対する振込依頼人の追及力を認めるほかないはずである。わが国の学説は，大別すれば，（i）（ii）の考え方に分かれている。

　他方で，確かに，ドイツ法では，誤振込で成立した受取人の預金債権を，被仕向銀行が貸金債権と相殺して紛争を惹起したというケースは確認できない。さらに，上記の（ii）のアプローチも見あたらない。しかし，ドイツでは，わが国の全銀システムのような制度は存在せず，自行間振込は別として，他行間振込では，しばしば仕向銀行から仲介銀行，仲介銀行から被仕向銀行という連鎖によって振込が行われるが，仲介銀行，被仕向銀行の過誤で振込が遅延したとき，および，振込依頼人の撤回の通知の伝達が遅延したときの，振込依頼人の仲介銀行，被仕向銀行に対する直接の損害賠償請求のあり方は古くから議論されていた。つまり，上記の（i）のアプローチである。ただし，現在では，1999年に振込法，2009年に弁済サービス一般に関する法改正がされて，仲介銀行の過誤に対しては，仕向銀行が振込依頼人に対して損害賠償し，その後に，仕向銀行から仲介銀行，被仕向銀行という契約の連鎖を通じて損害賠償が清算されるという制度が導入されている。ただし，例外的に，振込依頼人の仕向銀行に対する損害賠償請求が認められない場合には，仲介銀行に対する直接請求も認められている。さらに，仕向銀行に対する請求額には限度があり，法改正によって問題が全て解決されたわけではないから，従来からの議論を紹介することには十分な意味があると考える。さらに，本稿では，ドイツの議論の中でも，特に，ネット契約論（Die Theorie vom Netzvertrag）に焦点を当てて紹介したい。その理由は，（例えば，振込取引のように，原因関係の決済という）一元的な経済

20 誤振込による預金債権と被仕向銀行の受取人に対する貸金債権による相殺〔藤原正則〕

目的の達成のために，複数の契約が連鎖して協働するという現代社会の経済現象（経済取引のネット化，ないしは，複数の法主体のネット化）を最も直截に法的に構成しようという試みがネット契約論だと考えることもできるからである。つまり，以上のネット契約に関する議論を参照して，契約連鎖によって結合する者の間の法律関係を考察し，被仕向銀行による誤振込で成立した預金債権との相殺の効力を否定する根拠への一定の視角を提示したいというのが本稿の目的である。そこで，以下では，まずわが国の裁判例・学説をみた上で（Ⅱ），ドイツの通説的な議論，および，ドイツでの法改正と従来の議論との関係を一瞥した後に，ネット契約論を紹介し（Ⅲ），被仕向銀行による相殺に関して一定のコメントを加えることとしたい（Ⅳ）。

Ⅱ　わが国の判例・学説

1　わが国の判例

判例は誤振込によっても預金契約が成立し，振込依頼人は受領者の一般債権者の差押を第三者異議の訴えで排除できないとした（平成8年最判[1]）。さらに，受取人による預金の払戻請求の可否，および，被仕向銀行による相殺の可否に関する（裁）判例がある。前者に関しては，誤振込であることを知って受取人が預金を払い戻すことは詐欺罪に当たるという判決（最決平15·3·2刑集57巻3号322頁）があり，同決定の調査官解説は，「普通預金取引契約に基づき継続

---

(1)　平成8年最判の意義に関しては，大坪丘「判解」『最高裁判所判例解説（民事編）平成8年度（上）』（法曹会，1999年）346頁以下，378頁の「本来振込依頼人と受取人間の原因関係をめぐるトラブルなのに，銀行を紛争に巻き込み対応困難な立場に置くことになるのは不合理であること，振込みは，振込依頼人が債務の弁済のために行うものであるが，現金の送金と果たすべき機能は実質的に同じで，銀行はいわば支払い仲介機関にすぎないのであり，銀行としては，どのような原因で振込みがされるかについては一切考慮しないし，考慮もできないのであり，振込みは原因関係から切り離されたいわば無色の取引であるということができることなどを考慮し，前記の普通預金規定の定め方に照らして，受取人と銀行間の普通預金契約においては，振込みがあれば，その原因関係の有無・内容を問うことなく，それを原資として預金契約を成立させるという趣旨を包括的に定めていると解釈するのが妥当」に尽きると考える。

　この判決に関する（裁）判例・学説の評価に関しては，例えば，岩原紳作『電子決済と法』（有斐閣，2003年）313頁以下を参照。

民商法の課題と展望

的な預金取引を行っている者として」受取人は誤振込を「知った場合には，・・・銀行に告知すべき信義則上の義務があると解される」と指摘している[2]。つまり，誤振込によって預金債権は成立するが，払戻しの請求は，受取人の被仕向銀行に対する預金契約上の義務違反となることが前提とされている。加えて，誤振込ではないが，同じく振込みによる預金債権の成立に原因関係を欠くケースで，受取人が払戻しを受けることが犯行の一環をなす場合であるなど，著しく正義に反するような特段の事情がない限り，振込依頼人に対して不当利得返還義務を負う受取人の払戻請求は権利の濫用には当たらないとしている（最判平 20・10・10 民集 62 巻 9 号 2361 頁）。ただし，これは不当利得返還義務を負う受取人が，預金通帳を窃取された犯罪被害者の配偶者に当たる事例であり，一般的には誤振込による受取人の払戻請求が，被仕向銀行との関係で義務違反であることを否定したものではないと考えるべきであろう。

　他方で，被仕向銀行と振込依頼人の間には，直接の契約関係は存在しない。しかし，振込依頼人から組戻しの依頼があった後の被仕向銀行からの相殺に対しては，裁判例は，相殺の効力を否定して，振込依頼人の被仕向銀行に対する不当利得返還請求を認めている。具体的には，（ⅰ）名古屋地判平 16・4・21 金判 1192 号 11 頁は，誤振込の当日に振込依頼人（原告〔X〕）は仕向銀行と被仕向銀行（被告〔Y〕）に組戻しを依頼をしたが，受取人（A）の倒産で組戻しができず，XがAに対して不当利得返還請求訴訟を提起し，訴訟の過程でAから振込金に対しては権利のない旨の確認書を取っていたにもかかわらず，YがAに対する貸金債権で相殺したというケースで，Yは「本件振込金相当額についてはAの預金であるとしても，Xに返還されるべき不当利得金であることを認識できたものであり，かつXの組戻しの依頼に応じることに支障のないものである」から，「Yによる前記相殺は，正義，衡平の観念に照らして，本件振込金相当額の限度で無効である」としている。（ⅰ）の控訴審（ⅱ）名古屋高判平 17・3・17 金判 1214 号 19 頁も，受取人が誤振込であることを認めて被仕向銀行による返還を承諾しており，被仕向銀子が誤振込であることを知っているときは，「銀行間及び銀行店舗間の多数かつ多額の資金移動の円滑な処理の面か

---

(2)　宮崎英一「判解」『最高裁判所判例解説（刑事編）平成 15 年度』（法曹会，1999 年）112 頁以下，132 頁を参照。

20 誤振込による預金債権と被仕向銀行の受取人に対する貸金債権による相殺〔藤原正則〕

らの保護を考慮することは必ずしも必要ではなく，かつ，振込依頼人と受取人の間の原因関係をめぐる紛争に被仕向銀行を巻き込み，対応困難な立場に置くこともない」から，「受取人と被仕向銀行の間に振込金相当額の（当座）預金契約が成立したとしても，正義，公平の観念に照らし，その法的処理において，実質はこれが成立していないのと同様に構成し」と判示した上で，被仕向銀行の不当利得返還義務を認めている。（ⅲ）東京地判平 17·9·26 判時 1934 号 61 頁は，銀行停止処分を受けた受取人の口座に誤振込みした依頼人が，組戻依頼したが受取人が所在不明で同意を取れないため，被仕向銀行が依頼人に受取人に対して訴訟を提起して口座を差し押さえるようアドバイスを受け勝訴したが，その後に被仕向銀行が相殺したケースで，「振込取引制度を運営する銀行」は「誤振込みの事実の有無の確認に努め，その間，……当該振込みに係る金員を受取人の預金とは区別して管理するなどの適切な措置をとることが望まれる」として，振込依頼人の被仕向銀行に対する不当利得返還請求を認めている。他方で，相殺以前に組戻しの依頼がなかったケースでは，（ⅳ）名古屋地判平 26·8·7 金判 1463 号 34 頁は，組戻しの依頼を受ければ，被仕向銀行はその責務を果たすべきで，債権回収を優先させるのは正義，公平に反するが，誤振込の事実を知らない被仕向銀行は，振込依頼人の意思に反して債権回収した事実はないとして，相殺を有効としている。しかし，（ⅳ）の控訴審の（ⅴ）名古屋高判平 27.1.19 金判 1468 号 25 頁は，被仕向銀行は相殺の時点で誤振込の事実を知っていたと認定した上で，本来は依頼人，受取人（Ａ組）に誤振込か否かを確認して組戻しの依頼を促すなど対処すべきであったのに，「たまたま誤って本件振込みがあったことを奇貨として，Ｘが誤振込に気付かなければ組戻しを依頼することがないことから，事実上回収不能なＡ組に対する貸金債権等を回収するために，あえて支払差止め設定を一時的に解除して本件振込みを完了させて，直ちに本件相殺をしたものと認められ，振込制度における被仕向金融機関としては不誠実な対応であったといわざるを得ない」として，「正義，公平の観点から，被仕向金融機関であるＹが，事実上回収不能なＡ組に対する貸金債権等を本件相殺により回収して，本件振込金相当額についてＸの事実上の損失の下に利得することは，Ｘに対する関係においては，法律上の原因を欠いて不当利得になると解するのが相当である。」と判示している。

　そうすると，（裁）判例の考え方では，誤振込によっても預金債権は成立す

民商法の課題と展望

るから，受取人の払戻請求は原則として権利濫用ではない。その理由は，誤振込の払戻は，振込依頼人の財産を侵害する可能性はあっても，被仕向銀行に対する契約上の請求権の行使だからであろう。しかも，誤振込の事実が明白ではない以上は，払戻を拒否すれば，被仕向銀行は債務不履行の責任を問われる可能性もある。ただし，受取人が誤振込を知っているときは，その払戻（請求）は預金契約上の義務違反だと評価されるというのが，（裁）判例の立場であろう。

　他方で，被仕向銀行の相殺では，預金債権の受取人への帰属を前提とすれば，相殺は有効なはずである。しかし，被仕向銀行が誤振込の事実に悪意のときは，被仕向銀行の振込依頼人に対する義務違反を根拠に，不当利得の返還義務が認められている。つまり，受取人との関係ではなく，振込依頼人との関係では，相殺の効力が否定され，振込依頼人に対して不当利得返還義務を負うことになる。確かに，被仕向銀行は仕向銀行とは契約関係があり，組戻しの依頼にもかかわらず，預金で相殺するのは契約上の義務違反と考える余地がある。しかし，振込依頼人と被仕向銀行の間には，契約関係は存在しない。だから，（iii）の裁判例は，振込取引制度を運営する金融機関としての義務違反に言及している。そうすると，裁判例からは，一元的な目的（振込取引）のために契約が連鎖している場合に，直接の契約関係にはない者の間に，どのような法律関係が認められるのかが問題だと考えることも可能であろう。

2　わが国の学説

　学説には，相殺の効力を肯定するものと，否定するものがある。つまり，前者は，平成8年最判を前提とすれば，預金契約は成立しているから，振込依頼人の不当利得返還請求の相手方は受取人であり，被仕向銀行が相殺しても，振込依頼人の損失で利得したのではないと解している[3]。

　他方で，相殺の効力を否定するものには，誤振込により利得移動した金銭の物権的追及を認めるものが多い。（i）例えば，金銭騙取の不当利得（最判昭49・9・26民集28巻6号1243頁）の類推で，振込依頼人の被仕向銀行に対する不

---

(3)　例えば，柴崎暁「判批」金判1201号59頁以下，60頁，森口充康「判批」金法1753号1頁以下。

20 誤振込による預金債権と被仕向銀行の受取人に対する貸金債権による相殺〔藤原正則〕

当利得返還請求権を認めるもの[4]。（ⅱ）転用物訴権の判例理論（最判平 7・9・19 民集 49 巻 8 号 2805 頁）の応用で，振込依頼人の追及を基礎づけるもの[5]。（ⅲ）誤振込みした金銭の物権的価値返還請求権（価値のレイ・ヴィンディカチオ）を前提に，悪意の被仕向銀行の相殺を無効とする余地があると指摘するもの[6]。（ⅳ）被仕向銀行による信託的な金銭の保管義務を説くものがある[7]。つまり，振込依頼人の金銭の追及力を認める試みである。ただし，このようなこのような構成には，批判がある。例えば，（ⅰ）の金銭騙取の不当利得の類推に対しては，金銭騙取の事例では，悪意・重過失のある第三者（利得者）に対する騙取者の弁済を無効として，被騙取者の損失と第三者の利得との間に因果関係を認めれば，被騙取者の第三者に対する不当利得返還請求が成立するが，誤振込のケースでは，相殺を無効としても，自動的に相殺の前の状態に戻り，被仕向銀行に対する不当利得返還請求権が発生するわけではないという指摘がある[8]。さらに，有体物である金銭では，有価証券の善意取得との類比で善意・無重過失要件が正当化できるが，善意取得制度のない預金債権で主観的要件をどのように根拠づけるかは理論的な難問であるとも指摘されている[9]。（ⅱ）の転用物

---

(4) 菅野佳夫「判批」判タ 1152 号 109 頁，鎌形史子「判批」銀法 649 号 32 頁以下，36 頁，渡邊博巳「判批」金法 1763 号 40 頁以下，44 頁，佐々木修「判批」銀法 640 号 28 頁以下，30 頁以下など。

(5) 岡本雅弘「誤振込と被仕向銀行による相殺（上）（下）」金法 1751 号 9 頁以下，1752 号 37 頁以下，（下）38 頁以下。同「誤振込と被仕向銀行の相殺」金法 1746 号 4 頁以下，5 頁。

(6) 例えば，中舎寛樹「預金取引における物権と債権の交錯」平野浩之・長坂純・有賀恵美子編『現代民事法の課題（新見育文先生還暦記念）』（信山社，2009 年）253 頁以下，276 頁以下。その結果，振込依頼人は，受取人の一般債権者の差押を第三者異議の訴えで排除できるが，金融機関が担保権を善意取得した場合は，振込依頼人の請求は認められないとする。花本広志「価値帰属論」北井功・花本広志・鵜川幸嗣・石田剛・田高寛貴『コンビビネーションで考える民法』（商事法務，2008 年）102 頁以下，120 頁以下，田高寛貴「金銭論」吉田克己・片山直也編『財の多様化と民法学』（商事法務，2014 年）656 頁以下，伊藤高義「判批」南山法学 28 巻 4 号 135 頁以下，143 頁。同じく物権法的なアプローチをとるものとして，岩原紳作「預金の帰属」黒沼悦郎・藤田友敬編『企業法の理論（江頭憲治郎先生還暦記念）（下）』421 頁以下，462 頁以下も参照。以上の中舎，岩原論文は，預金者の認定での客観説（出捐者帰属説）から出発して，金銭の物権的帰属を論じている。

(7) 大村敦志『もうひとつの基本民法Ⅱ』（有斐閣，2007 年）145 頁。

(8) 岡本・前掲注(5)（下）13 頁以下。

訴権も，「契約上の給付が契約の相手方のみならず第三者の利益になった場合に，給付をなした契約当事者がその第三者に対して不当利得返還請求する場合」という定義[10]からは，その守備範囲は広く，誤振込の場合にも類推できそうにもみえる。しかし，具体的な転用物訴権の判例（最判昭 45・7・16 民集 24 巻 7 号 909 頁〔動産の修理請負〕，最判平 7・9・19 民集 49 巻 8 号 2805 頁〔不動産の工事請負〕）は，先履行義務を負い，給付した動産の所有権を付合によって失う請負人の債権担保手段が問題になったケースである。つまり，転用物訴権の適用されるべきケースは，定義ほどには広くはない[11]。もちろん，具体的なケースを離れて，有効な契約に基づく給付が追及可能なら，誤振込（非債弁済）による給付の第三者に対する追及は可能だと考えることもできる。しかし，転用物訴権による追及は，第三者の無償取得を前提とするから，反対債権による相殺を無償取得と評価することは困難であろう[12]。（ⅲ）の金銭の追及力（価値のレイ・ヴィンディカチオ）の構成も，判例（最判昭 39・1・24 判時 365 号 26 頁）は騙取された金銭に対する第三者異議の訴を認めていないから，わが国の実定法上の法形式として承認されているかは不明である[13][14]。しかも，金銭騙取の不当利得は，騙取又は横領という財貨移動の瑕疵の重大なケースだから，錯誤による弁済の追及も同様に考えうるかは，大いに疑問だと考える[15]。（ⅳ）の信託

---

(9)　松岡久和「判批」金法 1748 号 11 頁以下，14 頁。

(10)　加藤雅信『財産法の体系と不当利得法の構造』（有斐閣，1986 年）703 頁。

(11)　以上に関しては，藤原正則『不当利得法』（信山社，2002 年）377 頁以下，窪田充見編『新注釈民法(15)』（有斐閣，2017 年）163 頁以下〔藤原正則〕。

(12)　鎌形・前掲注(4) 36 頁以下の「振込依頼人は，自らのミスのためにこのような自体を生じさせた者であるし，受取人に対する不当利得返還請求権を有するにすぎず，……優先的に全額を回収する地位を認める必要はないと思われる」も参照。

(13)　価値のレイ・ヴィンディカチオに関しては，四宮和夫「物権的価値返還請求権について」四宮和夫『四宮和夫民法論集』（弘文堂，1990 年）97 頁以下，同『事務管理・不当利得・不法行為（上）』（青林書院，1981 年）197 頁以下を参照。

(14)　ただし，イギリス法では，錯誤による弁済に対しても弁済者の優先的権利が認められているようである。これに関しては，コーエンズ久美子「預金の帰属と優先的返還請求権－英米法の信託法理の検討を手がかりとして」山形大学法政論集 44・45 号 1 頁以下，橋本伸「イギリス原状回復法における弁済者の優先的保護(1)(2)」北法 65 巻 5 号 1365 頁以下，6 号 1753 頁以下を参照。

(15)　価値のヴィンディカチオに関する評価に関しては，藤原・前掲注(11)『不当利得法』373 頁以下を参照。

20 誤振込による預金債権と被仕向銀行の受取人に対する貸金債権による相殺〔藤原正則〕

に関しても，「信託がどのような場合に成立するかについては明確な規準があるわけではなく，信託法理を用いるにしても，振込依頼人を受益者とする信託が成立するかどうかに不安があり，実務的には採用し難い」という指摘もある[16]。だから，結論として，転用物訴権による追及も含めた「金銭の追及力」によって被仕向銀行に対する振込依頼人の権利を基礎づけるのは，十分な説得力を持たないと考える。

そうすると，（v）例えば，本田論考のように，振込依頼人には仕向銀行に対して組戻しの依頼ができ，被仕向銀行も組戻しを実現させるべく努力する義務を負うとし，相殺は効力がないと解した上で，債権者代位権で振込依頼人が被仕向銀行に対して仕向銀行の債権を行使するという考え方には[17]，より合理性があるのではないかと考える。振込システムを構成する被仕向銀行にとっては，誤振込があれば，直接の契約関係にはない振込依頼人に損害が発生する可能性があることは自明である。だから，自ら構成するシステムの内部で過誤が発生したときに，直接の契約関係にはないシステムの利用者に対しても，一定の義務を負うというのは，むしろ当然と考えることもできる。しかも，このような考え方は，誤振込によっても預金債権は受取人に帰属することを前提に，相殺を有効とする学説も同様に考えている。例えば，振込依頼人は被仕向銀行に対しても同時に依頼していると考えて被仕向銀行の依頼人に対する義務を提唱する考え方[18]，被仕向銀行の義務違反を指摘するものもある[19]。さらに，かつてから，被仕向銀行は振込制度の運営者であり，他の債権者とは違って，振込依頼人の要請と矛盾する行動を取ることは許されないと考えられるという指摘もあった[20][21][22]。そこで，以下では，ドイツ法を参照して，振込依頼人と被仕向銀行の間の関係について見てみたいと考える。

---

(16)　渡邊・前掲注(4)46頁。金銭騙取の不当利得，金銭の物権的価値返還請求権に関しても，包括的かつ詳細に検討した論考である，本田正樹「誤振込と被仕向銀行の相殺－名古屋地判平16・4・12に関連して（上）（下）」金法1733号37頁以下，1734号48頁以下，（上）42頁以下の保険代理店（最判平15・2・21民集57巻2号85頁），弁護士（最判平15・6・12金法1685号59頁）の預金に関しても金銭に対する物権的帰属は「旗色が悪くなってきていることは否めない」という記述も参照。

(17)　本田・前掲注(16)（下）52頁以下。

(18)　柴崎暁「判批」金判1241号49頁以下，53頁。

(19)　深川祐佳「判批」リマークス52号42頁以下，44頁以下。

民商法の課題と展望

Ⅲ　ドイツ法との対比

1　ドイツの通説・判例
(1)　振込の遅延に対する損害賠償請求と撤回

　ドイツ法では，誤振込による預金債権に対して被仕向銀行が相殺して，その効力が争われたという（裁）判例は見あたらない。しかし，振込取引での直接の契約関係にない者の間の法律関係については，古くから議論があった。具体的には，特に，仲介銀行（Zwischenbank），被仕向銀行（Gläubigerbank）の過誤で振込依頼が遅延するなどで，振込依頼人に損害が発生したときの損害賠償，および，誤振込の撤回のあり方に関してである。その際に，通説の出発点は，（ⅰ）仕向銀行（Schuldnerbank）は仲介銀行，被仕向銀行に振込を伝達すれば振込依頼人との契約上の義務を果たしたことになる。だから，仲介銀行，被仕向銀行は，仕向銀行の履行補助者（ドイツ民法〔BGB〕278 条）ではないから，仲介銀行，被仕向銀行に故意・過失があっても，振込依頼人は仕向銀行に対して債務不履行責任を追及できない。（ⅱ）振込依頼人と仲介銀行，被仕向銀行の間には契約関係が存在しない。（ⅲ）仲介銀行，被仕向銀行との関係では，振込依頼人の損害は，純粋の財産上の損害であり，不法行為の一般条項の（その他の権利以外は，保護法益を絶対権に限った）BGB823 条 1 項による損害賠償の対象ではない，だった[23][24]。だから，仲介銀行，被仕向銀行の過誤で振込が遅延したときも，振込依頼人は損害賠償請求はできないことになる。今 1 つ，振込依頼人が誤振込をして振込を撤回するときも，振込の撤回は振込依頼人の仕向銀行に対する逆振込の委任と解されているから，依頼人から仕向銀行，仕向銀行から仲介銀行，仲介銀行から被仕向銀行と，契約の連鎖を通じて行われ

---

(20)　木南敦「判批」金法 1455 号 11 頁以下，16 頁以下。

(21)　問題を相殺権の濫用と考えるアプローチも，その背景にある考え方は共通すると考える，例えば，堀川信一「判批」大東法学 65 号 343 頁以下，353 頁。

(22)　ただし，神田秀樹・森田宏樹・神作裕之『金融法概説』（有斐閣，2016 年）204 頁以下［岡本雅弘］208 頁の，事情によっては被仕向銀行による相殺が権利濫用として無効となり，その場合は，振込依頼人は債権者代位権で被仕向銀行に預金の払戻請求をするか，債務名義を得て預金を差し押さえることが可能だが，それに止まる，という指摘も参照。

20 誤振込による預金債権と被仕向銀行の受取人に対する貸金債権による相殺〔藤原正則〕

ることになる[25]。その結果，撤回の通知はしばしば遅延して，撤回の通知が被仕向銀行に到達する前に，受取人の口座に貸方記帳されて，撤回は不可能になっている[26]。その結果，振込依頼人の仲介銀行，被仕向銀行に対する損害賠償請求のあり方，つまり，契約相手方である仕向銀行を飛び越えての直接請求，および，直接の撤回の可能性が議論されていた。

(2) 振込の過誤などに関する従来の議論

そこで，振込依頼人から仲介銀行，被仕向銀行に対する損害賠償請求権を認める最も有力な法形式だと考えられていたのが，第三者損害の賠償（Drittschadensliquidation）と第三者に対する保護効を伴った契約（Vertrag mit Schutzwirkung für Dritte）である。つまり，不法行為により保護される財貨が原則として限定されているドイツ法での，直接の契約関係にない者の間に契約責任を拡張していくという方法だった[27]。

第三者損害の賠償の典型例は，以下のようなケースである。例えば，送付債務を負った売主（Ｖ）は，約定どおりに商品を送付したが，商品は運送人（Ｔ）の過失で破損した。その結果，売買目的物の危険は買主（Ｋ）に移転しているから（BGB447条），ＫはＶに対して代金の支払い義務を負う。ただし，Ｖは所有者だからBGB823条1項で不法行為による損害賠償，契約違反による損害賠償請求の要件は具備しているが，危険はＫに移転しているから，Ｖには損害が発生していない。他方で，Ｋ・Ｔ間には契約関係がないから，債務不履行責任は発生せず，しかも，Ｋは所有者ではないから所有権侵害による損害賠償請求（BGB823条1項）もできない。そこで，ＶはＴに損害賠償請求が可能で，

---

(23) 例えば，Uwe Hüffer, Die Haftung gegenüber den ersten Auftraggeber im bargeldlosen Zahlungsverkehr, ZHR 151 (1987), S. 93 ff., S. 95 f. を参照。

(24) ただし，かつてから仲介銀行を仕向銀行の履行補助者として，振込依頼人に対する仕向銀行の責任を基礎づける学説も存在した。これに関しては，今井克典「振込取引における仕向銀行の義務と責任(1)(2)」法政論集184号33頁以下，187巻85頁以下，(1)37頁以下を参照。

(25) 例えば，Großkommentar zum HGB, Bd. 5, Bankvertragsrecht, 4. Aufl., Gruyter, 2005, Rn.352 [Claus-Wilhelm Canaris].

(26) 振込の撤回可能な時点に関しては，前掲注(25) Canaris, a. a. O., Rn. 354 ff. を参照。

(27) 例えば，前掲注(23) Hüffer, a. a. O., S. 98 ff. を参照。さらに，Chesfsyndikus Jürgen Schröter, Bankhaftung im mehzgliedrigen Zahlungsverkehr, ZHR (1987) S. 118 ff. も参照。

497

Vの債務は履行不能となっているから（BGB275条1項），代位物であるTに対する損害賠償請求権をKに譲渡することになる（BGB285条）[28]。

　これを振込取引に適用した具体例としてしばしば言及されるのが，以下の判例である。すなわち，連邦通常裁判所（BGH）1958年5月12日判決（BGHZ 27, 241）では，原告（X）は仕向銀行に振込依頼したが，受取人指定された者（H．婦人）は被告（Y）被仕向銀行に口座を有していなかった。その結果，振込された金額は，H．名義の仮払い口座（Konto Pro Diverse）に記帳された。ところが，その際に，Yの従業員が，受取人の債権者（H．婦人の別居中の夫H．氏）に入金を告げたため，（H．婦人に対して債務名義を取得していた）債権者は払戻請求権を差し押さえた。他方で，Xは振込を撤回したので，Yは振込金額を供託した。Xは，自己の権利，および，仕向銀行，仲介銀行から譲渡された権利に基づいて，Yに対して振込金額と利息を請求したというケースである。BGHは，Yは，「仲介銀行を通じての仕向銀行の委託，および，委託を契機として知った事実を，正当な理由なく告知しないという義務を負う。この黙秘義務は，委託と結合した付随義務だが，振込によって結合した銀行に関しては，その計算によって行為する顧客に関する事項にも拡大される。」「以上のように疑念の余地なく肯定されたBGB662条，675条，276条による契約違反によって発生した損害の賠償を求める請求権は，委任者としての仕向銀行に発生している。仕向銀行はXの計算で仕事しており，発生した損害を第三者利益の償還（Liquidation des Drittinteresse）の観点から請求できる。1957年1月16日の仕向銀行の〔Xに対する〕譲渡の意思表示には，以上の請求権も含まれている。」として，XのYに対する損害賠償請求を肯定した。だから，判例は，振込取引で第三者損害の賠償は可能だと考えていることになる。

　今1つが，第三者に対する保護効を伴った契約である。具体例は，賃借人の子（K）が賃借家屋の階段で転倒して怪我を負った。ところが，不法行為による賃貸人Vに対するKの損害賠償請求は，賃借家屋は管理人H（被用者）が管理していたためVは免責される可能性がある（BGB831条1項2文〔免責の可能性があるため問題だとされている使用者責任の規定〕）。そこで，Kは賃借人MとVの間の賃貸借契約の保護範囲に入っており，KのVに対する契約上の損害賠

---

[28]　Dieter Medicus, Bürgerliches Recht, 20.Aufl., Heymann, Rn. 838 のあげる具体例。

20 誤振込による預金債権と被仕向銀行の受取人に対する貸金債権による相殺〔藤原正則〕

償請求は（免責の余地のない）履行補助者（H）の過失による責任（BGB278条）によって基礎づけうるというものである[29]。

振込取引に第三者保護効を伴った契約を適用した典型例が，以下の判例である。すなわち，BGH1977年2月28日判決（BGHZ69, 82）では，買主（債務者）は，継続的供給契約の代金を売主である原告（X）に対して，ラストシュリフト（Lastschrift）[30]で支払うこととしていた。そこで，買主は自己の取引銀行の被告（Y）に，ラストシュリフトに対して自己の口座からの引落を依頼し，X（債権者）はラストシュリフトを作成し，自己の取引銀行Bに提出し，BはYから取り立てた代金をXの口座に入金するとされていた。1973年5月から6月まで，XはBにラストシュリフトを提示し，ラストシュリフトはYに到達したが，支払義務者の口座は資金不足でラストシュリフトは現金化されず，Xがラストシュリフトの返還を知らされたのは7月4日だった。他方で，（ラストシュリフトの支払義務者の）買主は破産し，Xはラストシュリフトが適時に返還されていれば，6月13日以後の3回の供給は停止されていたという理由で，Yに損害賠償を請求した。BGHは，まず反対方向の振込（Rückläufige Überweisung）であるラストシュリフトでも，振込と同様にXとY（債務者の銀行）の間には契約関係は存在せず，したがって，その間には給付義務は成立しないと説示している。しかし，「2当事者の間に存在する債務関係がBGB328条（第三者のためにする契約）の要件を満足させないときも，特定の第三者を債権関係の保護範囲に引き込むことが，契約目的および契約に適合した給付の明らかな作用ゆえに信義則によって両当事者に要請されているときには，一般的に保護義務違反による損害賠償請求が考慮されることになる。この種の請求権が計算不可能な範囲に拡大するのを防止し，制限し，それ以外の不法行為による権利に第三者の保護を制限する必要から，判例は繰り返し，このような第三者の関係づけは，原則として，人法的な混入によって，債権者と第三者の内部関係が特徴づけられ，債権者が共同責任と配慮で第三者のために行為していることが認識可能だったときに限って，考慮されると明言してきた。その結果，人法的な混入が要求される限りでは，第三者の関係づけは，信義則が適用される個

---

(29)　前掲注(28) Medicus, a. a. O., Rn.839 の具体例。

(30)　いわば反対方向の振込であるラストシュリフトの詳細に関しては，後藤紀一『振込・振替の法理と支払取引』（有斐閣，1986年）241頁以下を参照。

民商法の課題と展望

人間の合意によって発展してきた原則以上のものであり，本件のように，事理と利益に適った清算に対する信頼の要請の下で大規模な法取引が提供されて，一元的に実施される手続を伴った一定の類型の大量取引に関しては，不必要に窮屈である。手続が，それを利用する第三者に対して，手続に特有の一定のリスクを伴うものであり，かつ，手続の実施を委ねられた手続当事者にそのリスクを減じることが容易に期待できるときは，信義則にしたがって，発生した債務関係の保護範囲に第三者を関係づけることが，可能であり，要請されている。」「だから，債権者銀行と債権者は，債務者銀行が支払われなかったラストシュリフトを，受け入れた後に点検して即座に返送するか，通知を行うことに，確かに同質ではないが，類似したリスクによって基礎づけられた，少なくとも同価値の利益を有している。以上の債権者の利益を，債権者の銀行として関与している限りで，その顧客との間の契約上の信頼関係に基づいて，全ての銀行は有している。全ての銀行は，場合によって，大量に発生するラストシュリフト手続で，債権者銀行，債務者銀行の役割において関与しているから，このことは他の全ての銀行にとっても認識可能であり自明である。以上の事情ゆえに，かつ，法取引はラストシュリフト協定によって確立された銀行実務を信頼しているから，償還されなかったラストシュリフトを即座に返送する義務は，協定によって銀行間で合意された債権者銀行に対する債務者銀行の契約上の義務であるに止まらず，信義則にしたがった，その都度のラストシュリフト債権者のための保護義務である。」と判示して，YはXに対する保護義務に違反したから損害賠償義務を負うとしている[31]。つまり，判例は，第三者保護効を伴った契約を，契約が連鎖した大量の弁済取引でも認めていることになる[32]。

（3）　1997年と2009年の法改正

以上の第三者損害の賠償と第三者に対する保護効を伴った契約の相互の守備範囲，および，その評価に関しては不安定性が存在した[33]。しかし，いずれに

---

(31)　この判決に関しては，原島史「振込取引の法律関係」九大法学85号（2003年）49頁以下，60頁以下で紹介されている。

(32)　ただし，例えば，Walter Hadding. Drittschadensliquidation und „Schutzwirkungen für Dritte" im bargeldlosen Zahlungsverkehr, FS für Winfried Werner zum 65. Geburtstag, Gruyter, 1984, S. 165 ff., S. 171 f. は，同判例が第三者に対する保護効を伴った契約を統一的に行われる手続きを伴った一定類型の大量取引に拡大したことで，ラストシュリフト手続に関与する金融界だけでなく，一般を驚かせたと指摘している。

20 誤振込による預金債権と被仕向銀行の受取人に対する貸金債権による相殺〔藤原正則〕

せよ，現金を介在させない弁済取引の連鎖で，直接の契約関係にない人間の間にも，契約の効力を第三者に拡大することで救済しようという方向性を見てとることは可能である。ただし，現在は，EU 指令を受けた 1997 年の振込法で，振込契約，弁済契約，ジロー契約に関する規程がおかれ，仲介銀行，被仕向銀行の過誤で振込依頼人に損害が発生したときは，振込依頼人が仲介銀行を指定した場合以外は，一定の限度（1 万 2500 ユーロ）で，仕向銀行が直接の契約相手方に対する損害賠償義務を負担し（BGB 旧 676b 条，旧 676c 条），その後に，仕向銀行から仲介銀行に対して損害賠償の償還を請求するという制度（BGB 旧 676e 条）が導入された。さらに，振込依頼人が仕向銀行に仲介銀行を指定し，中間銀行に過誤があるときは，振込依頼人は仕向銀行に代わって仲介銀行に直接の損害賠償請求が可能とされた（BGB 旧 676b 条 3 項 6 文第 2 事例）[34]。加えて，同様に EU 指令の国内法化で 2009 年に弁済サービス法による法改正が行われて，電子マネー，デビッド・カードなどの弁済取引に関する一般的な法規定が導入された。以上の法改正で，振込に関して，仲介銀行が仕向銀行の履行補助者とされ，中間者に対する直接請求が認められた結果，従来の第三者損害の賠償，第三者に対する保護効を伴った契約による振込依頼人からの仲介銀行に対する損害賠償請求の意味は相当に減じられることになった[35]。しかし，例えば，仕向銀行（現行法では，弁済主導者〔Zahlungsdienstleister〕）に対する振込依頼人（現行法では，弁済サービス利用者〔Zahlungsdienstnutzer〕）の請求は，

---

(33) 第三者損害の賠償，第三者に対する保護効を伴った契約の法形式の不安定さに関しては，前掲注(26) Medicus, Rn. 840 ff. を参照。さらに，振込取引との関係では，前掲注(30)原島 58 頁以下，63 頁以下を参照。

(34) 以上の 1999 年の振込法による法改正に関しては，前掲注(29)原島 72 頁以下，後藤紀一「ドイツ新振込法の特徴と検討」河本一郎・仲田哲編『会社法・金融取引法の理論と実務（河合伸一判事退官・古稀記念）』（商事法務，2002 年）341 頁以下，同「ドイツ新振込法とその問題点」関西大学法学研究所『国際金融革命と法・第 1 巻』（関西大学法学研究所，2005 年）27 頁以下，前掲注(24)今井(1) 53 頁以下，岩原紳作「振込取引と法──1999 年ドイツ振込法制定（民法典改正）を中心として」法協 117 巻 2 号（2000 年）211 頁以下などを参照。原島・前掲注(31) 103 頁以下は，1999 年の振込法に関する規定を翻訳している。

(35) 2009 年の弁済サービス法（Zahlungsdiensterecht）に関しては，例えば，Staudinger-Kommentar, 2012, Vorbemerukung zu §§675c-676c, Rn.4ff.[Sebastin Omlor] を参照。ただし，仕向銀行の振込依頼者に対する責任（BGB676y 条，676 条 z），仕向銀行の仲介銀行に対する求償（BGB676a 条）のルールに関しては旧法と同様である。

501

民商法の課題と展望

1万2500ユーロに制限することが可能だから（BGB675z条2文），直接請求の意味が失われたわけではない。しかも，現行法でも，（稀なケースであろうが）振込依頼者が指定した仲介銀行（現行法では，仲介機関〔zwischengeschaltete Stelle〕）に過誤の責任があるときは，振込依頼人は仲介銀行に直接請求することが認められているから（BGB675z条3文，4文）[36]，立法者も法改正によって従来の直接請求の可能性を排除しようと考えているわけではないと評価されている[37]。ただし，BGB675z条4文の法的性質は，第三者損害の賠償でも，第三者に対する保護効を伴った契約（，および，後述する「ネット契約」による直接請求権の立法化）でもなく，一種の法定債権関係だと解されている[38]。

(4) 振込の撤回

振込依頼の撤回は，反対振込の依頼だと解されている。したがって，振込依頼人は，直接に被仕向銀行ではなく，仕向銀行に撤回を意思表示し，仕向銀行から仲介銀行，被仕向銀行と伝達されることになる。そこで，撤回の通知の到

---

[36] BGB675z条：675u条および675y条は，同条の規定する弁済サービス利用者の請求権に関しては最終的な規定である（1文））。675y条の適用されない，弁済委託の不実施又は過誤によって発生した損害に関する弁済サービス利用者に対する弁済サービス主導者の責任は，1万2500ユーロまでに制限することが可能である。ただし，以上は，故意又は重過失のあるとき，利息の損害，および，弁済サービス主導者が特別に引き受けた危険に関しては当てはまらない（2文）。その際には，弁済サービス主導者は，仲介弁済機関の故意・過失について，自身の過失と同様に責めに任じる。ただし，弁済委託の不実施，過誤の重要な原因が，弁済サービス利用者が指定した仲介弁済機関にあるときは，その限りではない（3文）。3文ただし書の場合には，弁済サービス利用者の指定した仲介弁済機関が，弁済サービス利用者の弁済サービス主導者に代わって責任を負う（4文）。675y条3項は，2文から4文までの弁済主導者の責任に準用される。

[37] 前掲注[34] Staudinger, §675z, Rn. 14 ff. さらに，Münchener-Kommentar, 6.Aufl., 2012, §675z, Rn. 18 f.[Casper] も同旨。

[38] 前掲注[37] Münchener-Kommentar, §675z, Rn.18[Casper]. その理由は，まず，（ジロー取引で）弁済主導者（仕向銀行）と仲介機関（仲介銀行）との間に第三者のためにする契約が存在したと考えるのは，振込の履行障害を惹起した仲介弁済機関と直接の契約関係にないケースもあるから不可能である。第三者に対する保護効を伴った契約と考えるのも，同様の理由で不可能である。さらに，第三者損害の賠償と説明するのも，偶然の損害の移転という要件を欠き，しかも，振込依頼者は同条4文で独自の請求権を有しているからである。加えて，ネット契約の立法化という考え方も，立法者は弁済の連鎖の個別の関係に対して，個別の契約関係が存在することから出発しているからだ，とされている。

達には，時間を要する可能性があり，撤回不可能な状態になることが間々ある。しかし，振込依頼人から被仕向銀行に直接に撤回を通知しても，被仕向銀行は振込依頼人と撤回を通知した者の自己同一性の確認方法を欠くから，直接の撤回通知の効力を安直に認めることは困難である[39]。そこで，振込依頼人，または，少なくとも仕向銀行は，被仕向銀行に対して撤回の予告（Ankündigung des Widerrufs）が可能で，被仕向銀行が撤回の予告を無視して，仕向銀行，仲介銀行を経由して撤回の通知が到達するのを待つことなく受取人の口座に記帳すれば，故意の良俗違反の不法行為（BGB826条）による損害賠償請求が可能だと解されていた[40]。さらに，第三者に対する保護効を伴った契約による損害賠償が可能だとも指摘されていた[41]。

　もっとも，2009年の弁済サービス法によって，振込の撤回の可能性は極めて制限されてはいる（BGB675p条1項）[42]。その理由は，弁済期間の短縮，および，電子化などの自動化を図るために，撤回を原則として排除したからだと指摘されている[43]。だから，振込の撤回に関する議論も，その現実的な意味はか

---

[39]　例えば，Jürgen Schröter, Bankhaftung im bargeldlosen Zahlungsverkehr, ZHR 151 (1987)，S. 118 ff., S. 141 f. を参照。

[40]　例えば，前掲注[25]Canaris, a. a. O., Rn.365; 前掲注[39]Schröter, a. a. O., S. 142 f. を参照。

[41]　例えば，前掲注[25]Canaris, a. a. O., Rn.365.

[42]　BGB675p条(1)弁済サービス利用者は，2項から4項を別とすれば，弁済者の弁済サービス主導者への弁済委託の到達以後は，弁済委託を撤回できない。
(2)弁済過程が弁済受領者によって，又は，弁済受領者を経由して行われたときは，弁済者が弁済委託，又は，弁済過程の実施に対する同意を，弁済者が弁済受領者に伝えた後は，弁済者は弁済委託を撤回できない。ただし，ラストシュリフト手続では，675x条による権利にもかかわらず，弁済者は，合意した弁済期日前の営業日の終了までは撤回できる。
(3)弁済サービス利用者とその弁済サービス主導者の間で弁済委託の実施（675n条2項）の特定の期間が合意されたときは，合意した日以前の営業日の終了までは，弁済委託を撤回できる。
(4)1項から3項のあげる時以後は，弁済サービス利用者と弁済サービス主導者が撤回を合意したときに限って，弁済委託は撤回可能である。それに加えて，2項の場合には，弁済受領者の撤回に対する同意が必要である。弁済サービス主導者は，弁済サービス利用者と，弁済サービスの枠契約で，以上の撤回権の合意に関して報酬を合意することは許されない。
(5)弁済取引システムの参加者は，他の参加者のための委託を，システムのルールで規定された時点からは，撤回できない。

民商法の課題と展望

つてよりも小さくはなっている。

すなわち，ドイツ法では，その契機は EU 指令に応じた指令の国内法化だが，振込依頼人の直接の契約相手方である仕向銀行に責任を集中させるという方向性が選択されている。しかも，弁済取引の迅速性を重視して，撤回を原則としては不可能としている。ただし，仲介銀行に対する直接請求も認められているように，契約関係を飛び越えた直接請求の可能性が排除されているわけではない。そこで，以下では，契約の効力の第三者への拡張（第三者損害の賠償，第三者に対する保護効を伴った契約）と同時に有力に主張されている，複数の個別契約の連鎖によって一元的な経済的目的の達成を企図する取引の規律に対する法理論としてのネット契約論を紹介することとしたい。

2 ネット契約論
(1) メシェルのネット契約論

ネット契約という言葉を最初に提唱したのは，メシェルである。しかも，メシェルの検討の対象は，現金を介在させない弁済取引，つまり，振込 (Überweisung) だった。メシェルは，振込取引は，振込依頼人，仕向銀行，仲介銀行，被仕向銀行，受取人の各々の間の個別契約の連鎖によって構成されているが，他方で，個別契約は弁済取引という全体のシステムに組み込まれており，システムを構成し，しかも，システムに依存していると指摘する。そこで，メシェルは，これを振込ネットに接続することで成立するネット契約 (Netzvertrag) と命名する。このようなネット契約は，個別契約の2当事者間の個人主義的な契約から乖離して，全体システムに埋設されていると考えるべきだというのが，メシェルの観察である。その結果，個別契約上の警告義務は後退するが，反対に，弁済システムのどの部分で過誤が発生しようとも，保護義務は個別の契約関係を超えて拡大されるべきだというのが，メシェルの提案である[44]。つまり，匿名化され，システム化されたニュートラルな決済過程である弁済取引では，金融機関は迅速かつ正確に依頼を遂行すれば足り，個別契約での警告義務は後退する。しかし，他方で，直接の契約関係にない者の間の責任が問題となり，

---

(43)　前掲注(35) Staudinger，§675z, Rn.14ff.; 前掲注(37) Münchener-Kommentar，§675p, Rn.2 を参照。

20 誤振込による預金債権と被仕向銀行の受取人に対する貸金債権による相殺〔藤原正則〕

これまでの学説は，第三者損害の賠償，第三者に対する保護効を伴った契約などの法形式での損害賠償が提案されていた[45]。しかし，例えば，上記Ⅲ1（2）で紹介した判例（BGHZ69,82）は，第三者に対する保護効を伴った契約で，契約外の第三者に対する直接請求を認めている。つまり，個別契約ではなく，標準化されて完全に非個人化された弁済取引から，保護義務が基礎づけられており，これは実質的にはネット契約によるものだとする。このようなネット契約のシステムの関与者には，個々の契約は相互に関連して，弁済取引の遂行という一元的な目的を伴って，システムを構成していることは自明の事実であり，自分が保護義務に違反すれば，誰が犠牲者になるのかも明らかである。だから，個々の連鎖した契約関係を経由しての清算は無意味だということになる[46]。今ひとつ，メシェルは，一方で振込依頼の撤回で，通説が振込依頼人による撤回予告の効力を被仕向銀行が無視した場合の損害賠償請求を認めるのなら，他方で直接の撤回の効力を認めないのは背理だと指摘している[47]。ただし，後述(4)するように，メシェルのネット契約論は，振込取引の個々の当事者の具体的な意思を無視しており，その提案はフィクティブであり，単なる事実から直接の法効果を認めるものだという批判があった。

（2）　ローエのネット契約論

以上のメシェルに対する批判に一定の解答を与え，かつ，メシェルのアイデアを，個別契約の連鎖によって一元的な経済目的を達成しようという現代の取引一般（振込，送次運送，フランチャイズ，ジャストインタイムなど）に拡大して，ネット契約論を発展させたのが，ローエである。ローエによるネット契約の要件は，（ⅰ）予め決められた1次的取引（例えば，売買）のための2次的取引

---

(44)　Wernhard Möschel, Dogmatische Strukturen des bargeldlosen Zahlungsverkehrs, AcP189, S. 187 ff., S. 211 ff.. ちなみに，ネット契約論の嚆矢とされるのは，ゲルンフーバーの第三者与信売買に関する契約結合の論考（Joachim Gernhber, Austausch und Kredit im rechtsgeschäftlichen Verbund, FS für Larenz, Beck, 1973, S. 456 ff.）だが，それも含めて，ネット契約論に関しては，藤原正則「ネットワーク取引 —— ドイツ法でのネット契約論」椿寿夫編著『三角・多角取引と民法理論の深化』別冊 NBL161 号（2016 年）130 頁以下を参照。

(45)　前掲注(44) Möschel, a. a. O., S. 217 ff.

(46)　前掲注(44) Möschel, a. a. O., S. 222 ff.

(47)　前掲注(44) Möschel, a. a. O., S. 228 ff.

民商法の課題と展望

（売買代金の振込）であり，（ii）2次的取引の費用低下は標準化された大量に
反復される清算と関係し，（iii）典型的には多数の関係者の調整された協働に
よって実現され，（iv）全ての関係者は法的には独立しているが，各々が費用
低下の利益を取得することだ，とされている[48]。だから，確かに，ネット契約
は，典型的には大量の関係者の調整された協働によって実現されるが，全ての
関係者は法的には独立しているから，組合ではなく，法人格のない債務の混合
である。しかし，ネット契約は現在又は将来の個別取引の枠を形成しており，
すでに契約しているネット参加者との契約によってネット契約に接合されるが，
その際に，契約相手方である既存のネット参加者には，他の全てのネット参加
者から新たな参加者にも同時に効力が及ぶ形で契約を締結する授権（Ermächti-
gung）が与えられている[49]。例えば，振替口座の開設によって，顧客は振込の
ネットに接続する。その結果，ネット契約はネットを構成する個別の契約の形
成，清算に効力を有することになる。ただし，ネット契約の効力は，2次的取
引での履行障害には当てはまるが，1次的取引での履行請求には当てはまらな
い。履行請求は個別に合意された代価の等価物であり，その都度の当事者間の
請求に制限されるとされている。その上で，ローエは，ネット契約を非集中的
ネット（振込，クレジットカード，相次運送など）とネットの中心がネットを統
括する階層的ネット（フランチャイズ，ジャストインタイムなど）に分類し，前
者では，ネットの参加者のみならず給付受領者（顧客）もネットの一員となり，
ネット参加者全ての間での配慮義務と損害賠償請求が問題となるが，後者では，
ネット目的は外部への限界を画しており，給付受領者と直接の契約関係にない
ネット参加者との間では契約関係は発生しないとされている[50]。以上のローエ
のネット契約の振込への帰結は，まずは，依頼人から被仕向銀行への直接の撤
回の可能なことである[51]。さらに，弁済の原因となる法律関係には金融機関は

---

[48]　Mathias Rohe, Netzverträge, Mohr, 1998, S. 66. ローエを中心とするネット契約を最
　　　初にわが国紹介したのは，橋本恭宏「システム（ネット）契約論序説 —— 契約の複合
　　　化と民法」『現代取引法の基礎的課題 椿寿夫教授古稀記念』（有斐閣，1999 年）317 頁
　　　以下。さらに，マティアス・ローエ（田中宏治訳）「複合的契約結合法の新展開」民商
　　　130 巻 1 号（2004 年）1 頁以下ではローエの見解が要約的に示されている。
[49]　前掲注[48] Rohe, a. a. O., S. 168 ff.
[50]　前掲注[48] Rohe, a. a. O., S. 356 ff.
[51]　前掲注[48] Rohe, a. a. O., S. 195 ff.

506

20 誤振込による預金債権と被仕向銀行の受取人に対する貸金債権による相殺〔藤原正則〕

無関係なこと，および，個別の契約による警告義務の後退であるが，同時に振込取引に典型的な危険に関する警告・保護義務が発生することである[52]。以上のローエのネット契約論は，事実から規範を引き出すというメシェルへの批判に応接した上で，ネット契約論の範囲を拡大したものであろう。

(3) トイブナーのネット契約論

トイブナーのネット契約論の直接の対象は，（ローエのいう階層的ネットである）垂直的ネットのフランチャイズ，ジャストインタイム，ヴァーチャル企業である。ただし，トイブナーの議論は，それまでに展開されたネット契約論を集大成し，独自の立場から展開されたものである。トイブナーは，ネット契約とは，将来の市場の不安定，予測不可能ゆえに，市場の不安定をネットによって内部化することだと指摘する。だから，ネットの構成員（ノード）は，独立した法主体であり，結合（組織）の原理で協調しながら，同時に市場（契約）の原理で競争する。一見すると両者は矛盾するが，時と状況に応じて，ネットは二つの顔を使い分ける。だから，ネットの構造は，カメレオン的性格を持つハイブリッドである。つまり，ネットは組織としては契約と市場の中間だが，法的には個別契約の結合である[53]。だから，BGB358条2項の結合契約（verbundene Verträge）は，ネット契約に有益な示唆を与え，そこからネット契約の要件が構成される。すなわち，通常の双務契約に，（ⅰ）給付計画，および，または，契約実務で，双務契約がお互いに参照されること，（ⅱ）契約結合という共通の企図への内的な関連づけ（「結合目的」），（ⅲ）給付に関与した者の間の法的に意味のある緊密な協働関係（「経済的一体性」）という要素が付加されることである[54]。ネット契約の効果は，個別の双務契約で具体的には合意されない「結合義務（Verbundpflicht）」を発生させることである。その具体化が，（トイブナーがまず念頭においているのはフランチャイズだから，）（a）ネット本部（例えば，フランチャイザー）のネットのノード（フランチャイジー）への情

---

(52) 前掲注(48) Rohe, a. a. O., S. 264 ff.

(53) Gunther Teubner, Netzwerk als Vertragsverbund, Nomos, 2005, 102ff.（グンター・トイブナー（藤原正則訳）『契約結合としてのネットワーク —— ヴァーチャル空間の企業，フランチャイズ，ジャスト・イン・タイムの社会科学的，および，法的研究』（信山社，2016 年）87 頁以下）。

(54) 前掲注(53) Teubner, a. a. O., S. 125.（トイブナー 108 頁）

報提供義務，平等扱い義務，利益配分義務（フランチャイザーが仕入先から取得した購入割引，宣伝補助費などのフランチャイジーへの配分義務），フランチャイジーの忠実義務などであり，ネット目的は契約解釈の規準となる[55]。（ b ）は，お互いに契約関係にないネットの構成員間の直接請求であり，例えば，フランチャイズ契約で定められた統一基準を下回る商品を提供するフランチャイジー（フリーライダー）に対するネット契約に忠実なフランチャイジーからの品質保持の請求である[56]。（ c ）は外部からのネット内部への直接請求であり，例えば，製造物責任を問えないサービス給付のフランチャイズでの顧客からのネット本部（フランチャイザー）に対する損害賠償請求である[57]。ただし，ネットの構造に即して，（ b ）では，フランチャイジーの品質保持の指示の責任は，第一次的にはフランチャイザーにあり，（ c ）でも，直接の契約相手方以外への責任追及は補充的である。（ c ）が問題となる原因は，外部者との関係では，ネットはその端末のノードが直接の契約関係に立つだけであり，ネットの内部には外部者は契約責任を追及できない。その限りで，ネットは組織化された無責任（organisierte Unverantwortlichkeit）を意味するから，その矯正手段が，外部からの直接請求だということになる。だから，ネット契約との関係では，結合契約（第三者与信売買）での抗弁の接続（Einwendungsdurchgriff）は，ネットの外部者（買主）からの直接の契約相手方（売主）ではない（売主と与信者による）ネットの内部（与信者）への直接請求と考えることができる（結合契約は小さなネット）[58]。加えて，直接の契約関係にない仲介銀行，被仕向銀行に対する振込依頼人の直接請求も，組織化された無責任に対処するための（トイブナーは，水平的〔ローエの分類では非階層的〕ネットでも，振込依頼人〔顧客〕はネットの外部者だとするから，）ネット外部からの直接請求だということになる。トイブナーは，1999年の振込法による新規定にも言及しており，仕向銀行への責任の集中に関しては，ネット責任を拒絶したようにも映る。しかし，法規定は，履行補助者責任の規定（BGB278条）を準用しておらず，独立した仲介銀行は仕向銀行の履行補助者ではないから，履行補助者責任のフィクションで対処し

---

(55) 前掲注(53) Teubner, a. a. O., S. 150 ff.（トイブナー132頁以下）。

(56) 前掲注(53) Teubner, a. a. O., S. 181 ff.（トイブナー162頁以下）。

(57) 前掲注(53) Teubner, a. a. O., S. 212 ff.（トイブナー192頁以下）。

(58) 前掲注(53) Teubner, a. a. O., S. 144 f.（トイブナー127頁以下）。

ていると評している。さらに，仲介銀行に対する振込依頼人の直接請求を認める BGB 旧 676 b 条 3 項 6 文，および，旧 676e 条 5 項のルールも，第三者損害の賠償でも，第三者に対する保護効を伴った契約でも十分に説明できず，法規定も認めるように（BGB 旧 675 条 3 項 6 文「振込依頼人が仕向銀行に瑕疵ある，もしくは，不完全な指図を行ったため振込が行われなかったか，または，振込依頼人が明示的に指定した仲介銀行によって振込が実施されなかったときは，本項による請求権は成立しない。」），振込契約に立ち戻る必要があり，振込契約は振込結合への指示を含んでいると説明している[59]。

3　ネット契約論への批判

　以上のようなネット契約論に対して，通説的な学説は批判的である。古くから，メシェルに対して，例えば，カナーリスは，ネット契約論によれば，振込依頼人は振込に関係する銀行に指図権と情報請求権を取得し，直接の契約上の損害賠償請求権が帰属することになるが，その結果がいかに望ましいものであっても，振込取引の「結合の性格（Verbundscharakter）」だけからは，このような結果は基礎づけられず，（既に，克服された）事実的契約（関係）を想起させると批判している[60]。さらに，例えば，ランゲンブッヒャーは，振込に関与する当事者も，一元的な目的ではなく，自身の契約上の目的を追求しているのであり，共通の目的を追求するなら，会社法が適切であると指摘し，ローエのノードへの授権によるネット契約への接続も，フィクティブであると評している[61]。その中で，比較的最近に最も包括的にネット契約論の批判を展開したのが，グルントマンである。グルントマンのネット契約の批判は多岐にわたるが，振込取引に関しては，振込の連鎖に即した清算，つまり，仲介銀行の過誤（例えば，振込の遅延）に対しては，仕向銀行が依頼人に対して第一次的には責任を負担し，仕向銀行からの求償の連続で過失のある金融機関が責任を負うという BGB 旧 676b 条，旧 676c 条（現行 BGB675x 条，675y 条）が，そのモデル

---

(59)　前掲注(53) Teubner, a. a. O., S. 143 ff.（トイブナー 216 頁以下）。

(60)　前掲注(25) Canaris, a. a. O., Rn.393. Claus-Wilhelm Canaris, Handelsrecht, 24.Aufl., Beck, 2006, S. 302 も参照。他にも，例えば，前掲注(23) Hüffer, a. a. O., S. 106ff. など。

(61)　Katja Langenbucher/Johannes Adolff, Zur Zulässigkeit der Direktliquidation in Dreipersonenverhältnissen, FS für Canaris, Bd. Ⅰ, Beck, 2007, S. 679 ff., S. 680 ff.

民商法の課題と展望

を提供していると指摘する[62]。グルントマンの評価の前提は，ドイツ法では不法行為による保護法益が制限されているから，却って，第三者に対する契約の効力を拡張する法形式（第三者に対する保護効を伴った契約，履行補助者の過失，契約締結上の過失など）が発展しており，BGB 旧 676b 条，676 旧 c 条もその例だという認識である[63]。だから，グルントマンの結論は，現代的な取引の体系化には，ネット契約という視点は重要だが，そこでの問題には伝統的な法制度，法形式で十分な答えが与えられるというものである[64]。

Ⅳ おわりに

本稿の出発点は，誤振込によっても預金債権は成立し，しかも，受領者の一般債権者の差押を振込依頼者は第三者異議の訴で排除できないという平成 8 年最判である。そうすると，同判例も強調するように，銀行は弁済取引の仲介機関だから，振込の原因関係の有無とは無関係に，預金は成立し，その後は，振込依頼人と受取人の間で非債弁済の不当利得の返還請求が問題となるに止まるとも考えられる。しかし，裁判例は，一致して，被仕向銀行が誤振込と知って受取人に対する反対債権で受取人の預金債権と相殺した場合には，相殺の効力を認めず，受取人は振込依頼人に対して不当利得返還義務を負うとしている。つまり，一方で，受取人の一般債権者との関係では，受取人への預金債権の帰属を前提としながら，他方で，被仕向銀行との関係では，これを否定して，振込依頼人への帰属を肯定するということである。これをわが国の学説の多くは，金銭の追及力で説明しようとするが，その基礎となっている金銭騙取の不当利得の判例（最判昭 49・9・26 民集 28 巻 6 号 1243 頁）は，財貨移動の原因が騙取・横領という占有離脱に近い瑕疵によるものであり，振込依頼人の非債弁済の不当利得に類似した追及力が与えられるとは考えにくい。さらに，それ以外の物権的追及（例えば，価値のレイ・ヴィンディカチオ）を考えるなら，振込依頼人

---

[62] Stefan Grundmann, Die Dogmatik der Vertragsnetze, AcP 207, S. 724 ff. グルントマンの紹介は，藤原正則「ネット契約としての」フランチャイズ契約？(1)(2)」北法 60 巻 6 号 1393 頁以下，61 巻 1 号（2010 年））1 頁以下，(2) 21 頁以下を参照。

[63] 前掲注[62] Grundmann, a. a. O., S. 735 f.

[64] 前掲注[62] Grundmann, a. a. O., S. 765 ff. のテーゼ（藤原・前掲注[62] 36 頁以下）を参照。

20 誤振込による預金債権と被仕向銀行の受取人に対する貸金債権による相殺〔藤原正則〕

の第三者異議の訴を認めない判例の考え方を説明できない。そうすると，一般債権者とは違って，振込取引の契約連鎖を構成する被仕向銀行には，義務違反が認められ，その結果，被仕向銀行は振込依頼人に対して損害賠償義務を負う，または，受取人との関係ではなく，振込依頼人との関係では，相殺の効力が否定され，振込依頼人に対して不当利得返還義務を負うと考えることもできる。そこで，本稿では，被仕向銀行の義務違反の根拠という視角から，ドイツ法を参照した。

　ドイツ法では，振込という弁済取引でも，主には，第三者損害の賠償，第三者に対する保護効を伴った契約という法形式によって契約の効力を第三者に拡張し，振込取引でも振込依頼人から直接に契約関係にない者（仲介銀行，被仕向銀行）に対しても，損害賠償を認めるのが通説的な考え方である。加えて，振込の撤回に関しては，被仕向銀行が撤回予告を無視すれば，故意の良俗違反による損害賠償（BGB826条）を認めるというのが，通説的な学説の提案だった。さらに，1999年の振込法の改正，2009年の弁済サービス法の改正で，振込の障害に関しては，原則として仕向銀行に責任を集中させる解決が導入されたが，例外的には仲介銀行に対する直接請求も認められている。つまり，本来は，仕向銀行の履行補助者とは考えられない中間銀行にも履行補助者責任を拡張し，さらに，直接の契約関係にない仲介銀行に対する損害賠償請求も認めている。だから，契約の連鎖によってだけ達成できる複合的な取引に関しては，連鎖する契約間の一定の関連性を認めた解決が図られているといえる。さらに，この方向を一層推し進めたのが，ネット契約論であり，その集大成ともいうべきトイブナーは，第三者与信売買を嚆矢とする結合契約の考え方を一般化することから，ネット契約論を彫琢している。

　以上のドイツ法の状況からも，本稿では，被仕向銀行による相殺の効力が否定される根拠は，一定の経済目的の達成のために一元的に組織され運営される振込システムの構成員としての義務違反だと考えたい。裁判例が「正義，衡平の観念に照らして，本件振込金相当額の限度で無効」（名古屋地判平16·4·21金判1192号11頁），「正義，公平の観念に照らし，その法的処理において，実質はこれが成立していないのと同様に構成し」（名古屋高判平17·3·17金判1214号19頁），「振込制度における被仕向金融機関としては不誠実な対応であったといわざるを得ない」（名古屋高判平27·1·19金判1468号25頁）などと判示してい

民商法の課題と展望

るのは，このような義務違反を前提としていると考えるのが妥当であろう。た
だし，第三者損害の賠償，第三者に対する保護効を伴った契約という法形式が
認知されているとはいえないわが国では，被仕向銀行の相殺は，権利濫用（あ
るいは，被仕向銀行の配慮義務を主面から認めるなら，信義則違反）と位置づける
のが，とりあえず分かりやすい解決であろう。ただし，ここでの権利濫用の背
後にあるのは，振込システムを構成する被仕向銀行としての配慮義務，ないし
は，ネット契約のいう「結合義務」ではないかというのが，本稿での管見であ
る[65]。

　　〔付記〕大塚龍児先生には，北海道大学法学部の学生時代，大学院，さらに，就職して
　　からも，常に学習・研究上のご指導，および，個人的にも様々なご助言・ご指導を賜って
　　きた。北大の民事法研究会で筆者(小職)が報告するときも，大塚先生にどのように報
　　告を聞いていただいているのか，先生がどのようなご発言をされるのかに常に注意して
　　聞き，特に原稿にする際にはチェックしていたつもりである。先生のご指導に対して衷
　　心から感謝申し上げたい。さらに，先生が北大法学部で，長きにわたり「法律相談室」
　　の顧問をされ，学生の指導をされていたご苦労には，敬服するしかない（小職が学生さ
　　んに教育をする際，特に，「北法会」という学生の受験サークルで司法試験の受験の指
　　導をする際には，法律相談室は最大の社会インフラであったし，現在もそうであり，多
　　大な恩恵を被っている）。ところが，本稿は，大塚先生からは，「立法論だ」と批判され
　　そうな内容であり，慚愧の至りであるが，他方で，若干でも現代的な取引の解明のため
　　のたたき台となることを期待している。その意味では，本稿は，2016年私法学会での
　　椿寿夫先生の主導によるシンポジウムのテーマ「多角・三角関係と民法」の一環として
　　筆者の担当した報告（「第三者与信売買・ファイナンスリース・フランチャイズ ── 契
　　約結合からネット契約へ」）に関する補論でもある。

---

[65]　藤原正則「判批」金法2049号（2016年）15頁以下，窪田充見『新注釈民法(15)』（有
　　斐閣，2017年）152頁以下［藤原正則］も参照。さらに，以上の結合義務の延長で，稀
　　なケースであろうが，被仕向銀行に過失があるときでも，相殺は効力がないと解したい
　　と考える。

21　台湾における死因贈与の実態および類型化の試み

黄　　詩　淳

Ⅰ　は じ め に
Ⅱ　学説の整理と問題提起
Ⅲ　判例の考察
Ⅳ　むすびに代えて
　　── 解釈論の方向

Ⅰ　は じ め に

日本民法 554 条は，「贈与者の死亡によって効力を生ずる贈与については，その性質に反しない限り，遺贈に関する規定を準用する」と定めている。これに対して，台湾の民法には，死因贈与に関する明文の規定が設けられていない。とはいえ，裁判例には一定の蓄積がある[1]し，学説もまたその存在を肯定している。死因贈与は「贈与」であるため，債権各論の中の「贈与」の章で言及されることがある[2]一方，死因贈与が贈与者の死亡時に効力を生ずることすなわちそれが死因処分の一種であるため，相続法の「遺言」（遺贈）の章で取り上げられ，遺贈と比較されることも多い[3]。この状況は日本においても同様である[4]。ただ，台湾には「遺贈に関する規定を準用する」という規定がないので，死因贈与が贈与あるいは遺贈の性質に近いか，具体的にはどのような事柄につ

---

(1)　死因贈与を肯定した初めての台湾の最高法院の判決・決定（裁判）は，58 年台上字第 2845 号判例である。その後の判例の動向については後述のⅢで詳しく検討する。

(2)　史尚寛『債法各論』（自費出版，1960 年）136 頁，鄭玉波『民法債編各論（上）』（自費出版，1970 年）169 頁，邱聰智『債法各論（上）』（自費出版，2002 年）299 頁，林誠二『民法債編各論（上）〔第 2 版〕』（瑞興，2003 年）287 頁。

『民商法の課題と展望』大塚龍児先生古稀記念〔信山社，2018 年 3 月〕　　*513*

民商法の課題と展望

いて贈与あるいは遺贈の規定を類推適用すべきか等の問題は，学説の議論の的となっている[5]。

もっとも，従来の台湾の学説は，裁判例に関しては，その抽象論・一般論，つまり判決の理由づけとして使っている理論的説明について，批判するまたは賛成するかを述べるという研究方法[6]しか採っていなかった[7]。具体的な事案に関する関心が薄かったため，死因贈与は台湾社会ではどのような状況で使われているのか，どのような機能を有しているのかは不明である。本稿は，まずこれまでの学説の議論状況を整理し，次にその不足を補うため，死因贈与に関する裁判例を取り上げて分析し，そこから台湾における死因贈与の実態を解明するとともに，学説の主張を参照しながら個々の事案を検討して妥当な解釈論を導くことを目的としている。

---

(3) 羅鼎『民法継承論』（会文堂新記書局，1937 年）176 頁，胡長清『中国民法継承論』（上海商務印書館，1946 年）182 頁，史尚寛『継承法論』（自費出版，1966 年）457 頁，林秀雄『繼承法講義（第 6 版）』（自費出版，2014 年）293-296 頁，陳棋炎・黄宗楽・郭振恭『民法繼承新論（第 9 版）』（三民，2014 年）347-348 頁。これに対して，死因贈与を遺留分減殺請求の対象としない学説は，遺贈と死因贈与とを並べて比較することなく，ただ遺留分減殺請求のところに死因贈与に簡単に触れるにとどまるのもある。戴炎輝・戴東雄・戴瑀如『継承法』（自費出版，2013 年）356-357 頁を参照。

(4) 例えば，死因贈与は，内田貴『民法 II 債権各論（第 3 版）』（東大出版会，2002 年）170 頁と同『民法 VI 親族・相続』（東京大学出版会，2011 年）484-485 頁の両方で取り上げられている。

(5) これに対して日本には民法 554 条が存在するから，議論の方向は，どの範囲で遺贈の規定の準用が認められるかということになる。遺贈の要式性，遺言能力，遺贈の承認・放棄に関する規定は準用されないことについて学説上の異論が少ないが，遺言の撤回，遺言の失効（民法 994 条）及び遺言執行者に関する規定の準用の可否は争われている。岡林伸幸「死因贈与の撤回」千葉大学法学論集 30 巻 1・2 号（2015 年）162-164 頁を参照。

(6) それはまさに末弘厳太郎「判例の法源性と判例の研究」『民法雑記帳（上）［末弘著作集］II（第 2 版）』（日本評論社，1980 年）29 頁［初出，法律時報 13 巻 2 号，3 号（1931 年）］が指摘する「判決の理論的説明を学者の学説と同一視して，これに抽象的な批判を加えたにすぎなかった」判例研究の方法である。

(7) 近年，アメリカに留学した法学研究者の増加につれ，台湾には社会学・政治学・統計学・心理学等の研究手法を援用した「実証的判例研究」（empirical studies）も現れている。

Ⅱ　学説の整理と問題提起

　台湾での死因贈与に関する学説上の主な論点は，以下の四点にまとめることができる。

1　法的性質について

　通説は，死因贈与を，贈与者が死亡するときに受贈者がまだ生存することを停止条件とする契約であると解している[8]。他方で，死因贈与は，必ずしも通説の主張するような停止条件付きの贈与と限らず，当事者の意思解釈により，贈与者の死亡を始期とする，いわゆる期限付きの贈与である可能性もあるという少数説[9]もある。この区別の実益は，受贈者が贈与者に先立って死亡した場合に，死因贈与は，条件の不成就で効力を生じないか，または効力が維持され，贈与を受ける権利が受贈者の相続人に相続されるかという違いにある[10]。

2　撤回の可否について

　まず，贈与者の死亡前，すなわち死因贈与が効力を生じる前には，贈与者は自由に死因贈与を撤回できるのか。台湾の通説は，この場合において，遺贈の自由撤回の類推適用を否定し，一般の贈与に関する民法408条の規定を類推適用すべきであるとする[11]。つまり，408条1項は，権利が移転する前に贈与契約は取り消しうる，同2項は，（2000年法改正以前の）旧法では書面による贈与，現行法では公正証書による贈与には，前項の規定が適用されない，としている。

---

(8)　鄭・前掲注(2) 169頁，邱・前掲注(2) 263頁，陳・黃・郭・前掲注(3) 347頁。

(9)　蔣榮吉「死因贈与」東海法学研究6期（1991年）12頁，林秀雄「死因贈与之撤回」月旦法学16期（1996年）62頁。

(10)　日本でも死因贈与の法的性質については見解が分かれている。死因贈与は一般的には「贈与者の死亡当時受贈者の生存することを停止条件とする贈与」とされているが，当事者の合意によって，贈与者の死亡を効力の始期とする贈与を締結することも可能であると思われる。後者のような贈与を肯定しつつ，それをいわゆる死因贈与と区別して理解すべきであるとされている。死因贈与の法律構造に関する学説の系譜を簡潔に整理したものとして，武尾和彦「死因贈与契約の系譜と構造」法律論叢60巻4・5号（1988年）532-535頁。

(11)　林・前掲注(3) 296頁。

民商法の課題と展望

換言すれば，書面あるいは公正証書による死因贈与は，たとえ物権がまだ移転していなくても，贈与者とその相続人はそれを任意に撤回することができない。後述する最高法院の判例もまた学説と同じ立場である。これに対して，書面によらない死因贈与の撤回可能性については特に学説の議論がなく，また後述の判例でも（そもそもこのような死因贈与の成立が疑問であるので）その撤回可能性にまで言及していない。

日本では死因贈与には原則として遺言の撤回に関する規定が準用され，書面による場合であっても，贈与者は自由に撤回しうるとする見解が判例[12]・多数説[13]である。これに対して，少数説[14]は死因贈与の契約としての性質を重視して，単独行為の遺贈の撤回に関する規定の準用を排除すべきであるとしている[15]。

3　遺留分減殺の可否とその順序について

死因贈与が減殺請求の対象となるかについて，台湾の少数説は，それが生前行為であり，一般の贈与と同様に減殺請求に服すとする明文の規定がないため，減殺の対象とならないとした[16]。これに対して，通説は，死因贈与と遺贈とは同じく贈与者の死亡時に効力を生じ[17]，また，台湾の遺留分減殺請求の対象が遺贈と相続分の指定という終意処分に限られ，遺留分権利者に対する保護が完全でないため死因贈与を減殺の対象とすべきであると主張している[18]。ただ，減殺の順序については言及していない。

---

(12)　大判昭 16.11.25 法学 11-6-616，最一小判昭 47·5·25 民集 26-4-805。

(13)　代表的なものとして，末弘厳太郎『債権各論』（有斐閣，1918 年）347 頁，来栖三郎『契約法』（有斐閣，1974 年）228 頁，加藤永一『遺言の判例と法理』（一粒社，1990 年）104, 230, 231 頁，広中俊雄『債権各論講義（第 6 版）』（有斐閣，1994 年）41 頁。

(14)　代表的なものとして，我妻栄『債権各論中巻一（民法講義 V2)』（岩波書店，1952 年）237 頁，柚木馨・高木多喜男編『新版注釈民法(14)』（有斐閣，1993 年）73 頁［柚木馨・松川正毅］，中川善之助・泉久雄『相続法（第 4 版）』（有斐閣，2000 年）572 頁，松尾知子「死因贈与と遺言執行者」中川淳先生古稀祝賀論集刊行会編『新世紀へ向かう家族法』（日本加除出版，1998 年）511-512 頁。

(15)　撤回可能説または撤回否定説は，いずれも例外を認めているが，どのような基準（範囲）で例外を認めるかについては必ずしも同様ではない。学説の整理は，岡林・前掲注(4) 170-179 頁を参照。

(16)　胡・前掲注(3) 256 頁，戴・戴・戴・前掲注(3) 409-410 頁。

(17)　羅・前掲注(3) 267 頁，史・前掲注(3) 577 頁。

(18)　陳・黄・郭・前掲注(3) 410 頁。

この問題について，日本では東京高判平 12・3・8 判タ 1039 号 204 頁は，死因贈与を，遺贈に次いで，しかし生前贈与より先に，減殺の対象とすべきであるとした。

4 限定承認の場合の，死因贈与と一般債権との優劣について

さらに，日本では不動産の死因贈与について仮登記を得ていた受贈者が相続人である場合において，限定承認がされ，その所有権移転登記が相続債権者の差押登記に対抗できるかが，最二小判平 10.2.13 民集 52-1-38 の争点となった。

台湾では現在，限定承認が相続の原則となった[19]が，この問題についてはまだ明確に意識されていない。死因受贈者と相続債権人との関係について，死因贈与が贈与者の生前に成立した点では，生前贈与と変わらないため，死因受贈者は他の相続債権者と同様の順序で弁済を受けることができるとするのが通説である[20]。

以上の四つの論点から，台湾の通説の死因贈与に対する理解は以下のようにまとめることができる。すなわち，死因贈与の法的性質は，贈与者が死亡したときに受贈者が生存することを停止条件とする契約であり，受贈者が贈与者より先に死亡した場合には，遺贈と同様に効力を生じない。次に，死因贈与は遺贈と同様に，贈与者の死亡をもって効力を発生し，しかも受贈者に対する無償行為であるため，遺贈と同様に遺留分減殺に服さなければならない。つまり，以上のⅡの1，3の点に関して，台湾の通説は，死因贈与を遺贈に近い位置づけを与えている。それにもかかわらず，2の撤回の可否という問題については，通説は生前贈与の規定を類推適用し，書面または公正証書によって作成された死因贈与の撤回可能性を否定している。さらに，限定承認がされた場合に，死因受贈者の弁済を受ける権利は，生前贈与等の一般債権と同じ順序になる。すなわち，Ⅱの2，4の点に関して，学説は死因贈与を一般の贈与に近いものとしている。

それでは，なぜ，このような一見矛盾するようにもみえる主張がされている

---

[19] 以前，台湾は日本と同様に単純承認が相続の原則であったが，2009 年 6 月 12 日から限定承認に代わった。その背景については，黄詩淳「第 6 部 台湾法」『各国の相続法制に関する調査研究業務報告書』（商事法務研究会，2014 年）234 頁を参照。

[20] 史・前掲注(3) 278-279 頁，林・前掲注(3) 165 頁。

民商法の課題と展望

のだろうか。実は，死因贈与という言葉には，異なる類型の処分が含まれており，研究者がそれぞれ違うものを想定して解釈しているから，以上のような結果になったのではないか。このことを明らかにするために，以下は，まず台湾における死因贈与に関する判例を考察し，実務上の死因贈与の特徴を分析した上で，最後に解釈を提示して結びとしたい。

III　判例の考察

1　対象判例

　戦後から現在までの台湾の最高法院の判決・決定を対象として，「死因贈与」が争点となったものを検索・抽出した結果，合計 19 件が得られた[21]。その事実の概要と裁判所の判断を，簡単に新しい順で以下の＜表＞にまとめた。最高法院の裁判を選択した理由は，それらは法律上の争いのある事案であり，その結論もまた事実審の判断より拘束力が大きいからである。また，本稿では抽象的な見解の他にも，死因贈与の実態を究明することを目的としているから，事実概要は必要である際には当該事件の事実審裁判と対照しながら整理した。また，同一事件が再度最高法院に上告された場合には，同じ通番と異なる枝番（例えば 9-1 と 9-2 とは同一事件）で示している。なお，判決番号に出た年度は民国紀元で，1911 を加えると西暦年となる。

2　死因贈与の類型化

　上述した判例の事実関係によると，死因贈与を，伝統中国法上の家産分割類型と遺贈に近い類型に二分することができる。以下はさらにその区分方法，特徴や問題点に関して詳しく検討する。

(1)　家産分割の類型

　＜表＞の中の判例 11，12，15，16-1，16-2，17 はこの類型に当たる。伝統中国法では，家産はすべての息子に平等に分割すべきであるとされている（諸子均分の原則)[22]。分割の際には，公平を期するため，親族や族長等を立会人として招集し，立会人と父母，息子の協議の下で家産の評価と割当を決定する。さらに，分割に先立って，その一部分を抽出し，祭祀公業，養贍財産[23]，子女の婚費[24]，長孫額[25]，その他の贈与財産に当て，残ったものを分割するのが一般

518

21 台湾における死因贈与の実態および類型化の試み〔黄　詩淳〕

＜表＞ 最高法院における死因贈与に関する判例

番号	裁判	類型	事実概要	裁判所の判断（死因贈与の成否）
1	104台上1890決定	遺贈	被相続人 A の死亡後，その息子である X は，「A の遺言」を提出し，他の共同相続人すなわち X の兄弟姉妹である Y₁, Y₂, Y₃, Y₄に対して遺贈の履行を求めたが，当該遺言は A の署名がないため，X は死因贈与に転換できると主張した。	×
2	104台上1835決定	遺贈	被相続人 A には配偶者 Y₁との間に5人の子（X, Y₂, Y₃, Y₄, Y₅）がいる。そのうち，X（息子）は，A は生前に自らに対して死因贈与の意思表示をしたと主張したが，A には遺言がなく，ただ普段の親族との会話の中に「財産は X に帰することとなる」と話したに過ぎなかった。	×
3	104台上1626決定	遺贈	被相続人 A とその姉である X は，Y の子である。A の死亡後，X は A は生前に自らに死因贈与したと主張したが，A には遺言がなく，X 宛の電子メールで A 生存時に銀行口座の通帳の保管に関する事務を委託したに過ぎなかった。	×
4	104台上679決定	遺贈	被相続人 A は X と養子縁組をした後，B と婚姻した。B は A との婚姻前にすでに Y という孫がいた。A は係争不動産を Y に遺贈するという遺言を作成したが，立会人の問題で方式に違反している。Y は無効な遺贈を死因贈与と解することができると主張した。	×
5	103台上2689判決	遺贈	被相続人 A と配偶者 Y₁との間には 5 人の子（X, Y₂, Y₃, Y₄, Y₅）がいる。X（息子）は，A が株式，銀行預金を X に対して死因贈与したと主張したが，A には遺言がなく，その贈与は生前の配偶者と子との間の相談内容に過ぎなかった。	×
6	102台上737決定	遺贈	被相続人 A と配偶者 Y₁との間に子 B₁, B₂, Y₂がいる。A は生前に X と30年間の同棲生活を過ごした。A は遺言により，不動産を Y₁，長女 B₁，次女 B₂，三女 Y₂及び X にそれぞれ 1/5配分すると決めたが，遺言の立会人の一人が B₁の配偶者 C であったため，遺言は無効であった。X は無効な遺贈を死因贈与と解	×

民商法の課題と展望

			することができると主張した。	
7	100台上1708決定	遺贈	被相続人Aは，Xの父と婚姻した（AはXの継母である）。A死亡時に，法定相続人がなく，Yが裁判所により遺産管理人に指定された。Aは生前にC弁護士の立会いの下で「委託書」に署名し，それによれば，Aに何かの事故があったときには，その財産をすべてXに一任するとしていた。XはこれがAのXに対する死因贈与であることを理由にYにその履行を請求した。	×
8	97台上1532判決	遺贈	被相続人Aは遺言により友人のC_1，C_2等の8人に現金を遺贈した。YはAの姪であり，C_1，C_2がAの遺言の受遺者兼立会人であるため，遺言が無効であると主張した。Xは，たとえ遺言が無効であっても，C_1，C_2等の8人に現金を与えることを死因贈与と解することが可能であると抗弁した。	×
9-1	96台再27判決	遺贈	被相続人Aは生前，係争土地の1/2の持分を息子Bに相続させ，残りの1/2の持分を嫁Xに贈与するという遺言を残した。Aの死亡後，Bは，無断で係争土地のすべての持分をその非嫡出子Yに移転した後，死亡した。Aの遺言は方式違反で無効である。Xは，AがXに死因贈与をしたにもかかわらず，BがYに対して不動産を移転したが詐害行為に該当するとして，詐害行為取消権を主張し，訴えを提起した。	○
9-2	95台上2543判決	遺贈	事実は9-1と同様。	○
10	95台上2357判決	遺贈	被相続人Aは生前，法定相続人の一人であるXと死因贈与契約を締結し，その死亡を条件として係争不動産をXに贈与した。Aの相続人はXとYの二人である。Aの死亡後，XはYに対して贈与の履行を請求したが，Yに拒まれたため，Xは訴えを提起した。	○（遺留分減殺請求の可能性を留意すべきであると併せて指摘した。）
11	95台上817判決	家産分割	被相続人A（母親）は生前，その子であるX，Y，Zと家の財産（Aの亡夫Bが残した財産およびA自身の財産）を配分する協議書を作成した（裁判所はこの協議の一部をAからXへの死因贈与と認定）。協議によれば，Bの遺産であり現在登記名義上XとYが共有する甲不動産は，Yの単独所有となる。そ	○（原審はこの協議書が遺言の方式に反するため無効であると判断したが，本判決はそれを死因贈与として解することが可能であると指摘し

			のため，Xは協議に従い，Yに登記名義を移転したが，Aの生存中から，Xは配分方法について不満があり，協議の無効を主張し，Yに対して不当利得を理由として甲の持分の返還を求めた。	た。)
12	92台上2274判決	家産分割	被相続人Aは生前，その二人の息子であるX，Yと家の財産を，甲・乙・丙の三つの部分に分けるという協議書を作成し，これによれば，甲はXへ，乙はYへ帰属し（この二つを裁判所は贈与と解した），丙はAの老後生活のために使われ，Aの死亡後に残余があれば，XとYへ均等に帰属するとされた（これを裁判所は死因贈与と解した）。しかし，Aは生前に丙に属する不動産をYに移転したため，Aの死後，Xは債務不履行を理由に契約の解除を主張し，Yに対して元の協議に従い丙の当該部分をYに移転するよう請求した。	○（本判決は，民法1202条すなわち遺贈の目的財産が遺言者の死亡の時に相続財産に属しなかったときは遺贈の効力を生じないという規定が死因贈与に適用されることを理由に，AのXに対する死因贈与は効力を生じないと，Xの請求を棄却した。)
13	92台上270判決	遺贈	Xは被相続人Aとその夫のYの孫である。Aは生前，自己所有の係争不動産をXの教育のために贈与すると，Xの父であるBと母であるCに話した。Aの死亡後，Yは係争不動産の登記名義を自らに移転した。そのため，Xは死因贈与を理由として，Yに対して登記の抹消を求め，かつAの相続人全員に対して相続登記を完了してから名義を自らに移転するよう請求した。	×
14	91台上1828判決	遺贈	被相続人Aは生前，その印鑑と通帳を姪のYに渡した。Aの相続人は娘のXである。Xは，Yが無断でAの貯金を引き出し，株を売却したことが不法行為または不当利得に該当することを理由として，損害賠償または不当利得の返還を求めた。YはAの生前贈与または死因贈与により係争財産を取得したと抗弁した。	×（原審はAとYとの間に係争財産について「死因贈与」が成立したと判断したが，本判決は，原判決が詳しく調査・認定していないことを理由に破棄・差し戻した)
15	88台上91判決	家産分割	被相続人Aは1960年に，その息子であるX，B，Cと家の財産を配分する協議をした。係争土地は協議によれば，A死後，Bに帰属するとされていた（裁判所はこれをAがBへの死因贈与と解する）が，Bは1963年に先に死亡し，Aは1979年に死亡した。Bの相続人YはAの死亡後，協議に基づき係争土地を占	○（本判決は，死因贈与について，遺言者死亡以前に受遺者が死亡すれば遺贈は効力を生じないと定めた規定を類推適用すべきであるため，

民商法の課題と展望

			有し農業を営み続けたが，Xは死因贈与の無効を主張し，所有物返還を請求した。	死因贈与が効力を生じないと解した。）
16-1	87台上648判決	家産分割	被相続人Aとその後妻のBは生前，（Aの先妻との）息子であるX，Zと（外観上，AかBに帰属するかを問わず）家の財産を，甲・乙・丙の三つの部分に分けるという協議を行った。それによれば，甲はXへ，乙はZへ帰属し，丙はAとBの老後生活のために使われ，そのいずれも死亡後に残余があれば，Xに帰属することとなるとされていた。Aが1975年に，Bが1980年にそれぞれ死亡した。1992年にXがAとBの相続人全員を相手として，協議に基づいて丙の所有権を自らに移転することを求めた。	○（裁判所は，丙がAとBの死亡後にXへ帰属するという約定を，死因贈与契約と解した上で，遺留分減殺請求に服すると判断した。）
16-2	85台上377號	家産分割	事実は16-1と同様。	○
17	58台上2845判例	家産分割	被相続人Aは生前，継子であるX，Zとの間に，Aの亡夫であるBの財産がAの死亡後に，XとZに均等に帰属するという協議書を作成した。Aの法定相続人は養女であるYのみである。Aの死後，XはYに対して協議の履行を求めた。	○（裁判所は当該協議をAのXとZへの死因贈与と解した。）

⑵ 最高法院の裁判を検索・選択する際には，台湾の司法院の「法学資料検索系統」http://jirs.judicial.gov.tw/Index.htm という無料データベースの「裁判書査詢」と「判解函釈」という二つのサブデータベースを利用する。なぜなら，両者の収録対象が異なるからである。まず，「裁判書査詢」システムは1996年以降のすべての最高法院の判決・決定（裁判）を収録している。その「全文」検索欄に「死因贈与」を入力した結果，23件の裁判が得られたが，その中の5件（104台抗319決定，103台上2308判決，103台上425決定，99台上918判決，88台上3357決定）は死因贈与に直接に関係しないものであるので，本稿の分析対象から除外する。次に，「判解函釈」システムには，1927年からこれまでの「最高法院判例」が収録されている。付言するが，台湾における「判例」の意味は，最高法院の裁判のうち，法律見解が代表的なものを選び出して，最高法院の民刑事庭会議または総会の決議を経て司法院に報告したものである（法院組織法57条）。これは日本の「判例」すなわち（最高裁の）裁判の先例とは意味が異なる。台湾では，仮に一般の裁判が「判例」に違反したら，それが法令に違反と同視され，上告または再審の理由となる（民事訴訟法468条，刑事訴訟法377条等を参照）。このように見ると，「判例」の内容は抽象的な法律見解で，すでにその適用された事実関係から離れているため，性質が抽象的な法令に近い。このような法律見解統一の仕組みは，裁判所による法創造にほかならず，裁判の先例の拘束力の基礎である「同様な事例は同様に扱え」という原則から遠ざかり，権力分立や裁判官の職権行使の独立といっ

的である。すべての財産，すなわち土地，家屋，家畜，農具，家具，穀物，現金など，なるべく財貨の種類ごとに分割し，単に価値を均しくするのみならず，財物の組合せもほぼ均等となる幾組かの財産に分けるように配慮されていた[26]。その上で，この幾組かの財産は息子たちのくじ引きによって配分が決められる。その後，くじ引きの結果を文書に作成する。その文書を「分書」「分契」「分約」「鬮分書」「鬮書」などと称し，息子の数で作成し，各人一通ずつを保存す

た憲法上の規定に反するなど，様々な批判がある。詳しい批判と研究は，呉従周「試論判例作為民法第1条之習慣法：為我国判例制度而弁護」台大法学論叢39巻2期（2010年）233-236頁を参照。また，このような批判を受けたか，最高法院は近年あまり「判例」を作成しない。民事に限っていうと，最新の「新判例」が2006年9月15日に公布されたもので，つまり，この十年以来，「判例」は増加することがなく，すでに存在するものの廃止，不援用または修正に止まっている。具体的な動向は，最高法院の「最新判例」サイト http://tps.judicial.gov.tw/faq/index.php?parent_id=295 を参照。本稿の分析対象に戻るが，「判解函釈」システムを使用して最高法院の「判例」を検索した結果，死因贈与に関するものは1件（58台上2845判例）出てきた。したがって，総じて19件である。当然ながらこれはすべての最高法院の裁判であるわけではない。例えば，1995年以前の最高法院の裁判が，「判例」になっていない限り，本稿には反映しない。そのため，この判例分析は，あくまでも（1996年からこれまでの）最近20年の傾向であることを予め断っておきたい。

(22) 戴炎輝「近世支那及び臺灣家族共産制（二・完）」法学協会雑誌52巻11号（1934年）95頁，滋賀秀三『中国家族法論』（弘文堂，1950年）144頁，滋賀秀三『中国家族法の原理』（創文社，1967年）84頁，福武直『中国農村社会の構造』（東京大学出版会，1976年）306頁以下。

(23) これは家産分析の際に，父親およびその妻妾の養老の費用として，その一部を保留するものである。戴炎輝・前掲注(22) 101頁。伝統法上，父の死後に残された養贍財産は，母があれば母に帰属し，息子らはこれに干渉することができない。反対に，母もまた養贍財産を独断で処分すること，またはこれを息子以外の者に遺贈することを許されない。母が死亡した後にこの養贍財産は息子らに帰属する。本稿に取り上げられた判例12, 16-1, 16-2, 17は，養贍財産の法的性質について死因贈与と決定した。この位置づけの問題点については，黄詩淳「台湾法での相続の過程における遺留分減殺請求の機能（三）── 特に日本法との対比で」北大法学論集57巻6号（2007年）2932-2938頁ですでに検討したから，本稿ではこの「養贍財産」類型の死因贈与を省略する。

(24) 家産分析の際に子女将来の婚姻費用に充当する目的を以て幾分の財産を抽出することである。臨時台湾旧慣調査会編『台湾私法　第二巻下』（臨時台湾旧慣調査会，1911年）580頁。

(25) これは家産分析の際に被相続人の嫡長孫に給付する財産である。臨時台湾旧慣調査会・前掲注(24) 579頁。

(26) 仁井田陞『支那身分法史』（座右寶刊行會，1943年）468頁以下。

民商法の課題と展望

る。分書の前半部分には通常，分割の理由及び立会人と父母の前で行われた分割の過程を記載し，次に息子各人が得た財産状況を記録し，最後に立会人，父母と息子らがそれの末尾に花押を画くのである。これらの書類は民法上のいずれの遺言の形式にも該当しないが，父母と息子の印鑑が揃っているため，裁判所は，しばしばこの書類に記載された財産移転を，贈与あるいは死因贈与と認定している。

例えば，判例15では，父Aが生前，（息子らの署名のある）「遺贈合約書」[27]で自己の死後に不動産を三人の息子に分配する方法を定めた。原審と最高法院は，本件の「遺贈合約書」によるAの死後の財産分配が死因贈与であると認定した。問題は，死因贈与の受贈者の一人Bが贈与者Aより早く死亡したことである。裁判所は，遺贈に関する民法1201条の準用（原審）ないし類推適用（最高法院）により，受贈者が死因贈与の効力発生前に死亡すると，贈与が効力を失うため，Bの相続人Yは当該贈与をもってXに対抗できないとした。他方で，判例12は，家産分析の際に，財産を息子へ分与する行為（甲の部分をXに，乙の部分をYに配分するという約定）を死因贈与ではなく，「生前贈与」と認めた。

なぜ同じく「家産分析の際に，財産を息子へ分与する行為」なのに，場合によって生前贈与または死因贈与と認定されたのか。可能性としては判例はただ形式的に，登記名義の移転（台湾ではこれが不動産物権変動の要件）が被相続人の生前に行われたか死後に行われたかという事実で判断したと考えることもできる。すなわち，家産分割の約定にしたがって，名義が即座に移転される場合は生前贈与であるのに対して，名義が被相続人の死亡後に移転される場合は死因贈与である。問題は，このように贈与の履行期による生前贈与と死因贈与の区別の合理性である。生前贈与と死因贈与の法性決定によって以下のような相違がもたらされる。まず，生前贈与と認定された場合には，受贈者が贈与者より先に死亡したとしても，贈与の効力に影響せず，受贈者の相続人は贈与者の相続人にその履行を請求しうるのに対して，死因贈与はそうではない（判例

---

(27) 「遺贈合約書」には，「贈与者（父）は，下記の財産について……不動産（原文は「産業」）を各房に分配させ収益させる。贈与者の死亡後，受贈者は本書の記載通りに前記の財産を分割し，相続すべきであり，さらに争うべきではない」と書かれている。「各房」や「産業」などの用語から，当事者はやはり伝統法の「家産分析」を念頭に置いた上で，この「遺贈合約書」を締結したといえよう。

15)。次に，生前贈与の目的物が贈与者の死亡時に遺産に属さなくても，受贈者は贈与者の相続人に対して贈与の履行を請求できるのに対して，死因贈与の場合には，仮に遺贈の民法1202条（日本民法996条相当）が類推適用されたら，受贈者は何も主張できなくなる（判例12）。

固有法において当事者は，家産分割を念頭に置いて「契約書」・「遺贈合約書」・「闔分書」・「分撥書」などの書類を作成する。その中で，不動産の名義変更の手続を父の生前または死後に行うのかは，単なる便宜の措置であり，いずれも家産分割の結果を実現するための一行為に過ぎない。それを，近代法上動機がそれぞれ異なり独立している（と思われる）数個の無償行為の集合と同視することはできない。そのため，判例がこのような処分を形式的に生前贈与と死因贈与の二種類に区別することは妥当ではない。なぜなら，それによりまったく異なる法律効果を生じ，しかも，それが当事者が家産分析当時に予測もしなかった結果だからである。

(2)　遺贈に近い類型

判例1，2，3，4，5，6，7，8，9-1，9-2，10，13，14 はこの類型に属するといえる。これらの事実関係の特徴は，裁判全文の中に「家産」という言葉が現れていないことである。そのため，この類型の事件の目的物は被相続人の個人財産である。これに比べて，前述(1)の目的物は必ずしも被相続人の財産に限らず，例えば判例11，16-1，16-2 は被相続人とその配偶者の財産，判例12 及 17 はさらに息子名義の財産も含まれているため，「家産」であることが明確であり，(2)類型の個人財産とは確かに異なる。

(1)類型における財産処分が（死因か生前かを問わず）贈与として認められることにはほとんど問題がない。すなわち，家産分割の書類の真正性さえ問題がなければ，死因贈与または生前贈与の成立が否定されたことはない。これに対して，(2)類型における財産処分は，果たして本当に贈与と認定できるのかが最大の争点となる。そのうち，判例10 は最も争いのない例である。Ｘが挙げた契約書には，「契約者ＡとＸは死因贈与についてこの契約を以って定める。1　台北市…に位置する土地はＡの所有物であり，ＡはこれをＸに贈与する。2　台北市…に位置する家屋と敷地はＸに贈与する。3　前二項の贈与はＡの死亡を停止条件とする。すなわち，Ａ死亡後，Ｘは本契約によってＡの相続人にその権利を主張し移転登記を行うことができることとする」と明確に「死因

民商法の課題と展望

贈与」の用語と効果が記載された。裁判所はこの契約書の真正を確定してから，当事者の欲する法律効果すなわち死因贈与を躊躇なく認めた。

　しかしながら，他の判例には，判例 10 のような明確な書面による契約がなく，むしろ他の形式で遺産の配分の意思が示され，その受益者が「死因贈与」と主張したことがその特徴である。そのうち，判例 1，4，6，8，9-1，9-2 では被相続人は何らかの遺言を作成したが，遺言の方式が民法の規定に反したため無効となった。この場合に，遺言の受益者は無効行為の転換理論を適用し死因贈与として有効とする[28]ことを主張したが，判例 9-1 と 9-2 のみが肯定的であり，残りの判例 1，4，6，8 は否定的であった。次に，遺言らしきものすら存在しない場合，すなわち判例 2，3，5，13，14 は，死因贈与の成立を否定している。つまり，死因贈与は一応要式契約ではないものの，裁判所はその成立に対しては慎重な態度を採っているといえる[29]。表意者がすでに死亡し，直接に本人の真意を確かめられない以上，本当の故人の意思の認定に当たっては慎重すべきであり，さもなければ，遺言の要式性の意義がなくなってしまうからである。したがって，判例の立場は支持できよう。

Ⅳ　むすびに代えて ── 解釈論の方向

　上述した台湾における死因贈与に関する判例を概観した結果，台湾の死因贈与は二つの種類に分類できるといえよう。この二つは処分の対象（家産か個人財産か）が異なるのみならず，裁判所の態度の違いも歴然である。＜表＞で示したように，5 件の家産分割の紛争（判例 11，12，15，16，17）において死因贈与の成立はすべて認められたのに対して，個人財産の死因処分に関する 12 件（判例 1，2，3，4，5，6，7，8，9，10，13，14）の紛争のうち，死因贈与の成立が肯定されたのは 2 件に過ぎない。そのため，これらの紛争を解決するために

---

(28)　日本でも無効な遺言を死因贈与契約に転換することができるかが議論されている。判例と学説の整理は，野澤正充「遺言の無効と包括死因贈与への転換」立教法務研究 7 号（2014 年）69-73 頁。

(29)　谷口聡「死因贈与と遺贈の方式に関する規定の準用」産業研究（高崎経済大学産業研究所紀要）49 巻 2 号（2014 年）34 頁も，死因贈与は厳格な方式が必要とされないもののリスクが高い（実現可能性が不確実な）「故人の生前意思実現法理」と指摘している。

は，異なる方向の解釈論が必要であろう。以下ではその理論的な構成について検討する。

1 家産分割類型の死因贈与に関する解釈論

家産分割には上述した通り，その対象財産が被相続人の個人財産のみならず，配偶者ないし息子のものもよく含まれており，これらのすべての所有権の再配分によって公平な分割という目的を達成しようとされている。再配分のプロセスは，場合によって，それが父または母の息子への生前贈与または死因贈与，逆の方向すなわち息子が父または母への生前贈与，あるいは息子間の生前贈与など，様々法性決定が裁判所によって行われる。財産が一つの権利主体から別の権利主体へ移ったという動きに着眼し，それに対価のようなもの（すなわち，「同時」に起きた金銭ないし財貨の移動）が伴わないため，裁判所はその一個一個の権利変動が無償行為である贈与あるいは死因贈与と認定した。しかし，考えてみれば，本来共有物分割に近い家産分割における個々の権利変動は，決して対価のない一方的な好意による出捐ではない。そのため，近代法上の無償行為の法理，贈与を例とすれば，履行前には契約の拘束力を弱め，贈与者の取消の自由を保護し，履行後であっても忘恩行為等の理由から例外的な取消が認められること，遺贈を例とすれば，遺贈者の最終意思を尊重し，死亡まで遺贈がいつでも撤回できることを，家産分割の事案へ適用することには慎重でなければならない。すなわち，家産分割類型の死因贈与は，できるだけその拘束力を維持や保障すべきであろう。

具体的には三つの提案がある。第一に，拘束力の弱い「遺贈」の規定を類推適用せず，死因贈与を「贈与者の死亡を不確定期限とする」贈与として解釈すべきである。そうすると，仮に受贈者が贈与者より先に死亡しても，また，仮に贈与者の死亡時に贈与の目的物が遺産に属さなくても，当該贈与は効力を失わない。第二に，家産分割中の生前行為と死因行為の無差別性から，生前贈与と死因贈与の違いを縮小すべきであり，すなわちここの死因贈与を「期限付きの生前贈与」と解すべきであろう。そうすると，家産分割における個々の処分は，被相続人の生前または死後に履行されたかを問わず，遺留分減殺請求の対象から外される。この解釈は確かに現在台湾の通説に合わないが，本稿はすべての死因贈与が遺留分減殺請求の対象にならないと提唱するのではなく，あく

民商法の課題と展望

までも「家産分割類型の死因贈与」のみ減殺請求されないと主張するにとどまる。また，限定承認が台湾の相続法の原則となった現在，この類型の死因贈与を「生前贈与」と位置付ければ，遺産がすべての債務を弁済しきれない場合に，死因贈与の弁済を受ける順序は，一般の生前債権と同様であり，遺贈に優先する（台湾民法 1160 条）。第三に，撤回可能性の制限という観点からも，生前贈与に近づけた方が望ましい。2000 年債権法改正以前に，履行前の贈与であっても，書面によるものなら，取り消せなかった（台湾民法 408 条 2 項）。家産分割は必ず書面に記載されるため，この類型の死因贈与は，生前贈与の一種と位置付ければ，旧 408 条 2 項が適用され，撤回または取消が不可能となる[30]。2000 年法改正後に，履行前の贈与は公正証書によらなければ取り消せることになったが，家産分割類型の死因贈与についてはやはり旧法時代と同様に，撤回または取消不可の効果を維持すべきであろう。上述した三つの指摘は，いずれも死因贈与を生前贈与に近づける提案である。

---

(30) 台湾における生前贈与の撤回可能性については，以前に学説と判例の間に大きな齟齬があったため，若干詳しく説明する必要がある。2000 年改正前の台湾民法 407 条は，「登記を経なければ移転することのできない財産を贈与したときは，移転登記をするまで，その贈与は効力を生じない」と定めていた。すなわち，不動産の贈与においては，贈与者を保護するため，移転登記前には，贈与者に履行を強制できないのである。これは素直な文理解釈で，学説もまたこのように理解している。しかし，最高法院 40 年台上字第 1496 号判例は，「民法第 407 条が定めた登記は，不動産贈与の特別の効力発生の要件であり，成立要件ではない。贈与契約が成立した場合に，……贈与者はこの契約に拘束され，贈与目的である不動産の登記名義を受贈者に移転する義務を負うこととなる。受贈者もまたこれによってこの請求権を有することとなる」と述べた上，「本件の被告が既に書面によって原告に係争不動産を贈与したほか，原告もまたそれを承諾したので，贈与契約の成立要件は備わっているといわざるをえない。……したがって，被告は係争不動産の登記移転を補正する義務を負う」として，贈与契約を無効とした原審判決を破棄し差し戻した。この判決を皮切りに，その後，41 年台上字第 175 号，44 年台上字第 1287 号判例もまた同じ見解を繰り返している。この三つの判例は，民法 408 条 2 項の「書面」という条件が揃っていることを前提として，あえて 407 条の文理に反し，不動産贈与の拘束力を強めた。ちなみに，これらの事案はすべて家産分割の中の行為（生前贈与）に関わるものである。このことからも，最高法院は早い時期から，家産分割の中の個々の処分について，一般の贈与よりも高い拘束力を与える必要があることを意識していたといえよう。ただ，この三つの判例が扱った事案は生前の処分であり，本稿は死後の処分についても同様な効果を認めるべきであると考える。

2 遺贈に近い死因贈与

この類型の死因贈与は，被相続人の個人財産の配分を目的とし，共有財産である家産を清算する要素が薄い。また，この種の死因贈与をめぐる争点はほとんど無効の遺贈が死因贈与に転換できるかに集中しており，当事者の認識としても，この種の死因贈与は機能的には遺贈と変わらないのであろう。したがって，その効果は，通説と同様の理解，すなわち，法的性質，減殺可能性および弁済の順序においては遺贈と同様に解してよかろう。また，この類型の死因贈与は，無効な遺贈を救済するためのものであり，その前提とする被相続人の真意の確認が重要である。

3 残された問題

台湾の死因贈与は以上の二つの類型に分かれ，それぞれに合目的的な解釈が必要であることを述べてきた。ただし，最近台湾社会では家族の縮小の傾向が明らか[31]であり，大家族が少なくなってきた。また，これに伴って，被相続人の財産の性質も，代々受け継いできた不動産や同居した家族による労働の成果（つまり家産）ではなくなり，むしろ個人の労働で稼いだ貯金や動産等が多くなっている。上述した＜表＞もこの変化を如実に示している。すなわち，1999年（判例15）以前には，死因贈与は家産分析事件にしか現れなかったのに対して，21世紀に入ってから，遺贈に近い死因贈与の紛争が出てきており，さらに2007年（判例9）以降，家産分割類型の事件が姿を消し，遺贈に近い類型ばかりとなった。

最後に，平均余命が上昇し，家族の機能が萎縮しているこの頃，高齢者の世話等は，すべての子が均等に分担することが困難となっている。高齢者が見返りの意味合いで扶養・介護・世話等を提供した者に財産を与えたいと考えるが，生存中は自らの住居を確保する必要があるので，死因処分の形式で行うこともありうる。この場合において，先に介護や世話のサービスを提供した受益者の期待を保護するため，遺言の受遺者より安定した地位を認める必要があると指

---

(31) 内政部統計処「内政統計査詢網」http://statis.moi.gov.tw/micst/stmain.jsp?sys=100 で「土地与人口概況」の項目の下に，「戸量（人／戸）」すなわち平均世帯人数のデータがある。それによれば，1990年に一世帯は4.0人であったのに対して，2015年には2.77人である。

民商法の課題と展望

摘されている[32]。台湾の判例にはまだこのような死因贈与の類型が見当たらないが，将来は現れる可能性が高い[33]。その際に，このような死因贈与の効果を遺贈と異なったものと解する必要性が出てくる。もっとも，その具体的な事案と妥当な解決は，さらに判例の蓄積を待たなければならない。

---

(32)　道山治延「死因贈与について」福岡大学法学論叢 44 巻 2 号（1999 年）341 頁，松尾知子「死因贈与契約における受贈者の財産取得への期待とその保護 ── 贈与者の死亡後に現れる問題を素材として」判例タイムズ 1198 号（2006 年）77 頁。

(33)　最近，台湾では親が先に財産を子に移転し，子が介護や世話を後に給付するというタイプの争いが時々見られる。例えば，最高法院 101 年度台上字第 1734 号決定はそのような事案に属し，父は先に会社の経営権と不動産の所有権を子に移転したのに対して，子は毎月 5000 元の「扶養料」を支払うという約定であった。子は途中から「扶養料」を支払わなくなったため，父は裁判所に訴訟を起こした。子は，この「扶養料」に関する約定が民法上の扶養義務に関する協議であり，したがって，父が民法上の要扶養状態でなければならないにもかかわらず，実際に父が裕福で「自分の資産・労力で生活することができない者」に該当しないため，自らは扶養義務の履行すなわち本件「扶養料」の支払いをする義務がないと主張した。これに対して，裁判所は，「子の扶養料の給付は，親による贈与行為を獲得するための対価という性質を有」するので，この約定が民法上の扶養義務に関する協議ではなく，私法上の契約に属し，子は履行しなければならないと判示した。よく考えてみると，贈与行為が扶養料の支払いの対価となるという法律構成は，いかにも現代民法の基本理論にそぐわない。この無理な説明から，親と子との間に起きた利益交換を純粋な無償行為と解するのを渋る裁判所の反応が伺える。また，この例に反して，「子が先に扶養料を給付し，親が死後に財産を移転する（遺贈や死因贈与）」という事案が出てくる可能性も十分大きい。その際には，先に給付する子の保護が問題となる。

22　公的緊急救助行為と緊急事務管理規定
（軽過失免責）類推適用の可否
── 積丹岳遭難救助訴訟を手がかりとして

松久三四彦

Ⅰ　は じ め に
Ⅱ　積丹岳遭難救助訴訟（本件
　　訴訟）
Ⅲ　公的緊急救助行為における

　　軽過失免責の視点
Ⅳ　緊急事務管理規定（軽過失
　　免責）類推適用の可否
Ⅴ　む す び

Ⅰ　は じ め に

　公務員がその職務に属する法律上の義務として救助行為を行ったところ，救助に失敗するなどして被救助者に損害が発生した場合は，国家賠償法上の損害賠償責任が問題となる。そこでは，一般の不法行為（民709条）と同じく，当該公務員に故意または過失があれば国または公共団体に損害賠償責任が生ずる（国賠1条1項）。では，公的緊急救助行為，すなわち，警察や消防署・消防団等の公的機関により緊急の救助行為がなされた場合にも，同様に過失（軽過失）を要件とするのが妥当であろうか。

　国賠1条1項の賠償責任の性質については，諸説があるが，代位責任説が通説と目されており，判例も代位責任説に立っているといわれている[1]。他方，加害公務員自身も被害者に対して賠償責任を負うか否かについても諸説あるが，判例は否定説に立っている[2]。そうすると，当該公務員個人は被害者に対して賠償責任を負わず，また，故意または重過失がないかぎり国または公共団体か

---

(1)　西埜章『国家賠償法コンメンタール（第2版）』（勁草書房，2014年）75-76頁参照。
(2)　西埜・前掲注(1)『国家賠償法コンメンタール（第2版）』717頁以下参照。

『民商法の課題と展望』大塚龍児先生古稀記念〔信山社，2018年3月〕

民商法の課題と展望

ら求償されることもないのであるから（国賠１条２項），緊急の救助行為において損害が発生した場合も，通常の過失を国家賠償責任の要件とすることに問題はなく，被害者保護の点からも妥当であるとも考えられる。

　しかし，国家賠償責任が認められるときは，公務員自身は故意または重過失がなければ賠償責任は負わないとしても，法的には緊急救助行為という危険を伴う困難な職務に携わった公務員は不法行為を行ったと評価されることからすると，また，国または地方自治体としても危険を伴う困難な緊急救助業務の特殊性からすると，はたして過失を帰責の要件とするのがよいのか，それでは厳しすぎるとして，法律上の義務の不存在を要件とする事務管理の規定とはいえ，重過失を賠償責任の要件とする緊急事務管理の軽過失免責規定（民 698 条）の類推適用が妥当ではないかという考え方もありうるように思われる。

　このような視点は，次に取り上げる，冬山遭難者が救助に際し２度にわたり滑落して（以下では，それぞれ，「本件滑落１」，「本件滑落２」という）亡くなった積丹岳遭難救助訴訟（以下，「本件訴訟」ともいう）の第１審判決に対して抱いたところであり，被告側訴訟代理人に求められ控訴審に提出された意見書では，本件では緊急事務管理規定（民 698 条）を類推適用すべきであり，１審判決が「本件滑落１」につき被告に賠償責任ありとしたことは疑問である旨を述べたところである。その後の控訴審判決は，第１審判決と同じく被告の賠償責任を認めながらも，賠償責任ありとされた被告の行為は，第１審判決が「本件滑落１」としたのとは異なり，「本件滑落２」についてであった。本稿は，まず，この第１審判決および控訴審判決を見たうえで，簡単ではあるが，公的緊急救助行為に軽過失を免責する緊急事務管理の規定（民 698 条）を類推適用することの可否を検討するものである（以下の判旨中の「……」は省略を意味し，改行を「／」で示し，判旨に付された番号等は省略することがある。また，判旨および引用文献中の下線は引用者による）。

II　積丹岳遭難救助訴訟（本件訴訟）

1　事案の概要

　本件は，平成 21 年 1 月 31 日，北海道積丹岳山頂付近で遭難し，同年 2 月 1 日，いったんは北海道警察山岳遭難救助隊（以下「救助隊」という）によって

22 公的緊急救助行為と緊急事務管理規定(軽過失免責)類推適用の可否〔松久三四彦〕

発見・保護されたものの,下山を開始した際に2回滑落し,結果的に救助されず,同月2日,凍死による死亡が確認されたAの両親であるXら(原告・被控訴人=附帯控訴人・被上告人)が,警察官である救助隊の隊員ら(以下「救助隊員」という)にはAを救助するための適切な行為をすべき作為義務を怠った過失があると主張して,Y(北海道,被告・控訴人=附帯被控訴人・上告人)に対し,国家賠償法(以下「国賠法」という)1条1項に基づいて,損害賠償金各4314万6405円及びこれに対する損害発生の日である平成21年2月2日から支払済みまで民法所定の年5分の割合による遅延損害金の支払を求めた事案である。

2 第1審判決(札幌地判平成24・11・19判時2172号77頁[3])

(ア) 判旨は,まず,本件救助隊員の救助活動が国賠法1条にいう「公権力の行使」に該当するか否かについて,「……救助隊は,北海道警察に設置され,……,北海道警察本部長に任命された警察官の中から指定された者によって構成されており,山岳における遭難者の救助活動に当たることを任務とするものであって(救助隊規程2,3条),救助隊員の救助活動は,警察官の職務の一環として行われているのであるから,純然たる私経済作用といえないことは明らかなので,国賠法1条にいう「公権力の行使」に当たるものというべきである。」とした。

(イ) 次に,救助隊員の救助活動が国賠法上の違法な行為に該当するか否かについて次のように述べた。

ⅰ まず,救助義務の有無について,「警察法は,個人の生命,身体及び財産の保護に任じることなどを警察の責務と規定するが(同法2条2項),これはあくまでも組織法上の一般的規定であり,同条項の規定により,警察官である山岳救助隊員が結果的に山で遭難した者の救助に失敗した場合に,その救助行為が国賠法上直ちに違法となるとは解することはできない。また,救助隊は,救助隊規程により,山岳における遭難者の救助活動に当たることが任務とされ,細心の注意を払い,受傷事故の防止に努めるよう定められているが,これは文理上からも明らかなとおり職務を遂行するに当たっての努力義務であって,救

---

(3) 評釈に,長尾英彦「遭難者の救助活動における過失」中京法学48巻3・4号247頁があり,Yに賠償責任ありとしたことに疑問を呈している。

助隊規程により，救助隊員に山岳での遭難者に対する一般的な救助義務が課されるものと解することはできない。

　しかし，個人の生命，身体及び財産の保護に任じることなどを警察の責務と規定する警察法の上記規定や，要保護者を発見した場合に応急の保護をすべき事を定めた警察官職務執行法の規定（3条1項）に照らせば，山岳救助隊員として職務を行っている警察官が遭難者を発見した場合には，適切に救助をしなければならない職務上の義務を負うというべきである。もっとも，山岳救助，特に冬山における山岳救助は，救助隊員自身も身の危険を冒して救助に当たることになるうえ，遭難者は一般に生命あるいは身体の現実的な危険にさらされており，緊急に保護を要する状態に置かれているから，遭難者を発見，保護し次第，早急に手当，介護あるいは搬送等の対処をする必要がある。そして，遭難者をどのような方法で保護し，どのように手当や搬送等の措置をすべきかは，遭難者の発見時の具体的状況（遭難者の負傷状況，体力の低下状況等の身体的状況のみならず，遭難から発見までかかった時間，発見時刻，発見場所の状況，発見時の気象状況，救助隊員の人数，装備，疲労度，応援の有無等）及びその後の状況の変化に応じて対応が変わってくることは当然であり，かつ，その判断に際しては十分な時間がないことが通常前提となっている。したがって，救助隊員が適切に救助しなければならない義務を負うとしても，救助隊員が行うべき救助活動の内容はその具体的な状況に応じて判断せざるを得ない。これらのことに加えて，本件においては，救助隊員は，山岳遭難救助養成講習会の課程を修了した者，又は，登山及び遭難救助技術に習熟し，隊員としての要件を具備している者から選ばれ（救助隊規程7条1項），選ばれた救助隊員は必要な訓練を受けることとされていること（救助隊規程12条）をも考慮すれば，適切な救助方法の選択については，実際に救助に当たる救助隊員に合理的な選択が認められているといわざるを得ず，救助を行う際の救助隊員及び遭難者が置かれた具体的状況に照らし，その時点において実際にとった方法が合理的な選択として相当であったといえるか否かという観点から検討するのが相当である。よって，合理的と認められる救助方法を選択しながら結果的に救助に失敗したとしても，それ故に，その行為が国賠法上違法と解することは相当でない。救助隊員の救助活動が国賠法上違法と評価されるためには，救助を行う際の救助隊員及び遭難者が置かれた具体的状況に照らし，明らかに合理的と認められない方法を

とったと認められることが必要であると解するのが相当である。そして，この救助活動につき救助活動を行った救助隊員に故意又は過失が認められれば，Yは国賠法1条に基づき損害賠償義務を負うことになる。」とし，本件救助隊員には，適切な救助活動を行う義務（以下「本件救助義務」という）があったといえるとした。

ⅱ　そして，本件救助義務違反の有無については，つぎのように述べて救助隊員には過失があるとした。

「主な救助隊員は，救助活動の2日前に積丹岳で山岳訓練を実施しており，崖がAの発見場所の近くであること，山頂付近の南斜面では，雪庇を踏み抜くなどして崖下へと滑落する危険性があることを十分認識していたと認められる。また，当時の天候は，北風が強く，南側に体が流される危険性が強く，視界も悪かった上，斜面自体がでこぼこして，歩く際，前後左右に体が傾く状態であって進行方向がずれる可能性の高いことが容易に認識できた。

そして，Aの発見場所から雪上車待機場所は，ほぼ東方向にあるが，雪上車に向かって移動を開始した時点においては風雪のため，救助隊員はその場所から雪上車を目視することはできなかった。また，救助隊が登山道を通って雪上車待機場所に向かうとすれば，……，Aの発見場所から雪庇まではおおむね50mの距離にあり，進行方向が若干南方向に向けば，雪庇を踏み抜く危険が現実化する状況にあった。

したがって，視界が不良であり，足場も悪く，強風が吹いている状況においては，進行方向についても救助隊に合理的な選択が認められているとしても，進行方向が南にぶれる危険性のある方法は，細心の注意を払うのでなければ合理的な選択には当たらないといわざるを得ない。

B小隊長が指示した進行方法は，コンパスで方位を確認し，進行すべき方向を指で示したというものであるが，そもそも進行すべき方角は，町雪上車の位置が特定できない以上目測に基づくものにならざるを得なかった上，進行途中も「気持ち北東方向に進行する。」と口頭で指示したものの，コンパスは滑落するまでの間数回確認したというものであった。この方法では，上記視界，地面の状況，天候状況等に照らすと，南にぶれやすい方法であったといわざるを得ず，細心の注意を払ったものとは到底いえないものであった。

さらに，①北東方向に進行すれば，南側の崖に向かうことはない位置関係で

民商法の課題と展望

あったこと，②GPSに自分がたどってきた場所をポイントとして固定し，位置を後から確認する機能を利用してそのとおり下山すること，常時コンパスで方角を確認しながら，進行方向を指示することなど，当時の状況下でもとりうる他の方法が容易に想定できることをも考慮すれば，救助隊が選択した上記進行方法は，合理的なものであったと認めることはできず，この選択は国賠法上違法といわざるを得ない。

また，これまでに判示した事情に加え，Aらの滑落は，後述のとおり，風にあおられて飛ばされたような事情は見られず，歩行途上に雪庇を踏み抜いたものと認められるから，救助隊員には少なくとも過失があったと認められる。」

(ウ) そして，滑落2の後，「仮に，Aを乗せたストレッチャーを崖上まで引き上げることができたとしても，Aは，凍傷や低体温症が悪化して死亡した蓋然性が高いものと認められる。／よって，救助隊員が合理的な進行方法をとらなかったこととAの死亡（凍死）との間には因果関係があるというべきである。」とし，Aの過失8割を被害者側の過失として，過失相殺後のAの損害は1005万8562円，Xらの損害は各40万円とした。

これに対し，Yが控訴。Xらも，Xらに対し各2090万2484円及びこれに対する平成21年2月2日から支払済みまで年5分の割合による金員の支払を求めて附帯控訴した。

2 控訴審判決（札幌高判平成27・3・26〔LLI【判例番号】L070020135，TKC【文献番号】25506179〕[4]）

(ア) まず，本件遭難に係る捜索救助活動は，国賠法1条1項所定の「公権力の行使」に該当し，B小隊長らは，Aを発見した時点でAを救助すべき職務上の義務（救助義務）を負っていたとした。

(イ) 次に，救助義務違反の有無については次のように判示した。

① 「2次遭難を回避しつつ，当該山岳遭難者を確実に保護するための適切な

---

(4) 評釈等に，戸部真澄「判批」新・判例解説Watch18号（2016年）37頁（判旨に賛成），溝手康史「積丹岳での遭難における警察への損害賠償命令判決を考える。ボランティアと公的な救助活動を混同しない視点を」岳人789号（2013年）162頁（登山者の中に，この判決は厳しい判決だという意見が少なくないが，この判決は警察の山岳救助隊に関するものであり，登山者の人命尊重につながる内容であるという）がある。

536

救助方法を決定するに当たっては，実際に救助活動に当たる救助隊員の合理的な判断に委ねるのが相当である。したがって，救助隊員の救助活動が国家賠償法上違法となるのは，実際に救助活動に当たる救助隊員及び当該山岳遭難者が置かれた具体的状況を踏まえて，合理的と認められない方法を執った場合に限られると解するのが相当である。」

②「Ａは本件滑落２の時点でも救命の可能性があったと認められることは，……で認定したとおりであるから，本件滑落２発生時及び発生後の救助隊の捜索救助活動における違法性ないし過失について，検討する。」

③「引上作業を実施していたＢ小隊長，Ｄ隊員及びＥ隊員は，引上作業に当たる救助隊員が交代するまでの間，Ａを縛着したストレッチャーをハイマツに結束するに当たっては，Ａを滑落させないよう，結び目がほどけたり，枝から抜け落ちたりしないような結び方で結束するとともに，仮に結び目がほどけたり，枝から抜け落ちたりしても，直ちに滑落しないような予備的な措置を講じる義務があったと認めるのが相当である。」

④「『ひと回りふた結び』の結び方で枝に結ぶと，結び目の輪が枝の先の方にすべり，しなった枝から抜け落ちるおそれのあることは，容易に予見できたというべきであるから，ハイマツに結束するに当たっては，しなった枝からウェビングが抜け落ちないよう，ハイマツの枝ではなく，根元に近い幹の部分に荷重がかかると結び目の輪が締まる結び方で結束すべきであったと認められる。それにもかかわらず，Ｄ隊員は上記……のとおり結束したが，この結束方法では，結び目の輪が枝の先の方にすべり，しなった枝から抜け落ちるおそれがあるし，枝の結び目の輪が抜け落ちると幹が結束していてもストレッチャーが滑落するおそれがあった。

Ｂ小隊長，Ｄ隊員及びＥ隊員は，手を離して数十秒間目視し，ストレッチャーが安定していることを確認してから，Ｆ隊員が本件滑落地点２に到着する前にストレッチャーのそばを離れた。『ひと回りふた結び』の結び方は荷重がかかっても結び目の輪が締まらないのであるから，しなった枝から抜け落ちるおそれがあることを容易に予見できたことは上記……のとおりであるが，本件全証拠を検討しても，Ｆ隊員の到着を待って稜線に戻ったり，ザックを取りに行くか，到着を待てないのであればＢ小隊長及びＤ隊員が交代でザックを取りに行くなどといった，少なくとも１人の救助隊員がストレッチャーのそばに

民商法の課題と展望

いるのが困難であった事情はうかがわれない。Aが滑落すれば，その引上作業には更にかなりの時間が掛かることは明らかであるから，滑落のおそれがあるにもかかわらず，救助隊員がAのそばを離れなければならなかったとは認め難い。

　以上の検討結果をまとめると，D隊員によるハイマツへの結束方法及びF隊員が到着する前にストレッチャーのそばから離れたB小隊長，D隊員及びE隊員のその後の行動は，明らかに合理的とは認められないといわざるを得ない。

　したがって，本件滑落2発生時における上記の救助活動は，国家賠償法上違法と評価されるというべきである。そして，上記結束を行ったD隊員，及び，その結束状況を確認するとともに，E隊員に稜線に戻ることを指示し，更にザックを回収しようとしてD隊員を同行させたB小隊長には，このことについての過失があるというべきである。

　以上によれば，YにはXらに対して国家賠償法1条1項に基づいて本件死亡事故により生じた損害を賠償する責任がある。」

　(ウ)　このように，Yには賠償責任があると判示し，過失相殺については，損害額の7割を控除するのが相当であり，控除後の損害額は各814万3921円となるとした。Yから上告および上告受理の申立て。

3　上告審決定（最決平成28・11・29LLI【判例番号】L07110080，TKC【文献番号】25545136）

　上告棄却，上告審として受理しないとの決定をした。

Ⅲ　公的緊急救助行為における軽過失免責の視点

　本件訴訟のように，被救助者に対する無報酬の救助者側の不法行為責任が問われる事案は，極めて珍しい。このような事案がこれまで裁判で争われることがなかった原因としては，いずれも推測の域をでないが，①救助活動の明確な未熟さのために死亡したり重大な損害が生じるという事案が少なかった，②損害賠償を請求する際の被告の過失の立証が困難であるために提訴を断念したというもののほか，③無報酬で人命救助に従事した者に対して損害賠償を求めるのは，救助者に明白な落ち度でもない限り，妥当でないというのが一般的な

538

人々の感覚だからではないかと思われる。また，④危険な状況下で懸命に困難な救助活動に携わった者にかえって損害賠償責任が生ずるということには（前述したように，国賠１条は代位責任主義を採るものと解されているので，国賠による賠償責任についても，まず，当該救助者に不法行為が成立することが要件となる），奉仕的行為に水をさすような違和感を覚えるというところもあるのではないかと思われる。救助者といえども賠償責任を負う場合があるとしても，それは厳格な要件のもとに限られるべきであるという感覚は，少なからず共有される素地があるのではないだろうか。

　ちなみに，立法例としては，さらに進んで，全面的に免責するものも知られている。すなわち，アメリカ合衆国では，全州及びコロンビア特別区に，「よきサマリア人法（Good Samaritan Laws）」が制定されていることが紹介されている。これには，対象を限定するものと限定しないものがあり，たとえば，アラバマ州では，医師，消防隊員，警察官など救助の専門家については，善意かつ無償で救命行為を行った場合の民事責任を否定している。また，アラスカ州では，病院その他の場所において，緊急の救命行為を要すると認められる人を対象に，それを実施したすべての者に対して免責を認めている[5]。

　なお，フランスでは，国家の行政賠償責任は，もっぱら行政裁判所の判例法によって，形成されている。そこでも，役務のフォート（故意過失，違法性を含む複雑な概念であるが，便宜上，過失と呼ぶ。）による賠償責任が認められるために要求される過失の程度は，損害を生じさせた公役務の性質によって異なる。

　通常は単純過失で足りるが，遂行が困難でしかも重要不可欠な役務には重過失が要求され，その例として，警察，消防などが挙げられている[6]。そして，「重過失が要求される領域を決定する為に，最も大切な役割を果たすのは，役務の困難さである」と言われている[7]。

　もっとも，近時の研究では，フランスでは，重大なフォートが要件とされる

---

(5)　樋口範雄「よきサマリア人法（日本版）の検討」ジュリスト 1158 号（1999 年）69 頁
　　（70-71 頁），同「よきサマリア人法——救助義務の日米比較」石井紫郎＝樋口範雄編
　　『外から見た日本法』（東京大学出版会，1995 年）243 頁（注 2 参照）。

(6)　滝沢正「各国の国家補償法の歴史的展開と動向——フランス」西村宏一＝幾代通＝園
　　部逸夫編『国家補償法体系 1 国家補償法の理論』（日本評論社，1987 年）24 頁。

(7)　北村和夫「フランス行政賠償責任における重過失責任 (1)」法学論叢 127 巻 4 号
　　（1990 年）56 頁以下（73 頁）。

民商法の課題と展望

範囲は大幅に減少し，なおこれが要件とされているのは監督行政役務と裁判役務であり，論者によって警察役務が加えられていることが紹介されている[8]。

このように，救助行為が不法行為となる要件について，特別の考慮をすべきか否かについては，政策判断としても別れうるところであるが，仮に特別の考慮をすべきであるとするならば，「悪意または重大な過失」を有責要件とする緊急事務管理の規定（民698条）が手がかりとなろう。本件と同様の山岳遭難で民間組織が無償で救助に向かったならば，そのほとんどの場合にはこの規定により賠償責任は問題にはならないであろう。これに対し，公的な救助行為は，義務的であるため事務管理にはあたらない場合には民法698条を適用することはできないが，しかし，その類推適用の可否は検討されてよいであろう。

IV　緊急事務管理規定(軽過失免責)類推適用の可否

1　裁判例

緊急事務管理規定（民法698条）の参酌等が主張された事案に関する裁判例として，以下のものがある。

〔1〕佐賀地判平成18年9月8日判時1960号104頁

〔事案〕被告（佐賀中部広域連合）において，第三者から，夜間，原告が路上で転倒して後頭部を路面で打ち，倒れているとの通報に基づき救急隊を出動させて一旦原告を救急車内に収容したものの，原告を医療機関に搬送することなく，現場に迎えに来た原告の親族に引渡したところ，原告がその後右急性硬膜外血腫等を発症して後遺障害を残すこととなったとして，原告が被告に対し，搬送義務違反を理由に，国賠1条1項に基づいて損害賠償を求めた事案。もっとも，原告は搬送を拒否していたと認定されている。

被告は，消防法2条9項の定める「救急業務の性質に照らせば，被告と傷病者との関係は緊急事務管理（民法698条，故意又は重過失の場合にのみ責任を負う。）類似の関係にあるといえ，また，救急業務に関する消防法上の定めは，救急隊の行動理念や行動規範を定めたものにすぎず，これにより救急隊が住民

---

(8)　津田智成「フランス国家賠償責任法の規範構造——『役務のフォート』理論を中心に(2)」北大法学論集65巻2号（2014年）258頁。

に対して直接義務を負うものではなく，住民が救急業務を享受できるのは反射的利益にすぎないのであるから，傷病者等に対する国家賠償法 1 条 1 項上の過失の前提となる注意義務の程度についても，これらの点を考慮して検討されるべきである。」と主張した。

〔判旨〕請求棄却。「救急業務は，傷病者の救護を目的とし，傷病者の生命，身体の安全に直接関係する緊急性の高い業務であるといえる。／……救急業務は，その性質上，傷病者等の求めに応じて行う公的なサービス，給付行政的な活動であって，その趣旨は専らサービスを希望する者の満足を得ることにあり，傷病者本人を含む国民の権利義務を制約するものではないから，正常な判断能力を有する傷病者の意思に反してこれを行うことは許されず，したがってこのような場合には被告が救急業務を実施すべき義務を免れることは明らかであるというべきである（……）。」とし，原告が「結論的に搬送を拒否しているものと認められる」こと，「A 隊長は，原告の頭部外傷を疑って，原告の救急車への収容後，手指も用いた創部の観察，瞳孔の観察，血圧，血液中の酸素飽和度及び心拍数の検査並びに原告の言動の観察を行ったが，高血圧を除いて異常は見受けられず（……），原告の高血圧についても B〔現場にかけつけた原告の次男の配偶者：引用者注〕の説明により持病として説明がつくものであることが判明したこと」などから，「A 隊長が原告につき直ちに病院へ搬送するまでの緊急性が認められないと判断したことは誠にやむを得ないものというべきであって，乙山隊長ら救急隊員が B に対して原告の病院への搬送の説得をすべき義務があったとはいえ」ず，「A 隊長の判断は合理的であり，誤っていたとは認め難い」とした。

判旨は民法 698 条の考慮には言及しておらず，そもそも被告には軽過失もないと判断したものであるが，被告が緊急事務管理類似の関係があるとして軽過失免責の主張をしている点が注目される。

［2］奈良地判昭和 59 年 11 月 30 日判時 1220 号 86 頁

〔事案〕Y₁（奈良市）の設置した休日夜間応急診療所を受診した患者（乳児）A に，化膿性髄膜炎悪化による後遺症（脳性小児麻痺）が残り，2 年後に急性肺炎で死亡した。X ら（A の両親）が，Y₁ や本件診療所に医師会から派遣された医師（B・C）の所属する D 病院を経営する Y₂ 医療法人に対して，損害賠償を請求。Y₂ は，本件医師の過失責任を論ずるに当っては緊急事務管理の法理

民商法の課題と展望

が参酌されるべきである旨を主張した。

〔判旨〕Y₁ らの履行補助者である本件患者を診察した医師には，髄膜炎を疑い，確定診断と治療方針決定のためにルンバール検査を実施するため，同検査及びそれに続く治療をなし得る他の病院に転送する措置を採るべきであったとし，Y₁ らには診療契約の債務不履行があるとして請求を認容した。Y₂ の上記主張に対しては，「Y₂ は，D病院の医師の過失責任を論ずるに当っては緊急事務管理の法理が参酌されるべきである旨主張する。しかしながら，前叙認定のD病院がAの診療を引受けるに至った経緯に徴するも，右診療が民法第698条にいう緊急事務管理に当るとは認め難く，しかも前叙のとおりD病院におけるB及びC両医師の注意義務の<u>懈怠は重大であるから</u>，同条の法理は適用し難く，Y₂ は A 及び原告らの蒙った損害賠償の責任を免れしめるものではない。」とした。

〔3〕大阪高判昭和61年3月27日判時1220号80頁（〔2〕の控訴審判決）

〔判旨〕一部変更（認容額を約12万円減額）。一審判決と同じくY₁ らの賠償責任を認め，緊急事務管理の法理の参酌については次のように判示した。

「C医師のAの診療行為はXらとY₂ との準委任契約に基づくもので，義務なくしてなされた診療でないことは明らかであるから，緊急事務管理に関する民法698条の適用がないことは明らかである。

またD病院は小児科応急診療を標榜する診療所の二次受入病院であって，同病院に勤務するC医師は小児科救急診療に従事していたのであるから，昭和54年1月1日だけ<u>運悪く乳児が来診した訳ではなく</u>，通常関与している医療の一側面と変らないばかりか，同医師が専門外の自信の持てない領域として<u>診療を拒否したが，被控訴人らからそれでも構わないからとして診療を依頼されたという事情</u>にもない。／そうすると，緊急事務管理の法理を参酌して同医師の注意義務を格別に軽減すべき理由はないというべきである。」。

この判決は，結論としては緊急事務管理の法理を参酌すべき事案ではないとしているが，参酌すべき場合がありうること，また，どのような場合に参酌がありうるかを述べているようにも思われる。

2　消防署職員の消火活動

失火責任法と国賠4条（「国又は公共団体の損害賠償の責任については，前3条

の規定によるの外，民法の規定による」）の関係につき，判例は「国又は公共団体の損害賠償の責任について，国家賠償法 4 条は，同法 1 条 1 項の規定が適用される場合においても，民法の規定が補充的に適用されることを明らかにしているところ，失火責任法は，失火者の責任条件について民法 709 条の特則を規定したものであるから，国家賠償法 4 条の『民法』に含まれると解するのが相当である」（最判昭和 53 年 7 月 17 日民集 32 巻 5 号 1000 頁）と判示して，国賠法に失火責任法が適用されるという見解を採用している。

最判平成元年 3 月 28 日（判例時報 1311 号 66 頁）も「消防署職員の消火活動が不十分なため残り火が再燃して火災が発生した場合における公共団体の損害賠償責任について失火ノ責任ニ関スル法律の適用があることは，当裁判所の判例（最高裁昭和 52 年（オ）第 1379 号同 53 年 7 月 17 日第 2 小法廷判決・民集 32 巻 5 号 1000 頁）とするところであり，いまこれを変更する必要はないというべきである」と判示して，この最判昭和 53 年を引用し，適用説の立場にたつことを明らかにしている。

このように，消防署職員の消火活動が不十分なため残り火が再燃して火災が発生した場合に失火責任法を適用するのであれば，消防署職員が消火作業中に「救出作業」をしていた際の行為について損害賠償が問題にされたときに，緊急事務管理の類推適用説が採用される可能性が検討されてよいように思われる。そして，緊急事務管理が類推適用されるなら，国家賠償法 4 条により，消防職員に故意または重過失がない限り国家賠償責任も認められない，ということになろう。

もし，火事場の専門家である消防署職員について緊急事務管理が類推適用されるのであれば，山岳遭難救助隊の場合にも（本件訴訟における，警察官から組成される「北海道警察山岳遭難救助隊」は，その職務専属の部署ではないので，消防署職員よりも専門性は低いとの見方ができるなら，なおのこと），緊急事務管理が類推適用（参酌）されるべきであるとの考え方は，検討されてよいように思われる。

遭難者救助のために，急遽，地元有志による救援隊が組織された場合などは，その救助行為は上記の緊急事務管理となり，救助者に賠償責任が課せられることは殆どない，と思われる。登山候補地を抱える市町村が，予め住民に呼びかけて捜索隊を組織していたときも，同様であろう。そうすると，救援隊が地域

民商法の課題と展望

住民と消防署員や警察官等との混合編成の場合に，軽過失免責は前者に限られるとすることでよいのかも疑問に思われるところである。

3　公的緊急救助行為に事務管理は成立しないか

　(ア)　本件訴訟は，警察官から組成される「北海道警察山岳遭難救助隊」が救助活動をした事案であるが，このような，「公の施設に勤務し他人の事務を管理する義務を負うもの，例えば警察官，消防吏員・消防団員などは，その施設における職務権限に基づいて救助活動するものであって，被救助者個人に対する関係は施設と個人との関係に吸収される」ので，救助した個人の事務管理は成立しないと指摘されている[9]。

　他方，公の施設の事務管理が成立するかについては，「施設と市民の間の法律関係は，それぞれの施設に関する法律の規定によって定まる。福祉国家として市民のためにその事務を処理することを目的とする公の施設については事務管理は成立しない」が，「特別の場合に，被救助者から費用の償還を求める旨の規定があるときには，実質的には事務管理の費用の償還請求に該当する」[10]といわれている。

　このように，「費用償還請求の特則があるときは実質的に事務管理である」としており，警察官の活動が事務管理に当たらないとの議論は，費用償還請求権の有無を眼目に置いた議論ではないかと思われる。

　(イ)　民法698条の類推適用の可否は，同条が緊急事務管理の場合に軽過失を免責することを正当化する根拠に照らして検討する必要がある。その根拠をどこに求めるかについては，すでにドイツの学説を中心に詳しい紹介と分析があるが[11]，①緊急事務管理の奨励[12]，②道徳上または法律上の義務によって事務管理を行う者に一般不法行為と同様の過失責任を負わせるのは過大な負担であるというところに求められよう。①②は緊密に関連するものであるが，①②を

---

(9)　我妻栄『債権各論下巻1〔民法講義Ⅴ4〕』（岩波書店，1972年）909-910頁。

(10)　我妻・前掲注(9)『債権各論下巻1』910頁。

(11)　塩原真理子「緊急事務管理者の責任軽減について」東海法学47号（2013年）82頁参照。

(12)　梅謙次郎『民法要義巻之三債権編』（有斐閣，1984年〔大正元年復刻版〕）853頁。なお，「急迫ノ」は，法典調査会での原案（707条）には当初なかったが，審議の末に入ったものである（法典調査会民法議事速記録5〔日本近代立法資料叢書5〕）134頁。

根拠に民法698条自体が妥当な規定であるとするならば，公的緊急救助行為の責任阻却についても，民法698条を類推適用することには合理性があると思われる。

Ｖ　むすび

公的緊急救助行為は事務管理に当たらないということと，緊急事務管理規定（民698条）類推適用の可否は直結するものではない。先にみた，裁判例の［1］～［3］も，民法698条類推適用の可能性まで否定しているものではない。のみならず，［2］判決は，医師の注意義務の懈怠は「重大である」としており，［3］判決も，緊急事務管理の法理を参酌しうる場合があるかのような説示をしているところは，注目される。

さらに，本件訴訟の第1審判決が，「救助隊員の救助活動が国賠法上違法と評価されるためには，救助を行う際の救助隊員及び遭難者が置かれた具体的状況に照らし，明らかに合理的と認められない方法をとったと認められることが必要であると解するのが相当である。」とし，控訴審判決が，「『ひと回りふた結び』の結び方は荷重がかかっても結び目の輪が締まらないのであるから，しなった枝から抜け落ちるおそれがあることを容易に予見できた」，「Ｄ隊員によるハイマツへの結束方法及びＦ隊員が到着する前にストレッチャーのそばから離れたＢ小隊長，Ｄ隊員及びＥ隊員のその後の行動は，明らかに合理的とは認められない」と述べているのは，実質的に重過失の有無を判断しているようにも思われる[13]。

そうであればなおのことであるが，公的緊急救助行為にも軽過失免責の法的構成を考えてよく，それは緊急事務管理の類推適用というところに求められるのではないだろうか[14]。

民商法の課題と展望

⒀　このように，控訴審判決は，違法性判断の基準については，第1審判決の「明らか
に」という限定を外し，単に「合理的と認められない方法を執った場合に限られる」と
述べており，第1審判決よりも低く設定しているかのような表現になっている。他方
で，隊員の過失判断においては，その行動は「明らかに」合理的とは認められないとし
ており，本件は軽過失を超える事案であることを重視しているニュアンスがあるように
思われる。

　　なお，第1審判決については，本文でも記したが，意見書では，判旨が認定している
悪天候下の救助活動からすると，滑落1について責任ありとしたことには賛成できない
旨を述べた。したがって，控訴審判決については，滑落2を問題としたことは妥当であ
ると考える。しかし，判旨も認定しているように，本件滑落2当時，本件滑落地点付近
は吹雪であったこと，「B小隊長，D隊員及びE隊員は，手を離して数十秒間目視し，
ストレッチャーが安定していることを確認してから，ストレッチャーのそばから離れ
た」こと，「本件滑落2の時点で，C分隊長，F隊員及びE隊員は滑落事故（本件滑落
1）に遭っており，B小隊長，E隊員及びD隊員は約1時間に及ぶ引上作業を実施して
おり，E隊員の疲労は激しく，B小隊長及びD隊員も相当程度疲労としていたと推認さ
れる。そして，D隊員及びE隊員は，…負傷していた」ことなどからすると，救助隊員
はまさに命がけの救助活動をしていたのであり，この救助隊員の行動を「明らかに合理
的とは認められない」と断じるのは，本件事案のような苛酷な状況下での救助行為に，
冷静な合理性を要求しているものではないと思われるが，やはり酷ではないかと思われ
る。

⒁　近時，緊急性が高い場面で非医師がいわゆる「医行為」を行った場合や（樋口範雄
「『医行為』概念の再検討」樋口範雄＝岩田太編『生命倫理と法Ⅱ』〔弘文堂，2007年〕
15頁），震災時の緊急状況下での行為に緊急事務管理の類推適用の余地があるのではな
いかとの指摘がなされていることは（米村滋人「大災害と損害賠償」論究ジュリスト6
号〔2013年〕68頁），興味深く，基本的に賛成したい。なお，契約関係があり報酬債権
が発生する債権者であっても，緊急事務管理の類推適用により軽過失免責をするのが妥
当な場合はありうるように思われる（シンポジウム「震災と災害」私法76号〔2014年〕
50頁〔米村滋人発言〕参照）。

23 成人の責任無能力者に関する監督者責任の研究序説
―― 近親者・個人後見人に関する日独裁判例比較を中心に

林　　誠　司

Ⅰ　序	Ⅳ　検　討
Ⅱ　日 本 法	Ⅴ　結　語
Ⅲ　ドイツ法	

Ⅰ　序

　線路内に立ち入った高齢者Ａ（認知症。成年後見人及び保佐人なし。精神保健及び精神障害者福祉に関する法律[(1)]による保護者は妻 Y_1）と衝突した列車に遅れが生じたことから，損害を被った鉄道会社Ｘが，Y_1（当時 85 歳，要介護度 1）及び子 Y_2 らに対し，Ｙらの監督義務違反等を理由として振替輸送費等につき損害賠償を求めた事件において，最判平 28・3・1 民集 70 巻 3 号 681 頁（以下「[13]」）は，認定された損害額の 5 割の支払を Y_1 に命じた原審名古屋高判平 26・4・24 判時 2223 号 25 頁（以下「[11]」）を破棄し，Ｘの請求を棄却した。[11] は，Y_1 は協力扶助義務（民法 752 条）[(2)]としての法定監督義務を負い且つ714 条の免責事由は認められないとしたのに対し，[13] は，$Y_1 Y_2$ の法定監督義務を否定した上，次のように判示した。

　法定監督義務者に該当しない者でも，「責任無能力者との身分関係や日常生

　＊本稿は，2016 年 2 月 19 日札幌地裁において開催された札幌民事実務研究会での報告原稿に加筆修正したものである。

（1）　以下，「精神保健福祉法」又は「精福法」とする。

（2）　以下，民法は条数のみで示す。

『民商法の課題と展望』大塚龍児先生古稀記念〔信山社，2018 年 3 月〕　　*547*

民商法の課題と展望

活における接触状況に照らし，第三者に対する加害行為の防止に向けてその者が当該責任無能力者の監督を現に行いその態様が単なる事実上の監督を超えているなどその監督義務を引き受けたと見るべき特段の事情が認められる場合」，衡平の見地から法定監督義務者と同視して714条に基づく責任を問うことができ，かような者については法定監督義務者に準ずべき者として同条1項が類推される。ある者が精神障害者の法定監督義務者に準ずべき者か否かは，その者自身の生活状況・心身の状況，親族関係の有無・濃淡，同居の有無その他の日常的な接触の程度，財産管理への関与の状況など精神障害者とのかかわりの実情，精神障害者の心身の状況や日常生活における問題行動の有無・内容，これらに対応して行われている監護や介護の実態など諸般の事情を総合考慮し，衡平の見地から責任を問うのが相当といえる客観的状況が認められるか否かの観点から判断すべきである。Y_1 は「Aの第三者に対する加害行為を防止するためにAを監督することが現実的に可能な状況にあったということはできず，その監督義務を引き受けていたとみるべき特段の事情があったとはいえない」。A宅から遠隔地に居住・勤務し，20年以上同居していない Y_2 も，法定監督義務者に準ずべき者とはいえない。

[13] に関しては，次の疑問を指摘しうる。第一に，[11] が指摘していたように，重度認知症を含む精神障害ある配偶者との関係で，他方配偶者は協力扶助義務を714条1項の法定監督義務として負わないのか，負わないとすればそれは何故か。また，協力扶助義務が法定監督義務ではないとするとき，他に精神障害者の法定監督義務者に当たる者はいないのか。第二に，仮に法定監督義務者に当たる者がいるとき，法定監督義務者は，（責任無能力の未成年子の加害行為について親の責任が714条1項により問われる裁判例で時に見られるように）[3]直ちに監督義務違反の責めを負わされないのか，負わされないとすれば法定監督義務者が義務違反の責めを問われるのはいかなる場合か。第三に，法定監督義務者がないとき714条に基づく責任を負う，法定監督義務者に準ずべき者とはいかなる者か，或いはなぜ「監督義務を引き受けたと見るべき特段の事情が認められる場合」に精神障害者の監督者としての責任を問うことができるのか。

---

(3) 仙台高判昭39・2・24判タ161号98頁，東京地判昭50・4・22交民集8巻2号525頁，東京地判昭60・5・31判タ577号60頁等。

23 成人の責任無能力者に関する監督者責任の研究序説〔林　誠司〕

以上の問題は相互に密接に関連しており，いずれも被監督者の加害行為についての監督者の責任（以下「監督者責任」）の帰責根拠に関わる問題といえる。筆者は，これを過失責任に求めうると考える[4]が，それを措くとしても，成人の責任無能力者に関する監督者責任について従来わが国では，未成年者に関するものと比べ議論が乏しく[5]，前記諸問題の解決にはその示唆を外国法に求めることが有益である。そこで，本稿は，前記諸問題に関する今後の研究の基礎として，714条の沿革につき成人の責任無能力者[6]の監督者に関する議論を中心に概観した後，従来の裁判例がいかなる者を法定監督義務者とし，いかなる場合に監督義務違反を認めてきたのかを分析・検討し（Ⅱ），そこで得られた知見の理論的位置付けを明らかにすべく，714条の起草時に参考とされ，わが国の監督者責任と類似の法制度を有するドイツ民法（以下「BGB」）の下での，成人に関する監督者責任について学説を概観し，Ⅱでの分析と同様の視点から裁判例を分析した後（Ⅲ），前記諸問題に関する示唆を得ることを試みる（Ⅳ）。なお，考察対象たる責任主体として法人後見人，社会福祉施設等の各種施設等も問題となりうるが，本稿は，筆者の能力の関係から，考察対象を近親者及び個人後見人に限定する。

---

(4)　拙稿「監督者責任の再構成(1)～(11・完)」北大法学論集55巻6号（以下，2005年）2275頁以下，56巻2号725頁以下，同3号1197頁以下，同4号1674頁以下，同5号（以下，2006年）2235頁以下，同6号2591頁以下，57巻1号227頁以下，同3号1133頁以下，同4号1679頁以下，同6号（以下，2007年）2583頁以下，58巻3号1135頁以下。

(5)　先行業績として後掲各文献の他，山田知司「精神障害者の第三者に対する殺傷行為と不法行為責任」『裁判実務体系第16巻不法行為訴訟(2)』（青林書院，1987年）283頁以下等。

　　もっとも，近時では，［11］や［13］を機縁として，（立法論も含め）この問題に関する新たな論稿が現れつつある。窪田充見「責任能力と監督義務者の責任」『不法行為法の立法的課題』（商事法務，2015年）71頁以下，久保野恵美子「法定監督者の意味」論究ジュリスト16号（2016年）33頁以下，前田陽一「認知症高齢者による鉄道事故と近親者の責任（JR東海事件）」同17頁以下等。

(6)　以下，単に「成人」とするときは特に断りのない限り成人の責任無能力者を指す。

民商法の課題と展望

II 日 本 法

1 714条の沿革[7]

(1) 旧 民 法

成人に関する監督者責任につき財産編は，「何人ヲ問ハス……自己ノ威権ノ下ニ在ル者ノ所為又ハ懈怠……ヨリ生スル損害ニ付キ下ノ区別ニ従ヒテ其責ニ任ス」（同371条）及び「瘋癲白痴者ヲ看守スル者ハ瘋癲白痴者ノ加ヘタル損害ニ付キ其責ニ任ス」（同372条3項）と定めていた。その帰責根拠につき起草者ボアソナードは，人は自己の所為又は懈怠についてしか責任を負わず，「所為又は意思無くして責任を負わされることはまさに正義に反する」[8]とし，371条及び次条の責任が監督の欠如という自己の懈怠に基づく責任と捉えていたことが窺われる[9]。ボアソナードによれば，372条3項の看守者には後見人や精神障害者を託された家族が含まれた[10]。

なお，財産編372条2項（未成年被後見人の加害行為に関する未成年後見人の責任)[11]の草案（392条2項）には当初，未成年の卑属による損害についての尊属の責任（草案392条1項）と「同一の責任が，……妻により引き起こされた損害に関して夫に，……同居要件の下で課せられる」との規定が置かれていた[12]。ここで被監督者とされる妻は責任無能力者に限らないが，この点に関する議論も紹介しておく。

草案392条2項を定めた理由を，ボアソナードは次のように説明する。「夫

---

(7) 既に飯塚和之「精神障害者の加害行為に対する監督義務者の責任に関する一考察」小林三衛先生退官記念論文集刊行委員会編『現代財産権論の課題』（敬文堂，1988年）142頁以下に紹介があるため，できる限り重複を避ける。714条の沿革については，未成年子の親の責任を中心としたものだが，拙稿・前掲注(4)北法55巻2284頁以下も参照。

(8) Boissonade, *Projet de Code civil pour l'Empire du Japon accompagné d'un commentaire*, (nouvelle éd., 1891), t. 2, pp. 318-319.

(9) 久保野恵美子「子の不法行為に関する親の不法行為責任(2)」法協117巻1号（2000年）28頁以下及び拙稿・前掲注(4)北法55巻6号2284頁以下も参照。

(10) Boissonade, *op. cit.*, pp. 321-322.

(11) Boissonade, *op. cit.*, pp. 321-322. ボアソナードは，成人の被後見人については同条3項が適用されると考えていた。

(12) Boissonade, *op. cit.*, p. 309.

550

23 成人の責任無能力者に関する監督者責任の研究序説〔林　誠司〕

は妻に対し後見人の威権に等しい威権を有しておらず，被後見人に関する強制手段と同じ強制手段を有しない」ため，未成年後見人に関する規定は当然には妻の加害行為に関する夫の責任に類推されないが，日本では夫権が，フランスその他の多くの国におけるより強力であることを考慮した[13]。しかし，その後完成した草案では，夫の責任を定めた部分は削除された。理由は，ボアソナードも指摘したように，夫は妻に対し，親が子に対して有するのと同様の権限を有しないとされた点にあると見られる[14]。当時既に，妻に対する夫の権限が，加害行為防止に関しては限られたものであることが指摘されていた点は興味深い。

(2) 現行民法

法典調査会で714条の草案（722条）の起草趣旨説明を行った穂積博士は，「此場合ニ於キマシテモ矢張リ自分ノ過失ガアル即チ……〔現行709条〕ノ故意又ハ過失ニ因リトゴザイマス主義即チ過失主義ト云フモノガ他人ノ過失ノ責ニ任スルノデハアリマセズシテ矢張リ己ガ監督ノ義務ヲ怠ル時分ニ責ガアルト云フ主義デアリマス」とし[15]，本条が過失責任に基づくことを明らかにしている。

他方，第一に，被監督者が責任無能力のときにのみ監督者が責めを負う点と過失責任主義の関係を問われた博士は，被監督者が後見人等の下にいるような場合，責任能力の有無を問わず監督者責任を認めると少し広すぎるとする[16]。第二に，証明責任の転換につき，博士はその根拠を，子の加害行為につき親の監督義務違反を被害者が立証することの困難に求めつつ，心神喪失者の監督者にはその根拠が直ちには当てはまらないことを認め，また，証明責任の転換に反対する委員は，監督義務違反不存在につき後見人が立証することの困難をその根拠とした[17]。以上より，後見人が過大な責任を負わされるべきでないとの共通認識が起草者や委員の間に存したことが窺われる[18]。

---

(13)　Boissonade, *op.cit.*, p. 321.

(14)　『民法草案財産編人権ノ部議事筆記』民財四ノ三二〇丁以下参照。

(15)　日本学術振興会版『民法議事速記録』四一ノ三丁。

(16)　前掲『民法議事速記録』四一ノ一八丁以下。

(17)　前掲『民法議事速記録』四一ノ八丁以下。

(18)　責任強化を主張した委員は未成年者の場合を例示していたとの，前田泰「精神障害者の不法行為と保護義務者の責任」徳島大学社会科学研究2号（1989年）63頁の指摘は，その裏返しである。

551

民商法の課題と展望

2 保護（義務）者制度と監督義務者に関する従来の学説

(1) 保護（義務）者制度について

裁判例の分析の前提として，従来成人の法定監督義務者として特に問題となった精神病者監護法上の監護義務者，精神衛生法（以下「精衛法」），精神保健法（以下「精保法」）及び精福法上の保護（義務）者に関する制度を概観する。

(i) 精神病者監護法（1900 年）

同法は，精神病者につき，後見人，配偶者，親権を行う父又は母，戸主，その他の 4 親等内の親族で親族会の選任した者が監護義務を負い，監護義務者が数人あるときは，原則として前記順序で義務を履行すべきとし（1 条），監護義務者は精神病者を監置しうるとする（2 条参照）。

(ii) 精神衛生法（1950 年）

精衛法は，後見人，配偶者，親権を行う者，及び扶養義務者を保護義務者とし，保護義務者が数人あるときは，原則として前記順序で保護義務者になるとする（20 条。扶養義務者が数人あるときは家裁が選任した者）。同法は，保護義務者が精神障害者につき，①治療を受けさせ，②自傷他害をしないように監督し（自傷他害防止義務），③財産上の利益を保護する義務等を負うとし（22 条），また，同意入院（精保法・精福法の医療保護入院）の同意権を有するとする（33 条）。保護義務者の保護拘束権限（43 条）は 1965 年改正で削除された。

(iii) 精神保健法（1988 年 7 月施行）

精保法は，精衛法の保護義務者制度をほぼそのまま引き継いだ（20 条,22 条及び 33 条参照）が，1993 年改正により「保護者」へと名称を改めた。

(iv) 精神保健福祉法（1995 年 7 月施行）

精福法は，精保法の保護者制度をほぼそのまま引き継いだが，1999 年改正（2000 年 4 月施行）により保護者の自傷他害防止義務を削除した（2013 年改正前の 22 条参照）。保護者の高齢化による負担の増大，精神障害者と生活を共にしていない扶養義務者に，従来の家族制度の下での家族と同様の役割を期待することは困難であること，自傷他害防止義務は精神障害者に治療を受けさせることに尽き，治療を受けさせる義務と事実上同じであることを理由とする[19]。そ

---

(19) 杉中淳・時の法令 1603 号（1999 年）22 頁以下参照。1999 年改正では，成年後見制度改正に伴い保護者に保佐人が追加された（杉中・同 23 頁参照）。

の後，2013 年改正（2014 年 4 月施行）により，家族の一人が義務を負うことによる過大な負担の防止等を理由に[20]，保護者制度は廃止された（現行 33 条参照）。

(2) 監督義務者に関する従来の学説

上述の精神障害者法制，特に保護（義務）者制度を前提として，従来，学説では，保護（義務）者は法定監督義務者か，また，特に保護（義務）者がない場合，世話を事実上行う者が法定監督義務者等に準じる者として 714 条責任を負うかが論じられてきた。

(ⅰ) 保護（義務）者は法定監督義務者か

精神病者監護法下の学説は，監督義務者を 714 条の法定監督義務者とし[21]，精衛法及び精保法下でも保護義務者がこれに当たるとする見解が多数説であった[22]。しかし，他方，精衛法下で既に，保護義務者に有効な他害防止権限がないことや保護義務者が同意入院の同意権者特定のために機能していることを指摘し，保護義務者を法定監督義務者とすることに消極的な見解も見られた[23]。その後，精福法下では，特に 1999 年改正後の保護者について，これを法定監督義務者とするものがなお多数であったが[24]，保護者制度が社会防衛を目的とした制度から精神障害者の福祉等を目的とする制度に転換したこと等を理由として否定する見解も有力であった[25]。

(ⅱ) 事実上の監督者に関する学説

精衛法，精保法又は精福法の保護（義務）者選任手続を経ていない，いわゆ

---

[20]　清野晃平・時の法令 1950 号（2014 年）57 頁以下参照。

[21]　菱谷精吾『不法行為論』（清水書店，1905 年）292 頁，鳩山秀夫『増訂日本債権法各論（下巻）』（岩波書店，1924 年）906 頁，我妻栄『事務管理・不当利得・不法行為』（日本評論社，1937 年）159 頁。

[22]　精衛法につき加藤一郎『不法行為（増補版）』（有斐閣，1957 年）161 頁，前田達明『民法Ⅵ₂』（青林書院新社，1980 年）138 頁，四宮和夫『事務管理・不当利得・不法行為　中・下巻』（青林書院，1983 年）678 頁。精保法につき平井宜雄『債権各論Ⅱ』（弘文堂，1992 年）219 頁，幾代通著・徳本伸一補訂『不法行為法』（有斐閣，1993 年）192 頁。

[23]　吉本俊雄「保護義務者の精神障害者に対する監督責任」判タ 599 号（1986 年）9 頁以下。同旨，山口純夫「[3] 判批」判時 1076 号 205 頁。

[24]　沢井裕『テキストブック事務管理・不当利得・不法行為（第 3 版）』（有斐閣，2001 年）285 頁，加藤雅信『事務管理・不当利得・不法行為』（有斐閣，2005 年）330 頁，吉村良一『不法行為法（第 4 版）』（有斐閣，2010 年）198 頁，内田貴『民法Ⅱ〔第 3 版〕』（東京大学出版会，2011 年）400 頁。

る事実上の監督者につき，学説では，法定監督義務者に「準ずべき者」には714条を適用すべき等として[26]，714条責任を認める見解が有力である（適用又は準用されるのが1項か2項か，適用か準用か等につき，想定する事案の相違によると見られるが，論者によりニュアンスの相違がある）[27]。

事実上の監督者が714条責任を負う理由として，加藤一郎博士は，たまたま後見人選任手続を怠っていたために責任を免れることはおかしいとするが[28]，これに対し，精神障害者の近親者は一種の被害者であり，近親者に監督者責任を負わせることには慎重でなければならないとする見解も見られる[29]。また，714条1項の趣旨を，危険責任の観点から，家族共同体に属する者のうち責任無能力者の行為を統御すべき地位にある者に責任を負わせたものとし，法定監督義務がなくとも監督を行う実質的地位にある者には同条項が類推されるべきとして[30]，同条の帰責根拠から説明する見解も見られる。

3 裁判例の紹介と分析

(1) 裁判例の紹介

紙幅の関係及び先行業績との重複回避から，一部の裁判例を除き，判旨の詳細は割愛する。なお，後見人が被告とされた公表裁判例は，管見の限りでは見当たらない。

---

(25) 潮見佳男『不法行為法Ⅰ』（信山社，2009年）421頁以下，山口純夫「[6]判批」私リ2000下67頁，上山泰「成年後見人等と民法714条の監督者責任」家族＜社会と法＞20号67頁，辻伸行「自傷他害防止監督義務の廃止と保護者の損害賠償責任」町野朔ほか編『触法精神障害者の処遇』（信山社，2006年）71頁以下，窪田充見『不法行為法』（有斐閣，2007年）176頁，橋本佳幸・大久保邦彦・小池泰『民法Ⅴ』（有斐閣，2011年）258頁（小池執筆）。

(26) 沢井・前掲注(24) 285頁。加藤・前掲注(22) 162頁も参照。

(27) 本文の沢井説のほか，我妻・前掲注(21) 160頁，加藤・前掲注(22) 162頁，四宮・前掲注(22) 679頁，平井・前掲注(22) 219頁参照。

(28) 加藤・前掲注(22) 162頁。加藤説は被監督者が未成年である場合を念頭に置くが，扶養義務者たる保護（義務）者に関しても同じことが言える。

(29) 四宮・前掲注(22) 679頁，吉村・前掲注(24) 200頁（ただし，社会通念上法定監督義務者と同視しうる程度の実質を備える者の714条責任を認める）。新関輝夫「[4]判批」判時1088号207頁は，保護義務者選任手続につき，手続をする義務はなく手続懈怠を理由に責任を負わせることは妥当でないとする。

(30) 潮見・前掲注(25) 23頁。

[1] 大判昭 8・2・24 新聞 3529 号 12 頁

詳細不明。Ａ（精神病。禁治産宣告なし）に襲われたＸから母Ｙ（旧 877 条による親権者）に賠償請求。原審はＹの責任を肯定。上告棄却。

[2] 高知地判昭 47・10・13 下民集 23 巻 9-12 号 551 頁

Ａ（統合失調症。禁治産宣告及び保護義務者選任[31]なし）に殺害されたＢの妻Ｘから同居の[32]父Ｙに賠償請求。請求認容。

[3] 福岡地判昭 57・3・12 判時 1061 号 85 頁

Ａ（統合失調症。宣告及び選任なし）に殺害されたＢの父母Ｘらから同居の父Ｙ（当時 75 歳）に，714 条 2 項及び 709 条に基づき賠償請求[33]。Ｙは，本件 6 日前のＡの奇行の際，傍にいつつＡに対して特に注意しなかった。

【判旨】請求認容。責任無能力者を事実上世話するが，保護義務者の選任手続を経ていない者に 714 条の適用が排斥されると，誠実に手続を履践した者がより重い立証責任を課される不公平が生じるから，社会通念上法定監督義務者と同視しうる程度の実質を備え，手続がなされれば保護義務者に選任されるであろう事実上の監督者は，714 条 2 項の代理監督者として責任を負う。Ｙは代理監督者に該当する。

Ｙの抗弁について検討すると，Ａは，本件の約 4 年 8 カ月前の最初の退院後，粗暴な症状を示し，再発の危険を包蔵していたこと，Ｙはこれらの行動等を熟知していたことから，Ａが発病して凶暴な行動に出るおそれがあることを容易に予測できた。Ｙは，Ａが本件 6 日前から塀の上を歩く等の常軌を逸した行動を示した時点で保護申請手続等をすれば，本件を防止しえた。

[4] 最判昭 58・2・24 判時 1076 号 58 頁

Ａ（心神喪失。宣告及び選任なし）に暴行され負傷したＸから同居の父母Ｙ₁Ｙ₂に賠償請求。原審は請求棄却。上告棄却。

[5] 東京地判昭 61・9・10 判時 1242 号 63 頁

---

(31) 以下，禁治産宣告を単に「宣告」，保護（義務）者選任を「選任」とする。

(32) Ｙが「早く帰って来るように，との注意を与えて〔Ａを〕送り出したところ，その夜帰宅しなかった」との認定から，ＹＡは同居していたと見られる。

(33) Ｘは国，県，町及び町長にも請求しているが詳細は割愛する。

民商法の課題と展望

A（破瓜型統合失調症。宣告及び選任なし）に殺害されたBの父母Xらから同居の父母Yらに，714条に基づき賠償請求。請求棄却。

[6] 仙台地判平 10・11・30 判タ 998 号 211 頁

A（統合失調症。宣告なし）に殺害されたBの妻子Xらから父Y（精保法上の保護者）に賠償請求。Aは本件の約2年7カ月前にBを殴打し，約1年11カ月前から統合失調症の診断を受けて約2カ月入院した際，Bへの被害妄想を抱いていた。Yは，保健所等に相談してAを入院させ，退院後通院を止めたAに通院を勧めたが，本件1年前から病院・保健所等に相談していなかった。

【判旨】請求認容。Yは，精保法上の保護者であるから714条の法定監督義務者に当たる。Yの抗弁について検討すると，AはYらを敵視して退院後通院・服薬を拒んでいたから，遅くとも事件の約1年前までに，Aが正常な状態にないことは明らかであったが，家族だけでの対応は困難であった。Yらは，約1年1カ月前からB又はその勤務先にBへの敵意に満ちたファックスを送る等のAの言動につき，Bの勤務先から通報を受けていたから，Yには，Aによる自傷他害の具体的危険を予見し，関係機関に相談に行く義務があった。

[7] 長崎地裁佐世保支判平 18・3・29 判タ 1241 号 133 頁

A（統合失調症。成年後見及び保佐開始の審判[34]並びに選任なし）に殺害された（2002 年 3 月）Bの夫及び父母Xらから同居の父Yらに，714条又は709条に基づき賠償請求。請求認容。

[8] 福岡高判平 18・10・19 判タ 1241 号 131 頁（[7] の控訴審）
控訴棄却。

[9] 名古屋地判平 23・2・8 判時 2109 号 93 頁

A（知的障害及び自閉症。審判及び選任なし）に突き飛ばされて転倒・負傷した（2006 年 2 月）B（その後別原因で死亡）の遺族Xらから同居の母Yらに，Bの請求権を相続したとして，714条等に基づき賠償請求。

【判旨】請求棄却。公平な損害の分担を図るため，法定監督義務者又は代理監督者があるとき，監督義務があることを考慮して責任を負わせるという714

───────────────

(34) 以下，成年後見開始の審判及び保佐開始の審判を合わせて単に「審判」とする。

条の趣旨から，Ｙらは，Ａの状況に他害の危険性があること等のため，Ａを保護監督すべき具体的必要性があった場合に限り，監督義務者に準じて714条責任を負う。ＹらはＡと同居して生活の世話をしており，社会通念上法定の保護者と同視しうる。しかし，Ａは，無関係の第三者に粗暴な言動をしたことはなく，聴力のないＡが背後から手をかけられ反射的に突いた本件は，粗暴な言動の現れではない。当時，他害の危険性がＡにあったとはいえず，外出時に付き添う等して保護監督すべき具体的必要性があったとはいえない。

　[10]　名古屋地判平25・8・9判時2202号68頁

　[13]の原々審。事故は2007年12月。被告はＹ₁Ｙ₂，及びＡのその他の子Ｙ3乃至Ｙ5。Ａは約2年4カ月前及び1年前に独りで外出して行方不明になる等していた。

　【判旨】Ｙ₁Ｙ₂に対する請求を認容。Ａの重要財産の処分等をする地位をＡの認知症発症後事実上引き継ぎ，介護体制を決定する等していたＹ₂は，714条2項の代理監督者等と同視しうる事実上の監督者であった。Ｙ₂の監督義務履行につき，過失の前提たる予見可能性は，他人の生命，身体，財産に危害を及ぼす危険性を具体的に予見できれば足り，電車に轢かれることを予見できたことを要しない。Ｙ₂は，Ａが徘徊し公道に飛び出す等して，他人の生命・身体等に危害を及ぼす危険性を予見できた。それにもかかわらず，出入口のセンサーの電源は切られたままであり，民間のホームヘルパーへの依頼等もなされていなかった。

　Ａの介護体制は，Ｙ₁が一定範囲で介護することを期待して取り決められ，Ｙ₁もその期待を認識し，実際に介護することによりその役割を引き受けることをＹ₂らに示していた。Ｙ₁は，外部に開放された場所にＡと二人でいるときＡから目を離せば，Ａが徘徊し交通事故を起こす等して第三者の権利を侵害する可能性を予見しえた。Ｙ₁は，Ａと二人でいるとき，まどろんでＡから目を離した過失があり，709条の責任を負う。

　[11]　名古屋高判平26・4・24（[10]の控訴審）

　【判旨】配偶者の一方が精神障害者となった場合の他方配偶者は，精福法の保護者制度の趣旨に照らしても，同居している場合，協力扶助義務の履行が法的に期待しえない特段の事情がない限り，この義務等に基づき配偶者に対する

民商法の課題と展望

監督義務を負い，714条1項の監督義務者に当たる。Y₁が高齢の身障者でも特段の事情は認められない。他方，Y₂は法定監督義務者に当たらず，Y₁からAの介護を引き受けた事実や，Yらが成年後見開始申立を回避していた事実もない。

Aは，徘徊した場合，他者の財産を侵害する危険性があった。Y₁は出入口のセンサーの電源を切っていたから，一般的監督として十分でなかった。Aが本件事故現場たる線路内に入り込むことや列車との衝突について具体的予見がなかったとしてもY₁は714条責任を免れない。

Yらが709条の責任を負うには，本件事故発生の具体的な予見可能性を肯定できる必要がある。Aが線路内に入り込むことを具体的に予見することは困難であったから，Yらに過失はない。

[12] 名古屋地判平27・4・8判時2270号87頁

A（自閉症，最重度の精神遅滞。審判及び選任なし）に暴行され負傷した（2011年1月）施設職員Xから同居の父母Yらに，714条又は709条等に基づき賠償請求。請求棄却。

[13] 最判平28・3・1（[10][11]の上告審）

Y₁から上告の他，XからY₂について上告。

【判旨】本稿冒頭を参照。なお，木内裁判官の補足意見の他，Y₂を法定監督義務者に準ずべき者に当たるとしつつ同人は監督義務を怠っていなかったとする岡部裁判官および大谷裁判官の意見がある。

(2) **裁判例の分析**

裁判例から次のことが言える。第一に，近親者が被告とされた従来の公表裁判例の大部分（[1][6][11]（Y₁について）を除く）では，被告は後見人や保護（義務）者ではなく事実上の監督者である。

第二に，裁判例には，監督義務（作為義務）を基礎付ける諸事情の有無を問い，事実上の監督者である被告が法定監督義務者又は代理監督者に準じる者か否かを判断するものが見られる[35]。すなわち，Aの統合失調症の罹患及びその行動の危険性を認識しえたか否か（[5]），Aの監督について現実に権威等を行使しえたか否か，及び被監督者の行動が他者に何らかの危害を及ぼす可能性を予見しえたか否か（[7][8]），Aの状況に他害の危険性があったか否か（[9]）

558

といった諸事情である。これらは，Aによる加害の予見可能性や結果回避可能性を基礎付ける諸事情と言える。このことは，事実上の監督者か否かの判断という形で，実質的には義務違反の判断が行われていることを意味する。

第三に，従来の裁判例には，他方で，法定監督義務者等に準じる者か否かの判断を，一見すると監督義務違反の判断と直接の関わりのない視点から行うものが見られる。例えば，Aを扶養していたか否か（[2]），手続が行われれば保護義務者に選任されていたか否か（[3]），Aの重要財産の処分等をする地位をAから事実上引き継ぎ介護体制を決する等していたか否か（Y₂について [10]）といった視点である。しかし，これらの裁判例では，通常，原告は714条と共に709条も責任根拠とするため，被告の義務違反を基礎付けうる事実を詳細に主張する。そのためか，被告が714条の監督者に準じるとするこれらの裁判例も，被告の義務違反を詳細に認定する（[3] 及びY₂について [10]）[36]。これらの裁判例では，第二点目で挙げた裁判例同様，被告に714条を適用する実益がどこにあるか明らかでない。このことは，[10] の原告が，被告らに709条の義務違反があったとの主張の内容をそのまま，被告らが714条の監督者に準じる地位にあったとする主張として再度引用していること，また，[12] の原告が，709条に基づく請求を基礎付ける事実と同じ事実を，714条に基づく請求に関する免責事由不存在の主張との関連で申し立てていることからも裏付けられる[37]。

第四に，被告たる保護者を法定監督義務者として714条1項を適用する [6]でも，監督義務違反不存在の抗弁につき，Xが多数の証拠の提出を強いられていることが窺われる他[38]，監督状況を含む詳細な事実認定の下，Aによる加害

---

(35)　[5] につきこの点を指摘するものとして，辻伸行「精神障害者による殺傷事故および自殺と損害賠償責任」判時1561号167頁以下，[8] につき同「精神障害者の他害行為と近親者の損害賠償責任」中谷陽二編集代表『精神科医療と法』（弘文堂，2008年）246頁。[5] 及び [8] につき田口文夫「[8] 判批」専修法学論集104号（2008年）163頁及び173頁も参照。

(36)　辻・前掲注(35)判時1558号174頁は，精神病院・医師の責任についてだが，714条2項を適用する裁判例も特定の加害行為の防止義務を問題にしており，709条等の責任と実質的に異ならないとする。

(37)　[7] の原告も，被告らが714条の監督者に準じる地位にあったとする主張の内容を，被告らに709条の義務違反があったとの主張として再度引用する。

(38)　抗弁の判断に当たり採用された証拠には甲号証が少なくない。

民商法の課題と展望

の予見可能性を前提とする監督義務違反の判断がなされている。これを，監督状況に関する事実認定をほとんどせずに親の責任を肯定する，未成年の責任無能力者の加害行為に関する裁判例と比較するとき[39]，監督義務違反に関する原告の立証負担はさほど軽減されていないように見える。

　以上より次のように言える。成人に関し，いかなる者がいかなる場合に監督義務違反ありとされるかの考察に当たり，問題の核心は，被告が714条の法定監督義務者，又は同条の監督者に準じる者か否かにあるのではない。いわゆる事実上の監督者が問題となる場面では，問題の核心は，被告が，個別事案において，被監督者による危険の予見可能性や監督の引受等に基づいて監督義務を負うか否かにある[40]。そして，危険の予見可能性や監督の引受を基礎付ける事実を原告が主張・立証していることに鑑みれば，ここでは714条を適用する意味はなく，むしろ709条の適用によるべきではないか[41]。また，かつての保護義務者のように法定監督義務者とされる者が問題となる場面では，法定監督義務の存在から当然に個別事案において監督義務が認められるのではなく，現実には，法定監督義務者とされた者が，個別事案において具体的な監督義務を負うか否かが改めて問われる[42]。

III　ドイツ法

1　成人の責任無能力者に関する監督者責任の概観

(1)　法定監督義務者

　BGB832条1項[43]は，「法律に基づいて，未成年のため又はその精神的若し

---

(39)　前掲注(3)の裁判例を参照。

(40)　保護者制度廃止は監督者責任免除の根拠とならないとする水野紀子「精神障害者の家族の監督者責任」岩瀬徹ほか編『刑事法・医事法の新たな展開　町野朔先生古稀記念（下）』（信山社，2014年）264頁は，正鵠を射た指摘である。

(41)　既に，飯塚・前掲注(7)164頁以下（ただし，同166頁は，監督義務者となりえないことの立証責任は推定的監督者にあるとする），辻・前掲注(25) 73頁以下，及び小池・前掲注(25) 259頁参照。

(42)　法定監督義務者が責任を負う否かが帰責根拠に照らして改めて問われるべきとする潮見・前掲注(25) 423頁は，正鵠を射た指摘である。

くは身体的状態のため監督を必要とする者に関して，監督する義務を負う者は，この者が第三者に違法に加える損害を賠償する義務を負う。その者が監督義務を尽くしたとき，又は相応の監督をしたとしても損害が発生したであろうときは，賠償義務は生じない。」とする。成人に関する法定監督義務が生じうるのは，その者が世話 Betreuung（1896 条以下）の下にあり，監督が明示的に世話人の任務の範囲に含まれるか，例外的に身上監護全体がその範囲に含まれる場合だけである[44]。

世話制度施行（1992 年 1 月）前，成人に関する監督義務は，その者が行為能力剥奪の宣告を受けて後見の下にあるか又は身上監護のため保護人 Pfleger が選任され，後見又は保護の目的が監督義務の存在を要する場合だけであるとされていた（旧 1901 条 1 項，1910 条 1 項及び 2 項，1915 条参照）[45]。

(2) 事実上の監督者

法定監督義務者でないが事実上の監督を行う者につき，通説は 832 条の類推に反対する[46]。理由として，義務者が義務履行のためにしたことを釈明することが法定監督義務の本質に適うという同条の証明責任の転換の根拠が，法定監

---

[43] 以下，本節では BGB は条数のみで示す。

[44] Belling in；*J.v.Staudingers Kommentar zum Bürgerlichen Gesetzbuch*, §§830-838, （De Gruyter, 13. Aufl., 2012），§ 832 Rz.26f.; Wagner in: *Münchener Kommentar zum Bürgerlichen Gesetzbuch*, Bd.5,（C.H.Beck, 7. Aufl., 2017），§832 Rz.16. 反 対，Bauer/Knieper, BtPrax1998, 125.

[45] Schäfer in: *J.v.Staudingers Kommentar zum Bürgerlichen Gesetzbuch* §§823-832, （De Gruyter, 12. Aufl., 1986），§832 Rz.25; Kreft in; *Das Bürgerliche Gesetzbuch*, Bd. II, Teil.6.，（De Gruyter, 12. Aufl., 1989），§832 Rz.20.

1898 年 8 月 18 日の文言における BGB

1901 条 1 項　後見人は，後見の目的が必要とする限り，被後見人の身上を監護しなければならない。

1910 条 1 項　後見に服しない成人は，その者が身体的不具 Gebrechen の結果として，特にその者が聾者，盲者又は唖者であることから，その事項を処理しえないとき，保護者を得ることができる。

2 項　後見に服しない成人が，精神的又は身体的不具の結果としてその個別の事項又はその事項の特定の領域，特にその財産事項を処理しえないとき，その者は，これらの事項につき保護者を得ることができる。

1915 条 1 項　保護には，法律に別段の定めがない限り，後見に適用される規定を準用する。

[46] Staudinger-Belling §832 Rz.8.

民商法の課題と展望

督義務のない事案では欠けること[47]，証明責任の転換の拡張は立法者が同条2項[48]で規定するが，そこでは意識的に特別な要件が課されていること[49]等が挙げられる。しかし，832条類推否定説も，事実上の監督者は823条1項の責任を負うとする[50]。これらの見解は，事実上の監督者が負う義務を社会生活上の義務 Verkehrspflicht と見る。

2　裁判例の紹介と分析[51]
(1)　裁判例の紹介
　成人の加害行為に関して後見人，世話人又は近親者が請求された事案に関するドイツの公表裁判例は，ごく少ない。

　[独1] ライヒ裁判所 RG 1908・11・23 判決（RGZ70,48）
　精神病の発作に陥ったAにナイフで切られ負傷したXから，Aの夫Yに賠償請求。原審は，Yに法定監督義務はないとして請求棄却。
　【判旨】破棄差戻。Aが暴力行為を繰り返していたというような原告主張の事実の下では，夫の責任は823条から導かれうる。病気の妻の身上に配慮する夫の権利と義務が，婚姻の本質，婚姻による生活共同体のための相互的義務，家長としての地位から明らかになる。夫（世帯主）が，精神障害により公衆にとって危険な妻を，精神病院等に収容せずに家で自由にさせ，監視措置を講じず，ナイフのようにそのような病人の手中では危険な物も使用させ，その結果その精神病者が第三者の身体を侵害するとき，夫は責任を負う。Yは，第三者に対して負う社会生活上の義務に違反した。

---

(47)　Staudinger-Belling §832 Rz.3,8.

(48)　832条2項　監督を契約により引き受ける者は同様の責任を負う。

(49)　Schiemann in; *Handkommentar zum Bürgerlichen Gesetzbuch*, Bd.2,（Otto Schmidt, 13. Aufl., 2011）（以下 Erman-Schiemann），§832 Rz.4.

(50)　Staudinger-Belling §832 Rz.8; Erman-Schiemann §832 Rz.4.
　823条1項　故意又は過失により他人の生命，身体，健康，自由，所有権又はその他の権利を違法に侵害する者は，その他人に対して，それにより生じる損害を賠償する義務を負う。

(51)　RG 1914・12・21 判決（LZ1915,624），及びデュッセルドルフ区裁 AG Düsseldorf 2007・11・29 判決（FamRZ2008,1029）は，詳細不明のため割愛する。

［独2］RG 1918・1・31 判決（RGZ92,125）

Cの農場に預けられていたA（精神病。行為能力剥奪の宣告なし）から熊手を投げ付けられて死亡したBにつき，Aの父Yに賠償請求。原審はYに有責判決。

【判旨】原判決破棄。原審が，823条等によるYの責任を想定することには賛同しうる。精神病の成人の子による加害から公衆を保護する家長の義務は，本件では，Yが「家族の紐帯という倫理的特質に根ざす，家長としての地位に基づき，患者をCに預けるために配慮したことから生じる」。そのような場合，公衆は，最も近く関与している家族構成員の領域に由来する危険が，然るべく予防されると期待してよい。Yは，適切な間隔を置き，Cだけでなく第三者にもAの行態を問い合わせねばならなかった。Aによる他人の危殆化を認識させる事情をYが知らなかった場合，その状況にAを委ねたことにつきYを非難しえない。

［独3］連邦通常裁判所 BGH 1960・11・22 判決（MDR1961,222）

詳細不明。A（精神病。行為能力剥奪の宣告あり）により繰り返し妻子を侮辱されたXから，Aの夫Y（後見人）に妨害排除請求。

【判旨】Yの責任を肯定。Yは後見人として妻を，彼女が周囲の著しい障害の原因となることから守らねばならない。832条は，この義務が第三者に対しても存在することを明らかにする。妨害状態の除去義務（1004条準用）は，Yが「既に夫として，そして世帯の長として，その世帯に属する彼の妻が，隣人の精神的及び身体的侵害によって近隣の平和を妨害しないように配慮しなければならないことからも存在する」。監督の強化により有効に除去しえないとき，Yは，住居変更，最終的には施設への拘禁も考えねばならない。

［独4］ハム上級地裁 OLG Hamm 1973・10・24 判決（VersR1975,616）

Aに階段上からビンをぶつけられて負傷したBのため費用を支出した地域健康保険組合から，Aの妻Yに823条及びライヒ保険令RVO1542条（保険代位）により請求。

【判旨】請求認容。糖尿病で両足を切断したAは睡眠薬と鎮痛剤を濫用し，一時的に混乱すること等があった。Aが自己統制を失い，他者にとって危険となりうるとき，他の居住者への加害を夫にやめさせる義務をYは負っていた。判例は，BGB832条の監督義務がないときにも，世帯主が可能かつ期待可能な

民商法の課題と展望

範囲内で，世帯の者が第三者を侵害しないよう配慮しなければならないとする。Yは妻として，住居内で夫の車椅子を動かすことにより，他の同居人への夫の攻撃を防ぎえた。

　［独5］ビーレフェルト地裁 LG Bielefeld 1998・5・26 判決（NJW1998,2682）
　作業所から帰るA（精神障害）の交通事故により物損を被ったXから，Aの父Y（健康への配慮及び居所決定等を任務とする世話人）に賠償請求。
【判旨】請求棄却。世話裁判所の決定は監督を明示的に指示せず，Yの任務領域に監督は含まれないから，世話人としての地位から監督義務は生じない。確かに，世帯主は，社会生活安全義務 Verkehrssicherungspflicht の思考から，危険な世帯構成員に，第三者への違法な侵害をやめさせる義務を負うことがある。しかし，そのような事案では，世帯の領域から他人に迫る加害行為に監督義務が及ぶことが出発点とされるが，本件ではYの世帯とのこのような関連がない。事故は，Yの世帯及び支配領域から遠いところで起きた。事故は，Aの生活と結び付いた，是認しうる方法で防止しえないリスクの実現であった。

(2)　裁判例の若干の分析

　以上より次のことが言える。第一に，裁判例のうち，被告が法定監督義務者とされたのは，後見人が（妨害排除請求の）被告とされた［独3］だけであり，世話人又は事実上の監督者が被告とされた他の事案では832条の適用は否定されている。しかし，そのことは結論に直結していない。適用を否定した裁判例の結論は，責任を肯定的に解するもの（［独1］［独4］）と否定的に解するもの（［独2］［独5］）に分かれている。事案に即した判断が窺われる。

　そこで，第二に，いかなる点に着目して監督義務違反の判断が行われているかであるが，いずれも，(i) 被監督者に由来する危険の存在（及びその認識可能性。［独2］参照）を前提とし，(ii) 義務の根拠として被告の「家長としての地位」や被告が「世帯の長」又は「世帯主」であることを指摘する。ただし，「家長」等としての地位は，［独4］のYが妻であることからしても，少なくとも現代では家父長的な意味でのそれではなく，被監督者との密接な人的結び付きを前提とする事実上の影響力行使の可能性を有する者という意味で捉えられるべきであろう。すなわち，特に事実上の監督において，上記可能性が義務設定の一つの根拠とされていることが窺われる[52]。被監督者の交通参加による事

故惹起という点で［13］に類似する［独5］が，「世帯の領域」外での加害について監督者は責めを負わないとすることは，上記可能性が尽きるところに監督義務の限界が存することを意味しよう[53]。

第三に，［独3］は，被監督者が周囲の障害の原因となることを防止する後見人の義務が第三者に対しても存在するとして，後見人が法定監督義務者であることを示唆しつつ，それとは別に，「家長」であることから既に監督義務を負うとする。また，［独5］は，世話人の法定監督義務に関する前述の学説と同様の立場に立ち，社会生活上の義務の視点から義務違反の有無を検討する。これらの裁判例から，法定監督義務者は，法定監督義務が存在するより前に不法行為上の義務としての監督義務を負うことが窺われる。

Ⅳ 検 討

1 近親者たる事実上の監督者について

Ⅱでは，わが国において，事実上の監督者について問題の核心は，個別事案において，被告が，被監督者による危険の予見可能性や監督の引受等に基づき監督義務を負うか否かにあり，709条の問題として取り扱うべきとの知見を得た。Ⅲでは，その他監督義務を基礎付け，或いは限界付ける事情の一つとして，被監督者との密接な人的結び付きを前提とする事実上の影響力行使の可能性を被告が有するか否かが考慮されるとの示唆を得た。責任を肯定的に解する裁判例（［独1］［独4］）が，監督者と被監督者が同居の夫婦の事案に関するものであることからすれば，両者が同居する夫婦その他近親者である事案では，監督義務を肯定する方向に判断が傾こう。

しかし，両者が同居の近親者であるとき，そのことから当然に監督者が監督

---

(52)　Vgl. Staudinger-Belling §832 Rz.8; Bauer/Knieper, BtPrax1998, 124.

(53)　領域内か否かは，家庭共同体との空間的関連の有無のみで判断されるのではない。OLG デュッセルドルフ 1975・10・30 判決（VersR1976,1133）は，ガソリンスタンドで働く未成年子Aが客から盗んだ車で起こした交通事故に関し，被害者がAの継父Yらに賠償請求した事案につき，監督義務は，加害が家族共同体との空間的関係の中で行われる場合に限られず，Aが外で働くようにYが配慮したとして，Aの危険がYの世帯から生じたとする。ただし，Hager in: *J.v.Staudingers Kommentar zum Bürgerlichen Gesetzbuch*, §§823E-I, 824, 825 (De Gruyter, 13. Aufl., 2009), §823 Rz.E24 の理解は異なる。

民商法の課題と展望

義務を負うと解すべきではない（協力扶助義務を法定監督義務とする見方ついては 2(2)参照）。具体的事案で監督義務を負うか否か，いかなる監督義務を負うかを明らかにするには，監督義務を基礎付け又は限界付ける前記諸事情（被監督者による危険の予見可能性，監督の引受，事実上の影響力行使の可能性）の中身をより具体的に明らかにする必要があるほか，監督義務を基礎付け又は限界付けるその他の諸事情（特に被監督者の人格の尊重や治療上の要請等に伴う監督措置の限界）の検討が必要であろう。ドイツで事実上の監督者の監督義務が，豊富な議論の蓄積のある社会生活上の義務とされること（[独1] [独2] [独5]）は，これらの点の解明に役立つ。ただし，ここでは，監督の引受を中心に幾つかの点を指摘するに止める。

(1) 監督の引受

社会生活上の義務がいかなる場合に成立するかにつき，ドイツの学説では，動的システム論によらざるを得ないとの指摘もある[54]が，類型化の作業も見られる。そこでは，社会生活上の義務を拾い上げる他の基準で充分である等の理由から，「家長の責任」という類型を否定し，これを「引受責任」の一つとして位置付ける見解が有力である[55]。すなわち，監督のような任務の引受人は，それにより危険回避義務を負い，義務違反により危険が実現したとき，発生した損害につき責任を負うとの考えである。引受人が危険回避義務を負う理由を，カナーリスは次のように説明する。ある者が任務を引き受けることにより，最初に管轄を有していた者による任務の遂行が妨げられ，他方で（引受人が任務をきちんと処理するとの期待から）[56]潜在的被害者の自己保護が排除され又は低下し，危険が創出される。また，引受人は大抵，任務を正しく遂行しうるか，少なくとも第三者にそのような印象を与えることから，その者に危険の支配が認められる。さらに，通常，任務の引受は信頼の保証と結び付いている[57]。

以上の説明によれば，事実上の監督の引受人が責任を負うのは，引受により，

---

(54) Larenz/Canaris, *Lehrbuch des Schuldrechts*, Bd. II/2., (C.H.Beck, 13. Aufl., 1994), S.486.

(55) Vgl. etwa Larenz/Canaris, S.411; Staudinger-Hager §823 Rz.E24; vgl. auch Staudinger-Belling §832 Rz.201.

(56) Vgl. Staudinger-Hager §823 Rz.E21.

(57) Larenz/Canaris, S.410; vgl. auch Staudinger-Hager §823 Rz.E21.

（i）本来の監督者の監督が妨げられること，(ii) 被害者が損害発生防止を怠ること，(iii) 監督者は危険を支配しうること，(iv)（監督者が危険を支配しえない場合でも）監督者による危険支配に対する潜在的被害者の信頼が生じたことによる。反対に，これら諸事情が存しないとき，事実上監督を行う近親者も監督義務違反の責めを負わない。これを，認知症の高齢者を同じく高齢の配偶者が介護する場面に当てはめれば，(i)「本来の監督者」はそもそも存在せず，(ii) 高齢の配偶者に介護される認知症の配偶者との関係で潜在的被害者が損害発生防止を怠るとは言えず，(iii) 介護する配偶者自身高齢である場合には相手方配偶者に由来する危険を支配しえず，(iv) 介護する配偶者による危険支配に対する潜在的被害者の信頼は通常生じない[58]。

ところで，監督の引受から責任を基礎付けることには，介護への協力者がより重い責任を負うとの批判が考えられる[59]。しかし，介護への協力が常に「監督の引受」に当たるのではなく，上記ⅰ乃至ⅳ（特にⅱ）を充たして初めて当たると言え，介護への協力者が常に責任を負わされるのではない。従って，前記批判は無条件に妥当するものではない。

もっとも，これらの点，特にⅱについては，潜在的被害者が損害発生防止措置を講ずべきとの前提の下，監督者の責任を否定することは，個々の被害者（損害が分散されるときは社会全体）による損害負担を要求することを意味する。この点は監督者責任の帰責根拠にも関わり，上述のような考えには異論も予想される。更なる検討を要する。

(2) 事実上の影響力行使の可能性

交通参加による事故惹起という点で［13］に類似する［独5］は，Aの加害行為がYの世帯及び支配領域から遠く離れたところで起きたとして，Yの責任を否定する。前述のように，これは，Yの影響力行使の可能性（加害行為の防

---

(58) ［10］［11］のY₂に関する異なる判断の背後には，例えば「家族会議ⅠⅡ」に関する認定に見られるように，Y₂が主導的に監督を引き受けたか否かに関する理解の相違があったことが窺われる。もっとも，窪田充見「成年後見人等の責任」水野紀子他編『財産管理の理論と実務』（日本加除出版，2015年）105頁以下は異なる理解を示す。

(59) 窪田・前掲注(58) 106頁，米村滋人「法律家の判断の『作法』と法律家の役割」法時88巻5号2頁以下等参照。成人に関する監督義務を正当化しうるのは，「法律の規定に基づいて，厳格な権利保障の手続により，公的主体が行うとき」に限るものと見られる久保野・前掲注(5) 40頁も，本文で述べたような批判を含む趣旨であろう。

民商法の課題と展望

止可能性）の欠如を意味すると見られるが，[13] では同様に解しえない。[独5] は，事故が被監督者の生活と結び付いたリスクの実現であったとされるように，Aの日常生活の一部（作業所への通所）としての交通参加に際しての事故の事案である。他方，[13] は，家人が目を離したすきの徘徊という，Aの日常生活からの逸脱と見うる交通参加に際しての事故の事案である。前者では，独りでの通所の禁止は，Aの人格領域への過干渉と見うるが，後者での独りでの外出の禁止はこれと異なる。従って，後者では（事実として被監督者に対する合理的説得等が奏功し難い面があることを別として[60]）事実上の監督者に影響力行使の可能性がなお認められうる。

2　法定監督義務者について

Ⅱでは，法定監督義務者は個別事案で当然に監督義務を負うとされるのではなく，具体的な監督義務を負うか否かが改めて問われるとの知見を得た。Ⅲでは，法定監督義務者は，法定監督義務が存在するより前に不法行為上の義務としての監督義務を負うとの示唆を得た。これらの知見や示唆に照らし，法定監督義務を定めて監督者責任を問うことの意味を問い直す必要がある。

ここで，BGB 起草過程での議論が参考となる。未成年者に関する身上監護義務を定める BGB1631 条 1 項[61]の起草過程において，部分草案 324 条 1 項は「子の身上監護は特にその子の教育を含む」とされていた[62]が，その後，法定監督義務者の監督者責任を定める第一草案 710 条を承け，同草案 1504 条 1 項1 文で監督義務が付け加えられた[63]。その理由を第一草案理由書は，身上監護義務は第三者のために監督によっても履行され，この義務が履行されないとき監督者責任の要件が充たされることへの注意を喚起するためだとする[64]。この

---

(60)　前田・前掲注(5) 24 頁参照。

(61)　1898 年 8 月 18 日の文言における BGB1631 条 1 項
　　　子の身上の監護は，子を教育し，監督し，居所を決定する権利及び義務を含む。
　　　2002 年 1 月 2 日公布条文の文言における BGB1631 条 1 項
　　　身上監護は，特に，子を保護し，教育し，監督し，居所を決定する義務及び権利を含む。

(62)　Vgl. W.Schubert（hrsg.），*Die Vorlagen der Redaktoren für die erste Kommission zur Ausarbeitung des Entwurfs eines Bürgerlichen Gesetzbuches, Familienrecht, Teil1*, （De Gruyter, 1983），S.70.

23 成人の責任無能力者に関する監督者責任の研究序説〔林　誠司〕

経過に鑑みれば，BGB1631条1項の定める義務のうち，832条に言う法定監督義務を定めた部分は，親が不法行為上の義務を負うことの注意規定に過ぎないと言える[65]。個別事案で現実に不法行為法上の義務としての監督義務を負うか否かは，不法行為法独自の視点から自律的に決せられるべきことになる。

では，法定監督義務を手掛かりとしてBGB832条を適用する意味はどこにあるのか。この点については，同条の起草過程で責任主体を原則として法定監督義務者に限定した点に関する第二委員会等の説明が参考となる。そこでは，加害者の行態の根拠をよく主張しうる監督義務者に義務履行の証明を要求することが適切だとされた[66]。例えば親権者は，子との密接な関係から，監督状況を被害者よりもよく把握しうるから，監督義務違反の有無につき親が証明責任を負うべきことを意味する。このことから，法律上監督義務を負うほど被監督者と密接な関係にあり，それ故被害者より容易に監督状況を証明しうる者に証明責任を転換する（或いは，かような者に法定監督義務を課すことにより証明責任を転換する）点に，BGB832条適用の意味があると言える[67]。法定監督義務は証明責任の転換をもたらす連結点であり，法定監督義務（とその違反）自体が責

---

[63]　BGB 第一草案

　　710条1項　他人について監督を行う義務を法律に基づいて負う者は，この者がその監督義務に違反し，且つその監督義務が履行されていればその損害が生じなかったとき，その他人により第三者に加えられた損害の賠償について責任を負う。

　　1504条1項1文　身上監護は特に子の教育及びその監督についての配慮を含む。

[64]　B.Mugdan（hrsg.），*Die gesammten Materialien zum Bürgerlichen Gesetzbuch für das Deutsche Reich,* Bd.4.，（R.v.Decker, 1899），S.400.

[65]　ドイツの，特に家族法学者の間では，BGB1631条の義務は第三者に対する不法行為上の義務と異なるとする見解が有力である。Vgl. etwa Salgo in; *J.v.Staudingers Kommentar zum Bürgerlichen Gesetzbuch,*（De Gruyter, 13.Aufl.，2015），§1631 Rz.34f.；Huber in: *Münchener Kommentar zum Bürgerlichen Gestezbuch,*（C.H.Beck, 6.Aufl.，2012），§1631 Rz.6.

[66]　W.Schubert（hrsg.），*Die Vorlagen der Redaktoren für die erste Kommission zur Ausarbeitung des Entwurfs eines Bürgerlichen Gesetzbuches, Recht der Schuldverhältnisse, Teil1,*（De Gruyter, 1980）（以下 Jakobs=Schubert），S.940（ライヒ司法庁委員会）；Mugdan, aaO.，S.1090（第二委員会）.

[67]　Vgl. MünchKomm-Wagner §832 Rz.4. 特殊不法行為における証明責任の転換を（抽象的危険への対処の適否に関する証明リスクの賦課という理論的根拠と共に，実際的根拠として）同様の視点から基礎付ける中原太郎「過失責任と無過失責任」前掲注(5)『不法行為法の立法的課題』46頁も参照。

民商法の課題と展望

任を基礎付けるのではない。

　もっとも，容易に監督状況を証明しうる者が他者の教育・世話・配慮等をする義務を負うとき，その義務が常に法定監督義務になると解すべきではない。不法行為上の監督義務が被監督者に由来する危険を回避する義務であることから，問題となる監督状況は（被監督者自身にとっての危険の回避であれ）危険回避に関連するものでなければならない。BGB832条起草過程において，同条による証明責任の転換が，被監督者が未成年であることやその精神状態等による危険の故に監督が行われる場面に限定されたのは，かように理解すべきであろう[68]。

　以上をわが国の成人に関する監督者責任に引き直せば，次のようになる。

(1)　個人後見人について

　(ⅰ) 成年後見人が不法行為上の監督義務を負うか（及びその違反があるか）否かは，不法行為法上自律的に決せられる。そして，その判断に当たっては，事実上の監督者の監督義務を基礎付け又は限界付ける諸事情について1で述べたことが同様に考慮されるべきである。

　(ⅱ) 858条の趣旨が，成年後見人の職務内容に事実行為を含まないとすることに加え[69]，責任が過大になることをおそれ，後見人について証明責任を転換することに慎重であった起草者意思に鑑み，身上配慮義務（858条）に法定監督義務を含めることには慎重でなくてはならない[70]。仮にその余地があるとしても，その判断の際には，成年後見人において監督状況の立証を容易にする関係が成年被後見人との間に存するか否かも問わねばならない。特に，通常，成年被後見人と生活を共にしない専門職後見人又はいわゆる市民後見人を法定監督義務者とすることには，一層慎重でなくてはならない。

　(ⅲ) 仮に成年後見人が法定監督義務者とされる場合でも，個別事案における監督義務の存在は不法行為法上自律的に決せられるから，義務違反の判断に際

---

(68)　Vgl. Jakobs=Schubert, aaO, S.940,1089.

(69)　小林昭彦他編『一問一答　新しい成年後見制度』（商事法務研究会，2000年）122頁参照。

(70)　（明治民法922条及び平成11年改正前の858条を含め）久保野・前掲注(5) 36頁以下，同「精神障害者と家族」水野紀子編『社会法制・家族法制における国家の介入』（有斐閣，2013年）140頁以下も参照。

しては，(i)で述べたのと同様の諸事情が考慮されるべきである。このとき，監督義務違反不存在の抗弁につき，原告が，請求原因に関する申立により基礎付けられる（例えば一定間隔での見守り等の）通常の監督の必要性を超え，（例えば被監督者に徘徊傾向があり常時独りでの外出を防ぐ必要がある等の）特別な監督の必要性を主張する場合，その必要性を基礎付ける事情については原告側に立証責任を課すことも考えられる[71]。

(2) 協力扶助義務について

[11] は，協力扶助義務を法定監督義務と見て[72]，Y_1 の 714 条責任を肯定する。しかし，前述のように，第三者に対する義務としての監督義務が不法行為法上自律的に決せられるべきだとすれば，協力扶助義務を第三者に対する不法行為上の義務として位置付ける必要はない[73]。

もっとも，協力扶助義務が証明責任の転換をもたらす連結点たりうるか否かは，別問題である。前述のように，ある者が他者に対して負う，教育・世話・配慮等をする義務が，法定監督義務に当たるか否かの判断の際には，監督状況の立証を容易にする関係がそれらの者の間に存するか否かが問われねばならない。配偶者間では原則としてその関係が認められる。しかし，協力扶助義務は夫婦相互の危険性の故に課されるものでなく[74]，既に旧民法起草時に指摘されたように，夫婦は互いの危険性を制御する立場になく，配偶者の一方が重度認知症であるときも変わらない。従って，協力扶助義務を法定監督義務とはしえない。

V 結 語

成人の加害行為について，近親者又は後見人等の監督者責任が問われた事案に関する公表裁判例は日独共に乏しく，これらの分析から，わが国の解釈論に

---

(71) かような解釈は BGB832 条に関するドイツの通説と言ってよい。Vgl. Staudinger-Belling, §832 Rz.184; Baumgärtel, *Handbuch der Beweislast im Privatrecht*, Bd. I, 2. Aufl.（Carl Heymann, 1991），S.1468.

(72) 米村滋人「[11] 判批」判時 2256 号 117 頁参照。

(73) 協力扶助義務履行が第三者保護に資するのは相手方配偶者保護の反射的効果に過ぎない。Vgl.Staudinger-Belling §832 Rz.200. 反対，米村・前掲注(72) 120 頁。

(74) 犬伏由子「[11] 判批」私リ 2015 上 37 頁参照。前田・前掲注(5) 23 頁も参照。

民商法の課題と展望

対する充分な示唆を得ることはできなかった。特に，監督義務を基礎付け又は
限界付ける諸事情を明らかにし尽してはおらず，また，危険の予見可能性や事
実上の影響力行使の可能性の具体的中身も明らかにしえなかった。さらに，統
合失調症ケースと比べたときの認知症ケース特有の事情を明らかにすることに
も成功していない。残された課題は少なくない。

　また，冒頭の諸問題の根底にある帰責根拠の問題も充分に検討しえなかった。
例えば，監督者責任の帰責根拠が過失責任にあるとの理解を前提とすれば，監
督義務違反が認められない以上，原則として被害者自身が損害を負担する。し
かし，709条の過失と監督義務の異質性を強調し，ひいては［11］のように
714条責任を代位責任の側面を有する責任とする立場もあろう[75]。特にかよう
な立場からは，法定監督義務者も事実上の監督者も認められないとき，損害を
被害者に負担させたままでよいかとの指摘がなされよう[76]。監督者責任の帰責
根拠にはなお不明な部分も少なくないが，かような指摘に対しては，差し当た
り，責任無能力者を免責する代わりに監督者に責任を負わせることは，特に近
親者が監督義務者とされる場合，同じ家庭内での損害の積替えに過ぎず，責任
能力制度の趣旨が事実上潜脱されるとの問題点を指摘しておく[77]。

　最後に，以上の議論は現行法を前提としたものだが，現行法の枠組みでは，
（過失相殺の活用を別とすれば）責任無能力者の加害行為による損害を被害者又
は監督者いずれかが負担せざるをえない。しかし，かような解決は，上記の損
害の積替え，或いは，度々指摘される，責任を恐れる家族等への萎縮効果を伴
う[78]。責任無能力者の加害行為につき，医療・福祉制度も視野に入れ，立法論
を含めて不法行為法の在り方を探ることも今後の，そして喫緊の課題である。

---

(75)　714条を代位責任規範として捉える可能性を指摘する（が［11］に批判的な）ものと
して中原太郎「『代位責任』の意義と諸相」論究ジュリスト16号（2016年）48頁。同・
前掲注(67) 48頁も参照。

(76)　窪田・前掲注(58) 108頁以下は，後見人等の714条責任を否定することは責任能力制
度の正当性の基盤を喪失させかねないとの問題意識から制度設計の在り方を論じつつ，
解釈論レベルで対応するには法定監督義務者を何らかの形で見つけていかざるをえない
とする（同123頁）が，既述のように，法定監督義務者は当然に責めを負うのではな
い。

(77)　拙稿「ドイツ損害賠償法改正から見た監督者責任」商学討究62巻2・3号（2011年）
135頁以下参照。

(78)　吉本・前掲注(23) 9頁，水野・前掲注(40) 265頁等参照。

23 成人の責任無能力者に関する監督者責任の研究序説〔林　誠司〕

〔付記〕再校の段階で，青野博之「[13] 判批」新・判例解説 Watch19 号（2016 年）63
頁，久須本かおり「認知症の人による不法行為についての家族の民法 714 条責任」愛知
大学法学部法経論集 208 号（2016 年）189 頁，二宮周平「認知症高齢者の鉄道事故と監
督者の責任」実践成年後見 63 号（2016 年）65 頁，原田剛「認知症高齢者鉄道事故訴訟
最高裁判決をめぐって」実践成年後見 63 号（2016 年）75 頁，清水恵介「JR 事件最高
裁判決を読み解く」実践成年後見 63 号（2016 年）84 頁，吉村良一「監督義務者責任
（民法 714 条）の再検討」立命館法学 369・370 号（2016 年）868 頁，米村滋人「[13]
判批」法教 429 号（2016 年）50 頁に接した。

24 社会保険給付と損害賠償との間の損益相殺的な調整
―― 最高裁判所大法廷判決の到達点・前編

新 堂 明 子

I　は じ め に　　　　　　　　Ⅲ　最大判平 5・3・24 以前の法
Ⅱ　社会保険給付の目的および　　　　状況
　　種類，事案類型の定義　　　　Ⅳ　最大判平 5・3・24
　　　　　　　　　　　　　　　　V　お わ り に

I　は じ め に

　社会保険給付と損害賠償との間の損益相殺的な調整に関して，2 つの最高裁
判所大法廷判決 ―― 最大判平 5・3・24 民集 47 巻 4 号 3039 頁（以下「最大判平
5・3・24」という。）および最大判平 27・3・4 民集 69 巻 2 号 178 頁（以下「最大判
平 27・3・4」という。）―― がでそろい，この領域をめぐって争われていた問題は
細部にわたって解消されたということができる。そこで，この 2 つの大法廷判
決を含む最高裁判決およびその調査官解説を中心に検討し，その内容を確認す
ることとする。さらに，判例の分析に必要な範囲で，行政実務もみておくこと
とする。
　前編において，社会保険給付の目的および種類を概説したうえで，最大判平
5・3・24 の到達点を探り，後編において，最大判平 27・3・4 の到達点を探ること
としたい。

『民商法の課題と展望』大塚龍児先生古稀記念〔信山社，2018 年 3 月〕　　　*575*

民商法の課題と展望

Ⅱ　社会保険給付の目的および種類，事案類型の定義

1　社会保険給付の目的および種類[1]

社会保険給付の主なものには，国民年金法，厚生年金保険法等に基づく公的年金給付と，労働者災害補償保険法（以下「労災保険法」という。）に基づく労災保険給付とがある。

(a)　公的年金給付

(i)　公的年金給付の目的

公的年金は2階建ての体系となっており，20歳以上60歳未満の国民が1階部分の国民年金（基礎年金）に加入し，民間被用者または公務員が2階部分の厚生年金または共済年金（これらをあわせて被用者年金という）に加入する。1階部分の国民年金（定額拠出＋定額給付）に対して，2階部分の被用者年金は報酬比例年金（報酬比例拠出＋報酬比例給付）として上乗せされるものである。

国民年金制度は，日本国憲法25条2項に規定する理念に基づき，老齢，障害または死亡によって国民生活の安定がそこなわれることを国民の共同連帯によって防止し，もって健全な国民生活の維持および向上に寄与することを目的とする（国年1条）。国民年金事業は，政府がこれを管掌し（国年3条1項），国民年金事業に要する費用は，国庫負担（国年85条1項1号（2分の1）），保険料（国年87条1項（政府が徴収），3項（平成31年度以後，月1万7000円））等により賄われる。

厚生年金保険法は，労働者の老齢，障害または死亡について保険給付を行い，労働者およびその遺族の生活の安定と福祉の向上に寄与することを目的とする（厚年1条）。厚生年金保険は，政府がこれを管掌し（厚年2条），厚生年金保険事業に要する費用は，国庫負担（厚年80条1項（2分の1）），保険料（厚年81条1項（政府が徴収），3項，4項（平成29年9月以後，（標準報酬月額＋標準賞与額）×18.3％），82条1項（労使折半））等により賄われる。

---

(1)　菅野和夫『労働法（第11版補正版）』（弘文堂，2017年）605頁以下，643頁以下。
荒木尚志『労働法（第3版）』（有斐閣，2016年）235頁以下，258頁以下。
菊池馨実『社会保障法』（有斐閣，2014年）79頁以下，123頁以下，161頁以下，西村健一郎『社会保障法』（有斐閣，初版［追補］，2006年）79頁以下，229頁以下。

576

24 社会保険給付と損害賠償との間の損益相殺的な調整〔新堂明子〕

　なお，2012（平成24）年の年金制度改正（社会保障・税一体改革関連）におい
て，被用者年金制度の一元化等を図るための厚生年金保険法等の一部を改正す
る法律（平成24年8月10日成立，22日公布，平24法63）が成立した。これに
よって，厚生年金に公務員および私学教職員も加入し，2階部分の年金を厚生
年金に統一するとともに，共済年金・厚生年金の保険料率（上限18.3％）を統
一し，制度の差異を解消することとした（平成27年10月1日施行）[2]

（ⅱ）　公的年金給付の種類

　国民年金法による給付には，老齢基礎年金，障害基礎年金，遺族基礎年金な
どがある（国年15条）。厚生年金保険法による保険給付には，老齢厚生年金，
障害厚生年金，遺族厚生年金などがある（厚年32条）。

（b）　**労災保険給付**

（ⅰ）　労災保険給付の目的

　労働者災害補償保険（以下「労災保険」という。）は，業務上の事由または通
勤による労働者の負傷，疾病，障害，死亡等に対して迅速かつ公正な保護をす
るため，必要な保険給付を行い，もって労働者の福祉の増進に寄与することを
目的とする（労災1条）。労災保険は，政府がこれを管掌し（労災2条），政府
は事業主のみから保険料を徴収する（労災30条。労保徴）。

（ⅱ）　労災保険給付の種類

　労働者災害（以下「労災」という。）が発生した場合，その救済制度には，Ⓐ
労働基準法上の労災補償制度，Ⓑ労災保険法上の労災保険制度，Ⓒ民法上の損
害賠償請求がある。Ⓐは使用者自身が直接労働者に対して労災補償責任を負う
ものであり，ⒷはⒶの労災補償責任を保険原理で社会化し，使用者集団の保険
料拠出により，労災補償の実効性を担保するものである。ただし，労災保険法
の度重なる改正により労災保険給付の充実が図られ，Ⓐの労災補償責任を大幅
に上回ってⒷの労災保険給付が行われるに至っている[3]

---

(2)　http://www.mhlw.go.jp/seisakunitsuite/bunya/nenkin/nenkin/topics/2012/tp0829-
　　01.html

(3)　菅野・前掲注(1) 607-608頁，荒木・前掲注(1) 237-238頁（たとえば，1960年，長期
　　傷病者補償制度（現在の傷病補償年金の前身）が創設されるとともに，障害補償費の一
　　部が年金化された（昭35法29）。1965年，遺族年金制度が導入され，また，障害補償
　　給付の年金化の範囲が拡大された（昭40法130）。1973年，労働基準法上の労災補償責
　　任によっては補償されない通勤災害に関する保険給付が規定された（昭48法85））。

Ⓐには，業務災害に関する補償として，療養補償，休業補償，障害補償，遺族補償，葬祭料などがある（労基75条以下）。

Ⓑには，業務災害に関する保険給付（労災7条1項1号），通勤災害に関する保険給付（労災7条1項2号）がある。業務災害に関する保険給付には，療養補償給付，休業補償給付，障害補償給付，遺族補償給付，葬祭料，傷病補償年金，介護補償給付がある（労災12条の8以下。「補償」が入る。）。通勤災害に関する保険給付には，療養給付，休業給付，障害給付，遺族給付，葬祭給付，傷病年金，介護給付がある（労災21条以下。「補償」が入らない。）。

2　事案類型の定義

あらかじめ以下で必要な事案の分類を定義しておこう。

(a)　障害事案と死亡事案

第1に，被害者が負傷し，治癒することなく後遺障害を負い，この障害に関して社会保険給付を受ける障害事案と，被害者が死亡し，被害者の遺族が社会保険給付を受ける死亡事案とに分けることができる。公的年金給付と労災保険給付の両方で問題となる分類である。

(b)　第三者行為災害事案と使用者行為災害事案

第2に，第三者の行為によって事故が生じた第三者行為災害事案と，使用者の行為によって事故が生じた使用者行為災害事案とに分けることができる。労災保険法が採用し，労災保険給付において問題となる分類であり，公的年金給付においては問題とならない。

Ⅲ　最大判平5・3・24以前の法状況

最大判平5・3・24以前の法状況について，控除の根拠，控除の要件，控除すべき利益の範囲をそれぞれ概説していく。

1　控除の根拠

(a)　公的年金給付

公的年金給付と損害賠償との間の調整については，国民年金法22条，厚生年金保険法40条が定める。

24 社会保険給付と損害賠償との間の損益相殺的な調整〔新堂明子〕

国民年金法 22 条 1 項，厚生年金保険法 40 条 1 項は，政府は，事故が第三者の行為によって生じた場合において，給付，保険給付をしたときは，その給付の価額の限度で，受給権者が第三者に対して有する損害賠償の請求権を取得する（実務上求償権ということがある。）と定める。

ここにいう「第三者」とは，保険者（政府）（国年 3 条 1 項，厚年 2 条）と被保険者（国年 7 条以下，厚年 9 条以下）以外の者をいい，これには，加害者（第三者（被用者を含む。）のこともあるし，使用者のこともある。）のみならず，被用者の行為につき責任を負うべき使用者（民 415 条，715 条），請負人の行為につき責任を負うべき注文者（民 716 条），土地の工作物の設置または保存の瑕疵により責任を負うべき占有者または所有者（民 717 条），動物が加えた損害の賠償責任を負うべき占有者または管理者（民 718 条）も含まれる[4]。したがって，公的年金給付においては，労災保険法が採用する第三者行為災害事案と使用者行為災害事案の分類は意味をなさない。いいかえれば，公的年金給付においては，第三者行為災害事案しかない。しかし，判例は，公的年金給付と労災保険給付の両方を控除する事例であったがために，公的年金給付においても便宜上この分類に従って説示している。ここでも，この分類に従って説明しておく。

（i） 第三者行為災害事案

① 給付または保険給付が損害賠償に先行する場合（国年 22 条 1 項，厚年 40 条 1 項）

国民年金法 22 条 1 項または厚生年金保険法 40 条 1 項は，給付または保険給付が損害賠償に先行する場合について規定するものであり，すなわち，政府は，事故が第三者の行為によって生じた場合において，給付または保険給付をしたときは，その給付の価額の限度で，受給権者が第三者に対して有する損害賠償の請求権を取得すると定める。

そして，最三判昭 52・5・27 民集 31 巻 3 号 427 頁（以下「③最三判昭 52・5・27」という。）は，厚生年金保険法 40 条は，同一事由（下記 2「控除の要件」による損害の二重塡補を認めるものではない趣旨を明らかにしており，同条 1 項に基づき，政府が保険給付または災害補償（障害補償）をしたことによって，受給権者の第三者に対する損害賠償請求権は国に移転し，受給権者はこれを失う，

---

(4) 菊池・前掲注(1) 81 頁，西村・前掲注(1) 80-81 頁。

民商法の課題と展望

とした。つまり，二重塡補を禁ずる趣旨を有する代位規定を根拠に控除したといえる（本稿の最後に掲げた表を参照。以下同様）。

　しかし，最一判昭41・4・7民集20巻4号499頁（以下「①最一判昭41・4・7」という。）は，恩給[5]法に基づき普通「恩給を受けている者が，他人の不法行為によって死亡し，これによって被った財産的損害の中に，その者がなお生存すべかりし期間内に取得すべき恩給受給利益を喪失した損害が計上されており，右財産的損害賠償債権の全部もしくは一部が，相続により，一相続人に承継された場合において，右相続人が，他方において，前記恩給受給者の死亡により，扶助料の支給を受ける権利を取得したときは，右相続人の請求できる財産的損害賠償額の算定にあたり，右損害賠償債権の中の恩給受給の利益に関する部分は，右扶助料額の限度において，当然，縮減しなければならないと解するのが相当である。けだし，このように解することが，同一目的〔下記2「控除の要件」〕の給付の二重取りを許すにも等しい結果の不合理を避け得る所以であるとともに，不法行為に基づく損害賠償額の範囲を定めるにあたり依拠すべき衡平の理念に適合するからである。」とした。恩給法自体は代位規定をもたないためであろうか，二重取りを禁ずる所以，そして，衡平を根拠に縮減したといえる。

　これに関して，沢井裕博士は，本判旨は損益相殺か代位かを明らかにしていないが，理論的には代位とみるべきであるとしたうえで[6]，「ただ本件では，恩給支給者と扶助料支給者が同一人で支給者は加害者の不法行為により恩給支給を免れているので，損害を受けていない。したがって実際上は，代位請求はなされず，結果として加害者を益することになる（加害者を益することの不当性をもって，被害者の二重の賠償取得を認めることは，賠償法の目的 —— 実損害の塡補 —— から妥当ではなく，判旨は正当である）。」「本事案は理論的には代位による縮減だが，事実上代位者のない特殊な事例というべきであろう。」とする[7]。

────────────

(5)　http://www.soumu.go.jp/main_sosiki/onkyu_toukatsu/onkyu.htm

(6)　沢井裕「判批」民商55巻5号（1967年）764頁以下，768-769頁（被害者対加害者の関係では，損益相殺（賠償義務者の賠償額縮減）でも，代位（賠償義務額は減少せず，たんに被害者の請求額のみ減縮する。）でも，結論は相違しないが，一方で，扶助料は加害者を益するために給付されるのではなく，他方で，扶助料の控除は被害者の二重の賠償取得を防止するためであるとして，代位とみるべきであるとした。）。

(7)　沢井・前掲注(6)民商55巻5号769頁。

つまり，国は恩給から扶助料へと切替え支給をしただけであるから，損害を被っておらず，実際上，代位請求をすることはないので，代位規定を根拠に据えることができず，衡平を根拠に据えて縮減を肯定したといえる。

② 損害賠償が給付または保険給付に先行する場合（国年22条2項，厚年40条2項）

国民年金法22条2項または厚生年金保険法40条2項は，損害賠償が給付または保険給付に先行する場合について規定するものであり，すなわち，事故が第三者の行為によって生じた場合において，受給権者が第三者から同一の事由（下記2「控除の要件」）について損害賠償を受けたときは，政府は，その価額の限度で，給付を行う責めを免れる，または保険給付をしないことができると定める。

(ii) 使用者行為災害事案

最三判昭52・10・25民集31巻6号836頁（以下「④最三判昭52・10・25」という。）は，受給権者に対し，政府が厚生年金保険法に基づく保険給付をしたときは，衡平の理念に照らし，使用者は，同一の事由（下記2「控除の要件」）については，その価額の限度において損害賠償責任を免れる，とした。つまり，衡平を根拠に控除したといえる[8]。

(b) **労災保険給付**

(i) 第三者行為災害事案

上記Ⅱ1(b)(ii)「労災保険給付の種類」のとおり，労災が発生した場合，その救済制度には，Ⓐ労働基準法上の労災補償制度，Ⓑ労災保険法上の労災保険制度，Ⓒ民法上の損害賠償請求がある。Ⓐは使用者自身が直接労働者に対して労災補償責任を負うものであり，Ⓑはのの労災補償責任を保険原理で社会化し，使用者集団の保険料拠出により，労災補償の実効性を担保するものである。したがって，Ⓐの労災補償責任がなくてもⒷの労災保険給付がなされる第三者行

---

(8) 上記1(a)「公的年金給付」冒頭で説明したとおり，国民年金法22条1項または厚生年金保険法40条1項は，第三者行為災害事案と使用者行為災害事案の分類を採用しないために，③最三判昭52・5・27が第三者行為災害事案において代位規定に基づき，④最三判昭52・10・25が使用者行為災害事案において衡平の理念に照らし，それぞれ控除を肯定するのは，現在の「第三者」の解釈から見れば，どちらかに統一すべきこととなる。

民商法の課題と展望

為災害事案では，ⒷとⒸとの関係のみ問題となるが，これについては，労災保険法12条の4が定める。

① 保険給付が損害賠償に先行する場合（労災12条の4第1項）

労災保険法12条の4第1項は，保険給付が損害賠償に先行する場合について規定するものであり，政府は，事故が第三者の行為によって生じた場合において，保険給付をしたときは，その給付の価額の限度で，保険給付を受けた者が第三者に対して有する損害賠償の請求権を取得する（実務上求償権ということがある。）と定める。

そして，③最三判昭52·5·27は，労災保険法旧20条（現12条の4）は，同一事由（下記2「控除の要件」）による損害の二重塡補を認めるものではない趣旨を明らかにしており，同条1項に基づき，政府が保険給付または災害補償（休業補償および障害補償）をしたことによって，受給権者の第三者に対する損害賠償請求権は国に移転し，受給権者はこれを失う，とした。つまり，二重塡補を禁ずる趣旨を有する代位規定を根拠に控除したといえる。

② 損害賠償が保険給付に先行する場合（労災12条の4第2項）

労災保険法12条の4第2項は，損害賠償が保険給付に先行する場合について規定するものであり，事故が第三者の行為によって生じた場合において，保険給付を受けるべき者が第三者から同一の事由（下記2「控除の要件」）について損害賠償を受けたときは，政府は，その価額の限度で保険給付をしないことができると定める。

(ii) 使用者行為災害事案

上記Ⅱ1(b)(ii)「労災保険給付の種類」のとおり，労災が発生した場合，その救済制度には，Ⓐ労働基準法上の労災補償制度，Ⓑ労災保険法上の労災保険制度，Ⓒ民法上の損害賠償請求がある。Ⓐは使用者自身が直接労働者に対して労災補償責任を負うものであり，ⒷはⒶの労災補償責任を保険原理で社会化し，使用者集団の保険料拠出により，労災補償の実効性を担保するものである。したがって，ⒶとⒷの関係については，政府が労災保険給付を行うべき場合，使用者は労災補償責任を免れる（労基84条1項）。

ⒶとⒸの関係については，使用者が労災補償を行った場合，使用者は，同一の事由（下記2「控除の要件」）については，その価額の限度において損害賠償責任を免れる（労基84条2項）。

ⒷとⒸの関係につき，明文の規定はなかったが，④最三判昭 52・10・25 は，受給権者に対し，政府が労災保険法に基づく保険給付をしたときは，労働基準法 84 条 2 項の規定を類推適用し，使用者は，同一の事由（下記 2「控除の要件」）については，その価額の限度において損害賠償責任を免れる，とした[9]。つまり，二重の損害塡補を避けるために定められた調整規定（労基 84 条 2 項）[10]の類推適用を根拠に控除を肯定したといえる。

2 控除の要件 ── 同一の事由，法的同質性，相互補完性

澤井裕博士は，損益相殺の対象たる控除しうる利益とは，加害と因果関係にあり，かつ損失を直接に ── 被害者の処分行為を必要とせずに ── 塡補する性質をもつと判断されるものであり，この判断の基礎は損害賠償法の目的と当事者間の衡平にあると定義している[11]。この因果性，直接性，塡補性の 3 つのうち，最後の要件について，同博士は，次のように述べている。「相当因果関係論は，加害と損失，加害と利益という縦の関係のみを注視してきた。しかし損益相殺で本質的なのはむしろ横の関係すなわち損失と利益との対比である。加害との関係では因果関係（条件的）があれば十分であり，問題は利益が損失を塡補すべき性質をもつか，いいかえれば利益と損失の法的同質性（Gleichartigkeit）の判断にかかっている[12]。」「この法的価値判断の基準はいうまでもな

---

[9] ④最三判昭 52・10・25 の被告が④最三判昭 52・10・25 に従って損害賠償債務を履行した後に原告となって，使用者が損害賠償をしたときは，民法 422 条により，使用者は，労働者が国に対して有する保険給付のうちの将来分にかかる請求権を代位取得すると主張したのに対して，最一判平元・4・27 民集 43 巻 4 号 278 頁は，保険給付と損害賠償とは，制度の趣旨，目的を異にし，保険給付をもって賠償された損害に代わる権利ということはできないことから，「労働者の業務上の災害に関して損害賠償債務を負担した使用者は，右債務を履行しても，賠償された損害に対応する労災保険法に基づく給付請求権を代位取得することはできない」とした。

[10] 荒木・前掲注(1) 262-263 頁。

[11] 沢井裕「損益相殺（一）」法学論集（関西大学）8 巻 3 号（1958 年）280 頁以下，281-282 頁。
　損益相殺一般については，松浦以津子「損益相殺」星野英一編集代表『民法講座第 6 巻　事務管理・不当利得・不法行為』（有斐閣，1985 年）681 頁以下，潮見佳男「差額説と損益相殺」法学論叢 164 号 1 ～ 6 号（2009 年）105 頁以下，濱口弘太郎「損害賠償法における損益相殺に関する総合的研究(1)」北大法学論集 66 巻 4 号（2015 年）1236 頁以下。

民商法の課題と展望

く損害賠償法の目的と当事者間の衡平にある[13]。」そしてこの「法的同質性」が，通説となるにいたった[14]。

　同博士は，また，損益相殺による賠償額縮減の基準としての利益の目的，機能，衡平の観点は，代位による賠償額縮減の基準としても妥当するとしている[15]。

(a)　公的年金給付

(i)　第三者行為災害事案

① 給付または保険給付が損害賠償に先行する場合（国年22条1項，厚年40条1項）

　③最三判昭52・5・27は，厚生年金保険法40条の趣旨を「受給権者に対する第三者の損害賠償義務と政府の保険給付又は災害補償の義務とが，相互補完の関係にあり，同一事由による損害の二重塡補を認めるものではない」とし，具体的には，逸失利益から厚生年金保険法に基づく障害補償給付を控除した。

② 損害賠償が給付または保険給付に先行する場合（国年22条2項，厚年40条2項）

　実務につき付言すれば，まず，国民年金法22条2項の規定の適用について，年金給付と調整されるべき損害賠償額は，受給権者の受くべき損害賠償の総額ではなく，当該損害賠償額のうち生活の補償費に相当する額（「生活保障費相当額」）に限られるものであって，慰謝料，医療費，葬祭費等は調整の対象とはならない（昭37・10・22庁保発[16]10）。また，厚生年金保険法40条2項の規定の適用について，第三者から受けた損害賠償額のうち，生活保障部分（損害賠償額から慰謝料，葬祭費，医療費，緊急経費および雑損失を控除した額）に相当する額の限度において保険給付を行わない（昭36・6・14保険発[17]56）。つまり，損害賠償のうち生活保障部分≒消極損害部分につき，給付を行う責めを免れる，または保険給付をしないことができる。

---

[12]　沢井裕「損益相殺（二）」法学論集（関西大学）8巻5号（1959年）472頁以下，501頁。

[13]　沢井裕「損益相殺（三）」法学論集（関西大学）9巻1号（1959年）70頁以下，86頁。

[14]　四宮和夫『不法行為（事務管理・不当路得・不法行為　中巻・下巻）《現代法律学全集10》』（青林書院，1995年）602頁。

[15]　沢井・前掲注(6)民商55巻5号768頁。

(ii) 使用者行為災害事案

④最三判昭52・10・25は，厚生年金保険法に基づく保険給付の実質は，受給権者に対する損害の塡補の性質をも有するから，「使用者は，同一の事由については，その価額の限度において民法による損害賠償の責を免れる」とし，具体的には，逸失利益から厚生年金保険法に基づく障害年金を控除した。

また，最二判昭62・7・10民集41巻5号1202頁は，「保険給付と損害賠償とが『同一の事由』〔労基84条2項，労災12条の4，厚年40条参照〕の関係にあるとは，保険給付の趣旨目的と民事上の損害賠償のそれとが一致すること，すなわち，保険給付の対象となる損害と民事上の損害賠償の対象となる損害とが同性質であり，保険給付と損害賠償とが相互補完性を有する関係にある場合をいうものと解すべきであって，単に同一の事故から生じた損害であることをいうものではない。」とした。そして，民事上の損害賠償の対象となる損害のうち，厚生年金保険法による障害年金が対象とする損害と同性質であり，したがって，その間で同一の事由の関係にあることを肯定することができるのは，財産的損害のうちの消極損害（逸失利益）のみであって，積極損害，さらには精神的損害ではなく，同給付額を後2者から控除してはならないとした。

(b) **労災保険給付**

(i) 第三者行為災害事案

① 保険給付が損害賠償に先行する場合（労災12条の4第1項）

③最三判昭52・5・27は，労災保険法旧20条（現12条の4）の趣旨を「受給権者に対する第三者の損害賠償義務と政府の保険給付又は災害補償の義務とが，相互補完の関係にあり，同一事由による損害の二重塡補を認めるものではない」とし，具体的には，休業損害から労災保険法に基づく休業補償給付を，逸

⒃　社会保険庁年金保険部長通知。

　　なお，「通知」については，https://rnavi.ndl.go.jp/research_guide/entry/post-619. php（訓令・通達・通知について厳密な定義はなく，それぞれの区分は必ずしも明確ではないが，一般的に次のように説明される。「訓令」とは，上級官庁が，下級官庁の権限の行使を指揮するために発する命令。「通達」とは，各大臣，各委員会および各庁の長官が，その所掌事務に関して所管の諸機関や職員に命令または示達する形式の一種。法令の解釈，運用や行政執行の方針に関するものが多い。「通知」とは，特定人または不特定多数の人に対して特定の事項を知らせる行為。）

⒄　厚生省保険局厚生年金保険課長通知。

民商法の課題と展望

失利益から障害補償給付を，それぞれ控除した。

実務につき付言すれば，まず，労災保険法12条の4第1項により政府が取得する損害賠償請求権の範囲は，受給権者が第三者に対して請求しうる損害賠償額（慰謝料の額および物的損害に対する損害賠償額を除く。）のうち，保険給付をした価額の限度に限られる（昭32・7・2基発[18]551）[19]。

② 損害賠償が保険給付に先行する場合（労災12条の4第2項）

また，労災保険法12条の4第2項により政府が支給を免れる保険給付の範囲は，同一の事由に関し受給権者が受けた損害賠償相当額であり，受給権者が第三者より慰謝料，見舞金，香典等，精神的苦痛に対して損害賠償ないし贈与を受けても，「同一の事由」について損害賠償を受けたことにならない（昭32・7・2基発[20]551）[21]。

(ⅱ) 使用者行為災害事案

①保険給付が損害賠償に先行する場合

④最三判昭52・10・25は，労災保険法に基づく保険給付の実質は，受給権者に対する損害の塡補の性質をも有するから，「使用者は，同一の事由については，その価額の限度において民法による損害賠償の責を免れる」とし，具体的には，逸失利益から労災保険法に基づく長期傷病補償給付を控除した。

また，前掲最二判昭62・7・10民集41巻5号1202頁は，民事上の損害賠償の対象となる損害のうち，労災保険法による休業補償給付および傷病補償年金が対象とする損害と同性質であり，したがって，その間で同一の事由の関係あることを肯定することができるのは，財産的損害のうちの消極損害（逸失利益）のみであって，積極損害，さらには精神的損害ではなく，同給付額を後2者から控除してはならないとした。

実務につき付言すれば，まず，労災保険法附則64条1項（下記3「控除すべき利益の範囲」で概説する。）は，年金給付が損害賠償に先行する場合について

---

(18) 労働省労働基準局長通達。

(19) 厚生労働省労働基準局労災補償部労災管理課編『七訂新版 労働者災害補償保険法 —— 労働法コンメンタール5』（労務行政，2008年）302頁。（以下「『労働者災害補償保険法』」という。）。

(20) 労働省労働基準局長通達。

(21) 『労働者災害補償保険法』前掲注(19) 306頁。

規定するものであり，すなわち，労働者またはその遺族が年金給付を受けるべき場合であって，同一の事由について，事業主から損害賠償を受けることができるときに，年金給付の支給が行われたときは，事業主は，損害賠償の責めを免れると規定する。

②損害賠償が保険給付に先行する場合

また，労災保険法附則64条2項（下記3「控除すべき利益の範囲」で概説する。）は，損害賠償が保険給付に先行する場合について規定するものであり，すなわち，労働者またはその遺族が，事業主から損害賠償を受けることができる場合であって，保険給付を受けるべきときに，同一の事由について，損害賠償を受けたときは，政府は，労働政策審議会の議を経て厚生労働大臣が定める基準（以下「支給調整基準」という。）により，その価額の限度で，保険給付をしないことができる（保険給付をしないことを支給調整という。）と規定する。

この支給調整基準では，支給調整の対象となる民事損害賠償は労災保険給付によって塡補される損害を塡補するものに限られると定められている。すなわち，次表の左欄に掲げる民事損害賠償を受けたときは，それぞれの損害項目に対応して右欄に掲げる保険給付の支給調整を行うものと定められている（昭56・6・12発基[22]60)[23]。

民事損害賠償の損害項目	支給調整を行う労災保険給付	
	業務災害に関する	通勤災害に関する
逸失利益	障害補償給付 遺族補償給付 傷病補償年金 休業補償給付	障害給付 遺族給付 傷病年金 休業給付
療養費	療養補償給付	療養給付
葬祭費用	葬祭料	葬祭給付

なお，労災保険法附則64条1項，2項は，民法上の損害賠償訴訟において，民事損害賠償から労災保険給付を控除すべきかについて規定するものではないが（下記3「控除すべき利益の範囲」で概説する。），同一の事由，同質性，相互補完性を判断するうえで参照することは許されよう。

民商法の課題と展望

3 控除すべき利益の範囲

上記1「控除の根拠」，2「控除の要件」の検討によれば，社会保険給付の控除を全く否定する考え方はとられていないが，社会保険給付の控除を肯定するとして，どの範囲で控除するかにつき，考え方が分かれる。すなわち，社会保険給付について，損害賠償訴訟の口頭弁論終結までにすでに支払われた分（既払分）だけでなく，それ以降支払われる分（将来分）も含め，これを現在価額に修正して控除する説（全期間控除説）と，既払分のみ控除する説（既払分控除説）とがある。

全期間控除説の根拠としては，第1に，社会保険給付について，一時金として取得する者（損害賠償を受ける者）と年金として取得する者（年金給付を受ける者）との間に公平が図られること，第2に，年金の現在価額を控除するのが衡平感を満足させることなどが考えられる。

既払分控除説の根拠としては，第1に，代位規定の文理解釈（代位規定ではないが，労働基準法84条2項（類推適用）の文理解釈も同じ），すなわち，政府は，社会保険給付をしたときにはじめて代位することができること（傍点は筆者），第2に，年金額等は将来変更されることもありうるのであって，不確定・不安定な要素がありうること（国年35条1号，40条1項1号，2号。厚年53条1号，63条1項1号，2号。労災16条の4第1項1号，2号），第3に，全期間控除説によれば，損害賠償請求権につき分割弁済を強いられることなどが考えられる[24]。

結論を先取りすると，③最三判昭52・5・27（第三者行為災害事案），④最三昭52・10・25（使用者行為災害事案）はともに，公的年金給付と労災保険給付とを分けることなく，既払分控除説を採用した。これに対して，岩村正彦教授は，③最三判昭52・5・27，④最三昭52・10・25はともに，各学説が主張していた実質的な理由にはまったく言及せず，③最三判昭52・5・27は，代位規定の文理解釈によって，④最三昭52・10・25は，損益相殺における「損害の塡補」の厳格な解釈によって，既払分控除説を導いていると評している。後者につき敷衍す

---

(22)　労働省事務次官通達。

(23)　『労働者災害補償保険法』前掲注(19) 748 頁。

(24)　時岡泰「判解（③最三判昭52・5・27（第三者行為災害事案））」最判解民事篇昭和52年度179頁以下，184-185頁，同「判解（④最三昭52・10・25（使用者行為災害事案））」同296頁以下，299-300頁。

れば，同教授は次のように述べている。第三者行為災害の場合は代位規定があるが，使用者行為災害の場合は代位規定が存在しない。そこで，代位により損害賠償が縮減するという法律構成を採用することができず，逸失利益と年金給付とを損益相殺するという法律構成を採用した。そして，保険給付のもつ損害の塡補という性質を強調し，現実に保険給付がなされて損害が塡補された範囲に損益相殺を限定することで将来の年金給付の控除を否定した[25]。

こうして既払分控除説が判例においても確立したが，しかし，既払分についてのみ控除するとすれば，将来分につき損害賠償と社会保険給付との二重塡補を許すことになる。そこで，行政実務がこの問題を現在までどのように取り扱ってきたかも概説しておく[26]。

(a) **公的年金給付**

(i) 第三者行為災害事案についての判例法理

最三判昭 50・10・21 判時 799 号 39 頁（以下「②最三判昭 50・10・21」という。）は，まず，衡平を根拠に控除を肯定した①最一判昭 41・4・7 を参照した。ただ，①最一判昭 41・4・7 において問題となった恩給法は代位規定をもたないが，②最三判昭 50・10・21 において問題となった地方公務員等共済組合法は代位規定をもつにもかかわらず（同法 50 条 1 項），衡平を根拠に控除を肯定したことになる。切替え支給の事案だからである（上記 1 (a)(i) ①「国年 22 条 1 項，厚年 40 条 1 項」）。そして，「X〔Aの妻〕は，亡Aの得べかりし退職年金につき，同人の逸失利益として相続によりこれを取得したものであり，同人の平均余命年数の間は，同Xの受けるべき遺族年金と重複することとなるから，同Xがその間遺族年金を受領するのは不当に利得することになるものというべく，したがって，Aの平均余命年数を基準として遺族年金の現在額を算出したうえ，これを控除すべき」であるとして，全期間控除説を採用した。

しかし，③最三判昭 52・5・27 は，厚生年金保険法 40 条 1 項の代位規定を根拠に控除を肯定したうえで，「政府が保険給付又は災害補償をしたことによって，受給権者の第三者に対する損害賠償請求権が国に移転し，受給権者がこれを失うのは，政府が現実に保険金を給付して損害を塡補したときに限られ，い

---

[25] 岩村正彦「社会保障法と民法の交錯」ジュリ 828 号（1985 年）191 頁以下，193-195 頁，同「判批」別ジュリ 134 号（1995 年）128 頁。

[26] 当時の実務については，下森定「判批」判タ 359 号（1978 年）117 頁以下，119-120 頁。

民商法の課題と展望

まだ現実の給付がない以上，たとえ将来にわたり継続して給付されることが確定していても，受給権者は第三者に対し損害賠償の請求をするにあたり，このような将来の給付額を損害額から控除することを要しない」として，既払分控除説を採用した。

公的年金給付については，立法論として全期間非控除説を採用すべきだとする学説もある。たとえば，厚生年金保険や健康保険などの社会保険は，被保険者の要保護状態を発見し，損害の填補という観点から離れて，保険給付をするのだから，本来は控除の対象とすべきでない。しかし，社会保険においても第三者の不法行為に対する求償ないし保険者代位の規定があり（厚年40条1項），さらに保険者免責の規定がある結果（厚年40条2項），論理必然的に控除説が主張されることになる。立法論としては，これらの社会保険が財政的理由のほか求償権行使の煩雑を口実に保険給付を断るという本末転倒が起こらないようにするため，代位規定を削除しつつ，非控除説（全期間非控除説）をつらぬくべきである（傍点は筆者）[27]。

(ii) 使用者行為災害事案についての判例法理

④最三判昭52·10·25は，衡平の理念に照らし控除を肯定したうえで，「政府が保険給付をしたことによって，受給権者の使用者に対する損害賠償請求権が失われるのは，右保険給付が損害の填補の性質をも有する以上，政府が現実に保険金を給付して損害を補填したときに限られ，いまだ現実の給付がない以上，たとえ将来にわたり継続して給付されることが確定していても，受給権者は使用者に対し損害賠償の請求をするにあたり，このような将来の給付額を損害賠償債権額から控除することを要しない」として，既払分控除説を採用した[28]。

(iii) 行政実務

① 給付または保険給付が損害賠償に先行する場合（国年22条1項，厚年40条1項）

福島県民生部保険課長が，「〔厚生年金保険〕法第40条中『保険給付をしたときは』とあるのは年金の場合において将来支給さるべき額も含むものである

---

(27) 西島梅治「各種保険と損害の填補」判タ268号（1971年）202頁以下，204頁。

(28) 厚生年金保険給付について，齋藤修「判批」民商76巻6号（1978年）114頁（判旨に賛成），古賀哲夫「判批」法時51巻4号（1979年）128頁（判旨に賛成），石田喜久夫「判批」判タ390号（1979年）150頁（判決は不当。全期間非控除説）。

かどうか。」と照会したのに対して，厚生省厚生年金保険課長は，「法第40条第1項の適用については，現実に保険給付の支払いを行った都度，その価額の限度で，第三者に対して損害賠償の代位請求権を行使する方法をとられたい。」と回答している（昭31・4・16保文発[29]2791）。上記(i)「第三者行為災害事案についての判例法理」，(ii)「使用者行為災害事案についての判例法理」と同じである。

② 損害賠償が給付または保険給付に先行する場合（国年22条2項，厚年40条2項）

「国民年金法に基づく給付と損害賠償額との調整について（昭37・10・22庁保発[30]10）」および「厚生年金保険法第40条第2項の規定による取扱いについて（昭36・6・14保険発[31]56）」は，「第三者行為事故に係る年金の支給停止限度期間の設定について」次のように定めている。

〔1〕被保険者等が第三者から受領した損害賠償金から医療費，葬祭費等の実支出額および慰謝料の合計額を控除して，生活保障費相当額に対応する損害賠償金（以下「調整対象損害賠償金」という。）を算出する。

〔2〕調整対象損害賠償金を所定の1月当たりの基準生活費で除するなどして，基本の支給停止月数（以下「基本支給停止月数」という。）を算出する。

〔3〕基本支給停止月数が24月以下の場合は，その月数を，また，基本支給停止月数が24月を超える場合は，24月を限度（以下「支給停止限度期間」という。）として，調整（以下「調整措置」という。）を行う。

〔4〕事故発生の翌日から年金の受給権発生月までの月数（以下「控除月」という。）を調整措置後の支給停止月数から控除した後の月数を実際の支給停止月数（以下「実支給停止月数」という。）とする[32]。

これらにより，事故発生の翌日から2年を超えれば，年金の支給停止限度期間が解除され，二重補償が発生し始めることになる。

これに対して，会計検査院は，平成24年10月26日づけで，厚生労働大臣あてに，「第三者行為事故に係る年金の支給停止限度期間の設定について，年

---

[29] 厚生省厚生年金保険課長回答。

[30] 社会保険庁年金保険部長通知。

[31] 厚生省保険局厚生年金保険課長通知。

[32] http://report.jbaudit.go.jp/org/h23/2011-h23-0305-0.htm

民商法の課題と展望

金の支給と第三者からの損害賠償の重複が多額に上ることを避けるための方策を検討するよう意見を表示した」。すなわち，近年の対人賠償任意保険の加入率の増加，人身事故に対する民事の損害賠償額の高額化により調整対象損害賠償金が高額化しており，基本支給停止月数が支給停止限度期間として設定した24月を大きく上回る事例が多数見受けられ，支給停止解除後，二重補償となる期間の長期化が顕在化する傾向にある。ついては，同一の事故による損害に対して二重補償を避けるという支給停止の制度の趣旨を踏まえて，年金給付により被保険者等の生活を保障していくという公的年金制度の目的等も勘案して，支給停止解除後の二重補償額が多額に上ることを避けるための方策を検討することとしている[33]。

これを受けて，厚生労働省は，平成27年9月に上記2つの通知（昭37·10·22庁保発10，昭36·6·14保険発56）を改正し，支給停止解除後の二重補償額が多額に上ることを避けるための方策として，24月と設定されていた支給停止限度期間を36月に見直し，同年10月以降に発生する第三者行為事故から適用することとする処置を講じている[34]。

したがって，事故発生の翌日から3年を超えれば，年金の支給停止限度期間が解除され，二重補償が発生し始めることとなる。

(b) 労災保険給付

(i) 第三者行為災害事案についての判例法理

③最三判昭52·5·27は，労災保険法旧20条（現12条の4）の代位規定を根拠に控除を肯定したうえで，「政府が保険給付又は災害補償をしたことによって，受給権者の第三者に対する損害賠償請求権が国に移転し，受給権者がこれを失うのは，政府が現実に保険金を給付して損害を塡補したときに限られ，いまだ現実の給付がない以上，たとえ将来にわたり継続して給付されることが確定していても，受給権者は第三者に対し損害賠償の請求をするにあたり，このような将来の給付額を損害額から控除することを要しない」として，既払分控

---

(33) http://report.jbaudit.go.jp/org/h23/2011-h23-0305-0.htm（第三者行為事故による年金の支給停止が行われていた被保険者等のうち平成23年1月から同年12月までの間に支給停止が解除された者387人を対象として検査を行った結果，重複上限額（重複年金額）は11億7022万余円にも上っていると認められた。）

(34) http://report.jbaudit.go.jp/org/h26/2014-h26-0339-0.htm

除説を採用した。

(ii) 第三者行為災害事案についての行政実務

① 保険給付が損害賠償に先行する場合（労災 12 条の 4 第 1 項）

労災保険法 12 条の 4 第 1 項の規定により政府が取得する損害賠償請求権の行使は，受給権者が保険給付の事由と同一の事由につき第三者に対して請求しうる損害賠償の額の範囲内において，災害発生後 3 年以内に支給すべき年金についてその支払の都度行うこととなっている（昭 41・6・17 基発[35]610）[36]。

② 損害賠償が保険給付に先行する場合（労災 12 条の 4 第 2 項）

労災保険法 12 条の 4 第 2 項の取扱いについては，受給権者が第三者から保険給付の事由と同一の事由に基づき損害賠償を受けた場合には，損害賠償の行われた日の属する月の翌月以後に受給権者に支給されるべき年金について，当該損害賠償により政府が免責される保険給付の額に相当する額に達するまでの間，災害発生後 3 年を限度としてその支給が停止されることとなっていた（昭 41・6・17 基発[37]610）[38]。

この 3 年に関し，使用者行為災害事案に関する労災保険法附則 64 条 2 項（下記(iv)「使用者行為災害事案についての行政実務」で概説する。）の調整対象給付期間が 9 年であるのに対して，第三者行為災害事案に関する労災保険法 12 条の 4 第 2 項の控除期間が 3 年であるのは，前者が使用者の保険利益を重要視しており，後者との調和を図る余裕がなかったのであろうか，といった批判があった[39]。

最終的に被害者の重複填補が膨らむ点について意見をしたのは会計検査院であった。会計検査院は，平成 23 年 10 月 28 日づけで，厚生労働大臣あてに，「第三者行為災害に係る支給停止の制度について，労災保険給付と第三者等からの保険金等〔損害賠償を含む〕の支給との重複が多額に上ることを避けるための方策を検討するよう意見を表示した」。すなわち，対人賠償責任保険の加入率の増加および民事損害賠償の高額化という社会経済情勢の変化等を考慮し，

---

(35) 労働省労働基準局長通達。

(36) 『労働者災害補償保険法』前掲注(19) 304-305 頁。

(37) 労働省労働基準局長通達。

(38) 『労働者災害補償保険法』前掲注(19) 304-305 頁。

(39) 井上浩『改定 10 版　労災補償法詳説』(経営書院，2010 年) 298-299 頁，307-308 頁。

控除期間経過後の二重填補額が多額に上ることを避けるための方策を検討することとしている[40]。

これに従って，厚生労働省は，控除期間を災害発生後3年以内から7年以内へと見直した（平25・3・29基発[41]0329第11号）。

(iii)　使用者行為災害事案についての判例法理

④最三判昭52・10・25は，労働基準法84条2項の規定を類推適用し控除を肯定したうえで，「政府が保険給付をしたことによって，受給権者の使用者に対する損害賠償請求権が失われるのは，右保険給付が損害の填補の性質をも有する以上，政府が現実に保険金を給付して損害を補填したときに限られ，いまだ現実の給付がない以上，たとえ将来にわたり継続して給付されることが確定していても，受給権者は使用者に対して損害賠償の請求をするにあたり，このような将来の給付額を損害賠償債権額から控除することを要しない」として，既払分控除説を採用した。

全期間控除説の根拠は上記のとおり公平ないし衡平であるが，労災保険給付，使用者行為災害事案に特有の根拠として，全期間控除説をよらなければ，使用者は，保険に加入し，保険料を支払っているのに，保険利益を奪われる点が批判されていた[42]。この点に対して，④最三判昭52・10・25の調査官は次のように述べている。労災保険は，労働基準法上の労災補償責任をカバーする制度であり，民法上の損害賠償責任をカバーすることを直接の目的とするものではない。労災補償責任は労働者やその遺族の生活保障の色彩が強いのに対し，損害賠償責任は事故によって被害者に生じた損害の填補を直接の目的とし，また，責任の内容や履行期，権利者につき差が生ずることがありうる。したがって，労災保険でカバーされない部分について保険料負担のほかに不法行為法上の損害賠償義務を負担することになってもやむをえない。使用者の保険利益を強調

---

(40)　http://report.jbaudit.go.jp/org/h22/2010-h22-0308-0.htm（9都道府県労働局（富山，京都，大阪，山口，香川，高知，佐賀，長崎，鹿児島各労働局）における，平成20，21，22年度の支給停止解除事案の件数および重複上限額（重複支給額）は，308件，42億6789万余円にも上っている。）

(41)　厚生労働省労働基準局長通達。

(42)　西村健一郎「判批（③最三判昭52・5・27）」民商78巻3号（1978年）362頁以下，373-374頁，同「損害賠償と労災保険給付の控除 ── 年金給付の場合を中心として」民商78巻臨増(4)（1978年）434頁以下，448頁。

するあまり，労働者やその遺族の損害賠償請求権が制約されるのは不当というべきである。これを要約すれば，労災補償責任の目的（損害填補＋生活保障）と損害賠償責任の目的（損害填補）のズレを重視すべきであり，そして，この2つはズレているのだから，両方とも受け取っても重複して受け取ったことにならない，ということになろうか。いずれにしても，使用者の保険利益を強調すべきではない，ということになる[43]。

(iv) 使用者行為災害事案についての行政実務

こうして，判例では，労災保険給付の既払分は控除されるが，政府の支給なので履行が確実であるにもかかわらず，将来分は控除されないこととなった。そこで，将来分について重複填補を解消するため，労災保険法附則旧67条（現64条）が新設された[44]。

① 年金給付が損害賠償に先行する場合（労災附則64条1項）

年金給付が損害賠償に先行する場合について規定するものである。労働者またはその遺族が年金給付を受けるべき場合であって，同一の事由について，事業者から損害賠償を受けることができるときは，事業主は，ある一定期間[45]，ある一定限度で[46]，損害賠償の履行をしないことができ（労災附則64条1項1号。履行猶予），これにより損害賠償の履行が猶予されている場合において，年金給付の支給が行われたときは，事業主は，当該年金給付の額の限度で，損害賠償の責めを免れる（労災附則64条1項2号。免責）。損害賠償の判決が出た後，

---

[43] 時岡・前掲注(24) 303頁（ただし，労災保険給付が年金形式で継続支給される場合に，それと民法上の損害賠償請求権の調整は，立法上うまく処理されているとはいえないとしている。）。

労災保険給付について，齋藤修「判批」民商76巻6号（1978年）114頁（判旨に疑問），古賀哲夫「判批」法時51巻4号（1979年）128頁（判旨に賛成），石田喜久夫「判批」判タ390号（1979年）150頁（判決は不当，全期間控除説）。

[44] 良永彌太郎「労災補償と損害賠償の新たな関係」日本労働法学会編『講座　21世紀の労働法第7巻　健康・安全と家庭生活』（有斐閣，2000年）42頁以下，49頁以下，50頁以下（労災保険法附則64条は，「当分の間」（同条1項柱書）の暫定的なものであるとされている。本規定は，前払一時金最高限度額を超えた分については重複填補を許すものであるため，不徹底であるとも批判されている。そこで，完全調整のための立法政策を提示している。）。

しかし，現在のところ，改正は実現していないようである。

[45] 労働者またはその遺族の年金給付を受ける権利が消滅するまでの間。

[46] 当該年金給付が当該年金給付にかかる前払一時金給付の最高限度額に達するまで。

民商法の課題と展望

損害賠償の履行を猶予しておいて（同項1号），現実に年金給付の支給が行われた時，行われた分，損害賠償の責任を免れることとなる（同項2号）。

注意すべきは，労災保険法附則64条1項は，将来分の控除について規定するものであって，民法上の損害賠償訴訟において，既払分の控除について規定するものではない。

② 損害賠償が保険給付に先行する場合（労災附則64条2項）

損害賠償が保険給付に先行する場合について規定するものである。労働者またはその遺族が，事業主から損害賠償を受けることができる場合であって，保険給付を受けるべきときに，同一の事由について，損害賠償を受けたときは，政府は，支給調整基準により，その価額の限度で，保険給付をしないことができる（労災附則64条2項。保険給付をしないことを支給調整という。）。

この支給調整基準には，逸失利益と労災保険給付との支給調整について，つぎの規定がある（昭56・10・30基発[47]696）[48]。本稿に必要な範囲で概説しておく[49]。

第1に，「逸失利益に対する民事損害賠償の賠償額のうち労災保険給付の支給水準相当分（以下「比較対象逸失利益額」という。）のみを労災保険給付との比較の対象とする額とする。」

逸失利益に0.67＝2/3（給付相当率[50]）を乗じた分が保険給付として支給される。そこで，逸失利益の全額に満つるまで保険給付をしないとすると，受給者に不利である。そこで，逸失利益に0.67を乗じた分に満つるまで保険給付をしないとするのである。

第2に，労災保険給付の支給調整は，調整対象給付期間の範囲で行う。この調整対象給付期間とは，ある特定の時点[51]から9年間である。

比較対象逸失利益額と保険給付額＝支給調整額が同額となるまで，保険給付は支給調整されることになるが，同額になれば，支給調整は完了し，支給が再開される。しかし，同額にならなくても，上記9年間が経過すれば，支給が再

----

(47) 労働省労働基準局長通達。

(48) 『労働者災害補償保険法』前掲注(19) 754頁以下。

(49) 支給調整されない前払一時金最高限度額については説明を省略している。

(50) 逸失利益の中で保険給付に相当すると考えられる額の割合。

(51) 障害補償給付もしくは障害給付，または，遺族補償給付もしくは遺族給付については，保障給付分についての支給調整後（前払一時金最高限度額相当期間）から。休業補償給付または休業給付については災害発生日から。

開される。これは，賠償額が多額であるような場合，保険給付の支給調整の期間が長期にわたることになるので，あまりに長期間とならないよう，支給調整期間について上限が設けられたものである。したがって，比較対象逸失利益額に保険給付額＝支給調整額が満たなくても，上記9年間が経過し，支給が再開された場合，その満たない額の支給については重複填補となることになる。

Ⅳ　最大判平5・3・24

1　事　案

交通事故（以下「本件事故」という。）で死亡した被害者Aの妻Xが加害者Yに対して損害賠償を求めた事案である。

(a) A（本件事故時62歳）は，本件事故前，地方公務員等共済組合法（昭60法108による改正前のもの。以下「法」という。）に基づく退職年金を受給していた。Aが本件事故によって死亡しなければその平均余命期間に受給することができた退職年金の現在額（Xの相続分）は，1035万5671円である。

(b) Xは，Aが本件事故によって死亡したため，法に基づく遺族年金の受給権を取得し，原審の口頭弁論終結時までに合計321万1151円の支給を受けた。

そこで，(a)から(b)を控除することの要否について問題となった。細分すると，第1に，退職年金の逸失利益性，第2に，控除の根拠，第3に，控除の要件，第4に，控除すべき利益の範囲について問題となった。

2　一　般　論

最大判平5・3・24は，まず，いわゆる損益相殺的な調整について一般論を展開する。以下，多数意見の一般論の部分を引用する。

「1　不法行為に基づく損害賠償制度は，被害者に生じた現実の損害を金銭的に評価し，加害者にこれを賠償させることにより，被害者が被った不利益を補てんして，不法行為がなかったときの状態に回復させることを目的とするものである。

2　被害者が不法行為によって損害を被ると同時に，同一の原因によって利益を受ける場合には，損害と利益との間に同質性がある限り，公平の見地から，その利

民商法の課題と展望

益の額を被害者が加害者に対して賠償を求める損害額から控除することによって損益相殺的な調整を図る必要があり，また，被害者が不法行為によって死亡し，その損害賠償請求権を取得した相続人が不法行為と同一の原因によって利益を受ける場合にも，右の損益相殺的な調整を図ることが必要なときがあり得る。このような調整は，前記の不法行為に基づく損害賠償制度の目的から考えると，被害者又はその相続人の受ける利益によって被害者に生じた損害が現実に補てんされたということができる範囲に限られるべきである。

　3　ところで，不法行為と同一の原因によって被害者又はその相続人が第三者に対する債権を取得した場合には，当該債権を取得したということだけから右の損益相殺的な調整をすることは，原則として許されないものといわなければならない。けだし，債権には，程度の差こそあれ，履行の不確実性を伴うことが避けられず，現実に履行されることが常に確実であるということはできない上，特に当該債権が将来にわたって継続的に履行されることを内容とするもので，その存続自体についても不確実性を伴うものであるような場合には，当該債権を取得したということだけでは，これによって被害者に生じた損害が現実に補てんされたものということができないからである。

　4　したがって，被害者又はその相続人が取得した債権につき，損益相殺的な調整を図ることが許されるのは，当該債権が現実に履行された場合又はこれと同視し得る程度にその存続及び履行が確実であるということができる場合に限られるものというべきである。」（以下「一般論1」ないし「一般論4」という。）

(a)　控除の根拠

(i)　「公平」

　従来の判例は，代位規定があれば，代位規定に基づき，代位規定が存在しても適用することができない場合，または，代位規定が存在しない場合，公平ないし衡平に基づき，損害から利益を控除していた。これに対して，本判決（一般論2の第1文）は，「公平」を根拠に「損益相殺的な調整」を図るものとした。

　本件は代位規定が存在しても適用することができない事案，すなわち，地方公務員等共済組合法に基づく退職年金から遺族年金への切替え支給がされただけで，組合に損害が生じていない事案であり，本判決が「公平」を根拠としたことは従来の判例（①最一判昭41・4・7）を踏襲したものということもできる。

598

(ⅱ) 「損益相殺的な調整」

本判決のいう「損益相殺的な調整」がどのような意味で用いられているかについて，本判決の調査官の説くところを引いておこう。

社会保険給付の控除の問題を初めて論じたのは，大判昭3・3・10民集7巻152頁（使用者行為災害事案，鉄道事故）であった。大審院は，被害者の死亡により被害者の妻がたとえば遺族年金を第三者より受領する権利を取得した場合，損益相殺（同判決は「損得相殺」という用語をあてる。）の観念に徴し，この遺族年金の限度において，妻の加害者（国）に対する不法行為に基づく損害賠償請求権の範囲を縮減する効力があるとした[52]。これに対して，杉之原舜一博士は，本判決が，本件遺族年金が扶養請求権喪失による損害賠償請求権（同博士は，相続構成を否定し，扶養構成をとる。）の範囲に影響すべきことがあると言うのは正しいが，損得相殺の理論から推してそう言っているのは，正確とはいえないとする。なぜならば，損得相殺は同一の責任原因より生じた損害と利益との間に生ずる問題であるが，本件年金請求権は妻の亡夫が国有鉄道共済組合に加入していたことに基づき発生するものであって，扶養請求権喪失による損害の発生原因である加害者の不法行為に基づいて発生するものとはいえないからであるとした。これを要約すれば，損得相殺は同一原因（不法行為）より生じた損害と利益との間に生ずる問題であるのに対して，一方で本件損害賠償請求権は本件不法行為により発生し，他方で本件年金請求権は共済組合加入により発生し，すなわち，各請求権は別の原因より生じたので損得相殺の問題ではない。

これに対して，①最一判昭41・4・7は，損益相殺の理念ではなく，衡平の理念を根拠に控除を肯定した。これに関して，加藤一郎博士は，形式的な批判はあるが，形式を超えて，実質に基づく控除を肯定するのが妥当であるとする。つまり，本件では，妻は夫の得べかりし利益を相続したとして賠償請求しているので，妻に発生した扶助料はそれとは権利主体，発生原因，法律上の性質を異にするという形式的な批判はある。しかし，死者の受けていた恩給と遺族の扶助料とが，損失補償ないしは生活保障というその目的ないし機能を同じくし，

---

[52]　なお，本件では，妻が，夫の得べかりし総収入により損害額（から中間利息を控除したもの）を算定して請求したのに対して，大審院は，夫の得べかりし総収入から夫の生活費等を控除した純収益により損害額（から中間利息を控除したもの）を算定すべきであるとした。

民商法の課題と展望

実質上の共通性がある以上，控除を肯定するのがやはり妥当である。

　また，加藤一郎博士と同様に，損益相殺を厳格に解すると，遺族給付を損害から控除すべきか否かは，かなり疑問であるとしつつ，しかし，多数の学説は判例の見解に賛成すると指摘する解説もある。第1に，損益相殺すべき損害と利益は同一主体に生じたものであるべきところ，損害は死者に発生したものであり，利益である遺族給付は遺族に生じたものであって主体を異にしている。第2に，損益相殺すべき利益は損害の発生原因である不法行為と相当因果関係に立つものであることを要するところ，国家公務員災害補償法による遺族補償は不法行為と相当因果関係に立つといいやすいが，国家公務員等退職手当法による退職手当や国家公務員等共済組合法による共済遺族年金は死亡によって給付されることにはなるが，従来の勤務とか掛金の支払を原因としており不法行為と相当因果関係にあると直ちに言いがたい。しかし，これらの遺族給付の趣旨，性質，機能が実質的に損害を塡補しているような場合，すなわち被害者側からみて二重取りになっているような場合には，被害者は不法行為によって利得すべき理由は全くないし，利得することは正義に反するのであるから，損害から給付を差し引くことは衡平上当然といわなければならない[53]。

　これらを要約すれば，損益相殺とそれ以外との区別のメルクマールは，第1に，損害と利益の発生主体が同一か，第2に，損害と利益の発生原因が同一か，である。

　これを受けて，最大判平5・3・24の調査官は，①最一判昭41・4・7が損益相殺ではなく衡平を根拠に控除を肯定したことについて，損益相殺は損害と利益の権利主体が一致する場合に行われるものであるという批判をかわすためであるとした。さらに，「衡平」といってみても，実質的にみれば，「損益相殺」と同旨をいうものと解しても差し支えないとしている。そして，最大判平5・3・24の多数意見が，「損益相殺」といわず，「損益相殺的な調整」というのも，そのような配慮によるものとしている。

　こうして「損益相殺的な調整」という用語が誕生したが，以上の検討によれば，死亡事案において，損害と利益の権利主体が異なる点をとらえて，この用

────────────

(53)　田尾桃二「判解（最二判昭50・10・24民集29巻9号1379頁）」最判解民事篇昭和50年度461頁以下，465頁。

語が使われるに至ったと考えられる。しかし，以後の判例が，障害事案においても，最大判平5・3・24を参照するようになるので，損害と利益の権利主体が異なる点から「損益相殺的な調整」という用語が誕生したとの経緯も忘れ去れるに至ったといえよう。そもそも，最大判平5・3・24の多数意見は，障害事案も，死亡事案も含む判示をしている（一般論2の第1文）[54]。

(b) 控除の要件

本判決は，従来の判例および学説を踏襲して，「同一の原因」（因果性），「同質性」（塡補性）を列挙した（一般論2の第1文）。

(c) 控除すべき利益の範囲

(i) 控除の根拠

本判決は，まず，損益相殺的な調整は，被害者またはその相続人の受ける利益によって被害者に生じた損害が現実に補塡された範囲に限られるとした（一般論2の第2文）。

これについて，本判決の調査官は，次のとおり説いている。③最三判昭52・5・27は，第三者行為災害事案で，代位の規定が適用され，代位の法理を論拠に，既払分控除説をとったのに対して，④最三判昭52・10・25は，使用者行為災害事案で，代位の法理を論拠とすることができず，損害の補塡に論拠を求めたものと窺われる。そして，本判決は，退職年金から遺族年金への切替え支給によっては共済組合に損害が生じていないため，代位の規定が適用されず，代位の法理を論拠とすることができず，損害の補塡に根拠を求めたものではなかろうか[55]。さらに，同調査官は，私見にとどまると留保しつつも，「損害の補塡」は代位の規定が適用される場合にも生じているはずであるから，「損害の補塡」を論拠に控除の範囲を定めるのであれば，代位の規定が適用される場合であっても，「損害の補塡」を論拠に控除の範囲を定めたものが当てはまるとする[56]。つまり，代位規定が存在しようがしまいが，あるいは，代位規定を適用できようができまいが，控除の根拠としては損害の補塡に統一されることになる。

(ii) 控除すべき利益の範囲

---

[54] 「損益相殺的な調整」については，藤岡康宏『民法講義Ⅴ　不法行為法』（信山社，2013年）465頁以下，474-477頁。

[55] 滝澤孝臣「判解」最判解民事篇平成5年度（上）454頁以下，492頁。

[56] 滝澤・前掲注[55] 494頁（注三八）。

民商法の課題と展望

　本判決は，つぎに，被害者またはその相続人の受ける利益を，被害者または
その相続人が第三者に対する債権を取得した場合に置き換え，さらに，当該債
権の取得と履行を分け，それによって控除の範囲を画している（一般論3およ
び4）。すなわち，債権には，程度の差こそあれ，履行の不確実性を伴うこと
が避けられず，現実に履行されることが常に確実であるということはできない
ので（一般論3の第2文），当該債権を取得したということだけから，損益相殺
的な調整をすることは許されない（一般論3の第1文）。したがって，被害者ま
たはその相続人が第三者に対して取得した債権につき，損益相殺的な調整を図
ることが許されるのは，当該債権が現実に履行された場合またはこれと同視し
うる程度にその存続および履行が確実である場合に限られるとした（一般論4）。
　これは一般論なので，通常の債務についての履行の不確実性を問題とした記
述である。この一般論をどう具体的な事案に対して展開していくかについては，
下記3「具体論」(b)「控除すべき利益の範囲」で説明する。

3　具体論

　最大判平5・3・24は，上記2「一般論」に続けて，退職年金の受給権喪失に
対して逸失利益性を認めた上で，この不法行為に基づく損害賠償と同法に基づ
く遺族年金との間の損益相殺的な調整について具体的に展開する。以下，多数
意見の具体論の部分を引用する。

　「1　法の規定する退職年金及び遺族年金は，本人及びその退職又は死亡の当時そ
の者が直接扶養する者のその後における適当な生活の維持を図ることを目的とする
地方公務員法所定の退職年金に関する制度に基づく給付であって，その目的及び機
能において，両者が同質性を有することは明らかである。そして，給付義務を負う
者が共済組合であることに照らせば，遺族年金については，その履行の不確実性を
問題とすべき余地がないということができる。しかし，法の規定によれば，退職年
金の受給者の相続人が遺族年金の受給権を取得した場合においても，その者の婚姻
あるいは死亡などによって遺族年金の受給権の喪失が予定されているのであるから
（法96条），既に支給を受けることが確定した遺族年金については，現実に履行さ
れた場合と同視し得る程度にその存続が確実であるということができるけれども，
支給を受けることがいまだ確定していない遺族年金については，右の程度にその存
続が確実であるということはできない。

2　退職年金を受給していた者が不法行為によって死亡した場合には，相続人は，加害者に対し，退職年金の受給者が生存していればその平均余命期間に受給することができた退職年金の現在額を同人の損害として，その賠償を求めることができる。この場合において，右の相続人のうちに，退職年金の受給者の死亡を原因として，遺族年金の受給権を取得した者があるときは，遺族年金の支給を受けるべき者につき，支給を受けることが確定した遺族年金の額の限度で，その者が加害者に対して賠償を求め得る損害額からこれを控除すべきものであるが，いまだ支給を受けることが確定していない遺族年金の額についてまで損害額から控除することを要しないと解するのが相当である。」（以下「具体論1」および「具体論2」という。）

(a)　控除の要件

(i)　退職年金の受給権喪失の逸失利益性

　多数意見は，従来の判例（①最一判昭41·4·7）を踏襲して，退職年金の受給権喪失の逸失利益性を肯定しており（具体論2の第1文），これに対して，藤島昭裁判官の反対意見がある[57]。

　多数意見について，本判決の調査官は，次のように述べている。判例は差額説（現実損害説）に立っており，この説に立てば，死亡によって退職年金の受給権を喪失する事実がある以上，そこに損害を観念しないわけにはいかない[58]。

　これに対して，上記反対意見は，評価説（稼働能力喪失説）に立った上で，退職年金は，本人およびその家族に対する生活保障を目的とするものであり，本人の稼働能力を表象するものではないことから，退職年金を受給していた者が死亡した場合にも，生存していれば受給できた退職年金を基礎として逸失利益を算定することは許されないとした。また，退職年金の受給権喪失の逸失利益性を肯定してきた従来の判例に比べ，これを否定すると，遺族の保護に欠けるとの批判に対して，同裁判官は，退職年金の受給者の死亡を原因として，遺族に対して遺族年金の支給が制度上予定されていること，退職年金も遺族年金も本人およびその家族または遺族に対する生活保障を目的とするものであるため，遺族年金が退職年金の代替的な役割を果たすことを前提にしている制度であることから，遺族の保護に欠けることはないとしている。

---

(57)　最大判平5·3·24以前の実務家による解説として，永谷典雄（大阪地方裁判所判事補（当時））「各種年金等の受給権喪失と逸失利益」判タ744号（1991年）36頁以下。

(58)　滝澤・前掲注(55) 482-484頁。

民商法の課題と展望

藤島裁判官が，評価説（稼働能力喪失説）に立ったうえで，退職年金の逸失利益性を否定したのとは異なり，評価説（稼働能力喪失説）に立ちながらも，退職年金の逸失利益性を肯定したのが，園部逸夫裁判官，佐藤庄市郎裁判官，木崎良平裁判官である。藤島裁判官が退職年金を生活保障と性質づけ，退職年金の逸失利益性を否定したのに対し，園部他裁判官は退職年金を稼働能力の表象と性質づけ，退職年金の逸失利益性を肯定した。つまり，退職年金の性質をどのように解するかの違いが結論を左右したのである[59]。

(ii) 退職年金と遺族年金の同質性（損害塡補性，相互補完性）

多数意見は，退職年金と遺族年金の同質性を肯定し（具体論 1 の第 1 文。同質性ないし塡補性の要件の充足），退職年金から遺族年金を控除すべきであるとした。これに対して，園部他裁判官の反対意見は，遺族年金を損害発生と同一の原因による利益ということはできないとして（因果性の要件の不充足），退職年金から遺族年金を控除することを要しないとした。その理由を次のように述べている。

退職年金については，退職年金の受給権喪失に対して逸失利益性を認める（差額説（現実損害説））のではなく，退職年金の受給権によって表象される受給者の稼働能力喪失に対して逸失利益性を認める（評価説（稼働能力喪失説））。他方，遺族年金については，退職年金の受給者の死亡を契機に，同人と一定の関係にあった遺族の生活水準の維持という目的で支給されるものである。したがって，退職年金を基礎に逸失利益を算定したとしても，遺族年金を損害発生と同一の原因による利益ということはできない。

この意見は実際には，因果性の要件ではなく，同質性ないし塡補性の要件を取り上げているように思われる。というのは退職年金の受給者の死亡を契機に遺族年金は支給されるとして因果性の要件の充足を認めているからである。そうであるとして，退職年金と遺族年金の同質性ないし塡補性については，遺族年金は退職年金喪失損害を塡補するわけではなく，生活保障の目的が重要であるとする考え方をとるとすれば，同質性ないし塡補性の要件の充足は認められないことになる[60]。

---

(59) 岩村正彦「判批」ジュリ 1027 号（1993 年）67 頁以下，71 頁。
(60) 岩村・前掲注(59)ジュリ 1027 号 72 頁。

(iii)　若干の検討

　上記のとおり，多数意見は退職年金と遺族年金の同質性を肯定する。そこで，多数意見が誰のどのような損害と誰のどのような利益とを調整したのかについて検討しておく[61]。

　一方で，Aの退職年金の受給権喪失に対して逸失利益性を認めて，これを損害とする賠償請求権がAに生じ，そして，この損害賠償請求権はAからXへと相続により承継される。他方で，Xの遺族年金の目的は，Xの生活保障だけでなく，Xの損害塡補にもあるとすれば，Xの遺族年金は，たとえば，Xの被扶養利益の喪失による損害を塡補するものといえよう。この損害と利益とを見比べると，Xの被扶養利益の喪失による損害を塡補する遺族年金はAの退職年金の受給権喪失という損害を塡補するものではない。したがって，Aの損害とXの利益とには同質性（塡補性）がなく，これらを調整することはできない。まとめると，相続構成をとり，同質性（塡補性）の要件を厳密に考えると，Aの損害とXの利益とを調整することはできない[62]。

　判旨は，地方公務員等共済組合法ないし地方公務員法所定の退職年金制度のもとで，退職年金についてAおよびXの生活保障の目的を認め，他方，遺族年金についてXの生活保障の目的を認め，この2つの同質性を認める。判旨を，損害賠償法のもとで，再解釈すれば，Aの退職年金の喪失という損害が賠償されれば，そのうち一定部分はXの生活保障 —— 扶養といってもよいのではないか。—— に当てられ，他方，Xの遺族年金はXの生活保障の目的があるために，これらを調整すべきである。このように考えているのではなかろうか[63]。

　この同質性（塡補性）の要件について，最二判昭50・10・24民集29巻9号1379頁は，国家公務員が公務中，第三者の不法行為によって死亡した事案において，「遺族に支給される右各給付〔国家公務員等退職手当法による退職手当，国家公務員共済組合法による遺族年金，国家公務員災害補償法による遺族補償金〕は，国家公務員の収入によって生計を維持していた遺族に対して，右

――――――――――

(61)　潮見佳男「人身損害賠償請求権の相続的構成と損益相殺・併行給付問題」阪大法学44巻2・3号（1994年）433頁以下，442-443頁参照。

(62)　潮見・前掲注(61) 442-443頁（潮見教授は，AからXへの相続的構成を捨てて，Xの扶養請求権喪失という固有損害構成（非相続的構成）をとれば，Xの遺族年金受給分で「損益相殺的調整」をするのは，論理的に矛盾を来すほどのものではないとする。）。

民商法の課題と展望

公務員の死亡のためその収入によって受けることのできた利益を喪失したことに対する損失補償及び生活保障を与えることを目的とし，かつ，その機能を営むものであって，遺族にとって右各給付によって受ける利益は死亡した者の得べかりし収入によって受けることのできた利益と実質的に同一同質のものといえるから，死亡した者からその得べかりし収入の喪失についての損害賠償債権を相続した遺族が右各給付の支給を受ける権利を取得したときは，同人の加害者に対する損害賠償債権額の算定にあたっては，相続した前記損害賠償債権から右各給付相当額を控除しなければならない」とした。つまり，損害としては，「死亡した者の得べかりし収入」のうちの「〔遺族〕が受けることのできた利益」であり，利益としても，「右公務員の死亡のためその収入によって受けることのできた利益を喪失したことに対する損失補償」である。これらを「実質的に同一同質のもの」としているのである。

(b)　控除すべき利益の範囲

(i)　判　旨

多数意見は，既払分とともに，支給を受けることが確定した分をも控除すべきであるとし（以下「確定分控除説」という。），全期間控除説をとった②最三判昭50・10・21の判例変更をした。これに対して，味村治裁判官の反対意見は，②最三判昭50・10・21に賛成し，全期間控除説をとるべきであるとした。

多数意見は，次のとおり説示した。まず，通常の債権と異なり，遺族年金の給付義務は共済組合が負うことに照らせば，遺族年金の履行の不確実性を問題とすべき余地はない。しかし，退職年金の受給者の相続人が遺族年金の受給権を取得した場合でも，その者の婚姻あるいは死亡などによって遺族年金の受給権の喪失が予定されている（具体論1の第2文と第3文）。したがって，既払分とともに，支給を受けることが確定した分（以下「確定分」という。）も損害額から控除すべきであるとした（具体論2の第2文）。この確定分とは，具体的には3か月分である[64]。

---

[63]　潮見・前掲注[61] 442-443頁（潮見教授は，本文のような解釈に対して，被扶養者および扶養に当てられる分と，相続人および相続分とにズレがあれば，このような再解釈も一般論として採用することはできないとする）。

　　永下泰之「判批（最二判平16・12・20判時1886号46頁）」北大法学論集57巻2号（2006年）743頁以下，759-762頁。

これに対して，上記反対意見は，次のとおり説示した。遺族年金の受給権は，基本権としての財産的価値を有することは明らかであり，その存続が確実とはいえないが，そのことにより，その財産的価値が否定されるものではなく，その財産的価値の算定に当たりその存続の不確実性を勘案することを必要とするにとどまる。そして，受給権の財産的価値のうち確定分を超える分を損益相殺的な調整の対象から除外することは，受給権が財産的価値を有することを看過して，相続人に不当に利得させるもので，公平に反する。そして，調整の対象となるのは，被害者と同性同年齢の者の平均余命年数の間に，支給を受けることが確定すべき遺族年金の現在額である。ただし，現在額の算定については，遺族年金の受給権の存続の不確実性を勘案することを要する。このためには，遺族年金の受給権者が同期間内に死亡または婚姻等をする蓋然性を合理的に推定することにより，遺族年金の受給権の存続の蓋然性を推定するほかはないが，これは可能である。

味村治裁判官の反対意見は，このような合理的推定による蓋然性推定は可能であるとする。しかし，損害額の算定においては，被害者の平均余命年数だけを推定しているのに対して，利益額の算定においては，被害者の平均余命年数だけでなく，同期間内における受給権者の死亡率と再婚率をも推定している。損害額の算定におけるよりも，利益額の算定におけるほうが，フィクションにフィクションを重ねている。このフィクションの公平性につき反対意見に賛成するとしても，その有意義性，さらには，その計算の可能性や迅速性についても検討する必要があるのではないか[65]。

（ii）　射　　程

本判決は，一般論および具体論の後に，②最三判昭50・10・21，最一判昭52・12・22金商548号48頁（以下「⑤最一判昭52・12・22」という。）「その他上記見解と異なる当裁判所の判例は，いずれも変更すべきものである。」とした。

---

[64]　当時の地方公務員等共済組合法75条4項（支給月が年4回，前月までの3か月分が支給される。）。「本件においては，原審口頭弁論終結の日である昭和63年7月8日現在でＸが同年7月分までの遺族年金の支給を受けることが確定していたものである。」現在の同法78条4項（支給月が年6回，前月までの2か月分が支給される）。厚生年金保険法36条3項も同様の規定である。

[65]　岩村・前掲注[59]ジュリ1027号73頁参照。

民商法の課題と展望

②最三判昭50・10・21は，死亡事案で，しかも，地方公務員等共済組合法に基づく退職年金から遺族年金への切替えの事案，つまり，代位規定が適用されえない事案 —— 最大判平5・3・24と同様の事案 —— であるにもかかわらず，全期間控除説を採用したので，変更されたものである。

⑤最一判昭52・12・22は，第三者行為災害かつ使用者行為災害（第三者にも使用者にも損害賠償責任を問うことができた），死亡事案で，労災保険法に基づく遺族補償年金の控除が問題となったが，③最三判昭52・5・27と④最三判昭52・10・25を参照した。つまり，⑤最一判昭52・12・22は，第三者行為災害では，代位規定を根拠に，使用者行為災害では，労働基準法84条2項（類推適用）を根拠に，既払分控除説を採用したので，変更されたものである。

本判決の調査官は，本判決が，⑤最一判昭52・12・22が引用する③最三判昭52・5・27と④最三判昭52・10・25を変更の対象として掲げていない点を挙げて，つぎのようにいう。③最三判昭52・5・27と④最三判昭52・10・25の事案は障害事案であり，死亡事案である本件とは事案が異なるため，本判決は，本件と同じ死亡事案を扱う⑤最一判昭52・12・22を変更の対象として掲げたと解される。したがって，本判決のいう「その他上記見解と異なる当裁判所の判例」には，両判決も含まれると理解して差し支えないと解されるし，代位規定が適用される事案については，③最三判昭52・5・27が妥当し，本判決の射程が及ばないという理解は，本判決を矮小化して理解するものといわなければならない[66]。

したがって，確定分控除説をとる本判決の射程は，第1に，死亡事案，障害事案に関係なく，第2に，公的年金給付，労災保険給付に関係なく，第3に，労災保険法上の使用者行為災害事案，第三者行為災害事案に関係なく，第4に，代位規定の存否またはその適用の可否に関係なく，及ぶものと考えられる。

V　おわりに

最大判平5・3・24は，これまで判例および学説において対立していた論点について決着をつけた。その論点と解決とは，つぎのとおりである。第1に，退職年金の逸失利益性を肯定し，第2に，控除（損益相殺的な調整）の根拠とし

---

(66)　滝澤・前掲注(55)496頁（注四〇）。

て公平および損害の補塡を挙げ，第3に，控除（損益相殺的な調整）の要件として損害と利益との間の同質性を挙げ，第4に，控除すべき利益の範囲について確定分控除説を採用した。

本事案は，死亡事案，退職年金から遺族年金への切替え支給の事案，すなわち，代位規定が適用できない事案であるが，本判決は，このような事案に限らず，より広い射程をもつ。

本稿は，社会保険給付と損害賠償との間の損益相殺的な調整のリーディング・ケースである最大判平5·3·24につき，社会保険給付実務を規律する特別法との関係をにらみつつ，その判旨自体をくわしく検討した。

岩村正彦教授は，既払分控除説（ないし確定分控除説。以下省略）をとれば，将来分（ないし未確定分。以下省略）の二重塡補の調整は保険者（政府）に委ねられるのに対して，全期間控除説をとれば，将来分の二重塡補の調整は裁判所に委ねられる，とした[67]。しかし，判例が既払分控除説を採用した当時，行政実務による二重塡補の調整は十分になされていない状況であった。しかし，労災保険法附則64条が立法され，同条2項に関して，調整対象給付期間の範囲で調整を行うとされ，この調整対象給付期間とは，ある特定の時点[68]から9年間とされた。また，最近になってやっとではあるが，労災保険法12条の4第2項に関して，控除期間が災害発生後3年以内から7年以内にのばされ，労災保険給付については，行政実務による二重塡補の調整の体制は整いつつある。他方，公的年金給付については，支給停止限度期間が2年間から3年間にのばされたが，労災保険給付に比べて短く定められたのも，二重塡補の許否についての政策判断であろう。最大判平5·3·24は，裁判所が保険者に将来分の調整を委ねた形での決着をみたが，行政実務は，今に至り，やっと，どのように調整するかにつき政策判断をしたということができよう。

以後，最大判平5·3·24によって民事訴訟は解決されることになったが，そのほぼ10年後，低金利時代が長く続いたことにより，新たな紛争が生じた。すなわち，不法行為から数年後に，社会保険給付を受けたり，損害賠償債務の

---

[67]　岩村・前掲注(25)ジュリ828号195-198頁。

[68]　障害補償給付もしくは障害給付，または，遺族補償給付もしくは遺族給付については，保障給付分についての支給調整後（前払一時金最高限度額相当期間）から。休業補償給付または休業給付については災害発生日から。

民商法の課題と展望

履行を受けたりするが，これらの時点がまちまちであるため，損益相殺的な調整をするにも，損害および利益に関し，中間利息を控除すべきか，あるいは，遅延利息を加算すべきか，といった紛争が生じた。この法定利率が適用される遅延利息や中間利息の問題を解決したのも最高裁大法廷であった。後編で分析することとしたい。

24　社会保険給付と損害賠償との間の損益相殺的な調整〔新堂明子〕

第三者行為災害事案	障害／死亡	損害	利益（公的年金給付）	利益（労災保険給付）	控除の根拠	控除すべき利益の範囲
①最一判昭41・4・7	死亡	恩給法に基づく普通恩給	恩給法に基づく扶助料		切替え支給により代位はない。衡平	？
②最三判昭50・10・21	死亡	地方公務員等共済組合法に基づく退職年金	地方公務員等共済組合法に基づく遺族年金		①最一判昭41・4・7を参照する。	全期間控除説
③最三判昭52・5・27	障害	収入	厚生年金保険法に基づく障害補償給付	労災保険法に基づく休業補償給付と障害補償給付	代位規定	既払分控除説
⑤最一判昭52・12・22	死亡	収入		労災保険法に基づく遺族補償年金	③最三判昭52・5・27を参照する。	既払分控除説
最大判平5・3・24	死亡	地方公務員等共済組合法に基づく退職年金	地方公務員等共済組合法に基づく遺族年金		切替え支給により代位規定は適用されない。公平	確定分控除説

使用者行為災害事案	障害／死亡	損害	利益（公的年金給付）	利益（労災保険給付）	控除の根拠	控除すべき利益の範囲
④最三判昭52・10・25	障害	収入	厚生年金保険法に基づく障害年金	労災保険法に基づく長期傷病補償給付	厚生年金保険法に基づく保険給付については衡平，労災保険法に基づく保険給付については労働基準法84条2項（類推適用）	既払分控除説
⑤最一判昭52・12・22	死亡	収入		労災保険法に基づく遺族補償年金	④最三判昭52・10・25を参照する。	既払分控除説
最二判昭62・7・10	障害	休業補償費相当の損害	厚生年金保険法に基づく障害年金	労災保険法に基づく休業補償給付，傷病補償年金	③最三判昭52・5・27および④最三判昭52・10・25を参照する。	既払分控除説

大塚龍児先生　略歴

昭和 20 年 4 月　北海道札幌市に生まれる
昭和 43 年 10 月　司法試験合格
昭和 44 年 6 月　東京大学法学部卒業
昭和 44 年 7 月　東京大学法学部助手
昭和 47 年 8 月　北海道大学法学部助教授
昭和 55 年 12 月　北海道大学法学部教授
平成 元 年 10 月　日本海法学会理事（平成 25 年 10 月まで）
平成 2 年 10 月　日本私法学会理事（平成 4 年 9 月まで）
平成 3 年 3 月　ミュンヘン大学法学部、コロンビア大学ロースクール
　　　　　　　　にて在外研究（12 月まで）
平成 5 年 5 月　日本空法学会理事（平成 25 年 5 月まで）
平成 6 年 1 月　司法試験第 2 次試験考査委員（平成 15 年 11 月まで）
平成 6 年 12 月　北海道大学法学部長・北海道大学大学院法学研究科長
　　　　　　　　（平成 8 年 12 月まで）
平成 9 年 11 月　札幌市人事委員会委員（平成 29 年 9 月まで）
平成 12 年 2 月　北海道建設紛争審査会会長（平成 18 年 1 月まで）
平成 12 年 4 月　北海道大学大学院法学研究科教授
平成 21 年 4 月　北海学園大学大学院法務研究科教授
平成 21 年 4 月　北海道大学名誉教授

民商法の課題と展望

大塚龍児先生　著作目録

I　著　書

昭和 52(1977)年
　『手形・小切手の法律入門』（有斐閣）（田村諄之輔・前田重行・倉澤康一郎氏と
　　共著）
昭和 63(1988)年
　『商法(1)総則・商行為』（有斐閣）（落合誠一・山下友信氏と共著）
平成元(1989)年
　『商法(3)手形・小切手』（有斐閣）（林竤・福瀧博之氏と共著）
平成 5(1993)年
　『手形・小切手の法律入門（新版）』（有斐閣）（田村諄之輔・前田重行・倉澤康
　　一郎氏と共著）
　『商法(1)総則・商行為（第 2 版）』（有斐閣）（落合誠一・山下友信氏と共著）
平成 10(1998)年
　『商法(3)手形・小切手（第 2 版）』（有斐閣）（林竤・福瀧博之氏と共著）
平成 13(2001)年
　『商法(3)手形・小切手（第 2 版補訂)』（有斐閣）（林竤・福瀧博之氏と共著）
　『商法(1)総則・商行為（全訂版）』（有斐閣）（落合誠一・山下友信氏と共著）
平成 17(2005)年
　『商法(3)手形・小切手（第 2 版補訂 2 版)』（有斐閣）（林竤・福瀧博之氏と共著）
平成 18(2006)年
　『商法(1)総則・商行為（第 3 版）』（有斐閣）（落合誠一・山下友信氏と共著）
　『商法(3)手形・小切手（第 3 版）』（有斐閣）（林・福瀧博之氏と共著）
平成 19(2007)年
　『商法(1)総則・商行為（第 3 版補訂版)』（有斐閣）（落合誠一・山下友信氏と共
　　著）
平成 21(2009)年
　『商法(1)総則・商行為（第 4 版）』（有斐閣）（落合誠一・山下友信氏と共著）
平成 23(2011)年
　『商法(3)手形・小切手（第 4 版）』（有斐閣）（林竤・福瀧博之氏と共著）
平成 25(2013)年
　『商法(1)総則・商行為（第 5 版）』（有斐閣）（落合誠一・山下友信氏と共著）

II 論 説

昭和 49(1974)年

「介入権を行使した問屋が破産した場合の法律関係」法学教室〔第 2 期〕5 号

「裏書の原因関係が無効・消滅の場合の被裏書人の地位」鴻常夫編集代表『商事法の諸問題 石井照久先生追悼論文集』（有斐閣）

「問屋営業」『体系商法事典』（青林書院新社）

「手形・小切手とその原因関係」鈴木竹雄ほか編『新商法演習 3 手形・小切手』（有斐閣）

昭和 50(1975)年

「取締役」長浜洋一＝平出慶道編『会社法を学ぶ』（有斐閣）

「普通取引約款の拘束力」法学教室〔第 2 期〕8 号

「問屋の委託実行行為により生ずる法律関係の観点から見た agency の法理」竹内昭夫編『現代商法学の課題 鈴木竹雄先生古稀記念（下）』（有斐閣）

昭和 51(1976)年

「手形能力」菅原菊志＝前田庸編『手形・小切手を学ぶ』（有斐閣）

昭和 52(1977)年

「商法 582 条〜589 条」大隅健一郎ほか編『判例コンメンタール 13 上 商法Ⅲ 上』（三省堂）

昭和 53(1978)年

「これからの商法学（これからの法律学)」〈座談会：大塚龍児・落合誠一・神崎克郎・渋谷光子・前田重行・竹内昭夫〉ジュリスト 655 号

「法人格否認の法理」日本弁護士連合会特別研修叢書 52 年度

「問屋の委託実行行為から生ずる法律関係について」私法 40 号

「約款の解釈方法」『民法の争点』

「問屋の破産と委託者の取戻権」『商法の争点』

昭和 54(1979)年

「営業譲渡と取引の安全」金融・商事判例 565 号

「手形行為の瑕疵と手形抗弁」Law School 8 号

「手形の時効・利得償還請求権」別冊法学セミナー 41 号

「株主総会決議の瑕疵」鴻常夫ほか編『会社法律全書』（第一法規）

昭和 55(1980)年

「原因関係と人的抗弁 —— 手形の無因性と直接の当事者間における人的抗弁の基礎。人的抗弁の個別性、権利濫用の抗弁、二重無権の抗弁等の理解のために」Law School 18 号

「問屋営業」上柳克郎ほか編『商法総則・商行為法 商法講義(1)』（有斐閣）

「手形利得償還請求権 —— 特にその利得について」北大法学論集 31 巻 2 号

「有価証券の除権判決〈争点の現況〉」Law School 27 号

民商法の課題と展望

昭和56(1981)年
　「有価証券の除権判決について」北大法学論集31巻3・4号下巻（小山教授退官記念特集）
昭和58(1983)年
　「問屋の破産と委託者の取戻権」『商法の争点（第2版）』
　「預金取引と事故」鈴木禄弥＝竹内昭夫編『金融取引法大系〔2〕預金取引』（有斐閣）
昭和59(1984)年
　「抱合せ増資」上柳克郎ほか編『会社法演習〔3〕株式会社〔計算ほか〕・有限会社等』（有斐閣）
昭和60(1985)年
　「委託販売契約」遠藤浩ほか監修『現代契約法大系〔4〕商品売買・消費者契約・区分所有建物』（有斐閣）
　「商業登記（および公告）の対抗力について」江頭憲治郎編『80年代商事法の諸相　鴻常夫先生還暦記念』（有斐閣）
　「約款の解釈方法」『民法の争点II　債権総論・債権各論』
　「有価証券の偽造・変造」竹内昭夫＝龍田節編『有価証券〔現代企業法講座5〕』（東京大学出版会）
　「80条（社員の責任）～83条（自称社員の責任）」上柳克郎ほか編『新版注釈会社法(1)　総則・合名会社・合資会社』（有斐閣）
昭和63(1988)年
　「原因関係の時効消滅は人的手形抗弁となりうるか」北大法学論集38巻5・6号下巻（山畠教授退官記念特集）
平成元(1989)年
　「人的会社社員の出資義務と退社員の持分払戻」北大法学論集39巻5・6号上巻（五十嵐教授・藪教授退官記念特集）
平成2(1990)年
　「ケースによる手形法入門 —— 白地手形の除権判決」月刊法学教室122号
平成5(1993)年
　「演習」法学教室151号
　「演習」法学教室152号
　「演習」法学教室153号
　「問屋の破産と委託者の取戻権」『商法の争点II　商行為・保険・海商・手形・小切手』
　「演習」法学教室154号
　「演習」法学教室155号
　「演習」法学教室156号
　「演習」法学教室157号

大塚龍児先生　著作目録

「演習」法学教室 158 号

「演習」法学教室 159 号

平成 6(1994)年

「演習」法学教室 160 号

「演習」法学教室 161 号

「演習」法学教室 162 号

「持分の承継と訴訟の承継 ── 最大判昭 45.7.15」奥島孝康＝宮島司編『商法の判例と論理 ── 昭和 40 年代の最高裁判例をめぐって　倉澤康一郎教授還暦記念論文集』(日本評論社)

「商業登記の一般的効力について ── 代表権、代理権の登記を中心にして」登記研究 560 号

平成 7(1995)年

「株主権の強化・株主代表訴訟」落合誠一ほか編『現代企業立法の軌跡と展望　鴻常夫先生古稀記念』(商事法務研究会)

平成 10(1998)年

「株主全員出席総会の効力」岩原紳作＝神田秀樹編『商事法の展望 ── 新しい企業法を求めて　竹内昭夫先生追悼論文集』(商事法務研究会)

平成 11(1999)年

「手形の満期は振出日より前であってはならないか」瀬川信久編『私法学の再構築〔北海道大学法学部ライブラリー 2〕』(北海道大学図書刊行会)

「弁済による代位と破産法 24 条・26 条・27 条、和議法 45 条（上）（下）」法曹時報 51 巻 10 号,51 巻 11 号

平成 20(2008)年

「第 6 条（会社の商号）～第 15 条（会社の使用人）」酒巻俊雄、龍田節編集代表『逐条解説会社法（第 1 巻）総則・設立　会社法の沿革・会社法の性格・第 1 条～第 103 条』(中央経済社)

平成 25(2013)年

「第 218 条～第 233 条」神田秀樹編『会社法コンメンタール（第 5 巻）株式[3]』(商事法務)

Ⅲ　判 例 研 究

昭和 45(1970)年

「他人名義で約束手形を振り出した者に手形振出人としての責任が認められた事例」法学協会雑誌 87 巻 5 号

昭和 46(1971)年

「商法 494 条にいう「不正の請託」の意義 ── いわゆる東洋電機カラーテレビ事件」ジュリスト 479 号

民商法の課題と展望

昭和47(1972)年
「運送人の留置権または商人間の留置権と留置物の所有権との関係 ── 東京電気化学工業事件」ジュリスト513号
「銀行の手形印影照合の際の注意義務の程度等」経済法（経済法学会誌）15号
昭和48(1973)年
「主務大臣の認可をえない海上保険約款の変更の効力」『海事判例百選（増補版）』
昭和50(1975)年
「問屋の破産と委託者の取戻権」『商法〔総則・商行為〕判例百選』
昭和51(1976)年
「振出・裏書の原因関係がともに消滅した場合と人的抗弁の対抗」『手形小切手判例百選（新版・増補）』
「問屋の破産と取戻権」『倒産判例百選』
昭和52(1977)年
「盗取された約束手形に振出人として署名していた者の責任」『商法の判例（第3版）』
「(1) 電気供給規程の性質と消費者に対する拘束力、(2) 本来の債務に1円の不足のある弁済の提供の適否 ── 東京電力電気料金1円不払事件第1審判決」判例時報850号（判例評論221号）
「保険金受領の際の誓約文言」『商法（保険・海商）判例百選』
昭和53(1978)年
「手形に保証の趣旨で裏書をした場合に原因債務についての民事保証を推認することの可否 」判例時報889号（判例評論234号）
昭和54(1979)年
「手形授受の当事者間において仮執行宣言付支払命令により手形債権が確定した場合と原因債権の消滅時効」民商法雑誌79巻6号
「表見代表取締役と第三者の過失」『会社判例百選（第3版）』
「要素の錯誤による裏書の効力 ── 悪意の抗弁が認められた事例」『昭和53年度重要判例解説』（ジュリスト693号）
「他人の普通預金通帳と届出印鑑を窃取した者に対してなした預金払戻につき、銀行に過失を認め債権の準占有者に対する弁済としての効力を否定した事例」ジュリスト698号
「(1) 会社資金による新株の払込は無効であるとされた事例、(2) 引受欠缺のある新株につき共同引受を擬制された取締役の1人が全額の払込みをなした場合と右新株の帰属関係、(3) 株主総会で右取締役が右新株全部について議決権を行使したのは違法であり、その議決権を除くと、右株主総会の決議は不存在であるとされた事例」判例時報935号（判例評論248号）
昭和55(1980)年
「生命保険約款の効力」『生命保険判例百選』

大塚龍児先生　著作目録

「保険料の不払による契約の失効」『生命保険判例百選』
「手形による保険料の支払」『損害保険判例百選』

昭和 56(1981)年

「商品取引員の外務員が顧客との間で受託契約準則違反の商品取引委託契約をした場合に、商品取引員は契約上の義務ありとしつつ、顧客にも過失ありとして、7 割の過失相殺をした事例」ジュリスト 732 号
「振出・裏書の原因関係がともに消滅した場合と人的抗弁の対抗」『手形小切手判例百選（第 3 版）』
「株主総会召集の手続に瑕疵がある場合であっても決議取消を棄却するのが相当であるとされた事例」代行リポート 56 号
「株主のなした株主総会決議無効確認の訴の提起が、悪意にでたものとして、原告たる株主に対し担保提供を命じた事例」ジュリスト 754 号

昭和 57(1982)年

「取締役会の無効な決議により選任された代表取締役がした行為と商法 262 条の類推適用」判例時報 1040 号 187-192 頁（判例評論 281 号）
「振出の日付に先だつ日付の裏書の効力」ジュリスト 774 号

昭和 58(1983)年

「表見代表取締役と第三者の過失」『会社判例百選（第 4 版）』
「株券を盗取された運送人（国鉄）からその株券の悪意、重過失ある取得者に対してなされた返還請求につき、民法 193 条の適用を否定し、商法 229 条、小切手法 21 条に基づき請求を認容した事例」判例時報 1067 号（判例評論 290 号）
「所有権留保をした自動車の売主の転買者に対する引渡請求が権利濫用とされた事例」ジュリスト 794 号
「約束手形の裏書人が振出人の手形金支払義務の時効による消滅に伴い自己の所持人に対する償還義務も消滅したとしてその履行を免れようとすることが信義則に反し許されないとされた事例」民商法雑誌 89 巻 1 号

昭和 59(1984)年

「新株発行無効についての一考察」代行リポート 69 号

昭和 60(1985)年

「問屋の破産と委託者の取戻権」『商法〔総則・商行為〕判例百選（第 2 版）』
「営業譲渡と労働契約関係」『商法〔総則・商行為〕判例百選（第 2 版）』

昭和 61(1986)年

「株主による額面株式と無額面株式との間の転換の請求と株券の提出の要否」判例時報 1170 号（判例評論 323 号）
「銀行の自己宛小切手と債務の本旨に従った弁済の提供」ジュリスト 856 号

昭和 62(1987)年

「(1) 役員選任の株主総会決議取消しの訴えの係属中に当該役員が退任した場合に、訴えの利益が失われない特別の事情があるとされた事例、(2) 取締役会

民商法の課題と展望

　　の招集につき一部の取締役に対する通知もれがあっても、当該取締役会の決
　　議を有効とする特段の事情があるとされた事例」判例時報 1221 号（判例評論
　　338 号）
　「(1) 株式会社のいわゆる全員出席総会における決議の効力、(2) 株主の代理人
　　の出席を含むいわゆる全員出席総会における決議が有効となる場合」代行リ
　　ポート 77 号
　「会社とその株主との間の株券不発行の合意は、当該株主が株券の所持を望んで
　　いない場合にのみ有効であるとされた事例」判例時報 1239 号（判例評論 343 号）
昭和 63(1988)年
　「手形金請求の訴えの定義と原因債権の消滅時効の中断」月刊法学教室 91 号
　「いわゆる二重無権の抗弁」『法学ガイド 14 ── 商法Ⅲ』（別冊法学セミナー 87）
　「生命保険約款の効力」『生命保険判例百選（増補版）』
　「保険料の不払による契約の失効」『生命保険判例百選（増補版）』
　「会社の合併と株式の買取請求価格」『新証券・商品取引判例百選』
平成元(1989)年
　「既に廃止した営業に関する権利または地位の譲渡契約が商法 245 条 1 項 1 号の
　　営業の重要な一部の譲渡に当らないとしながらも、右契約中の競業避止契約
　　について商法 245 条 1 項 1 号の類推適用を肯定した例」判例時報 1318 号（判
　　例評論 368 号）
平成 2(1990)年
　「振出・裏書の原因関係がともに消滅した場合と人的抗弁の対抗」『手形小切手
　　判例百選（第 4 版）』
　「商法 43 条における使用人の代理権」商事法務 1215 号
平成 3(1991)年
　「株主兼取締役に対し商法 294 条所定の検査役選任請求権を認めた事例」『私法
　　判例リマークス〔2〕』
平成 4(1992)年
　「表見代表取締役と第三者の過失」『会社判例百選（第 5 版)』
　「親会社が取得した自己株式をその取得価額で完全子会社に譲渡し、完全子会社
　　がそれを第三者にその取得価額未満でさらに譲渡した場合に、これに関与し
　　た親会社の取締役の商法 210 条違反による親会社の損害を、親会社が自己株
　　式取得代金支払いのために借り入れた借入金の利息相当額ならびに完全子会
　　社による取得価額と売却価額との差損および完全子会社が債務引受した親会
　　社の借入金利息の支払いにより、親会社の有する完全子会社の株式に生じた
　　株式評価損として、親会社株主による代表訴訟において右取締役に親会社へ
　　の賠償を認めた事例 ── 片倉工業事件第 1 審判決」判例時報 1427 号（判例評
　　論 404 号）
平成 5(1993)年

大塚龍児先生　著作目録

「普通保険約款の拘束力」『商法〔保険・海商〕判例百選（第2版）』
「代表取締役の退任等の登記と商法12条・民法112条の適用」『商業登記先例判
　例百選』
平成6(1994)年
「約束手形の振出人に対する満期前の提起と遡求権保全のための支払呈示の有
　無」月刊法学教室164号
「白地手形の満期が補充された場合とその他の手形要件の白地補充権の消滅時
　効」『平成5年度重要判例解説』（ジュリスト臨時増刊1046号）
「問屋の破産と委託者の取戻権」『商法〔総則・商行為〕判例百選（第3版)』
平成8(1996)年
「普通保険約款の拘束力」『損害保険判例百選（第2版）』
「合併・営業譲渡、解散・清算、罰則、有限会社」倉沢康一郎＝奥島孝康編『判
　例ハンドブック〔商法総則・会社法〕』（日本評論社）
平成9(1997)年
「署名後意思によらずに流通した手形と署名者の責任」『手形小切手判例百選（第
　5版)』
平成10(1998)年
「新株発行不存在確認の訴えとその被告適格」『私法判例リマークス〔16〕』
「満期の日として振出日より前の日が記載されている確定日払の約束手形の効
　力」判例時報1625号（判例評論469号）
「表見代表取締役と第三者の過失」『会社判例百選（第6版）』
平成11(1999)年
「判例解説（善意取得、取立委任、手形保証）」河本一郎＝奥島孝康編『新判例
　マニュアル　商法Ⅲ（手形法・小切手法)』（三省堂）
平成14(2001)年
「問屋の破産と委託者の取戻権」『商法〔総則・商行為〕判例百選（第4版）』
平成16(2004)年
「信義則上株主総会決議のないことを理由に取締役への退職金の支払いを拒めな
　いとされた事例」『私法判例リマークス〔28〕』
「他人の氏名による署名」『手形小切手判例百選（第6版)』
平成18(2006)年
「表見代表取締役と第三者の過失」『会社法判例百選』
平成20(2008)年
「改正前商法294条1項に定める検査役選任の申請要件である総株主の議決権の
　100分の3以上を有する株主の意味」『私法判例リマークス〔36〕』
「問屋の破産と委託者の取戻権」『商法（総則・商行為）判例百選（第5版)』
平成22(2010)年
「普通保険約款の拘束力」『保険法判例百選』

621

民商法の課題と展望
──大塚龍児先生古稀記念──

2018（平成30）年 3 月30日　　第 1 版第 1 刷発行

編　者	大塚龍児先生古稀記念 論文集刊行委員会
発行者	今井　貴　今井　守
発行所	株式会社　信山社

〒113-0033　東京都文京区本郷6-2-9-102
Tel 03-3818-1019　Fax 03-3818-0344
info@shinzansha.co.jp
出版契約 2018-1854-1-01010 Printed in Japan

Ⓒ編著者. 2018　印刷・製本／亜細亜印刷・渋谷文泉閣
ISBN978-4-7972-1854-1 C3332　分類325.023-a010 商法・民法
1854-01011：012-040-010《禁無断複写》. p.640

[JCOPY] 〈（社）出版者著作権管理機構　委託出版物〉
本書の無断複写は著作権法上での例外を除き禁じられています。複写される場合は，
そのつど事前に，（社）出版者著作権管理機構（電話 03-3513-6969，FAX03-3513-6979，
e-mail:info@jcopy.or.jp）の許諾を得てください。

来栖三郎著作集Ⅰ～Ⅲ
民法学と比較法学の諸相 ― 山畠正男・五十嵐清・藪重夫古稀記念論文集
ある比較法学者の歩いた道 ― 五十嵐清先生に聞く
　　五十嵐清 著　山田卓生・山田八千子・小川浩三・内田貴 編
企業法の現在 ― 青竹正一先生古稀記念
　　出口正義・吉本健一・中島弘雅・田邊宏康 編
新会社法　青竹正一
時効判例の研究　松久三四彦
不当利得法　藤原正則
商法学通論Ⅰ～Ⅷ、補巻Ⅰ・Ⅱ　淺木愼一
会社法旧法令集Ⅰ・Ⅱ　淺木愼一 編
検証会社法 ― 浜田道代先生還暦記念　淺木愼一・小林量・中東正文 編
激動期の刑事法学 ― 能勢弘之先生追悼論集　寺崎嘉博・白取祐司 編
時は流れ、…やがて積み重なる ― 古稀記念雑録　小暮得雄
憲法の基底と憲法論 思想・制度・運用 ― 高見勝利先生古稀記念
　　岡田信弘・笹田栄司・長谷部恭男 編
現代日本の法過程 ― 宮澤節生先生古稀記念　上石圭一・大塚浩・武蔵勝宏・平山真理 編
システム複合時代の法　グンター・トイブナー 著／瀬川信久 編
ドイツにおける刑事訴追と制裁　H＝J・ケルナー 著／小川浩三 訳
契約結合としてのネットワーク　グンター・トイブナー 著／藤原正則 訳
民法講義Ⅰ 民法総論／民法講義Ⅴ 不法行為法　藤岡康宏
機能的知的財産法の理論　田村善之
ロジスティクス知的財産法Ⅰ 特許法／Ⅱ 著作権法　田村善之他
憲法学の可能性　棟居快行
憲法と国際規律　齊藤正彰
手続保障論集　本間靖規
小山昇著作集　本巻13巻・別巻2巻
21世紀民事法学の挑戦 ― 加藤雅信先生古稀記念
　　加藤新太郎・太田勝造・大塚直・田髙寛貴 編

信山社

http://www.shinzansha.co.jp
Shinzansha Publisher

6-2-9-102 Hongo,Bunkyo-ku,Tokyo-to, JAPAN
TEL +81(0)3 3818 1019, FAX +81(0)3 3818 1411, E-Mail info@shinzansha.co.jp